U0945717

谨以此书献给

所有为中国民法事业倾注心力、智慧和信念的人们！

中国社会科学院法学研究所
民法典研究丛书
MINFADIAN PINGZHU

民法典评注

婚姻家庭编

薛宁兰　谢鸿飞　主编

中国法制出版社
CHINA LEGAL PUBLISHING HOUSE

婚姻家庭编撰稿人

（以撰写法律条文的序号排序）

薛宁兰　中国社会科学院法学研究所研究员，撰写第1040—1045条（第一章）

王丽萍　山东大学法学院教授，撰写第1046—1054条（第二章）

刘征峰　中南财经政法大学法学院副教授，撰写第1055—1075条（第三章）

缪　宇　中国政法大学民商经济法学院讲师，撰写第1076—1092条（第四章）

邓　丽　中国社会科学院法学研究所副研究员，撰写第1093—1118条（第五章）

本编由邓丽负责统稿。

总 序

起始古远、绵续益盛的人类法制史延展至2020年时，《中华人民共和国民法典》喷薄而出，成为法史叙事的煌煌时空标识。从此，在世界民法典之林，中国民法典以其鲜明的中国特色、充沛的时代精神、科学的规范设计、严谨的结构体系、精准的话语表达，独树一帜、弘扬四域。民法典是中国特色社会主义法治体系的重点建构，其规范效能沛然厚重，实施效果卓然可期，已然功在当代，定然惠泽千秋。

民法典乃时代发展的产物，非在中国进入新时代而无以有中国民法典。在中外法制史上，任何一个可以标识历史进程的民法典都与其所在时代紧密关联，适应时代需要、反映时代精神、吸收时代精华、积聚时代经验，方得以成就集该时代特质之大观的民法典。法国民法典是如此，德国民法典也是如此，中国民法典更是如此。新中国成立以来，民法典立法屡启屡止，于1954年、1962年、1979年、2001年曾四次启动，但均未成案；民法典立法又屡止屡启，2014年党中央再次提出编纂民法典，其后历经六载，终至功成。中国民法典之路艰苦卓绝，反映出中国人民法治信仰蓄根长久、于今蓬勃，民法典追求坚韧不拔、非竟莫停。但说到底，中国民法典的出台是中国法治发展的必然结果，是人民追求法治之心与国家治理现代化之路相融契合的必然结果。

民法典乃集体智慧结晶，非有法治实践者及阐述者长期奉献无以有中国民法典。尤其是，民法典是几代民法学人心血所注、梦想所系。

中国社科院法学所老所长王家福先生被誉为“推动依法治国的理论创新者”而获党中央、国务院授予改革先锋称号，他生前多次表示，其最大心愿就是在有生之年看到中国民法典颁布。于今民法典终获颁布，足以尽纳几代民法典立法参与者的全力之功，足以告慰几代民法学人建构最好民法典的竞心之梦。当然，说到民法典是集体智慧结晶，这个“集体”庞然无限而超然民法学界内外，甚至含括所有于今日中国民法知识有效形成的中外古今人物，在一定意义上可以说，所有中国法治实践的参与者，所有中国法学知识的阐释者，都是民法知识积累与民法典规则形成的贡献者。当探究蕴含在中国民法典之中的观念、知识、经验的传承与借鉴时，这个“集体”更是只能以民族甚至人类命名之。所以，民法学界只是对民法典有更多的阐释机会与弘扬条件，这只是民法学界的责任而非权利。也正是这份身为民法学者的学术责任，使我们汇聚一起，殚精竭虑撰写《民法典评注》系列专著，以期向世人贡献更为系统、细致、周延而得体的民法知识，使中国民法典的确切含义与深刻底蕴更为精准地呈现于世人面前，更为有效地融入中国的民法实践。

民法典的实在意义并不限于彰显改革开放以来民事立法之蔚然大观，当然，以1260个条文、10万余言有机组成的文本也确属伟大的法律作品；民法典的实在意义根本上在于以此塑化社会成员的民法生活体验，以及在此生活体验中通过将民法典规范外现于行、内化于心来形塑国民精神。民法典以多重形式存在于世，有文本中的民法典、实践中的民法典、记忆中的民法典和信念中的民法典。民法典欲有效行于世，必须使民法典长存于心；而欲使民法典长存于心，必使人先明民法典其理。因为只有透彻明晰民法典之理，才能经明理致信之机制而有效遵行适用民法典。因此，所有参与《民法典评注》的撰写者无不惕惕自厉、孜孜以求：旁征博引，释条文法理力求通达本意；披卷择言，叙学术观点唯恐遗漏精华；谈史论今，析制度沿革之因果必然；述理示例，明规范适用之准绳尺度。《民法典评注》得以高端厚重的学术品格面世，不仅能助使读者对民法典理解得更为深刻、适用得更为精当，还能助使读者及其相关者在明晰法条、透彻法理的基础上信任民法典以至信仰民法典，更为重要以至久远的，是《民法典评注》在中国特色民法知识体系形成中必将起到的建构价值与示范作用。

在中国社会科学院法学所的同仁看来，组织撰写《民法典评注》不仅是一项学术实践，更是一个学术使命，是将法学所追求法治进步、法学繁荣的理念操守再行发扬光大的当然之为与必要之举。法学所建所以来尤其是改革开放以来，为我国民法事业做出诸多突出贡献。早在1979年8月，法学研究所邀请在京法律院系的学者召开了著名的“民法与经济法问题学术座谈会”，由此揭开长达7年之久的民法学与经济法学大论战的序幕，最终确立了民法在经济改革中的重要功能与法律体系中的当然地位。在1992年社会主义市场经济体制确立之时，王家福先生组织课题组率先提出《建立社会主义市场经济法律体系的理论思考和对策建议》，力主将民法作为建构社会主义市场经济法律体系的基本法律。为实现制定民法典的法治梦想，法学所的民法学人几十年来持续倾注心力、不断贡献智慧，其间代表作品、典型事例频现。例如，梁慧星先生长期投入并组织民法典立法研究，其作为课题组负责人组织撰写《中国民法典草案建议稿附理由》，煌煌系列大作将民法典知识基础予以体系化展现，对编纂民法典的论域及思路进行了理论铺垫与学术拓展。再如，在民法典编纂期间，孙宪忠研究员正值履职全国人大代表，其以学术素养与社会影响贡献于民法典的形成过程。中国社会科学院是中央指定的民法典编纂工作五个参加单位之一，为此成立了以时任副院长李培林学部委员为组长、我为副组长的项目工作组，具体参与立法工作职责由法学所承担。在整个民法典编纂过程中，法学所的民法学者有百余人次参加了全国人大常委会法工委组织的立法工作会议或相关活动，得以全程观察、深刻体悟、精准理解中国民法典的形成过程及制度精髓，因而有信心以其掌握的中国民法典的法治精神、价值取向、立法政策、规范内涵、适用要点乃至应用技巧对民法典予以系统阐释与清晰解说，使法学所在民法典形成过程中锤炼萃取的学术积累与知识结晶，得以在民法典实施机制中以学术方式再行弘扬。

《民法典评注》是民法领域迄今鲜见的宏大学术工程，是法学所的民法学者相携学界同道共同完成的厚重学术作品。其作者队伍由来自45家单位的80位学者、法官组成，法学所民法室主任谢鸿飞研究员力行组织协调、宣传鼓动职责，晓以意义、激以责任、诱以“红包”，促使作者依约完成撰写任务。为达致《民法典评注》之预定目标，撰写者们可谓呕心沥血、夙夜不懈，其间执笔之艰巨、究问之困苦、催稿之烦惧、书成之庆慰，非我以此短序所能言之。

《民法典评注》分15册图书出版。其中物权编4册，合同编6册，人格权编1册，婚姻家庭编1册，继承编1册，侵权责任编2册。各编主编为：物权编——孙宪忠和朱广新；合同编——谢鸿飞和朱广新；人格权编——陈甦和谢鸿飞；婚姻家庭编——薛宁兰和谢鸿飞；继承编——陈甦和谢鸿飞；侵权责任编——邹海林和朱广新。《民法典评注》总字数逾600万，平均每条撰写近6000字。此外《民法总则评注》已经先行出版，可与此15册图书构成完整的评注体系。为寻求阐释精准、论证得当、内容协调、体例统一，法学所民法室副主任朱广新研究员作为唯一的全书通读者，或将书稿字斟句酌、屡做删改，或与作者频繁沟通、协同观点，其尽心尽责尽力无以复加，可谓实现《民法典评注》品质优化的质检员。

《民法典评注》以融通学术性与实践性为创作取向，对民法典1260个法条逐一进行深入系统的规范解释，使读者既能从整体图景视域掌握民法典的法治精神，又能从细致入微视点理解民法典的规范含义；既能基于本书继续深化对民法典的创新研究，又能借助本书广泛普及对民法典的有效应用。《民法典评注》的撰写者立足于中国法治场景，建构体现中国法治意识的法律阐释时空坐标，切实契合中国法治发展实际情况，充分彰显中国法学话语表达特点，并吸收熔炼国际上一些有重要影响的法律评注模式。可以断言，《民法典评注》系列充分彰显了我国民法研究水平的突破性提升，以及撰写团队的深厚学术积累与卓越创新能力，是中国民法典编纂成功之后衍生的优质学术成果。

谨以此书献给所有为中国民法事业倾注心力、智慧和信念的人们！

陈甦

2020年9月28日

凡　例

文献名称	本书指称
一、民法典草案与建议稿	
《民法典各分编（草案）》（婚姻家庭编）	《民法典婚姻家庭编（草案）》（一审稿）
《民法典婚姻家庭编（草案）》（二次审议稿）	《民法典婚姻家庭编（草案）》（二审稿）
《民法典婚姻家庭编（草案）》（三次审议稿）	《民法典婚姻家庭编（草案）》（三审稿）
《中华人民共和国民法典（草案）》	《民法典（草案）》
中国社会科学院组织编撰的《中国民法典草案建议稿》（梁慧星主编：《中国民法典草案建议稿》，法律出版社2003年版；梁慧星主编：《中国民法典草案建议稿附理由：亲属编》，法律出版社2006年版；梁慧星主编：《中国民法典草案建议稿附理由：亲属编》，法律出版社2013年版）	依出版年份分别标注为： “社科院2003稿” “社科院2006稿” “社科院2013稿”
中国社会科学院组织编撰的《中国民法典分则草案建议稿》（陈甦主编：《中国社会科学院民法典分则草案建议稿》，法律出版社2019年版）	“社科院2019稿”
中国人民大学组织编撰的《中国民法典草案建议稿》（王利明主编：《中国民法典草案建议稿及说明》，中国法制出版社2004年版）及《中国民法典学者建议稿》（王利明主编：《中国民法典学者建议稿及立法理由：人格权编·婚姻家庭编·继承编》，法律出版社2005年版）	依出版年份分别标注为： “人民大学2004稿” “人民大学2005稿”
中国法学会婚姻家庭法学研究会组织编撰的《民法典婚姻家庭编建议稿》（2017年2月10日）	“法学会稿”
二、法律与行政法规	
《中华人民共和国民法典》	《民法典》[①]

① 本书引用的冠以“中华人民共和国”的法律与行政法规，简称时省略“中华人民共和国”字样，法律与行政法规简称均循此规律，不再重复标注。

续表

文献名称	本书指称
三、司法解释与部门规章	
《最高人民法院关于适用〈中华人民共和国婚姻法〉若干问题的解释（一）》	《婚姻法解释（一）》
《最高人民法院关于适用〈中华人民共和国婚姻法〉若干问题的解释（二）》	《婚姻法解释（二）》
《最高人民法院关于适用〈中华人民共和国婚姻法〉若干问题的解释（三）》	《婚姻法解释（三）》
《最高人民法院关于适用〈中华人民共和国婚姻法〉若干问题的解释（二）的补充规定》	《婚姻法解释（二）补充规定》
《最高人民法院关于审理涉及夫妻债务纠纷案件适用法律有关问题的解释》	《夫妻债务纠纷适法解释》
《最高人民法院、最高人民检察院、公安部、民政部关于依法处理监护人侵害未成年人权益行为若干问题的意见》	《依法处理监护人侵害行为意见》
《最高人民法院关于人民法院审理离婚案件处理子女抚养问题的若干具体意见》	《离婚案件子女抚养问题的意见》
《最高人民法院关于人民法院审理离婚案件处理财产分割问题的若干具体意见》	《离婚案件财产分割问题的意见》
《最高人民法院关于人民法院审理离婚案件如何认定夫妻感情确已破裂的若干具体意见》	《认定夫妻感情破裂的意见》
《中国公民收养子女登记办法》	《收养子女登记办法》
《外国人在中华人民共和国收养子女登记办法》	《外国人在华收养子女登记办法》

目　录
CONTENTS

第一章

一般规定

第一千零四十条【调整对象】

本编调整因婚姻家庭产生的民事关系。

历史由来

本条是关于婚姻家庭编调整范围的规定。本条来源有两个：一是《婚姻法》第1条“本法是婚姻家庭关系的基本准则”。二是《民法总则》第2条“民法调整平等主体的自然人、法人和非法人组织之间的人身关系和财产关系”。本条规定部分沿袭《婚姻法》，意在明示婚姻家庭编调整的民事关系范围。与《婚姻法》规定相比，本条变动体现在两个相辅相成的方面：一方面，不再强调本编作为调整婚姻家庭关系基本法的法律地位；另一方面，用“民事关系”取代现行婚姻法所谓的“婚姻家庭关系”，从而与《民法典》第2条对我国民法调整对象的表述更相接近。

由民法典编纂过程看，《民法典婚姻家庭编（草案）》（一审稿）第818条规定：“因婚姻家庭产生的民事关系，适用本编。”其后，《民法典婚姻家庭编（草案）》（二审稿）将其修改为，“本编调整因婚姻家庭产生的民事关系”。修改后的条文被《民法典婚姻家庭编（草案）》（三审稿）、《民法典（草案）》沿袭下来，直至成为《民法典》的正式条文。

规范目的或功能

本条明示婚姻家庭编的调整对象，旨在界定本编的适用范围。在民法体系中，婚姻家庭法是关于夫妻、父母子女及其他近亲属之间身份生活的法律规范体系。与人格权法、物权法、合同法相比，它是身份法；与继承法（身份财产法）相比，它是纯粹的身份法。[①]本条规范的目的体现在两个方面：（1）从积极角度明确本编适用于婚姻家庭中的民事关系，释明婚姻家庭法作为民法组成部分的“私法”属性；（2）从消极角度排除发生在婚姻家庭中的非民事关系，即由其他部门法予以规范和调整的法律关系，如发生在夫妻、父母子女、

① 参见林菊枝：《亲属法新论》，台北五南图书出版公司1996年版，第3页。

兄弟姐妹、祖孙等近亲属之间的暴力等违法犯罪行为不适用婚姻家庭编规范，而应适用《反家庭暴力法》《治安管理处罚法》《刑法》等“社会法”或“公法”规范。

规范内容

依照《民法典》第2条对我国民法调整对象的界定，本条所言“因婚姻家庭产生的民事关系”在主体、性质、内容等方面，具有不同于物权关系、合同关系等其他民事关系的特点。

一、婚姻家庭中民事关系的主体

（一）主体双方均为自然人

依《民法典》第2条，我国民法上的主体包括自然人、法人、非法人组织三类。法人和非法人组织是民法为促进市场交易和经济发展所拟制的具有法律人格的“民法上的人”。其在诸多方面与基于人类生殖规律出生的自然人有本质上的不同，尤其是它们作为无生命的社会组织体，无法形成自然人之间赖以生存、情感交流的特有的共同生活体——婚姻和家庭。因此，婚姻家庭编规范的民事关系主体当然限于自然人之间。

（二）作为自然人的主体双方是一定范围内的亲属

婚姻家庭法与人格权法相比的一个显著特点是：它并不调整所有自然人之间的特定民事关系，而是将主体局限在有着一定血缘关系或姻缘关系的自然人之间。这些有着血缘或姻缘关系的自然人在法学中被称为“亲属”。从遗传学和社会学角度看，亲属泛指由婚姻、血缘连接的一切具有姻缘相关性或血缘同源性的个人之间的关系。此种意义上的亲属关系构成网络化的生物遗传结构和婚姻的社会结构，在横向上无边无际，在纵向上无始无终。然而，法律意义的亲属范围要狭窄许多，仅指为法律所确认和调整的，自然人之间基于婚姻（结婚）、血缘（出生）和法律拟制（收养等）所形成的身份关系。不仅如此，当代法律调整的亲属关系范围多限定在近亲属之间，远不及古代法宽泛。例如，我国《民法典》第1045条第2款明示的近亲属包括：配偶、父母、子女、兄弟姐妹、祖父母、外祖父母、孙子女、外孙子女。换言之，这一条款进一步限定了我国民法典婚姻家庭编调整的亲属范围。

与此同时，《民法典》第1045条第3款还确立“家庭成员”的概念。除配偶、父母、子女外，其他近亲属要成为“家庭成员”，应当有“共同生活”的事实。对此事实的认定标准，《民法典》第1045条并未明确，是只需有“居于同一屋檐下”的外观，还是以有经济和情感的实际联系为标准？对此，不无疑问，有待今后立法解释或司法解释做出进一步明示。对配偶、父母、子女而言，无论他们是否有共同生活的事实，在法律上当然是家庭成员。例如，在成年子女搬离原生家庭单独居住，或者结婚后另行组成家庭的情形下，他们与父母的亲属关系并不因此解除，他们之间在婚姻家庭法中仍存在着以亲子身份为纽带的权利义务关系。

二、婚姻家庭中民事关系的性质

基于婚姻家庭所生的民事关系除由婚姻家庭法调整外，还会为物权法、合同法、侵权责任法所调整。因此，亲属之间的民事关系范围是大于婚姻家庭中的民事关系的。那么，由婚姻家庭法调整的民事关系到底包括哪些呢？

学理和立法都表明，婚姻家庭法主要调整近亲属间的两类民事关系：（1）家庭成员及其他近亲属间的人身关系，可概称为“亲属人身关系”。亲属人身关系的性质是身份关系，它因男女结婚、生育、收养等法律事实发生，又因离婚、死亡、解除收养等法律事实消灭。在每一特定的亲属人身关系中，双方主体相互有着特定的亲属称谓，如夫妻、父母子女、兄弟姐妹、祖孙等，故此，亲属人身关系实为亲属身份关系。亲属人身关系以主体间共同生活为目的，以人类特有的亲属情感和伦理联系为基础，并不直接体现主体各自的经济利益。日本身份法之父中川善之助教授将人类的社会结合关系，分为“本质的社会结合”与“目的的社会结合”。亲属关系属于“本质的社会结合关系”，它是指作为社会有机体的个人在本质上必须相互结合，并且每个人以自己的整个人格与其他个人进行全面的结合。[①]（2）家庭成员及其他近亲属间的财产关系，可概称为“亲属财产关系”。亲属财产关系不同于非亲属的其他自然人间的民事财产关系，它是以亲属人身关系为基础的财产关系，具有人身附随性。这一特性体现在亲属财产关系的形成、内容及终止等方面，具体如夫妻共有财产关系、亲属扶养关系、家庭成员间的共有财产关系，它们虽然直接体现主体双方的经济利益，却与其具有特定亲属身份不可分离，以主体间存在特定亲属人身关系为前提。亲属财产关系存在的意义主要为满足亲属共同生活和实现家庭经济职能的需要。为方便叙述，以下将亲属人身关系和财产关系统称为“亲属关系”。

三、亲属关系的内容

法律秩序以权利义务为中心，以国家强制力为后盾。婚姻家庭法对亲属关系的调整方法，就是通过权利义务对主体双方的行为进行规范，赋予亲属关系具有法律上的约束力。故此，主体双方依婚姻家庭法享有的权利和承担的义务共同构成亲属关系的内容。

（一）亲属间的权利

亲属间的权利可细分为亲属人身权和亲属财产权两类。（1）亲属人身权。是指与权利主体的人格和身份（两者概称为“人身”）不可分离的利益。与人格有关的权利主要是婚姻自主权，它属于人格权法保护的自然人“基于人身自由、人格尊严产生的其他人格权益”。与身份相关的权利主要包括配偶权、亲权、监护权等。史尚宽先生认为，身份权与亲属身份不可分离，是与之相终始的权利，是归属于一身的专属权，权利人行使身份权时，以其自由意思决定为必要，原则上他人不得代为行使；亲属身份权不只体现权利人的利益，同时也为受其行使之相对人的利益而存在，原则上权利人不得放弃，甚或可认为其同时构成权利人的义务，例如父母对未成年子女的亲权。[②]（2）亲属财产权。是指基于亲属身份关系和共同生活而发生的具

① 参见陈棋炎、黄宗乐、郭振恭：《民法亲属新论》（修订五版），台北三民书局2006年版，第2—3页。

② 参见史尚宽：《亲属法论》，中国政法大学出版社2000年版，第34页、第35页。

有财产内容的权利，如夫妻共同财产权、家庭成员财产权、近亲属之间的财产继承权等。

（二）亲属间的义务

法律上的权利义务具有相互依存性。有权利必有义务。亲属间的义务，是指主体一方为使对方实现其权利，依法所承担的为一定行为或不为一定行为的法律约束。前者是作为义务，后者则是不作为义务。“作为”是指义务人必须为一定行为，以实现权利人的利益。例如，亲属间的扶养义务就是一种作为义务，只有义务人积极履行义务，权利人的生存需要才可得到满足。“不作为”是指权利人权利的实现不需要义务人为积极的行为。例如，对于夫妻一方依法享有的个人财产权，夫妻另一方（义务人）在法律上负有不得干涉、侵占、处分等不作为的义务。

总之，我国婚姻家庭法调整的民事关系，具体可分为一定范围内的亲属间的人身关系和财产关系。在民法中，它们表现为亲属间的人身法律关系和具有人身依附性的财产法律关系。民法调整此类民事生活关系的目的在于，以民事权利义务规范具有配偶、父母子女等亲属身份的自然人之间的行为，赋予亲属共同生活关系以法律约束力，从而实现法律对婚姻家庭这一体现人伦秩序要求的社会组织体的规范和保障，并维护国家、民族等较大秩序和利益。

其他问题

本条将婚姻家庭编的调整对象表述为“因婚姻家庭产生的民事关系”，如此规定能否科学表达与涵盖本编调整的所有亲属关系呢？对此，学界不无疑问。

民法典立法研究前期，我国学界先后出版三个版本的民法典学者建议稿[①]，其中，“社科院2003稿”曾对本编调整范围设专条规定，即“亲属编调

① 以出版先后为序，它们是：梁慧星主编：《中国民法典草案建议稿》，法律出版社2003年版；徐国栋主编：《绿色民法典草案》，社会科学文献出版社2004年版；王利明主编：《中国民法典草案建议稿及说明》，中国法制出版社2004年版。

整夫妻之间、家庭成员之间及其他近亲属之间的人身关系和财产关系。”[①] 这一学者建议稿条文的主要依据是民法原理和《民法通则》第2条，其对本编调整对象的表述与我国以往立法的不同主要体现在三个方面：（1）明确本编调整的两类社会关系是亲属人身关系和由此产生的亲属财产关系。不采用“婚姻家庭关系”的表述，有利于消除《婚姻法》用语的不规范性和含义的不确定性。（2）在本编调整的两类社会关系中，将人身关系置于财产关系之前，凸显婚姻家庭法的身份法特性。（3）明确和扩大本编调整社会关系的主体范围，既包括夫妻、父母子女等家庭成员，也包括虽未共同生活，但在婚姻家庭法上有着权利义务关系的其他近亲属，如非婚生的父母子女、未共同生活的祖孙等。

在全国人大常委会审议民法典婚姻家庭编草案期间，社科院“民法典编纂”课题组提出的修改意见中继续坚持上述立法建议，力图扩大本编调整范围，使其与总则编关于民法调整对象的表述保持一致。中国法学会婚姻法学研究会课题组针对《民法典婚姻家庭编（草案）》（一审稿）指出，其中第818条“因婚姻家庭产生的民事关系，适用本编”的表述不符合法理。因为引起民事法律关系产生、变动或终止的原因是行为（结婚、离婚、收养等）或事件（自然人的出生、死亡），婚姻家庭本身不可能成为民事法律关系产生的原因。建议将本条修改为：“婚姻家庭民事法律关系，适用本编。”[②]

第一千零四十一条【基本原则】

婚姻家庭受国家保护。

实行婚姻自由、一夫一妻、男女平等的婚姻制度。

保护妇女、未成年人、老年人、残疾人的合法权益。

历史由来

本条是有关婚姻家庭编基本原则的规定，来源于现行《婚姻法》第2条，

---

① 梁慧星主编：《中国民法典草案建议稿》，法律出版社2003年版，第329页。

② 夏吟兰、龙翼飞主编，李洪祥执行主编：《家事法研究》，社会科学文献出版社2019年版，第368页。

并承继我国《宪法》关于婚姻家庭受国家保护的规定。《婚姻法》第2条分三部分规定:“实行婚姻自由、一夫一妻、男女平等的婚姻制度。保护妇女、儿童和老人的合法权益。实行计划生育。”其中,婚姻自由、一夫一妻、男女平等、保护妇女和儿童合法权益原则始于1950年《婚姻法》,为1980年《婚姻法》、2001年《婚姻法(修正)》所继承与发展。1980年《婚姻法》增设“实行计划生育”原则,从而缓解我国人口数量与经济社会发展不相适应的矛盾,它还在保护妇女儿童合法权益原则中增加“保护老人合法权益”的内容。

本条主要沿袭《婚姻法》第2条,但不再规定“实行计划生育”原则,而以第1款总括规定“婚姻家庭受国家保护”,并对《婚姻法》第2条的两处用语做出微调,增加规定保护残疾人的合法权益。具体历程表现为:第一,《民法典婚姻家庭编(草案)》(一审稿)删去《婚姻法》第2条第3款“实行计划生育”规定,此后二审稿、三审稿以及《民法典(草案)》均予以肯认。第二,《民法典婚姻家庭编(草案)》(二审稿)将本条第2款中的“儿童”修改为“未成年人”,将“老人”修改为“老年人”。“儿童”是联合国《儿童权利公约》对未满十八周岁自然人的统称。在我国立法中,多称为“未成年人”。[①]就立法技术而言,此举使得民法典条文用语更具规范性。其后的《民法典婚姻家庭编(草案)》(三审稿)、《民法典(草案)》均采用这种表述。第三,最终出台的《民法典》第1041条又作了两处重大修改,一是开首增设1款,规定:“婚姻家庭受国家保护。”二是在第3款增加规定保护残疾人的合法权益,由此形成当前条文。

三 规范目的或功能

基本原则是婚姻家庭法规范中的概括性准则。它是立法的指导思想,决定着婚姻家庭法的价值理念和具体制度规范走向;它也是民事主体实施身份法律行为、司法机关开展审判活动应遵循的基本价值理念。基本原则的内容

---

① 例如,《未成年人保护法》第2条规定:“本法所称未成年人是指未满十八周岁的公民。”《民法典》第17条规定:“十八周岁以上的自然人为成年人。不满十八周岁的自然人为未成年人。”

具有根本性，贯穿于婚姻家庭法始终，但其不具备法律规范所要求的具体行为模式与法律后果的逻辑构成，因此不属于裁判规范。正是因为基本原则的概括性和包容性，它便具有了弥补法律漏洞、解释具体制度的功能。婚姻自由原则、一夫一妻原则、男女平等原则是我国婚姻家庭制度的三大支柱与基石，决定着我国婚姻家庭制度的基本特征，是其与现代文明相契合的标志。①而保护妇女、未成年人和老年人合法权益原则体现了婚姻家庭法的弱者保护功能②，是对婚姻家庭中权益易受侵害的妇女、未成年人、老年人的特别保护。

从立法技术看，大陆法系各国及地区民法典（包括婚姻家庭编）关于基本原则主要有两种立法例：一是明示的立法例；二是默示的立法例。③我国《民法典（草案）》采取明示的立法体例，即在婚姻家庭编第一章明确宣示本编各项基本原则。此为中国立法的特色之一。

一、婚姻家庭受国家保护

我国《宪法》第49条第1款规定："婚姻、家庭、母亲和儿童受国家的保护。"《民法典》承继该条款的价值理念，在婚姻家庭编第1041条中增设第1款规定："婚姻家庭受国家保护。"这一规定具有坚实的法理依据，同时也是私法公法化进程的体现。

依据我国传统文化，家庭以婚姻为前提，没有婚姻，家庭也不复存在。④婚姻是男女双方以长期共同生活为目的，具有为社会所认可的夫妻身份的结合。家庭是由一定范围内的亲属所组成的社会生活单位。⑤婚姻家庭中的夫妻、父母子女、兄弟姐妹、祖孙关系等家庭成员关系是人类社会最原始、最基本的社会关系，是一切社会关系赖以形成的基础，如何确定夫妻之间以及

---

① 参见夏吟兰主编：《中华人民共和国婚姻法评注·总则》，厦门大学出版社2016年版，第177页。

② 马忆南：《婚姻家庭法的弱者保护功能》，载《法商研究》1999年第4期。

③ 参见余延满：《亲属法原论》，法律出版社2007年版，第52页。

④ 张燕玲：《家庭权及其宪法保障——以多元社会为视角》，载《南京大学学报》（哲学·人文科学·社会科学）2011年第4期。

⑤ 薛宁兰、金玉珍主编：《亲属与继承法》，社会科学文献出版社2009年版，第67页、第199页。

家庭成员之间的权利义务关系，不仅事关婚姻家庭关系的稳定与和谐，涉及当事人个人身份关系的变更与幸福，也事关社会制度的稳定与和谐，涉及社会公共利益与社会的幸福指数。现代社会的婚姻家庭制度，根植于人格独立、婚姻自由，但仍然具有维护人伦秩序、抚养子女健康成长、赡养老人安度晚年的社会性功能。婚姻家庭法就是要发挥法律的导向与指引功能，通过明确婚姻双方和家庭成员的责任，进一步弘扬文明进步的婚姻家庭伦理道德观念，维护社会主义婚姻家庭制度。①

婚姻家庭立法作为民法典的一部分，其保护自然人民事权利的私法属性不言而喻。与此同时，也应当看到在婚姻家庭法现代化进程中私法公法化的趋势，婚姻家庭权利不仅是私权利，也是与生存权、发展权密切相关的基本人权，是宪法中的基本权利。因此，国际社会特别强调国家负有保护家庭的责任，《世界人权宣言》第16条第3项规定："家庭是天然的和基本的社会单元，并应受社会和国家的保护。"婚姻家庭编立法应当力求兼顾婚姻家庭法的私法属性与公法功能，明确规定国家对婚姻、家庭负有保护责任。②

二、婚姻自由原则

（一）婚姻自由的缘起

婚姻自由是当代婚姻制度有别于古代的重要标志。现代意义的婚姻自由产生于资产阶级反对封建制度的进程中。起初，它是启蒙思想家的一种社会理想，后来，随资产阶级政权确立得到大陆法系诸国法律确认。以法国为例，1791年《法国宪法》宣告婚姻为民事契约，确立婚姻的世俗化和自由化，实现了"婚姻自由"从思想观念到法律原则的转变。1804年《法国民法典》比较全面地确立婚姻自由的基本方面，规定："未经合意不得成立婚姻"（第146条）；未经当事人自愿合意缔结的婚姻为无效婚姻（第180条）；婚姻可以基于当事人一方提出的法定理由或经双方协议而离异（第229—233条）。其后建立的资本主义国家制定民法典时大都确立类似原则，将男女双方合意作为婚姻的有效要件。

---

① 夏吟兰：《论婚姻家庭法在民法典体系中的相对独立性》，载《法学论坛》2014年第4期。

② 夏吟兰：《民法分则婚姻家庭编立法研究》，载《中国法学》2017年第3期。

（二）婚姻自由原则在我国的确立与发展

以包办买卖婚姻为突出特征的中国古代婚姻家庭制度纵跨奴隶社会、封建社会，长达4000年之久。它“不但成了家庭痛苦的一种根源，而且成了社会生活的一条锁链；它不但把占人口半数的绝大多数的妇女投入奴隶生活的深渊，而且也使大多数男子遭受无穷的痛苦”[①]。我国废除封建主义婚姻家庭制度的立法举措，早在革命根据地时期便已展开。1931年《中华苏维埃共和国婚姻条例》第1条明示“确定男女婚姻，以自由为原则，废除一切封建的包办强迫和买卖的婚姻制度”的原则，它不仅为不同时期各根据地婚姻条例所遵循[②]，也奠定了新中国成立之初确立男女婚姻自由的新民主主义婚姻家庭制度的基础。

婚姻自由是我国婚姻制度的基石，受宪法和法律保障。《宪法》第49条明确规定“禁止破坏婚姻自由”。《民法典》总则编第110条将婚姻自主权列为自然人享有的基本人格权。保障婚姻自由，是对独立人格的尊重，是对人权的尊重。在人权体系中，自由权与生命权、平等权和财产权等量齐观。它决定着作为人权主体的个人的最终目的与归宿。[③]婚姻家庭法将婚姻自由列为首要原则，是婚姻自由作为一项自由权的根本属性决定的。1950年《婚姻法》首次写入“婚姻自由”，是对新民主主义革命时期立法经验的提升。1980年《婚姻法》重申婚姻自由原则，在于重塑“十年动乱”破坏的主流的婚姻家庭价值观和道德观。2001年《婚姻法》继续重申婚姻自由原则，得益于改革开放和发展市场经济进程中人们婚姻家庭观念的多元化。一方面，中老年人离婚或丧偶后再婚的需求日益突出；另一方面，子女因家庭财产问题或碍于“面子”而阻碍父母再婚。基于这一社会现实，为保障中老年人离婚自由和再婚自由，《婚姻法》增加第30条，规定：“子女应当尊重父母的婚姻权利，不得干涉父母再婚以及婚后的生活。子女对父母的赡养义务，不因父母的婚姻关

---

① 陈绍禹：《关于中华人民共和国婚姻法起草经过和起草理由的报告》，载刘素萍主编：《婚姻法学参考资料》，中国人民大学出版社1989年版，第47页。

② 具体如1939年《陕甘宁边区婚姻条例》、1942年《晋冀鲁豫边区婚姻暂行条例》、1943年《晋察冀边区婚姻条例》、1946年《陕甘宁边区婚姻条例》等。

③ 参见徐显明：《中国人权制度建设的五大主题》，载《文史哲》2002年第4期。

系变化而终止。”赋予了婚姻自由原则以新的时代内涵。《民法典（草案）》本条继续确立“婚姻自由”原则，并在父母子女关系中重申子女对父母婚姻自主权的尊重（第1069条），其目的和功能是为推行尊重和保障人权的婚姻制度、为自然人婚姻自主权实现提供民法保障。

三、一夫一妻原则

（一）一夫一妻制的起源及变迁

一夫一妻制又称个体婚制、单偶制，是指一男一女结为夫妻的婚姻制度。一夫一妻制是人类跨越漫长的群婚制和对偶婚制之后出现的第三种婚姻形态。它从萌芽到形成的过程，是人类从无阶级的原始社会进入阶级社会的过程，也是文明时代开始的标志之一。恩格斯曾经指出：“这三种婚姻形态大体上与人类发展的三个阶段相适应。群婚制是与蒙昧时代相适应的，对偶婚制是与野蛮时代相适应的，以通奸和卖淫为补充的一夫一妻制是与文明时代相适应的。”[①] 恩格斯还深刻地揭示出以私有制为基础的一夫一妻制的本质，它是丈夫统治下的个体婚制，是只对女性的一夫一妻制，是为私人财产所有权和财产继承权服务的婚姻家庭形式。他还对一夫一妻制充分实现的社会条件及其走向做出预判，认为只有在共产主义条件下，以爱情为基础和两性权利平等的一夫一妻制才能够充分实现。

（二）一夫一妻制的价值功能与社会意义

一夫一妻制是社会文明进步的产物，也是人类对自身繁衍方式的智慧选择。近代遗传学理论认为，人类婚姻制度演变为一夫一妻的模式对于人类体质进化具有重大意义，为道德和法律规范的性的约束，是人类生存发展的必要条件。[②] 一夫一妻的婚姻家庭形态不仅为男女两性生活提供了平等、健康、安全的空间，也为儿童的社会化和成年提供了最为自然和优化的环境。人类社会的发展规律表明，一夫一妻制实现了在配偶数量上从多偶向单偶方向的发展，并通过婚姻法律制度对两性关系进行限制和规范，从而顺应了自然、

---

① ［德］恩格斯：《家庭、私有制和国家的起源》，人民出版社1972年版，第70页、第71页。

② 参见郭小景：《重新审视性健康》，载《北京青年报》2004年11月18日第4版。

社会和历史的发展规律。实行一夫一妻的婚姻制度是人类婚姻家庭形态与两性关系发展规律的必然结果。

实行一夫一妻制的社会意义主要体现在两个方面：

第一，是实现男女在婚姻家庭中地位和权利平等的保障。历史上，一夫一妻制自产生之始便是只对女性而言的片面的一妻一夫制。在中国古代，名义上的一夫一妻制与以纳妾为主要形式的事实上的一夫多妻制并存。为维护封建宗法家族制度，我国历代礼、法（律）十分重视嫡庶之别，明文禁止一个男子娶两个以上的妻子，但不禁止其在正室之外纳妾。妾的地位虽比妻子低下，但仍然是合法配偶。男性实际上拥有一个以上的合法配偶，故而我国传统的婚姻制度实际上是"一夫一妻多妾制"，是实质的多妻制。实行男女平等、真正的一夫一妻制是我国废除封建主义婚姻家庭制度，建立新民主主义婚姻家庭制度的重要成果。现代意义的一夫一妻制要求任何人，无论男女、无论社会地位与财富多寡，都只能有一个配偶；婚姻关系存续期间，夫妻任何一方不得同时与他人再行结婚。

第二，是建立文明健康婚姻关系，促进社会和谐稳定的要求。婚姻制度是两性关系的制度，基于婚姻所形成的家庭又构成社会生活和社会结构的基本单位。一夫一妻制将两性关系限定在婚姻之内，并使之呈现稳定状态。这种稳定的两性关系因此成为人际关系稳定和社会稳定的重要基点。实行一夫一妻制还有利于促进男女缔结以爱情为基础的婚姻关系。爱情是人类作为高级动物所特有的情感，具有专一性、相互性和平等性等特点，因此以爱情为基础的婚姻是个体婚，具有专一性和排他性。建立文明健康婚姻关系应以一夫一妻制为基础，这符合当代婚姻家庭伦理观和道德观要求，也是实现婚姻幸福、家庭和睦、社会和谐稳定的制度保障。

四、男女平等原则

（一）作为法律原则的男女平等

历史上，男女平等最早在18世纪法国资产阶级革命时期提出，其锋芒直指男尊女卑的封建制度。资产阶级建立国家政权后，男女平等被立法逐渐确认，成为君主立宪制国家的一项重要法律原则。在我国，男女平等首先是一项具有普遍性的宪法原则。《宪法》第48条第1款指出："中华人民共和国妇女在政治的、经济的、文化的、社会的和家庭的生活等各方面享有同男子平等的权利。"宪法上的男女平等，是妇女与男性在政治、经济、文化、社会和家庭生活等方面的权利义务平等。婚姻家庭法的男女平等原则，是宪法原则的具体化，它既包括夫妻之间的平等，也包括父母子女、兄弟姐妹及其他异性亲属之间的平等。

男尊女卑和夫权统治是我国封建主义婚姻家庭制度的基本特征。婚姻家庭法具有习俗性和民族性，不可避免地成为法律领域中受到传统社会性别观念影响深刻的领域。解放妇女，实现男女平等是我国婚姻家庭立法始终不渝的价值追求，我国社会发展不同阶段的婚姻家庭立法对男女平等的追求各有侧重：（1）1950年《婚姻法》以"废旧立新"为己任，第1条开宗明义废除封建主义婚姻制度，"实行男女婚姻自由、一夫一妻、男女权利平等、保护妇女和子女合法权益的新民主主义婚姻制度"。1950年《婚姻法》强调"男女权利平等"，意在通过立法消除妇女在婚姻家庭中的无权状态，实现男女形式上的平等。（2）1980年《婚姻法》强调男女权利义务平等，从夫妻权利义务相一致角度，在计划生育、婚姻居所、相互扶养、子女姓氏选择、共有财产处理、离婚财产分割、离婚债务清偿等方面，作出夫妻平等享有权利和履行相应义务的规定，进一步平衡了妇女在婚姻家庭中的地位。（3）2001年《婚姻法》基于男女两性生理差异与社会性别差异，增加规定禁止家庭暴力，确立对受害人的救助措施；增设离婚家务劳动补偿制度，承认家务劳动的社会价值；建立离婚损害赔偿制度，救济离婚中的无过错方。本次修正采取上述有针对性的措施，意在促进不同性别家庭成员之间的实质平等。（4）《民法典》婚姻家庭编以男女平等为原则，继续禁止家庭暴力，扩大离婚家务劳动补偿适用范围，在离婚损害赔偿法定情形中增加兜底条款。这些举措将会进一步促进夫妻、父母子女及其他异性近亲属间的实质平等。

总之，作为法律原则的男女平等首先是抽象的平等，即保障男女两性婚姻家庭地位的绝对平等。其次鉴于男女天然的生理差异和由历史文化传统所致的社会差异，它强调关注社会现实，采取有针对性的特别保护措施，在男女权利和地位平等基础上实现婚姻家庭内部两性的实质平等。

（二）确立男女平等原则的意义

当代社会，男女平等与婚姻自由、一夫一妻都属于法的公理性原则，即它们“是从社会关系的本质中产生出来的，得到广泛承认并被奉为法律的公理”。[①]具体而言，首先，婚姻家庭法的男女平等原则是社会公平正义价值理念的体现，目的在于以社会主流价值观为指引，对不同性别近亲属的法律地位予以平等确认，并以权利为经，义务为纬，构筑起法律对一定范围的亲属关系的调整网络。[②]我国民法典将男女平等确立为婚姻家庭编的重要原则，是弘扬男女平等主流价值观的要求，也是我国婚姻家庭立法的使命所在。

其次，男女平等是社会文明进步的重要尺度，是巩固和发展我国社会主义新型婚姻家庭关系的重要保障。我国现阶段，男女平等的实现程度还受到社会经济文化发展水平制约，婚姻家庭领域内男尊女卑封建残余影响并未完全消除。《民法典》婚姻家庭编继续坚持男女平等基本原则，对于打破重男轻女、夫权至上等旧的观念和习俗，维护和发展平等、和谐、文明的新型婚姻家庭关系具有积极的现实意义。

最后，男女平等亦是国际社会衡量一国文明程度的重要标准。中国作为联合国《消除对妇女一切形式歧视公约》的缔约国，负有承担消除婚姻家庭领域中对妇女一切形式歧视的国家责任。在婚姻家庭法中确立男女平等原则，在法律规范的约束下实现男女从形式平等向实质平等过渡，方可体现我国忠实履行国际法义务的大国担当。

五、保护妇女、未成年人、老年人和残疾人合法权益原则

以婚姻为基础的家庭是妇女、未成年人、老年人、残疾人生活的基本社会单位。我国《民法典》婚姻家庭编确立此项原则是法律蕴含的公平、正义价值理念的内在要求。在当今人们的经济社会地位、个人能力和机会等实际不平等的状况下，法律对在权益享有和实现上有所差别的弱势人群予以区别

---

① 张文显：《规则·原则·概念——论法的模式》，载《现代法学》1989年第3期。

② 参见薛宁兰：《新中国婚姻立法的男女平等价值观衡量》，载《山东女子学院学报》2018年第1期。

对待是必要的。此为国际人权公约所肯定。[①]基于这一人权保障的法理，我国民法对因性别、年龄等自然差异而在婚姻家庭中实际处于易受侵害境地的妇女、未成年人、老年人和残疾人给予特别保护，非但不构成对其他家庭成员的不公平，反而是实现家庭内部实质上的平等、公平、正义的必要举措。基于当代法律追求人人平等的价值理念，保护妇女、未成年人、老年人、残疾人合法权益首先在宪法中获得肯认，《民法典》婚姻家庭编确立这一原则，是对宪法精神的具体化，具有重大现实意义。

众所周知，封建的婚姻家庭制度以宗法家长制为核心，男尊女卑，漠视子女利益，男性家长对妻子、子女的人身和财产拥有双重支配权。由历史积淀形成的歧视妇女、漠视子女利益的观念，今天仍然对婚姻家庭成员关系发挥实际作用和影响，需要在法律中强调对婚姻家庭中弱势群体权利予以特别保护。并且，我国已迈入老龄化社会，对老年人的赡养和照料主要以家庭为依托。历史和现实都表明，有必要确立保护妇女、未成年人、老年人和残疾人合法权益原则，将婚姻家庭伦理道德的要求制度化。它是婚姻家庭法扶助弱者功能的体现，有利于婚姻自由和男女平等原则实现，更有利于建立尊老爱幼、和睦友善的家庭生活秩序。

规范内容

一、婚姻自由原则的内涵

婚姻自由原则，是指男女当事人有权依照法律规定，自主自愿决定自身婚姻问题，不受其他任何人强制或干涉。[②]它包含两层意思：其一，婚姻自由是宪法和法律确认和保护的权利。公民平等享有婚姻自主权，自主决定婚姻问题，法律不允许任何一方或任何第三人加以干涉。其二，婚姻自由是相对的自由。达到法定婚龄的自然人行使对自己婚姻的自主权时，必须符合和遵守法律规定，不得滥用权利。

---

① 例如，联合国《儿童权利公约》第3条确立儿童最大利益原则，联合国《消除对妇女一切形式歧视公约》第2条、第4条确立实现两性实质平等模式等。

② 王洪：《婚姻家庭法》，法律出版社2003年版，第24页。

婚姻自由原则包括结婚自由和离婚自由，二者相辅相成、相互联系，构成我国婚姻自由原则的完整结构。结婚自由是实现婚姻自由的先决条件，离婚自由是结婚自由的必要补充，没有离婚自由就不可能有完全的、真正的婚姻自由。

（一）结婚自由

结婚自由是指达到法定婚龄的自然人有依照法律规定，决定自己是否缔结婚姻的权利。具体包括结婚或不结婚的自由、再婚自由和复婚自由。再婚自由是指当事人在前一婚姻关系终止后，有权与他人实施缔结婚姻关系的法律行为。复婚自由则是指男女双方离婚后自愿恢复婚姻关系的自由。我国《民法典》第51条所列情形体现了法律对自然人婚姻自主权的尊重与保障。依本条规定，自然人死亡宣告被撤销的，原则上，婚姻关系自撤销死亡宣告之日起自行恢复，但是，如果其配偶向婚姻登记机关书面声明不愿意恢复婚姻关系的，则不予恢复被宣告死亡人的婚姻关系。

（二）离婚自由

离婚自由是指夫妻有依法解除婚姻关系的自由。具体而言包含两种情形：（1）夫妻双方自愿离婚的，有权共同做出离婚决定，双方应亲自向婚姻登记机关提出申请，协议离婚；（2）夫妻感情破裂，无法继续维持婚姻关系时，夫妻任何一方都有向法院诉请离婚的权利。由法院依照法定程序，对是否准予双方离婚做出裁决。离婚自由是法的自由价值的体现，是人类婚姻制度发展到文明阶段的产物，体现着人类追求幸福的人性需求。[①]法律赋予婚姻双方当事人平等享有离婚的自由权，并不意味着婚姻双方或一方可以不顾法律和道德约束，恣意妄为。保障离婚自由，反对轻率离婚是我国立法一贯的价值取向。为此，《民法典》婚姻家庭编对协议离婚、诉讼离婚的条件和程序均有详尽的制度设计。

---

① 参见冉启玉：《人文主义视阈下的离婚法律制度研究》，群众出版社2012年版，第117—118页。

二、一夫一妻原则的要求

从制度层面看，一夫一妻制是人类进入个体婚的文明时代以来，不同社会形态中法律普遍确认和推行的制度，故而一夫一妻制原则与婚姻自由、男女平等原则相比，是现代婚姻制度中最为根本的制度。[①]按照一夫一妻原则的要求，缔结婚姻关系的男女双方互相取得配偶身份，不允许任何一方同时拥有两个以上的配偶。在婚姻关系终止（配偶一方死亡或者双方离婚）后，另一方或双方才可再行结婚。一夫多妻、一妻多夫等破坏一夫一妻制的行为，都为法律所不允许，将产生婚姻无效、离婚、损害赔偿等民事法律后果；情节严重构成犯罪的，还将受到刑事制裁。

三、男女平等原则的主要方面

通说认为，“男女平等”包含两个层面：首先，它是指男女两性在人格和精神上具有同等的尊严和价值；其次，它是在承认和尊重两性生理差异基础上，主张男女在社会生活和家庭生活中享有平等的权利、机会与责任。概言之，男女平等主要体现为男女在权利、机会、结果、责任上的平等。[②]我国《民法典》婚姻家庭编在结婚、夫妻关系、离婚、亲子关系等制度中对男女平等原则均有落实和体现。例如，“结婚应当男女双方完全自愿，禁止任何一方对另一方加以强迫，禁止任何组织或者个人加以干涉”。（第1046条）“登记结婚后，按照男女双方约定，女方可以成为男方家庭的成员，男方可以成为女方家庭的成员。”（第1050条）“夫妻在婚姻家庭中地位平等。”（第1055条）“夫妻双方平等享有对未成年子女抚养、教育和保护的权利，共同承担对未成年子女抚养、教育和保护的义务。”（第1058条）这些条款都是男女平等原则的具体化，体现了他们在权利、机会、结果、责任上的平等。

在民法体系中，婚姻家庭编的男女平等原则与总则编的民事主体地位平等原则的精神实质相同。逻辑上，民事主体地位平等原则应包含男女在婚姻

---

① 参见吴洪、汪姿含：《对一夫一妻制度的理性思考》，载《中华女子学院学报》2013年第1期。

② 参见全国妇联课题组：《实现男女平等基本国策的价值观基础》，载《光明日报》2014年10月11日第7版。

家庭生活和其他亲属关系中的地位平等，以及平等享有权利和承担义务的内容。然而，必须看到，两项原则的侧重点和适用范围有所差异。民事主体地位平等原则强调不同性质的民事主体之间，例如自然人与法人、不同所有制性质的法人之间，在经济活动中的法律地位平等；婚姻家庭编的男女平等原则侧重于婚姻家庭生活中的男女地位平等，以及平等享有权利和承担义务，并且其主体范围并不限于夫妻、父母子女、兄弟姐妹之间，还包括其他异性的近亲属之间。[①]可见，两项原则虽价值理念相同，但各具特殊性，尤其是基于妇女在婚姻家庭中长期处于夫权和父权统治的历史，当代婚姻家庭立法重申和强调私领域中的男女平等价值观因此具有历史意义和现实价值。有必要在民法总则确立的基本原则之外，在婚姻家庭编中规定这一原则，从而体系化我国婚姻制度的基本理念和价值取向。

四、保护妇女、未成年人、老年人和残疾人合法权益原则

总体看，本项原则强调对妇女、未成年人、老年人、残疾人在婚姻家庭中的合法权益给予特别重视和保护。具体而言，它包括四个方面内容：

1.对妇女合法权益予以特殊保护。妇女在享有与男性平等婚姻家庭权益基础上，又受到法律特别保护。为体现本项原则要求，我国《民法典》婚姻家庭编设立若干特别保护条款。例如，在女方怀孕期间、分娩后一年内或者终止妊娠六个月内，男方不得提出离婚（第1082条）；离婚时，对夫妻共同财产分割双方协议不成的，法院判决时依照照顾子女、女方等原则判决（第1087条）。如此等等，均是法律基于妇女在生育中的特殊担当、离婚女性的贫困化，以及未成年子女多由母亲抚养等自然的和社会的因素而作的规定。不仅如此，这些保障女性特殊利益的措施也有利于保护胎儿和未成年子女利益。

2.对未成年人权益的保护。我国《民法典》婚姻家庭编对未成年人权益的保护，突出体现在亲子关系中，主要表现在：（1）非婚生子女与婚生子女法律地位平等，享有同等权利。（2）收养应以最有利于被收养人为原则。（3）未成年子女享有受父母抚养教育保护等权利，父母或其他监护人依法履行对未成年人的抚养和照护职责。（4）未成年子女享有对父母的遗产继承权。

---

① 参见薛宁兰、金玉珍主编：《亲属与继承法》，社会科学文献出版社2009年版，第35页。

3.保护老年人合法权益。在我国法律中，老年人是指60周岁以上的成年人。[①]我国《民法典》婚姻家庭编对老年人权益的保护，主要体现在：（1）缺乏劳动能力或者生活困难的老年父母享有要求成年子女赡养的权利。（2）老年父母的婚姻自主权不受子女干涉，子女对老年父母的赡养义务不因父母婚姻关系变化而终止。（3）老年父母有继承子女遗产的权利。（4）对于子女已经死亡或者子女无力赡养的老年人，享有要求有负担能力的孙子女、外孙子女赡养的权利。此外，为应对人口老龄化带来的老年人人身和财产权益保障的新需求，《民法典》继承编第1145条增设遗产管理人制度、第1158条完善遗赠扶养协议制度，以加强对老年人合法权益的民法保护。

4.保护残疾人合法权益。目前我国有8500万残疾人口[②]，依法保护残障人士婚姻家庭权益刻不容缓。《民法典》婚姻家庭编基本原则增加规定“保护残疾人合法权益”，使保护弱势群体权益原则更加完善。在婚姻家庭编中，这一原则主要体现在三个方面：（1）结婚制度。《民法典》第1048条不再将“疾病”作为禁止结婚的要件，对包括残疾人在内的所有自然人缔结婚姻、组成家庭的基本权利给予平等赋予和保护。相应地，在无效婚姻的范围中，第1051条取消一方婚后患有禁止结婚疾病的情形；第1053条增加规定，一方隐瞒重大疾病结婚的，另一方有权撤销婚姻。（2）离婚制度。《民法典》第1090条确立的离婚经济帮助是我国传统离婚救济方式。它同样体现了婚姻家庭编对离婚残疾人基本生存权的保护，也有助于残疾人离婚自由的实现。（3）收养制度。为保障残疾未成年人能够在家庭环境中得到父母双亲的抚养、教育和保护，《民法典》第1100条除在第1款确立收养子女数量限制的一般规定外，第2款明确规定收养残疾未成年人的，可以不受收养人无子女或只有一名子女的限制。”

其他问题

关于我国民法典有无必要明示婚姻家庭编基本原则、是否保留“实行计划生育”原则的问题，学界自2001年婚姻法修改前后便有所讨论。

---

① 《老年人权益保障法》第2条规定：“本法所称老年人是指六十周岁以上的公民。”

② 参见国务院新闻办公室：《平等、参与、共享：新中国残疾人权益保障70年》，2019年7月。

前期，有学者将《婚姻法》确立基本原则的必要性总结为如下方面：（1）处理复杂社会关系的需要。（2）形成统一完整的婚姻家庭法律体系的需要。（3）建立社会主义婚姻家庭关系的需要。（4）设置各种婚姻家庭制度的基石。[①]2001年以后，赞成在婚姻家庭编中规定基本原则的学者认为，总则编的基本原则是高度抽象的规则，需要分则各编通过确立各自特有的原则予以具体化。总则编的基本原则大都以财产交易为内容，以规范财产交易行为为目的，婚姻家庭编的一夫一妻、男女平等、婚姻自由等原则以规范非功利性的亲属人伦关系为目的，具有独特内涵与功能，有专门规定之必要。[②]质疑或不赞成明示婚姻家庭编基本原则的理由主要有两点：（1）大陆法系民法典关于亲属法的原则采默示主义立法，我国应当移植这种立法形式。（2）对法律原则的立法应更多地从法理角度进行规范。由于《婚姻法》的具体规定较多体现了各项原则的内容，这些原则实为指导立法的原则，缺乏直接的适用性，因而无必要在法律中明示。[③]民法典编纂期间，中国法学会婚姻法学研究会课题组主张重构婚姻家庭编基本原则，其基本思路是：（1）应当体现我国婚姻家庭立法的传承性与连续性。（2）应当体现对民法总则基本原则的具体化与补充性。（3）应当体现基本原则在整个婚姻家庭立法中的地位与作用。（4）应当体现基本原则在社会发展与变化中的成长性。[④]

最终，立法机关选择在《民法典》婚姻家庭编中延续我国婚姻家庭立法的固有模式，本条分两款确立四项基本原则，但不再规定“实行计划生育”原则。将“实行计划生育”作为我国婚姻家庭法基本原则，始于1980年《婚姻法》。20世纪70年代中后期，国家推行以控制人口数量为主要目标的计划生育政策。1978年《宪法》第53条增加规定“国家提倡和推行计划生育”。由于当时我国没有调整人口与计划生育的专门立法，在新的《婚姻法》中增补计划生育原则，便成为历史的必然。它是落实宪法规定，保障国家计划生育政策顺利实施的需要。随着计划生育国策得到有力推行，到20世纪90年代，

---

① 党志全：《关于我国婚姻家庭法基本原则的思考》，载《中外法学》1998年第4期。

② 薛宁兰、金玉珍主编：《亲属与继承法》，社会科学文献出版社2009年版，第30—31页。

③ 周安平：《对我国婚姻法原则的法理学思考》，载《中国法学》2001年第6期。

④ 夏吟兰：《民法分则婚姻家庭编立法研究》，载《中国法学》2017年第3期。

我国人口总和生育率开始处于较低水平。2001年全国人大常委会通过《人口与计划生育法》，采取综合措施，控制人口数量，提高人口素质。2015年12月《人口与计划生育法》获得修改，从“一对夫妻生育一个孩子”转向“提倡一对夫妻生育两个子女”，我国立法对人口数量的控制开始松动，从严格限制转向适当限制。这些变化表明，将实行计划生育作为婚姻家庭法基本原则的社会法律基础已经消失。有学者指出：“计划生育作为婚姻法的原则，除了起到强化对计划生育政策的宣传作用外，在婚姻法领域并不能发挥法律原则的功能。”[①]还有学者认为，“实行计划生育是每个公民负有的公法上的义务，与当事人是否存在婚姻关系以及当事人的家庭状况并无必然的联系”。[②]“社科院2006稿”的条文取消计划生育原则，其理由是：“亲属法主要规范夫妻作为平等民事主体的权利义务关系，生育与婚姻不是必然的关系，实行计划生育属于公民对国家的义务，并不局限于婚姻家庭范围，计划生育问题超出了私法的调整范围，应由《人口与计划生育法》专门规定。”[③]

第一千零四十二条【禁止性规定】

禁止包办、买卖婚姻和其他干涉婚姻自由的行为。禁止借婚姻索取财物。

禁止重婚。禁止有配偶者与他人同居。

禁止家庭暴力。禁止家庭成员间的虐待和遗弃。

历史由来

本条是保障基本原则实施的禁止性规定，来源于《婚姻法》第3条。《婚姻法》第3条分2款规定：“禁止包办、买卖婚姻和其他干涉婚姻自由的行为。禁止借婚姻索取财物。”“禁止重婚。禁止有配偶者与他人同居。禁止家庭暴

---

① 周安平：《对我国婚姻法原则的法理学思考》，载《中国法学》2001年第6期。

② 夏吟兰主编：《中华人民共和国婚姻法评注总则》，厦门大学出版社2016年版，第306页。

③ 梁慧星主编：《中国民法典草案建议稿附理由：亲属编》，法律出版社2006年版，第4页。

力。禁止家庭成员间的虐待和遗弃。”本条内容与《婚姻法》相同，仅在条款编排上有所差异，将《婚姻法》第3条第2款拆分，作为本条的第2款和第3款。自《民法典婚姻家庭编（草案）》（一审稿）开始，二审稿、三审稿、《民法典（草案）》皆采取分3款列举上述禁止性规定的编排体例，直至形成《民法典》正式条文。

在早期三个学者建议稿中，“人民大学2004稿”遵循婚姻法体例，对基本原则和禁止性规定分条设立。[①]“社科院2003稿”依照基本原则与禁止性规定相互对应的关系，分条列举基本原则，并在每一基本原则后，设第2款列举相应的禁止性规定，例如该建议稿对一夫一妻原则的条文设计为：“（第1款）任何人不得同时有两个以上配偶。（第2款）禁止重婚。禁止有配偶者与婚外异性同居。”[②]

规范目的或功能

本条列举一系列禁止行为的目的，在于贯彻落实《民法典》第1041条确立的基本原则。在社会生活中，这些侵害婚姻自由、一夫一妻、男女平等以及保护妇女、未成年人、老年人和残疾人合法权益原则的情形仍现实存在，损害到婚姻家庭法律秩序，为《民法典》所明令禁止。本条清晰准确地表达出法律对上述违法行为的态度和否定性评价，具有指引和规范民事主体行为，威慑违法行为人的作用，还具有维护婚姻家庭领域中的公共秩序与善良风俗的功效。

规范内容

本条列举六种违反基本原则的行为，为不完全法条中的定义性法条。但本条未对这些概念有所界定，也未明示实施这些行为的法律后果，在此有必要对这些行为的内涵及法律后果做出解释。

---

① 参见王利明主编：《中国民法典草案建议稿及说明》，中国法制出版社2004年版，第59页。

② 参见梁慧星主编：《中国民法典草案建议稿》，法律出版社2003年版，第329页。

一、干涉婚姻自由的行为

（一）包办、买卖婚姻

包办婚姻是指父母等第三人违背当事人意愿，强迫其缔结婚姻的行为。买卖婚姻是指父母等第三人以索取大量财物为目的，包办强迫他人缔结婚姻的行为。它们是最常见的两种干涉婚姻自由的行为，既有联系也有各自特殊性。买卖婚姻必定是包办婚姻，包办婚姻则不一定是买卖婚姻。我国历史上和现实中存在的换亲、转亲、童养媳都是包办、买卖婚姻的表现形式。

（二）其他干涉婚姻自由的行为

其他干涉婚姻自由的行为，是指除包办、买卖婚姻外的，干涉他人行使婚姻自主权的行为。此类行为涉及干涉他人结婚自由或离婚自由两个方面，具体如父母干涉子女结婚或离婚、子女干涉父母离婚或再婚、一方阻挠或胁迫对方结婚或离婚等。受经济社会因素影响，其他干涉婚姻自由行为的表现形式是动态变化的。新中国成立初期，主要表现为父母干涉子女的婚姻自由；21世纪90年代以来，子女干涉父母离婚或再婚现象增多。2001年《婚姻法》第30条和《民法典》第1069条都是针对此种情形的规定。因此，子女干涉父母婚姻自由也属其他干涉婚姻自由的行为。此外，受习俗影响干涉丧偶妇女再婚的，也属于“其他干涉婚姻自由”的情形。

包办、买卖等干涉婚姻自由行为的法律后果，体现在民事和刑事两方面。首先，我国《民法典》总则编赋予自然人享有婚姻自主权这一基本民事权利[①]，而婚姻家庭编则规定受到胁迫而结婚的一方当事人享有撤销婚姻的权利。[②]其次，干涉婚姻自由的行为情节严重的，还会构成“暴力干涉婚姻自由罪”[③]，行为人有受到刑事制裁之虞。目前，我国已经形成遏制与制裁包办、买

---

① 我国《民法典》总则编第110条第1款规定：“自然人享有生命权、身体权、健康权、姓名权、肖像权、名誉权、荣誉权、隐私权、婚姻自主权等权利。”

② 我国《民法典》婚姻家庭编第1052条第1款规定：“因胁迫结婚的，受胁迫的一方可以向人民法院请求撤销婚姻。”

③ 我国《刑法》第257条第1款规定：“以暴力干涉他人婚姻自由的，处二年以下有期徒刑或者拘役。”

卖等干涉婚姻自由行为的法律规范体系。

二、借婚姻索取财物

借婚姻索取财物，是指除买卖婚姻外的其他借婚姻索取财物的行为。借婚姻索取财物与买卖婚姻都是以索取一定财物作为结婚的条件，但前者以双方当事人自主自愿为基础，后者则完全违背当事人意愿。借婚姻索取财物也不同于婚前一方给付彩礼的行为。在前一情形下，一方索要的财物数额明显高出当地婚前给付的一般水平，抑或索要方并无与对方缔结婚姻的真实意思。而“彩礼”是男女在缔结婚姻过程中，基于习俗由男方给付女方或其父母的金钱或实物，以此作为婚约或婚姻成立的程序和标志。在我国，一些受传统婚嫁习俗影响较深、经济相对不发达的地区普遍存在婚前男方给付女方及其父母一定数额“彩礼”的习俗。对此，我国《婚姻法》未予禁止，适用的婚姻法司法解释也作出尊重这一婚姻习俗的规定。2003年《婚姻法解释（二）》第10条指出，一方婚前按照当地习俗给付对方或其父母彩礼的，在双方解除同居关系或者离婚时，一方请求返还并符合法定条件的，人民法院应当予以支持。至于女方或其父母是否全额返还彩礼，甚或部分返还的比例，司法实务中法官需区分案件情形，做出裁决。

三、重　婚

重婚是对一夫一妻制的严重破坏。本条所谓“重婚”，是指夫妻一方或双方在婚姻关系存续期间与他人再行结婚，或者一人同时与两个以上的人结婚的行为。按照一夫一妻制原则要求，缔结婚姻关系的男女双方只有在婚姻关系终止（包括配偶一方死亡和双方离婚两种情形）后，才可再行结婚。民法上的重婚不同于刑法上的重婚。[①]民法上的重婚侧重于对行为本身的衡量定性，构成民法上的“重婚”不要求当事人有重婚的故意；刑法上的重婚关注对行

---

① 参见夏吟兰主编：《中华人民共和国婚姻法评注·总则》，厦门大学出版社2016年版，第225页。

为人主观恶性的惩罚，依照我国《刑法》第258条[①]重婚罪之规定，行为人构成重婚罪必须具有重婚的故意。故而，不知他人有配偶而与之结婚的无配偶者，在刑法上不构成重婚罪，但在民法上却须承担婚姻无效及相应的法律后果。

为维护一夫一妻制权威和尊严，对“重婚”应当从实质意义上加以判断和认定。为此，重婚包括“法律上的重婚”和“事实上的重婚”两种情形。[②]“法律上的重婚”是有配偶者在前一婚姻未依法解除时，又与他人办理结婚登记手续的情形，它是法律婚与法律婚的重叠。实践中，因为办理登记手续需要提交户口簿等证件，法律上的重婚较少发生，随着未来婚姻登记信息的联网，法律上的重婚几乎成为不可能。[③]“事实上的重婚”则是当事人在前一婚姻未解除时，又与他人缔结婚姻，前婚和后婚至少有其中之一未办理结婚登记的情形。“事实上的重婚”包括法律婚（前婚）与事实婚（后婚）的重叠、事实婚（前婚）与法律婚（后婚）的重叠、事实婚（前婚）与事实婚（后婚）的重叠等多种情形。

对于前一婚姻必须为合法婚姻，后一婚姻才构成重婚的问题，学界认识并不一致。持肯定观点的学者认为：“如果不要求前婚本身具有合法性，那么实际上在成立重婚的同时又承认了违法婚姻的效力，这样就会产生司法工作中的自相矛盾。”[④]否定者的理由是：对重婚的认定与婚姻效力没有必然联系。[⑤]之所以在这一问题上存在两种截然相反的观点，一方面是因为我国学界尚未对婚姻、有效婚姻（合法婚姻）、无效婚姻（违法婚姻）三者的内涵及关联有准确清晰界定；另一方面则是因为我国现行立法未明确界定事实婚

---

① 我国《刑法》第258条规定：“有配偶而重婚的，或者明知他人有配偶而与之结婚的，处二年以下有期徒刑或者拘役。”

② 参见余延满：《亲属法原论》，法律出版社2007年版，第63页；薛宁兰、金玉珍主编：《亲属与继承法》，社会科学文献出版社2009年版，第33页；夏吟兰主编：《中华人民共和国婚姻法评注·总则》，厦门大学出版社2016年版，第323—324页。

③ 参见夏吟兰主编：《中华人民共和国婚姻法评注·总则》，厦门大学出版社2016年版，第222页。

④ 陈苇主编：《结婚与婚姻无效纠纷的处置》，法律出版社2001年版，第183页。

⑤ 参见吴洪、汪姿含：《对一夫一妻制度的理性思考》，载《中华女子学院学报》2013年第1期。

姻，司法解释又以缔结关系的时间为标准，做出事实婚姻与非婚同居的不同认定。2001年《婚姻法解释（一）》第5条指出："未按婚姻法第八条规定办理结婚登记而以夫妻名义共同生活的男女，起诉到人民法院要求离婚的，应当区别对待：（一）1994年2月1日民政部《婚姻登记管理条例》公布实施以前，男女双方已经符合结婚实质要件的，按事实婚姻处理；（二）1994年2月1日民政部《婚姻登记管理条例》公布实施以后，男女双方符合结婚实质要件的，人民法院应当告知其在案件受理前补办结婚登记；未补办结婚登记的，按解除同居关系处理。"对重婚的认定不能仅以前婚是否登记作为判断依据，而要坚持从实质意义上判定，只有这样才能真正贯彻一夫一妻的婚姻制度。

最后，重婚在民法上的后果体现在四个方面：（1）重婚是构成婚姻无效的法定情形。经法院宣告后，重婚将产生自始无效的后果，当事人之间不具有夫妻的权利和义务；对重婚的财产处理，不得侵害合法婚姻当事人的财产权益。[①]（2）重婚中的无过错方享有损害赔偿请求权。此为《民法典》第1054条新增内容。（3）一方重婚是法院判决合法婚姻中的双方当事人离婚的法定理由。依照《民法典》第1079条，因一方重婚导致夫妻感情确已破裂，调解无效的，法官应准予离婚。（4）依《民法典》第1091条，因重婚导致合法婚姻的双方离婚的，无过错方有向重婚一方提起离婚损害赔偿的权利。

四、有配偶者与他人同居

有配偶者与他人同居，旧称"姘居"，俗称"包二奶"或"包二爷"，按照最高人民法院司法解释，它是指有配偶者与婚外异性既不办理结婚登记，也不对外以夫妻名义相称，双方保持持续、稳定共同生活关系的行为。[②]有配偶者与他人同居与事实重婚的相同之处体现在：（1）主体一方或双方是有配偶者；（2）双方有持续稳定的共同生活事实。两者的区别主要在于：事实重婚是当事人双方公开以夫妻名义共同生活，而有配偶者与他人同居则不具备

① 参见《民法典》第1051条、第1054条。

② 参见《最高人民法院关于适用〈中华人民共和国婚姻法〉若干问题的解释（一）》第2条。

这一特征，双方的共同生活关系更为隐秘。对于“包二奶”或“包二爷”的，如果双方公开以夫妻名义共同生活，应认定为事实重婚；反之，则以有配偶者与他人同居对待。通常，有配偶者与他人同居不构成犯罪，但是依照我国刑法，与现役军人的配偶同居的，构成破坏军婚罪。[①]这体现出我国刑法对军人婚姻的特别保护。

有配偶者与他人同居在民法上的后果主要有二：（1）它是法官认定夫妻感情确已破裂，准予离婚的法定情形；（2）无过错的一方配偶享有请求离婚损害赔偿的权利。[②]

五、家庭暴力

在禁止性规定中增加“禁止家庭暴力”，是2001年《婚姻法》的创举。此外，修改后的婚姻法还增设第五章救助措施与法律责任，确立对家庭暴力受害人的救助措施，以及施暴人应承担的法律责任。婚姻家庭法是民事法律，主要从权利义务角度对夫妻、父母子女及其他近亲属在家庭中的行为进行调整。家庭暴力虽然主要发生在家庭成员之间，但其性质是违法犯罪行为，只凭借婚姻家庭法的规范效力是难以实现对家庭暴力的法律防治的。防治家庭暴力涉及社区干预、行政干预与司法干预等诸多方面，需要一部专门的综合性法律进行系统性规制。[③]

2016年3月1日，我国《反家庭暴力法》实施。该法第2条将家庭暴力界定为：“家庭成员之间以殴打、捆绑、残害、限制人身自由以及经常性谩骂、恐吓等方式实施的身体、精神等侵害行为。”这一定义明确了家庭暴力的关系主体、行为方式及其类型。[④]（1）家庭暴力的关系主体。它是指家庭暴力的实施者和直接受害人。[⑤]反家庭暴力法将之界定为两类：一是家庭成员；二是有

---

① 我国《刑法》第259条第1款规定：“明知是现役军人的配偶而与之同居或者结婚的，处三年以下有期徒刑或者拘役。”

② 参见《民法典》第1079条、第1091条。

③ 参见薛宁兰：《社会性别与妇女权利》，社会科学文献出版社2018年版，第244页。

④ 参见薛宁兰：《反家庭暴力法若干规定的学理解读》，载《辽宁师范大学学报》（社会科学版）2017年第1期。

⑤ 参见蒋月：《家庭暴力的概念和内涵之诠释》，载《妇女研究论丛》2016年第1期。

着共同生活关系的非家庭成员。[①]其中，家庭成员是家庭暴力关系主体中最主要的类型。然而，何谓“家庭成员”？反家庭暴力法并未有界定，在婚姻法、治安管理处罚法、刑法等早已使用这一术语的法律中也未曾明示过。现《民法典》第1045条第3款将家庭成员界定为：“配偶、父母、子女和其他共同生活的近亲属”，填补了这一法律空白。至于《反家庭暴力法》第37条所言“家庭成员以外共同生活的人”，他们虽是该法调整的关系主体，却不属于《民法典》婚姻家庭编所禁止的家庭暴力概念中的主体。因为反家庭暴力法是社会法，它除保护家庭成员免遭暴力侵害外，还保护其他亲密关系中的暴力受害人。(2)家庭暴力的行为方式。在行为方式上，作为和不作为都可构成家庭暴力。现实生活中，以作为方式实施家庭暴力的比较常见。例如，“殴打、捆绑、残害、谩骂、恐吓，限制人身自由”等；家庭成员之间的不作为也可以构成家庭暴力，这主要是指父母等其他监护人对无行为能力或者限制行为能力的被监护人负有法定的作为义务，而懈怠履行，不给其吃饱、穿暖，不予照料护理，或将之遗弃，有病不给治疗等，使其处于冻饿、生命健康和安全得不到保障的危险境地，甚或造成伤残死亡的损害后果。(3)家庭暴力的类型。身体暴力和精神暴力是最常见的两种家庭暴力类型，在《反家庭暴力法》第2条中被列举。此外，性暴力也应当是家庭暴力的独立类型。虽然《反家庭暴力法》第2条未将性暴力独立归类，但对本条在“身体、精神”之后的“等”字可理解为：包括性暴力在内的其他类型暴力（如经济控制）是法条未予列举的暴力类型。性暴力主要发生在婚姻关系处于特殊时期（如离婚诉讼期间）的夫妻之间，以及监护人和被监护人之间。例如，2014年最高人民法院公布的十大涉家庭暴力典型案件中，案例十便是养女长期被养父性侵害的犯罪案件。[②]

2001年《婚姻法解释（一）》第1条将婚姻法中的“家庭暴力”解释为：“行为人以殴打、捆绑、残害、强行限制人身自由或者其他手段，给其家庭成员的身体、精神等方面造成一定伤害后果的行为。”这一司法解

① 《反家庭暴力法》第37条规定：“家庭成员以外共同生活的人之间实施的暴力行为，参照本法规定执行。”

② 《最高人民法院公布十起涉家庭暴力典型案例》，载《人民法院报》2014年2月28日。

释是对依司法途径惩治家庭暴力的界定，它强调构成家庭暴力必须给受害的家庭成员的身体、精神等方面造成一定伤害后果。以伤害后果作为衡量施暴人行为是否构成家庭暴力，并不利于保护受害人。对此，有学者主张，应当以加害人的暴力行为是否成为一种行为模式作为认定家庭暴力的标准。[①]《反家庭暴力法》最终对家庭暴力的界定不再强调伤害后果，只要家庭成员一方对另一方实施了身体、精神等侵害行为，即构成家庭暴力。从效力层级和发布时间看，今后应当采用《反家庭暴力法》对家庭暴力概念的界定。

基于以上分析，可将本条所言"家庭暴力"界定为：它是发生在配偶、父母、子女和其他共同生活的近亲属之间的，以殴打、捆绑、残害、限制人身自由以及经常性谩骂、恐吓等方式实施的身体、精神等侵害行为。

六、家庭成员间的虐待和遗弃

禁止家庭成员间的虐待和遗弃，始于1980年《婚姻法》。虐待是指家庭成员以作为或不作为的方式，对其他家庭成员实施的打骂、恐吓、饿冻、居住条件上的歧视性待遇等致其身体或精神遭受损害的侵害行为。遗弃则是家庭成员中负有抚养、赡养、扶养义务的一方，对需要抚养、赡养、扶养的另一方不履行义务的侵害行为。家庭成员间的遗弃总是以不作为方式出现的，依法应为而不为，致使被遗弃者权益蒙受损害的，应承担法律责任。

从行为性质和内涵看，家庭成员间的虐待和遗弃也是家庭暴力。我国2001年《婚姻法》增加规定"禁止家庭暴力"时，并未取消"禁止家庭成员间的虐待和遗弃"。立法机关将如此规定的意图解释为："虐待和家庭暴力虽有重合之处，但虐待不能包括有的家庭暴力行为，如夫妻之间吵架，丈夫一怒之下失手打死妻子，像这种行为，属于家庭暴力，但不属于虐待，在刑法上适用过失杀人罪，不适用虐待罪。因此，修改婚姻法时单独规定禁止家庭暴力。"[②]这一解释仅揭示出虐待与家庭暴力内在联系的一个方面，

---

① 参见陈敏：《呐喊：中国女性反家庭暴力报告》，人民出版社2007年版，第5页。

② 胡康生主编：《中华人民共和国婚姻法释义》，法律出版社2001年版，第14—15页。

而《婚姻法解释（一）》第1条则揭开了两者联系的另一面：家庭成员之间持续性、经常性的家庭暴力，构成虐待。随着我国反家庭暴力立法从地方到国家层面的全面展开，学界和立法机关对家庭暴力概念的认知与此前有很大不同。不仅虐待是一种严重的家庭暴力，遗弃也应归属于家庭暴力。鉴于对禁止家庭内部的虐待和遗弃已经形成社会共识，《民法典》本条继续沿用2001年《婚姻法》的表述方式，将禁止家庭暴力与禁止虐待和遗弃相并列。从中可见，虐待和遗弃是严重侵害家庭成员身体和精神的违法犯罪行为，因之，本款所言家庭暴力，应理解为虐待和遗弃以外的其他形式的侵害行为。

家庭成员之间的暴力、虐待和遗弃均是违法犯罪行为。它们在民法上的后果体现在如下四个方面：（1）夫妻一方实施家庭暴力（包括虐待和遗弃）是法院裁判离婚的法定理由（《民法典》第1079条）。（2）夫妻一方因实施家庭暴力（包括虐待和遗弃）导致离婚的，无过错方有权请求损害赔偿（《民法典》第1091条）。（3）监护人对被监护人实施家庭暴力（包括虐待和遗弃），由法院依法撤销其监护人资格（《民法典》第36条）。（4）家庭暴力侵害人应当依照民法典规定承担民事侵权责任。其应承担的侵权责任形式主要包括：停止侵害、排除妨碍、消除危险、返还财产、恢复原状、赔偿损失、赔礼道歉等（《民法典》第179条）。例如，对家庭成员实施身体侵害的，受害人可以要求侵害人赔偿医疗费、护理费、交通费、营养费等为治疗和康复支出的合理费用，以及因误工减少的收入；造成残疾的，还应当赔偿辅助器具费和残疾赔偿金；造成死亡的，还应当赔偿丧葬费和死亡赔偿金（《民法典》第1179条）。在以经常性谩骂、恐吓等方式对家庭成员实施精神侵害的情形下，受害人可以要求侵害人停止侵害、赔礼道歉等。

最后，对家庭成员实施暴力（包括虐待和遗弃）严重的，将构成犯罪。在我国刑法中虽未设立家庭暴力罪这一类罪，但对于刑法确立的下列犯罪，如果行为人是针对家庭成员实施的，就属于家庭暴力方面的犯罪。主要有：故意杀人罪、故意伤害罪、虐待罪、遗弃罪、强奸罪、非法拘禁罪等。

第一千零四十三条【婚姻家庭法伦理】

家庭应当树立优良家风，弘扬家庭美德，重视家庭文明建设。

夫妻应当互相忠实，互相尊重，互相关爱；家庭成员应当敬老爱幼，互相帮助，维护平等、和睦、文明的婚姻家庭关系。

历史由来

本条是我国婚姻家庭法秉持伦理道德观的规定。本条第1款提出家庭建设的总体要求，是《民法典》的新增条款。本条第2款源自《婚姻法》第4条，该条规定："夫妻应当互相忠实，互相尊重；家庭成员间应当敬老爱幼，互相帮助，维护平等、和睦、文明的婚姻家庭关系。"此为2001年修改《婚姻法》时的增设条款。

在《民法典》编撰过程中，《民法典婚姻家庭编（草案）》（一审稿）和《民法典婚姻家庭编（草案）》（二审稿）均沿袭《婚姻法》第4条规定。从《民法典婚姻家庭编（草案）》（三审稿）开始，本条内容有所增加，首先，将"家庭应当树立优良家风，弘扬家庭美德，重视家庭文明建设"增设为第1款；其次，将本条原内容作为第2款，并在"夫妻应当互相忠实，互相尊重"之后增加"互相关爱"的内容。自此，《民法典（草案）》《民法典》均维持这一表述。

规范目的或功能

亲属关系是《民法典》婚姻家庭编的调整对象，其特质塑造着婚姻家庭法的特性。亲属关系是自然人之间的血缘辈分关系，具有浓厚的人伦色彩。婚姻家庭法因此被赋予不同于民法财产法的特质，是具有强烈伦理性的身份法。

法律和伦理道德是两种既相互区别又密不可分的社会规范。两者在婚姻家庭领域中的作用各有所长，不可或缺。法律的实施需要道德支持，道德的实践需要法律保驾护航。而且，"法律规范大都起源于伦理道德规范，它们原是伦理道德规范中最重要、最基本的内容。唯其最重要、最基本，国家才将其上升为法律规范，借助国家强制力予以保障”[①]。因此，法律对亲属关系的调整不过是将婚姻家庭中的人伦秩序上升为法律秩序，所有法律制度都应当符合一定的道德标准。婚姻家庭伦理是一个民族在其历史进程中形成的，为人们普遍遵守的有关夫妻、父母子女等亲属关系的价值、观念及行为准则。它们要么直接转化为婚姻家庭法规则，要么为婚姻家庭法所宣示。本条即婚姻家庭编对我国主流婚姻家庭伦理道德观的集中表达，是法的价值引导功能的体现。本条虽不具有可诉性[②]，但它宣示出我国婚姻家庭法的伦理价值取向，对民众处理婚姻家庭问题具有引导作用。

本条第1款将包括优良家风和家庭美德在内的家庭文明建设上升为《民法典》婚姻家庭编的倡导性规范，是法律与道德共同作用于家庭建设，促进家庭关系和谐发展的体现，也是依法治国与以德治国相结合，将社会主义核心价值观融入民法典立法的具体实践。在社会转型过程中，我国出现离婚率上升、家庭成员情感疏离、家庭暴力增多等现象。这些与我国千百年来形成的家庭关系和谐有序的传统美德相悖，有碍平等和睦文明的婚姻家庭关系建立。本款以法律形式倡导树立优良家风，弘扬家庭美德，“有利于强化家庭及其成员的责任感和义务感，使我国新时代的家庭文明建设在法律的保障和促进下取得新成就”[③]。

本条第2款基本延续《婚姻法》规定，在处理夫妻关系的伦理要求中增加“互相关爱”。其所针对的主要是当前婚姻关系松散、配偶暴力时有发生的社会现状。本款从夫妻“互相忠实、互相尊重、互相关爱”、家庭成员“敬老爱幼，互相帮助”两个方面强化和补充了婚姻家庭编基本原则的要求和内涵，具有以法律化的道德规范弥补纯法律规范调整亲属关系不足的功能。

---

① 赵万一：《民法的伦理分析》，法律出版社2003年版，第50页。

② 2001年《最高人民法院关于适用〈中华人民共和国婚姻法〉若干问题的解释（一）》第3条指出：“当事人仅以婚姻法第四条为依据提起诉讼的，人民法院不予受理；已经受理的，裁定驳回起诉。”

③ 王晓琳：《婚姻家庭编草案：构建和谐稳定的婚姻家庭制度》，载《中国人大》2020年第3期。

规范内容

本条分两款确立三个层面的规则。

一、应当重视家庭文明建设

本条第1款的核心是倡导重视家庭文明建设。中国是历史悠久的文明古国，古代典籍多有家庭重要性论述。《孟子·离娄章句上·第五节》指出“天下之本在国，国之本在家，家之本在身”；《礼记·大学》更是认为“齐家”是“治国”的前提条件，提出“家齐而后国治”的观点。在社会主义现代化建设进程中，党和国家十分重视家庭文明建设。习近平总书记指出：“不论时代发生多大变化，不论生活格局发生多大变化，我们都要重视家庭建设，注重家庭、注重家教、注重家风，紧密结合培育和弘扬社会主义核心价值观，发扬光大中华民族传统家庭美德，促进家庭和睦，促进亲人相亲相爱，促进下一代健康成长，促进老年人老有所养，使千千万万个家庭成为国家发展、民族进步、社会和谐的重要基点。”①

所谓“家风”，是家庭成员在长期共同生活中形成的价值观、生活作风、生活方式、行为准则和生活习惯的总称。②家风的核心是与伦理道德密切相关的价值观，它是一个家庭内在的精神动力，更是生活于其中的家庭成员立身处世的行为准则。家风具有传承性、时代性、多样性、稳定性等特征。它对于每一家庭成员的个人修养、道德品行有极强的感染力，产生着潜移默化的影响。家风有好坏之分、优劣之别。优良家风作为积极正面的文化氛围，会在代与代之间不断继承与发展，形成一种精神力量，产生一定的道德约束力，并在一定程度上发挥道德准则的作用。当前，我国倡导建立社会主义家庭新风尚，其核心内容可概括为“爱国爱家、相亲相爱、向上向善、共建共

---

① 习近平：《在2015年春节团拜会上的讲话》，http://www.xinhuanet.com/politics/2015-02/17/c_1114401712.htm，最后访问日期2020年3月23日。

② 参见曾钊新：《论家风》，载《社会科学辑刊》1986年第6期；康雁冰：《论家风的实质及发展价值》，载《教育与教学研究》2015年第12期。

享”[①]16个字。

家庭美德由无数家庭的优良家风积淀而成，具有历史传承性。中华民族历来重视家庭，形成内容丰富、人文底蕴深厚的家庭美德。其内涵主要是：尊老爱幼、妻贤夫安，母慈子孝、兄友弟恭，耕读传家、勤俭持家，知书达礼、家和万事兴等。弘扬中华民族家庭美德有助于亲属之间互敬互爱、家庭成员和谐相处、家庭关系美满幸福，并有助于社会的和谐稳定。正如习近平总书记强调的，传统家庭美德“是支撑中华民族生生不息、薪火相传的重要精神力量，是家庭文明建设的宝贵精神财富”[②]。家庭美德还富有时代特色，社会发展不同时期家庭美德的内涵有所差异。在继承和弘扬传统家庭美德基础上，体现社会主义核心价值观要求的新时代家庭美德蕴含着尊重生命、禁止乱伦、平等与尊严、诚实守信、适度的个人自由等内涵。[③]

二、夫妻应当相互忠实、尊重与关爱

本条第2款提出处理夫妻关系的伦理要求。夫妻相互忠实、尊重与关爱有着丰富内涵，主要包括：在情感上，夫妻应互守诚信、相互忠贞，不为婚外性行为；在生活中，夫妻应相互关心、相互体谅、相互慰藉、相互扶助，不得遗弃另一方配偶；在社会交往中，夫妻应相互尊重、平等协商、通力合作，不得为他人利益牺牲或损害另一方配偶利益。鉴于本条性质属于婚姻家庭法伦理[④]的倡导性规定，故本款中“应当”一词的含义不宜与法律规范中的“应当”画等号，亦即此所谓“应当”并不直接在主体之间产生法律上的义务（本款中“家庭成员应当敬老爱幼、相互帮助”亦同），而应理解为夫妻间的道德义务。

---

① 习近平：《推动形成社会主义家庭文明新风尚》，http://www.xinhuanet.com/politics/2016-12/12/c_1120103506.htm，最后访问日期2020年3月23日。

② 习近平：《在会见第一届全国文明家庭代表时的讲话》，载《人民日报》2016年12月16日。

③ 参见蒋月：《婚姻家庭法前沿导论》，科学出版社2007年版，第18—20页。

④ 参见薛宁兰：《婚姻家庭法定位及其伦理内涵》，载《江淮论坛》2015年第6期。

三、家庭成员应当敬老爱幼、相互帮助

本条第2款同时提出家庭成员相处的伦理要求。“敬老爱幼”是中华民族流传千年的家庭美德，是婚姻家庭法伦理的最低要求。我国已进入老龄化社会，养老社会保障制度初步形成。家庭养老有着社会养老无法比拟的独特优势，为此，国家提出建立“以居家养老为基础、社区为依托、机构为补充”的多层次养老服务体系。[①]在老年人养老主要依靠家庭的当下，除《民法典》婚姻家庭编本条确立如上伦理要求外，我国《老年人权益保障法》对于家庭养老，家庭成员履行赡养老年人法定义务等有细化规定，它要求“家庭成员应当尊重、关心和照料老年人”（第13条），赡养老年人的法定义务包括“经济上供养、生活上照料和精神上慰藉”三个方面（第14条），从而丰富了家庭成员履行对老年人（主要是成年子女对父母、有负担能力的孙子女对祖父母）法定赡养义务的内容。在民法中，未成年人是指“不满十八周岁的自然人”[②]。未成年人是家族世代延续的希望，是国家和民族的未来，关爱和保护未成年人是社会共识和婚姻家庭法伦理的必要元素。我国《未成年人保护法》确立对未成年人优先和特殊保护的原则，并设家庭保护专章，将婚姻家庭法确立的父母或其他监护人对未成年人的抚养、教育、保护等监护职责予以具体化。如此等等，无一不体现着我国法律突出对未成年人家庭关爱和保护的伦理要求。

本条第2款“维护平等、和睦、文明的婚姻家庭关系”，表达出婚姻家庭编倡导夫妻之间、父母子女之间及其他共同生活的近亲属之间相亲相爱、互帮互助等伦理要求的立法目的与宗旨。[③]它是《民法典》婚姻家庭编第1041条确立四项基本原则、第1042条列举六项禁止性规定的共同追求目标。

---

① 参见《国民经济和社会发展第十三个五年规划纲要（2016—2020）》。

② 参见《民法典》第17条。

③ 参见余延满：《亲属法原论》，法律出版社2007年版，第52页。

其他问题

2001年修正的《婚姻法》第4条确立这一伦理性规范前后，学界围绕“夫妻应当相互忠实”是道德义务还是法律义务展开讨论，形成两种截然不同的观点。

主张是道德义务的学者认为，第一，“法律不是用来宣扬某种道德观的，而是保护公民权利，保障社会安定的工具”。“现代社会由不同的道德共同体组成……企图将自己所属的共同体认为不道德的事情用法律规定为非法，实际上是将自己道德共同体的价值观，强加于其他道德共同体。”[①]第二，将一项道德义务确定为法律义务，意味着全体社会成员都应当遵守。这样的法律是难以得到有效执行的。[②]第三，强调夫妻忠实是法律义务，会使其变成一种“最低限度的伦理规范”，人们会更多地关注具体的“忠实行为”及其后果，渐渐忽略伦理意义上的忠实责任感和自省机制的建构，还会进一步诱发婚姻家庭内部的精神危机与信任危机。因此，“夫妻忠实义务主要应该属于伦理道德范畴，而它立足于伦理领域中的倡导和履行，比在法律领域中更具有效性”[③]。

主张是法律义务的学者认为，第一，夫妻相互忠实，是婚姻关系的伦理要求。它是婚姻家庭关系的本质要求，更为建立社会主义新型家庭关系和精神文明所必需。不能忽视法律的价值评判标准具有的强大导向功能，有必要将之与同居义务一道确立为法律义务。[④]第二，将夫妻忠实义务纳入法律调整范围，体现了法的正义价值。规定夫妻忠实义务，对严重损害配偶利益的行

① 邱仁宗：《法律道德主义的残酷与虚伪》，载李银河、马忆南主编：《婚姻法修改论争》，光明日报出版社1999年版，第12—13页。

② 参见王建勋：《法律道德主义立法批判》，载李银河、马忆南主编：《婚姻法修改论争》，光明日报出版社1999年版，第25—26页。

③ 参见李光辉、李勇：《从忠实义务谈道德规范向法律规范的有效转化》，载《道德与文明》2004年第5期。

④ 参见邵世星：《夫妻同居义务与忠实义务剖析》，载《法学评论》2001年第1期。

为加以制裁和处罚，实质上保障和促进了正义在婚姻家庭法中的实现。[①]第三，对于《婚姻法》第4条，“应理解为它是夫妻权利义务的有机组成部分”[②]。明确夫妻有相互忠实的法定义务，可为追究侵犯合法婚姻的违法行为提供法律依据。第四，重婚、有配偶者与他人同居都是夫妻一方违反忠实义务，侵害一夫一妻制的违法行为。我国婚姻法不仅在基本原则中明确禁止，还将两者作为裁判离婚的法定理由，是无过错方有权提起离婚损害赔偿请求的法定情形之一。“这就在一定程度上明确了夫妻之间共同生活和相互忠实的准则，并使之成为夫妻人身关系的重要内容。”[③]

在《民法典》编纂过程中，从《民法典婚姻家庭编（草案）》（一审稿）、二审稿、三审稿，到《民法典（草案）》直至《民法典》，均一以贯之地采取《婚姻法》的立法模式，只在一般规定中表明法律的道德立场，未在夫妻人身权利义务中增设专条规定夫妻互负忠实义务。

本书认为，夫妻相互忠实是个体婚姻的本质要求，是一夫一妻制与其他婚姻形态的最大区别。一夫一妻制的实质在于通过道德规范和法律规范共同约束人们之间的性关系，使个人的性需求通过个体婚姻得到合理满足。因此，一方面，夫妻相互忠实必定是社会伦理道德规范的要求，是一种较高层次的道德原则；另一方面，是否确定夫妻相互忠实为法定义务，需要综合考虑，慎重对待。“在这一问题上，既要考虑现实社会中多数人的道德观念，又要预见到社会的发展及其带来的道德多元化趋势，还得正确认识婚姻法的作用与功能，以及法律实施可能遇到的问题和负面影响，综合权衡利弊，而不应简单化地，甚至情绪化地得出结论。”[④]今后，夫妻一方有重婚、与他人同居等不忠实行为的，另一方提起离婚或损害赔偿等诉讼时，除以本条为依据外，还应当援引《民法典》婚姻家庭编的其他法条，以使法院支持其诉讼请求。因为本条所用“应当”是对我国婚姻家庭法伦理价值观的倡导，并不产生通常情形下“应当”一词的法律规范意义。

---

① 参见田园、曹险峰：《夫妻忠实义务的法理学思考》，载《当代法学》2002年第6期。

② 蒋月：《夫妻的权利与义务》，法律出版社2001年版，第39页。

③ 杨大文主编：《亲属法》（第三版），法律出版社2003年版，第120页。

④ 王洪：《婚姻家庭法》，法律出版社2004年版，第115页。

第一千零四十四条【收养的原则】

收养应当遵循最有利于被收养人的原则，保障被收养人和收养人的合法权益。

禁止借收养名义买卖未成年人。

历史由来

本条是关于收养原则的规定。本条第1款是对《收养法》第2条的承继与发展，1992年4月1日施行的《收养法》第2条规定："收养应当有利于被收养的未成年人的抚养、成长，遵循平等自愿的原则，并不得违背社会公德。"1998年修正后的《收养法》第2条规定："收养应当有利于被收养的未成年人的抚养、成长，保障被收养人和收养人的合法权益，遵循平等自愿的原则，并不得违背社会公德。"本款变动主要有两点：一是由于我国收养法仅承认对未成年人的收养，故而将"最有利于被收养的未成年人"改为"最有利于被收养人"，两者指代相同；二是收养法归位于《民法典》婚姻家庭编中，其作为单行法时所规定的收养应"遵循平等自愿，不得违背社会公德"的原则无独立存在之必要。《民法总则》第4条、第5条、第6条、第7条、第8条确立的民事活动基本原则能够统辖民事主体实施的各种民事法律行为，从而与《民法典》体系化表述相一致。本条第2款是对1992年《收养法》第19条与1998年《收养法》第20条的承继，这两个条款均作"严禁买卖儿童或者借收养名义买卖儿童"之表述。本款剔除不应由收养法规定的"严禁买卖儿童"内容。就本条而言，立法者将收养的原则合并为一条，规定于婚姻家庭编第一章"一般规定"中，不再置于第五章"收养"之中。

关于本条所确立的收养原则的体例与表述，民法典草案各阶段的文本前后有很大不同。《民法典婚姻家庭编（草案）》（一审稿）整体删除《收养法》第一章"总则"，将《收养法》第2条与第20条合并规定于婚姻家庭编第五章"收养"第一节"收养关系的成立"的第871条，具体内容为："收养应当有利于被收养人的健康成长，保障被收养人和收养人的合法权益。禁止借收养名义买卖儿童。"从《民法典婚姻家庭编（草案）》（二审稿）起，本条位置由第五章"收养"提前至第一章"一般规定"。《民法典婚姻家庭编（草案）》（三审稿）的规定与"二审稿"的表述略有差异："二审稿"第821条之一规定："收养应当有利于被收养人的健康成长，保障被收养人和收养人的合法权益。禁止借收养名义买卖未成年人。""三审稿"第821条之一规定："收养应当遵循最有利于被收养人的原则，保障被收养人和收养人的合法权益。禁止借收养名义买卖未成年人。"《民法典（草案）》第1044条的表述与"三审稿"相同，但以独立条文序号存在，不再作为"家庭关系"条款[①]的补充条款。具体规定为，"收养应当遵循最有利于被收养人的原则，保障被收养人和收养人的合法权益。禁止借收养名义买卖未成年人"。

三 规范目的或功能

立法原则与价值取向一定程度上是法律制度的核心与精髓。收养法的原则，既是收养立法的基本出发点和指导思想，也是解释、执行及研究收养法的出发点和重要依据。它反映收养制度的本质特征，决定收养立法的性质与内容，贯穿于整个收养法之中。尽管收养法已经被纳入《民法典》婚姻家庭编，成为专门一章，但我国婚姻法现有原则中未有体现收养法这一特有原则的条款，专条确立这一收养原则，仍具有重要意义。本条规范的目的，可从三个方面理解：第一，本条规定是对在我国已经适用多年的收养法以及相关法律规范[②]原则的整合继受，符合我国立法习惯，体现出我国法制的延续性；第二，收养是形成拟制血亲的重要方式，它与以出生事实作为发生原因的自然血亲不同，收养更容易受立法原则与价值取向的影响，本条规定旨在明示我国收养制度价值，确定法律解释与漏洞补充的根本方向；第三，收养制度是婚姻家庭法律制度的重要组成部分，该项原则既是贯彻落实婚姻家庭法保护未成年人价值取向的基础性原则，又能凸显收养制度不同于其他制度的特征。

---

① 参见《中华人民共和国婚姻法（含最新司法解释）注解与配套》，中国法制出版社2017年版，第8页；《婚姻家庭与继承》（实用版法规专辑），中国法制出版社2018年版，第4页。

② 参见《最高人民法院关于贯彻执行民事政策法律若干问题的意见》（1984年8月30日最高人民法院审判委员会讨论通过，已失效）、《家庭寄养管理办法》（民政部2014年9月14日）、《民政部关于在办理收养登记中严格区分孤儿与查找不到生父母的弃婴的通知》（1992年8月11日）等。

规范内容

本条规定分两款对收养制度的基本原则作出规定。

一、最有利于被收养人原则与保障被收养人和收养人的合法权益

本款内容可继续拆分为两项原则：第一，收养应当遵从最有利于被收养人的原则；第二，收养应当保障被收养人和收养人的合法权益。保障被收养人和收养人的合法权益是1998年《收养法》修正新增内容，作为收养制度而非收养成立的原则，增加后的规范更加完整、全面、体系化。

鉴于我国收养法仅承认未成年人收养而不承认成年人收养，[①]“被收养的未成年人”与“被收养人”两者所示主体范围是一致的，但后者更为简洁；“最有利于”相较于“有利于”的表述，不仅语气更为强烈，也确定了当收养各方当事人权益发生冲突时法律保障的顺序。我国已于1991年12月29日经第七届全国人大常委会第二十三次会议批准加入联合国《儿童权利公约》。该公约第21条规定：“凡承认和（或）许可收养制度的国家应确保以儿童的最大利益为首要考虑……”我国《民法典（草案）》确立“最有利于被收养人原则”，既符合国际收养立法发展趋势，是我国履行国际义务的体现，又贯彻了我国宪法“儿童受国家的保护”之精神。这一原则在收养章规定的被收养人之条件、送养人之条件及收养的解除等方面，均有所体现。它故而被称为“我国收养制度的基础性原则”[②]。

保障被收养人和收养人的合法权益，其重点在于收养关系成立后，应当注意对收养关系中各方权益的有效保护。任何具体的收养关系均会涉及收养人和被收养人双方权益，收养关系是相对的法律关系。收养关系一经成立，收养人和被收养人之间便形成拟制父母子女关系，享有和承担父母子女间的权利和义务，每一方都不能只享有权利，不承担义务。《民法典（草案）》第1118条关于收养关系解除后，成年养子女对养父母的赡养义务或抚养费补偿

---

① 参见杨大文主编：《亲属法》（第四版），法律出版社2004年版，第254—255页；巫昌祯主编：《婚姻家庭法新论》，中国政法大学出版社2002年版，第271页。

② 雷明光主编：《中华人民共和国收养法评注》，厦门大学出版社2016年版，第42页。

义务等规定，正是对本项原则的体现。

二、禁止借收养名义买卖未成年人

禁止借收养名义买卖未成年人这一原则，是对婚姻家庭编“保护妇女、未成年人和老年人的合法权益”原则的细化，也是对“收养应当遵循最有利于被收养人”原则的深化。从犯罪学角度对送养行为进行禁止性规范，将有助于进一步强化收养行为的规范性与合法性。[①]现实生活中，虽然大多数人收养他人子女的目的是育幼养老，但不能排除个别人借收养之名而行买卖未成年人之实。借收养名义买卖未成年人，不仅与现代收养法的立法目的背道而驰，也非常不利于未成年人的健康成长、损害未成年人的人格尊严、破坏受害人家庭的完整与幸福。本款作为收养制度基本原则具有宣示性，其实现有赖于在收养制度中对这一原则的具体落实。以收养的成立为例，大陆法系国家为确保国家有效干预，对此采取两种方式：一是收养须经司法程序成立，即收养当事人须向住所地民事法院呈交申请书和有关证书，经法院裁决认可，收养方告成立。[②]法国、德国采用此制。二是收养须经行政程序成立，即收养当事人应向有关行政机关申报，经行政机关审批，收养方告成立。[③]瑞士、日本采用此制。英美法系部分国家更是将收养视为国家公法行为[④]而非民事行为，但此与我国情况不符，在此不做赘述。我国1998年《收养法》修正将收养成立的形式要件从原来的收养登记主义、书面协议主义、书面协议主义兼公证主义于一体的三元主义改为一元收养登记主义，强化国家公权力的介入与监督。[⑤]简言之，本款规定将禁止买卖未成年人置于收养原则的高度，意在提示司法机关和民众，国家禁止一切显性和隐性的利用收养买卖儿童的行为。[⑥]

---

① 参见雷明光主编：《中华人民共和国收养法评注》，厦门大学出版社2016年版，第57页。

② 参见李志敏主编：《比较家庭法》，北京大学出版社1988年版，第270页。

③ 参见李志敏主编：《比较家庭法》，北京大学出版社1988年版，第270页。

④ 参见黄宗乐：《英国收养法》（上），载《台湾大学法学论丛》1978年第2期；蒋新苗：《国际收养法律制度研究》，法律出版社1999年版，第9页。

⑤ 参见张学军：《论中国公民收养未成年成立的形式要件》，载《中国法学》1998年第6期。

⑥ 参见王利明主编：《中国民法典学者建议稿及立法理由：人格权编·婚姻家庭编·继承编》，法律出版社2005年版，第330页。

其他问题

一、关于收养原则的条文位置

如前所述，“收养的原则”在二审稿之前，在收养章“收养关系的成立”一节予以规定；二审稿、三审稿及《民法典（草案）》将其规定在婚姻家庭编“一般规定”中。收养法归位于《民法典》婚姻家庭编，势必需要对收养制度的体系结构、收养条文的编排作重新安排，已有研究多将收养单独成章，规定在父母子女章之后，[①]但对于收养章是否仍有“一般性规定”或有无收养的定义与原则之规定，争议较大。值得注意的是，关于收养的定义与原则的规定，均被置于收养章而非婚姻家庭编“一般规定”章。其法理在于，婚姻家庭编一般规定的内容应当统摄整个婚姻家庭法，收养的原则仅适用于收养制度，规定于“一般规定”章有违法典化原则。故关于收养的原则规定应尽可能归位于收养章，考虑到仅有一条，可规定于“收养的成立”第1条。[②]

二、对最有利于被收养人原则与保障被收养人和收养人合法权益原则的理解

在收养法立法过程和实践中，关于收养的原则，存在“单向保护”与“双向保护”之争。前者强调收养时应特别注意“保护被收养人合法权益”；后者则认为不仅要保护被收养人的合法权益，还要注意保护收养人的合法权益。“单向保护”与“双向保护”争议的焦点在于如何理解收养关系中的子女利益最大化原则，如何兼顾收养人与被收养人利益。从1992年《收养法》到

---

① 参见王利明主编：《中国民法典学者建议稿及立法理由：人格权编·婚姻家庭编·继承编》，法律出版社2005年版，第324页；梁慧星主编：《中国民法典草案建议稿附理由：亲属编》，法律出版社2006年版，第288页；孔祥瑞、李黎：《民法典亲属编立法若干问题研究》，中国法制出版社2005年版，第14—15页；夏吟兰、薛宁兰主编：《民法典之婚姻家庭编立法研究》，北京大学出版社2016年版，第124页；陈甦主编：《中国社会科学院民法典分则草案建议稿》，法律出版社2019年版，第372页。

② 参见于海涌编著：《中国民法典草案立法建议：提交稿》，法律出版社2016年版，第105页；陈甦主编：《中国社会科学院民法典分则草案建议稿》，法律出版社2019年版，第372页。

1998年修正后《收养法》的条文演进看，“双向保护”显然取代了“单向保护”，强调对未成年人的保护，并不意味着只保护未成年人一方利益。收养制度的立法宗旨应是全面保护收养关系，进而保护收养关系中的各方当事人，尤其是未成年人。对于二者之争，应当理解为：收养制度的基本原则是向弱者倾斜的保护。2019年12月28日《民法典（草案）》关于收养的原则之规定就体现出“弱者倾斜保护”特点：第一，法律明确保护被收养人与收养人的合法利益；第二，当收养人的利益与被收养人的利益发生冲突时，按最有利于被收养人的原则处理；第三，当收养人的合法利益更需要保护时，法律应予以保护。

第一千零四十五条【亲属、近亲属、家庭成员的范围】

亲属包括配偶、血亲和姻亲。

配偶、父母、子女、兄弟姐妹、祖父母、外祖父母、孙子女、外孙子女为近亲属。

配偶、父母、子女和其他共同生活的近亲属为家庭成员。

历史由来

本条是关于亲属、近亲属以及家庭成员范围的规定。亲属、近亲属、家庭成员是我国现行法及最高人民法院司法解释经常使用的概念，但亲属、家庭成员的范围在现行婚姻法中未有明确规定，关于近亲属的范围在我国相关法律或者最高人民法院司法解释中的界定有所不同。本条变动主要体现在两个方面：第一，婚姻家庭领域中各类主体之间的权利义务，都以特定的亲属身份为发生根据，增加对亲属、家庭成员范围的规定，既符合婚姻家庭编作为“调整因婚姻家庭产生的民事关系”基本法的法律地位，又能填补已有法律缺漏。第二，我国《婚姻法》《民法通则》《继承法》《刑事诉讼法》等对近亲属的范围或顺序有不同规定，本条第2款承继《最高人民法院关于贯彻执行〈中华人民共和国民法通则〉若干问题的意见（试行）》第12条规定，有利于实现我国社会主义法律体系规范的一致性。

在民法典编纂过程中，《民法典婚姻家庭编（草案）》（一审稿）第822条规定了4款内容，具体内容为："亲属包括配偶、血亲和姻亲。配偶、父母、子女、兄弟姐妹、祖父母、外祖父母、孙子女、外孙子女为近亲属。共同生活的公婆、岳父母、儿媳、女婿，视为近亲属。配偶、父母、子女和其他共同生活的近亲属为家庭成员。"其后的"二审稿""三审稿"与之表述一致。在此阶段，将共同生活的公婆、岳父母、儿媳、女婿等纳入近亲属范畴，主要是考虑到我国长期实行计划生育政策，独生子女相当普遍，将直系姻亲关系纳入近亲属的范围，明确他们之间的权利义务关系，利于发挥家庭养老育幼的功能和弘扬中华民族传统美德。①但是，至《民法典（草案）》阶段，由于社会各界对将直系姻亲纳入近亲属范畴反应不一，分歧较大，第1045条在前述条文的基础上，删去第3款"共同生活的公婆、岳父母、儿媳、女婿，视为近亲属"的规定，其他表述不变，具体内容为："亲属包括配偶、血亲和姻亲。配偶、父母、子女、兄弟姐妹、祖父母、外祖父母、孙子女、外孙子女为近亲属。配偶、父母、子女和其他共同生活的近亲属为家庭成员。"此后，这一条文在《民法典（草案）》中沿袭下来，直至成为《民法典》的正式条文。

三 规范目的或功能

我国《民法总则》《民法通则》《婚姻法》中，没有关于亲属的概念、范围等亲属关系原理的规定。亲属制度通则性规定的缺失，在实践中造成了两个方面的负面影响：一方面，妨碍人们对亲属关系法律用语的理解，不利于人们对《婚姻法》《收养法》等法律的掌握与运用；另一方面，各法律部门对于同一法律用语的不同规定，极易引起法律应用中的混乱。有鉴于此，《民法典婚姻家庭编（草案）》特设专条对亲属、近亲属、家庭成员的范围作出界定。该规定既是实现我国社会主义法律体系中亲属关系规范一致性的基本要求，又是完善《民法典》婚姻家庭编体系构建的必然要求，更是明晰亲属之

---

① 参见杨大文：《民法的法典化与婚姻家庭法制的全面完善——关于民法婚姻家庭编的总体构想》，载《中华女子学院学报》2002年第4期；陈苇主编：《中国婚姻家庭法立法研究》，群众出版社2010年版，第81—83页。

间互负法律上权利义务的前提。[①]简言之，亲属、近亲属、家庭成员的范围是确定亲属身份关系的基础，在婚姻家庭编中增设该规定，是统一我国亲属法制的客观需要。[②]

规范内容

一、亲属范围的界定

法律对亲属的分类因时代、国家而异。法律意义上的亲属通常有狭义与广义之分。狭义的亲属，仅指血亲和姻亲，不包括配偶。德国、瑞士、意大利等国民法采取此种立法例。广义的亲属，指配偶、血亲和姻亲的总称。日本民法、韩国民法采取此种立法例。[③]对于配偶能否成为亲属的一类，我国学者对此也有争议。学界主流观点认为，现代婚姻家庭法以男女平等为原则，男女结婚后人格独立且平等地享有权利承担义务，配偶在亲属关系的网络中处于核心地位，将配偶作为独立的亲属类别符合国情。我国民法典编纂历程中，均采广义的亲属范围，规定"亲属包括配偶、血亲和姻亲"。就法条表述而言，亲属范围的界定是近亲属范围界定的逻辑前提。如有可能，还应进一步对配偶、血亲以及姻亲作出界定。可规定，"男女因结婚互称配偶"[④]，"血亲，是指因自然的血缘联系，或者因法律拟制的扶养关系而产生的亲属关系"[⑤]以及"姻亲，是以血亲的婚姻为中介形成的亲属。姻亲包括：（一）血亲

---

① 参见夏吟兰、李丹龙：《民法典婚姻家庭编亲属关系通则立法研究》，载《现代法学》2017年第5期。

② 参见杨大文：《民法的法典化与婚姻家庭法制的全面完善——关于民法婚姻家庭编的总体构想》，载《中华女子学院学报》2002年第4期。

③ 参见梁慧星主编：《中国民法典草案建议稿附理由：亲属编》，法律出版社2006年版，第19—20页；也作"两分法的立法主义与三分法的立法主义"，参见王利明主编：《中国民法典学者建议稿及立法理由：人格权编·婚姻家庭编·继承编》，法律出版社2005年版，第207页。

④ 梁慧星主编：《中国民法典草案建议稿附理由：亲属编》，法律出版社2006年版，第20页。

⑤ 梁慧星主编：《中国民法典草案建议稿附理由：亲属编》，法律出版社2006年版，第22页。

的配偶，如儿媳、女婿、兄嫂、弟媳、姐夫、妹夫；（二）配偶的血亲，如岳父母、公婆”[①]。

二、近亲属范围的界定

近亲属是我国现行法及最高人民法院司法解释经常使用的概念，并且不同的法律或解释对其范围、顺序界定并不相同。关于近亲属范围的界定，首先，应当明确“亲属的范围”；其次，方可具体讨论近亲属的范围。本条第1款虽然采用广义的亲属范围，将配偶作为独立的亲属类型，但该规定更类似于对亲属种类的界定，至于何种范围内的亲属关系为法律调整的对象、具备法律效力仍不明确。就亲属的范围而言，主要有两种立法例：一是总体限定的立法模式，即立法从整体上概括限定亲属的范围，此范围之外的亲属关系不属于法律所调整的对象，也不具备亲属的法律效力，如日本民法；二是分别限定的立法模式，即法律对亲属的范围不作概括性规定，而是根据个别的法律关系，相应地规定亲属的范围，如法国民法。尽管我国有学者认为分别限定的立法模式更具科学性和灵活性，[②]但主流观点认为我国没有明确亲属的范围与近亲属的范围是立法缺憾。[③]一方面，没有明确的亲属范围，造成了法律规定之间的矛盾与冲突；另一方面，对相同的法律术语作不同的解释，不符合法律的规范性要求，容易造成混乱。由于近亲属的概念较亲属的概念狭窄，有学者认为我国未来立法应当采用世界上绝大多数国家的立法例，摒弃以近亲属和其他亲属的概念界定亲属范围的做法，直接规定“五亲等以内的血亲、配偶和三亲等以内的姻亲为亲属”，既明确亲属范围，又使实践便于操作，且与世界各国立法相一致。[④]这种立法选择虽便捷，却忽视了新中国成立以来的司法实践以及人们日常生活中对亲属间权利义务的实际要求，并不是最优选项。在确定了亲属的范围以及继续使用“近亲属”这一概念后，哪些

---

① 梁慧星主编：《中国民法典草案建议稿附理由：亲属编》，法律出版社2006年版，第28页。

② 参见陈苇主编：《外国婚姻家庭法比较研究》，群众出版社2006年版，第73页。

③ 参见巫昌祯、李忠芳：《民法典婚姻家庭编通则一章的具体设计》，载《中华女子学院学报》2002年第4期。

④ 参见杨立新主编：《婚姻家庭继承法》，北京师范大学出版社2010年版，第31页。

亲属能成为近亲属，学者观点差异主要在于：是否限定直系血亲的亲等、旁系血亲应限定为二亲等还是四亲等、共同生活的直系姻亲是否属于近亲属。但已有观点对“配偶、父母、子女、兄弟姐妹、祖父母、外祖父母、孙子女、外孙子女”应当属于近亲属并无争议。[①]我国立法机关在此次民法典编纂进程中均以此界定近亲属范围。

三、家庭成员范围的界定

自1995年联合国第四次世界妇女大会在北京召开以来，“家庭暴力”一词在中国逐渐获得普遍认知。预防和制止家庭暴力也从家庭内部的“私事”逐渐被建构为人权与法律问题，随之而来的是，法律需要对“家庭”以及“家庭成员”作出界定。本次民法典编纂首次对“家庭成员”作出规定，单设一款明确这一概念，实乃本次立法亮点之一。在此之后的“草案”将家庭成员的界定修改为“配偶、父母、子女和其他共同生活的近亲属为家庭成员。”从文义上分析，本款表述包括三层含义：一是配偶、父母、子女无论是否共同生活，始终为家庭成员，即配偶、父母、子女的家庭成员身份不以有共同生活事实为标准；二是除配偶、父母、子女外，其他近亲属若为家庭成员，需要存在共同生活事实；三是尽管存在共同生活事实，因不具备近亲属身份，也不能成为家庭成员。简言之，家庭成员之间必定是近亲属，其范围以近亲属为限，共同生活并非判断是否为家庭成员的必要条件。对于“共同生活”事实状态的认定，应参考学界对《反家庭暴力法》第37条[②]中“共同生活的人”的认定标准。目前，学界对“共同生活的人”的理解存在分歧：一种观点是广义的，认为只要共同居住在同一处所即可；[③]另一种观点是狭义的，强调共

① 参见王利明主编：《中国民法典学者建议稿及立法理由：人格权编·婚姻家庭编·继承编》，法律出版社2005年版，第211页；梁慧星主编：《中国民法典草案建议稿附理由：亲属编》，法律出版社2006年版，第19页；陈苇主编：《中国婚姻家庭法立法研究》，群众出版社2010年版，第94页；夏吟兰：《民法典体系下婚姻家庭法之基本架构与逻辑体例》，载《政法论坛》2014年第5期等。

② 《反家庭暴力法》第37条：家庭成员以外共同生活的人之间实施的暴力行为，参照本法规定执行。

③ 参见蒋月：《家庭暴力的概念和内涵之诠释》，载《妇女研究论丛》2016年第1期。

同生活除具有生活居所的同一性外，还应具有财产关系、居家生计、精神情感等方面的紧密结合。[①]尽管广义理解能够扩大《反家庭暴力法》的适用范围，符合国际反家庭暴力立法的发展趋势，但是，狭义理解更符合我国基于历史文化、民族习俗和伦理道德等形成的对“家庭”“家庭成员”“共同生活”的社会认知。即除配偶、父母、子女外，具有“同财共居”生活事实的近亲属才是家庭成员。

其他问题

一、《婚姻家庭编》应对亲属关系通则作出规定

本条是关于亲属、近亲属、家庭成员范围的规定，虽与学者所构想的亲属关系通则存在差距，但在一定程度上实现了亲属关系通则的立法目的。[②]第一，亲属关系通则应当由《婚姻家庭编》作出规定。婚姻家庭领域中各类主体之间的权利义务，都是以特定的亲属身份为发生依据，即亲属关系是婚姻家庭领域中法律规范的前提，亲属关系的内容理应由调整婚姻家庭关系的基本法律予以全面、系统的规定。至于体例选择，目前学界主要有三种观点：一是独立成章，将亲属关系通则作为独立章节规定于婚姻家庭编通则之后，结婚章节之前；[③]二是将亲属关系通则的内容与婚姻家庭编的基本原则等内容合并为一章，共同构成《民法典》婚姻家庭编之通则（一般规定）；[④]三是将亲属关系通

---

① 参见韩伟：《中华法文化中“共同生活的人”》，载《人民法院报》2016年2月5日。

② 参见王利明主编：《中国民法典学者建议稿及立法理由：人格权编·婚姻家庭编·继承编》，法律出版社2005年版，第207—211页；梁慧星主编：《中国民法典草案建议稿附理由：亲属编》，法律出版社2006年版，第17—32页。

③ 参见杨大文：《中国婚姻家庭法的修订和完善》，载《法商研究》1999年第4期；梁慧星主编：《中国民法典草案建议稿附理由：亲属编》，法律出版社2006年版，第17—34页；孔祥瑞、李黎：《民法典亲属编立法若干问题研究》，中国法制出版社2005年版，第14—15页；夏吟兰、薛宁兰主编：《民法典之婚姻家庭编立法研究》，北京大学出版社2016年版，第124页。

④ 参见王利明主编：《中国民法典学者建议稿及立法理由：人格权编·婚姻家庭编·继承编》，法律出版社2005年版，第199—213页；于海涌编著：《中国民法典草案立法建议：提交稿》，法律出版社2016年版，第93—96页；陈甦主编：《中国社会科学院民法典分则草案建议稿》，法律出版社2019年版，第337—340页。

则置于亲属第一章节，并不统摄婚姻制度。[①]由于《民法典（草案）》将亲属关系内容仅作本条规定，虽然不存在体例问题，但仍可看出，立法者采第二种学术观点。第二，本条关于亲属、近亲属以及家庭成员范围的规定仅是亲属关系通则内容的一部分，其他内容（如亲等、亲系、效力等）也应作出规定。至于亲属关系通则应当包含哪些内容，不同内容具体如何规定，内部顺序如何排列，都是在内容建构时需要考虑的问题。亲属关系通则内容的建构离不开对亲属关系通则作用的认识，在法典化过程中，亲属关系通则应当是对不同种类亲属法律关系共性的抽象与概括，且亲属关系通则应尽可能确定不同概念的内涵与外延，避免法律规定之后，仍需大量立法解释或司法解释。本条虽对亲属、近亲属以及家庭成员的范围作出规定，但其并非亲属关系通则的全部内容，一方面，何为血亲、姻亲、亲属关系的一般效力等仍需进一步界定；另一方面，结婚等制度中提及“三代以内”“旁系血亲”“直系血亲”等用语，仍不明其所指。故此，我国民法典婚姻家庭编应尽可能对亲属关系通则作出全面规定。

二、关于姻亲的法律定义

本条第1款规定，亲属包括配偶、血亲和姻亲。随之而来的问题是，何为配偶、何为血亲、何为姻亲。即使实践中对配偶法律定义争议不大，但对血亲与姻亲不作法律界定，似乎又重现“婚姻法等法律中贸然出现‘三代以内’等这些明显违反逻辑的生僻用语”[②]的局面。由于学界对血亲的概念已形成共识，学术争议主要在于近亲属范围对血亲范围的限制，在此不作讨论。姻亲是以婚姻关系为中介而产生的亲属，但不包括配偶本身。对于姻亲的分类，主要有三种立法例：第一，二分法立法主义，即姻亲包括血亲的配偶和配偶的血亲[③]，德国、瑞士和日本等国家民法采此立法例；第二，三分法立法主义，

---

① 参见徐国栋主编：《绿色民法典草案》，社会科学文献出版社2004年版，第204页。

② 参见孔祥瑞、李黎：《民法典亲属编立法若干问题研究》，中国法制出版社2005年版，第13页。

③ 参见王利明主编：《中国民法典学者建议稿及立法理由：人格权编·婚姻家庭编·继承编》，法律出版社2005年版，第208—209页；梁慧星主编：《中国民法典草案建议稿附理由：亲属编》，法律出版社2006年版，第28—31页；陈甦主编：《中国社会科学院民法典分则草案建议稿》，法律出版社2019年版，第338—339页。

即姻亲包括血亲的配偶、配偶的血亲和配偶的血亲的配偶（如妯娌、连襟）[①]；第三,四分法立法主义，即姻亲包括血亲的配偶、配偶的血亲、配偶的血亲的配偶和血亲的配偶的血亲（如亲家），韩国民法采此立法例。在考虑到男女平等原则，以及不宜为过于疏远的亲属规定法律上的权利义务等情况下，二分法立法主义更符合我国的实际情况。

---

① 参见中国法学会婚姻家庭法学研究会等拟定的《中华人民共和国婚姻家庭法法学专家建议稿》第14条；薛宁兰：《中国民法亲属编立法若干问题探讨》，载梁慧星主编：《民商法论丛》(28)，法律出版社2003年版，第203页；于海涌编著：《中国民法典草案立法建议：提交稿》，法律出版社2016年版，第94页。

第二章

结　婚

第一千零四十六条【结婚自愿】

结婚应当男女双方完全自愿，禁止任何一方对另一方加以强迫，禁止任何组织或者个人加以干涉。

历史由来

自1949年中华人民共和国成立以来，法律中一以贯之地强调结婚必须男女双方完全自愿。我国1950年《婚姻法》第3条规定："结婚须男女双方本人完全自愿，不许任何一方对他方加以强迫或任何第三者加以干涉。"1980年颁行的《婚姻法》第4条规定："结婚必须男女双方完全自愿，不许任何一方对他方加以强迫或任何第三者加以干涉。"2001年修正后的《婚姻法》第5条规定："结婚必须男女双方完全自愿，不许任何一方对他方加以强迫或任何第三者加以干涉。"民法典编纂过程中，对于结婚应当男女双方完全自愿的表述进行了文字上的修正。《民法典婚姻家庭编（草案）》（一审稿）第823条、《民法典婚姻家庭编（草案）》（二审稿）第823条以及《民法典（草案）》第1046条均规定："结婚应当男女双方完全自愿，禁止任何一方对另一方加以强迫或者任何组织、个人加以干涉。"《民法典》第1046条也规定："结婚应当男女双方完全自愿，禁止任何一方对另一方加以强迫，禁止任何组织或者个人加以干涉。"《民法典》的规定与原《婚姻法》规定的区别主要有四个方面：第一，将原来的"结婚必须男女双方完全自愿"修改为"结婚应当男女双方完全自愿"，即"必须"修改为"应当"；第二，将原来的"不许任何一方"修改为"禁止任何一方"，即"不许"修改为"禁止"；第三，将原来的"对他方加以强迫……"修改为"对另一方加以强迫……"，即"他方"修改为"另一方"；第四，将原来的"任何第三者加以干涉"修改为"禁止任何组织、个人加以干涉"。此类修改的目的在于使法律术语的表达更为严谨和明确。

规范目的或功能

本条的规范目的有两个方面：第一，从制度设计的层面，此规定呼应

《民法典》婚姻家庭编第一章“一般规定”中的婚姻自由原则。《民法典》第1041条第2款规定：“实行婚姻自由……的婚姻制度。”婚姻自由是我国婚姻家庭制度的基本原则，其内容贯穿于婚姻家庭法的具体制度中。就结婚制度而言，“结婚应当男女双方完全自愿”，是婚姻自由原则在结婚制度中的直接体现。第二，此规定有着现实的必要性。现实生活中，包办、买卖婚姻和其他干涉婚姻自由的行为依然存在，借婚姻索取财物的现象也屡禁不止，亟须在法律中明确规定：“结婚应当男女双方完全自愿，禁止任何一方对另一方加以强迫，禁止任何组织或者个人加以干涉。”如果出现违反结婚自愿的情形，则不但婚姻可能被撤销，违法行为人还可能要承担相应的民事责任、行政责任乃至刑事责任。

规范内容

此法条是不完全法条，并不涉及构成要件与法律后果的规定。作为说明性法条，本条文旨在强调“结婚应当男女双方完全自愿，法律禁止任何一方对另一方加以强迫，禁止任何组织或者个人加以干涉”；如果出现违背双方完全自愿的情形，则婚姻可能被撤销。本条规定与《民法典》第1052条关于可撤销的胁迫婚姻、第1054条关于婚姻被撤销后的法律后果，共同构成了胁迫婚姻的可撤销制度。

本条规定实质上也隐含着对结婚合意的要求，即当事人双方关于确立夫妻关系的意思表示完全一致。这也是结婚的必备要件之一（另一要件是达到法定婚龄）。对于“男女双方完全自愿”应作全面的理解。第一，是双方自愿而不是一方自愿；第二，是当事人本人自愿而不是父母或其他人同意；第三，是完全自愿而不是勉强同意。男女双方完全自愿达成的结婚合意，必须同时符合下列条件：

1. 当事人必须具有婚姻行为能力。婚姻行为能力是指达到法定婚龄并能以自己的行为承担婚姻的法律后果的资格。虽然《民法典》婚姻家庭编中没有关于婚姻行为能力的规定，但作为《民法典》分编的内容，《民法典》总则编的规定当然适用。“恰恰从民法的发展历史看，从人文主义法思想的角度看，意思自治原则在人身关系领域里发挥作用，意义十分重大。因为个人的幸福、个性的满足，都必须从当事人自己的内心真实意愿的角度去理解。”[①]在肯定婚姻家庭法中法律行为的特殊性的同时，并不排除民法总则的适用，也能够尽可能保障当事人意思自治的实现。[②]因此，结婚的当事人要实现意思自治，双方均须有相应的民事行为能力。

未达到法定婚龄结婚，或已达到法定婚龄但欠缺完全民事行为能力的人，如不能辨认自己行为的后果、不能控制自己行为的精神障碍者，不具备婚姻行为能力，不能作出有效的同意结婚的意思表示。关于婚姻行为能力的细致研讨，详见后文第1047条评注内容。

2. 同意结婚的意思表示必须真实。结婚是创设夫妻关系的身份行为，只有当事人真正愿意缔结婚姻才具有实际意义。通常，当事人的内心的意愿与其外在表意相符合，但在特殊情况下，由于某种原因，也可能发生两者不一致的情况，这种不真实的意思表示可能会影响结婚的法律后果，导致已经缔结的婚姻可能依法被撤销。所以，在确定有无真实的结婚合意时，不能仅凭当事人外在的表示，还应注意这种外在的表示与当事人的内心意思是否完全一致，注意当事人的意思表示是不是在被胁迫的情况下作出的。如果当事人外在的表示与其内心意思完全一致，则意思表示真实、婚姻有效；如果当事人外在的表示与其内心意思不一致，同意结婚的意思是在被胁迫的情况下作出的，则婚姻可能被撤销。

3. 同意结婚的意思表示须向婚姻登记机关作出。在我国，申请结婚的男女双方必须亲自到婚姻登记机关向婚姻登记管理员表示同意结婚，才产生结婚合意的效力。当事人双方在其他场合或以其他方式所作的同意结婚的表示，均不能代替其向婚姻登记机关管理人员所作出的同意结婚的意思表示。

举证责任

如果出现结婚非自愿的情况，如一方对另一方加以胁迫或者存在外来干

① 孙宪忠：《民法典总则编“法律行为”一章学者建议稿的编写说明》，载《法学研究》2015年第6期。

② 李昊、王文娜：《婚姻缔结行为的效力瑕疵——兼评民法典婚姻家庭编草案的相关规定》，载《法学研究》2019年第4期。

涉的情形，婚姻的效力可能受到影响。这时，受胁迫的一方有权自胁迫行为终止之日起一年内（被非法限制人身自由的应当自恢复人身自由之日起一年内）请求人民法院撤销婚姻关系。受胁迫人请求人民法院撤销婚姻关系的，应当承担举证责任，即证明受胁迫情形存在，以及胁迫行为和自己同意结婚之间有因果关系；被非法限制人身自由的还应当证明非法限制人身自由情形的存在。另一方当事人负有证明胁迫行为不存在或者因果关系不成立的反证责任。

其他问题

这里主要论及亲属身份行为及其特殊性。关于结婚等亲属身份行为的本质，学界存在不同的学说。由于财产法与身份法存在异质性，亲属身份关系如夫妻、亲子、亲属的内容与效力，均与伦理及社会习俗密切关联，总则中的法律行为规范是否以及如何适用于婚姻家庭编，存在争议。有学者认为，采取“提取公因式”抽象出来的民法总则所规定的是各种法律关系的共同事项，因而其法律行为被认为可以适用于民法各编，包括财产法与身份法。但是，也有相当多的学者认为，结婚等亲属身份行为与财产法律行为不同，仅具有法律行为的形式而不具有其实质。由于《民法典》总则编中的法律行为、代理等制度在家庭关系中几乎都无法适用，婚姻家庭法被纳入《民法典》，主要是因为后者是市场经济与家庭生活的共同法，并非因为前者与财产法具有同样的体系逻辑。[①]结婚等亲属身份行为原则不能适用法律行为，理由主要有以下两点：（1）身份行为具有事实先在性的特征，即先有身份生活事实，法律再为评价并加以规范。有亲属的身份行为未必就可以发生亲属的身份效果，必须存在以人伦秩序上亲属的身份共同生活的事实时，才有发生亲属的身份法上效果之可能。亲属的身份行为并非由亲属之意思表示所构成，更不能依据亲属的效果意思创设亲属的身份法关系。（2）身份行为的意思表示具有特殊性。日本著名的身份法学者中川善之助教授认为，财产行为中的意思是行

① 谢鸿飞：《民法典与特别民法关系的建构》，载《中国社会科学》2013年第2期；薛军：《法律行为理论：影响民法典立法模式的重要因素》，载《法商研究》2006年第3期。

为人经过合理计算之后选择的意思，而身份行为中的意思则是非合理计算而决定的意思；身份行为的效果意思与该身份生活的事实不可分割：有身份生活的事实必有相应的意思，反之，有该意思必有相应的身份生活事实。美国学者麦克尼尔亦持类似观点，认为身份契约与财产契约不同，前者是典型的初级关系（primary relationships），具有长期性、非计算性、全面合作、互相依赖和难以转让的特征；后者是典型的次级关系（secondary relationships），具有短期性、计算性、可度量的互惠性交换和鼓励转让的特征。[①]也正是基于这些特殊性，行为人所实施的身份行为如结婚、收养等，虽然具有成立亲属身份法律关系的意思，但是，通常行为所产生的法律效果是法律明确规定的，并不以当事人的意志为转移。

另外，从纵向家庭法的发展历史看，法律对家庭关系的干预日益扩大。有学者指出，家庭法在整体上趋向于债法，并且随着社会伦理趋于开放，财产法开始渗透到家庭内部，家庭法上的“伦理人”与财产法中的“经济人”之间的界限渐趋模糊，现代民法中的家庭伦理性不断降低；即使是伦常的互动关系，也已经被契约性的互惠关系所侵蚀、所取代。[②]虽然，结婚等亲属身份行为与财产行为一样，均蕴含意思表示，属于法律行为的实质范畴；但是，作为典型身份行为的婚姻缔结行为，相对于合同、遗嘱等财产行为，仍然具有特殊性。首先，所谓的“事实先在性”对于结婚、离婚、收养等行为而言，由于事先并不存在与当事人身份相牵连的客观事实或纽结，因此此类法律关系的创设源自当事人个人的意愿。其次，相对于无伦理成分的交易关系，亲属身份行为具有较多的“法定主义”，具有较高的强制性；因而亲属身份关系上必然存在较多的公法规范。身份行为的类型及内容的法定主义，类似于物权法中的物权法定原则。差别仅仅在于，前者的基础在于伦理秩序与社会习俗，而后者是物权的支配性及保护交易安全的必然要求。[③]强调身份行为的特殊性，并不意味着据此将合同法与婚姻家庭法相对立，因为即使在婚姻家庭法之中，依然在有限的范围内适用意思自治。最后，法律行为的要旨在于，

---

① 冉克平：《论婚姻缔结中的意思表示瑕疵及其效力》，载《武汉大学学报》2016年第5期。

② 熊秉元：《正义的成本》，东方出版社2014年版，第36页。

③ 孙宪忠：《中国物权法总论》，法律出版社2014年版，第262页。

在法律的框架范围内，根据行为人的意愿实现相应的法律效果。法律行为产生何种法律效果，取决于当事人的意思表示。在婚姻家庭法上，虽然身份行为的法律效果在很大程度上源于法律及伦理的规定，但不能认为法律后果只要来源于法律规范就违反了私人自治，毕竟身份法律关系的创设与消灭均取决于行为人的意志。[①]我们赞同结婚等亲属身份行为适用总则编关于民事法律行为的基本理论，同时基于结婚等亲属身份行为的伦理性、利他性以及“长期性、非计算性、全面合作、互相依赖、难以转让”的特点，对于结婚等亲属身份行为的适用应当进行必要的变通；《民法典》婚姻家庭编中有特别规定的，适用婚姻家庭编的有关规定。

第一千零四十七条【法定婚龄】

结婚年龄，男不得早于二十二周岁，女不得早于二十周岁。

历史由来

规定法定婚龄是我国的立法传统。1950年《婚姻法》第4条规定：“男二十岁，女十八岁，始得结婚。”后与我国计划生育政策相呼应，法律中提高了法定婚龄的要求。1980年颁行的《婚姻法》第5条规定：“结婚年龄，男不得早于二十二周岁，女不得早于二十周岁。晚婚晚育应予鼓励。”2001年修正后的《婚姻法》第6条规定：“结婚年龄，男不得早于二十二周岁，女不得早于二十周岁。晚婚晚育应予鼓励。”进入21世纪后，我国社会老龄化[②]速度加快，自2000年开始65岁及以上的人口比重超过7%，正式进入老龄化社会。国家统计局“2010年第六次全国人口普查主要数据公报”显示，大陆31个省、自治区、直辖市和现役军人的人口中，60岁及以上人口为177648705人，占13.26%；与2000年第五次全国人口普查相比，60岁及以上人口的比重上升

① 冉克平：《论婚姻缔结中的意思表示瑕疵及其效力》，载《武汉大学学报》2016年第5期。

② 按照联合国的标准，一个地区60岁以上老人达到总人口的10%，或者65岁以上老人占总人口的7%，该地区即进入老龄化社会。杨立新：《我国老年监护制度的立法突破及相关问题》，载《法学研究》2013年第2期。

2.93个百分点。[①]以65岁及以上的老年人口为例，我国在2000年65岁以上的人口比重为7%，之后呈快速上升趋势，截至2016年比重升至10.8%。根据国家统计局公布的数据，截至2018年年底，我国139538万人口中65岁以上的人口为16658万人[②]，占总人口数的11.9%。随着我国社会“老龄少子化”及“单身潮”现象的发展，基于人口状况的基本国情，近年来我国的计划生育政策发生了变化。2015年修订的《人口与计划生育法》中规定“国家提倡一对夫妻生育两个子女”，删除了原第18条“国家稳定现行生育政策，鼓励公民晚婚晚育”的规定。民法典编纂过程中，相关的草案稿中也均作了相应的调整。比如，《民法典婚姻家庭编（草案）》（一审稿）第824条、《民法典婚姻家庭编（草案）》（二审稿）第824条、《民法典（草案）》第1047条均规定：“结婚年龄，男不得早于二十二周岁，女不得早于二十周岁。”删除了关于晚婚晚育的规定。《民法典》第1047条规定：“结婚年龄，男不得早于二十二周岁，女不得早于二十周岁。”保留了1980年《婚姻法》关于法定婚龄的规定，删除了鼓励晚婚的规定。删除原《婚姻法》中关于“晚婚晚育应予鼓励”的规定主要基于两大原因：第一，从法律协调性的角度，删除鼓励晚婚的规定与我国的《人口与计划生育法》的立法精神相一致；第二，从法律调整的对象的角度，是否鼓励晚婚晚育，不是《民法典》调整的内容，而是我国《人口与计划生育法》调整的内容。

三 规范目的或功能

本条规定的是结婚必须符合的法定条件之一，即男女双方达到法定婚龄始得结婚。婚姻成立不仅关系男女双方的利益，而且关系子女、家庭乃至社会的利益。因此，规定结婚的最低年龄是世界各国的通例。结婚的双方只有达到一定的年龄，才能具备适合的生理条件和心理条件，也才能履行夫妻义务，承担家庭和社会的责任。[③]我国《民法典》关于“结婚年龄，男不得早于

---

① 中华人民共和国国家统计局：2010年第六次全国人口普查主要数据公报（第1号），2011年4月28日公布。

② 国家统计局网站，http://data.stats.gov.cn/easyquery.htm?cn=C01，最后访问日期2020年4月20日。

③ 胡康生主编：《中华人民共和国婚姻法释义》，法律出版社2001年版，第18页。

二十二周岁，女不得早于二十周岁”的规定明确、具体，只是这一条文不是一个完整的法条，未达法定婚龄而结婚必然产生一定的法律后果，本条没有规定违反本规定的法律后果，法律后果规定在《民法典》关于婚姻无效的条文中。

规范内容

本条文是不完全法条，只是明确规定结婚的最低年龄，不涉及构成要件和法律后果。作为说明性法条，本条规定明示结婚年龄，男不得早于22周岁、女不得早于20周岁。与本条内容密切相关的是《民法典》第1051条中关于未达法定婚龄的婚姻无效，以及第1054条关于婚姻无效的法律后果。可以说，《民法典》第1047条、第1051条、第1054条共同构成了未达到法定婚龄时的婚姻无效制度；理解本条规定时需结合《民法典》第1051条中关于未达到法定婚龄的婚姻无效、第1054条关于婚姻无效的法律后果进行。

法定婚龄是法律规定的结婚年龄的简称，是指法律规定的最低结婚年龄，是结婚年龄的下限。按此要求，达到法定婚龄的男女才能结婚，未达法定婚龄的男女是不能结婚的。值得注意的是，法律并没有规定结婚年龄的上限。法定婚龄是结婚的最低年龄，不是结婚的最佳年龄，更不是必须结婚的年龄。达到法定婚龄后是否结婚、何时结婚、与谁结婚，听从当事人的意愿，由当事人自主决定。本条文是不完全条文，只是规定了婚姻成立的法定条件之一，不涉及法律后果，未达法定婚龄而结婚的法律后果可能导致婚姻无效。

法律对法定婚龄的规定，通常基于两个方面的考虑。第一，自然因素，即人的身心发育程度。婚姻是男女两性的结合，人只有达到一定的年龄，才具备适婚的生理和心理条件，才能对婚姻问题作出理智的判断和决定，才能在婚后担负起对配偶、对子女的法定义务，处理好夫妻关系、父母子女关系。第二，社会因素，即一定的生产方式以及与之相适应的社会条件。一定时期的人口状况、人口政策以及历史传统、风俗习惯等，也对法定婚龄的确定起着不同程度的影响。我国1980年颁行的《婚姻法》中第5条规定，“结婚年龄，男不得早于二十二周岁，女不得早于二十周岁”。可以说，目前关于法定婚龄的规定是经过综合平衡的结果，符合我国实际情况；它既考虑了国民身心发育程度、学习就业情况和独立生活能力，又顾及了计划生育政策、控制人口数量和提高人口素质的要求。

通常而言，男女双方办理结婚登记手续时，须向民政部门工作人员出示相关的身份证件（如身份证、护照等），以证明其已达法定婚龄。不能证明的，民政部门不会为其办理结婚登记手续。

其他问题

这里主要论及两个问题，一是结婚的当事人是否应当具有结婚的行为能力，二是法律规定的婚龄是否适当。

一、结婚的当事人是否应当具有结婚的行为能力

关于结婚的实质要件，除《民法典》中规定的法定婚龄、禁止结婚的亲属关系外，当事人是否应当具有缔结婚姻的行为能力，法律中没有明示。我们认为，结婚的当事人应当具有结婚的行为能力。18周岁以上的自然人为完全民事行为能力人，22周岁以上的男性、20周岁以上的女性可以结婚。但是，在辨认个人行为上有问题（包括不能辨认和不能完全辨认）的自然人，可能是无民事行为能力人或者限制民事行为能力人。其是否具有结婚的行为能力应区别情况对待。当事人是无民事行为能力人的，自然无缔结婚姻的行为能力；如果当事人是能够辨认一些行为的限制行为能力人，但缔结婚姻的法律行为与其智力和精神健康状况不相适应的，其不应具有缔结婚姻的行为能力。也就是说，不能完全辨认自己行为的成年人为限制民事行为能力人，限制行为能力人可以独立实施与其智力、精神健康状况相适应的民事法律行为。具体到缔结婚姻的情况，对于达到法定婚龄的限制行为能力人，如缔结婚姻与其智力和精神健康状况相适应，则其属于具有缔结婚姻行为能力的人。值得注意的是，精神疾病并不一定意味着要对其生活范围作出限制，在精神病人只是限制行为能力人的场合，其并非一概不具有缔结婚姻的行为能力。在因不具有缔结婚姻的行为能力而认定婚姻存在瑕疵时，必须由鉴定机构出具相关证明，并且应当证明该无缔结婚姻

的行为能力的情况在缔结婚姻时已经存在。[①]有学者指出，此种情况下缔结的婚姻应属无效而非可撤销，理由如下：其一，已达法定婚龄但不具有缔结婚姻的行为能力的情形与未达法定婚龄的情形体现的都是立法者对缔结婚姻的行为能力的规定，理应具有相同的法律效果。其二，达到法定婚龄而不能辨认自己行为的人，不能根据自己的理性判断形成缔结婚姻的意思表示，不能自主决定是否结婚以及与谁结婚，若由他人代替其本人作出决定，无疑是对行为人婚姻自由的侵害。其三，婚姻无效体现公权力对缔结婚姻行为的介入，而婚姻可撤销则因其并不关涉公共利益而交由当事人请求撤销。如果已达法定婚龄而不具有缔结婚姻之行为能力的人缔结了婚姻，其因不具有行为能力而无法自己提出撤销婚姻的请求，将此种瑕疵婚姻定性为可撤销婚姻的做法将无法保障无行为能力人的利益。其四，不能辨认自己行为的人并不能自由决定如何组织家庭生活，不能实现平等、和睦、文明的婚姻家庭关系，不符合婚姻的本质。因此，不能辨认自己行为的达到法定婚龄的当事人缔结的婚姻应属无效。当然，如果达到法定婚龄但不能辨认自己行为的当事人之后变为具有缔结婚姻行为能力的人，即如果法定的无效婚姻的情形消失，则不支持宣告婚姻无效的申请。[②]因此，有学者建议法律规定作相应的修改，即“有下列情形之一的，婚姻无效：（一）重婚的；（二）有禁止结婚的亲属关系的；（三）不具有缔结婚姻的行为能力的；（四）双方以虚假的意思表示缔结婚姻的。法定的无效婚姻情形已经消失的，当事人不得再申请宣告婚姻无效”[③]。我们认为，从法解释学的视角，即使《民法典》中没有明确规定结婚的当事人应当具有结婚的行为能力，结婚的当事人也应当具有结婚的行为能力；如果当事人一方或者双方欠缺结婚的行为能力，则婚姻无效。

---

① 李昊、王文娜：《婚姻缔结行为的效力瑕疵——兼评民法典婚姻家庭编草案的相关规定》，载《法学研究》2019年第4期。

② 李昊、王文娜：《婚姻缔结行为的效力瑕疵——兼评民法典婚姻家庭编草案的相关规定》，载《法学研究》2019年第4期。

③ 李昊、王文娜：《婚姻缔结行为的效力瑕疵——兼评民法典婚姻家庭编草案的相关规定》，载《法学研究》2019年第4期。

二、法律规定的婚龄是否适当

学者关于民法典中规定法定婚龄是否适当，有不同的看法。“社科院2013稿”第1732条是关于法定婚龄的条文，即“结婚年龄，男不得早于二十二周岁，女不得早于二十周岁”[①]。全国人大宪法和法律委员会在解释民法典草案稿之所以维持了原来的法定婚龄时，给出的理由是：现行法定婚龄的规定已为广大社会公众所熟知和认可，如果进行修改，属于婚姻制度的重大调整，宜在进行充分的调查研究和科学的分析评估后再定。[②]当然，学界也有不同看法。有学者建议，结合中国现阶段面临着严重的人口老龄化问题，人口红利终结，为应对出现的人口问题，在婚姻法的立法和修改方面，适时考虑降低法定婚龄。[③]有学者提出，将男女法定婚龄降低至自然人成年年龄，符合完全民事行为能力的本质内涵，有利于实现民法体系内部协调统一，还可消除男女结婚年龄上的不合理区分。[④]还有学者质疑男女不同的法定婚龄规定，认为是把性别和身份作为对婚姻行为能力进行区分的基础，指出这种双重标准缺乏对男女法定婚龄差别对待的合理性与正当性，不利于两性平等获得各项婚姻权利，不符合性别平等的价值观，应把性别平等作为界定法定结婚年龄的重要依据，[⑤]因而主张规定同一的法定婚龄。当然，还有学者认为，男性法定婚龄高于女性两周岁是“习惯婚龄差”；从男女两性生理成熟年龄观察，通常女性生理成熟年龄要比男性早，一般是早发育两年；正是男女在生理发育成熟上存在着客观的年龄差，才导致了法律上的习惯婚龄差；法律承认这一自然现象，乃是对男女生理差异客观事实的尊重，与所谓性别歧视无关。[⑥]

---

① 梁慧星主编：《中国民法典草案建议稿附理由：亲属编》，法律出版社2013年版，第40页。

② 朱宁宁：《民法典婚姻家庭编草案三审：删除隔代探望权，维持现行法定婚龄》，载《法制日报》2019年10月21日，https://mp.weixin.qq.com/s/jjwafVnjCldXWbh4uJJd9g，最后访问日期2020年5月6日。

③ 金梦：《比较法视域下的法定婚龄研究》，载《学术交流》2017年第1期。

④ 薛宁兰：《社会转型中的婚姻家庭法制新面向》，载《东方法学》2020年第2期。

⑤ 高云鹏：《法定婚龄及其性别平等思考》，载《山东女子学院学报》2019年第6期。

⑥ 梁慧星主编：《中国民法典草案建议稿附理由：亲属编》，法律出版社2013年版，第40—41页。

第一千零四十八条【禁止结婚的亲属】

直系血亲或者三代以内的旁系血亲禁止结婚。

历史由来

我国法律一直禁止近亲结婚。1950年《婚姻法》第5条规定："男女有下列情形之一者，禁止结婚：一、为直系血亲，或为同胞的兄弟姊妹和同父异母或同母异父的兄弟姊妹者；其他五代内的旁系血亲间禁止结婚的问题，从习惯……"我国民间历来有中表婚（表兄弟姐妹之间结婚）"亲上加亲"的习俗，鉴于新中国成立初期的实际情况，法律没有绝对地禁止中表婚，而是允许这方面的问题可按习惯处理，即当地流行中表婚的，表兄弟姐妹之间可以结婚。三十年后，1980年颁行的《婚姻法》作了修改，其第6条规定："有下列情形之一的，禁止结婚：一、直系血亲和三代以内的旁系血亲……"，不再允许表兄弟姐妹间结婚。《民法典婚姻家庭编（草案）》（一审稿）第825条、《民法典婚姻家庭编（草案）》（二审稿）第825条、《民法典（草案）》第1048条以及颁行的《民法典》第1048条均规定："直系血亲或者三代以内的旁系血亲禁止结婚。"

规范目的或功能

本条是关于禁婚亲的规定，目的在于明确禁止特定范围的亲属之间结婚。这一规定不仅规范自然人的行为，也是人民法院审理案件进行裁判的依据。

禁止一定范围的亲属相互结婚，是不同国家和地区的立法通例。其依据主要有两个方面：第一，依法禁止一定范围的亲属结婚，反映了自然选择规律的要求，具有优生学上的科学依据。恩格斯在论及普那路亚家庭时曾经指出，不容置疑，凡血亲婚配因这一进步受到限制的部落，其发展一定要比那些把兄弟姐妹之间的结婚当作惯例和义务的部落更加迅速，更加完全。人类生活的长期实践证明，两个人的血缘关系越接近，后代遗传病或者多基因遗传病发生的可能性就越大；相反，夫妻双方血缘关系越远，生育的孩子患上这些疾病的概率就越小。近亲结婚会导致后代中隐性遗传病的得病概率大大提升，结婚的男女之间血缘关系越近，越容易把父母双方的疾病和缺陷遗传给后代，影响后代的人口素质。第二，禁止近亲结婚也是社会伦理道德的要求。近亲结婚有悖于人类长期形成的婚姻伦理道德，容易造成亲属身份上的混乱，历史上中外各民族的风俗习惯中都有关于一定范围的亲属禁止通婚的限制；许多国家的法律中也明确规定禁止一定范围的亲属之间结婚。有的国家法律中还禁止法律拟制血亲和一定范围的姻亲结婚，更体现了伦理规范的强大作用。

规范内容

本条文是不完全法条，只是规定了禁止结婚的亲属范围，不涉及构成要件与法律后果。作为说明性法条，本条规定明示“直系血亲或者三代以内的旁系血亲禁止结婚”。违反此条规定而缔结的婚姻，依照《民法典》第1051条的规定为无效婚姻，无效婚姻的法律后果规定在第1054条中。可以说，《民法典》第1048条、第1051条、第1054条共同构成了具有禁止结婚的亲属关系时的婚姻无效制度；因此，理解本条规定时需结合《民法典》第1051条中关于具有禁止结婚的亲属关系的婚姻无效、第1054条关于婚姻无效的法律后果进行。

关于禁止结婚的亲属关系，具体而言包括：

一、直系血亲禁止结婚

直系血亲，即从己身所出和己身所从出的亲属，包括父母与子女之间、祖孙之间等具有直接的血缘关系的亲属。他们之间存在直接的血亲关系，不能结婚。

二、三代以内的旁系血亲之间禁止结婚

我国计算亲属间亲疏远近的基本单位是代。具体而言，第一，计算直系血亲的代数时，以一辈为一代，相隔一世即为两代，如父母子女间为两代，祖孙间为三代；第二，计算旁系血亲的代数时，须以同源关系为依据，同源于父母的兄弟姐妹，是两代内的旁系血亲；同源于祖父母、外祖父母的，是三代以内旁系血亲；同源于曾祖父母、外曾祖父母的，是四代以内旁系血亲；

同源于高祖父母、外高祖父母的，是五代以内旁系血亲。

《民法典》婚姻家庭编中规定“三代以内的旁系血亲”不能结婚，包括（1）兄弟姐妹之间，包括同母同父的全血缘的兄弟姐妹，以及同父异母或同母异父的半血缘的兄弟姐妹；（2）伯、叔与侄女之间，姑姑与侄子之间，舅与外甥女，姨与外甥之间；（3）堂兄弟姐妹、表兄弟姐妹之间。需要说明的是，如果当事人之间属于三代以外的旁系血亲，无论辈分是否相同，均不在禁止结婚的法定范围之内。

三 其他问题

在此主要论及法律是否应当规定禁止结婚的疾病问题。

我国历史上除禁止一定范围的亲属结婚外，还禁止患有一定疾病的人结婚，并且通常将禁止一定范围的亲属结婚和禁止患有一定疾病的人结婚规定在一个法律条文中。我国1950年《婚姻法》第5条规定：“男女有下列情形之一者，禁止结婚：一、为直系血亲，或为同胞的兄弟姊妹和同父异母或同母异父的兄弟姊妹者；其他五代内的旁系血亲间禁止结婚的问题，从习惯。二、有生理缺陷不能发生性行为者。三、患花柳病或精神失常未经治愈，患麻风或其他在医学上认为不应结婚之疾病者。”1980年颁行的《婚姻法》第6条规定：“有下列情形之一的，禁止结婚：一、直系血亲和三代以内的旁系血亲；二、患麻风病未经治愈或患其他在医学上认为不应当结婚的疾病。”2001年修正后的《婚姻法》第7条规定：“有下列情形之一的，禁止结婚：（一）直系血亲和三代以内的旁系血亲；（二）患有医学上认为不应当结婚的疾病。”法律是否应当禁止患有某些疾病的人结婚，学界有不同意见。近年来，反对禁止患有某些疾病的人结婚的呼声越来越多。[①]

综观当代其他国家和地区的立法例，如法国、德国、瑞士、日本及英国、

① 马忆南：《民法典视野下婚姻的无效和撤销——兼论结婚要件》，载《妇女研究论丛》2018年第3期；刘余香：《我国〈婚姻法〉规定的结婚禁止条件质疑》，载《法学杂志》2009年第1期；孙若军：《疾病不应是缔结婚姻的法定障碍——废除〈婚姻法〉第7条第2项的建议》，载《法律适用》2009年第2期。

美国等，在关于婚姻实质要件的禁止性规定中，均无禁止结婚疾病的规定。关于结婚条件，均强调当事人的婚姻能力和婚姻合意，构成婚姻障碍的通常是重婚和有亲属关系两种情形。法律对精神病患者婚姻的处理，要么置于婚姻无效或可撤销的法定情形中，要么作为一方诉请离婚的法定理由。其中，作为婚姻无效或可撤销的法定情形时，也是从婚姻能力方面加以规定。如瑞士民法典、日本民法典、英国1973年婚姻诉讼法、美国1970年统一结婚离婚法、1982年纽约州家庭法等。我国台湾地区、香港特别行政区和澳门特别行政区，也未将当事人患有某种疾病视为婚姻障碍。可见，以疾病作为禁止结婚的要件、因患某种疾病而禁止其结婚，鲜有其例。另外，按照民法原理，婚姻是私人之间的民事关系，以意思表示为基本要素，以双方合意为成立要件。经婚前医学检查发现当事人患有“医学上认为不宜结婚的疾病”的，医生应当向他们说明情况，提出预防、治疗和采取相应医学措施的建议，至于是否结婚，当事人相互知情后自主决定。联合国1966年《公民权利和政治权利国际公约》第23条规定：“……已达结婚年龄的男女结婚和成立家庭的权利应被承认……”同时强调“只有经配偶双方的自由和完全的同意，才能缔结婚姻”。中国已经签署了该公约，国内立法应当符合公约规定的精神，应当确认人人享有缔结婚姻和成立家庭的权利。禁止患有特定疾病者结婚，是对结婚权的剥夺；此与禁止近亲结婚显然不同。禁止近亲结婚，仅是对一方选择结婚对象范围的限制，并不剥夺其结婚权。法律对于已达法定婚龄患有某些疾病应当不宜结婚或者应当暂缓结婚的男女，既要保障其作为公民基本人权的婚姻权的实现，又要维护国家和社会公共利益，而不应简单、粗暴地禁止他们结婚。[①]这也是《民法典》中不再规定禁止患有某些疾病的人结婚的主要原因。当然，法律不再规定禁止患有某些疾病的人结婚，并不意味着法律对此不予干预，任由当事人作为。《民法典》第1053条第1款规定，如果一方患有重大疾病的，应当在结婚登记前如实告知另一方；不如实告知的，另一方可以向人民法院请求撤销婚姻。

---

① 梁慧星主编：《中国民法典草案建议稿附理由：亲属编》，法律出版社2013年版，第40页。

第一千零四十九条【结婚登记】

要求结婚的男女双方应当亲自到婚姻登记机关申请结婚登记。符合本法规定的，予以登记，发给结婚证。完成结婚登记，即确立婚姻关系。未办理结婚登记的，应当补办登记。

历史由来

结婚须办理登记手续，是我国一贯的法律主张。1950年《婚姻法》第6条规定："结婚应男女双方亲到所在地（区、乡）人民政府登记。凡合于本法规定的结婚，所在地人民政府应即发给结婚证。凡不合于本法规定的结婚，不予登记。"1980年颁行的《婚姻法》第7条规定："要求结婚的男女双方必须亲自到婚姻登记机关进行结婚登记。符合本法规定的，予以登记，发给结婚证，取得结婚证，即确立夫妻关系。"2001年对上述第7条作了文字性的修改，修正后的《婚姻法》第8条规定："要求结婚的男女双方必须亲自到婚姻登记机关进行结婚登记。符合本法规定的，予以登记，发给结婚证。取得结婚证，即确立夫妻关系。未办理结婚登记的，应当补办登记。"2001年《婚姻法解释（一）》第4条规定："男女双方根据婚姻法第八条规定补办结婚登记的，婚姻关系的效力从双方均符合婚姻法所规定的结婚的实质要件时起算。"《民法典婚姻家庭编（草案）》（一审稿）第826条、《民法典婚姻家庭编（草案）》（二审稿）第826条、《民法典（草案）》第1049条均规定："要求结婚的男女双方应当亲自到婚姻登记机关申请结婚登记。符合本法规定的，予以登记，发给结婚证。完成结婚登记，即确立婚姻关系。未办理结婚登记的，应当补办登记。"《民法典》第1049条保留了这一规定。

规范目的或功能

本条规定的目的在于明示婚姻登记的法律意义。第一，婚姻登记是婚姻成立的法定程序；第二，要求结婚的男女双方应当亲自到婚姻登记机关申请结婚登记；第三，完成结婚登记，即确立婚姻关系；第四，未办理结婚登记的，应当补办登记。

我国传统文化中有“仪式婚”的风俗，目前“仪式婚”在个别地区依然风行，这更凸显出强调结婚登记的意义。结婚登记是国家对婚姻关系的建立进行监督和管理的制度。实行结婚登记制度，既有利于保障婚姻自由原则的贯彻实施，防止包办、买卖婚姻和其他干涉婚姻自由的行为；又有利于保障一夫一妻制，防止重婚。可以说，实行结婚登记制度，对维护我国的婚姻制度、避免违法婚姻的发生、预防和减少婚姻纠纷具有重要的意义。婚姻登记机关工作人员还可以在办理结婚登记过程中，对当事人开展必要的婚姻家庭道德与法治宣传教育，促进婚姻家庭关系的幸福和谐。因此，结婚登记绝不是一项简单的例行手续，而是一项极为严肃、郑重的法律程序和制度。至于登记后当事人双方是否举行结婚仪式、举行何种仪式，则尊重当事人的意愿，只要不违反社会的公序良俗即可。

规范内容

本条文是关于结婚程序的规定，属于完全法条，包含构成要件和法律后果两个要素。构成要件是符合法律规定条件的男女双方亲自到婚姻登记机关办理结婚登记或者补办登记，法律后果是婚姻关系确立。

结婚程序是婚姻成立的法定程序，是结婚的形式要件。我国《民法典》婚姻家庭编中规定：“要求结婚的男女双方应当亲自到婚姻登记机关申请结婚登记。符合本法规定的，予以登记，发给结婚证。完成结婚登记，即确立婚姻关系。未办理结婚登记的，应当补办登记。”这一规定表明，结婚登记是我国法律规定的唯一有法律效力的结婚形式，只有办理了结婚登记手续，才有可能成立合法的夫妻关系；除此之外，以其他任何方式的“结婚”，如办理结婚酒席、大宴宾客，或者举办其他的结婚仪式，都不是我国法律所认可的“结婚”。

一、结婚登记

申请结婚的男女双方必须亲自到婚姻登记机关依法办理结婚登记手续，获准登记，婚姻即告成立。结婚登记制度是我国婚姻登记制度的重要组成部分。婚姻登记包括结婚登记、离婚登记和复婚登记。我国《婚姻登记条例》

（2003年10月1日起施行）对此有规定。其中，结婚登记是数量最多的、针对民事法律行为的一类非许可性行政登记事项。

男女双方当事人具备结婚的实质要件，还必须办理结婚登记，才能缔结合法的婚姻关系，取得婚姻的法律效力，婚姻才受法律的保护。通过结婚登记对当事人是否符合结婚条件进行审查，不但有益于当事人，也符合社会公共利益。

二、结婚登记程序

（一）办理结婚登记的机关

根据我国《婚姻登记条例》第2条和第4条的规定，内地居民办理结婚登记的机关是县级人民政府民政部门或者乡（镇）人民政府，省、市、自治区、直辖市人民政府可以按照便民原则确定农村居民办理婚姻登记的具体机关。内地居民办理结婚登记的，男女双方应当共同到一方当事人常住户口所在地的婚姻登记机关办理结婚登记；这里的常住户口所在地通常为户籍所在地。

（二）结婚登记程序的几个阶段

结婚登记程序，依法可分为申请、审查和决定三个相互联系的阶段。

申请。要求结婚的男女双方，必须共同亲自到一方常住户口所在地的婚姻登记机关申请登记，既不得单方申请，也不得委托他人代理。申请结婚登记时，当事人双方应当出具下列证件和证明：（1）本人的户口簿、身份证；（2）本人无配偶以及与对方当事人没有直系血亲和三代以内旁系血亲关系的签字声明。

审查。婚姻登记机关受理当事人的结婚申请后，应当对结婚登记当事人出具的证件、证明材料进行审查并询问相关情况，以确定当事人是否符合结婚法定条件，即男女双方是否完全自愿、是否达到法定婚龄、有无配偶、有无禁止结婚的亲属关系以及各种证明文件是否齐全。审查必须认真、细致，依法进行。

决定登记或不予登记。经审查，对于符合结婚条件的，应当当场予以登记，发给结婚证。结婚证是婚姻登记管理机关签发给当事人的证明其婚姻关系成立的法律文件。当事人从取得结婚证时起，确立夫妻关系，当事人双方的婚姻关系受法律保护。至于当事人双方是否举行婚礼，是否开始同居生活或者同居生活时间长短，均不影响男女双方的合法夫妻关系。特别应当注意的是，完成结婚登记，即确立婚姻关系，双方依法享有配偶的权利、承担配偶的义务。

另需说明的是，婚姻登记机关在办理结婚登记过程中，不仅需要当事人提供本人的户口簿、身份证等证件，还需要当事人作出“本人无配偶以及与对方当事人没有直系血亲和三代以内旁系血亲关系的签字声明”，对此，当事人应当遵守诚信原则，不能弄虚作假欺骗婚姻登记机关。根据国家31个部门联合印发的《关于对婚姻登记严重失信当事人开展联合惩戒的合作备忘录》，民政部印发了个人信用风险告知书，开发了全国婚姻信用管理信息系统，并与国家发改委信用中国平台对接，加大了对婚姻登记严重失信当事人的联合惩戒力度，凡“假结婚”“骗婚”“重婚”等情况一旦查实，违法行为人将被列入失信黑名单。

三、补办登记

现实生活中存在着一定数量的事实婚姻关系。事实婚姻的男女，由于没有办理结婚登记，从法理的角度来看，其“婚姻关系”不应受法律保护。但是，事实婚姻关系中的男女通常以夫妻身份相对待，共同生活、生育子女，如果一味地认定为同居关系，于双方当事人和子女不利。鉴于此现实情况，法律规定，“未办理结婚登记的应当补办登记”，从而为当事人提供补救的机会。如果双方补办了结婚登记手续，则补办的结婚登记具有溯及既往的效力，婚姻关系从双方均符合法律所规定的结婚的实质要件时起算。当然，如果双方不补办结婚登记，一般只能认定为同居关系。

其他问题

在此主要讨论事实婚姻问题。

事实婚姻是指男女双方均符合婚姻登记的条件，却没有办理结婚登记即以夫妻名义共同生活，周围群众也认为他们是夫妻关系的情形。我国历来强调结婚必须办理登记手续，但是由于“仪式婚”的传统，依然存在不办理结婚登记手续仍以夫妻名义共同生活、生儿育女乃至白头到老的情况。1949年中华人民共和国成立后，为了解决事实婚姻问题、维护法律的严肃性，我国先后制定了立法指导思想并不相同，甚至前后矛盾的行政规章和司法解释，事实婚姻甚至一度被定位为“非法同居”。但直至今日，国家试图消灭事实婚姻的目标并未实现。回顾历史，法律对待事实婚姻的态度给过了承认、否认、相对承认的过程。大致说来，我国对事实婚姻的规定经历了下列四个阶段。

第一，承认阶段（中华人民共和国成立初期至1984年8月30日）。20世纪50年代，中央政府法制委员会和最高人民法院的司法解释对事实婚姻作了让步性的规定，凡符合结婚实质要件的事实婚姻均承认其婚姻效力。[①]

第二，限制承认阶段（1984年8月30日—1994年2月1日）。为强调法律的权威性，相关政策、规定逐步从严，最终取消事实婚姻的法律效力。自1980年《婚姻法》实施以后，最高人民法院开始对事实婚姻的认定标准作出限制性规定，并且日趋严格。1984年8月30日《最高人民法院关于贯彻执行民事政策法律若干问题的意见》（已失效，以下简称1984年《意见》）规定未经结婚登记却以夫妻名义同居生活的双方，只有在起诉时双方均达到了法定结婚年龄和符合结婚的其他条件，才按照离婚处理；起诉时双方或一方未达到法定婚龄或不符合结婚的其他条件的，被认定为同居关系。1989年11月21日《最高人民法院关于人民法院审理未办结婚登记而以夫妻名义同居生活案件的若干意见》在延续了1984年《意见》有条件地承认事实婚姻的精神后，还预设了事实婚姻无效的时间，即自民政部新的《婚姻登记管理条例》施行之日起，没有配偶的男女，未办结婚登记手续即以夫妻名义同居生活，按非法同居关系对待。

第三，不承认阶段（1994年2月1日—2001年12月24日）。自1994年2月1日民政部《婚姻登记管理条例》施行之后，所有未办理结婚登记手续而以夫

---

① 参见《中央人民政府法制委员会有关婚姻问题的若干解答》（1953年3月19日）、《最高人民法院关于男女双方已达婚龄未进行登记而结婚的一方提出离婚时应如何处理问题的批复》（1957年3月6日）、《最高人民法院关于对“事实上的婚姻关系”应如何予以保护和一方提出离婚应如何处理等问题的复函》（1958年3月3日）、《最高人民法院关于贯彻执行民事政策法律的意见》（1979年2月2日）。

妻名义同居生活者按非法同居对待，事实婚姻不再具有民事效力；[①]《最高人民法院关于适用新的〈婚姻登记管理条例〉的通知》（已失效）规定："自1994年2月1日起，没有配偶的男女，未经结婚登记即以夫妻名义同居生活的，其婚姻关系无效，不受法律保护。对于起诉到人民法院的，应按非法同居关系处理。"并且，按照1994年最高人民法院的批复，事实婚姻不具有民事效力，但事实重婚者仍须承担刑事责任。最高人民法院在对四川省高级人民法院《关于〈婚姻登记管理条例〉施行后发生的以夫妻名义非法同居的重婚案件是否以重婚罪定罪处罚的批复》中，很明确地表明"《婚姻登记管理条例》（1994年1月12日国务院批准、1994年2月1日民政部发布）发布施行后，有配偶的人与他人以夫妻名义同居生活的，或者明知他人有配偶而与之以夫妻名义同居生活的，仍应按重婚罪定罪处罚"。

第四，相对承认阶段（2001年12月24日至今）。2001年修正后的《婚姻法》鉴于对事实婚姻形成原因和妇女权益保护的考虑，改变了否定事实婚姻的立场，规定事实婚姻的当事人补证有效。2001年12月，《婚姻法解释（一）》中对于未办理结婚登记而以夫妻名义同居生活的男女，起诉到法院要求离婚的案件如何处理，作了明确的规定，第5条规定："未按婚姻法第八条规定办理结婚登记而以夫妻名义共同生活的男女，起诉到人民法院要求离婚的，应当区别对待：（一）1994年2月1日民政部《婚姻登记管理条例》公布实施以前，男女双方已经符合结婚实质要件的，按事实婚姻处理；（二）1994年2月1日民政部《婚姻登记管理条例》公布实施以后，男女双方符合结婚实质要件的，人民法院应当告知其在案件受理前补办结婚登记；未补办结婚登记的，按解除同居关系处理。"第6条进一步规定："未按婚姻法第八条规定办理结婚登记而以夫妻名义共同生活的男女，一方死亡，另一方以配偶身份主张享有继承权的，按照本解释第五条的原则处理。"

结婚登记制度是法律规定的结婚的基本程序。有学者特别指出，由于立法和司法解释所秉持的法律价值及立法思路是立法者可以改造和重塑人类生

---

① 1994年2月1日民政部《婚姻登记管理条例》中规定："未到法定结婚年龄的公民以夫妻名义同居的，或者符合结婚条件的当事人未经结婚登记以夫妻名义同居的，其婚姻关系无效，不受法律保护。"

活，立法和司法解释中透示着国家全能主义的影子，登记婚姻就是国家强行推行于民的制度。20世纪50年代《关于中华人民共和国婚姻法起草经过和起草理由的报告》曾将采行登记婚的理由解释为对个人婚姻大事的关心和负责，人民政府及其婚姻登记机关的关心和负责“既郑重计及婚姻当事人的全盘利害，又仔细考虑社会国家的根本利害”。[①]这种指导思想在产生积极效果的同时，也呈现出国家对个人生活的过度干预。比如，中华人民共和国成立后在相当长的时间里，当事人必须持所在单位出具的证明才能到民政部门办理结婚登记。1994年颁行的《婚姻登记管理条例》第8条规定：“申请婚姻登记的当事人，应当如实向婚姻登记管理机关提供本条例规定的有关证件和证明，不得隐瞒真实情况。婚姻登记管理机关办理婚姻登记，不得要求当事人出具本条例规定以外的其他证件和证明。”第9条进一步规定：“当事人结婚的，必须双方亲自到一方户口所在地的婚姻登记管理机关申请结婚登记；申请时，应当持下列证件和证明：（一）户口证明；（二）居民身份证；（三）所在单位、村民委员会或者居民委员会出具的婚姻状况证明。离过婚的，还应当持离婚证。在实行婚前健康检查的地方，申请结婚登记的当事人，必须到指定的医疗保健机构进行婚前健康检查，向婚姻登记管理机关提交婚前健康检查证明。”这一规定直到2003年《婚姻登记条例》施行（自2003年10月1日起施行）才废止。有学者建议，在将婚姻登记作为主要的登记制度的同时，还应当有条件地承认结婚仪式的正当性和合法性。因为，在婚姻家庭这样具有私密性的领域，在不违反国家法律基本原则的前提下，承认传统的价值，既是对中国人几千年婚姻家庭生活历史经验的尊重，也是立法者处理现实与历史联系的智慧；单一登记的制度在很大程度上无视了中国民众对待婚姻的态度和心理，无视了中国人结婚仪式中所蕴含的观念价值。法律与传统“一刀切”的做法，不仅切断了与民众的联系，也切断了与自己民族历史的联系。事实上，试图单独依靠婚姻登记就实现对民间婚姻的监督也是有限度的，因为婚姻登记机关对结婚只实行形式审查，由当事人自己陈述，登记机关并不进行实质审查。因此，要解决多年以来《婚姻法》与司法解释进退局促的矛盾，必须

① 参见中国人民大学法律系编：《中华人民共和国婚姻法资料选编（一）》，中国政法大学图书馆馆藏，第37页、第38页。

树立起尊重传统的价值取向。[①]

关于事实婚姻是否具有与登记婚姻同样的法律效力，有学者主张事实婚姻应当与法律婚姻在同居义务、扶养义务、日常家事代理权，以及同居期间基于对家庭的贡献而产生的财产分割请求权等方面相同；而对那些不影响婚姻家庭生活稳定的法律婚姻当事人所享有的权利不必赋予事实婚姻，以维护婚姻登记制度，如基于婚姻效力而产生的夫妻共同财产权、配偶继承权。[②]也有学者主张法律应当赋予事实婚姻具有与登记婚姻同样的法律效力。因为事实婚姻的当事人举行了婚礼、具备了法律规定的结婚实质要件，立法者就应当考虑让其与法律婚姻具有相同的法律效力。[③]

第一千零五十条【婚后成为一方的家庭成员】

登记结婚后，按照男女双方约定，女方可以成为男方家庭的成员，男方可以成为女方家庭的成员。

历史由来

我国法律和政策历来重视家庭和谐和家庭成员的利益。1980年颁行的《婚姻法》第8条规定："登记结婚后，根据男女双方约定，女方可以成为男方家庭的成员，男方也可以成为女方家庭的成员。"2001年基于男女平等原则，在文字上稍做修正，去掉了"男方也可以成为女方家庭的成员"中的"也"字，即《婚姻法》第9条规定："登记结婚后，根据男女双方约定，女方可以成为男方家庭的成员，男方可以成为女方家庭的成员。"《民法典婚姻家庭编（草案）》（一审稿）第827条、《民法典婚姻家庭编（草案）》（二审稿）第827条、《民法典（草案）》第1050条均规定："登记结婚后，按照男女双方约定，女方可以成为男方家庭的成员，男方可以成为女方家庭的成员。"《民法典》保

① 金眉：《事实婚姻考察——兼论结婚仪式的现代法律价值》，载《华东政法大学学报》2011年第1期。

② 夏吟兰、薛宁兰主编：《民法典之婚姻家庭编立法研究》，北京大学出版社2016年版，第154页、第155页。

③ 金眉：《论我国事实婚姻制度之完善》，载《南京社会科学》2017年第10期。

留了这一规定。

规范目的或功能

本条文的规定，目的在于体现男女平等原则、鼓励男方婚后到女方家庭中落户。在旧中国的婚姻制度中，传统文化是男娶女嫁、女方婚后到男方家庭中生活，男方虽然也有“入赘”到女方家庭中生活的，但往往受到歧视，被要求立有“小子无能，自愿入赘，改名换姓，一切听从”的字据，死后墓碑上常有“赵本王”“李本杨”等字样，本上之姓乃妻家姓。1949年中华人民共和国成立后，实行男女平等原则，移风易俗，男方到女方家落户自不应受到歧视。我国1980年颁布的《婚姻法》中规定，“登记结婚后，根据男女双方约定，女方可以成为男方家庭的成员，男方也可以成为女方家庭的成员”。其立法精神是昭示男女平等、提倡男方到女方家落户。2001年《婚姻法》修改时，将“男方也可以成为女方家庭的成员”中的“也”字删除了，进一步体现男女平等的婚姻家庭原则。《民法典》婚姻家庭编继续保留了此规定。

规范内容

本条为不完全条文，是关于男女结婚后成为家庭成员的规定，属于说明性法条。《民法典》第1042条、第1043条、第1044条等与家庭成员有关的规定，是本条文的关联法条。

男女双方办理结婚登记后，双方之间即具有夫妻的身份和权利义务关系、开始了共同生活。根据双方的约定，男女双方可以到任何一方的住所或者其他地方，建立小家庭；也可以一方到另一方家庭中去，成为其家庭成员，即女方可以到男方家落户、成为男方的家庭成员，男方可以到女方家去落户、成为女方的家庭成员。法律的这一规定体现了男女平等原则，不能歧视到女方家落户（俗称“入赘”）的男方。

当然，现实生活中，相当数量的男女双方在结婚后组成小家庭生活，“核心家庭”（即以夫妻、子女为核心的家庭）在我国具有一定的普遍性，即女方既不成为男方家庭的成员，男方也不成为女方家庭的成员。数据显示，我国核心家庭占64.3%，直系家庭占26.2%，单人家庭占6.5%，联合家庭占1.4%，其他家庭占1.6%；[①]近40年来，我国家庭变化呈现出规模小型化与结构简化的特点，一方面，家庭户数增长迅速，从1990年的2.8亿户增长到目前的近4.5亿户，明显高于人口增幅；另一方面，家庭规模则呈现出不断小型化的趋势，从1982年的每户平均4.41人减少到2010年的3.09人，大家庭正在快速消失，家庭规模的缩减趋势在城市和农村趋同。同时，我国家庭户结构正进一步趋于简化，家庭户内的代数趋减，只有一代人的家庭户和二代户是当代中国家庭户的主体。[②]家庭规模小型化与结构简化，并不意味着家庭功能的消失。正如习近平总书记指出的“不论时代发生多大变化，不论生活格局发生多大变化，我们都要重视家庭建设”，在家庭模式多元化的当下，《民法典》中保留关于家庭成员的规定有着重要的积极意义。

第一千零五十一条【无效婚姻的情形】

有下列情形之一的，婚姻无效：

（一）重婚；

（二）有禁止结婚的亲属关系；

（三）未到法定婚龄。

历史由来

我国1950年和1980年颁行的《婚姻法》中均没有规定无效婚姻制度。无效婚姻制度首次出现在2001年修正后的《婚姻法》中，其第10条规定：“有下列情形之一的，婚姻无效：（一）重婚的；（二）有禁止结婚的亲属关系的；（三）婚前患有医学上认为不应当结婚的疾病，婚后尚未治愈的；（四）未到法定婚龄的。”无效婚姻制度在施行中存在一些问题，学者、实务工作者提出

---

① 孙乐琪：《2015家庭发展报告：中国家庭平均3.35人》，载《北京晚报》2015年5月13日，http://www.cssn.cn/dybg/gqdy_ttxw/201505/t20150513_1793503_1.shtml?COLLCC=1912285236&，最后访问日期2020年5月3日。

② 《改革开放四十年来中国家庭的变迁》，https://www.sohu.com/a/275290860_260616，最后访问日期2020年5月3日。

了诸多的立法完善建议。民法典编纂过程中，草案的内容也多次变化，凸显了这一问题的复杂性。《民法典婚姻家庭编（草案）》（一审稿）第828条规定："有下列情形之一的，婚姻无效：（一）重婚的；（二）有禁止结婚的亲属关系的；（三）未到法定婚龄的；（四）以伪造、变造、冒用证件等方式骗取结婚登记的。"本草案在征求意见过程中，对于"以伪造、变造、冒用证件等方式骗取结婚登记的"分歧较大，立法者采取了保守的态度，在之后的草案中均取消了"以伪造、变造、冒用证件等方式骗取结婚登记的"情形的规定。《民法典婚姻家庭编（草案）》（二审稿）第1051条、《民法典（草案）》第1051条均规定："有下列情形之一的，婚姻无效：（一）重婚；（二）有禁止结婚的亲属关系；（三）未到法定婚龄。"《民法典》同样采取了保守的态度。

三 规范目的或功能

结婚必须符合法律规定的条件；对不符合法律规定的结婚条件的婚姻，视其违反法律规定的严重程度的不同，可能会成为无效婚姻或者可撤销的婚姻。本条是关于无效婚姻的情形规定。婚姻无效条款，实际上体现了公权力对结婚自由的限制；同时，对婚姻无效情形的限制也意味着对公权力的限制，从而防止公权力过分侵入婚姻家庭，保障当事人实现意思自治。[①]

依照法律规定，结婚应当符合一定的条件。如结婚必须男女双方完全自愿；结婚年龄，男不得早于二十二周岁，女不得早于二十周岁；直系血亲之间、三代以内旁系血亲之间不得结婚。但是，字面意义上的法律不等于现实生活中实现的法律。现实生活中，因为当事人弄虚作假、欺骗婚姻登记机关或者婚姻登记机关不依法履行职责等，致使某些不符合结婚条件的当事人经过婚姻登记机关办理了结婚登记手续。为维护法律的严肃性和权威性，对这些不符合法律规定的婚姻，不应承认其具有法律上的婚姻效力。无效婚姻，即欠缺婚姻成立的法定条件而不发生法律效力的男女两性的结合。无效婚姻不产生婚姻的法律效果。

---

① 李昊、王文娜：《婚姻缔结行为的效力瑕疵——兼评民法典婚姻家庭编草案的相关规定》，载《法学研究》2019年第4期。

规范内容

本条文以列举的方式规定了无效婚姻的情形，属于完全法条，包含了构成要件和法律后果两大要素。构成要件，即重婚、有禁止结婚的亲属关系、未到法定婚龄的情形；法律后果为当事人所缔结的婚姻无效。当然，关于婚姻无效对于当事人及其亲属的具体影响，本条没有具体涉及。从法典的整体布局的角度来看，鉴于无效婚姻和婚姻被撤销后的法律后果相同，立法时考虑到立法效率和节约立法资源的因素，在用三个条文规定无效婚姻、可撤销婚姻的情形之后，统一将法律后果规定在第1054条。这就意味着，关于婚姻无效的法律后果的具体规定，还需参见《民法典》第1054条的规定。因此，在理解和把握无效婚姻制度时，需结合本条文与第1054条的规定进行。

依照本条的规定，有下列情形之一的，婚姻无效：

一、重　婚

一夫一妻是我国婚姻家庭的基本制度。一夫一妻制要求一男一女结为夫妻，任何人都只能有一个配偶，不能同时有两个或两个以上的配偶。也就是说，一个男子只能有一个妻子，一个妇女只能有一个丈夫；一个人不能同时与两个或两个以上的人缔结婚姻。一夫一妻制是社会主义婚姻家庭制度的基本原则，是男女平等的体现，实行一夫一妻制就必须旗帜鲜明地反对重婚。

重婚是指有配偶的人又与他人结婚的违法行为，或者明知他人有配偶而与他人结婚的违法行为。重婚有两种形式：

（一）法律上的重婚

法律上的重婚，意味着当事人办理了两次或两次以上的结婚登记手续，即前一登记婚姻未解除，又与他人办理结婚登记手续。需要注意的是，只要当事人办理了结婚登记手续，不论双方是否同居、是否举行婚礼，均构成重婚。

（二）事实上的重婚

事实上的重婚，即前一婚姻未解除，又与他人以夫妻名义共同生活，虽未办理结婚登记手续，但事实上已构成重婚。事实婚姻导致重婚的情形比较复杂，通常包括前一婚姻是登记婚姻、后一婚姻是事实婚姻，或者前一婚姻是事实婚姻、后一婚姻是登记婚姻以及前一婚姻是事实婚姻、后一婚姻同为事实婚姻等情形。

重婚是严重违反我国法律规定的一夫一妻制的违法犯罪行为。重婚不仅会导致婚姻无效，违法行为人还会因自己的行为承担刑事责任。我国《刑法》第258条规定："有配偶而重婚的，或者明知他人有配偶而与之结婚的，处二年以下有期徒刑或者拘役。"

二、有禁止结婚的亲属关系

禁止近亲结婚，是人类长期生活经验的结晶，是人类婚姻家庭生活的总结，禁止近亲结婚是古今中外法律的通例。近亲结婚会给当事人和社会带来一定的危害，因此，《民法典》将有禁止结婚的亲属关系的婚姻规定为无效婚姻。这里的"有禁止结婚的亲属关系"，是指结婚的男女双方是直系血亲或者是三代以内的旁系血亲。

三、未到法定婚龄

依照法律的规定，关于结婚年龄，男不得早于二十二周岁，女不得早于二十周岁。法定婚龄是男女双方可以结婚的最低年龄，男女双方只有均达到法定婚龄或高于法定婚龄才能结婚，否则就不能结婚。男女双方均未达到法定婚龄，或者一方未达法定婚龄，虽然领取了结婚证，但因违反了关于法定结婚年龄的规定，依然为无效婚姻。需要注意的是，在确认某一婚姻是否为无效婚姻时，首先要看男女双方在民政部门登记时是否达到法定婚龄，如果双方均达法定婚龄，则为有效婚姻；如果双方均未达到法定婚龄，或者一方未达法定婚龄，这时还要看当下双方是否已达法定婚龄。如果当时未达法定婚龄，但之后达到了法定婚龄，则自达法定婚龄时起就不能认定婚姻无效了，因为婚姻关系自双方均达法定婚龄时起转变为有效。换言之，对未到法定婚龄的婚姻，在当事人未到法定婚龄之前无效，自当事人双方均达法定婚龄时起有效。2001年《婚姻法解释（一）》中的相关规定就体现了这一精神，其第8条规定，当事人依据婚姻法第10条规定向人民法院申请宣告婚姻无效的，申请时，法定的无效婚姻情形已经消失的，人民法院不予支持。

其他问题

一、关于疾病婚是否无效的问题

2001年修正后的《婚姻法》第10条明确规定："有下列情形之一的，婚姻无效：（一）重婚的；（二）有禁止结婚的亲属关系的；（三）婚前患有医学上认为不应当结婚的疾病，婚后尚未治愈的；（四）未到法定婚龄的。"这是我国立法中第一次明确规定无效婚姻制度。"婚前患有医学上认为不应当结婚的疾病，婚后尚未治愈的"婚姻无效，此规定施行后受到了多方质疑。

综观世界各国的亲属立法，尚未有哪个国家将患有传染性疾病或者遗传基因疾病列入禁止结婚范围的，也未有哪个国家赋予当事人主张疾病婚无效的请求权。各国的亲属法普遍将结婚的法定要件设定为年龄、一夫一妻和近亲婚上，可以主张撤销的婚姻仅为精神病婚、意思表示不真实等。各国的亲属法上大多都没有强制婚检的法律要求，少数要求结婚时提交近期健康证明的国家（与生育基因检查相区别），在当事人的健康存在问题时，医生也仅是向当事人讲解注意事项，而非禁止其结婚。如果结婚后发现一方患有严重的传染病或恶性疾病，他方可请求离婚。[①]我国2003年10月1日实施的《婚姻登记条例》取消了强制婚前健康检查制度（即强制婚检制度），婚前健康检查不再是结婚的法定程序，当时在社会上引起了较大的震动和反响。取消强制婚检制度的目的，在于最大限度地保障婚姻自由，体现了国家对公民个人权利的尊重，是社会文明进步的标志[②]。问题是，取消强制婚检制度，《婚姻法》第7条第2项规定的"患有医学上认为不应当结婚的疾病"禁止结婚的规定是否科学、是否有必要继续保留这一规定、已经缔结的疾病婚是否一律依然按无效婚姻对待和处理。现代社会中，婚姻与生育二者已经分离，一方面以防止遗传为目的、将疾病列为婚姻无效事由的做法应予废除；另一方面取消了

① 孙若军：《疾病不应是缔结婚姻的法定障碍——废除〈婚姻法〉第7条第2项的建议》，载《法律适用》2009年第2期。

② 朱力宇：《建议修改母婴保健法》，载《人民日报》2003年9月10日第16版。

强制婚检制度，国家已无从对当事人的疾病状态进行了解和干预；另外，疾病作为婚姻无效事由也不符合必要性原则和狭义比例原则。[①]学界不少学者主张，废除《婚姻法》第7条第2项“患有医学上认为不应当结婚的疾病”禁止结婚的规定，以及《婚姻法》第10条第3项有关“婚前患有医学上认为不应当结婚的疾病，婚后尚未治愈的”为无效婚姻的规定；如果患病的一方婚前隐瞒的病情足以影响到对方对婚姻的选择和判断时，应当作为可撤销的婚姻处理。[②]因此应当将疾病对婚姻产生影响的风险交由当事人自己去判断。

有学者建议，在民法典编纂中应废除现行《婚姻法》第7条第2项“患有医学上认为不应当结婚的疾病”禁止结婚的规定，废除《婚姻法》第10条第3项有关“婚前患有医学上认为不应当结婚的疾病，婚后尚未治愈的”为无效婚姻的规定；增加规定一方患有严重的传染病、精神病或者遗传性疾病等疾病的，应当在结婚登记前如实告知另一方；故意隐瞒的，另一方可以向婚姻登记机关或者人民法院请求撤销该婚姻。[③]民法典编纂过程中，吸纳了批评者的建议，婚姻家庭编一方面继续规定婚姻无效制度，另一方面修改了婚姻无效的法定情形，即删除了“婚前患有医学上认为不应当结婚的疾病，婚后尚未治愈的”的规定，同时将隐瞒重大疾病的情形规定为可撤销婚姻的情形。我们赞同《民法典》的规定。

二、关于申请宣告婚姻无效的主体

婚姻无效，为自始无效、当然无效，无须有关部门确认。但在现实中，当事人就婚姻是否无效可能存在争议，向人民法院提起诉讼，这时需要人民法院进行裁判。哪些人可以作为向人民法院申请宣告婚姻无效的主体，《民法典》中没有规定。2001年《婚姻法解释（一）》中第7条规定：“有权依据婚姻法第十条规定向人民法院就已办理结婚登记的婚姻申请宣告婚姻无效的主体，包括婚姻当事人及利害关系人。利害关系人包括：（一）以重婚为由申请宣告婚姻无效的，为当

① 申晨：《论婚姻无效制度的构建》，载《中外法学》2019年第2期。

② 孙若军：《疾病不应是缔结婚姻的法定障碍——废除〈婚姻法〉第7条第2项的建议》，载《法律适用》2009年第2期。

③ 马忆南：《民法典视野下婚姻的无效和撤销——兼论结婚要件》，载《妇女研究论丛》2018年第3期。

事人的近亲属及基层组织。(二)以未到法定婚龄为由申请宣告婚姻无效的，为未达法定婚龄者的近亲属。(三)以有禁止结婚的亲属关系为由申请宣告婚姻无效的，为当事人的近亲属。……”据此，我们认为，婚姻无效的情形属于严重违反法律关于结婚强制性条件规定的情形，申请人并非仅局限于当事人，而是分别情形包括当事人、当事人的近亲属及有关基层组织、民政部门等主体。

第一千零五十二条【胁迫婚姻及其撤销】

因胁迫结婚的，受胁迫的一方可以向人民法院请求撤销婚姻。

请求撤销婚姻的，应当自胁迫行为终止之日起一年内提出。

被非法限制人身自由的当事人请求撤销婚姻的，应当自恢复人身自由之日起一年内提出。

历史由来

我国1950年和1980年颁行的《婚姻法》中均没有规定受胁迫婚姻可撤销制度。胁迫婚姻及其撤销，首次出现在2001年修正后的《婚姻法》中，其第11条规定：“因胁迫结婚的，受胁迫的一方可以向婚姻登记机关或人民法院请求撤销该婚姻。受胁迫的一方撤销婚姻的请求，应当自结婚登记之日起一年内提出。被非法限制人身自由的当事人请求撤销婚姻的，应当自恢复人身自由之日起一年内提出。”2001年《婚姻法解释(一)》第10条规定：“婚姻法第十一条所称的‘胁迫’，是指行为人以给另一方当事人或者其近亲属的生命、身体健康、名誉、财产等方面造成损害为要挟，迫使另一方当事人违背真实意愿结婚的情况。因受胁迫而请求撤销婚姻的，只能是受胁迫一方的婚姻关系当事人本人。”《民法典婚姻家庭编(草案)》(一审稿)第829条、《民法典婚姻家庭编(草案)》(二审稿)第829条均规定：“因胁迫结婚的，受胁迫的一方可以向婚姻登记机关或者人民法院请求撤销该婚姻。撤销婚姻的请求，应当自胁迫行为终止之日起一年内提出。被非法限制人身自由的当事人请求撤销婚姻的，应当自恢复人身自由之日起一年内提出。”《民法典(草案)》的规定稍有变化，只是做了文字上的调整，即第1052条规定，“因胁迫结婚的，受胁迫的一方可以向婚姻登记机关或者人民法院请求撤销婚姻。请求撤销婚姻的，应当自胁迫行为终止之日起一年内提出。被非法限制人身自由的当事人请求撤销婚姻的，应当自恢复人身自由之日起一年内提出”。《民法典》取消了其中关于“婚姻登记机关”的规定，第1052条规定：“因胁迫结婚的，受胁迫的一方可以向人民法院请求撤销婚姻。请求撤销婚姻的，应当自胁迫行为终止之日起一年内提出。被非法限制人身自由的当事人请求撤销婚姻的，应当自恢复人身自由之日起一年内提出。”

规范目的或功能

本条明确规定“因胁迫结婚的，受胁迫的一方可以向人民法院请求撤销婚姻”，是婚姻自由原则在结婚制度中的体现，其目的在于维护婚姻自由的社会主义婚姻家庭制度、保障婚姻自由原则的实现。

受胁迫的婚姻，是指婚姻关系中的一方当事人或者婚姻关系之外的第三人，以给另一方当事人或者其近亲属的生命、身体健康、名誉、财产等方面造成损害为要挟，迫使另一方违背真实意愿与之结婚的情况。胁迫婚姻违反了结婚必须男女双方完全自愿的原则。法律之所以将受胁迫的婚姻规定为可撤销婚姻是有着现实考量的。现实生活中存在这种情况：一些被胁迫的当事人，结婚时虽然违背自己的意愿不得不与他人缔结婚姻关系，但在和他人结婚组建家庭后，经过一段时间的共同生活，与对方建立了感情，特别是在生育子女的情况下，与对方、孩子产生了难以割舍的亲情，在这种情况下，给予被胁迫的当事人选择权、由被胁迫的当事人决定是否请求撤销婚姻关系较为合理。因此，从制度设计的角度，法律不宜规定受胁迫的婚姻为无效婚姻，规定为可撤销婚姻比较妥当。

规范内容

本条是关于受胁迫婚姻可撤销的规定，属于完全法条，包含了构成要件和法律后果两大要素。构成要件是受胁迫而缔结婚姻的情形，法律后果是受胁迫的一方可以向人民法院请求撤销婚姻关系。当然，婚姻关系最终是否被撤销，取决于有撤销请求权的、受胁迫的一方是否向人民法院提出请求，以及人民法院是否认定为“胁迫”。本条对于婚姻被撤销后的具体后果没有涉及。鉴于无效婚姻和婚姻被撤销后的法律后果相同，民法典立法时考虑到立法效率和节约立法资源的因素，在用三个条文规定无效婚姻、可撤销婚姻的情形之后，统一将法律后果规定在第1054条。也就是说，关于婚姻被撤销的法律后果的具体规定，还需参见《民法典》第1054条。在理解和把握受胁迫婚姻可撤销制度时，也需结合本条文与第1054条的规定进行。

一、可撤销婚姻

可撤销婚姻，是指当事人因意思表示不真实而成立的婚姻，通过有撤销权的当事人行使撤销权，使已经发生法律效力的婚姻关系失去法律效力。对比我国2001年《婚姻法》第11条的规定，《民法典》在保留可撤销婚姻制度的同时，作了三处修改，一是将原来的“受胁迫的一方可以向婚姻登记机关或人民法院请求撤销该婚姻”修改为“受胁迫的一方可以向人民法院请求撤销该婚姻”；二是将原来的“自结婚登记之日起一年内提出”，修正为“自胁迫行为终止之日起一年内提出”；三是增加了关于疾病婚可撤销的规定，因为隐瞒重大疾病同样影响对方真实的意思表示。关于疾病婚可撤销的规定，详见《民法典》第1052条。

我国《民法典》中规定了两种可撤销婚姻的情形：胁迫婚姻和隐瞒重大疾病的情形。本条规定的是胁迫婚姻的可撤销。

二、受胁迫的婚姻

受胁迫的婚姻，是婚姻关系中的一方当事人或者婚姻关系之外的第三人，以给另一方当事人或者其近亲属的生命、身体健康、名誉、财产等方面造成损害为要挟，迫使另一方违背真实意愿与之结婚的情况。婚姻自由是我国婚姻制度的基石，受胁迫婚姻显然违反了结婚必须男女双方完全自愿的原则，因此允许受胁迫的一方请求撤销该婚姻。

三、请求权人

无效婚姻通常违反社会公德、违反社会公共利益，因此，国家应当主动干预；可撤销婚姻通常违反私人利益、影响个人的意思自治和真实意愿表达，因此只有当事人和法律规定的有请求权的人才能请求撤销婚姻关系。有权提出撤销婚姻关系的申请人只能是因受胁迫而结婚的被胁迫人，因为其受胁迫而不能真实地表达自己的意愿、婚姻关系的成立违背了受胁迫方的真实意思。由于实施胁迫行为的一方在缔结婚姻关系时，并没有违背自己的真实意愿，因此胁迫方在婚姻关系成立后，无权请求撤销婚姻关系。

虽然受胁迫婚姻违反法律规定，受胁迫方有权请求撤销婚姻关系，但是并不意味着受胁迫方一定要撤销受胁迫而成立的婚姻关系。在一些情况下，有的受胁迫方在婚后与对方建立了感情、家庭比较和睦，这时是否撤销婚姻关系，由受胁迫方自己决定。如果受胁迫方不想维持因胁迫而缔结的婚姻，可以向人民法院请求撤销该婚姻；如果最初受胁迫，但后来愿意共同生活，则可以放弃撤销婚姻的请求权，人民法院不能主动撤销当事人的婚姻关系。

四、请求权行使的时间

受胁迫方有权申请撤销，但必须在法律规定的时间内使行撤销婚姻效力的请求权。这是因为，因胁迫而缔结的婚姻往往是受胁迫方违背了自己的意愿，如果结婚后受胁迫方自愿接受了已经成立的婚姻关系，那么法律就应当确认婚姻关系继续有效，没有必要撤销婚姻关系；如果结婚后受胁迫方不愿维持已经成立的婚姻关系，则可以请求人民法院撤销其婚姻关系。另外，如果没有时间的限制，允许受胁迫方长期不行使撤销权，不主张撤销婚姻的效力，就会使得婚姻关系长期处于一种不稳定的状态，不利于家庭、社会的稳定，也不利于保护双方当事人的权益，特别是当事人所生子女的利益。并且，如果长时间后还允许当事人请求撤销婚姻关系，不仅当事人不易举证受到胁迫的事实，也很可能使人民法院难以作出准确的判断。因此《民法典》婚姻家庭编中规定，受胁迫方提起撤销婚姻效力的请求权必须在法律规定的时间内行使，如果超过了法律规定的期限不行使，则受胁迫方就失去了请求撤销婚姻关系的权利，其所缔结的婚姻即为合法有效的婚姻，受胁迫方不得再以相同的理由申请撤销该婚姻。

依照本条规定："请求撤销婚姻的，应当自胁迫行为终止之日起一年内提出。被非法限制人身自由的当事人请求撤销婚姻的，应当自恢复人身自由之日起一年内提出。"这就意味着，受胁迫方撤销该婚姻的请求权，必须在一年内行使。一般地，受胁迫的一方撤销婚姻的请求，应当自胁迫行为终止之日之日起一年内提出；如果是被非法限制人身自由的情况（如被绑架、拐卖的妇女），则一年的时间从被非法限制人身自由的一方恢复人身自由之日起计算。超过一年的，无权向人民法院提起撤销婚姻的申请。此一年的时间为除斥期间，是请求权存在的时间，不适用法律关于时效中止、中断、延长的规定。

五、撤销受胁迫婚姻的机关

依照本条规定，因胁迫结婚的，受胁迫的一方可以向人民法院请求撤销婚姻。也就是说，只有人民法院有权撤销婚姻关系，受胁迫的一方也只能向人民法院申请撤销婚姻关系。婚姻关系为重大的身份关系，对于当事人、子女及其他近亲属都有重要的影响；并且在具体个案中是否存在胁迫以及胁迫认定需要依照法定程序由双方当事人质证，婚姻登记机关是国家行政机关，不是裁判机关，不能对当事人存在争议的、至关重要的身份问题作出裁判。因此，法律规定只能由人民法院撤销婚姻关系是妥当的。

举证责任

受胁迫的当事人向人民法院请求撤销婚姻关系的，应当提供证据证明缔结的婚姻为胁迫婚姻。第一，须证明存在胁迫行为。即行为人实施了以对受胁迫人及其近亲属的生命、身体健康、名誉、财产等方面造成损害为要挟的不法行为。胁迫行为的实施人可以是婚姻的一方当事人，也可以是与其有关系的第三人；受胁迫的人可以是婚姻当事人另一方，也可以是其近亲属。这里的近亲属一般包括父母、兄弟姐妹、祖父母或外祖父母。第二，须证明胁迫人的违法行为与受胁迫人同意结婚的意思表示之间存在因果关系。即受胁迫人之所以作出同意结婚的意思表示，是因为胁迫行为致其产生恐惧心理，基于恐惧心理而不得不表示同意结婚。第三，须在法律规定的期限内请求撤销婚姻，即请求撤销婚姻的，自胁迫行为终止之日起一年内提出；在存在被非法限制人身自由的情况时，此一年的时间自恢复人身自由之日起计算。只有在满足以上三个方面证据的情况下，人民法院才会撤销婚姻关系。就对方当事人而言，其可以举证证明：第一，胁迫行为不存在，或者行为不构成胁迫；第二，因果关系不成立；第三，对方提出申请撤销婚姻的时间已经超过一年的法定期限。这三个方面的证据，只要存在一个方面，就可能导致婚姻不被人民法院撤销。

第一千零五十三条【疾病婚姻及其撤销】

一方患有重大疾病的，应当在结婚登记前如实告知另一方；不如实告知的，另一方可以向人民法院请求撤销婚姻。

请求撤销婚姻的，应当自知道或者应当知道撤销事由之日起一年内提出。

历史由来

《民法典》首次规定疾病婚姻的可撤销制度。我国历史上有禁止患有某些疾病的人结婚的立法传统。1950年《婚姻法》第5条规定："男女有下列情形之一者，禁止结婚：……二、有生理缺陷不能发生性行为者。三、患花柳病或精神失常未经治愈，患麻风或其他在医学上认为不应结婚之疾病者。"1980年颁行的《婚姻法》第6条规定："有下列情形之一的，禁止结婚：……二、患麻风病未经治愈或患其他在医学上认为不应当结婚的疾病。"2001年修正后的《婚姻法》第7条规定："有下列情形之一的，禁止结婚：……（二）患有医学上认为不应当结婚的疾病。"2001年修正后的《婚姻法》第10条规定："有下列情形之一的，婚姻无效：……（三）婚前患有医学上认为不应当结婚的疾病，婚后尚未治愈的……"禁止患有某些疾病的人结婚的法律规定，一直备受争议。[①]民法典编纂过程中，从一开始就改变了原来关于禁止结婚疾病的规定。

---

① 参见梁慧星主编：《中国民法典草案建议稿附理由：亲属编》，法律出版社2013年版，第40页；马忆南：《民法典视野下婚姻的无效和撤销——兼论结婚要件》，载《妇女研究论丛》2018年第3期；孙若军：《疾病不应是缔结婚姻的法定障碍——废除〈婚姻法〉第7条第2项的建议》，载《法律适用》2009年第2期；李昊、王文娜：《婚姻缔结行为的效力瑕疵——兼评民法典婚姻家庭编草案的相关规定》，载《法学研究》2019年第4期；冉克平：《论民法典婚姻家庭编（草案）的体系、内容及其完善》，载《武汉大学学报》2019年第6期；申晨：《论婚姻无效制度的构建》，载《中外法学》2019年第2期。

《民法典婚姻家庭编（草案）》（一审稿）第830条规定："一方患有严重疾病的，应当在结婚登记前如实告知另一方；不如实告知的，另一方可以向婚姻登记机关或者人民法院请求撤销该婚姻。撤销婚姻的请求，应当自知道或者应当知道撤销事由之日起一年内提出。"《民法典婚姻家庭编（草案）》（二审稿）将"严重"疾病修改为"重大"疾病，第830条规定："一方患有重大疾病的，应当在结婚登记前如实告知另一方；不如实告知的，另一方可以向婚姻登记机关或者人民法院请求撤销该婚姻。撤销婚姻的请求，应当自知道或者应当知道撤销事由之日起一年内提出。"《民法典（草案）》中又改变了"可以向婚姻登记机关或者人民法院请求撤销该婚姻"的规定，规定当事人只能向人民法院请求撤销婚姻，其第1053条规定："一方患有重大疾病的，应当在结婚登记前如实告知另一方；不如实告知的，另一方可以向人民法院请求撤销婚姻。请求撤销婚姻的，应当自知道或者应当知道撤销事由之日起一年内提出。"《民法典》的规定与草案相同。

规范目的或功能

本条是婚姻自由原则在结婚制度中的体现。虽然《民法典》中没有规定禁止患有一定范围疾病的人结婚，但并不等于可以对此类问题听之任之。法律一方面规定"一方患有重大疾病的，应当在结婚登记前如实告知另一方"，以保护另一方的知情权；另一方面规定"不如实告知的，另一方可以向人民法院请求撤销婚姻"，示明不如实告知的法律后果，将撤销婚姻的请求权赋予被隐瞒的一方，其目的在于维护婚姻自由的社会主义婚姻家庭制度、保障婚姻自由原则的实现。

规范内容

本条是关于重大疾病婚姻的可撤销的规定，属于完全法条，条文中包括了构成要件和法律后果两大要素。构成要件是一方患有重大疾病结婚登记前没有如实告知对方，法律后果是对方在自知道或者应当知道撤销事由之日起一年内有权向人民法院提出请求撤销婚姻关系。当然，婚姻关系最终是否被撤销，取决于有撤销请求权的、被隐瞒的一方是否在法定期限内向人民法院提出请求，以及人民法院是否认定为对重大疾病的隐瞒。如果经过人民法院审理、裁判撤销婚姻关系，则会产生婚姻被撤销后的法律后果。关于婚姻被撤销的法律后果的具体规定，还需参见《民法典》第1054条。在理解和把握重大疾病婚姻可撤销制度时，需结合本条文与第1054条的规定进行。

一、重大疾病应如实告知

男女结婚后组成家庭，共同生活、养育子女。为了配偶、子女的身体健康及婚后的共同生活，双方对于彼此的健康状况有知情的权利。如果一方婚前患有重大疾病，应当如实告知对方，尊重对方的婚姻自主权；没有如实告知的，另一方可以向人民法院请求撤销婚姻。

撤销疾病婚的范围仅限于重大疾病。关于重大疾病的范围，《民法典》中没有明示。一般而言，重大疾病是指医治花费巨大且在较长一段时间内严重影响患者及其家庭的正常工作和生活的疾病，通常包括恶性肿瘤、严重心脑血管疾病、需要进行重大器官移植的手术及有可能造成终身残疾的伤病、晚期慢性病、感染艾滋病病毒或患有艾滋病、[①]严重脑损伤、严重帕金森病和严重精神病等。

二、请求权人

撤销疾病婚的请求权人仅限于未被告知对方患有重大疾病的一方，因为这一情形可能导致其结婚的意思表示不真实；隐瞒重大疾病的一方无权行使撤销权。值得注意的是，存在一方隐瞒重大疾病的情形时，并不意味着另一方一定要撤销婚姻关系；是否请求撤销，由未被告知对方患有重大疾病的一方自己决定。如果权利人在规定的时间内提出申请，人民法院应依照法定程序撤销婚姻；如果权利人不提出申请，人民法院不可主动撤销当事人的婚姻关系。

---

① 在人体血液或其他样本中检测到艾滋病病毒或其抗体呈阳性，没有出现临床症状体征的，为感染艾滋病病毒；如果同时出现了明显临床症状或体征的，为患艾滋病。

三、撤销权的行使期限

因一方隐瞒重大疾病，权利人请求撤销婚姻的，应当自知道或者应当知道撤销事由之日起一年内提出。这里的“知道”，指的是权利人客观上已经知道了重大疾病被隐瞒的事实；这里的“应当知道”，指的是依照常理推定权利人知道、实际上权利人可能由于自己的疏忽而不知道的情形。当事人请求撤销婚姻的，应当自知道或者应当知道撤销事由之日起一年内提出；超过一年的，无权向人民法院提起撤销婚姻的申请。此一年的时间为除斥期间，是请求权存在的时间，不适用法律关于时效中止、中断、延长的规定。

四、撤销疾病婚的机关

在存在隐瞒重大疾病而结婚的情况下，请求权人只能向人民法院请求撤销婚姻关系，不能向婚姻登记机关请求撤销婚姻关系。这是因为，婚姻关系的撤销事关重大，涉及双方当事人的身份关系，并且是否存在重大疾病以及重大疾病的认定也需要双方当事人质证，需要依法按程序严格进行；婚姻登记机关是国家行政机关，不是裁判机关，不能对当事人存在争议的、至关重要的身份问题作出裁判。因此，法律规定只能由人民法院撤销婚姻关系是妥当的。

举证责任

未被告知对方患有重大疾病的一方当事人向人民法院请求撤销婚姻关系时，应当承担相应的举证责任，包括：第一，应当证明重大疾病在结婚之前客观存在；第二，应当证明对方在结婚之前没有尽到告知义务，或者自己在结婚之前对于对方的重大疾病并不知情；第三，请求撤销婚姻的时间在法律规定的期限内，即自知道或者应当知道撤销事由之日起一年内提出申请。只有在满足以上三个方面的证据的情况下，人民法院才会依法支持其撤销婚姻关系的诉讼请求。就另一方当事人而言，其可以提供证据证明：第一，重大疾病于结婚时不存在；第二，结婚之前已经告知对方自己的重大疾病、没有隐瞒；第三，对方提出申请撤销婚姻的时间已经超过法定期限，即自对方知道或者应当知道撤销事由之日起已经超过一年。这三个方面的证据，只要存在一个方面，就可能导致婚姻不被人民法院撤销。

其他问题

一、民政机关是否有权撤销婚姻关系

2001年修正后的《婚姻法》第11条、《民法典婚姻家庭编（草案）》（一审稿）第829条、《民法典婚姻家庭编（草案）》（二审稿）第829条、《民法典（草案）》第1052条均规定，受胁迫结婚的一方可以向婚姻登记机关或人民法院请求撤销该婚姻。《民法典婚姻家庭编（草案）》（一审稿）第830条、《民法典婚姻家庭编（草案）》（二审稿）第830条均规定，对于有重大疾病而未如实告知的，另一方可以向婚姻登记机关或者人民法院请求撤销该婚姻。至《民法典（草案）》阶段，第1053条规定，有重大疾病而不如实告知的，另一方可以向人民法院请求撤销婚姻。最终颁行的《民法典》第1052条和第1053条分别规定，因胁迫结婚或患有重大疾病而未如实告知的，权利人可向人民法院请求撤销婚姻。也就是说，《民法典》只赋予人民法院对可撤销婚姻的撤销权。本书赞同《民法典》的规定。

从世界各国有关无效婚姻与可撤销婚姻的立法看，均无行政程序撤销婚姻关系之先例。因为宣告婚姻无效或撤销婚姻，事关婚姻当事人的权利和义务以及子女和其他亲属的权益，只能由法院行使国家审判权，对当事人的婚姻状况进行认定，并对相关的法律后果进行判决。这不仅涉及公法与私法的界限及公权力中行政权与司法权的划分，而且涉及行政权干预私生活的范围。我国的婚姻登记机关作为国家行政机关，其职能应仅限于对当事人的结婚和离婚登记进行形式上的审查，对于符合条件的登记在案，以体现国家对婚姻的认可。赋予婚姻登记机关行使婚姻撤销权的做法是否有行政权过分膨胀的倾向，值得反思。[①]撤销婚姻涉及对于实体法上的婚姻法律关系效力的判定，

---

① 马忆南：《民法典视野下婚姻的无效和撤销——兼论结婚要件》，载《妇女研究论丛》2018年第3期。

若要求民政部门对此进行实质审查，则意味着民政部门要进行实质的调查和裁决，这大大超出了民政机关的能力和职权。[①]撤销已存在的婚姻并非单纯关涉婚姻的效力，往往还涉及共同财产分割、债务清偿、损害赔偿、未成年子女抚养等诸多事项，婚姻登记机关全盘处理这些问题，实在是勉为其难。事实上，之前《婚姻法》中允许民政部门撤销婚姻关系，也引发了一些乱象。一方主张撤销婚姻关系，另一方不同意撤销婚姻关系，婚姻登记机关撤销婚姻关系后，当事人往往以婚姻登记机关为被告提起行政诉讼，这会导致婚姻的效力处于不确定状态。[②]正是基于综合衡量，《民法典》中没有规定民政部门有权撤销婚姻关系。

二、关于暂缓结婚的疾病

《民法典》婚姻家庭编没有规定禁止结婚的疾病范围，主要是基于对当事人意思自治的尊重以及贯彻婚姻自由原则；即使当事人患有疾病、双方知情，并基于完全自愿结为夫妻，法律不应一律禁止。值得注意的是，从保护双方当事人的角度，我国法律中规定患有某些疾病的人应当暂缓结婚。1995年6月1日施行的《母婴保健法》第9条规定："经婚前医学检查，对患指定传染病在传染期内或者有关精神病在发病期内的，医师应当提出医学意见；准备结婚的男女双方应当暂缓结婚。"第38条第1款规定："指定传染病，是指《中华人民共和国传染病防治法》中的艾滋病、淋病、梅毒、麻风病以及医学上认为影响结婚和生育的其他传染病。"第3款规定："有关精神病，是指精神分裂症、躁狂抑郁型精神病以及其他重型精神病。"也就是说，患有指定的传染病者在传染期内，或患有关精神病者在发病期内，应依法暂缓结婚。另外，其第10条规定："经婚前医学检查，对诊断患医学上认为不宜生育的严重遗传性疾病的，医师应当向男女双方说明情况，提出医学意见；经男女双方同意，采取长效避孕措施或者施行结扎手术后不生育的，可以结婚。……"第38条

---

① 李昊、王文娜：《婚姻缔结行为的效力瑕疵——兼评民法典婚姻家庭编草案的相关规定》，载《法学研究》2019年第4期。

② 李昊、王文娜：《婚姻缔结行为的效力瑕疵——兼评民法典婚姻家庭编草案的相关规定》，载《法学研究》2019年第4期。

第2款规定："严重遗传性疾病，是指由于遗传因素先天形成，患者全部或者部分丧失自主生活能力，后代再现风险高，医学上认为不宜生育的遗传性疾病。"也就是说，患有这类疾病的男女双方如果同意采取长效避孕措施或者施行结扎手术不生育的，可以结婚。

第一千零五十四条【婚姻无效或者被撤销的法律后果】

无效的或者被撤销的婚姻自始没有法律约束力，当事人不具有夫妻的权利和义务。同居期间所得的财产，由当事人协议处理；协议不成的，由人民法院根据照顾无过错方的原则判决。对重婚导致的无效婚姻的财产处理，不得侵害合法婚姻当事人的财产权益。当事人所生的子女，适用本法关于父母子女的规定。

婚姻无效或者被撤销的，无过错方有权请求损害赔偿。

历史由来

我国1950年和1980年颁行的《婚姻法》中均没有规定无效婚姻制度。2001年修正后的《婚姻法》第12条规定："无效或被撤销的婚姻，自始无效。当事人不具有夫妻的权利和义务。同居期间所得的财产，由当事人协议处理；协议不成时，由人民法院根据照顾无过错方的原则判决。对重婚导致的婚姻无效的财产处理，不得侵害合法婚姻当事人的财产权益。当事人所生的子女，适用本法有关父母子女的规定。"同时，2001年《婚姻法解释（一）》第13条规定："婚姻法第十二条所规定的自始无效，是指无效或者可撤销婚姻在依法被宣告无效或被撤销时，才确定该婚姻自始不受法律保护。"第15条规定："被宣告无效或被撤销的婚姻，当事人同居期间所得的财产，按共同共有处理。但有证据证明为当事人一方所有的除外。"在民法典编纂过程中，《民法典婚姻家庭编（草案）》（一审稿）第831条规定："无效的或者被撤销的婚姻自始没有法律约束力。当事人不具有夫妻的权利和义务。同居期间所得的财产，由当事人协议处理；协议不成时，由人民法院根据照顾无过错方的原则判决。对重婚导致的婚姻无效的财产处理，不得侵害合法婚姻当事人的财产权益。当事人所生的子女，适用本法有关父母子女的规定。"《民法典婚姻家庭编（草案）》（二审稿）作了文字性的修改，其第831条规定："无效的或者被撤销的婚姻自始没有法律约束力，当事人不具有夫妻的权利和义务。同居期间所得的财产，由当事人协议处理；协议不成的，由人民法院根据照顾无过错方的原则判决。对重婚导致的无效婚姻的财产处理，不得侵害合法婚姻当事人的财产权益。当事人所生的子女，适用本法有关父母子女的规定。"《民法典（草案）》中增加了关于婚姻无效或者被撤销时无过错方的损害赔偿，其第1054条规定："无效的或者被撤销的婚姻自始没有法律约束力，当事人不具有夫妻的权利和义务。同居期间所得的财产，由当事人协议处理；协议不成的，由人民法院根据照顾无过错方的原则判决。对重婚导致的无效婚姻的财产处理，不得侵害合法婚姻当事人的财产权益。当事人所生的子女，适用本法关于父母子女的规定。婚姻无效或者被撤销的，无过错方有权请求损害赔偿。"《民法典》第1054条的规定与草案的规定相同。

规范目的或功能

立法上设置无效婚姻与可撤销婚姻制度的目的在于维护法律的严肃性与权威性，有效规制婚姻当事人的婚姻行为，切实维护婚姻当事人的婚姻家庭权益，从法律上进一步巩固社会主义婚姻家庭制度与中华民族优良传统伦理秩序。同时，也对婚姻家庭权益遭受侵害的当事人予以法律保护与司法救济。①本条规定的目的在于明示婚姻无效及被撤销后的具体法律后果，以规范民事主体的行为和人民法院的审判活动。婚姻无效或者被撤销，会产生身份方面的法律后果和财产方面的法律后果；会涉及婚姻关系的双方当事人，也会涉及有关的利害关系人如子女、合法婚姻关系中的配偶等。比如，无效婚姻或者被撤销的婚姻从什么时候开始没有法律约束力？当事人共同生活期间是否产生夫妻间的权利和义务关系？共同生活期间所得的财产如何处理？债务如何清偿？当事人与其所生子女间的权利义务关系如何？未成年子女如何

① 吴国平：《论民法典中无效与可撤销婚姻制度的立法构建——以台湾地区相关立法为借鉴》，载《海峡法学》2017年第3期。

监护、抚养教育？对于因一方重婚、胁迫、隐瞒重大疾病而导致婚姻无效或者被撤销的，如何保护无过错方的利益，无过错方可否请求损害赔偿？对于因一方重婚而导致婚姻无效的，如何保护合法婚姻当事人的财产权益？健全的法律规定是法治社会、现代社会治理的基础，这些问题都需要在《民法典》中找到答案。

规范内容

本条是关于婚姻无效与被撤销后法律后果的规定，属于不完全法条。《民法典》第1051条、第1052条、第1053条均规定了无效婚姻和可撤销婚姻的情形，本条规定为补充性法条，补充前面第1051条所规定的无效婚姻的法律后果以及第1052条、第1053条所规定的可撤销婚姻的法律后果。因此，在理解和把握无效婚姻制度、可撤销婚姻制度时，需结合本条文与第1051条、第1052条、第1053条的规定进行。

按照《民法典》的相关规定，婚姻无效或者被撤销的法律后果主要有以下几个方面：

一、无效或者被撤销的婚姻自始没有法律约束力

婚姻无效或者被撤销，具有溯及力，即从当事人结婚之时，婚姻就没有法律效力，即使当事人取得了结婚证书，该婚姻也是自始无效，而不是从人民法院宣告婚姻无效或者撤销婚姻关系之时起婚姻才没有法律效力。另外，无效婚姻或者被撤销的婚姻，无论是否举行婚礼、是否共同生活，无论共同生活时间是否长久，婚姻关系自始不存在，不受法律保护。对于《民法典》的此类规定，学界有不同的看法。有学者主张，立法上宜借鉴绝大多数国家或地区的做法，规定婚姻被宣告无效或撤销后，原则上溯及既往地自始无效，但对于善意的配偶一方仍然发生有效婚姻的效力；婚姻被宣告无效或被撤销后，其对子女的效力不受影响。[①]有的学者进一步主张，

① 冉克平：《论民法典婚姻家庭编（草案）的体系、内容及其完善》，载《武汉大学学报》2019年第6期。

把“无效和被撤销婚姻自始无效”的规定改为“婚姻被宣告无效或被撤销，不具有溯及力”。[①]

二、当事人之间不具有夫妻的权利义务

无效或者被撤销的婚姻，当事人之间不具有夫妻的身份关系，不产生夫妻间的权利和义务。法律关于夫妻互相扶养的义务、相互继承遗产的权利等均不适用。对此，学者也有不同意见，主张对于诚信的当事人一方加以保护。在西方一些国家和我国的香港、澳门地区，适用拟制的婚姻制度。按照该制度，违反婚姻法定要件的男女结合归于无效，但对于诚信的当事人及其子女保留部分效力。我国台湾地区规定，若重婚当事人善意且无过失，信赖另一方已经完成婚姻登记或确定离婚判决，则今婚仍有效，前婚无效。因而主张，我国大陆（内地）在民法典婚姻家庭编立法中应以上述婚姻诚信保护成果为基础，承认诚信缔结的各种类型的无效婚姻的效力，但须以当事人已长期彼此占有配偶身份为条件。[②]

三、所生子女受法律保护

无效或者被撤销的婚姻，当事人与其所生子女的权利义务关系，适用法律有关父母子女间的权利义务关系的规定。即虽然子女不是在合法有效的婚姻关系中出生的，但子女仍然是父母双方的亲生子女，[③]任何人不得加以歧视或者危害。这也意味着，无效或者被撤销的婚姻当事人与所生子女间的权利义务，与合法婚姻的当事人与所生子女间的权利义务一样。包括：父母有抚养教育保护未成年子女的义务，子女对父母有赡养扶助的义务；父母不履行

---

① 徐国栋：《无效与可撤销婚姻中诚信当事人的保护》，载《中国法学》2013年第5期。

② 徐国栋：《我国民法典应承认诚信缔结的无效婚姻效力并确立宣告婚姻无效请求权的时效》，载《上海政法学院学报》2020年第1期。

③ 我们主张使用“亲生子女”的法律术语，并取消“婚生子女”与“非婚生子女”的划分。因为以父母有无婚姻关系为标准区分子女，本身就是对子女的歧视。我国《民法典》中仍然使用“婚生子女”与“非婚生子女”的概念，尽管法律明确规定非婚生子女与婚生子女具有同等的法律地位、任何人不得加以歧视和危害，但这种先标签化、后加以保护的保护模式难谓彻底。彻底的保护模式是取消“婚生子女”与“非婚生子女”的划分，不再使用“婚生子女”与“非婚生子女”的法律术语，而以“亲生子女”的法律术语代之。参见王丽萍：《亲子法研究》，法律出版社2004年版，第286页。

抚养义务时，未成年或者不能独立生活的子女，有要求父母付给抚养费的权利，子女不履行赡养义务时，无劳动能力或生活困难的父母，有要求子女付给赡养费的权利；父母子女之间有相互继承遗产的权利。在婚姻关系无效或者被撤销后，父母双方对子女仍有抚养教育的权利和义务；一方抚养子女时另一方应负担必要的生活费和教育费等；不直接抚养子女的父或母，有探望子女的权利，另一方有协助的义务；等等。

四、关于财产的处理

无效或者被撤销的婚姻，当事人同居期间所得的财产，由当事人协议处理；协议不成时，由人民法院根据照顾无过错方的原则判决。对重婚导致的婚姻无效的财产处理，不得侵害合法婚姻当事人的财产权益。处理无效或者被撤销婚姻当事人同居期间所得财产，应当坚持以下原则：

第一，双方同居期间各自的收入，应当认定为同居期间的共有财产，双方另有约定的除外。双方可以约定为个人财产。有学者认为，婚姻宣告无效后的法定性财产后果应为：有禁止结婚的亲属关系，或未达法定婚龄的，同居期间所得财产按共同共有处理；其他情形的，应判决财产予以返还或折价补偿，有财产损失的，由双方根据各自的过错承担责任。①

第二，在婚姻无效或婚姻关系被依法撤销时，财产如何分割，首先由当事人协议处理。如果无效婚姻或可撤销婚姻当事人在同居期间对财产的归属有约定的，要依据当事人的约定分割当事人同居期间的财产；如果当事人对同居期间财产的归属没有约定、双方又达不成协议时，人民法院对双方同居期间所得的财产，根据照顾无过错方的原则予以分割，即对于无效婚姻、婚姻被撤销的无过错一方当事人可以多分财产，对于有过错的一方可以少分甚至不分。

第三，对因重婚导致婚姻无效的财产的处理，不得侵害合法婚姻当事人的财产权益。即因一方当事人重婚导致婚姻无效的，分割同居期间所得财产时，不得侵害重婚一方合法婚姻的配偶一方当事人的财产权益。

---

① 申晨：《论婚姻无效制度的构建》，载《中外法学》2019年第2期。

五、无过错方有权请求损害赔偿

多年来，学界一直呼吁建立无效婚姻和婚姻被撤销后的损害赔偿制度。“社科院2003稿”第1672条为“因结婚无效或者婚姻被撤销而受到损害的无过错的一方，有权向过错方请求损害赔偿”[①]。徐国栋教授主编的《绿色民法典草案》第三分编第45条为“1.当事人因婚姻无效或被撤销受到损害的，无过错一方有权向有过错他方请求损害赔偿，赔偿费至少应包括维持原告3年现有生活水平的费用。2.在前款规定的情形，受害人还可以请求赔偿精神损害，但对此等损害的请求权不得让与或继承”[②]。有学者特别强调，我国法律中既无对无效婚姻中诚信方的保护，也无对无过失方的保护，是为必须填补的法律漏洞。[③]赋予受害一方向另一方提出民事赔偿的要求，可以尽量弥补受害一方所遭受的精神和人身伤害，体现法律的公平公正原则。[④]

我国《民法典》首次规定“婚姻无效或者被撤销的，无过错方有权请求损害赔偿”。这里的损害赔偿，仅限于因为一方的过错（如一方的重婚行为、一方的胁迫行为、故意隐瞒重大疾病等），造成的婚姻无效或者被撤销的情形。理解和适用此规定时，应特别注意以下几个点：第一，就赔偿请求权主体而言，只能是无过错方；第二，就赔偿责任的承担者而言，仅限于导致婚姻无效或者被撤销的过错方；第三，就赔偿的范围而言，包括财产损失和精神损害赔偿。例如，在有限制人身自由、暴力侵害身体健康的情形下，包括身体受到伤害而产生的医疗费、误工费、交通费、营养费、残疾赔偿金（残疾者生活补助费）等，以及精神损害赔偿。

三 举证责任

当事人在诉讼中对于自己的诉讼主张负举证责任。关于主张婚姻无效、

① 梁慧星主编：《中国民法典草案建议稿》，法律出版社2003年版，第335页。

② 徐国栋主编：《绿色民法典草案》，社会科学文献出版社2004年版，第190页。

③ 徐国栋：《无效与可撤销婚姻中诚信当事人的保护》，载《中国法学》2013年第5期。

④ 王小英：《试论我国无效婚姻立法的缺陷及完善》，载《法学杂志》2012年第5期。

请求人民法院撤销婚姻关系的相关证明责任，详见前述。关于无过错方请求损害赔偿的举证责任主要包括：第一，一方主观上有过错；第二，一方存在重婚、胁迫、隐瞒重大疾病等情形；第三，无过错方受到损害，包括财产损失或者精神损害；第四，一方的过错与另一方所受损害之间存在因果关系。对于对方当事人而言，为减轻或者免除其民事责任，需围绕以下方面提供证据、承担反证责任：第一，不存在重婚、胁迫、隐瞒重大疾病等情形；第二，损失不存在或者减少；第三，其行为与损害结果间不具有因果关系。

其他问题

一、婚姻无效与婚姻被撤销的法律后果

有学者提出，婚姻无效与被撤销的法律后果和合同无效或被撤销的法律后果应当有所不同；法律中规定相同的法律后果，显然忽略了财产行为与身份行为之间的区别，不利于保护善意或无过错一方当事人的利益，尤其是不利于保护妇女的合法权益。[①]婚姻无效的价值体系，无论是其内容、结构还是目标，都与合同无效的价值体系存在诸多差异。就婚姻无效制度的设计而言，应当协调好两项重要的价值冲突：第一，“个人意志”和“家庭共同体”的冲突。立法既要做到维护“个人意志”的适当实现，又要防止过度利己导致的对“家庭共同体”伦理的破坏。第二，“国家意志”与“公民意志”的冲突。立法既要满足国家对家庭的管控需求，又要防止公权力对私人利益的过度干预。[②]这一目标在《民法典》中并没有得到完全实现，应当缓和婚姻无效和被撤销的法律后果。

关于婚姻被宣告无效与婚姻被撤销是否均具有溯及力的问题，也值得进一步思考。婚姻法学界通行的理论认为，夫妻关系、亲子关系均为人伦秩序上的关系，乃是法律以前之存在。[③]具有无效原因的婚姻虽然在成立时存在要

---

① 冉克平：《论民法典婚姻家庭编（草案）的体系、内容及其完善》，载《武汉大学学报》2019年第6期。

② 申晨：《论婚姻无效制度的构建》，载《中外法学》2019年第2期。

③ 陈棋炎：《亲属、继承法基本问题》，台北三民书局1980年版，第1页。

件瑕疵，但“婚姻”本身却是一个既存的社会事实，当事人有夫妻共同生活的实质，且社会上一般亦承认其为夫妻，基于该事实而业已形成的各种婚姻家庭关系，对双方、子女、家庭及社会都产生一系列的重要影响，而且，这种既成事实也绝不可能因法律的否认或者被确认婚姻无效而消灭。法律不应当对婚姻实体的现存事实及其衍生的各种身份上及财产上的法律事实视而不见。立法政策上应尽可能兼顾社会公益与利害关系人的利益，在一定范围内认可这一现存的社会关系，尊重婚姻的事实先在性。[①]也有学者指出，无效婚姻与可撤销婚姻在性质上虽同属违法婚姻，但两者的构成要件、违法程度和危害后果并不相同，可撤销婚姻只违背了婚姻成立的私益要件，其所侵害的是当事人的婚姻自由权，而无效婚姻大多违背了婚姻成立的公益要件，其不仅侵害当事人的婚姻自由权，而且还违反社会公德和社会公共利益。因此，对二者在法律效力和法律后果（包括法律责任）上必须加以区别。[②]现行立法规定显然是有失公允的，应当将对无效婚姻与可撤销婚姻法律效力“一视同仁”的现行规定修改为：无效婚姻自始无效，国家有权机关对无效婚姻的宣告具有溯及既往的效力；可撤销婚姻“自被宣告撤销之日起不具有法律效力”。[③]“社科院2003稿”中第1743条为“婚姻被撤销的，从撤销之时起婚姻关系消灭”[④]。我们认为，《民法典》中关于“无效的或者被撤销的婚姻自始没有法律约束力”的规定，认为无效婚姻自始无效，可撤销婚姻自被宣告撤销之日起不具有法律效力，这一规定值得商榷。

另外，还有学者从强化对善意相对人保护的角度，提出明确经济帮助责任及借鉴域外的拟制婚姻制度。某些婚姻当事人基于某种个人目的，违反法律规定的结婚条件而与对方结婚，后因违法而被宣告无效或者撤销，在客观上必然给善意的配偶一方造成伤害，而该配偶往往是处于弱势的一方。如何保护善意相对人即配偶一方的权益，是未来立法与司法保护不能回避的问题；

---

① 马忆南：《民法典视野下婚姻的无效和撤销——兼论结婚要件》，载《妇女研究论丛》2018年第3期。

② 宋豫、陈苇主编：《中国大陆与港、澳、台婚姻家庭法比较研究》，重庆出版社2002年版，第124页。

③ 陈苇主编：《外国婚姻家庭法比较研究》，群众出版社2006年版，第159页。

④ 梁慧星主编：《中国民法典草案建议稿》，法律出版社2003年版，第333页。

建议明确经济帮助责任，即未来立法应当明确规定，善意缔结婚姻关系的一方如因婚姻被撤销而导致生活困难的，非善意的另一方应当对其给予一定的经济帮助，具体形式包括提供生活费、日常生活用品，或者帮助解决居住问题等。如果在婚姻被依法撤销前，一方当事人死亡的，因此时双方当事人的婚姻关系并未解除，另一方当事人可以配偶身份享有死者的遗产继承权。[①]此外，也有学者明确指出，仅仅以“无过错”的名义保证无辜方在分割假想配偶的共同财产时的有利地位是不够的，建议我国在民法典编纂中确立在婚姻家庭领域的诚信原则，并打造出自己的婚姻诚信制度和拟制的婚姻制度。[②]拟制的婚姻制度，发源于罗马法，以保护有诚信当事人无效婚姻中的子女为目的，是在婚姻被宣告无效的情况下，由于当事人一方或双方诚信缔结了此婚姻，为了诚信方或子女的利益保留婚姻在撤销判决前的效力，甚至在某些方面保留婚姻在判决后的效力的制度。关于经济帮助责任和拟制婚姻制度，仍有进一步研究与讨论的必要。

二、司法解释中关于人民法院审理宣告婚姻无效或者请求撤销婚姻关系的案件的具体规定

最高人民法院的司法解释中，有关于宣告婚姻无效或者撤销婚姻关系的规定。相关的司法解释主要有2001年《婚姻法解释（一）》、2003年《婚姻法解释（二）》和2011年《婚姻法解释（三）》。归纳起来，司法解释中关于人民法院审理宣告婚姻无效或者请求撤销婚姻关系的案件的具体规定主要有：

第一，人民法院审理婚姻当事人请求撤销婚姻的案件，应当适用简易程序或者普通程序。

第二，夫妻一方或者双方死亡后一年内，生存一方或者利害关系人依据法律的规定申请宣告婚姻无效的，人民法院应当受理。

第三，利害关系人依据法律规定，向人民法院申请宣告婚姻无效的，利

---

① 吴国平：《论民法典中无效与可撤销婚姻制度的立法构建——以台湾地区相关立法为借鉴》，载《海峡法学》2017年第3期。

② 徐国栋：《无效与可撤销婚姻中诚信当事人的保护》，载《中国法学》2013年第5期。

害关系人为申请人，婚姻关系当事人双方为被申请人。夫妻一方死亡的，生存一方为被申请人。夫妻双方均已死亡的，不列被申请人。

第四，当事人以法律规定以外的情形申请宣告婚姻无效的，人民法院应当判决驳回当事人的申请。当事人以结婚登记程序存在瑕疵为由提起民事诉讼，主张撤销结婚登记的，人民法院应当告知当事人可以依法申请行政复议或者提起行政诉讼。

第五，人民法院受理申请宣告婚姻无效案件后，经审查确属无效婚姻的，应当依法作出宣告婚姻无效的判决。原告申请撤诉的，不予准许。

第六，人民法院受理离婚案件后，经审查确属无效婚姻的，应当将婚姻无效的情形告知当事人，并依法作出宣告婚姻无效的判决。

第七，人民法院审理无效婚姻案件，涉及财产分割和子女抚养的，应当对婚姻效力的认定和其他纠纷的处理分别制作裁判文书。

第八，人民法院就同一婚姻关系分别受理了离婚和申请宣告婚姻无效案件的，对于离婚案件的审理，应当待申请宣告婚姻无效案件作出判决后进行。婚姻关系被宣告无效后，涉及财产分割和子女抚养的，应当继续审理。

第九，当事人依据法律规定向人民法院申请宣告婚姻无效的，申请时，法定的无效婚姻情形已经消失的，人民法院不予支持。

第十，人民法院审理重婚导致的无效婚姻案件时，涉及财产处理的，应当准许合法婚姻当事人作为有独立请求权的第三人参加诉讼。

第十一，人民法院审理宣告婚姻无效案件，对婚姻效力的审理不适用调解，应当依法作出判决；有关婚姻效力的判决一经作出，即发生法律效力。

第十二，人民法院根据当事人的申请，依法宣告婚姻无效或者撤销婚姻的，应当收缴双方的结婚证书并将生效的判决书寄送当地婚姻登记管理机关。

第三章

家庭关系

第一节 夫妻关系

第一千零五十五条【夫妻法律地位平等】

夫妻在婚姻家庭中地位平等。

历史由来

一、本条来源

本条源于《婚姻法》第13条。本条对《婚姻法》第13条的表述进行了调整，将“家庭”改为“婚姻家庭”，用语更为准确、规范，法条的实质含义并未发生改变。

本条规定是《宪法》第48条在婚姻家庭编中的具体化，第48条规定：“中华人民共和国妇女在政治的、经济的、文化的、社会的和家庭的生活等各方面享有同男子平等的权利。国家保护妇女的权利和利益，实行男女同工同酬，培养和选拔妇女干部。”同时，《妇女权益保障法》第2条第1款亦规定了妇女在家庭的生活方面享有与男子平等的权利。

二、条文演化

1950年《婚姻法》第7条就明确规定：“夫妻为共同生活的伴侣，在家庭中地位平等。”1980年《婚姻法》维持了“夫妻在家庭中地位平等”的规定。2001年《婚姻法》修订时，未对本条规范进行调整。夫妻地位平等是贯彻男女平等、夫妻平等的表现，符合社会主义条件下家庭关系发展的规律。[①]《民法典婚姻家庭编（草案）》（一审稿）以后，法条表述中将“家庭”改为“婚姻家庭关系”，正式出台的《民法典》又删除“关系”二字，改为“婚

① 胡康生主编：《中华人民共和国婚姻法释义》，法律出版社2001年版，第48页。

姻家庭”。

在各学者建议稿中，“法学会稿”第26条沿袭了《婚姻法》第13条的规定。“社科院2013稿”第1746条规定：“夫妻在婚姻关系和家庭生活中的地位平等”[①]。“人民大学2005稿”第414条规定：“夫妻互为配偶，在婚姻家庭关系中地位平等。”根据“人民大学2005稿”的立法理由，之所以用“婚姻家庭关系”取代“家庭”，是因为婚姻强调的是男女双方以永久共同生活为目的，家庭强调的是成员互享权利、互负义务的共同生活，但有些夫妻在某段时间内并无“共同生活”，例如分居，此时“夫妻在家庭中地位平等”一词无法涵盖，而其夫妻身份尚存，故修改为“婚姻家庭关系”更为妥当。[②]

三 规范目的或功能

本条是关于夫妻平等原则的规定，位于家庭关系章夫妻关系节首条位置，反映了其在夫妻关系法中的重要地位。《民法典》第4条规定了总则层面的平等原则。《民法典》第1041条在婚姻家庭一般规定层面明确了男女平等原则。本条规定作为次级原则，是婚姻法价值秩序最为重要的基石，从根本上否定了男尊女卑的婚姻制度。它既是夫妻关系立法的基本原则，[③]也是法律适用的基本原则。它不仅具有宣示意义，而且具有一定的裁判价值。法院常以本条规范作为解释夫妻关系法中具体规则的说理性依据。

---

① 梁慧星主编：《中国民法典草案建议稿附理由：亲属编》，法律出版社2013年版，第84页。

② 参见王利明主编：《中国民法典学者建议稿及立法理由：人格权编·婚姻家庭编·继承编》，法律出版社2005年版，第241页。

③ 最高人民法院在《关于审理涉及夫妻债务纠纷案件适用法律有关问题的解释》制定过程中即将夫妻双方地位平等作为立法的基本原则。参见罗书臻：《妥善审理涉及夫妻债务纠纷案件，依法平等保护各方当事人合法权益——最高人民法院民一庭负责人就〈最高人民法院关于审理涉及夫妻债务纠纷案件适用法律有关问题的解释〉答记者问》，载《人民法院报》2018年1月18日第3版。

规范内容

一、婚姻家庭

本条所称“婚姻家庭”不仅指婚姻家庭关系，也涵盖婚姻家庭生活，范围较广。前者既包括婚姻家庭编第三章第一节所规定的婚姻关系，也包括第三章第二节所规定的父母子女关系和其他。例如，依据《民法典》第1058条，夫妻双方教育、保护未成年子女的权利义务是平等的。[①]按照立法工作者的意见，这里的婚姻家庭关系应作广义的理解，亦即夫妻双方在形成关系时的地位是平等的，双方都有结婚的自由。[②]同理，双方在法律关系消灭时亦是平等的，双方都享有离婚自由。就前者的范围而言，其既包含纯粹的身份关系，也包含身份财产关系。纯粹身份关系指向纯粹身份性的权利义务，如同居请求权、夫妻在人身上的扶养请求权等；而身份财产关系的内容则指向基于身份而形成的财产性的权利义务，如夫妻双方对夫妻共同财产的平等处理权、夫妻扶养费给付请求权。

二、地位平等

本条中的地位平等具有以下五层含义：

第一，地位平等与人格独立密切相关，婚姻并不会产生人格吸收的效果，结婚后双方人格仍然是平等的。[③]从行为规范的角度来看，平等原则要求夫妻双方互相尊重对方人格，不得通过婚姻侵犯对方人格。

第二，地位平等意味着双方在权利的享有和义务的承担上是平等的。婚姻家庭由于其较强的伦理属性和公序良俗关联性，以类型法定为基本原则。法律在确定各种类型家庭关系中的权利义务时，以地位平等原则为基本导向。

第三，家庭关系类型法定并不排除夫妻双方可通过意思自治来调整彼此

---

① 在《民法典》颁布之前，司法实践中法院常结合《婚姻法》第13条来论证夫妻在第21条项下的权利义务是平等的。例如，韩某与董某探望权纠纷案，西安市莲湖区人民法院（2011）莲民一初字第1383号民事判决书；西安市中级人民法院（2011）西民一终字第01149号民事判决书。

② 全国人大常委会法工委研究室编：《中华人民共和国婚姻法条文释义及实用指南》，中国物价出版社2001年版，第50页。

③ 参见马俊驹、余延满：《民法原论》，法律出版社2005年版，第798页。

间的权利义务，地位平等意味着双方应通过平等协商的方式来实现婚姻家庭生活的目的。一方不得将自己的意志强加给另外一方。

第四，地位平等并不排斥对妇女、未成年人、老年人和残疾人的特殊保护。《民法典》第1041条第3款规定了保护妇女、未成年人、老年人和残疾人的原则。与此相应，《妇女权益保障法》《未成年人保护法》《老年人权益保障法》和《残疾人保障法》对这四类人的具体保护进行了细致的规定。《民法典》亦在制度设计上体现了对这四类人的保护。例如，根据《民法典》第1082条的规定，女方在怀孕期间、分娩后一年内或者终止妊娠后六个月内，男方不得提出离婚。又如，根据《民法典》第1087条的规定，离婚时，夫妻的共同财产由双方协议处理；协议不成的，由人民法院根据财产的具体情况，按照照顾子女、女方和无过错方权益的原则判决。弱者保护原则所体现的实质平等观只是对本条规定所反映的形式平等观的修正，形式上的平等仍然是基础。

第五，地位平等并不意味着双方权利的绝对均等，尤其是并不意味着双方在承担诸如照顾未成年子女、家务等方面义务的绝对均等。夫妻双方可以通过协商的方式来确定具体义务的承担。

三 其他问题

本规定作为一项法律原则，本身不能作为独立的请求权基础。由于规则在适用上具有优先性，如果法律已经明确规定了体现本原则的具体规则，则不应直接适用本规范作为裁判依据。但是前文所说的裁判意义主要体现在三个方面。首先，与总则编中的平等原则一样，它可以作为解释具体规则的叠加理由。[①]例如，将地位平等原则作为辅助理由论证夫妻双方应按照均等的份额分割夫妻共同财产。[②]其次，地位平等原则作为婚姻家庭价值秩序的一部分，

---

① 参见于飞：《民法基本原则：理论反思与法典表达》，载《法学研究》2016年第3期。

② 例如，佛山市某某有限公司与陈某某、林某某分家析产纠纷案，福建省东山县人民法院（2019）闽0626民初1655号民事判决书；叶某与蒋某1离婚后财产纠纷案，广西壮族自治区荔浦县人民法院（2016）桂0331民初371号民事判决书。

属于《民法典》第153条第2款所规定的“公序良俗”。如果夫妻双方所实施的法律行为严重违反地位平等原则，该行为属于违背公序良俗的无效法律行为。但是地位平等本身并不是概括条款。最后，本原则作为婚姻家庭价值秩序中的核心内容，在法律续造时具有重要的意义。尤其是，地位平等为《民法典》第464条第2款和第1001条意义上的参照适用创造了基础。

第一千零五十六条【夫妻姓名权】

夫妻双方都有各自使用自己姓名的权利。

历史由来

一、本条来源

本条来源于《婚姻法》第14条“夫妻双方都有各用自己姓名的权利”的规定。姓名是姓氏和名字的合称，姓氏代表宗族或血缘，而名字则是为了区分特定主体与他人，每个自然人均依法享有姓名权。《民法典》第110条第1款规定：“自然人享有生命权、身体权、健康权、姓名权、肖像权、名誉权、荣誉权、隐私权、婚姻自主权等权利。”

1950年《婚姻法》中就对夫妻姓名权进行了规定：“夫妻有各用自己姓名的权利”，该条是破除女性歧视、实现男女实质上平等的重要表现，打破了旧中国时期妻依附于夫的夫权婚姻制度，是对男尊女卑、夫权统治的根本否定。1980年《婚姻法》和2001年《婚姻法》均沿用了上述规定。

二、条文演化

《民法典婚姻家庭编（草案）》（二审稿）在法条表述上将“各用”更改为“各自使用”，并无实质内容调整，二审稿以后无变化。

三、学者建议稿及域外立法

“法学会稿”第28条规定：“夫妻双方均享有独立的姓名权。”“人民大学2005稿”第415条规定：“夫妻有平等的姓名权，双方都有各用自己姓名的权利。前款的规定，不妨碍夫妻就称姓问题另作约定。”其立法理由书中阐明，自然人所享有的姓名权不因自然人身份的变换和社会角色的变化而丧失，故夫妻双方有各用自己姓名的权利是自然人享有姓名权的一个自然的推论。[①]

综观域外立法例，伴随着男女平等观念的传播，各国相继废除了妻从夫姓的规定，转由夫妻双方自由约定姓氏或者保留原来的姓氏，例如《德国民法典》第1355条规定："婚姻双方应当确定一个家庭姓氏（婚姻姓氏）。婚姻双方使用由他们确定的共同姓氏。如果婚姻双方未确定婚姻姓氏，则他们在结婚之后仍然使用其直至结婚之时所使用的姓氏。"

规范目的或功能

本条是关于婚姻是否对夫妻双方姓名权产生影响的规定。婚姻缔结之后，姓氏是否需要变更直接关涉男女两性的社会地位和独立人格以及是否发生新的从属关系。[②]在传统民法中，婚姻主要是对妻子的姓氏产生影响。在封建社会，姓名与身份密切相关，到了近代社会，其才从身份权逐渐向人格权过渡。[③]现代社会中，自然人的姓名是区别于他人的重要符号，是一项重要的具体人格权。根据《民法典》第110条、第990条、第1012条和第1014条的规定，自然人享有姓名权，有权决定、使用变更或许可他人使用自己的姓名，禁止任何组织或个人干涉、盗用、假冒。

本条虽然位于家庭关系章夫妻关系节中，但本条并不属于婚姻的效力。夫妻各自享有的姓名权在结婚之前就已经存在，并非因婚姻而取得，因此夫妻姓名权并不属于学界普遍认为的婚姻的人身效力，此种误解应当予以更正。[④]夫妻双方作为平等、独立的自然人，不存在依附关系与从属关系，应当各自享有姓名权，有权决定、使用、变更自己的姓名。其规范意旨在于贯彻男女平等与人格自由，彻底否定"妻从夫姓"的旧传统，赋予已婚妇女独立

---

① 参见王利明主编：《中国民法典学者建议稿及立法理由：人格权编·婚姻家庭编·继承编》，法律出版社2005年版，第242页。

② 参见余延满：《亲属法原论》，法律出版社2007年版，第220页。

③ 参见袁雪石：《姓名权本质变革论》，载《法律科学》（西北政法学院学报）2005年第2期。

④ 参见陈信勇编著：《亲属与继承法》，法律出版社2016年版，第84页。

的姓名权，维护其独立人格和尊严。[①]《民法典》第1041条规定了男女平等原则，第1055条规定了男女在家庭中的地位平等。本条是两项规定的具体化，真正体现了夫妻人格的独立和平等。

规范内容

一、姓名权

“姓名，乃用以区别人己的一种语言上的标志，将人予以个别化，表现于外，以确定其人的同一性。”[②]姓名权正指这种别人与己的权利，根据《民法典》第1012条的规定，姓名权的权能包括姓名决定、姓名使用、姓名变更和姓名许可使用。

1.姓名决定权指的是自然人享有的决定其姓名的权利。在不违背法律规定和公序良俗的前提下，自然人可以决定自己的姓名，但以具备民事行为能力为限，限制民事行为能力人或无民事行为能力人的姓名须由监护人同意或决定。在父母双方共同抚养的情况下，父母一方不能单独决定子女的姓名。

2.姓名使用权指的是自然人依法使用自己姓名参与社会交往，实施各类行为的权利。在特定情形中，如实使用姓名也是一种义务，不如实使用自己的姓名需要承担一定的民事责任。

3.姓名变更权是“指自然人有权依照法律规定变更自己姓名的权利，是姓名决定权的自然延伸”。[③]姓名变更可能会涉及第三人的利益，《民法典》第1016条第1款规定：“自然人决定、变更姓名，或者法人、非法人组织决定、变更、转让名称的，应当依法向有关机关办理登记手续，但是法律另有规定的除外。”姓名变更应当履行法定的程序。《户口登记条例》第18条规定：“……未满十八周岁的人需要变更姓名的时候，由本人或父母、收养人向户口

① 参见杨大文等主编：《亲属法》（第五版），法律出版社2012年版，第113—114页。

② 王泽鉴：《人格权法：法释义学、比较法与案例研究》，北京大学出版社2013年版，第116页。

③ 王利明：《人格权法研究》，中国人民大学出版社2012年版，第369页。

登记机关申请变更登记；（二）十八周岁以上的人需要变更姓名的时候，由本人向户口登记机关申请变更登记。”各地的户口管理规范中对姓名变更的理由也作出了相应规定。

4.姓名许可使用权是指许可他人使用自己姓名的权利，主要指向姓名权的商业化利用。根据《民法典》第993条的规定，除依照法律规定或者根据其性质不得许可外，自然人可以将自己的姓名授权他人使用。在自然人的姓名具有较大影响从而容易让公众认为特定的商品或者服务与该自然人的姓名存在特定联系时，未经许可使用的第三人需要承担侵权责任。①

二、夫妻各自使用自己的姓名

夫妻各自使用自己的姓名意味着婚姻不会对夫妻双方的姓名权产生任何影响，既不会对夫妻双方的姓氏产生影响，也不会对夫妻双方的名字产生影响，夫妻双方仍然独立地享有自己的姓名权，体现了婚姻不消解人格的基本理念。

与普通第三人一样，夫妻一方应当尊重另外一方的姓名权，负有不得以干涉、盗用、假冒等方式实施侵害行为的义务。夫妻一方不得强迫另外一方修改姓名。如夫妻一方侵害了另外一方姓名权则同样应当按照《民法典》第995条的规定承担相应的民事责任。

实际上，按照我国目前的姓氏变更规范来看，婚姻关系并不能作为姓氏变更的理由。根据《民法典》第1015条的规定，自然人的姓氏应当随父姓或者母姓，但是有下列情形之一的，可以在父姓和母姓之外选取姓氏：（1）选取其他直系长辈血亲的姓氏；（2）因由法定扶养人以外的人扶养而选取扶养人姓氏；（3）有不违背公序良俗的其他正当理由。少数民族自然人的姓氏可以遵从本民族的文化传统和风俗习惯。

该条采用列举加兜底条款的方式对第三姓问题予以规定，第3项中“不违背公序良俗的其他理由”是指与前两项的列举正当性相当的理由。在北某某与济南市公安局历下区分局公安户口行政登记案中，法院认为，在父姓与母

---

① 参见迈克尔·杰弗里·乔丹与国家知识产权局、乔丹体育股份有限公司商标争议行政纠纷案，最高人民法院（2018）最高法行再32号行政判决书。

姓之外选取第三姓主要存在于以下几种情形中：实际抚养关系发生变动、利于保护未成年人身心健康、维护个人人格尊严。[①]从各省市的户籍管理规定来看，姓氏变更的理由主要围绕以下几方面展开：因血亲关系在父姓与母姓之间变更的、因收养关系变更的、未成年子女因父母离婚或再婚变更的、公安机关认为其他可以变更的事项。[②]不过，值得注意的是，有地方户籍管理规定将涉外婚姻关系作为变更姓氏的情形，[③]应当是在考虑到域外婚姻姓氏选择自由之上的一种例外规定。从其反面解释中，亦可得出非涉外婚姻不能作为姓氏变更的理由。

第一千零五十七条【夫妻参加各种活动的自由】

夫妻双方都有参加生产、工作、学习和社会活动的自由，一方不得对另一方加以限制或者干涉。

历史由来

一、本条来源

本条源于《婚姻法》第15条。《婚姻法》第15条规定："夫妻双方都有参加生产、工作、学习和社会活动的自由，一方不得对他方加以限制或干涉。"

我国1950年《婚姻法》第9条规定："夫妻双方均有选择职业、参加工作和社会活动的自由。"在新中国成立伊始，这一规定有利于冲破几千年封建礼教"男外女内""男女有别"对女性的束缚，进而保障妻子在婚后仍有参加工

---

① 参见北某某与济南市公安局历下区分局公安户口行政登记案，山东省济南市历下区人民法院（2010）历行初字第4号行政判决书。

② 《上海市常住户口管理规定（2018）》第53条第1款规定："姓氏登记后符合第五十二条以及下列情形之一的，可以变更姓氏：（一）佛教教职人员还俗的，可以恢复出家前使用的姓氏；（二）依法被收养的，可以选择养父母姓氏；（三）父母离婚、再婚的，可以选择父母另一方、继父母姓氏。"《云南省公安机关户籍业务办理工作规范》《江苏省户口办理指南》《浙江省常住户口登记管理规定（试行）》《福建省居民户口登记管理办法》亦有类似的规定。

③ 例如，《福建省居民户口登记管理实施规定》第139条，《淄博市公安机关办理户口工作规范》第3部分，《哈尔滨市公安局户籍政策业务办理工作规范》第7条。

作和社会活动的权利。1980年《婚姻法》第11条进一步规定："夫妻双方都有参加生产、工作、学习和社会活动的自由，一方不得对他方加以限制或干涉。"与20世纪50年代的规定相比，增加了夫妻有参加学习的自由的内容。这是因为在新中国成立后的几十年里，我国妇女在政治、经济、文化和婚姻家庭等方面获得了与男子平等的地位，妇女迈出家庭参加社会生产劳动已成为非常普遍的现象。规定夫妻双方有参加学习的自由，不仅是对公民受教育权的尊重和保障，更是为了使夫妻在婚后通过不断学习，充实、完善、提高自己各方面的能力，实现可持续发展。2001年修正的《婚姻法》仍继续沿用此规定。①

二、条文演变

《民法典婚姻家庭编（草案）》（一审稿）对《婚姻法》第15条未作任何修正，《民法典婚姻家庭编（草案）》（二审稿）将"他方"修改为"另一方"，仅在用语上稍做修正，是为了表达得更加合适、准确，不构成对内容的实质性变更，二审稿以后无变化。

三、学者建议稿及域外立法例

"人民大学2005稿"第416条规定："夫妻有平等的人身自由权。双方都有选择职业、参加学习和社会活动的自由，一方不得对另一方加以限制或干涉。"②在具体的自由前进行了概括式规定，并在具体表述中将"生产、工作"改为"职业"。这种具体表述上的修改是因为起草者认为"生产、工作"的外延过宽，用"职业"限定更为合理。"社科院2019稿"同样进行了这种表述上的修订。该稿第1784条规定："夫妻双方均有选择职业、接受教育和参加社会活动的自由。"在"人民大学2005稿"之外将"学习"修改为"教育"。"法学会稿"第29条规定："夫妻双方均有参加生产、工作、学习和社会活动的自由，一方不得对他方加以限制或干涉；夫妻任何一方选择和从事职业或事业时，均应对配偶另一方和家庭的利益予以必要照顾。"该稿在《婚姻法》第15

---

① 参见孟令志、曹诗权、麻昌华：《婚姻家庭与继承法学》，北京大学出版社2012年版，第120页。

② 王利明主编：《中国民法典学者建议稿及立法理由：人格权编·婚姻家庭编·继承编》，法律出版社2005年版，第243页。

条之外借鉴了德国和瑞士等国的立法例，明确了职业活动选择的限制。

域外立法例中通常只有夫妻就业权的规定，而我国婚姻法的相关规定则超越了夫妻就业权，扩大为人身自由权，对此可从我国的相关立法进程窥之。[①]域外典型的立法如《德国民法典》第1356条。该条规定包含家务料理和职业两项内容。首先，在家务料理方面，配偶双方彼此一致地对家务的料理进行规定。家务的料理被托付给配偶中的一方的，配偶该方以自己的责任主持家务。其次，在职业选择方面，配偶双方均有权从业。他们在择业和从业时，必须对配偶另一方和家庭的利益予以必要的照顾。《瑞士民法典》第167条有类似的规定。事实上，直到1976年，《德国民法典》第1356条仍然规定由妻子承担家务，其从事职业需要以其已经承担了婚姻家庭职责为限。[②]《法国民法典》在1965年修改之后才在第223条中明确妻子可不经丈夫同意从事某种职业。1985年将该条文进一步修改为夫妻每一方均可自由从事职业。不难发现，我国立法在实现男女两性平等和人格独立上要远早于多数西方国家。

三 规范目的或功能

本条是对夫妻人身自由权的规定。“夫妻人身自由权，是指在婚姻关系建立以后，夫妻双方享有独立的人格和平等地位，可按本人意愿依法决定从事社会的生产、工作、学习和社会活动的自由。”[③]与《民法典》第1056条相似的是，本条所规定的夫妻人身自由权实际上并不是婚姻的效果，而是属于人格权的范畴（《民法典》第109条、第990条和第1003条）。现在学界对本条规范的性质存在普遍性误解，将其作为婚姻的人身效力。[④]

其关于人身自由权的界定，理论上争议较大，包括狭义说、广义说和最

---

① 参见马忆南：《论夫妻人身权利义务的发展和我国〈婚姻法〉的完善》，载《法学杂志》2014年第11期。

② BGBl. I S. 1421.

③ 余延满：《亲属法原论》，法律出版社2007年版，第223页。

④ 参见巫昌祯、夏吟兰主编：《婚姻家庭继承法学》，中国政法大学出版社2007年版，第98页；蒋月主编：《婚姻家庭与继承法》，厦门大学出版社2014年版，第112页；杨大文主编：《亲属法》（第四版），法律出版社2004年版，第116页。

广义说。但无论如何定义人身自由权，其作为一项基本的独立人格权地位没有异议，只是保护的内容存在争议。[①]从体系上看，本条与《民法典》第990条第2款和第1003条并非一般法与特别法的关系，自然人的人身自由权与其婚姻状态无关。法律作此规定，是进一步强调自然人的人格独立，其人身自由权不受婚姻状态的影响。

但是与《民法典》第1056条不同的是，夫妻的人身自由权与婚姻的效果存在一定的关联。婚姻所形成的家庭照顾义务形成对本条所规定的人身自由的限制。因而对本条的理解必须综合考虑《民法典》第1058条和第1059条的规定。投身于直接照顾家庭成员，尤其是承担家务劳动时，通常意味着在职业投入上的削减。[②]质言之，夫妻一方在选择参加生产、工作、学习或者社会活动时，必须考虑其所承担的家庭义务。

《宪法》第37条第1款规定："中华人民共和国公民的人身自由不受侵犯。"该条是人身自由权的宪法渊源。人身自由权是公民的一项基本权利。遗憾的是，《民法通则》并未规定人身自由权，被认为存在明显的立法漏洞。《民法典》第109条填补了《民法通则》的这一立法漏洞，在第109条明确规定自然人的人身自由受法律保护。但在《民法典》颁布之前，对人身自由权的性质仍有不少争议。一种观点认为，人身自由权应是一项具体人格权而非一般人格权，[③]从比较法上来看，德国、瑞士、日本等国家民法也均将自由权确立为具体人格权。[④]但是鉴于我国的私法体系中仍未明确人身自由权属于具体人格权，将人身自由权置于《民法典》第109条一般人格权中或许是比较妥当的选择。有学者对此持反对意见，认为第109条的"人身自由"实为一般人格权中"人格自由"价值的我国法表达，沿用了宪法的表述，乃民事权利甚至民法之基石，若等同于具体的人身自由权，一方面使得宪法中"人身自由"失去了一般人格权的价值内涵和统摄意义，另一方面也使得具体的人身自由权（或

---

① 参见王道发：《私法视角下的人身自由权：限制与保护》，载《河南财经政法大学学报》2016年第5期。

② MüKoBGB/Roth, 8. Aufl. 2019, BGB §1356 Rn.1.

③ 参见冉克平：《论人格权法中的人身自由权》，载《法学》2012年第3期。

④ 参见李永军主编：《中华人民共和国民法总则精释与适用》，中国民主法制出版社2017年版，第171页。

者说一般行为自由）的内涵过于泛化，失去了其适用于具体案例的请求权基础功能。因此，“人身自由权”这样一项古老的权利仍然只能通过类推适用的方法将其解释为《民法典》第110条“等权利”的一种进行保护。[①]

《民法典》颁布之后，人身自由同时被规定在第990条第2款和第1003条。第990条第2款是关于一般人格权的规定，亦即人身自由和人格尊严并列，描述了一般人格权的核心特征。而与此相对，第1003条将作为人身自由重要内容的行动自由纳入身体权的范畴，作为具体人格权。按照“凡涉及的人格利益在法律上无特别人格权规定时，应适用一般人格权的规定”[②]的适用顺序，如涉及除行动自由外其他涉及人身自由的人格利益，则应按照一般人格权进行处理。

规范内容

一、参加生产、工作、学习和社会活动的自由

（一）夫妻双方都有参加生产、工作的权利

本条中的“生产、工作”泛指一切正当的社会劳动。凡是能够取得劳动报酬或者收入的一切社会劳动及无酬的社会工作，都属于这里所称的生产、工作范畴之内。[③]易言之，此处所称生产工作应包括一切职业活动。在家庭自身的生产功能逐步淡化之后，在工业社会，走出家庭从事职业活动成为一种常态。这些职业活动是维持家庭生计的主要经济来源，也是夫妻履行其家庭义务的重要形式。夫妻双方既可以通过职业活动来履行其家庭义务，亦可通过直接承担家务的方式来履行其义务。从这一角度来看，生产、工作既可能是一项自由，也可能是一项义务。

---

① 参见周雅婷：《人身自由权归入侵权责任法保护的法理依据》，载《昆明理工大学学报》（社会科学版）2018年第5期。

② 梁慧星：《民法总论》，法律出版社1996年版，第106页。

③ 参见余延满：《亲属法原论》，法律出版社2007年版，第224页。

（二）夫妻双方都有参加学习的权利

此处所言“参加学习”，即接受教育。《宪法》中规定：“受教育是公民享有的基本权利。”根据《教育法》的规定，我国的教育体系分为学校教育、职业教育和继续教育。“参加学习”应包含上述三种形态。需要明确的是此处的受教育是人格自由发展的一部分，属于一般人格权的范畴。

（三）夫妻都有参加社会活动的权利

“社会活动是指参政、议政活动，科学、技术、文学、艺术和其他文化活动，各种群众组织、社会团体的活动，以及各种形式的公益活动等。”①社会活动应当作广义理解，只要法无禁止即可。与接受教育一样，参加社会活动与人格发展密切相关，可被一般人格权所涵盖。

（四）其他人身自由

本条只列举了生产、工作、学习和参加社会活动的自由，未列举其他方面的自由，能否从反面解释得出婚姻会产生消除其他自由的效果呢？答案是否定的。如前所述，婚姻并不消解自然人的人格，也不会产生任何的人格吸收。即使为本条列举之外的其他人身自由，亦同生产、工作、学习和参加社会活动自由一样，不受另一方的干涉和限制。不过，婚姻产生的法定义务确实会对其中的某些自由形成限制。例如，自然人结婚后，其所享有的婚姻自主权中的结婚自由权（《民法典》第110条）即不复存在。婚姻包含了禁止重婚的效力。同理，婚姻所形成的忠实义务排斥了与第三人同居的自由。根据《民法典》第1042条第2款的规定，重婚或者有配偶者与他人同居都是法律所明文禁止的。

二、禁止一方对另一方加以限制或干涉

本条后半句明确禁止配偶一方对另外一方的前述自由加以限制或者干涉。所谓限制，即对人身自由权利本身的限制，而干涉通常是指对权利行使的干

---

① 胡康生主编：《中华人民共和国婚姻法释义》，法律出版社2001年版，第55页。

涉。事实上，由于人身自由的人格权性质，所有人都负有不得限制或干涉的义务。正如前文所言，履行婚姻的义务必然会涉及对夫妻一方一定程度的人身自由的限制。法律不再以法定形式强制分配双方角色时，应由何人承担家务，何人外出从事职业或者参加学习及社会活动，应由双方协商确定。关于协商所形成的协议的性质，应认定为情谊行为而非法律行为，因为其欠缺法效意图。[①]故双方并不会因此形成具有法律约束力的债权债务关系。一方违反此类协议，另外一方也不能依据《民法典》第464条第2款的规定，主张参照适用《民法典》第577条及以下所规定的违约责任。但是，这种协议可能会产生一种信赖状态。例如，夫妻一方与另一方约定，由其承担照顾子女的义务，另外一方外出从事职业。该方配偶随即改变了想法，外出工作，留下未成年子女无人照顾。在这一事例中，由于信赖状态的存在，外出从事职业的一方并没有违反其婚姻义务。改变想法的一方配偶至少应当通知另外一方。

夫妻双方协商所形成的此种协议虽然不具有债法意义上的约束力，但是并非完全没有法律效果。最为典型的效果是，如果一方配偶拒不履行协议，可能被视为《民法典》第1079条所规定的“感情破裂”的证据。

需要注意的是，这种协商所形成的协议并不形成本条意义上的限制或者干涉，相反它是法律所鼓励的行为。但是，如果协议并不是涉及家庭义务的分担，而是直接涉及人身自由的限制或者放弃，则需要作进一步的判断。如果涉及自由的全部放弃，则会直接导致人的主体性的丧失，为法律所绝对禁止。[②]如果是部分限制其自由，则应具体判断这种限制是否涉及违背法律的强制性规定或者与公序良俗相悖（《民法典》第153条）。在矣某与张某离婚纠纷案中，法院即以违反《婚姻法》第15条为由，认定不让夫妻一方外出，否则就应承担罚款及生活费的约定属于过分干涉人身自由，因而无效。[③]但只要不存在法律所禁止的情形，就应承认其效力。这些具有法律约束力的协议同

---

① 参见［德］迪特尔·施瓦布：《德国家庭法》，王葆莳译，法律出版社2010年版，第2页。

② 参见王泽鉴：《人格权法：法释义学、比较法和案例研究》，法律出版社2012年版，第110页。

③ 参见矣某诉张某离婚案，云南省石屏县人民法院（2014）石民初字第47号一审民事判决书。

样不构成本条意义上的限制或者干涉。此点上，与夫妻双方是否结婚并无关联。

如果夫妻一方只是不履行家庭义务，从而间接妨碍了另外一方参加生产、工作、学习和社会活动的自由，这种行为也不属于本条意义上的限制或者干涉。本条意义上的限制或者干涉一定是针对人身自由权的直接侵害。依据《民法典》第1043条第2款，双方在选择参加生产、工作、学习和社会活动时如无法达成协商，各方均应考虑家庭的具体状况，互相体谅关爱。如果配偶一方未对另外一方的外出职业提出异议，则未外出工作的一方至少应当承担大部分家务。与不遵守协商结果相似的是，如果夫妻双方一直就此问题出现分歧，可能被视为《民法典》第1079条所规定的“感情破裂”的证据。在事实上承担家务或者协助另外一方工作的一方配偶在离婚时可根据《民法典》第1088条的规定，主张离婚经济补偿。但是，即使一方配偶不履行家庭义务或者在自由发展其人格时不考虑另外一方配偶及家庭的情况，实质上导致另外一方人格自由发展受限制，人格自由发展实质上受限制的一方也不能据此要求强制执行或者主张损害赔偿。[①]

实践中，处于亲密关系中的夫妻一方限制或者干涉另外一方人身自由常伴随家庭暴力。根据《婚姻法解释（一）》第1条的规定，“家庭暴力”是指行为人以殴打、捆绑、残害、强行限制人身自由或者其他手段，给其家庭成员的身体、精神等方面造成一定伤害后果的行为。持续性、经常性的家庭暴力，构成虐待。《反家庭暴力法》第2条规定：“本法所称家庭暴力，是指家庭成员之间以殴打、捆绑、残害、限制人身自由以及经常性谩骂、恐吓等方式实施的身体、精神等侵害行为。”从上述两项定义中不难看出，限制人身自由是家庭暴力的重要形态。限制人身自由的方式不仅仅局限于直接身体上的限制，还包括精神上的恐吓和威胁。如果夫妻一方以家庭暴力的形式限制另外一方的人身自由，那么这种行为可能同时产生侵权法和婚姻家庭法上的效果。

就侵权法上的效果而言，行为人的侵权责任是否成立，与其所侵害人身自由的具体形态有关。如果行为人侵害了属于身体权范畴的行动自由（《民法典》第1003条），则按照《民法典》第1010条的规定，承担第1165条第2款

① Staudinger/Voppel, 2018, Rn.28.

意义上的一般侵权责任。而对于行动自由以外的其他在性质上属于一般人格权的人身自由法益，其侵权责任的要件成立上存在一定的特殊性。①

而就婚姻家庭法上的效果而言，如果夫妻一方限制人身自由的行为构成了家庭暴力，则其首先可以作为离婚法上感情破裂的法定事由（《民法典》第1079条），其次可作为离婚损害赔偿的法定情形（《民法典》第1091条）。除此之外，作为典型的过错情形，《民法典》第1081条（现役军人配偶离婚的但书情形）和第1087条（离婚财产分割照顾无过错方）存在适用的空间。

如果夫妻一方对另外一方人身自由的限制或者干涉在手段上并没有伴随暴力，此时通常并不会对另外一方配偶的人身自由造成损害，不会产生侵权责任。同时，也不宜认定为婚姻家庭法上的过错。实践中，当事人多援引本条作为感情破裂的具体情形，但法院对此持较为谨慎的态度。②但仍有法院结合夫妻一方干预另外一方社会交往自由的程度、形态、持续时间等要素，认定双方感情破裂。③

此外，值得探讨的是，如果夫妻一方参加上述活动，自由发展其人格过程中所形成的债务是否属于夫妻共同债务，又或者夫妻一方为参加上述活动而处分的财产是否属于有权处分。就由此形成的债务而言，是否属于夫妻共同债务，需要根据情形依据《民法典》第1064条具体判断。例如，在殷某某与丁某某民间借贷纠纷案中，法院同样援引《婚姻法》第15条的规定，论证夫妻一方有参加生产工作的自由，另外一方不能以不知情作为免责的事由。④一般而言，只要与家庭经济状况相适应或者为了家庭共同利益，就应认定由夫妻双方共同承担。同理，夫妻一方有权处分家庭共同财产来支付由

---

① 参见周琼、陈晓红：《侵害“其他人格利益”精神损害赔偿的限制——一种比较法视角》，载《法商研究》2011年第5期。

② 参见刘某与苏某离婚纠纷案，广西壮族自治区贵港市港南区人民法院（2018）桂0803民初1134号一审民事判决书；张某与陈某1离婚纠纷案，云南省会泽县人民法院（2017）云0326民初2128号一审民事判决书。

③ 参见王某与彭某离婚纠纷案，湖南省津市市人民法院（2014）津民一初字第422号一审民事判决书。

④ 参见殷某某诉丁某某民间借贷纠纷案，上海市第一中级人民法院（2018）沪01民终5160号二审民事判决书。

此形成的费用。例如，在王某与马某离婚后财产纠纷案中，法院即援引《婚姻法》第15条的规定，认为夫妻一方有权利用家庭共同财产参加就业资格考试。[①]又如，在陈某与何某离婚后财产纠纷案中，法院即认为夫妻一方为提升自我能力而支出费用不属于无权处分，也不构成侵权。[②]实践中亦有法院对本条规范存在误用。例如，在王某与魏某、戚某返还财产纠纷一案，法院错误将夫妻一方所享有的人身自由作为理由论证其将大额财产赠与第三人的有效性。[③]《婚姻法》第17条（现《民法典》第1062条）关于"夫或妻对夫妻共同所有的财产，有平等的处理权"的规定，应当理解为：（一）夫或妻在处理夫妻共同财产上的权利是平等的。因日常生活需要而处理夫妻共同财产的，任何一方均有权决定。（二）夫或妻非因日常生活需要对夫妻共同财产做重要处理决定，夫妻双方应当平等协商，取得一致意见。故而，即使是夫妻一方自由发展其人格，仍需要结合家庭具体情况，考虑这种处分是家庭日常生活范围内还是范围外。

三 其他问题

夫妻一方的人身自由常在有关于"忠诚协议"效力的案件中被讨论。[④]争论的焦点在于夫妻间的"忠诚协议"是否构成对夫妻一方人身自由权的干涉，从而确定该协议有效或无效。"忠诚协议"源于夫妻间的忠诚义务。《民法典》第1043条第2款规定："夫妻应当互相忠实，互相尊重……"忠诚协议作为约束夫或妻一方行为的手段在民间屡见不鲜，而关于协议的效力，学界众说纷纭，包括无效说、有效说、二元区分说以及自然债务说等多种观点。主张无

---

① 参见王某与马某离婚后财产纠纷案，甘肃省平凉市中级人民法院（2018）甘08民终865号二审民事判决书。

② 参见陈某与何某离婚后财产纠纷案，江苏省全南县人民法院（2018）赣0729民初1113号一审民事判决书。

③ 参见王某与魏某、戚某返还财产纠纷案，江苏省徐州市云龙区人民法院（2010）云民初字第2384号一审民事判决书。

④ 参见陈某与郑某离婚纠纷案，贵州省贵阳市中级人民法院（2016）黔01民终3197号二审民事判决书；何某与颜某甲离婚纠纷案，广东省佛山市顺德区人民法院（2015）佛顺法容民初字第905号一审民事判决书。

效说的理由包括：一是夫妻关系的私密性和家庭生活的非计算性、情感性决定了法院不得以公权力对夫妻忠诚协议的效力进行肯定性评价；[①]二是夫妻忠诚协议更多可能是情绪化的产物，不属于以违反忠实义务为条件的赠与合同，其订立时的自愿与一般合同订立时的自愿大不相同，其订立主体不必为被迫的允诺负责。[②]主张有效说的理由包括：一是协议出自平等双方的真实意愿，既不损害他人利益，且有利于淳化善良风俗，完全为法感情所接受；[③]二是夫妻忠诚协议使得《婚姻法》中“夫妻应当互相忠实”的原则性规定得以具体化、具备了可诉性，符合婚姻法的基本精神。[④]主张二元区分说的学者则是把协议中涉及人身关系和财产关系的内容分别判断，区分二者效力。[⑤]少数主张自然债务说的学者则认为认定其有效或无效均会陷入“道德审判”之困境，应否定夫妻忠诚协议的有效性，但不认可其无效性。若当事人一方依据夫妻忠诚协议提出赔偿要求的，不予支持；若对方当事人依据夫妻忠诚协议进行赔偿后又要求返还的，也不予支持。[⑥]

实际上，对忠诚协议是否侵犯人身自由这一问题的回答需要首先厘清《民法典》第1043条第2款的性质。该条源于《婚姻法》第4条。按照《婚姻法解释（一）》第3条的规定，当事人仅以《婚姻法》第4条为依据提起诉讼的，人民法院不予受理；已经受理的，裁定驳回起诉。一般认为本条属于倡导性规范，而非裁判规则。[⑦]虽然该条并不属于裁判规则，但是双方在协议中约定了忠诚条款本身并不必然构成对人身自由的限制。夫妻相互忠实本身即

---

① 参见郭站红：《夫妻忠诚协议的法学思考》，载《宁波大学学报》（人文科学版）2010年第2期。

② 参见刘加良：《夫妻忠诚协议的效力之争与理性应对》，载《法学论坛》2014年第4期。

③ 参见王旭冬：《“忠诚协议”引发的法律思考》，载《南通师范学院学报》（哲学社会科学版）2014年第4期。

④ 参见吴晓芳：《当前婚姻家庭案件的疑难问题探析》，载《人民司法·应用》2010年第1期。

⑤ 参见王歌雅：《夫妻忠诚协议：价值认知与效力判断》，载《政法论丛》2009年第5期；隋彭生：《夫妻忠诚协议分析——以法律关系为重心》，载《法学杂志》2011年第2期。

⑥ 参见何晓航、何志：《夫妻忠诚协议的法律思考》，载《法学论坛》2012年第3期。

⑦ 参见曹登润、蒋桥生：《受害配偶对第三人主张侵权赔偿欠缺法律依据》，载《人民司法》2009年第22期。

婚姻形成的义务，夫妻一方在行使其人身自由权时，需要考虑这一义务。这一问题的关键点在于夫妻双方是否将限制某些人身自由作为违反忠诚协议的法律后果。如果对这些人身自由的限制违背了法律的强制性规定或者公序良俗，则该约定无效。

第一千零五十八条【夫妻抚养、教育和保护子女的权利义务平等】

夫妻双方平等享有对未成年子女抚养、教育和保护的权利，共同承担对未成年子女抚养、教育和保护的义务。

历史由来

一、本条来源

本条形式上来源于《婚姻法》第21条第1款和第23条第1款。第21条第1款规定："父母对子女有抚养教育的义务；子女对父母有赡养扶助的义务。"第23条第1句规定："父母有保护和教育未成年子女的权利和义务。"但实际上这两句规定分别演变为《民法典》第26条和第1068条。本条实际上是夫妻关系法新设规范，旨在从夫妻关系视角规定父母与子女的关系。

二、条文演变

《民法典婚姻家庭编（草案）》（一审稿）即作此规定，此后均未做任何调整。

三、学者建议稿及域外立法例

"人民大学2005稿"第420条规定："夫妻对未成年子女有平等的亲权。双方有共同监护、抚养、教育未成年子女的权利和义务。一方因故不能行使亲权的，由另一方行使。"[①]

"法学会稿"第79条规定："父母有照护未成年子女的义务和权利。父母

---

① 王利明主编：《中国民法典学者建议稿及立法理由：人格权编·婚姻家庭编·继承编》，法律出版社2005年版，第420页。

照护包括对未成年子女的抚养、保护、教育，以及对其财产的管理和必要的处分。父母在决定子女重大事项时，应当征求有表达能力的子女意见；当父母与有表达能力的子女意见不一致时，由人民法院从子女利益出发作出裁决。”

“社科院2013稿”第1821条规定：“父母双方应当共同行使照顾权。父母双方未能就未成年子女的某一重大事项取得一致意见时，任何一方均有权请求人民法院裁判。”[①]

“社科院2019稿”第96条规定：“父母双方应当共同行使照顾权。父母的意见发生分歧时，应当取得一致意见后行使。父母双方未能就未成年子女的某一重大事项取得一致意见时，任何一方均有权请求人民法院裁判。”[②]

从域外立法例来看，《德国民法典》和《法国民法典》具有代表性。《德国民法典》第1627条规定：“父母应当以自行承担责任的方式，并且在相互一致的情况下，为子女的利益行使亲权。意见分歧的，父母必须尝试成立合意。”[③]《法国民法典》第213条规定：“夫妻双方因共同……负责子女的教育并安排子女的未来。”伴随着社会的总体进步，“在现代民事立法上，各国对亲权制度的具体规定尽管各有不同，但在基本性质上和男女平权等问题上，则具有共同性”[④]。

三 规范目的或功能

本条规定的是夫妻之间对父母权利义务的享有承担问题。从体系上来看，本条位于第三章“家庭关系”第一节“夫妻关系”，而非第二节“父母子女关系和其他近亲属关系”，其主要的规范目的在于强调夫妻在抚养、教育和保

① 梁慧星主编：《中国民法典草案建议稿附理由：亲属编》，法律出版社2013年版，第272页。

② 陈甦主编：《中国社会科学院民法典分则草案建议稿》，法律出版社2019年版，第370页。

③ 杜景林、卢谌：《德国民法典——全条文注释》（下册），中国政法大学出版社2015年版，第1016—1018页。

④ 杨立新：《亲属法专论》，高等教育出版社2005年版，第250页。

护未成年子女方面的平等地位。现实生活中部分家庭由于受到传统“男主外、女主内”思想的影响，很多家庭都呈现出“丧偶式育儿”的现象。甚至出现在婚姻关系存续期间，一方完全不照顾未成年子女，养育孩子的重担全部由另一方承受的情况，这样不利于未成年子女的成长。维护子女利益是本条的一项重要规范目的。

本条的另外一项规范目的是强调夫妻的平等。关于夫妻平等，《宪法》第48条第1款规定：“中华人民共和国妇女在政治的、经济的、文化的、社会的和家庭的生活等各方面享有同男子平等的权利。”《妇女权益保障法》第43条规定：“国家保障妇女享有与男子平等的婚姻家庭权利。”《民法典》第1041条第1款将男女平等原则规定为婚姻家庭编的基本原则，并在家庭关系章开篇规定“夫妻在婚姻家庭关系中的地位平等”。本条实际上是该条规定的具体化。

与本条密切相关的是《民法典》第26条：“父母对未成年子女负有抚养、教育和保护的义务。成年子女对父母负有赡养、扶助和保护的义务。”该条规定虽然位于《民法典》总则编“自然人”章“监护”节，但其是父母子女关系法的基础性规范。不过，该条第1款将父母对未成年子女的抚养、教育和保护界定为义务，而非权利，属于监护人的监护义务内容。[①]这与对监护性质的理解密切相关。关于监护的性质，学理上有权利说、职责说（义务说）、权利义务统一说、社会职务说、事务管理说等几种观点，职责说（义务说）为主流观点。[②]在监护部分规定父母子女关系暗含着扶养义务与监护制度的互动交融，从而为监护制度的完善提供了另一种思路。[③]与《民法典》第26条不同，本条同时强调抚养、教育和保护的权利性，以明确夫妻内部的权利行使规则。但是，对本条的理解应结合《民法典》第26条。除此之外，对本条的理解亦应结合《民法典》第1068条和第1084条。本条亦可类推适用于不能独立生活的成年子女。

---

① 参见杜启顺：《论监护在婚姻家庭制度中的地位及立法完善——以民法典的编纂和〈民法总则〉为背景》，载《法学杂志》2017年第8期。

② 参见余延满：《亲属法原论》，法律出版社2007年版，第473页；王洪：《婚姻家庭法》，法律出版社2003年版，第317页。

③ 参见李贝：《统一规则模式下监护制度的不足与完善——立基于〈民法总则〉的评议》，载《法律科学》（西北政法大学学报）2019年第2期。

规范内容

一、父母对未成年子女的抚养、教育和保护

（一）抚养

“抚养，是指父母从物质上供养子女和在日常生活中照料子女，保障子女的生存，使子女得以健康成长。”[①]抚养不仅包括狭义上的抚养费给付，而且包括实际的人身照顾。但只有抚养费给付形态具有可强制执行性。《民法典》第1067条第1款即规定了父母不履行其他形态的抚养义务，则应给付抚养费。父母对未成年子女的抚养义务与父母双方的婚姻状态无关，即使父母处于离婚状态（《民法典》第1084条）或者父母从未进入婚姻状态（《民法典》第1071条），其对子女均有抚养的义务。

在实践中，提起诉讼较多的为离婚时以及离婚后的子女抚养纠纷。其基本依据为《离婚案件子女抚养问题的意见》。该意见对于婚内抚养纠纷以及非婚生子女的扶养纠纷同样具有参照适用意义。

（二）教育

教育是指父母依照法律和道德的要求，采取适当的方法对未成年子女进行管教，对其行为进行必要的约束，保护子女的身心健康成长。[②]当然，伴随着家庭功能的变化，父母对子女的一部分教育权利已经转移给国家。父母必须依照法律的规定，保障未成年子女接受义务教育。父母应当为未成年子女的教育提供必要的条件，尤其是提供经济上的支持，承担相应的教育费用。教育费用的承担需要综合考量父母的抚养能力和未成年子女的抚养需求。

---

① 孟令志、曹诗权、麻昌华：《婚姻家庭与继承法》，北京大学出版社2012年版，第205页。

② 参见胡康生主编：《中华人民共和国婚姻法释义》，法律出版社2001年版，第90—91页。

父母对子女的教育应以无暴力教育为原则，父母不能通过体罚、变相体罚或者其他对子女身心造成严重损害的方式来实施教育。根据《未成年人保护法》第11条的规定，父母应当充分考虑未成年人的生理、心理状况和行为习惯，以健康的思想、良好的品行和适当的方法教育和影响未成年人，引导未成年人进行有益身心健康的活动，预防和制止未成年人吸烟、酗酒、流浪、沉迷网络以及进行赌博、吸毒、卖淫等行为。父母的教育应以发展未成年人的健全人格为目标。

（三）保护

保护是指父母对未成年子女人身和财产的保护，避免其利益被不法侵害。在侵害发生时，父母有义务采取必要的救助措施，防止损害扩大，并以法定代理人身份积极维护子女的权益。人身保护主要是指，父母应保护未成年子女的身心健康，为子女提供良好的生活环境，并采取必要的安全保护措施预防人身危险的发生。财产保护则是指父母有义务按照善良管理人的标准采取必要的措施妥善保管子女的财产，防止财产被侵吞或者流失。

二、夫妻双方平等享有权利，共同承担义务

父母对未成年子女的抚养、教育和保护是父母子女关系法的核心。这些内容在大陆法系学理上通常被归入亲权（父母）照顾的范畴。在现代民事立法中，共同亲权原则取代了父亲专权原则，在亲权领域中真正实现了男女平等。[①]所谓平等享有权利主要是指夫妻双方在抚养、教育和保护子女上的地位平等。夫妻双方由此形成的地位受法律保护，第三人不得干涉。这主要表现为，在法律所设定的限度范围内，父母对涉及子女事务所做的各项决定（如决定子女的住所、交往范围等）应受尊重，在子女被他人不法带离时，父母可以要求交还。平等享有权利并不意味着夫妻双方在对子女的抚养、教育和保护上处于绝对均等的地位，与此相反，夫妻双方可以对自己的职责范围进

① 参见杨立新：《亲属法专论》，高等教育出版社2005年版，第253页。

行划分。[①]并且，通常情况下法律也是鼓励夫妻双方就这些事务形成明确的分工和配合。在更多情况下，夫妻双方未就此形成明确的合意，而是一种默契。通常而言，外出就业的一方为子女提供了更多经济上的支持，相应地其对子女生活上的照顾就会减少。父母双方就子女抚养、教育和保护所形成的内部分工约定不能被认定为法律行为。[②]这种约定之所以不具有直接的法律约束力的原因在于，维护子女的最佳利益才是最根本的原则，由于这些权利的义务属性，父母一方不能通过约定形式将这些权利放弃。实践中争论比较多的是夫妻双方在离婚时所达成的抚养费分担协议。根据《民法典》第1085条的规定，离婚后子女抚养费的数额和期限可以由双方协议，但协议不得妨碍子女在必要时向父母任何一方提出超出协议原定数额的合理要求。需注意的是，对于违约金条款是否适用于抚养费协议的问题，裁判中存在分歧。这一规定实际上是作为一种例外，承认了此类协议的有限法律效力。但对于其中违约条款的性质，则有不同意见。有法院认为，“当事人不履行离婚协议义务或履行协议义务不符合约定的，理应承担合同法上的违约责任，违约金条款应适用于离婚协议”，但应考虑当事人的损失和经济状况。[③]另有法院认为，抚养费的给付是基于身为父母的法定义务，而非基于合同，因此该协议可以且只能约定抚养费的数额，违约金条款于法无据。[④]在子女抚养费协议场合，除非能证明类推适用合同编的违约责任规范明显有损未成年人最佳利益，否则应当承认此类条款的效力。

如果夫妻双方在行使上述权利时发生分歧应如何处理呢？此时应当区分一般事务和重要事务。“一般情况下，在子女的日常事务的处理上，共同亲权原则并不排斥父母各自独立处理。这些事务无关大局，父母的意思表示一致，

---

① 参见杜景林、卢谌：《德国民法典——全条文注释》（下册），中国政法大学出版社2015年版，第1018页。

② 参见［德］迪特尔·施瓦布：《德国家庭法》，王葆莳译，法律出版社2010年版，第334页。

③ 参见张某某与于某某抚养费纠纷案，江苏省南京市秦淮区人民法院（2013）秦民初字第2025号民事判决书。

④ 参见博小某诉博某抚养费案，载中国法院网，https://www.chinacourt.org/article/detail/2015/11/id/1752047.shtml，最后访问日期2020年5月17日。

或者一方违反他方的意思，虽有争议，但不致引起法律上的问题。”[①]然而对于必须由双方共同决定的重要事项，当夫妻双方不能达成一致时，国外存在不同的立法例。早期的立法例认为父亲享有最终决定权，[②]但由于违反了现代宪法所保障的男女平等原则，因而为绝大多数国家所抛弃。从现代各国的立法上来看，普遍确立了共同亲权原则，即产生的争议最终由法院从中调解父母的意思，协商不成时，由法院根据子女利益裁决。[③]如《德国民法典》第1627条规定：“父母应当以自行承担责任的方式，并且在相互一致的情况下，为子女的利益行使亲权。意见分歧的，父母必须尝试成立合意。”第1628条规定：“父母对亲权的个别事务或者特定种类的事务不能成立合意，而此类事务的处理对于子女具有重要意义的，家事法院可以依父母一方的申请，将决定权转移于父母一方。可以对此种转移附加限制或者负担。”[④]德国的此种立法模式既不违背男女平等原则，也尊重了家庭自治原则，不会给法院造成过重的负担，或可被借鉴。我国法律虽未明确规定，但不存在通过司法裁判解决分歧的障碍。

就涉及子女生活、教育和保护的日常性事务而言，原则上应由与其共同生活的父母一方决定。尤其是在父母离婚的情形下，应由直接抚养的一方享有日常事务的决定权。如果父母双方均与子女共同生活，则一般认为双方都有决定权。但是，父母在此领域故意的对立行为可能会被认为与最大限度维护子女的利益相悖。

除上述日常性事务，抚养、教育和保护未成年子女的权利原则上应当由父母双方共同行使，但是在特殊情况下也可单独行使。例如，父母一方因为失踪等客观障碍无法行使这些权利时，应由另外一方行使上述权利。根据《民法典》第39条的规定，如果父母一方丧失监护能力，则监护终止，此时父母对子女不享有抚养、教育和保护责任中与监护相关的权利。在父母监护资格被撤销场合，父母仍然有给付抚养费的义务，但是其不再享有

---

① 杨立新：《亲属法专论》，高等教育出版社2005年版，第253页。

② 参见史尚宽：《亲属法论》，中国政法大学出版社2000年版，第677—678页。

③ 参见马忆南：《婚姻家庭继承法学》，北京大学出版社2014年版，第146页。

④ 杜景林、卢谌：《德国民法典——全条文注释》（下册），中国政法大学出版社2015年版，第1018—1019页。

相应的权利。

在行使法定代理权场合，应类推适用《民法典》第166条的规定，以共同代理为原则。作为监护人的父母一方可以授权另一方，在特定的事务上单独代理子女。于追认场合，应适用同样的规则。唯法定代理有其特殊性，应增设一些例外的单独代理情形。我国法律虽未明确规定，但从其法定代理之规范旨意亦可解释。例如，父母一方代子女向另外一方主张抚养费给付，或者在特定情形下不立即行使代理权，子女利益将严重受损场合。在共同代理场合，存在保护善意相对人的必要。《日本民法典》第825条规定："父母共同行使亲权时，如父母一方以共同名义代理子女为法律行为，或予子女自为行为之同意时，该行为并不因违反父母另一方意思而影响其效力。但该法律行为之对方恶意时，不在此限。"[①]此项规定值得借鉴。

三、共同承担抚养、教育和保护未成年子女的义务

父母对子女的抚养、教育和保护既是权利，又是义务。权利面向主要针对第三人，而义务面向主要针对未成年子女。父母的上述义务与其身份密切相关，具有强制性，不得放弃或者转让。

从未成年子女的角度出发，父母对子女的义务能否作连带债务理解呢？我国实定法上之多数人之债类型只有按份之债和连带之债两种，并无共同之债。将本条中的"共同"理解为连带并无实质障碍。夫妻一方承担了全部义务后，应承认其具有向另外一方追偿的权利。

举证责任

本条所涉举证责任问题主要反映在夫妻一方单独享有或者单独行使对子女的抚养、教育和保护权利的场合。在单独享有场合，夫妻一方应当证明所涉事项属于日常事务并且另外一方未与未成年子女共同生活。在单独行使场合，夫妻一方应当证明存在共同行使的客观障碍。在子女要求父母履行抚养、教育和保护义务场合，应由父母证明自己尽到了上述义务。

---

① 王洪：《婚姻家庭法》，法律出版社2003年版，第259页。

第一千零五十九条【夫妻扶养义务】

夫妻有相互扶养的义务。

需要扶养的一方，在另一方不履行扶养义务时，有要求其给付扶养费的权利。

历史由来

一、本条来源

本条来源于《婚姻法》第20条。《婚姻法》第20条规定："夫妻有互相扶养的义务。一方不履行扶养义务时，需要扶养的一方，有要求对方付给扶养费的权利。"本条与《婚姻法》第20条之间并不存在实质性差别，仅在语言顺序上进行调整，不构成对条文实质性内容的变更。

1950年《婚姻法》第8条规定："夫妻有互爱互敬、互相帮助、互相扶养、和睦团结、劳动生产、抚育子女，为家庭幸福和新社会建设而共同奋斗的义务。"1980年《婚姻法》第14条进一步规定："夫妻有互相扶养的义务。一方不履行扶养义务时，需要扶养的一方，有要求对方付给扶养费的权利。"2001年《婚姻法》修订时未对该条规定进行调整。

二、条文演变

《民法典婚姻家庭编（草案）》（一审稿）第836条规定："夫妻有相互扶养的义务。一方不履行扶养义务时，需要扶养的一方，有要求对方给付扶养费的权利。"与《婚姻法》第20条的规定相一致。《民法典婚姻家庭编（草案）》（二审稿）在文字表达方面进行了细微调整，第836条规定："夫妻有相互扶养的义务。需要扶养的一方，在另一方不履行扶养义务时，有要求其给付扶养费的权利。"二审稿以后无变化。

三、学者建议稿

"人民大学2005稿"设专章规定扶养。该稿第507条规定："下列亲属互享受扶养权利，互负扶养义务：（一）配偶；（二）直系血亲；（三）二亲等的旁系血亲。"[1]与"人民大学2005稿"类似的是，"社科院2013稿"同样设专章规定扶养关系。该稿第1865条规定："依法接受他人扶养的人，为扶养权利人。向他人履行扶养义务的人，为扶养义务人。下列近亲属间互负扶养义务，互享扶养权利：（一）直系血亲；（二）配偶；（三）二亲等以内的旁系血亲。"[2]

三 规范目的或功能

本条是关于夫妻间扶养义务的规定。婚姻关系是夫妻双方以共同生活为目的的结合。因此扶养义务是婚姻关系存续的本质要素。[3]夫妻间相互扶养是婚姻的效力。

本条与《民法典》第1041条和第1055条密切关联。夫妻间的扶养义务是建立在双方地位平等的基础上的。历史上，由于夫妻地位不平等，多是丈夫对妻子的单向扶养。伴随着男女两性平等原则的确立，这种不平等的单向扶养已经废除。虽然在实践中，由于男女两性经济状况的差异，所呈现的实然形态仍然主要是丈夫扶养妻子，但在法律层面，两者在扶养法上的地位是平等的。

本条适用于具备夫妻身份的男女。本条不适用于婚姻因具有瑕疵而被宣告无效或者被撤销的情形。《民法典》第1054条规定："无效的或者被撤销的婚姻自始没有法律约束力，当事人不具有夫妻的权利和义务。同居期间所得的财产，由当事人协议处理；协议不成的，由人民法院根据照顾无过错方的原则判决。对重婚导致的无效婚姻的财产处理，不得侵害合法婚姻当事人的财产权益。当事人所生的子女，适用本法关于父母子女的规定。"按照这一规定，我国对无效婚姻和可撤销婚姻采纳了溯及既往的立场，"当事人之间不具有夫妻的权利和义务"包含了不具有互相扶养的权利和义务。这意味着已经发生的扶养的法律基础丧失，双方需要通过不当得利来请求返还或者通过无

---

① 参见王利明主编：《中国民法典学者建议稿及立法理由：人格权编·婚姻家庭编·继承编》，法律出版社2005年版，第388页。

② 参见梁慧星主编：《中国民法典草案建议稿附理由：亲属编》，法律出版社2013年版，第336—337页。

③ 参见余延满：《亲属法原论》，法律出版社2007年版，第252页。

因管理来请求补偿。[①]

同样，由于类型法定的限制，不能通过类推适用将本条拓展于未婚同居的双方。《最高人民法院关于人民法院审理未办结婚登记而以夫妻名义同居生活案件的若干意见》第11条规定："解除非法同居关系时，同居期间为共同生产、生活而形成的债权、债务，可按共同债权、债务处理。"不能从该条规定中得出同居的双方有相互扶养的义务。

在部分域外立法例中，存在以夫妻双方是否处于分居状态而确定不同扶养规则的做法。[②]但我国《民法典》并没有系统规定分居制度，也没有做这种区分。因此，夫妻双方是否处于分居状态并不影响其享受的扶养权利和承担的扶养义务。[③]

不管夫妻双方依据《民法典》第1065条的规定，选择适用何种财产制，本条的适用不受影响。易言之，夫妻财产制状况不会对夫妻间的扶养义务产生影响，即使双方选择实施分别财产制，亦有相互扶养的义务。

从本条与《民法典》第1085条的规定可以看出，我国并没有采用家庭扶养这样的团体式定义，被扶养的必然是家庭中的具体个体。在父母子女关系中，夫妻一方只能作为共同子女的法定代理人向另外一方主张权利，而不能

---

① Eberhard, Grenzen der Rückwirkung im Familienrecht, 1933, S.32.

② 例如，《德国民法典》第1361条即对分居情形下的特殊扶养规则进行了专门规定：

（1）配偶双方分居的，配偶一方可以向配偶另一方请求依双方的生活状况和从业与财产状况为适当的扶养费；第1610a条适用于因身体损害或健康损害而发生的费用。离婚诉讼程序在分居的配偶双方之间处于系属状态的，自诉讼系属发生时起，针对年老和从业能力减弱的情形的适当保险的费用，也属于扶养费。

（2）从业的配偶一方的个人状况，尤其在考虑到婚姻存续时间的情况下因为过去的从业，并依双方的经济状况，可期待配偶该方通过从业来自行维持生计时，才能要求配偶该方通过从业来自行维持生计。

（3）第1579条第2项至第8项关于由于公平原因而限制或拒绝扶养的规定必须予以准用。

（4）当前的扶养费必须通过支付定期金来给予。定期金必须按月予以预付。即使权利人在1个月当中死亡，义务人也负担完全的月金额。第1360a条第3款、第4款和第1360b条、第1605条必须予以准用。

③ 例如，魏某与王某扶养费纠纷案，北京市高级人民法院（2019）京民申2503号民事裁定书；杨某与陈某扶养费纠纷案，福建省高级人民法院（2018）闽民申2438号民事裁定书；贾某与王某夫妻扶养纠纷案，河南省安阳市安阳县人民法院（2009）安民一初字第182号民事判决书。

由本人直接向另外一方主张权利。不过，从《民法典》第1064条的规定中不难看出，双方应当共同承担家庭日常生活需要所产生的费用。二者在内容上存在一定的重叠，但在成立要件上却并不相同。

规范内容

一、扶养义务的含义

关于扶养义务的内涵，存在两种不同的主张。一种观点认为，扶养义务是指“特定人对不能依自己之资产或劳力谋生之特定人，为必要经济供给之亲属法上义务”。[①]而另外一种观点则认为扶养不仅应包含经济上的扶养，亦应包含精神上的扶养。[②]从本条的规范构造不难看出，不宜将扶养局限于给付扶养费，否则本条第1款就无存在的必要。本条所言的扶养应作广义理解，既包括扶养费的给付，也包含其他形态。婚姻关系不仅是夫妻间扶养义务产生的原因，也决定了其内容。[③]婚姻的共同体本质要求夫妻之间相互帮助，互相关爱而不仅仅是金钱的给付，因而扶养应包含经济上扶养、生活上照料和精神上慰藉的义务。不过，由于后两项形态的扶养不具有强制执行力，属于不完整债权。法院只能就其中的财产性扶养实行强制执行。不过，生活上的照料与经济上的扶养之间存在一定的关联，如果夫妻一方已经通过生活照料方式履行扶养义务，则其不能根据本条第2款主张扶养费给付，或者至少应当减少扶养费给付。

二、扶养义务的性质

与扶养义务相对的是扶养请求权。扶养请求权具有强烈的人身专属性，不得继承或者处分，债务人亦不得主张抵销。即使夫妻一方怠于行使权利，其债权人不能依据《民法典》第535条的规定，主张代位行使。

---

① 参见戴炎辉、戴东雄、戴瑀如：《亲属法》，台北顺清文化事业有限公司2010年版，第499页。

② 参见余延满：《亲属法原论》，法律出版社2007年版，第524页。

③ 参见陈兴良：《非家庭成员间遗弃行为之定性研究——王益民等遗弃案之分析》，载《法学评论》2005年第4期。

扶养义务涉及婚姻的本质，夫妻双方不能通过协议排除扶养义务，夫妻一方不能通过单方意思表示放弃。易言之，本条属于强制性规范，排除本条规范的协议或者单方行为因违反《民法典》第153条的规定是无效的。本条之所以不能被排除，原因在于如果排除私法上的扶养，可能会增加国家的社会福利负担，损害公共利益。[①]当然，本条规范也涉及对夫妻一方个人生存利益的保护。[②]不过值得争辩的是，其他扶养人的利益是否在本条的保护范围之内。首要的问题在于其他扶养人与作为扶养人的夫妻一方的扶养顺位问题。《民法典》并没有如德国那样明确规定扶养的顺序。只是在《民法典》第1074条和第1075条中明确了父母作为扶养义务人时其顺位优先于祖父母、外祖父母和兄、姐。如果夫妻一方存在配偶、父母和子女等多个扶养人时，这些扶养人之间的顺位应如何确定呢？实践中，有参考监护人的顺序来确定扶养人的顺序，认为配偶作为扶养义务人的顺位先于父母。[③]《民法典》第28条规定："无民事行为能力或者限制民事行为能力的成年人，由下列有监护能力的人按顺序担任监护人：（一）配偶；（二）父母、子女；（三）其他近亲属；（四）其他愿意担任监护人的个人或者组织，但是须经被监护人住所地的居民委员会、村民委员会或者民政部门同意。"不过，监护顺序并不是只需要考虑扶养顺序所依赖的亲疏远近关系，还需要考虑被监护人通常与其配偶共同生活的现状。与此相反，司法实践中有法院认为配偶应当与父母、子女同为第一顺位扶养义务人。[④]

从我国现行法律，尤其是《民法典》第1127条所规定的继承顺序所反映

---

① HK-BGB/Rainer Kemper, 10. Aufl. 2019, BGB§1614 Rn.1.

② Herberger/Martinek/Rüßmann/Weth/Würdinger, jurisPK-BGB, 9. Aufl. 2019, §1614 BGB Rn.1.

③ 参见王某、李某因与陆某无因管理纠纷案，四川省成都市中级人民法院（2018）川01民终9179号民事判决书。

④ 例如，李某辉、李某、中国平安财产保险股份有限公司澄海支公司与汕头市澄海区鹏达汽车运输有限公司、汕头市威鹏汽车运输有限公司机动车交通事故责任纠纷案，广东省汕头市中级人民法院（2017）粤05民终84号民事判决书；中国人民财产保险股份有限公司武汉市蔡甸支公司与朱某某、杨某某、姜某坤等机动车交通事故责任纠纷案，湖北省鄂州市中级人民法院（2016）鄂07民终291号民事判决书；康某、肖某、肖某甲与董某赡养、扶养纠纷案，甘肃省庆阳市中级人民法院（2015）庆中民终字第441号民事判决书。

的立法预设亲疏远近关系来看，父母、子女和配偶应当处于同一扶养义务人顺位。在上述扶养义务人间，应当形成按份之债，而非连带之债，如果扶养权利人放弃对配偶一方的扶养主张，实际上并不会影响其他扶养义务人的责任承担。同样，扶养权利人放弃对处于第一顺位的扶养义务人的权利主张也不会导致第二顺位的扶养义务人承担责任。易言之，无须通过无效制度来保护其他扶养义务人。[①]同样，如果处于扶养义务人地位的夫妻一方无力同时满足配偶、父母和子女的扶养需求时，由于这些人处于同一顺位，应均等负担。

禁止通过协议排除或者通过单方意思表示免除本条的适用是否仅针对面向将来的扶养请求权，还是包括扶养整体，不无疑问。《德国民法典》禁止协议放弃的限制仅针对未来，而不针对过去的扶养。从表面上看，已经发生的扶养免除不会危及扶养权人当下的生存，但是，即使是过去的扶养，也可能与公共利益密切相关。扶养权人在过去未主张扶养，而导致社会福利性支付，损害公共利益。如果社会法上存在法定的债权转让规定，接受扶养费的权利转移给社会福利机构，受扶养人无法再对过去的权利进行处分，自然不存在损害公共利益的问题。我国法律并未明确就此进行规定。在父母对未成年人抚养层面，《最高人民法院、最高人民检察院、公安部、民政部关于依法处理监护人侵害未成年人权益行为若干问题的意见》第42条规定："被撤销监护人资格的父、母应当继续负担未成年人的抚养费用和因监护侵害行为产生的各项费用。相关单位和人员起诉的，人民法院应予支持。"但并不能从该条解释出债权的法定转移。而对于成年子女对老年人赡养而言，实践中有法院通过私法上的无因管理制度支持了政府机构对赡养义务人的追偿。[②]但本案同样不属于债权的法定转移，法院在该案中确定街道办的行为并不构成法定的救助行为。由于缺少扶养费给付债权的法定让与制度，扶养权人在接受了社会救济的情况下，仍然享有对扶养义务人的扶养请求权，故而有必要对过去扶养的处分作一并的禁止规定。

值得注意的是，本条的强制性规范属性并不排斥夫妻双方达成的高于法定标准的扶养协议。这种协议中不涉及人身自由的部分具有法律约束力。同

---

① Staudinger / Klinkhammer, 2018, §1614 BGB Rn.2.

② 参见三里屯街道办事处与何某无因管理纠纷案，北京市第三中级人民法院（2017）京03民终201号民事判决书。

样，本条的强制性规范属性也不排斥双方就具体扶养形式所达成的协议。此处的法定标准不应参照《最高人民法院关于审理人身损害赔偿案件适用法律若干问题的解释》第28条所规定的客观标准，即所在地上一年度城镇居民人均消费性支出和农村居民人均年生活消费支出标准。这种客观化的标准不可能考虑多种复杂情况。①

三、扶养费给付义务产生的要件

从本条第2款的规定来看，扶养义务人承担给付扶养费的义务需要满足两项要件。首先，扶养权利人有扶养需求。其次，扶养义务人不履行扶养义务。至于扶养义务人之扶养能力是否构成扶养义务成立的要件，仍有斟酌讨论之余地。

（一）扶养义务人有受扶养的需要

何为扶养需要，现行法并未对此进行界定。《民法典》第1075条在规定弟、妹对兄、姐的扶养义务时，使用了“缺乏劳动能力又缺乏生活来源”的表述。然而，夫妻之间的扶养能否参照这一标准不无疑问。我国台湾地区司法观点认为，夫妻之间的扶养不以受扶养人无谋生能力为要件，仅需满足不能维持生活要件即可。②附加缺乏劳动能力的不合理性在于，夫妻一方并不是因为缺乏劳动能力而产生扶养需要，与此相对，夫妻一方可能具有劳动能力，但是因为照顾家庭和子女等原因无法外出就业从而产生扶养需要。

更为重要的是，夫妻之间的扶养不同于祖父母、外祖父母与孙子女、外孙子女以及兄、姐与弟、妹之间的扶养关系。夫妻、父母子女处于所谓核心家庭范围，他们之间处于普遍意义的帮助和扶助关系之中。这些义务构成这些关系的本质。在比较法上，瑞士法即作了明显的此种区分。按照《瑞士民法典》第328条的规定，生活充裕的人，对于如不能得到其经济帮助就会陷入穷困的直系血亲尊亲属和直系血亲卑亲属，有帮助的义务；父母和配偶、登记的同性伴侣间的帮助义务，不受影响。“日本学者中川善之助在参考瑞士民法的基础上，区分了夫妻、亲子之间的生活保持义务与其

① Staudinger / Klinkhammer, 2018, §1614 BGB Rn.11.

② 参见王泽鉴：《民法概要》，北京大学出版社2011年版，第572页。

他亲属间的生活扶助义务。所谓生活保持义务，系指扶养为身份关系本质上不可或缺之要素，维持对方生活即在保持自己生活，而生活扶助义务是指在一方无力生活时，他方有扶养余力之情形下所负之偶然的外部受领生活扶助。"[①]按照这一分类，夫妻之间的扶养义务在性质上属于前者。夫妻间扶养义务的确定必须考虑家庭共同体及夫妻双方的个人生活情况。[②]这两者之间的明显区分实际上表明，本条所涉扶养需求并不以经济上的客观贫困为前提。实践中有法院以劳动能力丧失或者客观上的经济困难作为认定给付扶养费的条件实属不妥。[③]

值得讨论的是，如果夫妻一方因向第三人赠与或者因挥霍等不当行为而产生的扶养需求是否属于本条规范意义上的扶养需求。域外立法例中个别立法例对此进行了明确的规定，如根据《意大利民法典》第438条第3款的规定，受赠人应以不超过自己财产中尚存受赠物的价值为限承担给付义务。一方面夫妻间的扶养并不能以限制被扶养方的人身自由和人格发展为条件，另一方面同样需要考虑如果不对被扶养方的行为进行限制所可能引发的道德风险及公平问题。只有在夫妻一方实施了与其经济状况不相适应的大额赠与或者挥霍等不当行为，才能在判断其具体的扶养需求时予以考量。此时，可根据情况相应减轻或者免除扶养义务人的扶养义务。

（二）扶养人的扶养能力

通说认为，给付扶养义务的发生以扶养人有扶养能力为前提。但是，对扶养能力的理解却存在一定的分歧。一种意见认为，如果按照前述生活保持义务之立场，扶养义务方“即使是最后的一片肉、一粒米也要分而食之”。[④]

---

① 参见［日］中川善之助：《新订亲族法》，第596—598页，转引自林秀雄：《亲属法讲义》，台北元照出版有限公司2018年版，第371—372页。

② 参见［德］迪特尔·施瓦布：《德国家庭法》，王葆莳译，法律出版社2010年版，第83页。

③ 例如，江某与彭某扶养纠纷案，湖北省十堰市中级人民法院（2019）鄂03民终934号民事判决书；永安财产保险股份有限公司临西支公司与闫某某机动车交通事故责任纠纷案，河北省邢台市中级人民法院（2018）冀05民终3824号民事判决书。

④ 参见房绍坤、范李瑛、张洪波编著：《婚姻家庭与继承法》，中国政法大学出版社2018年版，第76页。

如此一来，不能从扶养人是否有足够的财力来理解扶养能力。即使夫妻一方财力不足，只要另外一方处于更劣势状况，在满足其他要件的情况下，其仍有支付扶养费的义务。相反的意见则认为，即使是针对生活保持义务，仍需要满足给付扶养费之后尚有维持基本生活需要之财力。[①]前一观点更为合理，其理由在于，生活保持义务本身即意味着相当程度的牺牲，即使自身陷入不能维持基本生活之境地，仍应作出牺牲。易言之，自身不能维持基本生活只是减轻扶养义务的要件，而不能作为免除扶养义务的要求。[②]实践中，即有法院指出，即使夫妻一方处于失业状态，领取失业救济，仍应对另外一方给付一定的扶养费。[③]

有学者认为，扶养义务人的扶养能力以其具有民事行为能力为前提。[④]此系对扶养能力的误解。即使扶养义务人丧失了行为能力，其仍可通过监护人代为履行扶养义务。唯在其配偶担任监护人时，因存在利益冲突和自我代理之限制，应由法院另行就该事项指定代理人。

（三）不履行扶养义务

本条第2款中的"不履行扶养义务"应作狭义理解。如前所述，扶养包含多重形态。在实践中，最为常见的形态包括照顾另外一方的起居、协助其完成工作等。照顾配偶负有法定扶养义务的亲属亦应认定为履行了夫妻间的扶养义务。如果配偶一方全职在家照顾共同的子女，此时是否能认定为履行了夫妻间的扶养义务呢？根据《民法典》第1058条的规定，夫妻双方平等享有对未成年子女抚养、教育和保护的权利，共同承担对未成年子女抚养、教育和保护的义务。按照这一规定，如果一方承担了绝大部分或者全部照顾子女的义务，实际上是减轻了另外一方的投入，可以视为履行了对夫妻的扶养义务。不过，如果宽泛地理解扶养义务，则可能产生这样的问题，夫妻一方承担了扶养共同子女的全部费用，是否意味着履行了对另外一方的扶养义务。

---

① 参见余延满：《亲属法原论》，法律出版社2007年版，第525—526页。

② 参见高凤仙：《亲属法——理论与实务》，台北五南图书出版公司2005年版，第425页。

③ 参见桂某与罗某扶养纠纷案，天津市河东区人民法院（2016）津0102民初3012号民事判决书。

④ 参见余延满：《亲属法原论》，法律出版社2007年版，第525—526页。

这必然会涉及对《民法典》第1058条与第1067条关系的理解。事实上《民法典》第1058条所规定的共同抚养不宜认定为父母双方在对子女的抚养费给付上形成了连带债务人，父母一方承担全部抚养费用后不能根据《民法典》第1078条的规定及参照第519条的规定，向另外一方进行追偿。夫妻双方仍然是分别向子女承担扶养费给付义务。一方只能依据不当得利或者无因管理要求另外一方返还。此时不能认为支付子女扶养费的一方履行了对另外一方夫妻的扶养义务。

此处的"不履行扶养义务"主要是指除支付扶养费外的其他扶养义务。这些扶养义务往往因为具有人身性而不能被强制执行。第2款并不是债务不履行的损害赔偿责任，相反它是扶养费给付请求权的要件。如果一方已经通过诸如承担家务或者协助另外一方工作的方式履行了扶养义务，则另外一方不享有扶养费给付请求权。

四、扶养费的具体确定

如前所述，具体的扶养义务应根据夫妻双方的具体情况来确定，不存在完全客观的标准。在人身损害中，使用扶养人标准来客观计算被扶养人生活费。① 而在夫妻间扶养费给付的情形中，并不使用这一标准。具体扶养费的确定需要同时考虑扶养一方的经济状况和被扶养一方的扶养需求进行综合判定。按照生活保持标准，扶养一方与被扶养一方生活水平应当大致相当。这并不表明双方的经济状况相当，而只是表明双方的生活水平相当。有观点认为，在确定扶养程度时，应当参照当地一般生活水平。② 所谓当地一般生活水平，法院在实践中常以当地人均年生活消费支出来确定。不过年均生活消费支出到底具有何种参照意义并不明确。有法院将其作为确定扶养费的上限实际上并不合理。③ 有

① 参见周宏：《被扶养人生活费的认定和计算方法》，载《人民司法·应用》2016年第19期。

② 参见陈苇主编：《婚姻家庭继承法学》，中国政法大学出版社2018年版，第134页。

③ 例如，向某与吕某扶养纠纷案，湖北省安陆市人民法院（2017）鄂0982民初386号民事判决书；程某与李某扶养费纠纷案，江西省抚州市中级人民法院（2018）赣10民终190号民事判决书。

法院将其视为最低扶养费给付标准。[①]对这一标准的参照适用必须保持限缩立场，原则上只有在一方经济状况无法查明的情况下才能适用。按照生活保持标准，扶养费的支付既可能高于当地年均生活消费支出，也可能低于当地年均生活消费支出。

如果夫妻一方超出生活保持义务给付超额的扶养费，通常认为其并不包含返还的意图，可以认为将超额部分视为对另外一方的赠与，并且这种赠与因与道德义务相关联，而属于《民法典》第658条所规定的不得撤销的赠与。即使双方离婚，给付超额扶养费的一方也不得主张返还。

夫妻中扶养的一方和被扶养的一方的收入状况在扶养费数额的确定中并不是决定性因素。扶养费并不一定从夫妻一方的收入中支出，也可能从其他财产中支出，尤其是从其个人财产中支出，即使这些个人财产是婚前形成的。在特定情况下，亦可能从其婚内分配所得的共同财产中进行支付。按照《民法典》第303条的规定，夫妻双方自然可以在婚内协商分割夫妻共同财产。在双方达不成一致意见时，一方可以请求法院分割。参照《民法典》第1066条的规定，如果本人产生了重大需求，可以要求分割夫妻共同财产。另外一方自然可以用分割所得的财产给付扶养费。《民法典》第1062条第2款规定："夫妻对共同财产，有平等的处理权。"依据《婚姻法解释（一）》第17条的规定，这种平等的处理权应当理解为"夫或妻在处理夫妻共同财产上的权利是平等的，因日常生活需要而处理夫妻共同财产的，任何一方均有权决定"。由于扶养与日常生活需要之间存在重叠，如果夫妻一方直接用夫妻共同财产支付了相应的费用，不宜认定为另外一方支付了相应的扶养费。这是由于夫妻双方在共同财产分割前处于共同共有的状态，不存在用份额支付扶养费的情况。但以共同财产支付日常生活所需，客观上起到扶养的效用，应可酌情减免扶养费的给付。

扶养费的支付并不一定以金钱的方式给付，亦可以用其他方式进行给付。在特定情形下，亦可以实物或者提供住房等方式支付。扶养费的支付既可以采用定期的方式给付，亦可一次性给付。实践中，对于尚未发生的费用应如何给付，应按照其性质差别予以区别。法院对于扶养费中的生活费通常会酌

---

① 参见赵某诉马某扶养纠纷案，山东省临沂市河东区人民法院（2016）鲁1312民初219号民事判决书。

定具体数额，而对于其中的医疗费、护理费等其他部分，法院通常只会确定承担的比例。不过，根据《最高人民法院关于适用〈中华人民共和国民事诉讼法〉的解释》第218条的规定，赡养费、扶养费、抚育费案件，裁判发生法律效力后，因新情况、新理由，一方当事人再行起诉要求增加或者减少费用的，人民法院应作为新案受理。按照这一规定，即使法院确定了具体的数额或者支付方式，嗣后亦可再次主张进行调整。

其他问题

一、不履行扶养义务的法律效果

给付扶养费并不是不履行扶养义务的法律效果，不履行扶养义务属于对婚姻义务的违反，这种违反并不会产生强制执行的效力。如果长期性地不履行扶养义务，则可能构成遗弃。参照《刑法》第261条的规定，遗弃需要以缺乏独立生活能力为要件，而扶养义务的违反并不以此为要件。在夫妻一方长期不履行扶养义务构成遗弃时，则可能产生多重法律效果。首先，根据《民法典》第1079条第3款第2项的规定，遗弃是法定的离婚事由。其次，根据《民法典》第1081条及《婚姻法解释（一）》第23条的规定，军人一方的遗弃行为可以作为非军人一方配偶提出离婚的法定情形。再次，根据《民法典》第1091条第4项的规定，遗弃配偶是离婚损害赔偿的法定情形。最后，按照《民法典》第1125条的规定，遗弃是继承权丧失的法定情形。即使程度上尚不构成遗弃，同样可以产生一些法律效果。不履行扶养义务属于一种过错，根据《民法典》第1087条的规定，人民法院在分割夫妻共同财产时，应当考虑无过错方的利益。事实上，这些法律效果不局限于婚姻家庭法，还辐射其他领域。例如，根据《民法典》第663条的规定，对赠与人有扶养义务而不履行构成撤销赠与的法定情形。又如，根据《民法典》第1130条第4款的规定，有扶养能力和有扶养条件的继承人，不尽扶养义务的，分配遗产时，应当不分或者少分。

二、扶养费给付义务承担与夫妻共同债务

如果一方为履行扶养费给付义务而对外负债，该债务是否属于《民法

典》第1064条意义上的夫妻共同债务呢？有法院认为，法定扶养义务可以证成夫妻共同债务。[①]易言之，一方为满足生活需要而对外负债，另外一方承担连带清偿责任的理由在于，该债务的产生是为了履行对夫妻另外一方的扶养义务。这一分析存在明显的漏洞，理由在于它突破了债的相对性原理。如前所述，夫妻间的扶养费给付请求权由于其明显的人身专属性，连代位形式都被禁止，遑论直接让配偶承担连带责任。夫妻一方负债满足日常家庭生活，而另外一方承担连带责任的真正法理在于《民法典》第1060条所规定的家事代理权。如果承认夫妻一方对另外一方给付的扶养费属于夫妻共同债务，则可能损害受扶养一方的利益。虽然此时受领给付的另外一方可以在承担清偿责任后向给付的一方进行追偿，但此时给付的一方可能已经缺乏清偿能力。由此造成受扶养的配偶一方与第三人之间债权人地位的不平等。故而，夫妻一方为清偿扶养费给付之债而对第三人负担债务，该债务不宜认定为夫妻共同债务。

第一千零六十条【日常家事代理权】

夫妻一方因家庭日常生活需要而实施的民事法律行为，对夫妻双方发生效力，但是夫妻一方与相对人另有约定的除外。

夫妻之间对一方可以实施的民事法律行为范围的限制，不得对抗善意相对人。

历史由来

一、本条来源

我国《婚姻法》并没有关于日常家事代理权的明确规定。《婚姻法解释（一）》第17条规定："婚姻法第十七条关于'夫或妻对夫妻共同所有的财产，有平等的处理权'的规定，应当理解为：（一）夫或妻在处理夫妻共同财产

---

① 例如，蔡某某与李某某民间借贷纠纷案，河南省新乡市中级人民法院（2019）豫07民终3427号民事判决书；陈某某与江西省人民医院医疗服务合同纠纷案，江西省南昌市中级人民法院（2019）赣01民终1586号民事判决书。

上的权利是平等的。因日常生活需要而处理夫妻共同财产的，任何一方均有权决定。（二）夫或妻非因日常生活需要对夫妻共同财产做重要处理决定，夫妻双方应当平等协商，取得一致意见。他人有理由相信其为夫妻双方共同意思表示的，另一方不得以不同意或不知道为由对抗善意第三人。”这一规定事实上肯定了夫妻双方享有日常家事代理权，但仅限于夫妻共同财产。[①]《夫妻债务纠纷适法解释》第2条：“夫妻一方在婚姻关系存续期间以个人名义为家庭日常生活需要所负的债务，债权人以属于夫妻共同债务为由主张权利的，人民法院应予支持。”与之相关的法条见于该解释第3条：“夫妻一方在婚姻关系存续期间以个人名义超出家庭日常生活需要所负的债务，债权人以属于夫妻共同债务为由主张权利的，人民法院不予支持，但债权人能够证明该债务用于夫妻共同生活、共同生产经营或者基于夫妻双方共同意思表示的除外。”

这些散见的规定虽然体现了家事代理权，但是适用较为有限，且未规定家事代理权的限制问题。本次民法典编纂在保留夫妻对共同财产的平等处理权规范的同时，吸收了《夫妻债务纠纷适法解释》的相关规定，并在此基础上增补了本条规定，具有进步意义。

二、条文演变

《民法典婚姻家庭编（草案）》（一审稿）第837条规定：“夫妻一方因家庭日常生活需要而实施的民事法律行为，对夫妻双方发生效力，但是夫妻一方与相对人另有约定的除外。夫妻之间对一方可以实施的民事法律行为范围的限制，不得对抗善意相对人。”此后均未做任何调整。

三、学者建议稿及域外立法例

“人民大学2005稿”第421条规定：“夫妻有平等的家事管理权。夫妻在日常家务的范围内互为代理人，毋须授权委托。”[②]与民法典本条一致的地方在

① 参见房绍坤、范李瑛、张洪波编著：《婚姻家庭与继承法》，中国人民大学出版社2018年版，第65页。

② 参见王利明主编：《中国民法典学者建议稿及立法理由：人格权编·婚姻家庭编·继承编》，法律出版社2005年版，第249页。

于，此条立法建议同样肯定了夫妻双方在日常家事代理权上享有平等的地位。但该条立法建议将夫妻双方的地位拟制为代理人是不妥当的，忽略了日常家事代理权与一般代理权之间的区别。相比较立法建议而言，民法典中的规定明确了夫妻间行使日常家事代理权的效力，并且肯定了夫妻间可以对日常家事代理权进行必要的限制，更加完整。

"社科院2019稿"亲属编第35条规定："在日常家庭事务范围内，夫妻互为代理人。夫妻对超出日常家事范围的家庭重大事务作出决定的，双方应当平等协商，取得一致意见。夫妻一方越权代理时，他方可向法院申请剥夺其部分或全部代理权。"[①]本建议稿的独特之处在于，赋予了夫妻一方在特殊情况下，可以通过法院请求剥夺或限制另一方代理权的权利。

"社科院2013稿"第1750条规定："在日常家庭事务范围内，夫妻互为代理人。夫妻非因日常生活需要对共同财产做重要处理决定，双方应当平等协商，取得一致意见。夫妻一方滥用代理权时，他方可予以限制，但不得对抗善意第三人。"[②]"社科院2013稿"同样肯定了夫妻双方拥有限制对方代理权的权利，但是并未明确夫妻双方行使日常家事代理权的效力。

《德国民法典》第1357条对家事代理权的效力进行了规定："（1）夫妻的任何一方，均有权处理适当满足家庭生活需要而效果亦及于夫妻的另一方的事务，夫妻双方均因此种事务而享有权利并且负担义务，但依情形另有规定的，不在此限；（2）夫妻的一方可以限制或者排除夫妻的另一方处理效果亦及于自己之事务的权利，无充分理由而进行限制或者排除的，监护法院应当依申请予以废止，限制或者排除仅依第1412条，对第三人发生效力；（3）夫妻分居的，不适用第1项的规定。"

《瑞士民法典》第166条规定："夫妻在共同生活期间，就家庭事务，任何一方均得代表婚姻共同体。对于其他家庭事务，夫妻一方仅在下列情形，始得代表婚姻共同体：1.已经取得他方或者法院的授权；2.所需处分的事务，涉

---

① 参见陈甦主编：《中国社会科学院民法典分则草案建议稿》，法律出版社2019年版，第347页。

② 参见梁慧星主编：《中国民法典草案建议稿附理由：亲属编》，法律出版社2013年版，第91页。

及婚姻共同体的利益，且不容延缓，而他方因涉疾病、外出或类似原因而无法表示同意。夫妻一方，对其个人行为，应单独负其责任，但第三人有理由相信行为未超过代表权者，他方应负连带责任。”

规范目的或功能

历史上，日常家事代理权的设置与男女不平等的社会地位有关。由于妇女社会经济地位较低，日常家事代理权的行使主体为夫妻关系中的妻子一方。妻子在满足家庭日常生活需要的范围内从事民事法律活动，效力直接及于丈夫。只有在丈夫的经济条件无法承担妻子所实施的民事法律行为的后果时，妻子才同样对其本人所从事的民事法律活动承担责任。家事代理权的设置使得妻子真正实现了处理家庭事务的独立性，并且也保护了民事活动的另一方当事人。[①]但随着社会经济的发展，女性地位逐渐提升，男女平等的观念深入人心，之前为处于弱势一方的女性所设置的日常家事代理权制度之规范目的也有所变化。

家事代理权之规范基础主要是维护家庭的团结，本质是扶养义务的外化。同时，还起到了维护生活便利的作用。[②]由于扶养法上的请求权不能成为债权人代位的对象，家事代理权规范在客观上实现了对交易相对方的保护的效果，[③]但是保护债权人本身并不是这一规范的目的。[④]

本条是婚姻的效果之一，虽然与《民法典》第1062条、第1064条存在关联，但并不是婚后所得共同制的组成内容。即使夫妻双方实行分别财产制，夫妻一方仍然可以依据本条在家庭日常生活范围内处分另外一方的财产。同样，夫妻一方根据本条在家庭日常生活范围内所形成的债务与夫妻双方实行何种财产制并无直接关联。但是，《民法典》第1064条第1款

① 参见［德］迪特尔·施瓦布：《德国家庭法》，王葆莳译，法律出版社2010年版，第86页。

② 参见蒋月主编：《婚姻家庭与继承法》，厦门大学出版社2014年版，第124页。

③ 参见杨大文、龙翼飞、夏吟兰主编：《婚姻家庭法学》，中国人民大学出版社2012年版，第104页。

④ BVerfGE 81, 1=NJW 1990, 175=FamRZ 1989, 1273.

所规定的“夫妻一方在婚姻关系存续期间以个人名义为家庭日常生活需要所负的债务，属于夫妻共同债务”实际上是家事代理权的效果之一。此外，《民法典》第1065条第3款意义上的债务应当仅指家庭日常生活范围以外的债务。

本条虽适用于法律行为，但是在准法律行为场合亦可类推适用。

规范内容

一、日常家事代理权的性质

对于日常家事代理权的性质，学界存在三种不同的观点。

（一）委任说

第一种观点是委任说，这种观点主要来自罗马法，[①]认为妻子的日常家事代理权是来自丈夫的委托。不过这种观点建立在早期男女不平等的基础上，已不具有合理性。

（二）法定代理说

第二种观点是法定代理说，该观点起源于日耳曼法，其主张夫妻是婚姻的共同体，因此妻子对于日常家事的代理是婚姻效力的当然体现。德国民法典即采此说。此说亦为我国台湾地区之通行观点。例如，史尚宽先生认为日常家事代理权“在我民法亦可认为法定代理权之一种，非有法定之原因不得加以限制”。[②]陈棋炎先生认为“至于本条所谓夫妻互为‘代理’，则非意定代理，实为家庭日常家务之代理，是法定代理也，无庸由本人一一授权，代理人始能有所作为”。法定代理权是依据法律直接规定而产生的代理权，[③]以父母对子女的代理权为典型。然而，法定代理权设置的目的在于对无民事行为

---

① 参见史尚宽：《亲属法论》，中国政法大学出版社2000年版，第315页。

② 参见史尚宽：《亲属法论》，中国政法大学出版社2000年版，第284页。

③ 参见［德］迪特尔·梅迪库斯：《德国民法总论》，邵建东译，法律出版社2000年版，第721页。

能力人和限制民事行为能力人的保护。由于他们无法独立从事民事法律活动，因此设置法定代理人代替其从事相关活动。这与日常家事代理权存在本质区别。首先日常家事代理权中夫妻双方均为完全民事行为能力人，均有权独立从事民事法律活动。其次法定代理人的代理权范围也是来自法律的直接规定，代理人与被代理人之间无法通过约定的方式擅自改变法定代理权的范围。但是日常家事代理权中，夫妻双方可以对代理权范围进行限制。最后在代理人合法行使其代理权时，法定代理权的行使后果归属于被代理人，[①]而日常家事代理权的效果归属于夫妻双方共同承担。

（三）特种代理说

第三种观点为特种代理说。该观点认为“这种代理是由夫妻的身份关系而产生的，与《民法通则》中规定的授权代理和法定代理均有不同，代理不以明示为必要”[②]。主张这种观点的学者主要是从日常家事代理权与一般代理权之间的区别展开的。首先，从代理权的行使主体而言，日常家事代理权在夫妻之间互为代理，[③]而在一般代理制度中，代理人与被代理人的身份固定，通常不会互为代理。其次，从权利来源角度分析，日常家事代理权是基于夫妻这一特殊的身份产生的，配偶一方在行使日常家事代理权时无须另一方的特别授权，也就是说不适用公示原则。[④]但是在一般代理制度中，代理人的权利来源于被代理人的明确授权或者法律的明确规定，适用于公示原则。再次，夫妻任何一方行使日常家事代理权以个人或者夫妻共同名义作出均可。但是一般代理权，代理人从事相关活动必须以被代理人的名义作出，[⑤]否则不构成代理。最后，从法律后果而言，日常家事代理权的后果由夫妻双方共同承担。

---

① 参见［德］迪特尔·施瓦布：《民法导论》，郑冲译，法律出版社2006年版，第507—511页。

② 参见邓宏碧：《完善我国婚姻家庭制度的法律思考（下）》，载《现代法学》1997年第2期。

③ 参见杨晋玲：《夫妻日常家务代理权探析》，载《现代法学》2001年第4期。

④ 参见杨大文、龙翼飞主编：《婚姻家庭法》，中国人民大学出版社2018年版，第112页。

⑤ 参见王宁：《无权代理单方法律行为的效力研究》，载《东南大学学报》（哲学社会科学版）2019年第6期。

而一般代理制度中，代理人在其授权范围内从事的民事法律活动其法律后果由被代理人承担。[①]

综上所述，日常家事代理权属于基于夫妻身份关系产生的一种特殊的代理权。这一观点也得到了我国大陆地区很多学者的支持。[②]

二、前提：合法有效的婚姻关系

日常家事代理权作为婚姻的效力，以夫妻关系的存在为前提。因此行使日常家事代理权必须基于法律所承认的婚姻关系。在双方不存在合法的婚姻关系但却形成合法婚姻关系的外观时，例如，离婚后继续以夫妻名义共同生活，则存在类推适用《民法典》第172条所规定的表见代理规范的可能，以保护善意第三人的利益。

三、家庭日常生活需要

民法典规定日常家事代理权是“因家庭日常生活需要而实施的民事法律行为”，但是何为家庭日常生活需要？法律并没有明确。因此厘清家事代理权的第一个步骤在于解释“家庭日常生活需要”的范围。由于不同夫妻之间经济、社会地位等存在较大差异，因此“家庭日常生活需要”的标准对于不同家庭而言存在差异，界定相对困难，必须结合夫妻家庭实际生活习惯等因素考虑。[③]对于如何界定“家庭日常生活需要”，基于对交易第三人保护的考虑，学者普遍认为不宜将其范围设置过于狭窄。[④]因此可以采取首先对家庭日常生活需求进行较大范围的界定，然后进行必要的限制，将明显不属于日常家庭生活需求范围的交易活动排除在外的方法。[⑤]

---

① 参见杨晋玲：《夫妻日常家务代理权探析》，载《现代法学》2001年第4期。

② 参见杨大文、龙翼飞主编：《婚姻家庭法》，中国人民大学出版社2018年版，第148页；杨晋玲：《夫妻日常家务代理权探析》，载《现代法学》2001年第4期。

③ 参见高凤仙：《亲属法——理论与实务》，台北五南图书出版股份有限公司2005年版，第89页。

④ 参见陈棋炎、黄宗乐、郭振恭：《民法亲属新论》，台北三民书局股份有限公司2011年版，第150页。

⑤ 参见［德］迪特尔·施瓦布：《德国家庭法》，王葆莳译，法律出版社2010年版，第88页。

（一）界定家庭日常生活需要的基本标准

判断夫妻双方从事的民事法律行为究竟是否属于家庭日常生活需要应当满足以下几个标准的要求：

其一，以满足生活需求为目的。主要包括以下几个方面：满足日常生活的基本运转的事项，例如衣食住行等；满足家庭成员较高层次的生活需求，例如医疗、健身、娱乐等；满足家庭生活成员较高层次的发展需求，例如子女的教育、进修等。其二，以家庭的共同生活为目的。换句话来说，夫妻任何一方所从事的民事法律活动必须是以满足家庭成员的共同生活为目的，而非满足个人生活所需。其三，必须是适当的。进行适当性判断时，可以参考国家统计局关于我国城镇居民家庭消费的八大种类，[①]根据夫妻双方的职业、收入、家庭成员人数、当地经济水平及交易习惯、交易双方的关系等因素进行判断。[②]对于交易金额远高于家庭成员的经济实力的，可以从根本上改变或决定家庭成员生活水平的交易活动，不宜被认定为家庭日常生活需求的范围之内。针对适当性这一要求，由于作为交易主体的另一方当事人不可能明确知悉家庭成员的真实经济实力，因此适当性要求应当以家庭生活水平的表见程度为准。[③]

（二）反向排除家庭日常生活需要的范围

其一，不动产交易和与自身经济水平不符的大额交易行为。[④]由于目前我国不动产交易所涉金额过高，且与夫妻双方的生活息息相关，理所应当在夫妻双方都同意的前提下进行。因此针对不动产交易不宜被认定为家庭日常生

---

① 参见《最高人民法院民一庭负责人就〈最高人民法院关于审理涉及夫妻债务纠纷案件适用法律有关问题的解释〉答记者问》，载《人民法院报》2018年1月18日第3版。即食品烟酒；衣着；居住；生活用品及服务；交通和通信；教育、文化和娱乐；医疗保健；其他用品和服务。

② 参见朱虎：《夫妻债务的具体类型和责任承担》，载《法学评论》2019年第5期。

③ 参见戴炎辉、戴东雄、戴瑀如：《亲属法》，台北顺清文化事业有限公司2010年版，第131—132页。

④ 参见胡某某、李某某民间借贷纠纷案，浙江省玉环市人民法院（2017）浙1021民再3号民事判决书。

活需求的范围之内。同时远超出夫妻双方经济实力的大额交易行为，由于对夫妻双方生活会产生重大影响，不满足适当性要求，显然将其排除在日常家事生活需求的范围之外是更加合理的。这一规则在实践中也得到了法院的认可。例如，浙江省高院出台的《浙江省高级人民法院关于妥善审理涉夫妻债务纠纷案件的通知》中明确将“单笔举债或对同一债权人举债金额在20万元以上的”作为超出家庭日常生活需求范围的考量因素。实践中也有判例支持，如胡某某、李某某民间借贷纠纷再审民事判决书：“家事代理权的范围，限于家庭日常生活事务，如果一方负债明显与家庭日常生活无关，或者负债数额巨大明显超出日常生活所需的，不能认定为家事代理，进而要求配偶他方承担连带责任。”①

其二，金融投资行为。金融投资理财行为，一方面可能面临较大的风险，一旦失败对于夫妻生活影响较大，例如购买股票等，因此应当经过另一方授权；另一方面该行为属于投资理财者的个人意志，因此不宜将其纳入日常家事生活需求的范围之内。②例如，张某某与高某某等民间借贷纠纷审判监督民事判决书：“原告证人陈述崔某某借款的用途是炒股票……以借款为名，规避法律风险，共同炒股，在高息的诱惑下，意图牟取暴利……如此巨额的借债，已大大超出家事代理范围，明显不是为家庭所负债务。”③

其三，分居期间所实施的民事法律行为。对于这一点学界存在不同的学术观点。一种观点认为分居后日常家事代理权即终止。不论分居时间的长短和原因。这一观点存在其合理之处，因为夫妻双方分居后其所从事的交易活动不再以满足家庭共同生活需求为目的，因此不被认定为日常家庭生活需求是合理的。但是，在分居状态下，虽然不存在家庭共同生活，但是家事代理权的本质，即扶养义务的外化仍然是存在的。例如，分居状态下的配偶仍然需要抚养未成年子女。并且，我国并未将分居制度化，而是只以事实状态作为离婚事由，分居并不具有特殊的排除效力。

---

① 参见胡某某、李某某民间借贷纠纷案，浙江省玉环市人民法院（2017）浙1021民再3号民事判决书。

② 参见［德］迪特尔·施瓦布：《德国家庭法》，王葆莳译，法律出版社2010年版，第88页。

③ 参见山东省济南市市中区人民法院（2017）鲁0103民再9号民事判决书。

其四，形成权。形成权是否应当被排除在夫妻日常家事代理权的行使范围之外呢？例如，非交易主体的一方配偶可否行使消费者权益保护法中的撤回权呢？持肯定说的学者认为，非交易一方配偶在发现商品瑕疵等情况时，可以行使撤回权，且效果及于夫妻双方。但是撤回权的行使时效只能针对从事交易的配偶一方当事人。[①]持否定说的学者认为，日常家事代理权应当优先于消费者权益保护，即非交易一方配偶不得行使撤回权。[②]形成权作为依照权利人单方意思表示就可以使已经成立的民事法律关系发生变化的权利，对交易会产生重大的影响。非交易主体的配偶一方当事人行使形成权时会直接使交易的效力产生重大变化，甚至与从事交易主体的配偶一方当事人意思相悖。因此行使形成权时必须经过夫妻双方的同意，而不能由非交易主体的配偶一方当事人单独作出。反之，则会造成大量的交易失效，日常家事代理权的存在将会被大大削弱。

其五，人身专属性法律行为。人身专属性法律行为不得为代理，因此不存在家事代理权的适用空间，应由配偶一方亲自实施。

四、日常家事代理权的对外效力与对内效力

本条规定，夫妻一方行使家事代理权对夫妻双方发生法律效力。此处的“法律效力”应理解为《民法典》第518条意义上的连带债权债务关系。在负担行为场合，形成夫妻双方共同债务，由夫妻双方承担连带责任。[③]此时，无须考虑交易第三方的状态。即使交易第三方不知道交易对象存在合法的婚姻关系或者不知道该交易行为是基于日常家事代理权，其效果也当然由夫妻双方承担，并不会因此发生任何变化。家事代理权的行使对象不仅包含负担行为，亦包含处分行为。夫妻一方在家事代理权范围内的处分不属于无权处分。

当然，根据本条第1款但书，夫妻一方可以与第三人约定该债务系专属性

---

① 参见王战涛：《日常家事代理之批判》，载《法学家》2019年第3期。

② 参见［德］迪特尔·施瓦布：《德国家庭法》，王葆莳译，法律出版社2010年版，第97页。

③ 参见马忆南：《婚姻家庭继承法学》，北京大学出版社2014年版，第83页。

债权债务，从而排除家事代理权的适用。此种情形下，即使该债务属于家庭日常生活范围内亦不会产生连带债权债务关系。同样，在夫妻另一方的同意下，从事交易的夫妻一方当事人也可以与第三人约定该交易的法律后果由夫妻另一方承担。

值得探讨的是，日常家事代理权所产生的法律后果是否包括所有权的取得呢？对于夫妻双方当事人所从事的负担行为，其法律后果当然由夫妻双方共同承担，这是毫无争议的。那么这是否意味着对于夫妻一方当事人所从事的交易活动的标的物的所有权也当然由另一方享有呢？答案是肯定的。日常家事代理权本身就是为满足夫妻共同生活需求而设立的。当配偶一方在从事相应交易活动时，本身就是秉持着由配偶双方共同获得其所有权的目的而实施的，[①] 并且其所支付的对价往往也是夫妻共同财产。如果片面地基于"实际行为人取得权利"的考虑而将未从事交易的配偶一方排除在外，显然与保护夫妻共同生活这一立法初衷相悖。从实践的角度分析同样如此，如果认为配偶另一方并不直接享有所有权，那么交易相对方只能向从事交易行为的配偶一方为给付义务，而不得向另一方为给付义务，显然过于烦琐和累赘，不便于交易的效率。

对内而言，夫妻双方对于日常家事代理权所产生的债务的承担并非完全均等的划分，而是要根据夫妻双方各自的经济实力、家庭劳动的承担等多种因素共同判断。[②] 这是因为在任何一对婚姻关系中，并不是只有纯粹的经济利益，夫妻双方都有互相扶养的义务。为了满足日常生活的需求，很多情况下都是有经济实力的一方承担更多的金钱支出，另一方则承担更多的家事劳动。这些都是为了维持夫妻共同生活。因此在判断债务承担时也不应当"一刀切"式地采取平均承担的方法，而应当采用更加多元化的方式判断。虽然夫妻双方存在连带债权债务关系，但基于家庭扶养义务的特殊考量，不应完全适用《民法典》所规定连带债权人和连带债务人的内部规则。（循此思路，是不是

---

① 参见［德］迪特尔·施瓦布：《德国家庭法》，王葆莳译，法律出版社2010年版，第98—99页。

② 参见陈棋炎、黄宗乐、郭振恭：《民法亲属新论》，台北三民书局股份有限公司2011年版，第151页。

还要考虑夫妻财产制的影响？）

值得注意的是，夫妻任何一方当事人在单独行使日常家事代理权时都应当负有与从事自己事务时同等的注意义务，否则由此产生的不利的法律后果应当由其个人承担。[①]

五、日常家事代理权的限制

（一）对日常家事代理权限制的形态及方式

家事代理权作为婚姻的效果，与扶养义务不同，法律允许以意思表示的方式进行限制排除，彰显对私人自治的尊重。就限制的形态而言，既可以对一方日常家事代理权进行完全的限制，即完全排除一方的家事代理权；也可以进行部分的限制，即配偶一方或双方仅就部分事项不得行使日常家事代理权进行约定。[②]

就限制的形式而言，本条第2款列明夫妻之间可以对一方家事代理权进行限制。此种限制形态应理解为夫妻内部协议限制日常家事代理权。至于协议的具体形式在所不问。

本条并未言明，夫妻一方可否通过单方行为限制另外一方的日常家事代理权。从尊重意思自治的角度来看，理应承认这种限制。易言之，夫妻一方可以直接向配偶一方或者直接向第三人作出限制日常家事代理权的意思表示。

（二）限制日常家事代理权的效果

对日常家事代理权的限制同样应区分其内部效果和外部效果。就外部效果而言，在夫妻双方以约定或者夫妻一方直接对另外一方以需要受领的单方意思表示进行限制时，如欲对第三人发生效力，应以善意第三人应知或者明知为前提。在夫妻一方直接以单方意思表示向第三人作出限制另外一方日常家事代理权时，则这种限制直接对第三人发生效果。在夫妻内部，不管夫妻一方以合作形式对另外一方的家事代理权进行限制，还是夫妻一方以单方行为对另外一方的家事代理权进行限制，均对另外一方配偶产生效力。如果第

① 参见余延满：《亲属法原论》，法律出版社2007年版，第251页。

② 参见余延满：《亲属法原论》，法律出版社2007年版，第250页。

三人不知夫妻内部的限制而使限制的一方承担了连带清偿责任，则其有权根据夫妻内部的限制向另外一方配偶进行追偿。

六、日常家事代理中的“表见代理”

在夫妻一方日常家事代理权被排除、超越日常家事代理权或者日常家事代理权终止后实施的行为能否类推适用表见代理存在不同的意见。一种意见认为，原则上不存在表见责任的适用空间。原因在于日常家事代理权设置首要目的并非对交易第三方信赖利益的保护。在考虑日常家事代理权的相关效力时，由于肯定其效力，无须考虑交易第三方是否知道婚姻关系的存在或者是否用于家庭日常生活需求，其效力都当然归属于夫妻双方共同承担；因此在一方当事人滥用日常家事代理权或超越其限制时，也无须考虑第三人是否知道。这与表见代理制度的核心存在显著区别。①而日本学者认为，作为交易第三方的相对人，尽到审慎注意义务，满足善意第三人的要件时，是符合表见代理的构成要件的。因此可以适用表见代理制度以保护交易第三人的合法利益。②

表见代理制度具有强烈的权利外观属性，以保护交易相对人的利益和交易安全为目的。但随着民法学的不断发展，表见代理制度的适用范围在不断扩张。③与之不同的地方在于，日常家事代理权并非一般的民事代理权，其设置的目的在于维持夫妻间家庭日常生活的需求，便利夫妻共同生活，以保护夫妻关系为核心，而非以保护信赖利益为目的。④但是，如完全不保护善意第三人的信赖利益亦属不公，只不过之于善意的认定上应当更为严谨。这一观点也比较符合司法实践中的情况。⑤

---

① 参见［德］迪特尔·施瓦布：《德国家庭法》，王葆莳译，法律出版社2010年版，第95—96页。

② 参见［日］我妻荣、有泉亨：《日本民法·亲属法》，夏玉芝译，工商出版社1996年版，第66—67页。

③ 参见梁慧星：《民法总论》，法律出版社2017年版，第246页。

④ 参见缪宇：《走出夫妻共同债务的误区——以〈婚姻法司法解释（二）〉第24条为分析对象》，载《中外法学》2018年第1期。

⑤ 参见张某平与张某细、陈某某民间借贷纠纷案，福建省泉州市中级人民法院（2015）泉民终字第1971号民事判决书。

举证责任

本条的举证责任分配应与《民法典》第1064条第1款中的“夫妻一方以个人名义为家庭日常生活需要所负债务”中的举证责任一致。

实践中，在《夫妻债务纠纷适法解释》颁布之前，由于机械适用《婚姻法解释（二）》第24条，主流司法观点不区分债务是否在日常家事代理权范围内，而统一推定债务为夫妻共同债务，除非非直接负债方配偶能够证明两种例外情形。例如，在张某某与王某某、赵某某民间借贷纠纷案中，法院认为“借款发生在赵某某与王某某婚姻关系存续期间，王某某并未提供证据证明该债务由张某某与赵某某约定为赵某某个人债务；王某某亦未提供证据证明其和赵某某对婚姻关系存续期间所得的财产约定归各自所有，且张某某知道该约定；故原审认定本案债务为赵某某与王某某夫妻共同债务，并无不当”。[①]

当然，有法院认为应当根据《最高人民法院民一庭关于婚姻关系存续期间夫妻一方以个人名义所负债务性质如何认定的答复》区分内部和外部的举证责任，在对外关系上仍由非直接负债方配偶举证证明债务未用于夫妻共同生活。[②]作为一种少数观点，有法院认为，举债人是第一举证人，在举债人无法证明的情况下，由债权人承担举证责任。例如，在赵某某与包某某民间借贷纠纷案中，法院认为“但是否‘为夫妻共同利益’所负的债务，应当由举债人举证证明。举债人不能举证或者认为其举债没有用于夫妻共同利益时，

---

① 例如，张某某与王某某、赵某某民间借贷纠纷案，河南省焦作市中级人民法院（2016）豫08民终2577号民事判决书，其他类似判决有：李某某、马某某民间借贷纠纷案，福建省漳州市中级人民法院（2017）闽06民终1975号民事判决书；覃某丽与覃某红、陈某某民间借贷纠纷案，广西壮族自治区柳州市中级人民法院（2016）桂02民终265号民事判决书；黄某某与潘某某、欧某某民间借贷纠纷案，广东省佛山市南海区人民法院（2015）佛南法九民一初字第34号民事判决书等。

② 例如，钟某某与李某某、黄某某民间借贷纠纷案，江西省新余市分宜县人民法院（2016）赣0521民初612号民事判决书，其他类似判决有：胡某某与蒋某、杜某民间借贷纠纷案，浙江省杭州市中级人民法院（2016）浙01民终438号民事判决书、蒋某某、李某某民间借贷纠纷案，贵州省黔东南苗族侗族自治州中级人民法院（2017）黔26民终520号民事判决书等。

应由债权人举证证明其借款属于夫妻共同债务的性质。因而，举债人或债权人首先应当证明其举债属于‘为夫妻共同利益’所负的债务。也就是说，只要举债人或债权人能够证明夫妻一方以个人名义举债是‘为夫妻共同利益’，那么，在没有两种排除情形时，则应当认定为夫妻共同债务”[①]。

此外，也有法院认为应当进行区分，对于超出日常家事代理权范围的债务由债权人承担举证责任。例如，在韩某与闵某喜、闵某新等民间借贷纠纷案中，法院认为“不能过分扩大日常家事代理的范围，否则会危及家庭财产关系的稳定，不恰当加重一方的经济风险承受能力。所以夫妻的负债行为应在日常家事代理的合理范围内，不符合日常家事代理之目的的举债，当然不能推定为夫妻共同债务。而且对可以推定为夫妻共同债务的举证责任归属于债权人”。[②]

在《夫妻债务纠纷适法解释》颁布之后仍然存在一定的分歧。一种观点为：“夫妻一方为家庭日常生活所负的债务，原则上应当推定为夫妻共同债务，债权人无需举证证明该债务是否实际用于家庭日常生活。若配偶抗辩债务不属于夫妻共同债务的，应由其举证证明所负债务并非用于夫妻共同生活。”[③]另一种观点为：“举证责任应当由从事交易的配偶一方主体承担，因为在从事交易的配偶一方、非从事交易的配偶一方、交易第三人这三方主体之中，从事交易的配偶一方与另外两方的关系最为密切，对相关民事法律活动最为清楚。因此由交易一方主体承担举证责任是比较合理的。”[④]

事实上，从《民法典》第1064条第2款的规定中可以反面解释出如果属于日常家事代理权的范围，则应推定该债务属于夫妻共同债务，除非非直接

---

① 参见胡某某、李某某民间借贷纠纷案，浙江省台州市中级人民法院（2009）浙台商终字第452号民事判决书。

② 例如，韩某与闵某喜、闵某新等民间借贷纠纷案，山东省济宁市微山县人民法院（2016）鲁0826民初1061号民事判决书，其他类似判决有：周某与吴某、王某民间借贷纠纷案，浙江省绍兴市越城区人民法院（2011）绍越商初字第2381号民事判决书；上诉人朱某与被上诉人佟某、原审被告韩某、原审被告邓某民间借贷纠纷案，辽宁省锦州市中级人民法院（2017）辽07民终1761号民事判决书等。

③ 参见《浙江省高级人民法院关于妥善审理涉夫妻债务纠纷案件的通知》第3条。

④ 参见郭洁：《夫妻共同债务认定中的日常家事代理权探析》，载《北京工业职业技术学院学报》2019年第4期。

负债方配偶能够证明债务确实与家庭日常生活无关。从证明责任的分配原理来看，距离证据远近以及证明难度是其重要考量。一般而言，与第三人相比，夫妻内部距离证据更近，证明难度也相对较低。因而，由非行使日常家事代理权的夫妻一方来证明另外一方的行为与日常家庭生活无关更为合理。即使存在特殊情形，难以证明时，由于日常家事代理权的范围限制，也不会对其造成过度的风险分配。

第一千零六十一条【夫妻相互遗产继承权】

夫妻有相互继承遗产的权利。

历史由来

一、本条来源

本条是沿袭《婚姻法》第24条第1款的规定，内容上未作任何修改。《民法典》婚姻家庭编第三章将“家庭关系”分为“夫妻关系”和“父母子女关系和其他近亲属关系”两节，《婚姻法》第24条两款则被拆分安置于该两节中，即本法第1061条和第1070条的规定，此种安排与现行立法规定的逻辑相契合，更具体系性。

夫妻相互享有继承权，是夫妻双方在婚姻关系、家庭关系中地位平等的一个重要标志。因为在奴隶社会和封建社会，妻子无权继承。在“父死子继”的宗祧继承制度下，丈夫死后，其遗产首先由其子继承，不改嫁的妻子只有管理遗产的权利，只有在无其他男子继承，成为“绝户产”时，妻子才能继承。[①]1950年的《婚姻法》废除了该种制度，肯定妻子享有继承权。其第12条规定：“夫妻有互相继承遗产的权利。”该条规定肯定了女性的独立地位，为实现男女平等，促进和谐婚姻家庭奠定基础。[②]1980年《婚姻法》因立法体例的调整，将该条与1950年《婚姻法》第14条合并，第18条统一规定夫妻和

---

① 参见胡康生主编：《中华人民共和国婚姻法释义》，法律出版社2001年版，第97页。

② 参见陈苇、冉启玉：《构建和谐的婚姻家庭关系——中国婚姻家庭法六十年》，载《河北法学》2009年第8期。

父母、子女之间的相互继承遗产的权利。2001年《婚姻法》将第18条的条文序号变为第24条，但内容未作任何调整。

在民法典编纂过程中，一度删去了该款规定，仅保留“父母和子女有相互继承遗产的权利”。《民法典婚姻家庭编（草案）》（一审稿）又恢复了该款规定，此后再无变动。有学者建议该条应当予以删除，因为与继承编的规定相重复。[①]

二、学者建议稿

“人民大学2005稿”第427条规定：“夫妻有相互继承遗产的权利。具体事项适用本法继承编的有关规定。”其认为，继承权具有财产权性质，亦是婚姻效力的规定，但是涉及继承顺序以及继承份额的技术性规定是继承编的立法任务，本编仅确认该权利即可，同时本条所指向的是继承期待权。[②]

“社科院2013稿”于夫妻关系章下夫妻的权利和义务一节中第1753条规定：“夫妻享有相互继承遗产的权利。”“夫妻一方继承对方遗产的权利，是基于配偶身份关系的财产权，系继承编规定配偶为第一顺序法定继承人的法律根据。”[③]

“社科院2019稿”和“法学会稿”未在婚姻家庭编中对此进行规定。

三 规范目的或功能

夫妻是组成家庭的基本成员，相互之间存在着最密切的人身关系和财产关系，夫妻间的继承权是基于婚姻的法律效力产生的，以夫妻的人身关系为前提。《民法典》第124条第1款规定自然人依法享有继承权，本条是对第124条第1款的具体体现。第1127条规定配偶系第一顺序的法定继承人，第1127条是本条规定的延伸。《妇女权益保障法》亦强调“妇女享有的与男子平等的

---

① 参见李宇：《民法典分则草案修改建议》，载《法治研究》2019年第4期；冉克平：《论〈民法典婚姻家庭编（草案）〉的体系、内容及其完善》，载《武汉大学学报》2019年第6期。

② 参见王利明主编：《中国民法典学者建议稿及立法理由：人格权编·婚姻家庭编·继承编》，法律出版社2005年版，第261页。

③ 参见梁慧星主编：《中国民法典草案建议稿附理由：亲属编》，法律出版社2013年版，第104—105页。

财产继承权受法律保护。在同一顺位的法定继承人中，不得歧视妇女”。夫妻间相互享有继承权亦是落实平等原则的表现。

规范内容

一、前置要件：有效婚姻

本条是不完全法条中的引用性法条，适用的法律前提和法律效果均需参照继承编的规定。夫妻间的继承权是基于婚姻的法律效力产生的，以夫妻的人身关系为前提。只有具备合法婚姻关系的夫妻双方，才能以配偶身份继承对方的遗产。双方如属于婚外姘居的，双方就不享有相互继承权。根据《民法典》第1049条的规定，结婚的男女双方应当亲自到婚姻登记机关申请结婚登记，完成结婚登记，即确立合法有效的婚姻关系，故合法婚姻关系的标志是结婚登记，即使登记后双方由于种种原因并未同居生活或者未办理婚礼等，当一方死亡时，生存的另一方仍可以以配偶身份继承对方的财产。

对于事实婚姻而言，最高人民法院的态度曾发生过多次调整，[①]在法律适用上应以行为当时的司法解释为基准。目前，司法解释对事实婚姻按照时间和是否补办进行了区分处理。根据《婚姻法解释（一）》第5条的规定，在1994年2月1日前，男女双方满足结婚实质要件的，按照事实婚姻处理；在此之后的，男女双方应当补办结婚登记。按照这一现行规定，1994年2月1日之前男女双方满足结婚实质要件，以夫妻名义共同生活的，产生婚姻效力，双方自然可适用本条规定。1994年2月1日之后，如双方未补办结婚登记，应按非婚同居处理。非婚同居的男女双方并不享有继承权。但如果在同居期间对死亡一方尽了主要扶养义务的，可以根据《民法典》第1131条的规定，作为酌分请求权人请求分割遗产。[②]如果双方进行了补办登记，则补办登记具有溯及力，会对遗产继承人的范围产生影响。

---

① 参见曹诗权主编：《婚姻家庭继承法学》，中国法制出版社2008年版，第119—121页。

② 参见郭中亚：《新婚姻法实施若干问题研究》，载《河南省政法管理干部学院学报》2004年第4期。

值得注意的是，在婚姻存在可撤销的情形时（《民法典》第1052条、第1053条），生存一方依然可以配偶的身份取得继承权。婚姻撤销权具有高度的人身专属性，应尊重撤销权人的意愿，撤销权不可继承。在婚姻存在法定的无效情形时（《民法典》第1051条），根据《婚姻法解释（一）》第7条的规定，申请宣告婚姻无效的主体不局限于婚姻当事人，而且包括利害关系人。又根据《婚姻法解释（二）》第5条的规定："夫妻一方或者双方死亡后一年内，生存一方或者利害关系人依据婚姻法第十条的规定申请宣告婚姻无效的，人民法院应当受理。"易言之，即使一方已经死亡，利害关系人仍然可以申请宣告婚姻无效。被宣告无效的婚姻自始无效，此时另外一方自始没有继承权身份。但在遗嘱继承场合，另外一方没有继承人身份时，从尊重立遗嘱人的意愿出发，可将其解释为遗嘱赠与，另外一方可依据遗嘱要求遗嘱义务人给付遗嘱项下财产。但如果除斥期间经过，利害关系人无权再申请宣告婚姻无效，此时另外一方仍然具有继承人身份。生存一方嗣后是否再婚不影响其继承人身份。

只要一方的去世时间是在婚姻关系存续期间，另外一方就应享有继承权。易言之，是以继承开始时的身份为准。[①]至于与另外一方是否处于分居状态在所不问。即使一方在离婚诉讼期间死亡，另外一方也不会丧失继承人资格。根据《民事诉讼法》第151条的规定，离婚案件一方当事人死亡的，终结诉讼。易言之，在一方死亡时，双方的婚姻关系仍然存续。需要注意的是，即使一方在离婚判决已经作出但尚未生效的这一段期间去世，由于离婚判决仍未发生效力，双方婚姻关系仍然存续，另外一方仍然享有继承权。[②]

二、"相互继承遗产"的理解

在夫妻有先后死亡顺序时，才存在相互继承遗产的可能。如果夫妻双方同时死亡，则彼此不发生继承。同时死亡极为罕见，被推定同时死亡的情形

---

① 参见陈棋炎、黄宗乐、郭振恭：《民法继承新论》，台北三民书局股份有限公司2011年版，第41页。

② 参见吴春岐主编：《新编婚姻家庭纠纷处理法律依据与案例评析》，法律出版社2011年版，第229—232页。不同的观点认为在此情况下，被继承人如果已经申请离婚或者同意离婚。此项理由主要源于《德国民法典》第1933条。

更为常见。《民法典》第1121条第2款的规定："相互有继承关系的数人在同一事件中死亡，难以确定死亡时间的，推定没有其他继承人的人先死亡。都有其他继承人，辈份不同的，推定长辈先死亡；辈份相同的，推定同时死亡，相互不发生继承。"按照这一规定，在夫妻双方如果都有其他继承人，因其辈分相同，推定同时死亡，互相不发生继承。

学界对继承权内涵的理解有不同的观点，一种观点将继承权分为客观意义上的继承权与主观意义上的继承权。客观意义上的继承权是指继承开始时继承人的法律地位，其本质是一种能力或者资格。客观意义上的继承权是一种期待权或者一种可能性。与此相对，主观意义上的继承权，是指继承人在继承法律关系中实际享有的继承被继承人遗产的具体权利。当被继承人死亡并留有遗产时，此时客观意义的继承权便转化为主观意义的继承权。主观意义的继承权是以取得遗产为内容的权利，是既得权。[①]另一种观点则直接将其区分为继承期待权和继承既得权。前者指继承开始前继承人之地位，后者指继承开始后继承人之地位。[②]本条所规定的"相互继承遗产"是客观意义上的继承权或者说继承期待权。这种权利并不指向被继承人的具体财产，在转化为继承既得权之前，不存在被侵害的问题，也就不能主张继承回复请求权。

由于我国并未将夫妻财产制与夫妻的继承份额挂钩，在夫妻一方死亡时，需要先处理共同财产的分割问题，再处理继承问题，应避免将夫妻共同财产作为遗产继承，侵犯生存一方的合法权益。[③]根据《民法典》第1122条的规定，遗产是自然人死亡时遗留的合法财产，但是依照法律规定或者根据其性质不得继承的除外，该条是对遗产的概括性规定。《民法典》第1153条第1款规定："夫妻共同所有的财产，除有约定的外，遗产分割时，应当先将共同所有的财产的一半分出为配偶所有，其余的为被继承人的遗产。"

---

① 参见郭明瑞、房绍坤编著：《继承法》，法律出版社1996年版，第62—65页。

② 参见史尚宽：《继承法论》，中国政法大学出版社2000年版，第92页。

③ 参见全国人大常委会法工委研究室编：《中华人民共和国婚姻法条文释义及实用指南》，中国物价出版社2001年版，第88页。

三、配偶继承权的丧失与放弃

继承权的丧失，是指依照法律的规定在发生法定事由时取消继承人继承被继承人遗产的资格。《民法典》第1125条规定了五种丧失继承权的法定事由：（1）故意杀害被继承人；（2）为争夺遗产而杀害其他继承人；（3）遗弃被继承人，或者虐待被继承人情节严重；（4）伪造、篡改、隐匿或者销毁遗嘱，情节严重；（5）以欺诈、胁迫手段迫使或者妨碍被继承人设立、变更或者撤回遗嘱，情节严重。这五种法定事由中，又分为绝对丧失事由与相对丧失事由，对于第三种至第五种情形的，基于继承人的悔改表现以及被继承人的宽恕行为，所丧失之继承权可得以恢复。此五项情形对于配偶均有适用的可能。

值得注意的是，故意杀害被继承人是指继承人以剥夺生命为目的而实施的行为，故意伤害并不被包含其内。为争夺遗产而杀害其他继承人强调杀害其他继承人的目的与动机，如果并不是为争夺遗产而杀害其他继承人，则该继承人不丧失继承权。遗弃行为是一种置被继承人于危险境地而不顾的严重的不道德行为，不限于积极的行为，消极的不作为也可构成。遗弃、虐待的情节严重程度不以构成刑事犯罪为必要。[①]在司法实践中，也有法院判决“出走”多年的妻子丧失继承权，因为配偶在享有继承权的同时也有扶助配偶、抚养、照料子女和家庭的义务。妻子出走多年的事实，构成遗弃被继承人的情形，故丧失继承权。[②]第五种情形是《民法典》此次新增的情形，欺诈、胁迫的认定需要结合总则编的规定，欺诈是指继承人通过告知虚假情况或者在其有说明义务时故意隐瞒相关情况，被继承人因此陷入错误的认识，并由此设立、变更或者撤回遗嘱。胁迫是指继承人通过实施不正当的胁迫行为，使被继承人陷入恐惧而订立、变更或者撤回遗嘱。强调的是继承人实施的欺诈、胁迫的行为与遗嘱人设立、变更或撤回遗嘱的行为具有因果关系。

---

① 参见郭明瑞、房绍坤编著：《继承法》，法律出版社1996年版，第69—76页。

② 参见2018年度江苏法院婚姻家庭十大典型案例，http:www.jsfy.gov.cn/art/2019/03/08/66_97144.html，最后访问日期2020年3月10日。

根据《民法典》第1124条的规定，继承权的放弃，应当在继承开始后，遗产处理之前。现实生活中的再婚家庭为避免继子女和继父母发生纠纷，通常以签订“互不继承”协议的方式来放弃继承权。“互不继承”协议的效力是存在争议的，因我国法律对继承契约并没有规定，通常认为在继承发生前，继承权只是一种期待权或者说资格，继承放弃的时间不得早于继承开始前，此种放弃继承的契约违反继承法定原则，是无效的。[①]在司法实践中，有的法院认定此种协议是有效的，因为该约定是双方的真实意思表示，且不违反法律规定或公共利益，应当认定为有效。[②]在协议有效的基础上，双方应当遵守协议的内容，在一方死亡时，另一方不享有财产继承权。[③]

举证责任

本条适用一般举证责任规范。本条待证事实较为简单，即双方具有合法的婚姻关系。根据《民法典》第1049条的规定，结婚登记即为合法婚姻关系的标志，故没有办理结婚登记仅同居生活并无配偶继承权。[④]例外的是，根据《最高人民法院关于人民法院审理未办结婚登记而以夫妻名义同居生活案件的若干意见》第13条，满足事实婚姻要件的一方享有配偶继承权。故仅同居未办理结婚登记的一方如主张享有配偶继承权，应证明双方在1994年2月1日之前以夫妻名义共同生活并且符合结婚的实质要件。

---

① 参见王旭光、王明华:《论继承契约的效力》，载《人民司法·应用》2013年第19期。

② 参见王某1与王某2、田某继承纠纷案，淄博市张店区人民法院（2018）鲁0303民初2336号民事判决书。

③ 例如，王某、陈某1继承纠纷案，青岛市中级人民法院（2018）鲁02民终10310号民事判决书；许某等与孙某6等法定继承纠纷案，北京市海淀区人民法院（2014）海民初字第6701号民事判决书；赵某2与赵某1继承纠纷上诉案，辽宁省丹东市中级人民法院（2014）丹民一终字第00111号民事判决书；刘某甲与欧某甲、阳某甲、阳某乙法定继承纠纷案，湖南省永州市中级人民法院（2019）湘11民终1570号二审民事判决书；洪某某与张某某法定继承纠纷案，重庆市巴南区人民法院（2018）渝0113民初9471号民事判决书。

④ 例如，张某与孔某丙、孔某丁等抚养纠纷案，山东省菏泽市中级人民法院（2014）菏民再终字第5号民事判决书；陈某某、吴某某继承纠纷案，海南省第一中级人民法院（2014）海南一中民一终字第221号民事判决书。

三 其他问题

根据《民法典》第1127条的规定，配偶与父母、子女同作为第一顺位的法定继承人参与继承，系固定继承顺位。有学者认为配偶采取固定顺位是不科学的立法选择，这是因为：如果第一顺位的子女和父母去世后，配偶将继承全部遗产，继承人的其他血亲无继承之可能性；如果子女较多且遗留父母时，配偶继承的份额则十分有限。[①]从比较法的视野而言，俄罗斯采取配偶固定顺位，英、美、德、法均采不固定顺序立法例，以德国为例，《德国民法典》第1931条第1款和第2款的规定，生存配偶的继承份额并不固定，根据与其共同继承的亲属的血统关系的远近而决定。和近亲属（如子女）共同继承，配偶继承的份额较少，相反如果亲属的血统关系越远，配偶的继承份额越高。具体而言，和第一顺位近亲属共同继承的，配偶的继承份额为四分之一；和第二顺位近亲属共同继承的，配偶的继承份额为二分之一；和祖父母共同继承的，配偶除单独获得二分之一遗产外，还能从另一半遗产中获得本属于祖父母晚辈直系血亲的份额。但如果先去世的祖父母的份额没有转给晚辈直系血亲，而是转给其他祖父母时，配偶的继承额便不发生增加。[②]配偶继承顺位立法例的选择与该国经济社会基础密切相关，市场经济国家基本采取无固定顺位，[③]随着经济的发展，家庭结构会发生变化，为均衡配偶与其他血亲之间的利益，有学者建议我国的配偶的继承顺位应当采取无固定顺位。[④]虽然前期立法活动中一度采纳了该学者的意见，将配偶的继承顺序调整为无固定顺序，但是从各分编（草案）开始又重新回到了《继承法》第10条的规定。这一调整反映了立法者

---

① 参见陈苇、董思远：《民法典编纂视野下法定继承制度的反思与重构》，载《河北法学》2017年第7期。

② 参见［德］雷纳·弗兰克、托比亚斯·海尔姆斯：《德国继承法》，王葆莳、林佳业译，中国政法大学出版社2015年版，第21—22页。

③ 参见杨立新：《民法典继承编草案修改要点》，载《中国法律评论》2019年第1期。

④ 参见杨立新、和丽军：《我国配偶法定继承的零顺序改革》，载《中州学刊》2013年第1期；李欣：《中外配偶法定继承权之考察评析》，载《学术界》2011年第3期。

基于社会现实所作的价值判断。[①]

第一千零六十二条【夫妻共有财产】

夫妻在婚姻关系存续期间所得的下列财产，为夫妻的共同财产，归夫妻共同所有：

（一）工资、奖金、劳务报酬；

（二）生产、经营、投资的收益；

（三）知识产权的收益；

（四）继承或者受赠的财产，但是本法第一千零六十三条第三项规定的除外；

（五）其他应当归共同所有的财产。

夫妻对共同财产，有平等的处理权。

历史由来

一、本条来源

本条是以《婚姻法》第17条为蓝本、吸收《婚姻法解释（二）》有关规定形成的法条。1950年《婚姻法》第10条规定“夫妻双方对于家庭财产有平等的所有权与处理权”，该条规定下的夫妻法定财产制是一般共同财产制，共同财产的范围极为广泛。[②]1980年《婚姻法》第13条规定“夫妻在婚姻关系存续期间所得的财产，归夫妻共同所有，双方另有约定的除外。夫妻对共同所有的财产，有平等的处理权”。1980年的《婚姻法》仍以共同财产制为原则，但相较于1950年的规定作出了修正，将夫妻法定财产制确立为婚后所得共同制。但因1980年《婚姻法》诞生于社会转型之初，在立法技术和规范内容上均体现其局限性，具有“先天

① 参见房绍坤：《继承制度的立法完善——以〈民法典继承编草案〉为分析对象》，载《东方法学》2019年第6期。

② 参见王洪：《婚姻家庭法》，法律出版社2003年版，第126页。

不足、后天不良”之特征。[①]因市场经济体制的改变，我国的经济迅速发展，夫妻财产关系的面向呈现复杂化的趋势，简单抽象的条文显露出强烈的滞后性。2001年修正后的《婚姻法》第17条以“列举加概括”的立法技术划定夫妻共同财产的范围，将婚后所得有限共同财产制确立为法定财产制，从而填补规范内容之疏漏。[②]第17条规定：“夫妻在婚姻关系存续期间所得的下列财产，归夫妻共同所有：（一）工资、奖金；（二）生产、经营的收益；（三）知识产权的收益；（四）继承或赠与所得的财产，但本法第十八条第三项规定的除外；（五）其他应当归共同所有的财产。夫妻对共同所有的财产，有平等的处理权。”

本条在《婚姻法》第17条的基础上，首先，增加了“为夫妻共同财产”的表述，与《民法典》第1063条相照应，更加严谨科学。其次，第1款第1项中增加了“其他劳务报酬”，修订的原因是其他劳务报酬与工资、奖金具有同一性质，都是夫妻一方经过劳动而所得到的财产。现实生活中人们获取财产的方式更具多样化，不局限于传统的工资、奖金的形式，其他劳务报酬是兜底性的表述，此处修订是立法对概念运用科学把握的表现。最后，第1款第2项增加了“投资的收益”。《婚姻法解释（二）》第11条规定“一方以个人财产投资取得的收益”属于其他应当归共同所有的财产，故第2项中所增加的“投资收益”系对旧法的沿袭。生产的收益是针对农民而言，经营的收益主要针对没有固定收入（工资）的非农业人口而言。生产、经营的收益亦均是劳动所得，与工资、奖金具有同质性。[③]投资所产生的收益其实与生产、经营所生之收益有类似之处，投资是指企业或个人投入一定量的货币或者实物为代价，未来因此而获得相应的收益。现在证券资本市场活跃，个人的投资方式多样而便捷，实践中也不乏以投资为业之人。投资是具有风险性的活动，且投资所取得的收益并不全然依靠市场的行情变化，需要投资人付出一定的劳动。

---

① 参见杨大文、龙翼飞主编：《婚姻家庭法》，中国人民大学出版社2018年版，第118页。

② 参见杨大文、龙翼飞主编：《婚姻家庭法》，中国人民大学出版社2018年版，第119页；王洪：《婚姻家庭法》，法律出版社2003年版，第127页。

③ 参见余延满：《亲属法原论》，法律出版社2007年版，第267页。

二、条文演变

《民法典婚姻家庭编（草案）》（一审稿）第839条规定："夫妻在婚姻关系存续期间所得的下列财产，为夫妻的共同财产，归夫妻共同所有：（一）工资、奖金和其他劳务报酬；（二）生产、经营、投资的收益；（三）知识产权的收益；（四）继承或者受赠所得的财产，但是本法第八百四十条第三项规定的除外；（五）其他应当归共同所有的财产。夫妻对共同财产，有平等的处理权。"增加了"其他劳务报酬"和"投资收益"，事实上是对旧法的沿袭，此后便无改动，《民法典》将第1款第1项中的"和其他"删除，改以"、"连接。

三、学者建议稿

"人民大学2005稿"以《婚姻法》第17条为蓝本进行了三处修改。首先，将第1款第1项修改为"工资、奖金和其他劳务报酬"，这是立法表达更为完善的体现，因为第1项主要针对的是城镇职工的劳动收入，而城镇职工劳动收入的表现形式除工资、奖金外还包括各种各样的津贴、补贴等，尽管可以通过第5项兜底性规定解决，但是在此处统一规定更为恰当。其次，在第4项"继承或赠与所得的财产"中增加了"遗赠"的内容，这是为穷尽无偿所得的非劳动收入的形式，因为自然人通过设立遗嘱处分自己的财产的系通过遗嘱继承或遗赠的方式，原条文仅规定"继承"而遗漏了"遗赠"的方式。最后，在整体表达上将"夫妻在婚姻关系……归夫妻""共同所有"之间加了"双方"二字，修改理由在于保护夫妻双方的合法权益，避免夫妻共同财产被家庭财产吸收，有损夫妻双方利益；再有是立法技术更为完善成熟的体现，因为夫妻法定财产由夫妻共同财产与特有财产组成，"双方"与第18条规定的"一方"形成鲜明的对比。①

"社科院2019稿"第41条规定了法定夫妻财产制适用原则和类型，"夫妻未对婚后夫妻财产制类型作出约定的，以婚后所得共有制为夫妻财产制。

---

① 参见王利明主编：《中国民法典学者建议稿及立法理由：人格权编·婚姻家庭编·继承编》，法律出版社2005年版，第252—253页。

婚姻关系存续期间，夫妻一方或者双方所得的财产以及一方婚前财产的孳息，除特有财产外，属于夫妻双方共同共有。婚姻关系存续期间夫妻一方取得的财产，不能证明为夫妻特有财产的，推定为夫妻共有财产”。第42条规定了共有财产的范围，在原有《婚姻法》第17条第1款的基础上进行了相应的修改，将第1款第1项修改为“工资、奖金及其他劳动报酬”，第2项改为“投资、生产、经营的收益”，第5项改为“其他婚后取得的财产”。第43条来源于《婚姻法》第17条第2款，因“处理权”一词有失准确，便又修改为“夫妻对共有财产享有平等的占有、使用、收益和处分的权利。因日常生活需要而处理夫妻共同财产的，夫妻任何一方均有权决定。非因日常生活需要对夫妻共同财产作重要处理决定的，夫妻双方须协商一致。夫妻一方擅自处分的，另一方可以主张该处分行为无效，但不得对抗善意相对人”。第2款和第3款的增加是为了区分夫妻行使在共有财产上的法定权利与日常家事代理权。①

“社科院2013稿”第1754条是关于夫妻财产制适用原则的规定：“夫妻双方没有订立财产约定，且不存在依法适用非常财产制的情形的，应当适用普通夫妻财产制。普通夫妻财产制，实行婚后所得共同制。”本条增加了“非常法定财产制”作为法定财产制的特别规定。第1755条规定：“婚姻关系存续期间，夫妻一方或者双方所得的财产及一方婚前财产的孳息，除特有财产外，属于夫妻双方共同共有。”第1756条是对共有财产范围的规定：“下列财产，为夫妻共同共有：（一）工资、奖金及其他收入；（二）生产、经营的收益；（三）知识产权中的财产权及其收益；（四）双方共同继承、共同受遗赠或者共同受赠与所得的财产；（五）婚前财产在婚后的孳息；（六）不属于本法第一千七百五十八条规定情形的其他财产。婚姻关系存续期间夫妻一方取得的财产，不能证明为夫妻一方所有的，推定为夫妻共有财产。”第1757条规定夫妻对共有财产，享有平等的管理权、使用权和处分权。②

---

① 参见陈甦主编：《中国社会科学院民法典分则草案建议稿》，法律出版社2019年版，第349—350页。

② 参见梁慧星主编：《中国民法典草案建议稿附理由：亲属编》，法律出版社2013年版，第107—121页。

“法学会稿”第36条规定：“夫妻在婚姻关系存续期间所得的下列财产，属于夫妻共同财产：（一）物权；（二）债权；（三）股权及其他投资收益；（四）知识产权及其收益；（五）继承或接受赠与取得的财产；（六）其他应当归共同所有的财产。”第37条是对夫妻处理共同财产情形的详尽规定，且尊重夫妻双方意思自治的自由，夫妻间可以约定将某些权能委托给夫妻一方行使，即夫妻双方对共同所有的财产有平等的占有、使用、收益、处分的权利。双方有约定的，依照约定；没有约定的，由双方共同行使。夫妻一方对共同财产行使下列权利时，必须征得对方的同意：（一）向第三人赠与；（二）以共有资金购买或者出卖不动产的所有权、用益物权或者价值较大的动产；（三）受让或者转让股权；（四）为第三人设定抵押权、质权或者提供保证担保；（五）处分对家庭生活有较大影响的生活用品；（六）其他应当征得对方同意的情形。

四、域外立法例

如今在比较法上，共同财产制与分别财产制的复合形态成为法定财产制的主流，[①]即使是以分别财产制为基本形态的立法例也会存在夫妻共有份额的情形，[②]比如日本采分别财产、分别管理为原则，但将不明财产推定为夫妻共有。《日本民法典》第762条：“夫妻一方婚前所有的财产及婚姻期间以自己名义取得的财产（指夫妻的一方单独所有的财产），为其特有财产。不能明确属于夫妻哪一方的财产时，推定属夫妻共有。”[③]德国采“财产增加额共有制”为法定财产制，[④]在该财产制下婚姻期间夫妻保留各自财产的单独所有权，独立管理并独自承担责任，但处分受到一定程度的限制。在婚姻关系消解时，可

---

① 参见夏吟兰、何俊萍：《现代大陆法系亲属法之发展变革》，载《法学论坛》2011年第2期。

② See Katharina Boele-Woelki et al., Principles of European Family Law Regarding Property Relations between Spouses, Intersentia, 2013, p.142.

③ 参见刘士国、牟宪魁、杨瑞贺译：《日本民法典》，中国法制出版社2018年版，第187页。

④《德国民法典》第1363条规定：“配偶双方不以夫妻财产合同另有约定的，他们系按财产增加额共同制这一财产制生活。”陈卫佐译：《德国民法典》，法律出版社2015年版，第442页。

以通过提高婚姻关系存续期间增益较少一方的继承份额（针对因一方配偶死亡的事实而导致财产制终结的情形）或赋予一方债法上的补偿请求权来实现双方在财产上的共有权利。[①]法国的法定财产制为所得参与制，[②]法国的所得参与制实质上是由共同财产制向分别财产制让步的结果，主妇劳动者的增加是让步的原因所在。[③]《意大利民法典》第177条系对夫妻共有财产标的的规定，第179条对个人财产的范围进行详尽规定。[④]意大利新法规定之夫妻财产制，非一般之共同财产制，而是类似于法国所得共同制，但对共同财产的管理又有别于法国。[⑤]

规范目的或功能

婚姻法上之所以对夫妻财产制进行规定，是因为夫妻在共同生活中形成的财产关系，与物权法上的共同共有和债法上的合伙关系不完全相同，用普通物权法或债法的有关规定来调整以身份关系为基础的夫妻财产关系尚嫌不足。[⑥]立法设立夫妻财产制，调整夫妻财产关系，保护夫妻的合法财产权益，维护平等、和睦的家庭关系，并保障夫妻与第三人交易安全。因确立的依据不同，夫妻财产制可分为法定财产制与约定财产制，本条是夫

---

① 参见［德］迪特尔·施瓦布：《德国家庭法》，王葆莳译，法律出版社2010年版，第116—117页。

② 《法国民法典》第1401条：夫妻财产的资产组成是，夫妻在婚姻期间以各人的劳动技艺一起或分开取得的财产以及由他们的特有财产的孳息与收入形成的节余。罗结珍译：《法国民法典》，北京大学出版社2010年版，第362页。

③ 参见林秀雄：《夫妻财产制之研究》，中国政法大学出版社2001年版，第124页。

④ 《意大利民法典》第177条：下列物品属于共有财产：（1）婚姻关系存续期间夫妻双方共同或分别取得的物品，但个人物品除外。（2）在夫妻共有关系终止前已经产生并且尚未消费的、属于夫妻个人财产的孳息。（3）在夫妻共有关系终止前尚未消费的夫妻各自的工作收入。（4）在结婚后设立的由夫妻双方共同经营的企业。婚前设立的属于夫妻一方的但由夫妻双方共同经营的企业，仅利润和增值部分的财产属于共有财产。费安玲译：《意大利民法典》，中国政法大学出版社2004年版，第53页。

⑤ 参见林秀雄：《夫妻财产制之研究》，中国政法大学出版社2001年版，第125页。

⑥ 参见戴炎辉、戴东雄、戴瑀如：《亲属法》，台北顺清文化事业有限公司2010年版，第136页。

妻法定财产制的规定，《民法典》第1065条是关于夫妻约定财产制的规定。1980年《婚姻法》第13条将我国夫妻法定财产制改为婚后所得共同制，即婚姻关系存续期间夫妻一方所得和双方共同所得的财产，均归夫妻双方共同共有，但个人财产除外。将婚后所得共同制确立为我国的夫妻法定财产制，究其根本是我国民众观念和社会现实所决定的。就民众观念而言，据学者在2001年《婚姻法》修订前夕所做的调研来看，赞同将婚后所得共同制作为法定夫妻财产制的比例最高。[①]虽然二十年来社会生活发生了一些变化，但主流民众的观念仍然是夫妻同居共财。分别财产制更强调夫妻独立的经济地位，与其相比，婚后所得共同制也更符合中国人对婚姻普遍持有的“同居共财”的观念。[②]

此外，婚后所得共同制所体现夫妻协力观与当下社会现实较为契合。法律将伴侣型家庭作为原型，夫妻双方可协商规划家庭分工。一方名义上的财产取得很大可能包含了另外一方的协力和贡献，而这些协力和贡献又难以精确衡量，婚后所得共同制恰当地评价了这种家庭生活现状。虽然我国女性就业比例较高，但经济地位仍然与男性存在较大的差异，婚后所得共同制对于处于普遍弱势经济地位的女性更为有利，从而有利于实现家庭地位事实上的平等。[③]

从本条的体系定位上来看，本条与《民法典》第1063条、第1064条、第1066条、第1089条、第1092条等规范共同构成我国法定夫妻财产制，是婚姻在财产方面的效力。本条与《民法典》第1063条属于财产性质的划分规范，由于该两条均存在兜底规定，不能认为未特别列举的个人财产均属于共同财产。本条为婚后所得共同制的核心规范，该婚后所得共同制作为法定财产制在适用上具有优先性，除非夫妻双方依据《民法典》第1065条排斥了法定财产制的适用。但这并不表明本条属于强制性规范。虽然法定财产制并非强制，然而其重要性不可小觑，因为夫妻通常是以法定财产制来处理其夫妻间的财

---

① 参见蒋月：《夫妻财产制若干重大问题思考》，载《现代法学》2000年第6期。

② 参见薛宁兰：《法定夫妻财产制历法模式与类型选择》，载《法学杂志》2005年第2期。

③ 参见余延满：《亲属法原论》，法律出版社2007年版，第264页；陈苇：《完善我国夫妻财产制的立法构想》，载《中国法学》2000年第1期。

产关系。[①]

规范内容

一、前置要件：婚姻关系存续期间

本条是关于夫妻共同财产的范围及其效力的规定，属于完全性法条，符合“构成要件+法律效果”的模式。构成要件为婚姻关系期间取得的特定财产，法律效果为该财产归夫妻共同所有。就要件中的婚姻关系存续期间而言，其意指结婚到婚姻关系终止的这段时间。就结婚而言，按照《婚姻法解释（一）》第5条的规定，自1994年2月1日起，即使男女双方以夫妻名义共同生活，只要未办理结婚登记，且在案件受理前未补办的，应按照同居关系处理。根据《民法典》第1049条的规定，完成结婚登记即确定婚姻关系。又按照《婚姻法解释（一）》第4条的规定，婚姻关系的效力从双方均符合婚姻法所规定的结婚的实质要件时起算。亦即，此时婚姻关系的存续期间应往前追溯。应注意的是，婚姻关系存续期间的计算起点应当是双方已经形成结婚合意，并且也符合结婚的实质要件，至于“是否对外以夫妻名义共同生活，群众也认为是夫妻关系”只能作为确定结婚合意的证据。如果根据《民法典》第1051条婚姻被宣告无效，或者根据《民法典》第1052条及第1053条的规定婚姻被撤销时，根据《民法典》第1054条的规定，其自始没有法律约束力，当事人不具有夫妻的权利和义务，而本条属于夫妻的权利和义务的规定。不难看出，我国并没有采纳部分国家立法例中的有限溯及模式，而是采纳了完全溯及模式。于撤销而言，如果撤销权人本人不主张，其他人无权主张，以维护其意思自治。在被撤销之前，婚姻是有效的，本条仍然适用。对比宣告无效而言，按照《婚姻法解释（一）》第7条的规定，有权申请宣告婚姻无效的主体并非局限于当事人，还包括其他特定主体。按照《婚姻法解释（二）》第5条的规定，即使当事

---

① 参见戴炎辉、戴东雄、戴瑀如：《亲属法》，台北顺清文化事业有限公司2010年版，第144页。

人一方或者双方死亡，其他特定主体仍然可以申请宣告婚姻无效。唯除斥期间经过，则婚姻无宣告无效之可能，本条当然适用。此外，由于我国未对分居或者离婚诉讼期间作特别的规定，分居或离婚诉讼期间亦属于夫妻婚姻关系存续期间。[①]

二、所得财产归夫妻共同所有

《民法典》未能就财产的概念进行定义。《民法典》第3条规定，民事主体的人身权利、财产权利以及其他合法利益受法律保护，任何组织和个人不得侵犯。“财产是属于特定人的、具有货币价值的权利的、在概念上的集合（总和）。”[②]这一概念反映出了它和共有及准共有之间的差异。但我们使用婚后所得共同制这样一个概念时，它指向的必定是集合意义上，此时财产具体形态必然是多样的。但《民法典》第297条以下所规定的共有必然是指向个体性的权利。本条在列举描述财产形态时并没有按照财产法中的权利体系来，因为这样的权利体系无法反映区分共同财产和个人财产的标准。当使用某项财产的概念时，它必然是指某项独立的权利。由于集合意义上的财产无法成为处分的标的，本条中的“财产所得”必然是针对某项财产，或者说针对某项具体的权利。值得强调的是，“所得”是指对财产权利的取得，而不是对财产的实际占有。[③]例如，婚前已取得财产所有权，但婚后才实际占有的，不能认为是本条意义上的“所得”。相反的是，婚后取得财产权利但婚姻关系终止未实际占有，属于夫妻共同财产。[④]本条意义上的“所得”是以区分财产取得来源为基础，不以财产的占有状态为依据。占有的权利推定效力并不能对财产的性质划分产生效力。事实上，财产法上的所有权利归属规则确定的都是抽象人的财产归属。只有财产在此基础上归属于夫妻一方或者双方时，才有进一步依照婚姻家庭编划分其性质的可能。

---

① 参见巫昌祯、杨大文、王德义主编：《中华人民共和国婚姻法释义与实证研究》，中国法制出版社2001年版，第82页。

② 参见［德］本德·吕特斯、［德］阿斯特丽德·施塔德勒：《德国民法总论》，于馨淼、张姝译，法律出版社2017年版，第100页。

③ 参见胡康生主编：《中华人民共和国婚姻法释义》，法律出版社2001年版，第63页。

④ 参见陈苇主编：《婚姻家庭继承法学》，中国政法大学出版社2018年版，第120页。

本次修订增加了“为夫妻共同财产”的表述，完整呈现出了夫妻共同财产性质划分的逻辑。某项财产依据其取得时间和来源被认定为夫妻共同财产，则在法律效果上，该财产属于夫妻共同所有。易言之，存在这样一种完整的判断链条，如果某项财产性质被划分为共同财产，则不管夫妻双方在财产法上的地位是单独所有、共同共有还是按份共有，一律产生夫妻共同所有的效力，此处的共同所有应作共同共有及准共同共有理解。故而，除非存在特别规定，应适用《民法典》第297条以下所规定的共同共有规范。对于动产或者不动产以外的财产权利，亦可参照适用共同共有规范。不过，作为婚姻效力的此种共有及准共有效力并不具有当然的外部性，在未按照相关法律规定履行权利变动的形式手续时，不能对抗善意第三人。

三、夫妻共同财产的范围

（一）工资、奖金、劳务报酬

工资、奖金、其他劳务报酬与劳动密切相关，反映了我国婚后所得共同制以“劳动所得”为原则的基本理念，本项主要是指基于劳动关系所取得的各类报酬，如国家公务员依据《公务员法》所取得的工资、奖金和其他劳务报酬，军人依据《兵役法》所取得的工资、奖金和其他劳务报酬。工资有广义和狭义之分，广义的工资包括基本工资和辅助工资。基本工资具有常规性、结构性、固定性、等级性等特征，而辅助工资则包括奖金、津贴和补贴等形式。[①]至于劳务费、佣金等基于民事法律关系所形成的报酬[②]应归属于本项劳务报酬的范围。现实生活中有企业为留住核心人才对职工采取股权激励的措施，授予职工以公司的相应股份或股票期权，在本项增加“劳务报酬”之前，司法实践中有案例认为“股票期权是对员工进行激励的方式之一，与员工的工作表现密切相关，当员工行权后可获得一定的收益，因此带有工资、奖金的性质”，从而认定为夫妻共

① 参见王全兴：《劳动法》，法律出版社2017年版，第339—341页。

② 参见关怀、林嘉主编：《劳动法》，中国人民大学出版社2016年版，第152页。

同财产。[①]值得注意的是，夫妻一方参加运动会所得到的奖牌并不属于夫妻共同财产，因为奖牌是作为一种荣誉象征的财产性利益，具有特定的人身性，应当被认定为夫妻一方的个人财产。[②]但由此获得的奖金应当认定为夫妻共同财产，其他与职业活动密切相关的福利亦应认定为夫妻共同财产，除非其具有人身专属性。

（二）生产、经营、投资的收益

生产、经营的收益，是指夫妻在法律允许的范围内，从事生产、经营活动所取得的实物或金钱收入。[③]改革开放前，家庭实际上基本是一个消费单位，并无生产的职能。改革开放后，农村开始实行家庭联产承包责任制，城镇的私营经济和个体经济得到迅速发展，故此时的家庭被赋予了新的内涵，不仅仅是消费单位，更是生产单位，因为在这些家庭中基本没有工资或奖金的收入，故立法初衷是规范此类家庭的收益。[④]2001年修订《婚姻法》时，该款本为“从事经营活动的收益”，后因为正视了农民生产的收入应当被规制为夫妻共同财产，便改为“生产、经营的收益”。[⑤]

改革开放已有四十余年，市场经济的发展也早已经迈入了新的阶段，新型行业的迅速崛起与发展直接地促成了投资方式的多样化，本项也被赋予了新的时代内涵，本项所囊括的不仅包括因生产、经营所得的劳动性收入，也包括资本性收入，[⑥]个人财产原则上不随着婚姻关系的缔结而改变，但若有投

---

① 例如，高某某与骆某某离婚案，北京市朝阳区人民法院（2010）朝民初字第17508号民事判决书；张某甲与王某离婚纠纷案，浙江省杭州市中级人民法院（2015）浙杭民终字第392号民事判决书。

② 例如，黑龙江省高级人民法院审刘某某诉郑某某离婚及财产分割案，载《最高人民法院公报》1995年第2期；陶某与朱某离婚案，上海市中级人民法院（2002）沪二中民一（民）终字第408号民事判决书；甘某某与周某某婚后财产纠纷案，重庆市第三中级人民法院（2014）渝三中法民终字第01014号民事判决书。

③ 参见余延满：《亲属法原论》，法律出版社2007年版，第267页。

④ 参见赵惜兵主编：《新婚姻法释义与实用问答》，吉林人民出版社2001年版，第79页。

⑤ 参见王胜明、孙礼海主编：《〈中华人民共和国婚姻法〉修改立法资料选》，法律出版社2001年版，第17页。

⑥ 参见陈苇主编：《婚姻家庭继承法学》，中国政法大学出版社2018年版，第121页。

资行为，无论是在婚前还是婚后，投资的本金归属个人所有，收益归属夫妻共同财产。[①]尤其在本法将“投资收益”与“生产、经营收益”并列规定后，更是应当如此理解该款的内涵。

本项中的“投资收益”既包括个人财产也包括共同财产所产生的投资收益，应当区别于《婚姻法解释（三）》第5条所规定的孳息和自然增值，投资收益中至少应包含一方的脑力或者体力劳动投入。值得注意的是，《婚姻法解释（一）》第19条确立一方婚前个人财产不随婚姻年限的存续而转化，废除了之前的个人财产转化的标准，但《婚姻法解释（三）》第5条和本项投资收益所指向的是该个人财产所产生的孳息、自然增值或投资收益的归属。《婚姻法解释（三）》第5条规定“夫妻一方个人财产在婚后产生的收益，除孳息和自然增值外，应认定为夫妻共同财产”。在该解释出台以前，有学者曾将个人财产的婚后收益类型划分为孳息、投资收益、知识产权取得的收益。[②]《婚姻法解释（二）》第11条和《婚姻法解释（三）》第5条并未采取该标准，而是以孳息、增值和投资收益作类型化建构，即孳息和自然增值的收益仍归一方个人财产，投资收益属于夫妻共同财产，其实是财产来源论的立法表达。物权意义上的孳息分为天然孳息和法定孳息，天然孳息是指依照物的自然性质而产生的收益物，如果树之果子；法定孳息则是指依照法律规定产生的收益物，如租金。《婚姻法解释（三）》第5条的“孳息”应做限缩解释，专指非投资性、非经营性的收益，如将钱存入银行或购买债券所产生的法定孳息，归夫妻一方个人所有。[③]房屋租金的法律性质虽然为法定孳息，但租赁行为本

---

① 参见最高人民法院民事审判第一庭编著：《最高人民法院婚姻法司法解释（二）的理解与适用》，人民法院出版社2015年版，第152—153页。

② 参见范李瑛：《夫妻一方婚前财产婚后取得收益的归属》，载《烟台大学学报》（哲学社会科学版）2005年第4期。

③ 参见山东省高级人民法院《关于印发全省民事审判工作会议纪要的通知》：婚姻法以及最高人民法院的相关司法解释对“投资取得的收益”并无明确界定，造成在审判实务中产生一些分歧。对于夫妻一方婚前的财产存入银行或者购买债券等所产生的自然孳息，属于债券或者储蓄本金产生的法定孳息，依照物权法相关规定，应认定为夫妻个人财产比较适宜。对于夫妻一方以婚前个人财产投资进行经营活动在婚后产生的收益，应认定为夫妻共同财产比较适宜。《上海市高级人民法院关于适用最高人民法院婚姻法司法解释（二）若干问题的解答（一）》第3条。

身是一种经营活动，需要付出时间、精力和劳动。租金与银行存款利息不同，租金的收取往往需要出租人付出一定的劳动，因为出租人对房屋负有维修之义务，故租金被认定为经营性收益较为合适。[①]不过租金作为经营性收益由夫妻共同所有仅具有推定作用，如果房屋所有权人证明房屋租赁的管理仅由一方管理，另一方从始至终都没有参与，此种情况下的租金应当视为个人财产。[②]在司法实践中多数法院在审判时将一方个人财产产生的租金定性为经营性收益，认定为夫妻共同财产。[③]也有法院以租金系法定孳息，从而适用《婚姻法解释（三）》第5条的规定，认定为一方个人财产。[④]再如，对于另一方付出了劳动（如一方婚前所有果园的果树，婚后由双方共同劳动、管理，果树所结之果实）的天然孳息，应当认定为生产、经营性收益更为合理。[⑤]对第5条持批判意见的学者认为，该条意图通过衔接《物权法》来解决孳息归属的问题，但是建构了婚姻法中的孳息与物权法中的孳息不同的概念，产生了“纸面上的法”与“行动中的法”的区别。[⑥]故实际上而言，该项中的“孳息”

---

① 参见《浙江省高级人民法院民一庭关于审理婚姻家庭案件若干问题的解答》：房屋租金的获取与房屋的管理维护状况密切相关，需要投入相应的劳动，属于经营性收益。根据《婚姻法》第17条的规定，夫妻在婚姻关系存续期间所得的生产经营收益归夫妻双方共同所有，故夫妻一方个人所有房屋婚后所得租金归夫妻共同所有。在房屋出租过程中，由夫或妻一方经营管理或委托他人经营管理的，所得租金仍为夫妻共同所有。

② 参见《上海市高级人民法院关于适用最高人民法院婚姻法司法解释（二）若干问题的解答（一）》第2条，当事人将属于个人所有的房屋出租，因对房屋这类重大生活资料，基本上是由夫妻双方共同进行经营管理，包括维护、修缮，所取得的租金事实上是一种夫妻共同经营后的收入，因此，婚姻关系存续期间所得的租金一般认定为共同所有。但若房屋所有人有证据证明事实上房屋出租的经营管理仅由一方进行，则婚姻存续期间的租金收益应归房产所有人个人所有。

③ 例如，郭某甲与吕某离婚纠纷案，浙江省杭州市中级人民法院（2015）浙杭民终字第2854号民事判决书；叶某与林某离婚后财产纠纷案，广东省佛山市中级人民法院（2015）佛中法民一终字第804号民事判决书；严某甲与李某甲离婚纠纷案，广东省深圳市中级人民法院（2015）深中法民终字第895号民事判决书；等等。

④ 例如，潘某某与杨某某离婚纠纷案，广西壮族自治区南宁市中级人民法院（2014）南市民一终字第273号民事判决书；黄某与薛某离婚纠纷案，浙江省温州市中级人民法院（2015）浙温民终字第19号民事判决书。

⑤ 参见梁分、熊海燕：《夫妻婚前财产婚后收益归属之解读与探究》，载《法律适用》2013年第5期。

⑥ 参见贺剑：《“理论”在司法实践中的影响——以关于夫妻个人财产婚后孳息归属的司法实践为中心》，载《法制与社会发展》2014年第3期。

已经区别于民法意义上的孳息。

投资是指企业或者个人以投入一定量的货币或者实物为代价，未来因此而获得的相应的收益的经济行为。投资行为包括设立公司及购买股票、基金、保险产品、银行理财产品、期货期权，等等。投资收益具有风险性、不确定性和主观性，这与孳息形成对比。对投资收益的认定存在不同的观点，有学者认为只要是前期投资行为所带来的收益，尽管在婚姻存续期间并未进行任何操作，如婚前购买基金理财产品，因市场行情变化，基金理财产品上涨，该部分增值也是投资收益，另外购置不动产如果不是为了家居，房产的增值视为投资收益。①有学者则认为，以个人资产购买房产、黄金等，因市场行情变化而抛售所得的收益，相当于自然增值，应当归个人所有，②如果经过婚后经营或投资行为的升值增值利益部分，符合经营属性，属于共同财产。③还有的法院认为，对于投资收益——只要是该“收益”由一方或双方的劳动付出所获取，就应当认定为“投资”所得。④对于股票的增值，如果在婚姻关系存续期间有买进卖出的操作，则视为夫妻共同财产，反之则视为个人财产。⑤

增值是指物或权利在价格上的提升，增值与孳息、投资收益的不同之处在于原物与增加的利益没有分离，增值的部分并没有成为独立的物，但是孳息和投资收益与原物是分离的、独立的。⑥增值分为自然增值和主动增值，主动增值是指该增值的结果系基于人为努力而产生，如果仅因通货膨胀或市场行情的变化导致，与夫妻一方或双方的劳作、努力或管理并无关联，则为自然增值。

---

① 参见程律、吴晓芳：《一方个人财产婚后收益问题探析》，载《法律适用》2013年第12期；雷春红：《我国夫妻财产制立法的价值取向与独立法律制度的构建》，载《北方法学》2016年第1期。

② 参见江滢：《论个人财产婚后收益之归属认定》，载《政治与法律》2014年第4期。

③ 参见《北京市高级人民法院关于审理婚姻纠纷案件若干疑难问题的参考意见》第13条。

④ 参见《江苏省高级人民法院婚姻家庭案件审理指南》第六章。

⑤ 例如，张某甲与葛某甲离婚纠纷案，江苏省南通市中级人民法院（2014）通中民终字第2640号民事判决书；李某某与范某某离婚纠纷案，吉林省吉林市中级人民法院（2014）吉中民一终字第174号民事判决书；刘某某与杨某离婚纠纷案，广东省湛江市中级人民法院（2014）湛中法民一终字第416号民事判决书。

⑥ 参见裴桦：《论夫妻一方婚前财产于婚后所生利益的归属》，载《当代法学》2008年第5期。

孳息、增值、投资收益之间的界限难以区分，相关概念在法律内涵上缺位，[①]在实际适用中并无明显的界限，需要通过运用限缩解释的方法才能得以正确适用，然而实践中法官把握概念的准确性却各有差异，容易造成同案不同判的现象，比如租金的法律属性为孳息，司法实践中有的法官直接认定为夫妻个人财产，大部分观点则认为租金的收取具有经营性质或者需要夫妻另一方的协力相助，故被认定为夫妻共同财产，孳息应当被限缩解释为“非投资性、非经营性”收益，司法解释意图构建的类型化标准在适用中反而造就了解释的难题。有学者提出，区分是否属于夫妻共同财产原则上以缔结婚姻的时间为标准，从维护婚姻家庭稳定的角度出发，夫妻一方个人财产在婚后产生的收益，一般认定为夫妻共同财产。[②]还有学者提出以夫妻协力标准作为一般规则，以对方所得共同财产作为补充规则，即该收益的获得如果凝聚了配偶一方的贡献，该收益应当被认定为夫妻共同财产，贡献又分为直接贡献和间接贡献。反之，如果没有贡献，应当认定为夫妻一方个人财产。如果夫妻一方没有劳动收入或经营收入，也没有从事家务劳动给对方以帮助，那么在其婚前财产于婚后所生利益中，与对方所获财产价值相当部分视为夫妻共同财产。[③]通过对孳息、增值、投资收益的分析也可以得知，更多的学者还是立足于夫妻协力理论去判断收益之归属，尽管是一方个人财产所生之孳息，但该孳息如果融入了配偶一方的贡献，该收益便属于夫妻共同财产。反对者认为协力理论实为对德国“增益共同制”的误读，协力理论所推导的法定财产制为“婚后劳动所得共同制”，并不是我国法定财产制的适配选项。基于婚姻命运共同体理念，我国所确立的婚后所得共同制是“婚后劳动和运气所得”，故夫妻个人财产的婚后增值一律都应当被认定为夫妻共同财产。[④]这种

---

① 参见丁镜：《个人财产婚后“增值收益”的调整疑难及规则重构》，载《学术交流》2012年第10期。

② 参见陈爱武主编：《最高人民法院婚姻法司法解释精释精解》，中国法制出版社2016年版，第187页。

③ 参见江滢：《论个人财产婚后收益之归属认定》，载《政治与法律》2014年第4期；裴桦：《论夫妻一方婚前财产于婚后所生利益的归属》，载《当代法学》2008年第5期。

④ 参见贺剑：《夫妻个人财产的婚后增值归属——兼论我国婚后所得共同制的精神》，载《法学家》2015年第4期。

观点确实有利于保护婚姻的伦理性以及夫妻团体财产，但个人主义在婚姻法领域的勃兴却是不容忽视、值得正视的趋势，这一趋势从婚姻法司法解释的演变也可考究得出。夫妻开始彰显出不完全共同体的特征，需要衡量个人主义在家庭领域的发展，维护配偶一方在家庭领域的经济独立性。[①]以夫妻协力理论来作为平衡夫妻个人利益与团体利益的杠杆，是恰当的选择。

（三）知识产权的收益

我国的知识产权分为著作权、商标权和专利权。知识产权的收益主要是指作品在出版、上演、播映后取得的报酬，或允许他人使用而获得的报酬；专利权人、商标所有人转让其专利权、商标权或许可他人使用所获得的报酬。[②]根据《婚姻法解释（二）》第12条的规定，本项知识产权的收益是指婚姻关系存续期间实际取得或者已经明确可以取得的财产性收益。“实际取得”是指已经得到的报酬或费用。“已经明确可以取得”是指根据合同或单位规章规定已经明确相关的报酬费用，只是支付时间暂未届期。[③]因知识产权的取得与知识产权收益的取得存在一定的时间差，本款仅规定知识产权收益取得的认定，对以下两种情况的财产属性的认定存在争议：

1.一方婚前取得的知识产权，婚后取得收益的归属

就本项进行文义解释而言，婚姻关系存续期间取得的知识产权收益系夫妻共同财产，但有学者认为忽视知识产权取得的时间是失之偏颇，是对个人权利的侵害的体现。另外强调知识产权的取得应当以“创造活动的完成”作为判定的优先性因素，著作权固然作品一完成便取得，但是专利权和商标权的真正取得需要履行相应的申请程序，创作活动的完成和权利的真正取得之间存在一定的时间差。虽然需要履行相应的申请程序，但权利能否取得的核心还是在于专利技术方案、商标本身。一方婚前完成了创造活动，婚后才获得授权登记的情形与一方婚前购买房屋，婚后取得房产登记的情形类似，都

---

① 参见冉克平：《夫妻团体财产与个人财产的法理构造》，载《法制与社会发展》2019年第1期。

② 参见最高人民法院民事审判第一庭编著：《最高人民法院婚姻法司法解释（二）的理解与适用》，人民法院出版社2015年版，第165页。

③ 参见杨遂全编著：《婚姻家庭亲属法学》，清华大学出版社2011年版，第113页。

应当视为夫妻一方个人财产。[①]如果该知识产权在婚后产生的收益系融合了夫妻一方或双方经营管理与投入，该部分可被认定为夫妻共有财产，并确定相应的合理的比例。[②]

2.一方在婚姻关系存续期间取得知识产权，婚姻关系终止取得收益的归属

学界主要存在三种观点：个人财产说，该观点基于既得权（既得利益）与期待权（期待利益）理论，“在婚姻关系存续期间，夫妻一方就其知识产权尚未与他人订立使用合同，该项知识产权的经济利益只是一种期待利益，不能归夫妻共有”[③]。共同财产说，主要从两个方面切入论证，一是从我国法定财产制的精神出发，夫妻一方在婚姻关系存续期间基于脑力劳动所得无形财产所生的经济利益，无论是现实还是期待经济利益，与其他基于劳动所得的有形财产具有同质性，应当被认定为夫妻共同财产。[④]二是知识产权所产生的价值在创造活动的完成之时业已形成，判断知识产权收益的归属应当追溯至知识产权的创作和完成时间，非知识产权被授予的时间。[⑤]折中说认为“个人财产说”和“共同财产说”均存在一定的弊端，不能合理解决离婚后知识产权期待利益归属，“个人财产说”下的补偿论路径才是综合二者优势的最佳选择，权利归属上以《婚姻法解释（二）》第12条为出发点，尚未取得的财产性收益归属于夫妻一方个人所有，但在财产分割时，肯定另一方家务劳动的贡献价值，赋予其离婚补偿请求权，从而达到利益平衡的目的。[⑥]

综上所述，因知识产权的取得和收益的取得存在一定的时间差，但法律

---

① 参见李云、高迎迎：《知识产权在离婚诉讼中的司法理路——兼评婚姻法第17条》，载《山东法官培训学院学报》（山东审判）2015年第6期。

② 参见郑其斌：《论夫妻财产制中知识产权的权利归属及分割规则》，载《妇女研究论丛》2009年第4期。

③ 参见王洪：《婚姻家庭法》，法律出版社2003年版，第131页。

④ 参见陈苇：《婚内所得知识产权的财产期待权之归属探讨》，载《现代法学》2000年第4期。

⑤ 参见周安平：《关于夫妻财产制度修改的再讨论》，载《苏州大学学报》（哲学社会科学版）2002年第4期；裴桦：《也谈离婚时知识产权尚未取得的收益的归属》，载《当代法学》2010年第5期。

⑥ 参见曹贤信、姚建军：《离婚后知识产权期待利益归属的立法选择》，载《知识产权》2012年第11期；赵克：《析夫妻离婚时知识产权期待利益的归属》，载《法律适用》2015年第9期。

规范仅规定知识产权收益的取得，忽视了知识产权取得的时间是问题争议所在。有学者强调知识产权的收益是指知识产权中财产权的具体体现，并非指将专利权、商标权作为出资所获得的利益。对知识产权收益财产归属的判断在于知识产权是否于婚姻关系存续期间取得。婚前取得知识产权，婚后收益归个人所有；婚姻关系存续期间取得知识产权，婚姻关系终止后取得收益归夫妻共同所有。[①]

（四）继承或者受赠的财产，但是本法第1063条第3项规定的除外

本项是限制性法条，但书条款是例外规定，即赠与合同和遗产继承中明确表示遗赠给夫妻一方。本项在制定的过程中受到过如下质疑，一是因女婿、儿媳并不属于法定继承人的范围，将一方继承的财产作为夫妻共同财产，无疑扩大了法定继承人的范围。二是将一方因继承或赠与等方式无偿取得的财产纳入夫妻共同财产是违反市场经济所提倡的按劳分配的精神，立法强行改变赠与、继承的效果，有违权利人之真实意思、限制其财产处分自由。对比域外立法例，如《法国民法典》第1405条系和我国相反的规定，原则上夫妻在婚姻关系存续期间因继承、赠与或遗赠所得到的财产，为夫妻一方个人财产，仅在表明赠与双方时才为夫妻共同财产。在德国，如果夫妻双方选择一般共有制，配偶一方基于遗嘱取得的或第三人向其无偿给予的标的为保留财产，但是以遗嘱和第三人明确指定该财产为保留财产的为限。[②]我国实质是借鉴了德国的这种立法表达，立法者认为夫妻继承或赠与所得的财产归属于夫妻个人是以分别财产制为基础，充分维护了个人权利，但与共同财产制的精神相对立。共同财产制关注更多的是家庭，是夫妻共同组成的生活共同体，而不是个人。在这一制度下，夫妻一方经法定继承或遗嘱继承的财产，同个人的工资收入、知识产权收益一样，都是满足婚姻共同体存在的必要财产。但亦有学者提出，在比较法上采共同制的比利时、法国、意大利、葡萄牙、西班牙、俄罗斯的法律规定，婚

---

① 参见余延满：《亲属法原论》，法律出版社2007年版，第269页。

② 参见［德］迪特尔·施瓦布：《德国家庭法》，王葆莳译，法律出版社2010年版，第114页。

姻存续期间无偿所得的财产属于夫妻一方个人财产，除非赠与人或遗嘱人明确表示由夫妻双方共有。①

此外，亦不存在扩大继承人范围与限制遗嘱人的处分自由，因为女婿、儿媳只是分享了其配偶应得的遗产份额，并不影响其他法定继承人的利益。遗嘱人可以在遗嘱中指明财产只给夫妻一方，不允许其配偶分享，恰为第1063条中第3项的规定，于此我国的立法规定是尊重表意人的表意自由的。②此种立法模式的选择，是立法者充分考虑我国国情所作的理性选择。③不过，本款是婚后劳动所得共同的例外，因而本款不能被类推适用。例外规定不仅应当被严格解释，并且其背后通常蕴含了特殊的法律政策考量，原则上不能类推适用。④

父母出资为子女购房的问题在实践中引发的争议最为常见，涉及推定父母出资购房的意思表示究竟是赠与还是借贷，赠与一方还是双方，该房产属于夫妻个人财产还是共同财产。根据《婚姻法解释（二）》第22条的规定：首先，当事人结婚前，父母为双方购置房屋出资的，该出资应当认定为对自己子女的个人赠与，但父母明确表示赠与双方的除外。其次，当事人结婚后，父母为双方购置房屋出资的，该出资应当认定为对夫妻双方的赠与，但父母明确表示赠与一方的除外。而根据《婚姻法解释（三）》第7条的规定，婚后由一方父母出资为子女购买的不动产，产权登记在出资人子女名下的，可按照婚姻法第18条第3项的规定，视为只对自己子女一方的赠与，该不动产应认定为夫妻一方的个人财产。由双方父母出资购买的不动产，产权登记在一方子女名下的，该不动产可认定为双方按照各自父母的出资份额按份共有，但当事人另有约定的除外。

针对两司法解释所确立的标准与适用，存在不同的观点。有学者认为两

① 参见冉克平：《论〈民法典婚姻家庭编（草案）〉的体系、内容及其完善》，载《武汉大学学报》2019年第6期。

② 参见胡康生主编：《中华人民共和国婚姻法释义》，法律出版社2001年版，第66—67页。

③ 参见薛宁兰、许莉：《我国夫妻财产制立法若干问题探讨》，载《法学论坛》2011年第2期。

④ 参见王利明：《法律解释学导论——以民法为视角》，法律出版社2017年版，第609—610页。

司法解释创设了推定父母赠与意图的双标准，两者相互矛盾，《婚姻法解释（三）》第7条的适用逻辑混乱。《婚姻法解释（二）》第22条确立出资时间是区分赠与意图的重要标志，《婚姻法解释（三）》第7条第1款则将赠与意图与产权登记相连接，产权登记在一方名下的，则为对一方的赠与。第2款却又弱化了产权登记的效力，注重出资的构成。[①]其实第22条所谓确立的时间标准，毋宁说只有第2款才和夫妻财产制相关，第1款是针对不具有夫妻身份关系的陌生人规则，第2款所确立的标准是“第三人必须明示只归夫妻一方”的观点。另有学者认为两司法解释其实是从不同的法律层面分别规定，并不冲突。第7条从字面上理解，“婚后由一方父母出资为子女购买”是对后面“不动产”的修饰，是一个定语，强调的是不动产而非出资，两者的落脚点有所不同，《婚姻法解释（三）》第7条是对《婚姻法解释（二）》第22条的细化和补强。[②]有学者认为《婚姻法解释（三）》第7条第1款是对《婚姻法解释（二）》第22条第2款的彻底颠覆和取代，所谓的“出资”与“不动产”的表述在法律上的区分意义微弱。[③]

《婚姻法解释（三）》第7条制定的初衷是为便于司法认定及统一裁量尺度，[④]因为在实践中许多父母倾尽毕生积蓄为子女购房，透支日后的养老费用，又不想因为离婚导致子女丧失财产，父母只能通过登记一方名字于产权证上这种含蓄的方式表示单方赠与的意思。本条将“登记行为”等同于“赠与的明确表示”的逻辑受到学者的诟病，认为是市场经济理性的体现，与婚姻家庭的伦理性难以融洽。[⑤]也有学者认为登记与赠与合同虽然形式不同，但作为确认赠与人意思表示的方式并无差异，登记更加简

---

① 参见康娜：《论婚后父母出资为子女购房的产权归属及离婚分割》，载《浙江工商大学学报》2015年第1期。

② 参见吴晓芳：《婚姻法司法解释（三）适用中的疑难问题探析》，载《法律适用》2014年第1期。

③ 参见汪家元：《婚姻法司法解释中夫妻财产“赠与”规定之反思》，载《上海政法学院学报》2014年第1期。

④ 参见杜万华、程新文、吴晓芳：《关于适用婚姻法若干问题的解释（三）的理解与适用》，载《人民司法》2011年第17期。

⑤ 参见梁聪聪：《婚姻法司法解释（三）第7条之探析》，载《湖北警官学院学报》2013年第4期。

便。[①]因在我国的法律表述中并未科学规范地使用“视为”的表达，故不能仅从“视为”一词而探明规范的性质属于拟制性还是推定性。[②]就本条规范构造上而言，其并不是将“登记”拟制为“赠与”，而只是从父母将出资购买的房产登记在自己子女名下行为中推断出其有明确只归其子女的意思表示。这一推定背后的法理基础在于后一项事实与前一项事实之间的常态性联系，被推定的事实在推定之前处于不明状态。[③]从该条司法解释的文义来看，其使用了“可”，而非“应”，表明这种推定是可以被反驳的。[④]

根据最高人民法院的解释，其实《婚姻法解释（三）》第7条第1款的适用是比较严格的，仅适用于父母全额出资为子女购买不动产的情形，此时的房产是作为产权登记人的出资方子女的个人财产。但在实践中，如果一方父母婚前全资购房，婚后登记于双方名下，对于不动产权属的认定存在不同的审判意见，有法院认为，父母的婚前出资实为对自己子女一方的赠与，即使婚后登记在双方名下，但双方并未达成共有协议就该房产进行特殊约定，仍然视为一方个人财产。[⑤]也有法院认为，尽管婚前父母出资的性质确为对子女一方的赠与，但婚后一方将另一方添加为产权共有人的行为则是夫妻对财产进行约定的表现形式，从而改变该财产的产权形式，应当认定为夫妻共同所有。[⑥]其实，父母出资的一方在嗣后将另外一方加名登记为按份共有或者共同共有，属于另外一层法律关系，应视情况适用赠与合同和夫妻财产制约定的相关规定。

父母部分出资为子女购房（主要表现为父母支付首付款，婚后双方共同

---

① 参见孙若军：《论夫妻财产制的定位及存在的误区》，载《法律适用》2013年第4期。

② 参见张海燕：《“推定”和“视为”之词语解读——以我国现行民事法律规范为样本》，载《法制与社会发展》2012年第3期；占善刚、王译：《民事规范中“视为”的正确表达——兼对〈民法总则〉“视为”表达之初步检讨》，载《河北法学》2018年第12期。

③ 参见张海燕：《论不可反驳的推定》，载《法学论坛》2013年第5期。

④ 参见杨立新：《最高法院〈关于适用《婚姻法》若干问题的解释（三）〉解读》，载《东南学术》2012年第1期。

⑤ 参见卢某与柯某1离婚纠纷案，湖北省黄石市中级人民法院（2017）鄂02民终763号民事判决书。

⑥ 例如，迟某与王某1离婚纠纷案，河北省沧州市中级人民法院（2016）冀09民终2333号民事判决书；黄某与马某甲离婚纠纷案，山东省淄博市中级人民法院（2015）淄民一终字第700号民事判决书。

还贷）的产权认定存在不同的观点：（1）个人财产说。该说从保护父母出资的角度出发，父母的出资是子女一方的个人财产，不动产归登记方所有，与此相连接适用的法条是《婚姻法解释（三）》第10条，即父母的出资视为一方的婚前个人财产支付首付款，婚后夫妻共同还贷部分，在离婚之时予以相应的补偿。[①]（2）按份共有说。该说则中和父母出资利益与夫妻利益，认定该不动产属于夫妻共同财产，但父母的出资认定为对子女一方的赠与，是个人财产。在离婚分割时，对于房产增值部分采个人财产和共同财产比例进行分割。[②]（3）共同共有说。该说认为父母的出资是对夫妻双方的赠与，不动产归夫妻共同所有，但在离婚分割时并不是机械地对半分割，全面考虑财产的资金来源、结婚时间长短、夫妻对家庭的贡献等，"多分"之尺度是法官司法裁量的范围。[③]在司法实践中，对于父母部分出资的情形，有的法院注重产权登记与赠与意图的连接，认为产权登记于双方名下即表明一方父母的出资是对双方的赠与，房产归属于夫妻共同所有，[④]反之如果产权登记于出资方子女的名下，则推定为对出资方子女一方的赠与。[⑤]有的法院回归《婚姻法解释（二）》第22条的规定，父母婚前的出资视为对子女一方的赠与，该部分赠与是子女的个人财产，对应涉争房屋的相应的产权份额，婚后共同还贷部分才属于夫妻共同财产，婚后的部分出资，视为对双方的赠与，为夫妻共同财产。[⑥]

---

① 参见最高人民法院民事审判第一庭编著：《最高人民法院婚姻法司法解释（三）理解与适用》，人民法院出版社2011年版，第122页。

② 参见杜万华、程新文、吴晓芳：《关于适用婚姻法若干问题的解释（三）的理解与适用》，载《人民司法》2011年第17期。

③ 参见吴晓芳：《婚姻法司法解释（三）适用中的疑难问题探析》，载《法律适用》2014年第1期。

④ 参见刘某与李某甲离婚纠纷案，广东省佛山市中级人民法院（2016）粤06民终5447号民事判决书。

⑤ 例如，韩某、黄某离婚后财产纠纷案，河北省保定地区（市）中级人民法院（2019）冀06民终711号民事判决书；杨某某、周某某离婚纠纷案，宁夏回族自治区石嘴山市中级人民法院（2019）宁02民终44号民事判决书。

⑥ 例如，陈某某与梅某离婚纠纷案，上海市第一中级人民法院（2016）沪01民终4889号民事判决书；董某某与魏某某离婚纠纷案，黑龙江省哈尔滨市中级人民法院（2015）哈民少终字第47号民事判决书；曹某与葛某离婚纠纷案，江苏省南京市中级人民法院（2015）宁民终字第3124号民事判决书；袁某与焦某分家析产案，北京市第三中级人民法院（2019）京03民终363号民事判决书。

（五）其他应当归共同所有的财产

随着社会经济的发展，夫妻共同财产已经由原来简单的生活用品发展到汽车、房产、股票、债权乃至整个公司、企业，日后肯定还会出现新的财产类型。[①]因立法无法穷尽所有的财产类型，故该款是兜底性质的条款，以作概括性规定。《婚姻法解释（二）》第11条的规定，下列在婚姻关系存续期间取得的财产属于《婚姻法》第17条规定的“其他应当归共同所有的财产”：

1.一方以个人财产投资取得的收益

因本款已经被《民法典》第1062条第1款第2项所吸收，前已讨论，故在此不赘述。

2.男女双方实际取得或应当取得的住房补贴、住房公积金

住房补贴、住房公积金是单位分配住房的替代性措施，以货币分配的方式代替了实物分配的方式，这是跟随住房制度的深化改革而采取的同步性措施。住房公积金制度的推行缓和了冲突的社会矛盾，减少了腐败现象的发生。[②]之所以将住房补贴、住房公积金认定为夫妻共同财产，这是因为住房公积金作为一种个人储蓄、单位资助、同义管理、专项使用的住房长期储金，实际上就是平时收入的储备，其本质具有工资性质。住房补贴则是扩大了工资的外延，改变了工资的形式。[③]

3.男女双方实际取得或应当取得的养老保险金、破产安置费

该款的规定主要是从公平的角度进行考虑的，职工养老保险是国家为保证职工年老退休后的具体生活需要而设立的专门基金，是一种社会福利基金。之所以将婚姻关系存续期间的养老保险金归属于夫妻共同财产，这是因为养老保险金也是婚姻生活中的一项重要财产，如果一方退休一方在职，若将养老保险定性为一方的个人财产，而配偶一方的工资是共同财产，显然不公平，规定破产安置费为夫妻共同财产亦是出于此考虑。反对意见则认为，破产安

---

① 参见胡康生主编：《中华人民共和国婚姻法释义》，法律出版社2001年版，第67页。

② 参见尚晨光主编：《婚姻法司法解释2法理与适用》，中国法制出版社2004年版，第29页。

③ 参见最高人民法院民事审判第一庭编著：《最高人民法院婚姻法司法解释（二）的理解与适用》，人民法院出版社2015年版，第157—158页。

置费是破产企业对职工的补偿，具有未来生活保障金的性质，有安抚职工的精神慰藉作用，应当视为个人财产，才能达到实质上的公平，因为离婚时破产安置费作为夫妻共同财产被予以分割，但另一方仍可能在岗或有固定收入，如此反而加剧了破产下岗职工的困境。《婚姻法解释（三）》第13条将养老保险期待利益排除在夫妻共同财产的范围之外，这是因为夫妻共同财产形成的时间点为婚姻关系存续期间，婚姻关系结束后形成的财产不能作为夫妻共同财产。根据养老保险金管理制度，需要个人连续缴纳15年养老保险费用才有资格领取。未达到退休年龄，不能领取，养老金是职工退休后的生活保障，不是对其退休前工作的补偿。对于离婚诉讼时尚未退休不符合领取养老金的当事人，养老金不能作为夫妻共同财产予以分割。①其次，为协调利益平衡，未能分割养老保险金的一方，有权分割以共同财产实际缴付的个人部分，这是对共同积累财产的分割。②

四、夫妻对共同财产有平等的处理权

第2款规定“夫妻对共同所有的财产，有平等的处理权”，夫妻对共同财产所享有的平等处理权并不依据夫妻双方经济收入的多少而确定其享有共同财产所有权的多少。③平等处理权是完整性的财产权利，不局限于“处分权”，具有占有、使用、收益、处分的权能，比如夫妻共有股权，理论上非公示一方享有资产收益权、管理性权利、处分共有股权，只是因为商法特殊规范的存在，某些权利的行使存在困难。平等的处理权并不意味着夫妻一方可以任意行使某项权能，需要双方取得一致意见再作出决定。④平等处理还体现在夫妻可以双方自愿协商对共同财产的处理，可由一方行使、双方轮流或分别行

① 参见《上海市高级人民法院关于审理婚姻家庭纠纷若干问题的意见》第3条。

② 参见最高人民法院民事审判第一庭编著：《最高人民法院婚姻法司法解释（三）理解与适用》，人民法院出版社2015年版，第208页。纪某与李某等共有物分割纠纷案，吉林省白山市中级人民法院（2019）吉06民终871号民事判决书。

③ 参见杨立新、秦秀敏主编：《中华人民共和国婚姻法释义与适用》，吉林人民出版社2001年版，第148页。

④ 参见王涌、旷涵潇：《夫妻共有股权行使的困境及其应对——兼论商法与婚姻法的关系》，载《法学评论》2020年第1期。

使，当然管理方应当向另一方报告财产状况，考虑非管理方的合理建议。如果管理方实施的行为明显不利于共同利益，另一方可以要求管理方放弃该行为，已实施的应当及时采取补救措施。[①]《婚姻法解释（一）》第17条以日常生活需要为界限而对夫妻对共同财产的处理作出了不同的规定：（1）夫或妻在处理夫妻共同财产上的权利是平等的，因日常生活需要而处理夫妻共同财产的，任何一方有权决定。（2）夫或妻非因日常生活需要对夫妻共同财产做重要处理决定，夫妻双方应平等协商，取得一致意见。他人有理由相信其为夫妻双方共同意思表示的，另一方不得以不同意或不知道为由对抗善意第三人。第2项的规定与《民法典》物权编共同共有财产权利的享有和共有物处分的规则是相一致的，即共同共有人对共有的不动产或动产共同享有所有权，且对共有物的处分或修缮、变更性质或用途需要经过全体共有人同意。此前我国的婚姻家事立法中并未规定夫妻家事代理权，为此有学者将第1项的规定解读为夫妻有日常家事代理权，夫妻一方的行为视为夫妻共同意思表示，由夫妻双方共同承担法律责任，[②]夫妻共同财产属于共同共有，本应共同行使处分权出于婚姻家庭生活便利的考虑，从而肯认因日常生活需要或在一般管理的范围内，夫妻单方处分的权利，[③]现《民法典》第1060条对日常家事代理权已予以规定，故本款所要探讨的重点是何为日常家事生活需要从而夫妻可单方处理的情形，何为需要平等协商一致而处理的情形，因处分是所有权中最重要的权能，故在实践中争议最大的也是一方擅自处分共有物之情形，为此也需探讨一方擅自处分共有物的法律效果，第三人善意的标准。

对“日常生活需要”范围的界定可从以下方面把握，一是通常包括购买必要的日用品、医疗医药服务、合理的保健与锻炼、文化消费与娱乐、子女教育、家庭用工的雇用、必要的社交之处以及其他夫妻双方及未成年子女日常共同生活必要的事项。二是在一般管理范围内，一般管理行为主要局限在以简易修缮为代表的保存财产的行为和利用共同财产后的正常收益的行为。

---

① 参见蒋月主编：《婚姻家庭与继承法》，厦门大学出版社2014年版，第146—147页。

② 参见余延满：《亲属法原论》，法律出版社2007年版，第282页；巫昌祯主编：《婚姻与继承法学》，中国政法大学出版社2017年版，第200页。

③ 参见裴桦：《论夫妻共同财产处分权》，载《辽宁大学学报》（哲学社会科学版）2010年第2期。

一些大陆法系国家特别列举了需要夫妻双方共同处理的情形：（1）处分全部夫妻共同财产；（2）无偿处分共同财产，但基于道义而为的公益性赠与或基于传统习俗而在亲友间所为的赠与则不在此列；（3）处分住宅及其他不动产；（4）处分重大动产、权利；（5）放弃遗产继承权，因我国认定夫妻一方所继承之财产属于夫妻共同财产，故继承的放弃也应当由夫妻双方共同行使。①

对于非因日常生活需要处理财产的需要经过夫妻双方协商一致同意，如果一方擅自处分共有物便构成无权处分，无权处分的法律效果与善意取得的适用相关联，为此"夫妻协商一致同意"与"第三人善意"的认定是关键所在。值得注意的是，婚姻关系存续期间的股权转让在实践中争议较大，这是商法规范与婚姻法规则的冲突所导致的。有法院认为股权属于股东名册所载之股东的权利，股权的各项权能应当由股东本人行使，股东对外转让所持有的股权的行为为有权处分，无须配偶的同意，适用公司法、合同法关于股权转让的规则即可，因为股权转让的合法主体为股东，并不是家庭。②也有法院认为在婚姻关系存续期间取得的公司股权属于夫妻共同财产，未征求对方意见或意见不一致的，另一方的擅自处分构成了无权处分，非善意第三人不可取得股权。③

针对夫妻协商一致的认定，如果双方协商一致的意思表示十分明确则无争议，主要在于对非处分一方表意不明时的意思表示推定。若夫妻一方对另一方擅自处分共有物知情的，尽管其没有作出明确的同意处分的意思表示，比如未在协议上签字表示同意或该签字非本人所签署，而该方未及时提出异议或阻止对方的，实践中倾向推定为同意。④最高人民法院的一则公报案例表明夫妻一方知道股权转让的事实，但是并未提出异议或阻止另一方的行为，

① 参见裴桦：《论夫妻共同财产处分权》，载《辽宁大学学报》（哲学社会科学版）2010年第2期。

② 参见艾某等与刘某股权转让纠纷案，最高人民法院（2014）民二终字第48号判决书。

③ 参见邢某某等与尤某某确认合同无效纠纷案，北京市第二中级人民法院（2015）二中民（商）终字第02854号民事判决书。

④ 例如，李某某与姚某某等房屋买卖合同纠纷案，山东省济南市中级人民法院（2019）鲁01民终8262号民事判决书；王某等与李某等合同纠纷上诉案，榆林市中级人民法院（2011）榆中法民一终字第00190号民事判决书。

尽管股权转让协议的程序上存在瑕疵，但可视为同意。[①]在向某与龙某占有物返还纠纷案中亦是如此，唐某与龙某达成门面转让协议，向某明知该事实，且龙某已经实际履行合同义务且又实际占有使用门面，故该协议可被推定为夫妻共同意思表示。[②]寇某与毕某等房屋买卖合同纠纷案也是如此，属于婚后共同财产的房屋登记在一方名下，一方与第三人签订房屋买卖合同，夫妻一方知情的不可请求该买卖合同无效。[③]单方非法处置夫妻重要共同财产侵犯了夫妻对共同财产的平等处理权，系侵犯对方财产权的行为，单方非法处置的行为可表现为隐藏、转移、变卖、毁损、挥霍夫妻共同财产，所产生的法律效果是，在婚姻关系存续期间一方可以请求分割共同财产，离婚分割夫妻共同财产时，对该方可以少分或者不分。离婚后，若发现存在上述行为，可以请求再次分割。在夫妻单方向第三人赠与共同财产的情形下，如果是违背公序良俗赠与婚外第三人，夫妻一方知晓后可以请求返还，如果是赠与有抚养关系的子女，若夫妻一方对该赠与行为作出沉默的意思表示，视为夫妻共同意思表示。[④]也有案例认为，不作为的默示只有在法律有规定或当事人有约定时才具有意思表示的效力，夫妻一方知情但默示的行为不具有追认效力，在该案中夫妻一方将股权转让给其儿子，其儿子作为知晓婚姻状况的第三人不具有善意，不可善意取得。[⑤]

由此可见，对于夫妻一方知情但未作出明确意思表示是否可以推定为同意实践中并未统一裁判观点。《婚姻法解释（一）》第17条第2项规定：“……他

---

① 参见彭某某与梁某某、王某某、河北金海岸房地产开发有限公司股权转让纠纷上诉案，最高人民法院（2007）民二终字第219号民事判决书。

② 参见向某与龙某占有物返还纠纷案，贵州省高级人民法院（2014）黔高民再终字第8号民事判决书。

③ 参见寇某与毕某等房屋买卖合同纠纷申请案，吉林省高级人民法院（2013）吉民提字第93号民事判决书。

④ 例如：姚某甲、姚某乙诉姚某丙、郑某某赠与合同纠纷案，福建省厦门市中级人民法院（2013）厦民再终字第38号民事判决书；李某某与被上诉人周某某、刘某确认合同效力纠纷案，辽宁省辽河中级人民法院（2017）辽74民终47号民事判决书；庞某某、张某某合同纠纷案，河北省承德市中级人民法院（2019）冀08民终542号民事判决书。

⑤ 参见范某某等与刘某某股权转让纠纷申请案，最高人民法院（2013）民申字第2505号民事裁定书。

人有理由相信其为夫妻双方共同意思表示的，另一方不得以不同意或不知道为由对抗善意第三人。”实际上是在第三人善意的情形下将夫妻一方擅自处分共有物的行为推定为“一致同意”。[①]《婚姻法解释（三）》第11条规定：“一方未经另一方同意出售夫妻共同共有的房屋，第三人善意购买、支付合理对价并办理产权登记手续，另一方主张追回该房屋的，人民法院不予支持。夫妻一方擅自处分共同共有的房屋造成另一方损失，离婚时另一方请求赔偿损失的，人民法院应予支持。”司法实践中亦是如此，如果受让人不符合善意的标准不可以善意取得。[②]从客观层面而言，受让人有理由相信该处分行为是夫妻共同意思表示，便可认定为善意，所谓有理由相信是指，在签订合同时意识到交易方的婚姻状况，交易方表示已经征求配偶的同意，又有相应的初步证据予以佐证。[③]如果第三人明知交易方的婚姻状况，明知该财产属于夫妻共同财产，且未征求同意，此时的第三人不具有善意，并不能取得相应的权利。[④]

三 举证责任

因《民法典》对本条举证责任没有作特别的规定，故适用《民事诉讼法》第64条的一般规范，当事人对自己提出的主张，有责任提供证据，即“谁主张，谁举证”，因为“在辩论原则为主导的诉讼中，当事人不仅需要证明为判决所需要的事实，而且还要通过提出主张来参与诉讼，并使自己的主张成为判决的基础”[⑤]。根据《最高人民法院关于人民法院审理离婚案件处理财产分割问题的若干具体意见》第7条的规定，对个人财产还是夫妻财产难以确定的，

---

① 参见王涌、旷涵潇：《夫妻共有股权行使的困境及其应对——兼论商法与婚姻法的关系》，载《法学评论》2020年第1期。

② 参见郭某与沈某离婚纠纷案，河北省石家庄市中级人民法院（2015）石民再终字第00050号民事判决书。

③ 参见赵某某与陈某某土地使用权出让合同纠纷案，最高人民法院（2014）民申字第3号民事裁定书。

④ 参见邢某某等与尤某某确认合同无效纠纷案，北京市第二中级人民法院（2015）二中民（商）终字第02854号民事判决书。

⑤ ［德］莱奥·罗森贝克：《证明责任论》，庄敬华译，中国法制出版社2001年版，第45页。

主张权利的一方有举证责任。当事人举不出有力证据，人民法院又无法查实的，按夫妻共同财产处理。实践中，对于婚姻存续期间所得的财产推定为夫妻共同财产，主张财产为一方个人财产的应当承担举证责任。[①]反之，比如说房产是一方婚前购买，当另一方主张为共同财产时，则需要提供证据证明，如从房产购买、完税的时间，出资的金额以及比例等方面证明。[②]另外，对于父母出资为子女购房，法律对出资行为推定为赠与，如子女主张赠与，父母主张借贷，父母应当承担举证责任，如果父母主张有关借贷的举证不充分，应认定该出资行为为赠与。[③]司法实践中则有案例认为，父母出资为子女购房如果未明确表示赠与，应当视为以帮助为目的的临时性资金出借，子女负有偿还的义务。[④]实践中更可能出现的是，离婚时一方主张父母曾经的出资是借贷，从而构成夫妻共同债务。在叶某与刘某一案中，叶某的父母全额出资购房，并将产权登记在双方名下，离婚时叶某出示“借据”主张购房款为借款，系夫妻共同债务。最终法院以产权登记作为优势证据而否定了“借据”的效力，因为不能排除“借据”存在倒签的可能性。值得注意的是，新修订的《最高人民法院关于民事诉讼证据的若干规定》的相关规定，第14条新增对电子数据的认定，实践中的微信聊天记录等符合电子数据证据的要求可以达到证明待证事实的要求。

其他问题

《婚姻法解释（三）》第10条规定，夫妻一方婚前签订不动产买卖合同，以个人财产支付首付款并在银行贷款，婚后用夫妻共同财产还贷，不动产登

---

① 参见李某与孟某离婚纠纷案，北京市第二中级人民法院（2013）二中民终字第14792号民事判决书。

② 参见侯某与蔡某离婚析产纠纷案，江苏省南京市中级人民法院（2013）宁民再终字第53号民事判决书；张某某与祁某某离婚案，青海省果洛藏族自治州中级人民法院（2009）果民一终字01号民事判决书。

③ 参见最高人民法院民事审判第一庭编著：《最高人民法院婚姻法司法解释（三）理解与适用》，人民法院出版社2015年版，第128页。

④ 参见余某、毛某诉黄某、余某某民间借贷纠纷案，四川省高级人民法院（2017）川民申4120号民事裁定书。

记于首付款支付方名下的，离婚时该不动产由双方协议处理。

依前款规定不能达成协议的，人民法院可以判决该不动产归产权登记一方，尚未归还的贷款为产权登记一方的个人债务。双方婚后共同还贷支付的款项及其相对应财产增值部分，离婚时应根据《婚姻法》第39条第1款规定的原则，由产权登记一方对另一方进行补偿。

一、与《婚姻法解释（三）》第5条的关系

房产的增值一般是受房价市场波动之影响，属于自然增值，如果适用《婚姻法解释（三）》第5条则应当被认定为夫妻一方个人财产，而《婚姻法解释（三）》第10条则打破了"夫妻一方个人财产的自然增值属于个人财产"的主流观点，从而是《婚姻法解释（三）》第5条的例外。①其实本条与《婚姻法解释（三）》第5条并不冲突，第10条是从房产资金构成来源的角度去划分财产及其增值的归属，此种情形下的房产既不全是个人财产，也不全是夫妻共同财产。房屋的购置资金可由三部分构成，第一部分是夫妻一方婚前个人财产，第二部分是夫妻共同还贷部分，第三部分则为离婚后个人应当偿还的贷款对应的部分，按资金投入比例认定各部分所占份额。②为此，个人财产所对应的增值部分仍然归属个人财产，比如通过出售婚前个人房产或者父母出资购置不动产等情形，个人财产作为资金来源的房产在婚后的增值仍然属于个人财产，③故其实与第5条不存在适用的冲突。

---

① 参见贺剑：《离婚时按揭房屋的增值分配：以瑞士法为中心》，载《政治与法律》2014年第10期。

② 参见最高法院民事审判一庭编著：《最高人民法院婚姻法司法解释（三）理解与适用》，人民法院出版社2015年版，第161—162页。

③ 例如，袁某与李某离婚纠纷案，新疆生产建设兵团第（农）四师中级人民法院（2015）兵四民终字第54号民事判决书；李某1等离婚纠纷案，北京市第二中级人民法院（2015）二中民终字第02241号民事判决书；李某某与刘某某离婚纠纷案，河南省三门峡市中级人民法院（2014）三民终字第443号民事判决书；吴某1、原某离婚纠纷案，山东省烟台市中级人民法院（2016）鲁06民终4390号民事判决书；程某某与李某某离婚纠纷案，甘肃省平凉市（地区）中级人民法院（2016）甘08民终351号民事判决书；闫某与刘某离婚纠纷案，北京市第一中级人民法院（2015）一中民终字第02052号民事判决书。

二、与《婚姻法解释（二）》第11条的关系

根据《婚姻法解释（二）》第11条第1项的规定，一方以个人财产投资取得的收益，属于夫妻共同财产。尽管房屋的增值符合自然增值之特性，但如果购房之行为可被评价为具有投资性质的行为，房屋增值的收益应当被认定为投资收益，比如并非为了家居之需要而购买房屋，[①]如购买商铺的行为。[②]此时，应当适用《婚姻法解释（二）》第11条的规定，事实上这是对《婚姻法解释（三）》第10条中的“不动产”进行限缩解释的结果。

三、不动产的归属

《婚姻法解释（三）》第10条系以资金来源构成而将不动产权属分为三个部分，立法仅作倡导性建议，可以将不动产判归于不动产登记一方。有学者认为，该不动产从性质上而言仍然属于夫妻一方个人财产，因为婚后共同还贷的行为纵然为取得房屋的产权作出了积极贡献，但事实上该行为仅仅是协助购房一方偿还银行贷款，该条混淆了物权和债权，对共同还贷额分割已经是对夫妻一方贡献因素的考量，如再对增值部分予以贡献因素的考量则属于重复计算。[③]

四、不动产婚内共同还贷及增值的补偿数额的计算

离婚时，共同财产的分割首先必须遵从分割的原则，即夫妻协商优先，其次依照顾子女、女方和无过错方权益的原则，本条对不动产权属的判定，只是提供了一般的方法，并非凡遇到此种情况必须采取此种分割方式，[④]“可

---

① 参见程律、吴晓芳：《一方个人财产婚后收益问题探析》，载《法律适用》2013年第12期；雷春红：《我国夫妻财产制立法的价值取向与独立法律制度的构建》，载《北方法学》2016年第1期；金某诉陈某财产分割案，福建省霞浦县人民法院（2006）民初字第614号民事判决书。

② 参见李某甲与李某乙离婚纠纷案，江西省宜春市中级人民法院（2013）宜中民一终字第157号民事判决书。

③ 参见冉克平：《夫妻团体财产与个人财产的法理构造》，载《法制与社会发展》2019年第5期。

④ 参见最高人民法院民事审判一庭编著：《最高人民法院婚姻法司法解释（三）理解与适用》，人民法院出版社2015年版，第165页。

以”二字的背后彰显的是操作的灵活性、司法的能动性。事实上，司法实践对补偿操作数额的计算规则并不一致：江苏省高级人民法院出台的《家事纠纷案件审理指南（婚姻家庭部分）》中规定，补偿数额=夫妻共同还贷部分×不动产升值率 ÷2，不动产升值率=离婚时不动产价格 ÷ 不动产成本（购置时不动产价格+共同已还贷款利息+其他费用）×100%。其他费用包括印花税、契税、营业税、评估费等，不包括公共维修基金、物业费。[①]最高人民法院民一庭在对《婚姻法解释（三）》第10条的阐释中所列举的例子中，所采取的规则是：补偿数额=房屋现值×［已共同还贷部分/（房屋本金价格+所需偿还的利息费用+其他费用）×100%］/2。[②]有学者则指出，民一庭此种计算方式不正确，不应当将利息费用折合计算为房屋的价格，利息和本金的偿还应作不同的法律效果的评价，利息的偿还对应的是抵押债务的增值。婚后夫妻共同还贷部分，有一部分是本金，有一部分是利息，共同偿还的本金部分亦可请求补偿。此外抵押债务补偿份额应当是=（房屋现值-房屋初始价格）×（按揭数额/房屋总价）/2。[③]第一种和第二种计算方式本质是一样的，只是计算采取的参照物不同，第一种计算方式以房屋增值作为比率，从而计算共同还贷部分的增值。第二种计算方式则是以共同还贷部分所占之比率计算该增值不动产中归属共同财产的部分，二者只是公式变形而具有不同的意义，司法实践中多采此种方式计算补偿数额。[④]第三种计算方式则是采取全新的视角，因夫妻共同偿还债务其贡献或投资是指整个抵押债务，抵押债务

---

① 参见江苏省高级人民法院《家事纠纷案件审理指南（婚姻家庭部分）》。

② 参见最高人民法院民事审判一庭编著：《最高人民法院婚姻法司法解释（三）理解与适用》，人民法院出版社2015年版，第168页。

③ 参见贺剑：《离婚时按揭房屋的增值分配：以瑞士法为中心》，载《政治与法律》2014年第10期。

④ 例如，李某与曹某离婚后财产纠纷案，辽宁省沈阳市大东区人民法院（2019）辽0104民初11588号民事判决书；林某1、郭某离婚后财产纠纷案，福建省福州市中级人民法院（2018）闽01民终6180号民事判决书；王某与郑某离婚后财产纠纷案，江苏省苏州市虎丘区人民法院（2018）苏0505民初6824号民事判决书；熊某某与杨某某离婚后财产纠纷案，重庆市丰都县人民法院（2019）渝0230民初272号民事判决书；成某某与王某1离婚纠纷案，上海市浦东新区人民法院（2019）沪0115民初16109号民事判决书；周某共有物分割纠纷案，上海市第一中级人民法院（2018）沪01民终11389号民事判决书均采取此种计算方式。

所对应的增值部分归属于夫妻共同财产。第三种计算方式虽肯定了抵押债务也对应财产增值，但是以理想建构抵押债务全部由夫妻偿还完毕为路径，如果夫妻用共同财产仅偿还抵押债务的百分之十便离婚了，抵押债务整体对应的增值部分还属于夫妻共同财产予以分割，这是不公平的。相比之下，第一种与第二种计算方式更恰当。

第一千零六十三条【夫妻一方个人财产】

下列财产为夫妻一方的个人财产：

（一）一方的婚前财产；

（二）一方因受到人身损害获得的赔偿或者补偿；

（三）遗嘱或者赠与合同中确定只归一方的财产；

（四）一方专用的生活用品；

（五）其他应当归一方的财产。

历史由来

一、本条来源

本条是关于夫妻一方个人财产的认定，源自2001年修改实施的《婚姻法》第18条。《婚姻法》第18条规定："有下列情形之一的，为夫妻一方的财产：（一）一方的婚前财产；（二）一方因身体受到伤害获得的医疗费、残疾人生活补助费等费用；（三）遗嘱或赠与合同中确定只归夫或妻一方的财产；（四）一方专用的生活用品；（五）其他应当归一方的财产。"本条较之其来源，主要的变动在本条第2项即由"一方因身体受到伤害获得的医疗费、残疾人生活补助费等费用"修改为"一方因受到人身损害获得的赔偿或补偿"。这一修改可以分解为两个方面。首先，从"身体受到伤害"扩展到"人身损害"将身体之外的人身权受损害一并纳入。这是由于其他人格权和身份权具有与身体权受损害相类似的法益，应作同等处理。其次，将"医疗费、残疾人生活补助费等费用"扩展为"赔偿或补偿"。这是由于费用并不能够涵盖人身权受损所取得的赔偿或补偿的全部形态。最为典型者为《民法典》第1179条所规定的侵权损害赔偿。根据该条规定，侵权损害赔偿的范围不仅包括合理费用，还可能包括因误工减少的收入、残疾赔偿金等其他内容。这一修订使本条规定更为准确。

二、条文演化

本条的演化反映在第2项。《民法典婚姻家庭编（草案）》（一审稿）中将本条第2项表述为“一方因受到人身损害获得的损害赔偿和补偿”，该表述一定程度上采纳了专家学者的意见：将原《婚姻法》第18条第2项的“一方因身体受到伤害获得”修改为“一方因人身伤害获得”，以此扩大该规定的适用范围，使因为人身利益受到损害而获得的补偿，基于人身权的专属性而归于受害人本人。[①]《民法典婚姻家庭编（草案）》（二审稿）第840条第2项将“损害”二字删除，表述为“一方因受到人身损害获得的赔偿和补偿”，避免了前后语义上的重复。《民法典婚姻家庭编（草案）》（三审稿）及2019年12月《民法典（草案）》延续了这种表述。2020年5月全国人大代表审议时将第1063条第2项中“和”改为“或者”，即表述为“一方因受到人身损害获得的损害赔偿或者补偿”，本条第2项最终延续了该表述。

三、学者建议稿及域外立法例

“人民大学2005稿”第423条针对本条的建议主要有：第一，将原《婚姻法》第18条第2项“一方因身体受到伤害获得”修改为“一方因人身伤害获得”。其理由为原《婚姻法》第18条第2项规定的“一方因身体受到伤害获得的医疗费、残疾人生活补助费等费用”，无法涵盖侵害人格权的情形，因此建议将“因身体受到伤害”修改为“因人身伤害”，扩大适用范围，该建议被《民法典》采纳。第二，将原《婚姻法》第18条第2项中的“等费用”删除。第三，将原《婚姻法》第18条第3项的“确定”二字修改为“指明”二字。第四，在原《婚姻法》第18条第4项“一方专用的生活用品”基础上增加“一方为从事职业所必需的专用物”。其理由为增加物之效用以及

---

① 参见王利明主编：《中国民法典学者建议稿及立法理由：人格权编·婚姻家庭编·继承编》，法律出版社2005年版，第254—255页。

维护交易安全。第五，为避免歧义的发生，在原《婚姻法》第18条第5项“其他应当归”“一方的财产”之间增加了“夫妻一方所有”六字。[①]“法学会稿”针对本条的建议主要集中在对原《婚姻法》第18条第4项的修改：将“一方专用的生活用品”修改为“一方专用的价值不大的生活用品或生产工具”，将认定为个人财产的一方专用品的范围扩大到一方专用的生产工具，同时用“价值不大”作为限定词。“社科院2013稿”第1758条规定：“下列财产属于夫妻一方所有：（一）婚前财产；（二）依法属于一方所有的具有人身专属性的财产，如一方因身体受到伤害获得的医疗费、残疾人生活补助费等费用，人身保险金，复员专业费等；（三）一方继承、受遗赠或者受赠与的财产；（四）一方专用的衣物及其他生活用品；（五）一方从事职业必需的专用物品，但用夫妻共同财产购置且价值较大的除外。夫妻可以在婚前或者婚后，约定一定的财产为夫妻一方所有。”[②]该建议稿将法定夫妻特有财产分为三类，即夫妻一方的婚前财产、与个人身份不可分离的婚后所得财产以及一方专用的生活用品与从事职业的专用品。“社科院2019稿”与“社科院2013稿”一样采取封闭列举式，针对原《婚姻法》第18条的修改意见主要为删除兜底条款，增加“一方从事职业所必需的专用物品，但用夫妻共同财产购置且价值较大的除外”的款项。[③]

典型的域外立法如《西班牙民法典》第1346条规定：“以下财产归配偶一方独有：1.在缔结婚姻时已经所有的财产和权利；2.缔结婚姻后无偿获得的财产和权利；3.使用或交换独有财产而得到的取得物；4.行使其独有的赎回权而得到的取得物；5.因继承所取得的，不可转移的财产；6.对配偶一方个人或其独有财产所造成损失的赔偿；7.非价值畸高的仅供个人使用的衣物和物品；8.用于行使其职业或实施其工具的器具，但该器具属于某单位或具有共有属性的除外。在第4种和第8种的情形中，即使配偶一方动用共有资

---

① 参见王利明主编：《中国民法典学者建议稿及立法理由：人格权编·婚姻家庭编·继承编》，法律出版社2005年版，第254—255页。

② 参见梁慧星主编：《中国民法典草案建议稿附理由：亲属编》，法律出版社2013年版，第121—122页。

③ 参见陈甦主编：《中国社会科学院民法典分则草案建议稿》，法律出版社2019年版，第351页。

金获得该物，也不影响其独有属性。在此情形中，配偶双方构成的共同体是获得利益一方的债权人。”[①]不难发现，《西班牙民法典》对于夫妻财产共有制中个人特有财产的规定是相对全面的，《民法典》本条及各建议稿中对夫妻个人财产的规定几乎都包含在其中。相较于《西班牙民法典》在第1346条的集中规定，《法国民法典》对于夫妻个人财产的规定更为分散。《法国民法典》第1404条、第1405条第1款以及第1406条第1款[②]分别依据财产的性质、财产取得的时间以及财产的来源对夫妻共同财产与夫妻个人财产进行区分。尽管《民法典》本条的规定与《法国民法典》对夫妻个人财产规定的表述不尽相同，但二者区分夫妻共同财产与个人财产的标准基本一致。《德国民法典》第1417条对特有财产之规定：“（1）在共同财产中，排除特有财产。（2）特有财产，为不得以法律行为转移的物。（3）夫妻的任何一方均独立地管理其特有财产。该方以共同财产的计算，管理其特有财产。”针对不能够通过法律行为转移的物品，引入特有财产的概念，认定不得通过法律行为转移的财产如不得让与和扣押的薪资请求权和抚养请求权，以及由著作权产生的债权等均属于特有财产。[③]

三 规范目的或功能

本条旨在确认夫妻一方个人财产范围，保护夫妻双方个人财产权。共同财产和个人财产的区分奠定了婚后所得共同制的基本框架。与本条相呼应，《民法典》第1062条规定了共同财产的范围。《民法典》第1062条第1款规定：“夫妻在婚姻关系存续期间所得的下列财产，为夫妻的共同财产，归夫妻共同所有：（一）工资、奖金、劳务报酬；（二）生产、经营、投资的收益；（三）知识产权的收益；（四）继承或者受赠的财产，但是本法第一千零六十三条第三项规定的除外；（五）其他应当归共同所有的财产。”不过，实

① 参见潘灯、马琴译：《西班牙民法典》，中国政法大学出版社2013年版，第345—346页。

② 参见罗结珍译：《法国民法典》，北京大学出版社2010年版，第363—364页。

③ 参见杜景林、卢谌：《德国民法典——全条文注释》（下册），中国政法大学出版社2015年版，第928页。

定法上共同财产和个人财产的范围并不是完全按照逻辑展开的，而是夹杂了立法者的价值判断。本条和第1062条都包含了兜底性条款。除本条和司法解释明确列举式规定的个人财产外，是否属于个人财产应根据个人财产与共同财产的标准进行实质性判断。不过从本条、第1062条及相关司法解释的规定中不难发现，对于婚姻关系存续期间取得的财产，是以共同财产为原则，个人财产为例外的。亦即，需要特殊的理由来论证婚姻关系存续期间的财产为何属于个人财产。虽然本条第2项、第3项、第4项以及相关司法解释背后所蕴含的规范目的存在一定的差异，但是这些规范背后大致隐含了两类标准——专属性标准和劳动付出排除标准。

本条与第1062条、第1064条共同形成法定财产制。按照夫妻财产约定优先于法定财产制的规则，本条规定夫妻双方可通过夫妻财产约定排除。《民法典》第1065条第1款规定："男女双方可以约定婚姻关系存续期间所得的财产以及婚前财产归各自所有、共同所有或者部分各自所有、部分共同所有。约定应当采用书面形式。没有约定或者约定不明确的，适用本法第一千零六十二条、第一千零六十三条的规定。"易言之，即便夫妻双方将原本属于个人财产范围的财产约定为共同财产，但是这种约定本身仍然受限于财产的性质。如果某些类型的财产是因为其高度的人身专属性而归属于个人财产时，约定为共同财产构成一种处分，如果法律禁止对此类财产的处分，这种处分是无效的。如果双方只作了部分约定，并不能完全排斥本条的适用。

本条划定个人财产是为了明晰夫妻一方是否对这些财产享有单独的权利。在物权层面，如果某项物权属于夫妻个人财产，则其对该财产享有单独的占有、使用、收益和处分的权利。与共同财产所形成的共有及准共有关系相对。

本条适用的前提是夫妻双方存在有效的婚姻关系。如果婚姻关系依据《民法典》第1051条的规定无效，或者依据《民法典》第1052条及第1053条的规定被撤销，则依据《民法典》第1054条的规定，当事人不具有夫妻的权利和义务。而婚后所得共同制正是夫妻权利义务的重要组成部分，本条无适用余地。不过，此时可适用《最高人民法院关于人民法院审理未办结婚登记而以夫妻名义同居生活案件的若干意见》第10条的规定，区分"同居生活期间双方共同所得的收入和购置的财产"和"其他个人财产"。该条与本条结合第1062条的规定存在较大的差异。

规范内容

一、一方的婚前财产

（一）性质不转化原则

财产的取得时间、来源和性质是判断某项财产属于共同财产还是个人财产的重要依据。[①]本条第1项正是基于时间标准。判断某项财产是否属于夫妻共同财产应当首先根据时间标准进行。只有财产取得的时间在婚姻关系存续期间，才有进一步使用其他标准进行判断的必要。《民法典》第1062条规定共同财产的范围正是以“婚姻关系存续期间”为前提的。婚前财产是指在婚前取得的财产。需要注意的是，即使某项财产是婚后取得的，但是如果它是由婚前财产直接转化而来的，仍然应当被视为婚前财产。例如，夫妻一方通过在婚前与第三人签订了某项动产买卖合同并支付了价款，婚后第三人才将该动产交付给作为买受人的夫妻一方，由此形成的财产仍然属于夫妻个人财产。

已经按照时间标准确定为夫妻个人财产的不会因为婚姻关系的存续而转化为夫妻共同财产。《最高人民法院关于人民法院审理离婚案件处理财产分割问题的若干具体意见》第6条规定：“一方婚前个人所有的财产，婚后由双方共同使用、经营、管理的，房屋和其他价值较大的生产资料经过8年，贵重的生活资料经过4年，可视为夫妻共同财产。”该规定已经被《婚姻法解释（一）》所废止。《婚姻法解释（一）》第19条规定：“婚姻法第十八条规定为夫妻一方所有的财产，不因婚姻关系的延续而转化为夫妻共同财产。但当事人另有约定的除外。”

（二）个人财产的孳息和自然增值

本条并未就个人财产的孳息性质进行规定。《民法典》第321条规定：“天

---

① Katharina Boele–Woelki et al., Principles of European Family Law Regarding Property Relations between Spouses, Intersentia, 2013, pp.235–236.

然孳息，由所有权人取得；既有所有权人又有用益物权人的，由用益物权人取得。当事人另有约定的，按照其约定。法定孳息，当事人有约定的，按照约定取得；没有约定或者约定不明确的，按照交易习惯取得。”从这一规定中不难发现，虽然存在一些特殊性，但我国物权法仍然是以孳息归属于所有权人为原则的。[①]对于物权以外的其他财产所生孳息，除有特别规定外，应参照使用该条规定。不过，由于谁在名义上取得某项财产与该项财产在婚姻家庭法上的性质没有必然的关联，故而物权法所确定的孳息归属规则并无助于解决这些孳息在婚姻家庭法上的定性难题。

有观点认为，应当将个人财产在婚姻关系存续期间的收益区分为投资收益、孳息和增值。[②]也有观点将其区分为“管理型收益”和“放任型收益”。[③]最高人民法院的立场明显受到前述第一种分类的影响。[④]从现行司法解释的规定来看，它反映了财产来源论的立场。《婚姻法解释（二）》第11条第1项规定，一方以个人财产投资取得的利益，属于共同财产。《民法典》第1062条第1款第2项已经将该规定吸收。《婚姻法解释（三）》第5条规定：“夫妻一方个人财产在婚后产生的收益，除孳息和自然增值外，应认定为夫妻共同财产。”按照这两项规定，投资收益和自然增值、孳息在性质判定上采纳了完全相反的规则。对三者进行区分的关键在于，收益的取得是被动的还是主动的。所谓主动增值是指一方或者双方在婚后为取得收益投入了时间、金钱、智力、劳务。[⑤]按照夫妻协力理论，具体由一方还是双方投入在所不问。因为婚后所得共同制假设婚后双方付出的时间和精力都是共同的。需要强调的是，《婚姻法解释（三）》第5条意义上的孳息在概念的内涵和外延上已经明显区分于民法

---

① 参见孙宪忠：《中国物权法总论》，法律出版社2018年版，第273—274页。

② 参见裴桦：《论夫妻一方婚前财产于婚后所生利益的归属》，载《当代法学》2008年第5期。

③ 参见柯成：《民法典编纂背景下夫妻个人财产的收益归属》，载《上海政法学院学报》（法治论丛）2016年第5期。

④ 参见杜万华、程新文、吴晓芳：《〈关于适用婚姻法若干问题的解释（三）〉的理解与适用》，载《人民司法·应用》2011年第17期。

⑤ 参见杜万华、程新文、吴晓芳：《〈关于适用婚姻法若干问题的解释（三）〉的理解与适用》，载《人民司法·应用》2011年第17期。

上的孳息。或者说这种三分法本身在民法的体系中就是不存在的。[①]有观点认为，应当进一步限缩该条中“孳息”的概念，将其限定为自然孳息。[②]事实上，根据民法上孳息的分类来对个人财产婚后收益进行定性实际上并无实益。无论是自然孳息还是法定孳息的取得，都可能涉及夫妻一方或者双方体力和脑力的投入。这里所说的“孳息”，是指那些脑力和体力投入可以忽略不计情形下所取得的孳息。易言之，那些在民法意义上属于“孳息”的收益可能被排除在外。例如：“房屋租金在民法理论上属于法定孳息，但如果出租房屋的夫妻一方需要投入一定的管理或者劳务，则应当将其认定为投资收益。”[③]

就自然增值而言，与孳息或者投资收益不同，自然增值本身即属于个人财产价值本身，并未与财产价值相分离。如果个人财产的增值包含了夫妻一方或者双方的投资或者经营行为，则其应当归属于投资收益而非自然增值。[④]例如，根据前述不转化原则，一方婚前购买的股票并不会因为婚姻关系的存续而发生性质转换，股票因为市场行情变化产生的增值收益为自然增值，应认定为个人财产。但是如果夫妻一方进行了投资性的买卖活动，取得收益就不再是被动自然增值，而是主动增值，应认定为共同财产。[⑤]需要注意的是，一方即使对婚前个人财产进行了多次买卖，但如果并不包含投资目的，则不应将其增值认定为投资收益。例如，夫妻一方为解决父母居住问题卖掉婚前个人房产又用该价款购置了新的房产，即使该房产嗣后大幅升值，也属于自然增值。[⑥]

---

① 参见贺剑：《“理论”在司法实践中的影响——以关于夫妻个人财产婚后孳息归属的司法实践为中心》，载《法制与社会发展》2014年第3期。

② 参见李世刚：《夫妻一方婚前财产的婚后收益归属问题研究——以法国的相关立法与司法实践为视角》，载《暨南学报》2016年第6期。

③ 参见吴晓芳：《〈婚姻法〉司法解释（三）适用中的疑难问题探析》，载《法律适用》2014年第1期；参见《江苏省高级人民法院婚姻家庭案件审理指南（2010）》。

④ 参见《北京市高级人民法院民一庭关于审理婚姻纠纷案件若干疑难问题的参考意见》第11条；2011年《山东省高级人民法院关于印发全省民事审判工作会议纪要的通知》。

⑤ 参见江苏省高级人民法院《家事纠纷案件审理指南（婚姻家庭部分）》第32条。

⑥ 参见最高人民法院民事审判第一庭：《婚前个人财产在婚后发生形态变化不导致所有权发生变化》，载最高人民法院民事审判第一庭编：《民事审判指导与参考》，人民法院出版社2013年版，第142页。

二、一方因受到人身损害获得的赔偿或补偿

本条第2项中的人身损害泛指人格权和身份权的损害。就前者而言，不仅指《民法典》第990条第1款所列举的具体人格权，还应包含第2款所规定的"基于人身自由、人格尊严产生的其他人格利益"。就后者而言，泛指可称为侵权法保护客体的各类身份权。最为典型者为《最高人民法院关于确定民事侵权精神损害赔偿责任若干问题的解释》第2条所规定的情形。根据该条规定，非法使被监护人脱离监护，导致亲子关系或者近亲属间的亲属关系遭受严重损害，监护人向人民法院起诉请求赔偿精神损害的，人民法院应当依法予以受理。

本项中的赔偿和补偿的具体请求权基础在所不问。在概念的使用上，赔偿属于债务人承担民事责任的一种方式，而补偿并不是承担民事责任的方式。从规范目的来看，本项中的赔偿应仅指《民法典》第179条第8项规定的赔偿损失，不同于一般意义上的损害赔偿。一般意义上的损害赔偿泛指除防御请求权、继续履行之外的其他民事责任形态。①夫妻一方因人身损害所享有的其他非财产性的权利，如停止侵害、排除妨碍或者恢复名誉同样具有人身专属性，不得为夫妻所共有，不属于夫妻财产制的调整范围。就补偿而言，典型者如《民法典》第182条规定了紧急避险人的补偿。不过，无论是赔偿还是补偿，均需要以人身损害为前提。例如，夫妻一方因解除收养关系而根据《民法典》第1118条所获的补偿并不属于本项意义上的补偿。

如果夫妻一方以共同财产购买了商业保险，因人身损害获得了保险金，这部分保险金虽然不属于狭义上的赔偿和补偿，但是由于其主要用于受害人的治疗、生活等特定用途，具有人身性质，应当参照本项规定，认定为个人财产。②

需要注意的是，本项中所称赔偿或者补偿不仅局限于民事上的赔偿或者补偿。例如，夫妻一方因工伤通过工伤保险所获得的赔偿或者补偿亦应认定

---

① 参见王泽鉴：《损害赔偿》，北京大学出版社2017年版，第18页。

② 参见江苏省高级人民法院《家事纠纷案件审理指南（婚姻家庭部分）》第43条；北京市高级人民法院《关于审理婚姻纠纷案件若干疑难问题的参考意见》第14条。

为个人财产。与此类似的是，如果夫妻一方因人身权受损依据《国家赔偿法》所获得的赔偿亦应认定为本项意义上的赔偿。

不过，值得探讨的是，损害赔偿中包含的因误工减少的收入以及残疾赔偿金是否应当排除在外。如前所述，相对于《婚姻法》第18条第2项而言，已经明确将“费用”扩张为“赔偿或补偿”，但并不能从这一调整中当然得出立法者有意纳入赔偿中的因误工减少的收入和残疾赔偿金。对这一问题的回答仍应考虑二者的来源。医疗费、护理费、交通费、营养费等为治疗和康复支付的合理费属于积极损失，而因误工减少的收入、残疾赔偿金属于消极损害，即预期收入的减少。就误工费而言，按照《最高人民法院关于审理人身损害赔偿案件适用法律若干问题的解释》第20条的规定，误工费根据误工时间和收入状况来确定。受害人有固定收入的，误工费按照受害人的实际减少的收入计算。受害人无固定收入的，按照其最近三年的平均收入计算；受害人不能举证证明其最近三年的平均收入状况的，可以参照受诉法院所在地相同或者相近行业上一年度职工的平均工资计算。就残疾赔偿金而言，学说上存在三种观点，分别为所得丧失说、劳动能力丧失说和生活来源丧失说。“我国摒弃了以往生活来源丧失说，而以劳动能力丧失说为原则，同时一定程度上吸收了所得丧失说中的合理成分。”[①]残疾赔偿金的计算方式与因误工减少的收入之间存在较大的差异。根据《最高人民法院关于审理人身损害赔偿案件适用法律若干问题的解释》第25条的规定，残疾赔偿金根据受害人丧失劳动能力程度或者伤残等级，按照受诉法院所在地上一年度城镇居民人均可支配收入或者农村居民人均纯收入标准，自定残之日起按二十年计算。但60周岁以上的，年龄每增加一岁减少一年；75周岁以上的，按五年计算。不难发现，无论是因误工而减少的收入还是残疾赔偿金都与受害夫妻一方的劳动密切相关。而按照婚后所得共同制的理念，婚后双方的体力和脑力劳动都归属于夫妻共同体。根据《民法典》第1062条规定，双方劳动所得收入应定性为夫妻共同财产。不过，此处问题的复杂性在于，如果直接将其定性为共同财产，则存在对受害配偶一方不公之嫌。因为双方婚姻关系的存续期间可能短于残疾补偿金的计算期间。因而，我们认为，更为合理的方式是参照《婚姻法解

---

① 参见程啸：《侵权责任法》，法律出版社2015年版，第686—687页。

释（二）》第14条对军人复员费和自主择业费的处理模式，考虑婚姻关系的存续年限，将其中的部分残疾赔偿金作为夫妻共同财产。[①]

三、遗嘱或者赠与合同中确定只归一方的财产

本条第3项与《民法典》第1062条第1款第4项共同构成继承或者受遗赠财产的处理规则。本项中的遗嘱既包括遗嘱继承，也包括遗赠。不过，从尊重立遗嘱人意思的规范目的出发，[②]立遗嘱人可以就此问题作出单独的指示。亦即，立遗嘱人可以指示夫妻一方通过法定继承所获得的财产只归其本人所有。本项中所规定的赠与合同是指《民法典》第657条以下所规定的赠与合同。那么，除此之外的第三人所实施的使夫妻一方纯获利益的行为应如何评价呢？例如，第三人通过信托或者保险指定夫妻一方为受益人。从表面上看，这些行为与遗嘱或者赠与合同十分类似，均系使夫妻一方无偿获益，但是仍然需要遵循前述专属性判断。一种意见认为，保险合同或者信托合同将夫妻一方指定为受益人本身就表明了投保人或者委托人与受益人之间的特定关系，应当认定为个人财产。[③]将二者进行不同评价其背后隐含了我国司法实务的个体主义倾向。不过，这一立场是与我国法定财产制财产性质划分理念相一致的。从《民法典》第1062条和本条所确立的财产性质划分体系来看，继承或者受遗赠的财产作为一种例外偏离了前述“婚后劳动所得共同”的基本原则。除非法律明确规定了例外规则，否则不宜进一步扩大作为例外的范围。

我国对于继承或者受遗赠财产的处理并没有采纳比较法上的主流做法，[④]而是原则上定性为夫妻共同财产，例外情形下定性为个人财产。为避免将这种“婚后劳动所得共同”原则的例外规则扩大化，有必要扩大本条的适用。

---

① 不同意见参见《北京市高级人民法院关于审理婚姻纠纷案件若干疑难问题的参考意见》第14条。

② 参见胡康生主编：《中华人民共和国婚姻法释义》，法律出版社2001年版，第72页。

③ 参见江苏省高级人民法院《家事纠纷案件审理指南（婚姻家庭部分）》第43条。

④ 关于欧洲采纳所得共同制国家的主流立法模式，参见Katharina Boele-Woelki et al., Principles of European Family Law Regarding Property Relations between Spouses, Intersentia, 2013, p.231。

最为关键的问题在于如何解释本项中的“确定只归一方”。这里的“确定只归一方”究竟是指“第三人必须明示只归夫妻一方”还是指“可通过解释第三人的其他行为来确定其有只归一方的意思”。从现行司法解释的规定来看，《婚姻法解释（二）》和《婚姻法解释（三）》采纳了不同的意思表示解释规则。《婚姻法解释（二）》第22条确定了两条意思表示解释规则。首先，当事人结婚前，父母为双方购置房屋出资的，该出资应当认定为对自己子女的个人赠与，但父母明确表示赠与双方的除外。其次，当事人结婚后，父母为双方购置房屋出资的，该出资应当认定为对夫妻双方的赠与，但父母明确表示赠与一方的除外。实际上，只有第2项规则才与夫妻财产制相关，第1项规则毋宁是针对尚不具有夫妻身份的陌生人规则。从第2项规则来看，其采纳了“第三人必须明示只归夫妻一方”的观点。而与此相对，《婚姻法解释（三）》第7条规定：“婚后由一方父母出资为子女购买的不动产，产权登记在出资人子女名下的，可按照婚姻法第十八条第（三）项的规定，视为只对自己子女一方的赠与，该不动产应认定为夫妻一方的个人财产。由双方父母出资购买的不动产，产权登记在一方子女名下的，该不动产可认定为双方按照各自父母的出资份额按份共有，但当事人另有约定的除外。”从该规定不难看出，最高人民法院的观点发生了巨大的转变。对此，有观点认为《婚姻法解释（三）》存在偷换概念的嫌疑，将“产权登记在出资人子女名下的情形”等同于“赠与合同确定只归夫妻一方”，本质上属于“推定”，与《婚姻法》第17条要求的“明示方式”相违背。[①]而该解释第7条第2款将双方父母为子女购买不动产视为夫妻双方按份共有缺乏相应的法理基础，显然违反了我国“婚后所得共同制”之共同共有精神。[②]

事实上，针对父母婚后为子女出资购买不动产这一实践中较为常见的现象，应当首先从父母的行为中解释出赠与的意思表示。在意思表示不明时，究竟应解释为赠与还是借贷不无疑问。最高人民法院在个案裁判观点中指出，

---

① 参见梁聪聪：《〈婚姻法〉司法解释（三）第7条之探析》，载《湖北警官学院学报》2013年第4期。

② 参见陈苇、黎乃忠：《现代婚姻家庭法的立法价值取向——以〈婚姻法解释（三）〉有关夫妻财产关系的规定为对象》，载《吉林大学社会科学学报》2013年第1期。

除非子女一方能证明父母的汇款为赠与，否则应当认定为借款。[①]最高人民法院的立场实际上表明，父母子女关系不应对法律行为的解释产生影响。这一立场殊值赞同。在此基础上，需要进一步区分情形。如果父母在赠与合同中或者单独作出只归自己子女一方的意思表示，自无争论余地。但是，如果是在赠与合同之外单独作出意思表示，其时间点应与赠与大致接近。如一方父母在其子女离婚时才主张只归其子女，则对另外一方明显不公。该条司法解释真正适用的情形是一方父母未作出明确的意思表示，但却将出资购买的房屋登记在自己子女名下。由于我国法律文本并未规范性使用"视为"，[②]并不能从"视为"这一表达中探明本条规范的性质到底是拟制还是推定。从本条规范的构造来看，它并不是将"登记"拟制为"赠与"，而只是从父母将出资购买的房产登记在自己子女名下行为中推断出其有明确只归其子女的意思表示。这一推定背后的法理基础在于后一项事实与前一项事实之间的常态性联系，被推定的事实在推定之前处于不明状态。[③]从该条司法解释的文义来看，其使用了"可"，而非"应"，表明这种推定是可以被反驳的。[④]值得注意的是，该条司法解释实际上并不涉及与《物权法》衔接的问题，[⑤]它并不涉及确权，而是指推定赠与人的意思表示。至于父母出资的一方在嗣后将另外一方加名登记为按份共有或者共同共有，属于另外一层法律关系，应视情况适用赠与合同和夫妻财产制约定的相关规定。此外，该条司法解释中的出资应理解为全款出资，否则应参照适用《婚姻法解释（三）》第10条的规定，此时只有该方父母出资及其相应增值部分才应定性为个人财产。

---

① 参见尹某甲与尹某乙民间借贷纠纷案，最高人民法院（2017）最高法民申4942号民事裁定书。相反意见参见江苏省高级人民法院《家事纠纷案件审理指南（婚姻家庭部分）》第39条。

② 参见张海燕：《"推定"和"视为"之语词解读？——以我国现行民事法律规范为样本》，载《法制与社会发展》2012年第3期；占善刚、王译：《民事规范中"视为"的正确表达：兼对〈民法总则〉"视为"表达之初步检讨》，载《河北法学》2018年第12期。

③ 参见张海燕：《论不可反驳的推定》，载《法学论坛》2013年第5期。

④ 参见杨立新：《最高人民法院〈关于适用《婚姻法》若干问题的解释（三）〉解读》，载《东南学术》2012年第1期。

⑤ 参见孙若军：《论夫妻财产制的定位及存在的误区——以〈婚姻法〉司法解释（三）第7条为视角》，载《法律适用》2013年第4期。

四、一方专用的生活用品

本条第4项并未指明何为“一方专用的生活用品”。结合本条旨意，在解释本项规定时应重点突出两点属性。其一，财产在性质上属于生活用品，原则上以动产为限；[①]其二，该项财产应为一方专用，而非家庭共同生活用品，具有较强的个人化特征，但并不意味着该项财产本身不能以法律行为转让。最为典型的一方专用生活用品如衣物、化妆品、饰品等。值得讨论的是，是否应当将价值较大的财产排除在外。从立法工作者对《婚姻法》第18条第4项的解读来看，不宜将价值较大但归属于一方专用的财产认定为共同财产，这违背了夫妻双方取得该财产的意愿。[②]不过，多数学者对此持反对意见。[③]司法实践对于此问题呈现出了分歧。[④]

如果是夫妻以个人财产为自己购买或者为对方购买专用生活用品，本项并不存在适用的空间，于前者，按照不转化原则，即使个人财产的形态发生变化，亦不影响其性质。于后者，应适用赠与合同的规定，适用本条第3项。本项的适用情形主要包括两种。其一，夫妻一方以共同财产为自己购买的专用生活用品；其二，夫妻一方以共同财产为另外一方购买的专用生活用品。在第一种情形中，按照形态转化不影响性质原则，通过共同财产取得的财产原则上应认定为共同财产。本条恰好是这一原则的例外。问题的关键在于夫妻一方处分共同财产为自己购买专用生活用品是否属于《民法典》第1062条第2款规定的“平等的处理权”范畴。按照《婚姻法解释（一）》第17条第1

---

① 参见余延满：《亲属法原论》，法律出版社2007年版，第277页。

② 参见胡康生主编：《中华人民共和国婚姻法释义》，法律出版社2001年版，第72—73页。

③ 参见孟令志、曹诗权、麻昌华：《婚姻家庭与继承法》，北京大学出版社2012年版，第135页；余延满：《亲属法原论》，法律出版社2007年版，第278页；蒋月主编：《婚姻家庭与继承法》，法律出版社2014年版，第151页。

④ 例如，针对婚内购买的首饰的性质，司法实践中就出现了两种完全相反的裁判意见。支持考虑财产价值的案例如曹某与何某离婚纠纷案，广东省深圳市南山区人民法院（2015）深南法西民初字第445号民事判决书。反对考虑财产价值的案例如任某与李某甲离婚纠纷案，辽宁省大连市中级人民法院（2015）大民一终字第01624号民事判决书；朱某某与金某某离婚纠纷案，河南省商丘市中级人民法院（2016）豫14民终569号民事判决书；宋某某与马某某离婚纠纷案，辽宁省抚顺市东洲区人民法院（2017）辽0403民初1504号民事判决书。

项的规定，夫或妻在处理夫妻共同财产上的权利是平等的。因日常生活需要而处理夫妻共同财产的，任何一方均有权决定。如果夫妻一方购买属于日常生活需要的专用生活用品，其属于有权处分，囿于日常生活需要的限制，并没有对另外一方的利益造成明显的不利。但如果夫妻一方取得专用生活用品超出了日常生活需要的范畴，应征得配偶的同意。除非有相反的意思表示，应从另外一方配偶同意一方以共同财产购买超出日常生活需要的专用生活用品中推断出其同意该财产在性质上为个人财产。考虑到婚姻生活的特性，应从另外一方配偶的知情沉默中推定此种同意。如果其不知情或者明确表示反对，则处分共同财产的一方属于无权处分，在第三人善意取得的情况下，应由无权处分的配偶对共同财产进行补偿。在第二种情形中，一方配偶用共同财产为另外一方购置超出日常生活范畴的专用生活用品，本身即表明夫妻双方一致认可该财产为另外一方的个人财产。

五、其他应当归一方的财产

本条第5项为兜底条款，与《民法典》第1062条第1款第5项相呼应。具体何种财产为共同财产何种为个人财产应参照本条与第1062条的具体列举来判断。总体而言，判断财产性质应结合其时间和来源两项要素，并根据婚姻家庭生活的特征进行综合性考量。实践中，通常将以下财产定性为个人财产。

（一）知识产权

《民法典》第1062条第1款第2项来源于《婚姻法》第17条第3项，规定婚姻关系存续期间取得的知识产权收益属于夫妻共同财产。根据《婚姻法解释（一）》第12条的规定，这里的知识产权收益是指婚姻关系存续期间，实际取得或者已经明确可以取得的财产性收益。对本条司法解释进行反面解释可以得出如果在婚姻关系终止时，如尚未实际取得财产性收益或者明确可以取得财产性收益，虽然嗣后取得了财产性收益，亦不应将这部分收益认定为夫妻共同财产。这主要是由于知识产权是婚姻一方通过劳动投入所取得，但其本身并不属于夫妻共同财产，而是属于个人财产。

至于一方在婚前享有的知识产权在婚后所形成的收益应如何定性，应首先考虑夫妻一方或者双方在婚后是否为取得该收益进行了投入。如进行了投入，则作为夫妻共同财产。

（二）军人的伤亡保险金、伤残补助金、医药生活补助费、特定复员费和自主择业费

根据《婚姻法解释（二）》第13条的规定，军人的伤亡保险金、伤残补助金、医药生活补助费属于个人财产。军人因人身受到伤害所形成的这些财产“与军人特定身份密切相关，与其生命健康关系密切，对于保护军人的个人权利具有重要意义”[①]。有观点认为，其中的残疾补助金本质上是残疾赔偿金，应当属于夫妻共同财产。[②]不过该条司法解释出于保护军人的特殊考量，作为一种例外亦未尝不可。

至于复员费和自主择业费，《婚姻法解释（二）》第14条作了如下规定：

人民法院审理离婚案件，涉及分割发放到军人名下的复员费、自主择业费等一次性费用的，以夫妻婚姻关系存续年限乘以年平均值，所得数额为夫妻共同财产。前款所称年平均值，是指将发放到军人名下的上述费用总额按具体年限均分得出的数额。其具体年限为人均寿命70岁与军人入伍时实际年龄的差额。

按照这一规定，复员费和自主择业费中的特定部分可能为个人财产。值得注意的是，如果军人一方配偶在结婚时已经取得复员费和自主择业费，应优先适用时间标准，将其定性为个人财产。

（三）从事职业活动所需的用品

对于从事职业活动所必需的用品应如何定性，有不同的观点。一种观点认为，应参照个人专用的生活用品，作为个人财产。[③]另一种观点则认为，应

---

① 参见最高人民法院民事审判第一庭编著：《最高人民法院婚姻法司法解释（二）的理解与适用》，人民法院出版社2015年版，第168页。

② 参见余延满：《亲属法原论》，法律出版社2007年版，第277页。

③ 参见王利明主编：《中国民法典学者建议稿及立法理由：人格权编·婚姻家庭编·继承编》，法律出版社2005年版，第423页。

根据财产的价值作区分考虑，只有价值不大的才应作为个人财产。[①]第一种观点的不合理性在于，从事职业活动所需的物品与生活用品相比，通常价值较大，甚至占据家庭财产的主要部分，如出租车、农用机械。故而，这部分用品原则上应作为共同财产，除非一方能够证明这部分用品具有较强的人身依附性，且其在整个家庭财产中的所占价值较小，否则只应在共同财产的分配时予以考量。

（四）工龄买断款

针对实践中出现的工龄买断款的性质，同样存在两种不同的意见。第一种意见认为，工龄买断款不属于《婚姻法》第17条明确规定的几项收益，也不属于司法解释中明列的夫妻共同财产中的其他财产，它是对买断人今后事业、养老、就医等方面的救济，具有鲜明的补偿性质，不属于夫妻共同财产的范畴，应属于个人财产。[②]第二种意见则认为，工龄买断款在性质上与《婚姻法解释（二）》第11条所规定的破产安置费类似，应作为共同财产处理。还有一种意见认为，工龄买断款兼具对过去工作的补偿和对未来生活的保障功能，应当根据婚姻关系存续的年限进行划分。[③]至于划分的标准，又存在两种意见，一种意见认为应该按照《婚姻法解释（二）》第14条对军人复员费和自主择业费的处理模式，将一方领取的买断工龄款总额按具体年限均分出年平均值（其具体年限为人均寿命70岁与一方参加工作时实际年龄之差），以夫妻婚姻关系存续年限乘以年平均值，所得数额为夫妻共同财产，其余则为个人财产。[④]另一种意见则认为应区分买断工龄后单位是否为职工缴纳了社会

---

① 参见王洪：《婚姻家庭法》，法律出版社2003年版，第134页；马忆南：《婚姻家庭继承法学》，北京大学出版社2019年版，第96页。

② 参见邵某诉董某离婚纠纷案，载吴春岐、姜志强主编：《新编婚姻家庭纠纷处理法律依据与案例评析》，法律出版社2013年版，第106页；2005年山东省高级人民法院《关于印发全省民事审判工作座谈会纪要的通知》。

③ 参见陈泳滨：《工龄买断款的性质及分割规则》，载《人民司法·案例》2013年第10期。

④ 参见2007年《重庆市高级人民法院关于当前民事审判若干法律问题的指导意见》第21条；《北京市高级人民法院关于审理婚姻纠纷案件若干疑难问题的参考意见》第15条；《深圳市中级人民法院关于婚姻家庭纠纷案件的裁判指引》第34条。

保险，如果缴纳了社会保险，则应以退休年龄，通常情况下为60周岁，作为计算基准，而非以人均寿命作为计算基准。[①]总体而言，参照适用《婚姻法解释（二）》第14条作为计算方法更为科学合理。因为军人复员费中也可能包含养老保险部分，但是法律却没有做这种区分。这一意见也代表了目前司法实务的主流观点。[②]

（五）一方获得的奖牌、奖杯等荣誉财产

一方获得的奖牌、奖杯等具有高度的人身属性的财产，具有重要的纪念意义，应当认定为其个人财产。而针对一方获奖取得的竞赛奖金、广告代言收入等财产应当认定为夫妻共同财产，只是在财产分割时应考虑一方未来伤病治疗等特殊情况。[③]

三、举证责任

在本条与《民法典》第1062条所列举的判断财产性质的事实真伪不明时，到底应由主张其为共同财产的一方还是由主张其为个人财产的一方承担因事实真伪不明的不利后果，不无疑问。举证责任的分配应当考虑公平性。“公平性主要考虑的因素是双方当事人之间证明的难易、盖然性的高低、距离的远近以及谁承担证明责任更有利于权利保护和实现等。”[④]根据《离婚案件财产分割问题的意见》第7条之规定：“对个人财产还是夫妻共同财产难以确定的，主张权利的一方有责任举证。当事人举不出有力证据，人民法院又无法查实的，按夫妻共同财产处理。”在本情形中，主张财产为个人财产的一方应当承担举证责任，如果举证不足，则应认定为夫妻共同财

① 参见叶某某与颜某某离婚纠纷案，浙江省温岭市人民法院（2011）台温民初字第1614号民事判决书。

② 参见赵玉：《司法视域下夫妻财产制的价值转向》，载《中国法学》2016年第1期。

③ 参见陶某与朱某离婚案，上海市第二中级人民法院（2002）沪二中民一民终字第408号民事判决书。

④ 参见张卫平：《民事诉讼法》，法律出版社2016年版，第240页。

产。[①]证明内容主要为财产的来源和取得的时间。这一举证责任分配的合理性在于，对于在婚姻关系存续期间取得的财产，共同财产是原则，而个人财产是例外，财产属于共同财产的盖然性要远高于个人财产。并且，财产通常掌握在一方手中，由另外一方来举证证明该财产的来源的难度过高，不利于保护配偶的利益。按照这一举证责任分配原则，在双方都无法证明可以确定财产性质的事实时，应由主张财产为个人财产的一方承担事实真伪不明的不利后果。这种证明责任分配不仅适用于夫妻内部关系，而且也同样适用于夫妻外部关系。夫妻一方应证明某项财产为个人财产以对抗另一方个人债务的债权人的执行。

第一千零六十四条【夫妻共同债务范围】

夫妻双方共同签名或者夫妻一方事后追认等共同意思表示所负的债务，以及夫妻一方在婚姻关系存续期间以个人名义为家庭日常生活需要所负的债务，属于夫妻共同债务。

夫妻一方在婚姻关系存续期间以个人名义超出家庭日常生活需要所负的债务，不属于夫妻共同债务；但是，债权人能够证明该债务用于夫妻共同生活、共同生产经营或者基于夫妻双方共同意思表示的除外。

历史由来

一、本条来源

本条规定夫妻共同债务范围及证明责任分配，源于《夫妻债务纠纷适法解释》。该司法解释第1条规定：“夫妻双方共同签字或者夫妻一方事后追认等共同意思表示所负的债务，应当认定为夫妻共同债务。”第2条规定：“夫妻一

① 参见《江苏省高级人民法院婚姻家庭案件审理指南》(2010)；深圳市中级人民法院《关于婚姻家庭纠纷案件的裁判指引》第23条；例如：孙某诉吴某华离婚纠纷案，新疆维吾尔自治区石河子市人民法院（2013）石民初字第2485号民事判决书；丁某蓝与丁某忠夫妻财产纠纷案，见福建省泉州市晋江市人民法院（2003）晋民初字第533号民事判决书。

方在婚姻关系存续期间以个人名义为家庭日常生活需要所负的债务，债权人以属于夫妻共同债务为由主张权利的，人民法院应予支持。”第3条规定：“夫妻一方在婚姻关系存续期间以个人名义超出家庭日常生活需要所负的债务，债权人以属于夫妻共同债务为由主张权利的，人民法院不予支持，但债权人能够证明该债务用于夫妻共同生活、共同生产经营或者基于夫妻双方共同意思表示的除外。”与该司法解释相比，本条的主要变化为：第一，本条第1款将《夫妻债务纠纷适法解释》第1条与第2条的规定结合在一起，规定属于夫妻共同债务的为三种情形即“夫妻双方共同签名”所负债务、“夫妻一方事后追认等共同意思表示”所负债务以及“夫妻一方在婚姻关系存续期间以个人名义为家庭日常生活需要所负的债务”。合并规定更加简洁明确。第二，本条第2款将《夫妻债务纠纷适法解释》第3条“夫妻一方在婚姻关系存续期间以个人名义超出家庭日常生活需要所负的债务，债权人以属于夫妻共同债务为由主张权利的，人民法院不予支持”改为“夫妻一方在婚姻关系存续期间以个人名义超出家庭日常生活需要所负的债务，不属于夫妻共同债务”，二者为针对夫妻一方在婚姻关系存续期间以个人名义超出家庭日常生活需要所负的债务认定的两种不同的表述，没有本质的区别。总体而言，除去表述方式和表述文字的些许不同，本条基本源自《夫妻债务纠纷适法解释》第1条、第2条及第3条的规定。

二、条文演化

本条在起草过程中有较大争议。在《民法典婚姻家庭编（草案）》（一审稿）中没有关于夫妻共同债务范围的相关规定，引起了热议。有观点认为，《民法典婚姻家庭编（草案）》（一审稿）不仅没有将《夫妻债务纠纷适法解释》的最新规定吸纳进去，反而将现行《婚姻法》第41条（夫妻共同债务识别一般规定）予以删除，此为立法倒退。[①]对此，全国人大宪法和法律委员会相关负责人做了解释：考虑到新司法解释刚出台不久，需要观察评估，因而草案维持了《婚姻法》的有关规定。[②]针对不少全国人大常委会委员和专家学者提

① 参见叶名怡：《“共签共债”原则应写入〈民法典〉》，载《东方法学》2019年第1期。

② 参见朱宁宁：《夫妻债务“共签共债”原则拟入法》，载《法制日报》2019年6月26日第2版。

出的《民法典》应该吸纳“共签共债”原则等内容的建议，全国人大常委会法制工作委员会在《民法典婚姻家庭编（草案）》（二审稿）中吸收了最高人民法院《夫妻债务纠纷适法解释》的规定，在第840条之一规定：“夫妻双方共同签字或者夫妻一方事后追认等共同意思表示所负的债务，以及夫妻一方在婚姻关系存续期间以个人名义为家庭日常生活需要所负的债务，属于夫妻共同债务。夫妻一方在婚姻关系存续期间以个人名义超出家庭日常生活需要所负的债务，不属于夫妻共同债务，但是债权人能够证明该债务用于夫妻共同生活、共同生产经营或者基于夫妻双方共同意思表示的除外。”此后便无改动。《民法典》仅在文字上稍作改变：将“夫妻双方共同签字或者……”中的“签字”改为了“签名”。

三、学者建议稿

“社科院2013稿”第1789条规定：“夫妻为共同生活、共同经营和履行法定抚养义务所负的债务，是共同债务。共同债务在离婚时应当用共同财产清偿；共同财产不足清偿或者财产归各自所有的，以双方个人所有财产均等偿还；发生争议的，由人民法院判决。”[①]该建议稿除对夫妻共同债务下定义外，还对夫妻共同债务的清偿原则进行了规定。“法学会稿”第40条规定：“下列债务属于夫妻共同债务：（一）夫妻共同约定所负的债务；（二）夫妻因共同生活所负的债务；（三）夫妻因共同财产的维护所负的债务；（四）夫妻因共同侵权所负的债务；（五）夫妻因被监护人侵权所负的债务。”该建议稿认为鉴于我国夫妻人格独立、平等、婚姻共同体特征与企业在承担无过错责任方面存在本质区别，因此我国婚姻立法采用行为性质说即依据行为的性质确定婚后债务是否为夫妻共同债务。“社科院2019稿”第45条规定：“婚姻关系存续期间内，夫妻一方或双方所负下列债务属于夫妻共同债务：（一）为家庭日常生活所负债务；（二）履行法定抚养义务所负债务；（三）管理夫妻共同财产所负债务；（四）投资、生产、经营所负债务；（五）其他与共有财产取得行为相关的债务。夫妻共同债务以夫妻共同财产清偿。共同财产不

---

① 参见梁慧星主编：《中国民法典草案建议稿附理由：亲属编》，法律出版社2013年版，第210页。

足以清偿共同债务的，前款（一）、（二）两项债务中不足部分由夫妻双方负连带清偿责任；其他共同债务不足部分，由举债方负清偿责任。但债权人能够证明债务人夫妻双方对举债行为有合意的，可以请求债务人的配偶承担连带清偿责任。”[①]该建议稿在夫妻债务性质的认定上，采取列举式，以确立夫妻合意、为夫妻共同生活、共同生产经营等若干标准，来区分共同债务和个人债务。其判断夫妻共同债务的标准与本条确认的标准在实质上一致。此外，该建议稿同“社科院2013稿”一样，规定了夫妻共同债务的责任财产范围及责任承担方式，依据共同债务的性质对责任财产范围进行区分。第46条对认定夫妻个人债务提出建议：“下列债务属于夫妻一方的个人债务：（一）一方婚前所负债务，但举债用于婚后家庭共同生活的除外；（二）夫妻一方因犯罪行为所负债务；（三）夫妻一方为他人担保所负债务；（四）其他应当由夫妻一方个人承担的债务。夫妻一方的个人债务，由其个人清偿。”[②]与“法学会稿”相同，该建议稿对于夫妻共同债务与夫妻个人债务的认定进行区分规定。

三 规范目的或功能

本条旨在明确夫妻共同债务的认定标准，平衡保护债权人利益，特别是未举债夫妻一方利益，维护家庭和谐稳定，规范形成良好的交易秩序和社会秩序。由上述本条的历史由来可知，本条借鉴吸收了最高人民法院《夫妻债务纠纷适法解释》的内容。在该解释颁布之前，我国关于夫妻共同债务范围的认定，主要由《婚姻法》第41条和《婚姻法解释（二）》第24条调整。《婚姻法》第41条规定：“离婚时，原为夫妻共同生活所负的债务，应当共同偿还。共同财产不足清偿的，或财产归各自所有的，由双方协议清偿；协议不成时，由人民法院判决”。修订后的《婚姻法解释（二）》第24条规定：“债

① 参见陈甦主编：《中国社会科学院民法典分则草案建议稿》，法律出版社2019年版，第351页。

② 参见陈甦主编：《中国社会科学院民法典分则草案建议稿》，法律出版社2019年版，第352页。

权人就婚姻关系存续期间夫妻一方以个人名义所负债务主张权利的，应当按夫妻共同债务处理。但夫妻一方能够证明债权人与债务人明确约定为个人债务，或者能够证明属于婚姻法第十九条第三款规定情形的除外。夫妻一方与第三人串通，虚构债务，第三人主张权利的，人民法院不予支持。夫妻一方在从事赌博、吸毒等违法犯罪活动中所负债务，第三人主张权利的，人民法院不予支持。”由于受市场经济发展态势影响，近年来民间借贷案件频发，原《婚姻法》第41条认定夫妻共同债务范围过宽。而《婚姻法解释（二）》第24条在学界和实践中受到不少诟病，其以“婚内标准”取代原《婚姻法》第41条确立的“共同生活标准”，与夫妻共同债务的本质相违背。[①]同时在司法实践中，该条文规定的两种排除情形比较少见，夫妻一方以个人名义对外举债的，该债务通常都会被认定为夫妻共同债务。[②]由此造成夫妻一方对外超出日常生活需要借款，另一方在不知情的情况下“被负债”，在离婚后还要背负原本不属于其债务的额外债务。

面对夫妻共同债务范围认定亟须新的、更合理的规范来调整的情况，《夫妻债务纠纷适法解释》应运而生。该司法解释在夫妻共同债务即连带债务的方案下，尝试平衡配偶和债权人的利益，总体社会反映良好。该司法解释一方面为交易双方提供稳定的预期；另一方面将消除离婚当事人对债务清偿的恐慌。在社会诚信缺失的背景下，离婚当事人一方隐藏、转移、变卖、毁损、挥霍夫妻共同财产，或者伪造债务企图侵占另一方财产的行为屡见不鲜。平等保护各方当事人的合法权益，解决离婚当事人“被债务化”的问题，将有利于家庭的和谐稳定，形成良好的社会秩序。本条承袭了《夫妻债务纠纷适法解释》的上述规范目的。

夫妻债务性质划分是婚后所得共同制的重要组成内容。本条与《民法典》第1062条、第1063条、第1089条为婚后所得共同制的基本构成。从本条与第1062条之间的关系来看，为取得第1062条意义上的夫妻共同财产而

---

① 参见叶名怡：《〈婚姻法解释（二）〉第24条废除论——基于相关统计数据的实证分析》，载《法学》2017年第6期；孙若军：《论夫妻共同债务“时间”推定规则》，载《法学家》2017年第1期。

② 参见程新文、刘敏、方芳、沈丹丹：《〈关于审理涉及夫妻债务纠纷案件适用法律有关问题的解释〉的理解与适用》，载《人民司法》2018年第4期。

负担的债务原则上可归属于夫妻共同债务。从本条与第1089条之间的关系来看，本条所确立的债务性质规范是第1089条所确立的离婚债务清偿规范的前提。

本条并未设置兜底条款，但存在较大的解释空间，凡是不能为本条所规定的类型所涵盖的债务在性质上应当被认定为夫妻个人债务。

本条作为婚姻的效力适用于具有合法婚姻关系的男女双方。但需要注意的是，根据《最高人民法院关于人民法院审理未办结婚登记而以夫妻名义同居生活案件的若干意见》第11条的规定，解除非婚同居关系时，同居期间为共同生产、生活而形成的债权、债务，可按共同债权、债务处理。该条存在参照适用的可能。其背后所隐含的是对家事代理权规范的参照适用。日本有学者提出，事实婚姻状态下的夫妻同样可以准用家事代理权；[①]而英美法系国家一般认为只要具有同居关系而不论是否具有合法的婚姻关系均可准用家事代理权制度。[②]根据《婚姻法解释（一）》第5条的规定，我国已不再将1994年2月1日之后男女双方共同生活形成的法律关系认定为事实婚姻，但基于日常家事代理权产生的夫妻共同债务认定涉及夫妻双方及债权人利益的平衡，债权人难以确定存在同居关系的男女是否有合法的婚姻关系，且为日常家庭生活举债的金额一般较小，相应的债权人的注意义务也相对降低，因此如果具有同居关系的男女产生了足够使第三人认为其为合法夫妻的外观时，出于对交易安全的保护，有法院将其认定为夫妻共同债务。[③]此种做法并不妥当，在不存在合法有效婚姻的情况下，只存在参照适用可能，不存在直接适用可能。

---

① 参见陈群峰：《夫妻日常家事代理权的立法构想》，载《云南大学学报》2007年第1期。

② 参见江滢：《日常家事代理权的构成要件及立法探讨》，载《法学杂志》2011年第7期。

③ 在司法实践中，对于以夫妻名义共同生活的男女，一方在日常家庭生活范围内举债，有法院认定该债务符合本条第1款后半句的规定，属于夫妻共同债务。例如，刘某、哈尔滨大台农众森生物科技发展有限公司买卖合同纠纷案，黑龙江省哈尔滨市中级人民法院（2019）黑01民终7418号民事判决书；李某、傅某某民间借贷纠纷案，广西壮族自治区北海市中级人民法院（2018）桂05民终826号民事判决书。

规范内容

一、“共签共债”原则

本条第1款前半句规定，夫妻双方共同签字或者夫妻一方事后追认等共同意思所负的债务，属于夫妻共同债务。这一规定反映了财产法上的连带债务规则。

“共签共债”原则作为夫妻共同债务的判断标准之一，尊重民事主体意思自治，肯定了缔结婚姻后各自仍保有独立人格、独立意志。夫妻作为平等的主体，在婚姻关系存续期间对于涉及家庭利益以及共同财产、共同债务等重要信息均具有知情权和平等的处理权，这也是《民法典》第1062条第2款之规定即夫妻对共同财产有平等的处理权的重要体现。本条第1款确定的“共签共债”原则主要规定了两种情形：

第一，夫妻双方共同签字确认所负债务为夫妻共同债务。多个民事主体共同签字等共同意思表示形成的债务为共同债务，因此在夫妻共同债务认定中，夫妻双方共同签字所负债务为夫妻共同债务在合同法框架内为应有之义，不存在争议。此处的共同签字应指双方共同承担连带清偿责任的签字，而非双方承担按份责任或者补充责任的签字。

第二，夫妻一方采用事后追认等共同意思表示所负债务为夫妻共同债务。“事后追认”的方式可以是微信、电话、邮件等，但能否采取默示的方式即未举债一方配偶事后知道或应当知道该债务的存在，且并未作出任何表示追认该笔债务的实际举动，如未积极帮助还款等，可否认定为此处的“事后追认”不无疑问。

《民法典》第140条规定：“行为人可以明示或者默示作出意思表示。沉默只有在有法律规定、当事人约定或者符合当事人之间的交易习惯时，才可以视为意思表示。”本条所规定的“夫妻双方共同签字或者夫妻一方事后追认等共同意思”，无论是夫妻双方共同签字还是夫妻一方事后追认，都属于意思表示的范畴，因此自然也受到《民法典》第140条的调整。夫妻共同意思表示，有三种作出方式。

第一，可以是明示，即以口头、书面的话语或者当事人了解其意义的符号直接作出表示意思。本条明确列举的夫妻双方共同签字，配偶另一方事后口头或者书面的追认，配偶双方共同或者分别作出的口头承诺也被包括在内。如典型案例“何某某等与童某某民间借贷纠纷上诉案”中，法院认为，陈某与童某某之间的微信聊天记录，能够认定陈某明确知晓何某某向童某某借款的事实，且其向童某某陈述将在一年半内偿还借款。[①]该行为符合本条第1款“夫妻双方共同签字或者夫妻一方事后追认等共同意思表示所负的债务”之规定，应当认定为夫妻共同债务。但是，如果法律对于该行为有形式上的特别强制，夫妻所作共同意思表示亦应符合法律的特殊形式要求。

第二，可以是默示，即从行为人作出的积极行为推知其意思表示内容。例如，夫妻双方共同或者分别做出能够推断出共同负债的行为。需要指出的是，若配偶另一方借款时未共同签字，也没有事后口头或书面的追认，但之后有主动还款的行为，可以推定为配偶另一方作出了借款的意思表示，该债务应当认定为夫妻共同债务。针对“事后追认”是否可以默示，例如，没有追认但事后积极还款或知情后没有追认的情况，有学者提出，司法实践中存在一些判决将非举债一方配偶事后的还款行为或非举债一方表示知情视为事后的“追认”，从而认定该债务为夫妻共同债务的行为有扩大解读本条第1款“事后追认”的嫌疑，事实上是实现了从配偶“同意”向配偶的“简单知情”的过渡。[②]这种担心不无道理，将“知情”简单地等同于“追认或同意”可能导致夫妻共同债务的扩大，就这点而言有待进一步确认。但是从目前司法实践来看，如果未举债一方具有积极的还款行为，此时并不能说未举债一方配偶仅为“知情”，还款行为在一定程度上可以肯定其知情且同意或知情且默认举债一方所负债务为夫妻共同债务。如若将还款行为等积极举动排除出夫妻共同意思表示的范畴，可能有过度保护非举债一方配偶的嫌疑，如此一来也会与本条之来源《夫妻债务纠纷适法解释》的制定初衷相违背，不利于保护

---

① 参见何某某等与童某某民间借贷纠纷案，四川省乐山市中级人民法院（2018）川11民终244号民事判决书。

② 参见李贝：《夫妻共同债务的立法困局与出路——以“新解释”为考察对象》，载《东方法学》2019年第1期。

债权人的交易安全。

第三，可以是沉默，即从行为人的单纯沉默中推知其意思表示内容。需要注意的是，《民法典》第140条第2款对沉默作出了限制："沉默只有在有法律规定、当事人约定或者符合当事人之间的交易习惯时，才可以视为意思表示。"原则上，"配偶知情"并不能等同于"同意"或"认可"配偶一方所负债务为夫妻共同债务。司法实践中有法院直接以未举债一方知道举债一方所负债务作为认定为夫妻共同债务的标准。[①]但亦有法院认为，应附加其他标准，例如，债权人有证据证明借款时配偶另一方在场且未表示异议的，或者出具借条时在场，借款汇入该方配偶所掌握的银行账户的，此时可以谨慎地认定具有夫妻共同举债的合意。[②]

按照后一种立场，应将借款时配偶另一方在场且未表示异议的情况与配偶另一方在配偶方举债后简单地知情相区别。可以认定为夫妻共同债务的情形应当是夫妻双方均在场，且配偶另一方未表示异议的"沉默"情形。如不满足该标准应转向本条所规定的其他类型，尤其是判断借款是否用于夫妻共同生活和共同生产经营。

二、为家庭日常生活需要所负的债务为夫妻共同债务

本条第1款后半句规定，夫妻一方在婚姻关系存续期间以个人名义为家庭日常生活需要所负的债务，属于夫妻共同债务。此类型债务的法理基础在于家事代理权。根据《婚姻法解释（一）》第17条第1项的规定："夫或妻在处理夫妻共同财产上的权利是平等的。因日常生活需要而处理夫妻共同财产的，任何一方均有权决定。"该规定系对《民法典》第1062条之来源——《婚姻法》第17条第2项规定的解释，涵盖了夫妻日常家事代理权的实质内容，夫

---

① 例如，何某某诉王某某等民事借贷纠纷案，浙江省金华市婺城区人民法院（2018）浙0702民初663号民事判决书。

② 例如，常某某与宋某某等民间借贷纠纷案，北京市第二中级人民法院（2020）京02民终677号民事判决书。本案中，北京市第二中级人民法院认定未负债一方配偶在负债一方配偶出具借条时虽未明示该债务为夫妻共同债务，但其在场且并未对该债务作为夫妻共同债务表示异议，应认定该债务为夫妻双方基于共同意思表示而举之债务，进而认定该债务为夫妻共同债务。

妻对共同财产，有平等的处理权。在法律明确规定家事代理权之外，可通过扩张解释将这里的平等处理的对象扩充至消极财产，不过仍然存在一定的体系违和感。此次民法典编纂专门增设了家事代理权制度。《民法典》第1060条第1款规定："夫妻一方因家庭日常生活需要而实施的民事法律行为，对夫妻双方发生效力，但是夫妻一方与相对人另有约定的除外。"在家事代理权范围内，夫妻双方共同享有权利和承担义务，至于双方中何方实施行为，在所不问。[①]家事代理权在家庭法发展的不同阶段扮演了不同的作用，其性质亦有意定的分歧，如以1942年之前的法国法为代表的委任说[②]、德国法上的法定代理说、瑞士法上的代表说。[③]从家事代理制度的构造来看，其与法定代理存在一定的差异。首先，夫妻一方在行使时不必以被代理人的名义，在持续发生的家事代理事务中，其代理人与被代理人的身份是可以互相转换的；[④]其次，从法律效果来说，家事代理权的法律效果是归属于夫妻双方，形成连带债权和连带债务；最后，法定代理是不能通过意思表示予以排除或者限制的，但家事代理权却能进行排除或者限制。不过，《民法典》总则部分所规定的代理规范对于家事代理而言仍有参照适用的空间。

无论是本条还是第1060条均未对"日常家庭生活需要"的范围进行明确的界定。学界和实务界对此存在一定争议。事实上，对于"日常家事"的概念本身难以有一个准确的界定，域外立法例中也鲜有对此进行明确界定者。根据国家统计局有关统计资料显示，我国城镇居民家庭消费种类主要分为八大类，分别是食品、衣着、家庭设备用品及维修服务、医疗保健、交通和通信、文娱教育及服务、居住、其他商品和服务，但是鉴于我国幅员辽阔，东、中、西部经济发展不平衡，城乡差异较大，家庭日常生活的范围在不同地区、不同家庭有很大差异，目前还难以确定一个统一的具体标准。但可以根据上述八个类别，参照夫妻共同生活的状态（如双方的职业、身份、资产、收入、

---

① 参见杜景林、卢谌：《德国民法典——全条文注释》，中国政法大学出版社2015年版，第905页。

② 参见史尚宽：《亲属法论》，中国政法大学出版社2000年版，第315页；马忆南、杨朝：《日常家事代理权研究》，载《法学家》2000年第4期。

③ 参见余延满：《亲属法原论》，法律出版社2007年版，第249页。

④ 参见王歌雅：《家事代理权的属性与规制》，载《学术交流》2009年第9期。

兴趣、家庭人数等）和当地一般社会生活习惯予以认定，一切以“必要”作为核心的判断标准。[①]最高人民法院民一庭负责人在《夫妻债务纠纷适法解释》答记者问中指出，家庭日常需要的支出是指通常情况下必要的家庭日常消费，主要包括正常的衣食消费、日用品购买、子女抚养教育、老人赡养等各项费用，是维系一个家庭正常生活所必需的开支。[②]此外，有学者进一步总结，应从两个方面判断我国日常家事代理权的范围：第一，日常家事代理的目的应该概括为“为维持家庭的日常消费、养育子女以及接受医疗服务等”；第二，为满足家庭日常生活需要的支出具有适当性。[③]“日常家事”之范围不宜作过于具体的规定，正如有学者提出的观点：由于日常家事的范围因各地区客观条件的不同而存在差异，并因时间的推移而发生改变，在这一问题上赋予法官一定限度的自由裁量权，是明智之举。[④]值得注意的是，家庭日常生活需要不仅局限于共同生活体意义上的家庭，还包括其他形态，最为典型的是对不在一起生活的亲属承担法定扶养义务所形成的债务。根据《离婚案件财产分割问题的意见》第17条的规定，这部分债务应当认定为夫妻共同债务。

夫或妻一方在处理日常家庭生活需要时，可以自己的名义、配偶一方的名义以及夫妻双方的名义，债权人在实施法律行为时是否知道直接负债方背后存在配偶在所不问。夫妻双方可约定对另一方的日常家事代理权进行限制，但该限制不得对抗善意第三人。如第三人收到限制的通知抑或存在明知或者应知情况，则即使属于客观意义上的日常家庭生活需要范围，亦不得认定为夫妻共同债务。

---

① 参见程新文、刘敏、方芳、沈丹丹：《〈关于审理涉及夫妻债务纠纷案件适用法律有关问题的解释〉的理解与适用》，载《人民司法》2018年第4期；汪洋：《夫妻债务的基本类型、责任基础与责任财产——最高人民法院〈夫妻债务解释〉实体法评析》，载《当代法学》2019年第3期；朱虎：《夫妻债务的具体类型和责任承担》，载《法学评论》2019年第5期。

② 参见罗书臻：《妥善审理涉及夫妻债务纠纷案件，依法平等保护各方当事人合法权益——最高人民法院民一庭负责人就〈最高人民法院关于审理涉及夫妻债务纠纷案件适用法律有关问题的解释〉答记者问》，载《人民法院报》2018年1月18日第3版。

③ 参见冉克平：《论夫妻共同债务的类型与清偿——兼析法释〔2018〕2号》，载《法学》2018年第6期。

④ 参见马忆南、杨朝：《日常家事代理权研究》，载《法学家》2000年第4期。

三、“夫妻共同生活”与“夫妻共同生产经营”的判定

本条第2款规定：“夫妻一方在婚姻关系存续期间以个人名义超出家庭日常生活需要所负的债务，不属于夫妻共同债务；但是，债权人能够证明该债务用于夫妻共同生活、共同生产经营或者基于夫妻双方共同意思表示的除外。”在判断顺序上，这一类型的夫妻共同债务应处于最后顺位，只有在无法满足前两种标准的情况下，才按照本款规定进行判定。

在《夫妻债务纠纷适法解释》颁布之前，由于《婚姻法》第41条并未规定“共同生产经营”，故而存在扩大解释夫妻共同生活的必要。亦即，夫妻共同生活包括夫妻双方在婚姻关系存续期间的生活、生产或经营等。[①]易言之，夫妻共同生产经营是夫妻共同生活的表现形式，夫妻共同投资、生产经营等夫妻一方从事生产经营活动但利益归家庭共享的情形都包括其中。[②]但在该司法解释通过后，对二者应进行区分，“共同生产经营”属于夫妻共同的以营利为目的而形成的债务，而“共同生活”主要是为消费所形成的债务，二者共同指向家庭共同利益。共同生活和共同生产经营只是家庭共同利益的表现形式。

（一）“夫妻共同生活”与“日常家庭生活需要”的联系与区别

本款中的“夫妻共同生活”与第1款中的“日常家庭生活需要”之间关系比较明确。“日常家庭生活需要”必然属于“夫妻共同生活”范畴。“夫妻共同生活”包括但不限于家庭生活，债权人需要举证证明的夫妻共同生活的范围，指的就是超出家庭日常生活需要的部分。[③]随着我国社会经济的发展，很多夫妻的共同生活支出不再局限于家庭日常生活需要。

在司法实践中，为“日常家庭生活需要”所负债务一般为小额债务，而用于“夫妻共同生活”一般为较大额债务。然而判断数额大小的标准并不是

---

① 参见陈苇主编：《婚姻家庭继承法学》，群众出版社2012年版，第273页。

② 参见最高人民法院民事审判第一庭编著：《最高人民法院婚姻法司法解释（二）的理解与适用》，人民法院出版社2015年版，第259页。

③ 参见程新文、刘敏、方芳、沈丹丹：《〈关于审理涉及夫妻债务纠纷案件适用法律有关问题的解释〉的理解与适用》，载《人民司法》2018年第4期。

绝对的，应根据案件发生所在地生活水平、夫妻双方的经济状况等具体情况进行判断。例如，浙江省高级人民法院就在其发布的《关于妥善审理夫妻债务纠纷案件的通知》中明确："以下情形，可作为各级法院认定'为家庭日常生活需要所负债务'的考量因素：（1）单笔举债或对同一债权人举债金额在20万元（含本数）以下的；（2）举债金额与举债时家庭收入状况、消费形态基本合理匹配的；（3）交易时债权人已尽谨慎注意义务，经审查举债人及其家庭支出需求、借款用途等，有充分理由相信债务确系为家庭日常生活需要所负的。"事实上，就浙江省而言，尽管确实有法院根据该通知确定的"20万元"的标准来判断某债务是否在家庭日常生活范围内，[①]但绝大多数的法院即使在当事人提出应当参照该通知的数额标准时，也并不直接单纯以数额大小作为判断是否超出日常家庭生活范围的标准。[②]可见，单纯以数额大小为标准的判断在司法实践中仅仅是一种起到辅助作用的判断方式，除了数额大小的判断，还应该有具体的判断标准。

（二）夫妻共同生产经营

从"共同生产经营"的文义来看，其指向夫妻双方共同参与生产经营活动这一显见类型。亦即，夫妻双方共同参与到生产经营活动的决策及实施中，至于夫妻是以股东、员工、合伙人还是其他身份参与到生产经营活动中在所不问。在生产经营属于农村土地承包经营户或者个体工商户场合，本条亦有适用空间。根据《民法典》第56条之规定，家庭经营的，个体工商户的债务以家庭财产承担。无法区分的，以家庭财产承担。夫妻一方参与到"两户"生产经营活动中所负的债务应当认定为夫妻共同债务。

在上述显见类型之外，实践中争论较大的是只有夫妻一方参与的生产经

---

① 例如，陈某、陈某某民间借贷纠纷案，浙江省丽水市中级人民法院辖区（2019）浙11民终333号民事判决书。

② 例如，陈某某、谢某某民间借贷纠纷案，浙江省温州市中级人民法院（2019）浙03民终134号民事判决书；周某某、杨某某民间借贷纠纷案，浙江省温州市中级人民法院（2019）浙03民终5055号民事判决书；马某某、夏某某民间借贷纠纷案，浙江省绍兴市中级人民法院（2018）浙06民终4003号民事判决书；吴某某、彭某某民间借贷纠纷案，浙江省温州市中级人民法院（2019）浙03民终2292号民事判决书。

营活动所形成的债务性质应如何认定。此时，应结合夫妻另外一方是否知情、夫妻双方是否从中获益等因素综合考量，对“共同生产经营”进行扩张解释。例如，在北京某某电子科技有限公司等与邢某某民间借贷纠纷案中，北京市高级人民法院认为，本案夫妻一方以个人名义对外借款用于该电子公司经营，夫妻二人的银行卡亦用于公司经营活动，且无法证明夫妻二人的财产独立于公司财产，因此认定该债务为夫妻共同债务没有不妥。[①]更具争议的案件是夫妻一方在生产经营活动中对外担保所形成的债务性质。从表面上来看，夫妻一方对外担保所形成的债务不可能给夫妻双方带来任何利益，夫妻一方至多可以从对其他债务人的追偿中填补其承担担保责任的损失。最高人民法院民一庭虽在《关于夫妻一方对外担保之债能否认定为夫妻共同债务的复函》（〔2015〕民一他字第9号）中表面上采纳了这一立场，但又在对该案的分析中指出，应当根据夫妻一方是否从对外担保中获取经济利益区分以夫妻一方名义所承担的保证债务是个人债务还是夫妻共同债务。[②]最高人民法院在此后的类似案件中采纳了获益标准。[③]最高人民法院认为，在夫妻一方为自己担任法定代表人及大股东的公司债务进行保证时，公司的经营状况会直接影响保证人的个人获利，进而会影响夫妻共同财产。[④]

在侵权责任等特殊场合，不应孤立考量债务对家庭共同利益的影响，而应结合侵权行为发生的具体场合。如果侵权行为与生产经营活动密切相关，则由此形成的侵权之债存在被认定为夫妻共同债务的可能。典型者如出租车

---

① 参见北京某某电子科技有限公司等与邢某某民间借贷纠纷案，北京市高级人民法院（2019）京民申5938号民事裁定书。

② 参见最高人民法院民事审判第一庭：《夫妻一方对外担保之债不属于夫妻共同债务》，载最高人民法院民事审判第一庭编：《民事审判指导与参考》第1辑，人民法院出版社2016年版，第118页。

③ 例如，王某与李某、谢某、成都某某互动科技有限公司借款合同纠纷案，最高人民法院（2015）民申字第752号民事裁定书；李某某与安某某、寇某案外人执行异议之诉案，最高人民法院（2016）最高法民申2908号民事裁定书；张某某与田某、河北某某实业集团有限公司、曾某某、徐某某、郝某某、河北某某房地产开发有限公司、河北某某化工化肥有限公司借款合同纠纷案，最高人民法院（2017）最高法民申44号民事裁定书。

④ 参见王某与李某某、谢某、成都某某互动科技有限公司借款合同纠纷案，最高人民法院（2015）民申字第752号民事裁定书。

司机交通肇事所生债务。[①]在此类情况中，侵权行为本身不可能给家庭带来经济上的增益，而是带来了损失，但是与侵权行为有关的职业活动具有一种经济上的增益可能性。

总结起来，“共同生活”“共同生产经营”只是一种外在的形式，其内核是家庭共同利益。形成债务的债因在本类型夫妻共同债务的判断中仅具有边缘意义。家庭共同利益的判断应遵从经济获益可能性标准，不应局限于现实获益情况。

举证责任

本条所规定的三类夫妻共同债务在举证责任的分配上存在一定的差异，本条第2款本身即包含了证明责任规范。

一、夫妻双方共同签字或一方事后追认等共同意思表示所负的债务

根据《民事诉讼法》及《最高人民法院关于适用〈中华人民共和国民事诉讼法〉的解释》第90条之规定，我国举证责任规则为“谁主张，谁举证”。对于夫妻债务认定举证责任的分配，有学者提出：“基于风险控制能力和获益可能性的因素，首先就要区分配偶另一方是否参与到债务形成的行为和事实之中。”[②]就本条第1款规定的夫妻合意举债的情形而言，在举债过程中，债权人对举债行为是否引入非举债方具有一定的控制力，若其未行使这种控制力，导致了非举债方责任豁免的风险，该风险理应被债权人自身承担。[③]因此，若债权人主张某债务为夫妻合意所举之债，就应当在举债时引导夫妻双方基于共同意思表示举债，并就此承担举证责任，否则，其将由于未引导夫妻共同表意，而承担更多的举证责任。在具体操作中，债权人可以向法院提供夫妻双方共同签字的借款合同或借据以证明该债务是夫妻共同意思表示的结果；

① 参见吴晓芳：《〈婚姻法〉司法解释（三）适用中的疑难问题探析》，载《法律适用》2014年第1期。

② 参见朱虎：《夫妻债务的具体类型和责任承担》，载《法学评论》2019年第5期。

③ 参见申晨：《夫妻债务类型的重构：基于有限责任的引入》，载《清华法学》2019年第5期。

也可以提供一方的电话、短信、微信、邮件等其他可以证明夫妻一方事后追认该债务的体现以夫妻共同意思表示举债的证据。

二、日常家庭生活需要范围内所负的债务

“夫妻一方为家庭日常生活所负的债务，原则上应当推定为夫妻共同债务，债权人只需证明债权债务关系存在、债务符合当地一般认为的家庭日常生活需要范围即可，不需要举证证明该债务用于家庭日常生活。”[①]未举债一方配偶若要推翻该认定的，则要举证证明举债一方配偶所负债务并非用于日常家庭生活需要。诚如上文所述，对于“日常家庭生活需要”的范围不宜简单参照数额大小，应当根据个案的具体情况。有实务工作者提出，由涉家事纠纷的固有特征所决定，法官在夫妻债务认定中的自由裁量权有更大的空间，法官应适度强化职权意识，其中包括法官对于原、被告身份关系，被告生活状况，借款走向，借款用途等案件事实的多维度审查。[②]就本条第1款规定的该情形而言，除债权人基于一般借款合同纠纷应承担的举证责任外，法官还应该注重夫妻共同债务的借款合同纠纷的特性，考量夫妻双方生活状态包括消费水平、工资水平等，在必要情况下要求非举债一方配偶提供如银行账户或网上支付账户等资金流水凭证，从而确定个案中“日常家庭生活需要”的具体范围。

值得注意的是，“日常家庭生活需要”与“共同生活、共同生产经营”的证明标准需作区分，有学者在讨论二者关系时提到，后者较前者而言在举证的精确度上要求更高，相比前者无须证明债务之用途，后者需要举证证明该债务用于夫妻共同生活、夫妻共同生产经营。[③]显然，就本条第1款规定“日常家庭生活需要”的举证责任的分配更有利于债权人，一定程度上偏向于维护交易安全。不过，由于日常家庭生活需要的限定较为严格，即使被认定为

---

① 程新文、刘敏、方芳、沈丹丹：《〈关于审理涉及夫妻债务纠纷案件适用法律有关问题的解释〉的理解与适用》，载《人民司法》2018年第4期。

② 参见沈烨：《夫妻债务纠纷中“平等保护原则”的运用》，载《上海法治报》2018年5月23日第B06版。

③ 参见程新文、刘敏、方芳、沈丹丹：《〈关于审理涉及夫妻债务纠纷案件适用法律有关问题的解释〉的理解与适用》，载《人民司法》2018年第4期；冉克平：《论夫妻共同债务的类型与清偿——兼析法释〔2018〕2号》，载《法学》2018年第6期。

夫妻共同债务亦不会对另外一方配偶产生重大不利。

三、超出日常家庭生活需要范围所负的债务

根据本条第2款的规定，夫妻一方以个人名义对外所负的超出家庭日常生活需要范围的，原则上直接推定为夫妻一方个人债务。若债权人主张该债务为夫妻共同债务，则债权人需要举证证明该债务用于夫妻共同生活或共同生产经营，或者债务的负担基于夫妻共同意思表示。换言之，债权人主张共同债务的，则债权人承担证明责任，如果其不能证明，则不能将该债务认定为夫妻共同债务。在本条之来源《夫妻债务纠纷适法解释》颁布实施之前，2004年《婚姻法解释（二）》第24条对于夫妻一方在婚姻关系存续期间对外所负的超出家庭日常生活所需的债务，原则上一律推定为夫妻共同债务，除非夫妻一方能够证明该债务明确为个人债务，或者是夫妻双方约定财产归各自所有，且作为债权人的第三人知道该约定。在实践中，非直接负债方配偶要想证明这两项事实十分困难。2014年《最高人民法院民一庭关于婚姻关系存续期间夫妻一方以个人名义所负债务性质如何认定的答复》对于举证责任分配进行了调整，区分了对内和对外关系：在不涉及他人的离婚案件中，由以个人名义举债的配偶一方负责举证证明所借债务用于夫妻共同生活，如证据不足，则其配偶一方不承担偿还责任；在债权人以夫妻一方为被告起诉的债务纠纷中，对于案涉债务是否属于夫妻共同债务，应当按照《婚姻法解释（二）》第24条规定认定，如果举债人的配偶举证证明所借债务并非用于夫妻共同生活，则其不承担偿还责任。在对外关系层面，该规定实际上拓宽了证明的对象，降低了被认定为夫妻共同债务的可能，但仍由非直接负债方配偶承担举证责任。

《夫妻债务纠纷适法解释》对举证责任分配进行了根本性调整，可能出现与之前完全相反的结果。例如，在陈某某等诉徐某某等借款合同纠纷案中，一审法院按照《婚姻法解释（二）》第24条的规定，在夫妻一方不能举出有力证据证明债权人与债务人明确约定为个人债务或属于《婚姻法》第19条第3款的规定的情况下，直接认定该债务为夫妻共同债务。[①]本案上诉期间司法

---

① 参见陈某某等诉徐某某等借款合同纠纷案，河南省淅川县人民法院（2018）豫1326民初2569号民事判决书。

解释生效，对于债务是否属于夫妻共同债务的举证责任承担者由一审时的夫妻一方转变为债权人。再审法院根据《夫妻债务纠纷适法解释》的规定，债权人无法提供证据证明债务属于《夫妻债务纠纷适法解释》规定的三种债务类型，因此认定债务属于夫妻一方个人债务。[①]这一举证责任分配实际上是在夫妻共同债务即连带债务这一有利于债权人的立场下适度平衡无举债配偶利益的妥协之举。在债权人可证明的三项事实中，其举证证明债务基于夫妻双方共同意思表示的难度要小于举证证明债务用于夫妻共同生活和共同生产经营。由于共同生活往往具有一定的私密性，债权人很难证明。此时，应“强化法院职权探知，确有必要的，可依当事人申请或依职权主动调查案件事实，在案件审理过程中要注意运用法官心证，如果凭借日常生活经验或逻辑推理，能够对‘债务用于夫妻共同生活、共同生产经营或基于共同意思表示’形成高度可能性判断的，则不存在对债权人适用结果责任的余地，以避免对举债人夫妻过度救济，致显失公平”[②]。

其他问题

一、夫妻共同债务性质及责任财产范围

虽然本条主要涉及夫妻共同债务的认定，但其在学界和实践中产生的争议远不止于此。在本条之来源《夫妻债务纠纷适法解释》颁布实施之后，专家学者逐渐将焦点转移到夫妻共同债务性质以及责任财产范围的讨论上。2001年《婚姻法》第41条并未明确共同债务的责任财产范围。按照立法工作者的解读，“婚姻关系终结时，夫妻债务清偿应遵循的原则是共同债务以共同财产清偿，个人债务以个人财产清偿”[③]。《婚姻法解释（二）》第25条第2款有这样的表述：“一方就共同债务承担连带清偿责任。”第26条规定：“夫或妻一方死亡的，生存一方应当对婚姻关系存续期间的共同债务承担连带清偿责

---

① 参见陈某某等诉徐某某等借款合同纠纷案，河南省淅川县人民法院（2018）豫1326民初1104号民事判决书。

② 参见《浙江省高级人民法院关于妥善审理涉夫妻债务纠纷案件的通知》。

③ 参见胡康生主编：《中华人民共和国婚姻法释义》，法律出版社2001年版，第169页。

任。”这两条规定直接将夫妻共同债务明确为连带债务。尽管《夫妻债务纠纷适法解释》通过举证责任分配一定程度上缓和了连带责任认定对非直接负债方配偶所带来的巨大不利，但举证责任无法根本解决问题，责任承担方式以及责任财产范围势必成为一个值得深入探讨的问题。

有学者提出，最高人民法院对夫妻共同债务缺乏正确认识，简单地将夫妻共同债务理解为夫妻连带债务将使夫妻债务内部归属规则变得模糊不清。[①]也有少数学者认为，夫妻共同债务属于连带债务，但该连带债务并非因共同财产而生，而是夫妻团体行为所生的法律后果。[②]事实上，将夫妻共同债务直接等同于夫妻连带债务，将会导致这样一种状况：由于债务人处于婚姻状态下，使得债权人能够受偿的财产范围扩大。无法从根本上解决债权人利益与无举债配偶方利益的平衡问题，不符合作为所得共同制下夫妻债务规范体系基础的“视同无婚姻原则”，即责任财产范围不因婚姻关系的存在有所增加或有所减少。[③]

连带债务方案所呈现出的弊端是显而易见的，即将处于婚姻状态的债务人所面临的各种风险转移给其配偶，尽管并非配偶本人所愿，这种做法一定程度上损害了家庭团结。在连带债务立场下，责任财产以全有或者全无的形态存在，不针对个人的特定财产，而是针对个人的既有财产以及未来可取得的一切财产，确实存在过度保护债权人之嫌。

《民法典》第1089条沿用了《婚姻法》第41条的上述规定，仍然未明确夫妻共同债务的责任财产性质。从该条的文义来看，夫妻共同财产毫无疑问是夫妻共同债务的责任财产，但是否应将非直接负债方的个人财产纳入，仍然不明确。同样，关于夫妻个人债务的责任财产范围，亦不明确。

关于夫妻共同债务的责任财产范围，少有学者采取“一刀切”即不区分

---

① 参见缪宇：《走出夫妻共同债务的误区——以〈婚姻法司法解释（二）〉第24条为分析对象》，载《中外法学》2018年第1期；李贝：《夫妻共同债务的立法困局与出路——以“新解释”为考察对象》，载《东方法学》2019年第1期；贺剑：《论婚姻法回归民法的基本思路——以法定夫妻财产制为重点》，载《中外法学》2014年第6期。

② 参见冉克平：《夫妻团体债务的认定及清偿》，载《中国法学》2017年第5期。

③ 参见刘征峰：《夫妻债务规范的层次互动体系——以连带债务方案为中心》，载《法学》2019年第6期。

共同债务类型[①]的方法进行讨论，多数学者赞同需要根据共同债务的类型差异确定其责任财产范围。由于前述《婚姻法司法解释（二）》规定的存在，这些讨论基本是从立法论视角出发的。首先，若为合意型夫妻共同债务，无论夫妻双方是否约定婚后采用分别财产制，夫妻双方均应承担连带责任，[②]“连带债务的责任基础在于多数人之债，大额债务需要夫妻共同意思表示”。[③]其次，“夫妻一方在婚姻关系存续期间以个人名义负担的合同债务，首先是夫妻一方的个人债务，依据夫妻共同债务规则，该债务被认定为夫妻共同债务时，以夫妻共同财产和夫妻一方的个人财产清偿。配偶是否对夫妻共同债务负连带责任，按照夫妻日常家事代理权规则认定”[④]。易言之，“在外部关系上，夫妻共同债务至少应当被解释为由‘夫妻共同财产+债务人的夫妻个人财产’承担的债务，或者说是债务人的配偶以其所拥有的夫妻共同财产为限，对债务承担连带清偿责任；债务人配偶的夫妻个人财产不为夫妻共同债务负责”[⑤]。这一立场被形象地称为有限责任论。这一立场的核心观点可以概括为：“合意型夫妻共同债务由未举债方与其配偶承担连带责任，单方型夫妻共同债务未举债方仅以其所占共同财产的份额为限承担责任。”[⑥]

另一种观点则认为在维持连带责任立场的前提下，只宜将夫妻共同债务限定在依财产法规范在性质上属于连带债务以及依据“家庭日常生活需要”转换而成的连带债务两种类型，而将与“家庭共同利益”相关但不属于上述两种类型的其他债务移入个人债务进行处理。[⑦]

---

① 参见张弛、瞿冠慧：《我国夫妻共同债务的界定与清偿论》，载《政治与法律》2012年第6期。

② 参见冉克平：《论夫妻共同债务的类型与清偿——兼析法释〔2018〕2号》，载《法学》2018年第6期。

③ 参见汪洋：《夫妻债务的基本类型、责任基础与责任财产——最高人民法院〈夫妻债务解释〉实体法评析》，载《当代法学》2019年第3期。

④ 参见缪宇：《走出夫妻共同债务的误区——以〈婚姻法司法解释（二）〉第24条为分析对象》，载《中外法学》2018年第1期。

⑤ 参见贺剑：《论婚姻法回归民法的基本思路——以法定夫妻财产制为重点》，载《中外法学》2014年第6期。

⑥ 参见曲超彦：《夫妻共同债务清偿规则探析》，载《法律适用》2016年第11期。

⑦ 参见刘征峰：《夫妻债务规范的层次互动体系——以连带债务方案为中心》，载《法学》2019年第6期。

江苏省高级人民法院在王某某与吕某某、刘某某债权确认纠纷案[①]中将夫妻共同债务的责任财产范围限定于直接负债方配偶个人财产以及共同财产的做法虽然具有一定的法理上的合理性，但是明显与现行司法解释相悖，在司法解释修改之前，这一做法并不妥当。

二、司法实践中夫妻债务认定问题的典型案例与争议要点

（一）夫妻一方非用于共同生活的大额举债为个人债务

事实上，除“共签共债”原则外，相较于本条将债务之用途分为日常家庭生活需要、超过日常家庭生活需要范围但用于共同生产经营、共同生活，超过日常家庭生活需要且不用于共同生产经营和共同生活，司法实践中判断夫妻一方所负债务是否为夫妻共同债务的标准主要为判断该借款是否用于夫妻共同生活，即该借款之用途是否为家庭生活需要。例如，在陈某某诉齐某、崔某某民间借贷纠纷案中，债务人所负债务明显超过日常家庭生活需要之范围，且该大额债务与其家庭生活没有联系，故应认定为举债人的个人债务。[②]再如，周某等与曹某某民间借贷纠纷上诉案，涉案借款为周某个人名义所负的大额债务，债权人无法证明周某配偶在借款发生时与周某有举债的合意或是借款用于夫妻共同生活及共同生产经营。[③]因此，在实践中，大部分涉及夫妻共同债务的民间借贷纠纷判断标准大致如上，典型性案例中判断夫或妻一方所负债务是否为夫妻共同债务时没有太大的争议。

（二）配偶以非债务人身份签字的债务认定

本条之来源《夫妻债务纠纷适法解释》是为调整《婚姻法解释（二）》第24条产生的极端化情况，即配偶一方超出家庭日常生活需要大额举债，造成配偶另一方在毫不知情的情况下背上沉重债务负担的问题。因此本条之规定

---

① 参见王某某与吕某某、刘某某债权确认纠纷案，江苏省高级人民法院（2014）苏民再提字第0057号民事判决书。

② 参见陈某某诉齐某、崔某某民间借贷纠纷案，北京市房山区人民法院（2017）京0111民初12207号民事判决书。

③ 参见周某等与曹某某民间借贷纠纷案，云南省昆明市中级人民法院（2017）云01民终6273号民事判决书。

旨在平衡不知情的夫或妻一方和债权人之利益，但在夫妻双方与债权人明确约定该债务为夫妻一方个人债务，或夫妻之间约定该债务为夫妻一方个人债务且债权人知道该约定时，即便是为家庭日常生活需要所负债务，或者虽超出家庭日常生活需要但实际用于夫妻共同生活、共同生产经营的，也不能依据本条之规定认定为夫妻共同债务，而应当根据合同相对性直接认定为个人债务，更符合当事人的意愿。①例如，时某某与李某某、徐某某民间借贷纠纷案中，法院认为，婚姻关系存续期间，夫妻一方对外举债，配偶以证明人的身份在负债凭证上签字确认，但否认属于夫妻共同债务，而债权人又无证据证明其为共同债务人的，不宜确认为共签共债，而应当根据合同相对性认定为夫妻一方个人债务。②但是，如果夫妻一方为债务人，而另一方为连带责任担保人时，能否认定该债务为夫妻共同债务？实践中法院倾向于认定为夫妻共同债务。③如成某某诉王某某等追偿权纠纷案中，法院认为，王某某作为讼争债务的担保人，系因其签订保证合同的民事法律行为而成；而其作为夫妻共同债务的债务人，则是基于法律对于夫妻共同债务的性质认定，进而确定其债务人的身份。本案中，债权人既可以基于王某某的债务人身份主张夫妻共同债务，也可以基于王某某的担保人身份主张担保责任，此为请求权竞合。④

（三）一方侵权之债是否认定为夫妻共同之债

根据本条之规定，夫妻共同债务认定的核心要素为夫妻共同意思表示或一方基于日常家庭生活需要或共同生活、共同生产经营之目的举债，然而夫

---

① 参见刘干：《配偶以证明人身份签字借款的性质》，载《人民司法》2018年第26期。

② 参见时某某与李某某、徐某某民间借贷纠纷案，江苏省阜宁县人民法院（2018）苏0923民初587号民事判决书。

③ 例如，胥某、成某某与乌鲁木齐银行股份有限公司小西门支行信用卡纠纷案，新疆维吾尔自治区乌鲁木齐市中级人民法院（2020）新01民终527号民事判决书；王某某、谭某某民间借贷纠纷案，湖南省湘潭市中级人民法院（2019）湘03民终342号民事判决书；李某与秦某民间借贷纠纷案，甘肃省天水市中级人民法院（2020）甘05民终84号民事判决书；李某某、郑某某民间借贷纠纷案，广东省中山市中级人民法院（2019）粤20民终5548民事判决书。

④ 参见成某某诉王某某等追偿权纠纷案，江苏省扬州市中级人民法院（2018）苏10民终2325号民事判决书。

或妻一方个人的侵权行为没有夫妻双方的共同意思联络，原则上应当属于个人债务，另一方对该侵权行为造成的人身或财产损害后果不承担责任。但有证据证明该债务是为债务人的家庭共同利益而成立，或债务人客观上与家庭分享该债务所带来的利益，则应当认定为夫妻共同债务，由夫妻双方共同负担。例如，周某与肖某民间借贷纠纷案中，举债一方配偶程某因诈骗行为形成的侵权之债超出了家庭日常生活需要所负债务的范围，原则上应认定为其个人债务，但由于程某将380多万元的犯罪所得利益与未举债一方配偶分享，因此应当认定该款项为夫妻共同生活，适用本条第2款之规定，判定在此范围内成立夫妻共同债务。①

第一千零六十五条【夫妻约定财产制】

男女双方可以约定婚姻关系存续期间所得的财产以及婚前财产归各自所有、共同所有或者部分各自所有、部分共同所有。约定应当采用书面形式。没有约定或者约定不明确的，适用本法第一千零六十二条、第一千零六十三条的规定。

夫妻对婚姻关系存续期间所得的财产以及婚前财产的约定，对双方具有法律约束力。

夫妻对婚姻关系存续期间所得的财产约定归各自所有，夫或者妻一方对外所负的债务，相对人知道该约定的，以夫或者妻一方的个人财产清偿。

历史由来

本条来源于《婚姻法》第19条。第19条规定："夫妻可以约定婚姻关系存续期间所得的财产以及婚前财产归各自所有、共同所有或部分各自所有、部分共同所有。约定应当采用书面形式。没有约定或约定不明确的，适用本法第十七条、第十八条的规定。夫妻对婚姻关系存续期间所得的财产以及婚

① 参见周某与肖某民间借贷纠纷案，湖北省汉川市人民法院（2018）鄂0984民初205号民事判决书。

前财产的约定，对双方具有约束力。夫妻对婚姻关系存续期间所得的财产约定归各自所有的，夫或妻一方对外所负的债务，第三人知道该约定的，以夫或妻一方所有的财产清偿。”

除部分文字性变更外，未作实质性变更。首先，本条将《婚姻法》第19条第1款中的“夫妻”改为“男女双方”，旨在肯定男女双方在婚前可以进行夫妻财产约定，但该约定生效需以婚姻缔结为前提；其次，将第2款中的“具有约束力”改为“具有法律约束力”，与《民法典》其他条文的表述保持一致；最后，将第3款中“第三人知道该约定的，以夫或者妻一方的个人财产清偿”改为“相对人知道该约定的，以夫或者妻一方的个人财产清偿”。之所以作此表述上的修订，是因为第3款所调整的并不是夫妻内部的关系，而是直接调整的夫妻一方与特定法律关系中相对方的关系，故而用相对方表述更为准确。

《民法典婚姻家庭编（草案）》（一审稿）作了前述第一项与第三项修改，《民法典婚姻家庭编（草案）》（二审稿）第841条及《民法典婚姻家庭编（草案）》（三审稿）第841条予以维持；《民法典婚姻家庭编（草案）》（三审稿）第841条作了前述第二项修改，上述变更均未对原法条的文义、性质、适用规则等产生影响。

三 规范目的或功能

本条规定夫妻约定财产制。夫妻约定财产制充分彰显了意思自治原则。婚姻的诸多效力具有强制性（如抚养费给付义务），不允许夫妻双方通过协议排除。但是，在夫妻财产制场合，夫妻法定财产制并不具有强制性，而是允许夫妻双方通过协议予以排除。故而，《民法典》中夫妻法定财产制规范（《民法典》第1062条、第1063条、第1064条、第1066条、第1087条、第1089条、第1092条）在性质上属于任意性规范。但是，如果双方的意思表示不明确，则仍应适用夫妻法定财产制。

从本条规定的内容来看，《民法典》并没有限制约定财产制的类型，并没有采用选择式立法模式，而是采用了自由约定式立法模式，进一步凸显了对意思自治的保护。书面形式的要求则是为了警示夫妻双方，提醒其应当谨慎行为，并且有利于证据的安全。[①]

本条第2款强调夫妻财产约定对于双方具有法律约束力，以区别于夫妻间实施的没有法律约束力的情谊行为。

本条第3款规定了婚姻关系存续期间所得的财产约定归各自所有情形下，该约定对于债权人的效力。该款表明夫妻财产约定原则上不对第三人发生效力，例外情形下对第三人发生效力。[②]该款规则旨在平衡债权人利益保护和配偶利益保护问题，但其主要目的在于保护债权人利益，依夫妻生活经验，夫妻在婚姻关系存续中订立或者改废夫妻财产制契约，以诈害债权人之利益居多，必须设法补救保护第三人之债权，以确保交易安全。[③]故当债权人知晓夫妻财产契约时，该契约便可对他方发生效力，并采取不溯及既往之原则，夫妻双方之前所生之债务，不因夫妻财产制契约的订立或改变而受到影响。

规范内容

一、夫妻财产约定的性质

夫妻双方对于婚姻关系存续期间的财产约定的性质存在三种学说见解，即物权契约说、赠与合同说及特殊财产契约说。[④]

（一）物权契约说

物权契约说认为该协议约定直接发生物权关系的变动。物权契约说虽可解释夫妻财产约定是否产生物权变动的效果，但我国目前尚未承认独立于债权行为的物权行为，若承认夫妻财产协议具有物权契约性质则与现行体系有

---

① ［德］汉斯·布洛克斯、［德］沃尔夫·迪特里希·瓦尔克：《德国民法总论》，张艳译，杨大可校，中国人民大学出版社2012年版，第195页。

② 参见程啸：《婚内财产分割协议、夫妻财产制契约的效力与不动产物权变动——“唐某诉李某某、唐某乙法定继承纠纷案”评释》，载《暨南学报》（哲学社会科学版）2015年第3期。

③ 参见戴炎辉、戴东雄、戴瑀如：《亲属法》，台北顺清文化事业有限公司2010年版，第152页。

④ 参见江伊：《夫妻财产协议之性质与效力——从我国四则司法判决的比较出发》，载《东南大学学报》（哲学社会科学版）2017年第S1期。

所不符。且在调整夫妻财产关系领域，物权法应保持谦抑性，对婚姻法的适用空间和规制功能予以尊重，尤其是夫妻之间关于具体财产制度的约定不宜由物权法过度调整，应由婚姻法进行规范评价。①

（二）赠与合同说

赠与合同说认为夫妻双方将一方财产约定为双方共有或者归对方所有的情形下，应当视为一方对另一方的赠与。但夫妻财产约定与赠与存在着区别，若完全适用赠与的规定则会使得当事人可能享有任意撤销权而不利于财产关系的稳定，不能妥善处理夫妻之间的财产关系。

依本条规定，只要夫妻双方基于意思自治的原则，签订书面协议就其名下财产权属进行的约定符合婚姻法规定的生效要件，即对夫妻双方发生法律上的拘束力，并未要求以夫妻双方办理物权变动手续为生效要件，也未赋予一方可以行使赠与合同任意撤销权的权利。《婚姻法解释（三）》第6条规定："婚前或者婚姻关系存续期间，当事人约定将一方所有的房产赠与另一方，赠与方在赠与房产变更登记之前撤销赠与，另一方请求判令继续履行的，人民法院可以按照合同法第一百八十六条的规定处理。"该条仅适用于夫妻一方将其个人所有的房产赠与另一方个人所有的情形。若将夫妻财产约定排除在约定财产制之外转而适用合同法中的赠与合同规定，则会导致现有规定的架空以及无法适用于具有强烈人身属性的夫妻财产关系。

（三）特殊财产契约说

财产契约说认为夫妻财产应约定为独立类型的财产契约。尽管夫妻财产制契约具有身份附随性，但仍应视为一个独立的契约，其性质取决于所规定的内容，所附从的婚姻关系并不决定其性质，故夫妻财产制契约本质上仍属于财产契约，规定夫妻间的财产关系，除婚姻法有明确规定的外均应适用财产契约的有关规定。②

---

① 唐某诉李某某、唐某乙法定继承纠纷案，北京市第三中级人民法院（2014）三中民终字第09467号民事判决书，载《中华人民共和国最高人民法院公报》2014年第12期。

② 参见余延满：《亲属法原论》，法律出版社2007年版，第289页。

相比前两种学说，特殊财产契约说更具合理性，其理由在于《民法典》婚姻家庭编的规定属于特殊规定，在其未尽之处，仍应适用财产变动的一般性规定。

二、夫妻约定财产制的内容

从本条第1款第1句的文义来看，夫妻约定财产制似乎包含各自所有、共同所有或者部分各自所有、部分共同所有三种模式。那么，这是否意味着我国在立法模式上采用了选择式而非自由约定式呢？选择式立法模式本身是存在一定优点的。首先，可供选择的财产制内部权利义务清晰，第三人可以据此产生合理信赖，如允许自由约定，第三人往往难以预见。[①]其次，有利于维护夫妻内部的公平。封闭的约定财产制不仅使当事人订立夫妻财产制契约便利可行，而且可以避免夫妻一方利用经济强势或者知识优势引诱对方订立不公平条款。[②]最后，夫妻约定财产制创设了物权变动的例外规则，故在主体、内容、效力等各方面都必须严格予以限制。[③]持此选择式立场的学者往往认为，只有条文中所包含的概括式约定才属于夫妻约定财产制。针对个别财产所作出的约定以及将一方所有的财产约定为另一方所有的情形应当按照《婚姻法解释（三）》第6条的规定，按照赠与合同处理。[④]

另一种意见则认为，条文所规定几个选择项内容并不确定，当事人可以自由约定夫妻财产的内容。[⑤]这种解释的立论依据在于，夫妻约定财产制的目的在于满足当事人的意思自治要求，最大限度地满足婚姻当事人对调整夫妻财产关系的多元需求。[⑥]而选择式立法模式本质上仍属于法定的，无法满足当事人的意思自治需求。从立法工作者的解读来看，明确夫妻双方如果不愿意

---

① 参见曲超彦：《夫妻财产制与债法规则的冲突与协调问题研究》，大连海事大学2017年博士学位论文，第110页。

② 参见余延满：《亲属法原论》，法律出版社2007年版，第286页。

③ 参见曲超彦：《夫妻间赠与的法律适用》，载《大连理工大学学报》（社会科学版）2017年第1期。

④ 参见田韶华：《夫妻间赠与的若干法律问题》，载《法学》2014年第2期。

⑤ 参见李俠：《论中华人民共和国民法典编纂中我国婚姻协议的立法规制》，载《学术论坛》2018年第2期。

⑥ 参见马忆南：《婚姻法修改中几个争议问题的探讨》，载《中国法学》2001年第1期。

概括地约定采用某种夫妻财产制，也可以对部分夫妻财产甚至某一项财产进行约定。[①]

从本条的文义来看，法律实际上并没有如典型的选择式立法模式那样规定数种财产制。易言之，所谓的三种模式，其中夫妻内部的权利义务关系以及与第三人的权利义务关系都是不明确的。并且，在典型的选择式立法模式中，并不存在部分各自所有、部分共同所有这一立法模式。事实上，从本条第2款和第3款的规定中，不难发现，夫妻财产约定的效力原则上仅局限于夫妻双方，在例外情况下才会对第三人发生效力，因而不会对交易安全造成一般性的影响。在我国，由于缺乏夫妻约定财产制的登记体系，即使承认选择式立法模式也无法形成公示公信力。故而，将本条解释为自由约定式并无任何形式及实质障碍，也与文义相符。

三、夫妻约定财产制与夫妻间赠与的关系

在自由约定式立法模式之下，夫妻约定财产制与夫妻间赠与极易发生混淆。鉴于本条第1款并不包含将夫妻一方财产直接约定为另外一方的情形，如夫妻一方将其个人所有的财产直接约定给另外一方，应按照赠与进行处理。[②]在夫妻双方实施份额赠与时，不管赠与比例多少，亦应按照赠与合同进行处理。[③]《婚姻法解释（三）》第6条即明确了这一立场。对于其他不动产、动产或者其他财产自应类推适用该司法解释。但是，司法解释颁布之后对这一问题的司法裁判仍有一定的分歧。[④]有观点认为："夫妻间给予不动产的约定原

---

① 胡康生主编：《婚姻法释义》，法律出版社2001年版，第77页。

② 参见杜万华、程新文、吴晓芳：《〈关于适用婚姻法若干问题的解释（三）〉的理解与适用》，载《人民司法·应用》2011年第17期。

③ 参见吴晓芳：《〈婚姻法〉司法解释（三）适用中的疑难问题探析》，载《法律适用》2014年第1期。

④ 例如，在刘某、李某与金某、武某分家析产纠纷案，北京市第一中级人民法院（2017）京01民终3463号二审民事判决书中，一审法院认为，一方在婚前将自己名下的全部财产约定给另外一方不符合夫妻约定财产制的形式，并且如果夫妻一方直接把自己的财产全部归对方所有，其完全丧失了对自己财产的控制，这样的要求高于人们对婚姻家庭的期待，具有一定的道德风险，不利于婚姻家庭的稳定，不应适用夫妻约定财产制，而应认定为附条件的赠与。该案二审判决推翻了一审法院的观点，认为应适用《婚姻法》第19条的规定。

则上应当被认定为夫妻财产制契约，除非夫妻明确表示该约定是赠与，或者明确表示该约定是可以撤销的。"[①]该主张实际上是意思表示不明情形下的倾向性解释问题，未能在实质上对二者进行区分。

总结起来，到底应将夫妻间的约定认定为本条意义上的夫妻财产约定还是解释为《民法典》第657条意义上的赠与，应当回到本条的文义当中。在全部约定为共同所有、分别所有的情况下，不存在任何认定上的疑义，如果是将个别财产约定为共同所有，应适用本条的规定。如果是将共同所有的财产约定为个人所有，其本质是夫妻共同财产的分割协议。

四、夫妻财产约定的构成要件

夫妻财产约定属于双方民事法律行为，原则上应适用总则编关于法律行为成立及生效的一般性规定。尤其是，夫妻双方违背《民法典》第154条的规定，利用夫妻财产约定恶意串通损害债权人和其他人的利益。此外，根据《民法典》第464条的规定，在本条未规定之处，可以根据性质参照适用《民法典》合同编的规定。根据本条第1款规定，夫妻财产约定需要满足以下要件：

（一）书面形式

根据本条第1款第2句的规定，夫妻财产约定应当采用书面形式。书面形式的认定应参照适用《民法典》第469条第2款、第3款关于合同中书面形式的规定，不局限于双方签订的书面协议书，亦包含信件、电报、电传、传真等其他可以有形地表现所载内容的形式。以电子数据交换、电子邮件等方式能够有形地表现所载内容，并可以随时调取查用的数据电文，视为书面形式。当然，形式要求更高的公证协议亦可。

反面解释《婚姻法解释（三）》第7条的规定可以得出，婚后一方父母出资为子女购买的不动产登记在双方名下的，为夫妻共同财产。之所以为夫妻共同财产是因为夫妻双方加名登记本质上是夫妻财产约定。可将双

---

① 冉克平：《夫妻之间给予不动产约定的效力及其救济——兼析〈婚姻法司法解释（三）〉第6条》，载《法学》2017年第11期。

方签字的《房屋登记申请书》宽泛解释为符合书面形式。此外，有法院认为夫妻关系存续期间将商品房登记于一方个人名下且明确注明单独所有也是“书面形式”的一种体现。[①]这一解释不符合夫妻财产约定的双方法律行为性质。

如双方未采取书面形式订立夫妻财产约定，应认定夫妻财产约定不成立。

（二）合法有效婚姻关系

夫妻财产约定具有附随性，依赖于合法有效的婚姻关系。虽然亦可以于婚前订立夫妻财产约定，但生效需以婚姻的缔结为前提。[②]实践中亦有判决明确因婚前财产约定是以双方结婚为前提条件的，所以双方在签订婚前财产约定之后必须缔结婚姻关系，否则不发生法律效力。[③]

（三）约定的时间

本条没有对夫妻财产约定的时间进行限制。从文义上来看，第1款第1句使用的是“男女双方”，而非“夫妻双方”，在解释上应认为既可以在婚前进行约定，也可以在婚姻关系存续期间进行约定。但不包含婚姻关系终止后的约定。需要注意的是，如果双方的婚姻关系被撤销或者被宣告无效，双方约定所依赖的婚姻关系自始消灭，约定自始不生效力，但是不得对抗善意第三人。

婚前约定或者婚后约定会对夫妻财产约定的生效时间产生影响。如系婚前约定，则该约定自婚姻缔结时起对双方产生法律上的拘束力；如系婚后约定，则自约定达成时起对双方产生拘束力。[④]关键在于夫妻财产约定发生在配偶之间，需要依赖于合法有效的婚姻关系。

---

① 参见赵某某与杨某等民间借贷纠纷案，宁夏回族自治区石嘴山市中级人民法院（2017）宁02民终605号二审民事判决书。

② 参见余延满：《亲属法原论》，法律出版社2007年版，第288页。

③ 参见张某、张某某与李某某所有权确认纠纷案，黑龙江省牡丹江市中级人民法院（2017）黑10民终1156号二审民事判决书。

④ 参见童付章：《夫妻一方婚前财产婚后归对方所有之约定的法律探讨——兼评〈婚姻法司法解释（三）〉第6条》，载《法治研究》2013年第12期。

离婚时的财产约定本质上属于共同财产分割协议，且此时夫妻双方的身份关系即行消除，不宜将其认定为夫妻财产约定。[①]

五、夫妻财产约定的效力

约定财产制充分体现了对夫妻双方意思自治的尊重，在无约定财产协议时，适用法定共同财产制，故其能够产生排除法定财产制适用的效力。在自由约定式下，这种排除可能是部分的，也可能是全部的。但就夫妻财产约定是否会产生权利变动效力存在两种不同的观点：

一种观点主张，夫妻财产约定的拘束力仅表现为债权约束力，权利变动仍然需要遵循相关法律的规定。例如，如发生物权变动仍需满足《民法典》物权编所规定的物权变动要件。[②]

另一种观点则主张，夫妻财产约定的拘束力可直接表现为物权拘束力。夫妻财产制包括约定财产制和法定财产制，二者在体系上的并列关系亦决定了其效力层次的一致性。[③]基于夫妻财产约定可以直接发生物权变动的效果，已经成为主流观点，只是理由有所不同。[④]司法实践也多采用此观点。[⑤]

然而，就其性质到底是基于法律行为的物权变动还是非基于法律行为的物权变动存在一定的争议。有观点认为此属于非基于法律行为的物权变动。[⑥]依据在于夫妻财产制契约与婚姻这一身份法律事实密切关联，且此时的物权变动与遗嘱继承发生的物权变动具有相似性，遗嘱继承而引起的物权变动的

---

① 相反的意见参见范李瑛：《论夫妻财产制契约所致的物权变动》，载《山东社会科学》2016年第5期；李洪祥：《离婚财产分割协议的类型、性质及效力》，载《当代法学》2010年第4期。

② 参见黄海涛：《夫妻财产约定的物权效力》，载《人民司法·应用》2017年第1期。

③ 参见龙御天：《夫妻财产约定的法律适用考析》，载《重庆社会科学》2018年第3期。

④ 多数学者均支持夫妻财产制契约可直接产生物权变动效力。参见：王忠、朱伟：《夫妻约定财产制下的不动产物权变动》，载《人民司法》2015年第4期；裴桦：《也谈夫妻间赠与的法律适用》，载《当代法学》2016年第4期。

⑤ 参见张某、张某某与李某某所有权确认纠纷案，黑龙江省牡丹江市中级人民法院（2017）黑10民终1156号二审民事判决书。

⑥ 参见刘耀东：《论基于夫妻财产制契约发生的不动产物权变动——非基于法律行为的物权变动解释路径》，载《甘肃政法学院学报》2016年第3期。

法律事实正是被继承人死亡，故夫妻财产约定导致的物权变动系非基于法律行为所引起的变动。[①]在司法实践中，亦有观点支持夫妻财产约定为非基于法律行为的物权变动，在张某、张某某与李某某所有权确认纠纷案[②]中，二审法院认为物权法对非基于法律行为的物权变动进行了例示性规定，但并未穷尽所有情形，故《婚姻法》及其司法解释所规定的情形也应包括在内，依此得出本条所导致的物权变动后果系非基于法律行为的物权变动。亦有观点认为这是基于法律行为所引起的物权变动。[③]这主要是从夫妻财产约定系法律行为这一立场出发。依照该立场，本条项下的物权变动实际上是《民法典》物权编基于法律行为物权变动的例外规则。

事实上，以保护交易安全为由否认夫妻财产约定的物权变动效力明显是不充分的。即使是在法定财产制下，婚姻本身也无法替代物权变动的形式，产生相应的公示公信力，承认夫妻法定财产制的物权变动效力却否认夫妻约定财产制的物权变动效力明显不妥，无论是夫妻法定财产制还是夫妻约定财产制，都属于《民法典》第209条及第224条的“法律另有规定的除外”。并且，如果不承认夫妻财产约定仅具有债权效力，不发生物权变动效果，其如何能排除具有物权效力的法定财产制。此外，如果认为其只发生债权效力，将会与本条第3款的规定相矛盾。根据本条第3款，相对人知道夫妻双方实行分别财产制的，相对人只能请求以夫妻一方的个人财产清偿。易言之，该款实际上承认夫妻财产状态从法定财产制下的共同共有状态演变为分别所有的状态，并且在相对人知道的情况下，对其发生效力。

不仅针对物权，对于其他形态的财产，亦应承认夫妻财产约定的内部物权变动效力。不过，像法定财产制下那样，还需要协调处理相应财产法规则与婚姻家庭法规则的适用问题。例如，在股权管理权的行使上，仍然需要优

---

① 参见刘耀东：《论基于夫妻财产制契约发生的不动产物权变动——非基于法律行为的物权变动解释路径》，载《甘肃政法学院学报》2016年第3期。

② 参见张某、张某某与李某某所有权确认纠纷案，黑龙江省牡丹江市中级人民法院（2017）黑10民终1156号二审民事判决书。

③ 参见范李瑛：《论夫妻财产制契约所致的物权变动》，载《山东社会科学》2016年第5期。

先适用《公司法》规范。[①]

由于我国不存在夫妻财产约定的登记制度，夫妻财产约定对第三人效力局限于“第三人知道或者应当知道”情形，以保护善意第三人的利益。从域外立法例来看，亦有不少立法例承认知情可以替代登记。以《德国民法典》为例，第1412条明确配偶双方排除或变更法定夫妻财产制的，仅在夫妻财产合同在法律行为实施时已进行登记或者为第三人所知时才对第三人发生效力。然而，本条第3款只规定了相对人知道夫妻双方实行分别财产制情形，未规定双方实行类型财产约定对第三人的效力。实际上，夫妻财产约定所能涵盖的范围远大于本条第3款。例如，夫妻双方约定“财产共有，各自债务各自清偿”，如果夫或者妻一方对外所负债务的相对人知道该情况，则其同样无权主张要求夫妻双方承担连带清偿责任。

同样，夫妻财产约定的效力不仅局限于债务清偿，亦可能指向财产处分。例如，夫妻双方约定婚前财产共同所有，夫妻一方处分婚前财产时，相对人知道该约定时，不能发生善意取得。

此外，此处的知道应当解释为实际知道或者应当知道。但在判断应当知道时，不宜过分苛求相对人，应当根据相对人对夫妻的熟识程度、夫妻财产约定的公开范围等因素综合判断。

举证责任

本条应适用证明责任基本规则，也即“谁主张，谁举证”的一般规则，主张存在夫妻财产约定进而排除法定财产制适用的一方应当承担证明责任。就本条第3款规定的情形而言，应当由非直接负债方配偶证明相对人知道或者应当知道“夫妻对婚姻关系存续期间所得的财产约定归各自所有”。实际上，在《夫妻债务纠纷适法解释》实施以后，《婚姻法解释（二）》第24条第1款第2句仍然具有适用的空间。如果能以此排除共同债务认定，无需再就其形成原因及用途进行实质性判断。故而，该条司法解释所确定的证明责任分配规

---

① 参见王涌、旷涵潇：《夫妻共有股权行使的困境及其应对——兼论商法与婚姻法的关系》，载《法学评论》2020年第1期。

则仍然有效。在废除《婚姻法解释（二）》第24条第1款第1句的推定立场之后，对于非直接负债方已有足够的保护机制，无需在此调整证明责任规则。

第一千零六十六条【婚内析产】

婚姻关系存续期间，有下列情形之一的，夫妻一方可以向人民法院请求分割共同财产：

（一）一方有隐藏、转移、变卖、毁损、挥霍夫妻共同财产或者伪造夫妻共同债务等严重损害夫妻共同财产利益的行为；

（二）一方负有法定扶养义务的人患重大疾病需要医治，另一方不同意支付相关医疗费用。

历史由来

一、法条来源

本条属于夫妻婚姻关系存续期间分割共有财产的规定。本条源于《婚姻法解释（三）》第4条的规定："婚姻关系存续期间，夫妻一方请求分割共同财产的，人民法院不予支持，但有下列重大理由且不损害债权人利益的除外：（一）一方有隐藏、转移、变卖、毁损、挥霍夫妻共同财产或者伪造夫妻共同债务等严重损害夫妻共同财产利益行为的；（二）一方负有法定扶养义务的人患重大疾病需要医治，另一方不同意支付相关医疗费用的。"

二、条文演变

本条自《民法典婚姻家庭编（草案）》（二审稿）后没有任何变化。本条明确了夫妻一方在婚姻关系存续期间请求分割共同财产的情形，相较于《婚姻法解释（三）》的规定，在表述上从先前的原则上不可请求分割共同财产改为可以请求分割，且删除了"不损害债权人利益"这一要求。其背后的理由主要有两点：首先，在共同债务场合，共同债务的连带债务性质有效地维护了债权人的利益，由于夫妻二人对债权人承担连带清偿责任，他们之间是否分割财产不会对债权人的利益产生任何影响；其次，在个人债务场合，虽然不当分割夫妻共同财产可能会影响到债权人的利益，但债权人可依据《民法典》第583条的规定行使债权人撤销权，以保全其债权。这两种情形中，均不存在以保护债权人利益而限制夫妻分割共同财产的必要。故而，此种立法调整，甚为妥当。

三、学者建议稿及域外立法例

“法学会稿”第39条规定：“婚姻关系存续期间，夫妻一方不得请求分割夫妻共同财产，但有下列情形之一的除外：（一）一方有隐藏、转移、变卖、毁损、挥霍夫妻共同财产或者设定夫妻共同债务等严重损害夫妻共同财产利益行为的；（二）一方负有法定扶养义务的人患重大疾病需要医治，另一方不同意支付相关医疗费用的；（三）一方要求用夫妻共同财产从事投资经营活动，另一方不同意的；（四）一方实施家庭暴力，受害方要求分割的。请求分割的财产，可以是夫妻共同财产的一部或者全部。但是，应当保留双方依法履行法定扶养义务的相应费用和承担家庭生活日常开支的费用。请求分割夫妻共同财产的，应当由双方协议；双方达成的协议不得损害债权人的利益。协议不成时，当事人可以请求人民法院裁决。”该条限制了夫妻婚内析产的法定理由，但是相较于本条增加了法定事由情形，扩大了夫妻请求分割共同财产的情形，不符合本条的立法意旨。

“社科院2019稿”第48条规定：“有重大事由时，夫妻一方可以申请人民法院宣告夫妻原适用的共同财产制变更为分别财产制。下列情形应当认定为重大事由：（一）夫妻一方的财产不足清偿个人债务，或者其在共同财产中的应有部分已被扣押；（二）夫妻一方为财产上的管理和处分，依法应征得他方同意，他方无正当理由拒绝同意；（三）夫妻一方拒绝向他方告知其收入、财产及债务或者共同财产状况；（四）夫妻一方有其他严重危害夫妻共同财产或者妨害婚姻共同生活行为。对于前款第（一）项情形，除夫妻外，债权人也有权提起非常夫妻财产制适用诉讼。”[①] 该稿主张设立非常财产制以从根本上解决因侵害夫妻共有财产管理权或者无法正常行使共有权而引发的

---

① 陈甦主编：《中国社会科学院民法典分则草案建议稿》，法律出版社2019年版，第353页。

矛盾，不再规定婚内析产相关内容，以非常财产制作为夫妻共有财产制的重要补充。

在域外立法例中，《法国民法典》的规定较为典型。第1443条规定：“如因夫妻一方理财混乱、管理不善或者行为不端，继续维持共同财产制将使配偶一方的利益受到危害时，该另一方得诉请法院分别财产。一切任意分别财产的行为，均无效。”第1449条第1款规定：“经法院宣告分别财产，产生夫妻实行第1536条及其后条款规定的分别财产制之效力。”

三 规范目的或功能

本条规范是我国法定夫妻财产制——婚后所得共同制的重要组成规范，调整的是婚姻关系存续期间夫妻共同财产的分割问题。根据《民法典》第1062条的规定，夫妻共同财产归夫妻共同所有。因此，在个别财产意义上，原则上应适用或者参照适用物权编中的共同共有规范。如果夫妻共同财产的具体形态是所有权，则直接适用。如果夫妻共同财产的具体形态是所有权以外的其他财产性权利，则可以参照适用。

就本条所涉及的共有物的分割规范而言，《民法典》第303条规定了共有物的分割规则：“共有人约定不得分割共有的不动产或者动产，以维持共有关系的，应当按照约定，但是共有人有重大理由需要分割的，可以请求分割；没有约定或者约定不明确的，按份共有人可以随时请求分割，共同共有人在共有的基础丧失或者有重大理由需要分割时可以请求分割。因分割造成其他共有人损害的，应当给予赔偿。”在婚姻领域，所谓共有基础丧失，即婚姻关系终止，包括夫妻一方死亡或者离婚。婚姻家庭编对此进行了明确的规定。《民法典》第1087条和第1092条确定了离婚时的夫妻共同财产分割规则。《民法典》第1153条确定了夫妻一方死亡情况下的夫妻共同财产分割规则。而本条确定的是婚姻关系存续期间的夫妻共同财产分割规则。

《民法典》第303条属于物权编中共有物分割的具体规则，源于其出台以前的《物权法》第99条。《民法典》第303条与本条之间的关系属于需要明晰的内容，司法实践在民法典生效之前涉及夫妻共同财产分割的情形中，判决依据或说理部分有所不同，或为《物权法》第99条，或为《婚姻法解释

（三）》第4条，[①]或二者兼援引之。[②]对于《物权法》第99条能否作为婚内共同财产分割的法律依据学界有所争论：其一，有学者认为婚内共同财产分割可以适用《物权法》的规定，其认为《物权法》中所规定的“共有基础丧失”在夫妻共有中指的是夫妻关系不复存在，而“重大理由”则为司法实践出现特殊情形需要分割夫妻共同财产提供了空间，婚姻法司法解释正是对此做出了相应解释。[③]故在此观点下，《婚姻法解释（三）》第4条首先对《物权法》规定的重大理由进行了明确，确立了允许夫妻关系存续期内分割夫妻共同财产的具体情形，目的是保障夫妻双方对夫妻共同财产的平等支配权。其二，亦有学者认为针对婚内财产分割需要依照婚姻家庭领域的规则予以裁判。[④]前者相较于后者更为合理，《民法典》第303条并未排除对家庭共有关系的适用，且为夫妻财产关系领域中的共有物分割提供了基础，其并未明确共同共有人在共有关系存续期间分割共有物的重大理由具体为何，为“重大理由”的解释提供了可能性，该条与本条并非排除适用的关系。最高人民法院亦采取此种理解，本条解释了对上述“重大理由”在夫妻共同财产制度下的两种情形，既保持夫妻双方婚姻关系，又保护夫妻双方对共有财产的平等权利。[⑤]

一方面，在针对个别财产时，本条是对《民法典》第303条中“重大理由”的具体化。但另外一方面，本条所分割的对象也有可能是概括财产意义上的分割。对夫妻共同财产而言，除非双方协商形成一致意见，原则上在婚姻关系存续期间不能单方面要求分割财产。因为夫妻共同财产是实现家庭职

---

① 参见杨某、赵某某合伙协议纠纷案，黑龙江省哈尔滨市中级人民法院（2019）黑01民终480号二审民事裁定书。

② 参见吴某与付某1、付某2不当得利纠纷案，重庆市第三中级人民法院（2018）渝03民终1735号二审民事判决书。

③ 参见裴桦：《也谈婚内共同财产分割——兼评最高人民法院〈关于适用婚姻法若干问题的解释（三）〉（草稿）第15条》，载《法律适用》2010年第1期。

④ 有观点支持夫妻间财产关系不能轻易套用物权法理论，依照婚姻家庭领域的特殊性，涉及夫妻财产关系的问题应优先考虑适用婚姻家庭领域的规定（参见杨雄：《婚内共同财产分割规则之适用研究》，浙江大学2017年硕士学位论文）。但依此否定《婚姻法解释（三）》第4条是对《物权法》第99条之细化难以使人信服。

⑤ 参见最高人民法院民事审判第一庭编著：《最高人民法院婚姻法司法解释（三）理解与适用》，人民法院出版社2015年版，第84页。

能正常运转、夫妻权利义务得以实现的物质基础，物质基础丧失可能导致夫妻之间的扶养、抚养子女、赡养父母等家庭职能落空。[①]故而法律设定此项限制。

除此之外，按照《最高人民法院关于人民法院民事执行中查封、扣押、冻结财产的规定》第14条的规定，如果夫妻一方的个人债务无法从其个人财产中清偿，亦可由债权人代位或者夫妻一方提起析产之诉。

就本条与其他夫妻财产分割制度的关系而言，本条规定夫妻一方在婚姻关系存续期间出现法定情形时可以向人民法院请求分割夫妻共同财产，强调了适用本条的时间要求及程序要求，区别于其他夫妻财产分割制度：

第一，本条区别于离婚财产分割制度。其一，本条的适用前提为双方存在夫妻关系，且属于婚内财产法定分割情形，不同于离婚财产分割，本条的适用建立在维持夫妻身份关系而非消灭夫妻身份关系的基础上。其二，二者分割共同财产的原因不同。本条中所规定的情形系对一方的财产权利明显不利，而离婚财产分割则属于夫妻关系终止时的自然后果。其三，夫妻婚姻关系结束时，需要对当事人双方的全部财产予以分割，而本条的分割范围则无需及于全部共同财产范围。其四，离婚财产分割除请求人民法院予以分割外，还可通过约定方式完成分割，本条则不包括夫妻约定分割共同财产的情形，只有在无约定的情形下才得以依据重大理由予以分割夫妻共同财产。

第二，本条亦区别于婚姻关系存续期间夫妻约定分割财产的情形。若对夫妻共同财产进行约定满足夫妻财产契约的成立与生效要件则属于夫妻约定财产制的范畴，其他协议分割情形属于婚内财产分割，双方合意即可发生意思表示之效果，无需请求人民法院对共同财产进行分割，不可依本条予以调整，本条可以视为是在共同共有人对共有物分割未作约定情形下的处理规则。

本条所规定的两项情形在规范目的上有所差异。第一项情形实际上是为保护夫妻一方在共同财产中的利益不受另外一方的不当损害。另外一方实施本条第1项所列行为已经远超《民法典》第1062条第2款所规定的平等处理权范畴。第二项情形实际上是为保护配偶及其具有法定扶养义务的近

① 参见陶玉：《婚姻关系存续期间分割夫妻共同财产的考量》，载《人民司法》2012年第4期。

亲属的生存利益。

规范内容

一、请求分割共同财产的主体及可分割财产范围

从本条的文义中不难看出，可请求分割夫妻共同财产的主体为夫妻一方。然而，根据按照《最高人民法院关于人民法院民事执行中查封、扣押、冻结财产的规定》第14条的规定，夫妻一方的债权人也可以代位要求分割夫妻共同财产，但从婚后所得共同制的规范构造来看，应以债务人的个人财产不足以清偿债务为前提。

本条文义亦表明，可分割的财产范围为夫妻共同财产。首先，应将夫妻共同财产从家庭共同财产中区分出来。家庭共同财产属于家庭成员共有，其并不以婚姻关系的存在为基础。是否属于夫妻共同财产则需依照夫妻共同财产的认定规则（《民法典》第1062条）予以确认。其次，需要排除混同在一起的个人财产。例如，依照实践裁判观点，购买涉案标的物的款项中含有一方婚前个人财产以及其他非共同财产时，则不能将标的物全部认定为夫妻共同财产范畴，需排除不属于夫妻共同财产范围的部分。①

本条并未明确是可以针对部分共同财产还是必须对全部共同财产进行分割，学界也有所讨论。有观点认为需对全部共同财产进行分割，目的在于避免将来另一方对剩余未予分割的共同财产的进一步侵害，进而还会导致诉讼资源的浪费。②通说认为不需要为全部共同财产，可以针对某项特定财产请求分割。实践中所产生的纠纷也多为就某项特定财产或者部分共同财产的分割请求权，若认定为针对全部共同财产进行分割有可能与当事人的内心真意相违背，使得本条规定在实践中难以适用。有判决明确指出在共有人可能享有其他共有财产的情况下，其中一项财产具备分割条件，并不导致全部共同财

---

① 参见邓某与王某某、王某2侵权责任纠纷案，四川省成都市金牛区人民法院（2017）川0106民初13193号一审民事判决书。

② 参见郭志勇：《论婚内共同财产分割规则的适用——以〈婚姻法司法解释（三）〉第4条的解释为中心》，载《太原理工大学学报》（社会科学版）2019年第3期。

产都需要或者应当进行分割。[①]故应当围绕当事人的诉求来进行分割，但需要考虑必要的生活费用等支出，在涉及可能需要扣除相关费用的情形时，对扣除后的共同财产进行分割，因为用于日常生活的支出一般没有损害夫妻一方的财产权益。如有判决便明确，对于婚内财产分割，酌情扣减了日常支出，扣减之后的为共同财产数额。[②]

二、夫妻一方请求分割夫妻共同财产的情形

共同共有关系中，共有人关系紧密，且夫妻共同财产作为维护家庭稳定的经济基础以及物质保障，原则上不允许在婚姻关系存续期间进行分割。本条明确了在维持夫妻关系的前提下可以对夫妻共同财产进行分割的具体情形，本条并未设置兜底条款，限定了分割夫妻共同财产的两种情形，以防止对“重大理由”这一不确定的标准适用情形的不当扩张，进而导致夫妻财产关系处于不稳定的状态。不过，本条存在被类推适用的可能。法官在解释《民法典》第303条所规定的“重大理由”时，本条具有参照适用意义。

（一）夫妻一方有严重损害夫妻共同财产利益的行为

本项列举的损害夫妻共同财产利益的行为包括隐藏、转移、变卖、毁损、挥霍夫妻共同财产或者伪造夫妻共同债务等。从文义上看，“隐藏”是指隐瞒夫妻共同共有的财产，使得对方无法知悉共同财产的行为；“转移”是指将夫妻共同财产转移到其他账户等情形；“变卖”则指将共同财产出卖给他人换取对价的行为；“毁损”一般指造成夫妻共同财产的毁灭或者损坏；“挥霍”是指超出自身正常生活水平，任意浪费夫妻财产的行为。

“损害”在侵权法语境下应理解为通过上述故意行为，实现侵占夫妻共同财产的目的，不包括因过失行为导致的共同财产毁损。[③]主观上需具有侵害意

① 参见王某某与李某某、第三人张某某、白山市江源区精实洗煤厂案外人执行异议之诉案，吉林省白山市江源区（县）人民法院（2018）吉0605民初1525号一审民事判决书。

② 参见谢某甲与盛某某婚内财产分割纠纷案，湖南省湘潭市中级人民法院（2016）湘03民终194号二审民事判决书。

③ 参见最高人民法院民事审判第一庭编著：《最高人民法院婚姻法司法解释（三）理解与适用》，人民法院出版社2015年版，第84页。

图，当不具备侵害意图如出于维护自身利益目的而为相应行为时不属于本条的规范领域。具体行为可依照文义在具体案件中具体分析，以便推知是否符合上述行为特征。且本条并没有采取封闭式立法技巧，而是通过兜底性条款为其他损害夫妻共同财产利益行为的适用留下空间，具体认定标准需以损害夫妻共同财产利益予以判断，与所列举的行为在对夫妻财产利益的侵害上具有相当性，需保持谨慎适用的裁判立场。

损害财产利益的行为需达到严重的程度，该程度具体判断标准应区别案件情形具体对待。如有法院判决便根据转移财产的比例来认定无法得出夫妻一方对共同物的权利已被严重侵害的结论。[①]亦有法院认为该案中一方转移的财产在夫妻共同财产总量上的份额，尚不足以给原告造成严重损害夫妻共同财产利益。[②]故并非所有损害配偶一方共同财产利益的行为均可适用本条的规定，严重损害一方利益需严格谨慎认定，以维持婚姻关系的稳定。

（二）一方负有法定扶养义务的人患重大疾病时另一方拒绝支付医疗费

1.负有法定扶养义务的理解

本项旨在保护对负有法定扶养义务的人的利益，“法定扶养义务”强调需为法律明确规定的扶养义务，没有法律明文规定的情形则不属于本项的规范意旨范围。扶养是指一定亲属间有经济能力的人，基于身份关系，对无力生活者应予以扶助维持。[③]此处“扶养”的理解不应局限于同辈之间的扶养，还应包含抚养、赡养之义，包括夫妻一方对父母、祖父母和外祖父母的赡养，对兄弟姐妹的扶养以及对子女、孙子女和外孙子女的抚养，但是否包括夫妻一方自身学界有所争议。

从文义上看，似乎将夫妻一方本人排除在外，有法院在判决中指出夫妻一方因其自身住院产生医疗费用而请求分割夫妻共同财产时，依本条文义，

---

① 参见汤某某与徐某某所有权确认纠纷上诉案，江苏省无锡市中级人民法院（2017）苏02民终1802号二审民事判决书。

② 参见吴某与华某婚内财产分割纠纷案，山东省潍坊市奎文区人民法院（2014）奎梨民一初字第361号一审民事判决书。

③ 参见史尚宽：《亲属法论》，中国政法大学出版社2000年版，第751页。

该情形并不符合法律允许的婚内分割夫妻共同财产情形。[①]但亦有判决指出既然本条包括夫妻一方负有扶养义务的人自身患重大疾病需要医治，另一方不同意支付相关医疗费用的，夫妻一方亦应可以请求分割共同财产。[②]婚姻家庭法中已经明确配偶之间有相互负有抚养义务，若将本条理解为“法定扶养义务的人”排除了配偶一方，有违法律体系的完整性。实践中对此问题未采取统一裁判标准，两种裁判观点在实践中均大量存在。

囿于词义射程，本条不存在扩张解释的空间。但是可以参照本条，解释《民法典》第303条规定的重大理由，举轻以明重，应认定患有重大疾病的夫妻一方的分割请求权。

2.重大疾病的理解

法律尚未明确本条的“重大疾病”标准如何，但在实践中遇此类问题时疾病的判断必须符合“重大”程度，可以参照医学标准以及保险领域的标准，[③]其标准需依具体情形由法官自由裁断。例如，有法院判决指出，一方提供的医院疾病诊断证明书没有加盖医院印章，其不足以证明原告患有抑郁症，但根据其提供的某医院的诊断证明及某医院复查诊断证明，能够充分地证明原告的病情可以纳入重大疾病范畴，符合重大理由。[④]最后，对于医疗费数额需要合理认定，以治疗所需为限。

从文义上看，本项规定限于配偶一方负有扶养义务的亲属患重大疾病需要支付医疗费的情形，而并非涵盖所有扶养义务，在其他难以履行扶养义务情形，如配偶另一方拒不支付生活费时，本条不存在适用的空间。值得注意的是，本条规范并未将“夫妻一方个人财产不足以支付其具有法定扶养义务

① 参见马某某诉何某某等共有物分割纠纷案，上海市第一中级人民法院（2015）沪一中民二（民）终字第3111号二审民事判决书。

② 参见洪某诉俞某婚姻家庭纠纷案，浙江省金华市金东区人民法院（2015）金东孝民初字第247号一审民事判决书。

③ 如2007年实施的《重大疾病保险的疾病定义使用规范》明确列举了25种重大疾病，其可以作为本条适用的参照标准，同时结合个案予以判断（参见最高人民法院民事审判第一庭编著：《最高人民法院婚姻法司法解释（三）理解与适用》，人民法院出版社2015年版，第86页）。

④ 参见刘某某与陈某某共有物分割纠纷案，四川省达州市达川区人民法院（2015）达达民初字第668号一审民事判决书。

的近亲属的医疗费用”作为适用前提，但从本条的规范旨意来看，理应将其作为前提。

三、夫妻共同财产分割原则

在婚姻关系存续期间若要分割夫妻共同财产，如无协议分割情形，必须向人民法院请求分割，通过诉讼方式实现自身目的。关于如何分割双方夫妻共同财产的问题本条未明确分割的标准以及原则，最高人民法院认为，可以参照离婚财产分割的原则，同时结合夫妻婚内财产分割的自身特点。①

首先，婚内财产分割需充分尊重夫妻双方的意思自治，若双方对财产分割内容及标准有所约定，且该约定符合成立及生效要件，则应按照双方合意进行分割。

其次，在无双方合意的情形下，则需要具体案件具体对待，参照离婚财产分割中的原则进行适用，包括照顾子女、女方和无过错方权益的原则进行判决。②值得注意的是，《离婚案件财产分割问题的意见》规定，一方将夫妻共同财产非法隐藏、转移拒不交出的，或非法变卖、毁损的，分割财产时，对隐藏、转移、变卖、毁损财产的一方，应予以少分或不分。③与离婚财产分割相似，本条分割共同财产的情形中亦存在夫妻一方具有过错的事由，故对于本条第1项中严重损害夫妻财产利益的情形，可以参照离婚案件进行处理，照顾无过错方。司法实践中，亦有法院据此进行判决，在认定属于本条分割夫妻共同财产的情形后，如何分割该共同财产便依照离婚财产分割规定来进行。有判决根据过错方少分的原则进行了裁判。④但仍有多数法院在夫妻一方

---

① 参见最高人民法院民事审判第一庭编著:《最高人民法院婚姻法司法解释（三）理解与适用》，人民法院出版社2015年版，第87页。

② 《民法典》第1087条规定，离婚时，夫妻的共同财产由双方协议处理；协议不成的，由人民法院根据财产的具体情况，按照照顾子女、女方和无过错方权益的原则判决。对夫或者妻在家庭土地承包经营中享有的权益等，应当依法予以保护。

③ 参见李某与孙某甲婚姻家庭纠纷案，广东省深圳市中级人民法院（2014）深中法民终字第1089号二审民事判决书。

④ 参见吴某某与文某某所有权确认纠纷案，广东省茂名市茂南区人民法院（2016）粤0902民初1207号一审民事判决书。

存在转移财产等行为时仍采取均分规则。[①]当不存在严重侵害夫妻共同财产利益的行为时，对于婚内财产分割宜采用均分规则，因婚内财产分割一般针对某项财产而非特定财产进行分割，分割之后对于子女利益一般无影响，均分原则更加公平。具体如何分割需由法官依照具体案情，围绕当事人诉讼请求予以裁量。

四、夫妻共同财产分割判决的效力

夫妻双方提出共同财产分割之诉后，若法院裁判支持分割，则所作的判决便为共有物分割判决，通说认为，判决的结果旨在消灭共有关系，共有物分割判决为形成判决。[②]形成判决可以产生导致民事法律关系发生变动的效力或作用，一般情形下，仅凭权利人的意思表示即使民事法律关系发生变动的为形成权的效果，但在有些情况下法律不允许通过意思表示方式发生权利变动，需通过诉讼等方式达到目的，这便属于形成诉权。[③]婚内共同财产分割便属于此种情形，判决结果包括实物分割、补偿分割或者变价分割。根据《民法典》第229条的规定，因人民法院、仲裁机构的法律文书或者人民政府的征收决定等，导致物权设立、变更、转让或者消灭的，自法律文书或者征收决定等生效时发生效力。

有观点认为，针对特定物的分割应及于整个夫妻财产制，此与域外非常法定夫妻财产制协同。非常法定财产制是指在特殊情况下，当出现法定事由时，依据法律规定或者经夫妻一方的申请由法院宣告，撤销原依法定或者约定设立的共同财产制而改设为分别财产制的法律制度。[④]此属法定分割夫妻共同财产的情形，且分割范围为全部共同财产，是对夫妻财产关系的概括性改变。非常财产制经裁判宣告设立后，直接以分别财产制替代了原有的夫妻共有制，其效力不仅涉及已经形成的夫妻共有财产，更使夫妻双方得以终止共有制而代之以分别制，从根本上解决因侵害共有财产管理权或无法正常行使

---

① 参见龚某与胡某共有物分割纠纷案，四川省筠连县人民法院（2018）川1527民初1792号一审民事判决书。

② 参见王泽鉴：《民法物权》，台北三民书局2010年版，第310页。

③ 参见房绍坤：《论共有物分割判决的形成效力》，载《法学》2016年第11期。

④ 参见陈法：《论我国非常法定夫妻财产制的立法建构》，载《现代法学》2018年第1期。

共有权而引发的矛盾。[①]但我国目前尚无非常法定财产制的规定，本条所规定的婚内共同财产分割规则区别于域外的非常财产制，限定了共同财产分割事由，无法起到与非常财产制相当的作用，故目前我国法律体系中无非常财产制的适用空间。非常法定财产制应以实定法明确设定为限，主张针对特定物的分割及于整个夫妻财产制不存在任何实证法上的依据。多数观点认为分割效力限于共有财产分割，不涉及夫妻财产制的变更。夫妻依据本条规定请求分割共有财产并获法院支持后，其婚姻关系继续，且在夫妻共同财产分割之前适用的为何种夫妻财产制，在分割之后亦继续得以适用，除非双方进行财产约定，此时的共有财产分割不同于婚姻终止时的财产清算。[②]

举证责任

在婚姻关系存续期间，存在夫妻共同财产分割之诉时，应予适用一般举证规则，当夫妻一方请求分割共同财产时，该主体需承担相应的举证责任，证明内容包括请求分割的财产为夫妻共同财产，夫妻另一方的行为属于本条第1项或者第2项的行为，即有重大理由分割共同财产。当夫妻一方可以证明有转移财产行为但无法有充分证据证明属于夫妻共同财产时，需承担不利后果。[③]但与原规定相比，当事人的举证责任内容有所变化，夫妻一方无需证明共同财产分割不损害债权人利益，在《民法典》出台以前，有判决指出原告未提交充分有效证据证明存在一方严重损害夫妻共同财产利益行为或一方负有法定扶养义务的人患重大疾病需要医治，另一方不同意支付相关医疗费用等重大理由，原告亦未提交证据证明其分割夫妻共同财产不损害债权人利益，故不予支持。[④]

---

① 参见薛宁兰、许莉：《我国夫妻财产制立法若干问题探讨》，载《法学论坛》2011年第2期。

② 参见陈信勇编著：《亲属与继承法》，法律出版社2016年版，第98页。

③ 参见周某与汪某婚姻家庭纠纷案，江苏省睢宁县人民法院（2019）苏0324民初1193号一审民事判决书。

④ 参见郭某某与滕某某共有纠纷案，山东省日照市东港区人民法院（2017）鲁1102民初4877号一审民事判决书。

第二节　父母子女关系和其他近亲属关系

第一千零六十七条【父母子女间的扶养费请求权】

父母不履行抚养义务的，未成年子女或者不能独立生活的成年子女，有要求父母给付抚养费的权利。

成年子女不履行赡养义务的，缺乏劳动能力或者生活困难的父母，有要求成年子女给付赡养费的权利。

历史由来

一、本条来源

本条是关于家庭关系中父母与子女之间的法律义务，源于2001年修正的《婚姻法》第21条，该条规定："父母对子女有抚养教育的义务；子女对父母有赡养扶助的义务。父母不履行抚养义务时，未成年的或不能独立生活的子女，有要求父母付给抚养费的权利。子女不履行赡养义务时，无劳动能力的或生活困难的父母，有要求子女付给赡养费的权利。禁止溺婴、弃婴和其他残害婴儿的行为。"本次民法典编纂将该条进行了拆分，将《婚姻法》第21条第1款拆分至《民法典》总则编监护一节，即第26条。将第2款和第3款拆分至本条，并作细微调整，将第3款中的"无劳动能力"改为"缺乏劳动能力"。同时删除了第4款"禁止溺婴、弃婴和其他残害婴儿的行为"。

除此之外，《宪法》《未成年人保护法》《老年人权益保障法》都对父母与子女之间的抚养义务和赡养义务进行了规定。《宪法》第49条第3款规定："父母有抚养教育未成年子女的义务，成年子女有赡养扶助父母的义务。"《未成年人保护法》的家庭保护一章和《老年人权益保障法》家庭赡养和扶养一章中对父母与子女之间的抚养、赡养关系进行了具体的规定。

二、条文演变

《民法典婚姻家庭编（草案）》（一审稿）第843条直接沿用了《婚姻法》第21条第2款和第3款的表述，规定："父母不履行抚养义务的，未成年子女或者不能独立生活的成年子女，有要求父母给付抚养费的权利。成年子女不履行赡养义务的，无劳动能力或者生活困难的父母，有要求成年子女给付赡养费的权利。"

《民法典婚姻家庭编（草案）》（二审稿）将《婚姻法》第21条第2款中的"无劳动能力"修改为"缺乏劳动能力"，规定："父母不履行抚养义务的，未成年子女或者不能独立生活的成年子女，有要求父母给付抚养费的权利。成年子女不履行赡养义务的，缺乏劳动能力或者生活困难的父母，有要求成年子女给付赡养费的权利。"

本条规定自《民法典婚姻家庭编（草案）》（二审稿）后，便未作修改。

三、学者建议稿及域外立法例

"人民大学2005稿"第457条规定："父母对未成年子女有抚养、教育的义务。成年子女对父母有赡养、扶助的义务。父母子女之间的扶养义务，适用本编第七章的有关规定。禁止溺婴、弃婴和其他残害婴儿的行为。"[①]该条将父母的抚养对象限定为"未成年子女"，将对父母的赡养义务人限定为"成年子女"。同时该建议稿由于专设扶养章，故而将"赡养""抚养"统一为"扶养"。与本条直接相关的内容被规定在建议稿第503条以下的统一扶养法中。

"社科院2013稿"第1803条规定："子女有接受父母抚养的权利。父母应当抚养、照料未成年子女的生活，为未成年子女的健康成长提供必要的条件。"[②]第1809条规定："子女应当尊重、帮助和孝敬父母。"第1810条规定："子女在与父母共同生活期间，有义务承担与其年龄、体力和健康相适应的家

---

① 王利明主编：《中国民法典学者建议稿及立法理由：人格权编·婚姻家庭编·继承编》，法律出版社2005年版，第306页。

② 梁慧星主编：《中国民法典草案建议稿附理由：亲属编》，法律出版社2013年版，第243页。

务劳动。”[①]同时，该稿在扶养一章就父母对子女的抚养和子女对父母的赡养进行了专门规定。第1869条规定：“父母对子女有抚养的义务。父母不履行抚养义务时，未成年的或者不能独立生活的子女，有要求父母给付抚养费的权利。父母离婚后，不与子女共同生活的一方有给付子女抚养教育费的义务。”第1870条规定：“子女对父母有赡养、扶助的义务。子女不履行赡养义务时，无劳动能力的或者生活困难的父母，有要求子女给付赡养费的权利。”[②]

“社科院2019稿”第99条规定：“父母应当抚养、照料未成年子女的生活，为未成年子女的健康成长提供必要的条件。父母不履行抚养义务时，未成年的或不能独立生活的子女，有请求父母给付抚养费的权利。成年子女有义务赡养、扶助父母。子女对父母的赡养义务，不因父母的婚姻关系变化而终止。子女不履行赡养义务时，无劳动能力的或生活困难的父母，有请求子女给付赡养费的权利。”[③]

域外立法例中，通常将父母子女之间的扶养作为血亲扶养的一部分，但同时设置了一些特殊规则。以《德国民法典》为例，父母子女关系作为血亲扶养的一部分，适用第1601条以下规范。同时，在第1602条第2款就未成年人的抚养需求，第1603条第2款就抚养义务人的给付能力，第1606条就多数抚养义务人之顺序关系，第1611条第2款就抚养义务之限制或者消灭，第1612条第2款就抚养之方法，第1612条之一就未成年人子女之最低抚养费数额等处对未成年人之抚养作出了特殊的规定。

三 规范目的或功能

本条是父母子女关系的重要内容，规定了子女的抚养费给付请求权和父母的赡养费给付请求权的要件。养老育幼是中华民族的传统美德，是我国家

① 梁慧星主编：《中国民法典草案建议稿附理由：亲属编》，法律出版社2013年版，第254—255页。

② 梁慧星主编：《中国民法典草案建议稿附理由：亲属编》，法律出版社2013年版，第345—348页。

③ 陈甦主编：《中国社会科学院民法典分则草案建议稿》，法律出版社2019年版，第371页。

庭法的核心价值。虽然国家在一定程度上参与了对未成年人和老年人的照顾，但是家庭扶养仍然具有基础性地位。抚养义务是父母对子女承担的最基本、最主要的义务，为保障子女的基本生活条件和健康成长的权利得以实现提供了法律依据。[①]同样，子女对父母的赡养义务在我国法上亦具有重要意义。《民法典》第26条规定了父母对未成年子女的抚养、教育和保护的义务，成年子女对父母的赡养、扶助和保护的义务，这是对父母子女之间相互扶养的一般性规定。抚养和赡养均有广义和狭义之分。狭义的抚养和赡养仅指本条意义的抚养费和赡养费给付，而广义的抚养和赡养则泛指身心照料和经济供养。易言之，抚养费给付只是抚养的一种形态。然而，抚养的其他形态因涉及人身自由，不可强制。故本条实际上是规定了不以其他形态履行抚养义务时，应给付抚养费。

除本条外，《民法典》第1071条第2款规定了父母对非婚生子女的抚养费给付问题。《民法典》第1085条第1款规定了非直接抚养方父母对子女的抚养费给付问题。此两条规定均是对本条规定在特定情形中的再次强调，本条当然适用于非婚生子女和离婚后的子女。

本条适用于被法律所承认的生父母子女关系、养父母子女关系。在生父母要求解除收养关系的场合，因抚养费给付之基础消失，已经发生的给付成为生父母的不当得利。不过，根据《民法典》第1118条第2款的规定，养父母要求不当得利返还请求权在收养因其对养子女实施虐待、遗弃而解除情形下消灭。在成年养子女与养父母解除收养关系情形中，应区分养子女是否存在虐待、遗弃养父母的状况。根据《民法典》第1118条第1款的规定，如果收养因成年养子女虐待、遗弃养父母而解除，则抚养费之给付演变为不当得利，应当予以返还。除此之外，即使收养关系解除，也不溯及既往地发生不当得利返还的问题。但是在所有情形下，经养父母抚养的成年养子女对于缺乏劳动能力又缺乏生活来源的养父母均有给付生活费的义务。此项义务与本条规定的赡养费给付义务存在本质的不同，它并不是父母子女关系的内容。

在有抚养教育关系的继父母与继子女场合，本条是否适用不无疑问。根据《民法典》第1072条规定，继父或者继母和受其抚养教育的继子女间的权

① 参见陈苇主编：《婚姻家庭继承法学》，中国政法大学出版社2018年版，第142页。

利义务关系，适用本法关于父母子女关系的规定。但是在实践中，法院一般认为这一关系与收养存在明显的差别。如果继父母与生父母之间的婚姻关系消灭，拟制血亲之基础丧失，继父母不承担抚养义务。①所谓婚姻关系消灭包括继父母与生父母离婚和生父母一方死亡两种情形。有法院认为，此时继父母既无抚养义务，又无抚养权利，应交由其生父母抚养。②当然，亦有法院认为，从有利于未成年人的角度出发，由其继父母继续抚养更为妥当，生父母无权要求变更。③其重要理由在于，《最高人民法院关于继父母与继子女形成的权利义务关系能否解除的批复》认为有抚养教育关系的继父母与继子女的关系不能自然消灭，需要进行解除。此时本质上是类推适用有关于收养解除的规定，包括类推适用其中的抚养费返还和生活费给付规定。④事实上，此情形为自愿抚养，属于受法律保护的事实状态，与本条所规定的法律上的抚养义务存在明显的区别。从《离婚案件子女抚养问题的意见》第13条的规定中，亦不难看出，如果继父母在其婚姻关系消灭后自愿抚养的，如对未成年人的成长有利，理应予以承认。⑤在实践中，亦有法院出于保护未成年人利益之考量，认为在未成年人无人抚养时，应由继父母继续承担抚养义务。⑥这一意见并不合理，此时应由国家监护介入，而非强制由不愿意继续承担抚养义务的继父母继续抚养。

不过在赡养情形中，通过抚养教育关系既已形成的继父母与继子女关系中继子女对继父母的赡养义务不因其生父母死亡或者与继父母离婚而受影响，

---

① 例如，饶某某与彭某某抚养费纠纷案，新疆生产建设兵团阿拉尔垦区人民法院（2016）兵0103民初820号民事判决书；廖某某与梁某某离婚纠纷案，湖南省涟源市人民法院（2016）湘1382民初1247号民事判决书。

② 参见武某与宋某变更抚养关系纠纷案，河南省新乡市中级人民法院（2015）新中民四终字第422号民事判决书。

③ 参见刘某某与李某某抚养权纠纷案，河南省社旗县人民法院（2016）豫1327民初282号民事判决书。

④ 参见赵某某与张某某解除继母子权利义务关系案，载《人民法院案例选·一九九七年第三辑》（总第21辑），人民法院出版社1997年版，第68页。

⑤ 参见张某与刘某甲抚养纠纷案，山东省德州市中级人民法院（2016）鲁14民终1766号民事判决书。

⑥ 参见李某某诉郭某抚养费纠纷案，载《人民法院报》2005年3月29日第11版。

继子女应按照本条第2款的规定，继续履行赡养费给付义务。[①]

值得注意的是，根据《民法典》第37条的规定，即使父母或者子女被撤销监护资格，仍然应继续履行本条项下义务。

规范内容

一、子女的扶养费请求权

（一）父母不履行抚养义务

所谓扶养是指“特定亲属间根据法律的明确规定而存在的经济上相互供养、生活上相互扶助的权利义务关系”[②]。生活上的照料不仅包括实际的照顾，还包括精神上的关心。广义的扶养包括长辈对晚辈的抚养、同辈之间的扶养（即狭义的扶养）以及晚辈对长辈的赡养。本条所设父母对子女的抚养和子女对父母的赡养是扶养法中最为典型的形态。就本条第1款所规定的抚养而言，通常情况下意指“父母应向未成年子女提供必要的物质经济条件，并在日常生活中给予充分照料，从而创造一个有利于子女身心健康成长的生活环境”[③]。在例外情况下，父母对于成年的子女亦承担抚养义务。我国法上的抚养义务内涵和外延均与域外立法例存在明显的区别。本条所规定的父母不履行抚养义务实际上是指父母不履行除抚养费给付以外的其他形态的抚养义务。如果父母已经通过实际的人身照顾对子女进行抚养，则不构成本条意义上的不履行抚养义务。

父母对于子女的抚养是父母子女关系的本质，这一义务具有强制性，父母双方不能通过协议排除对子女的抚养义务。父母也是子女抚养的第一义务人，根据《民法典》第1074条、第1075条的规定，只有父母已经死亡或者父母无力抚养时，祖父母、外祖父母或者有负担能力的兄姐才有抚（扶）养义

---

① 例如，任某甲与段某赡养纠纷案，重庆市第一中级人民法院（2016）渝01民终367号民事判决书；窦某与李某1、李某2变更赡养关系纠纷案，河北省迁安市人民法院（2018）冀0283民初4024号民事判决书。

② 杨大文、龙翼飞主编：《婚姻家庭法》，中国人民大学出版社2018年版，第208—209页。

③ 陈甦主编：《民法总则评注》（上册），法律出版社2017年版，第179页。

务。如果祖父母、外祖父母或者兄、姐以及其他人在父母不履行抚养义务时代位进行了事实上的抚（扶）养，则其可根据不当得利或者无因管理要求父母支付抚（扶）养费用。

（二）主体：未成年子女或者不能独立生活的成年子女

本条第1款适用于未成年子女或者不能独立生活的成年子女。值得探讨的是，本条是否适用于年满16周岁，以自己的劳动收入作为主要生活来源的未成年人。《民法典》第18条第2款规定："十六周岁以上的未成年人，以自己的劳动收入为主要生活来源的，视为完全民事行为能力人。"《离婚案件子女抚养问题的意见》第11条第2款规定："十六周岁以上不满十八周岁，以其劳动收入为主要生活来源，并能维持当地一般生活水平的，父母可停止给付抚育费。"有学者认为这一阶段的未成年子女应被排除在抚养费权利人之外，因其已然丧失接受父母抚养的基本条件，有必要加以限定。[①]如果子女已工作并有独立的经济收入，则无需父母负担其抚养费。[②]但是即使已满十六周岁的未成年人辍学参加工作，若经济收入无法负担其生活需求时，父母仍需承担一定的抚养义务。[③]

根据《婚姻法解释（一）》第20条和《离婚案件子女抚养问题的意见》第12条的规定，不能独立生活的成年子女是指尚在接受高中及其以下学历教育，或者丧失或未完全丧失劳动能力等非因主观原因而无法维持正常生活，确无独立生活能力和条件的成年子女。父母在有给付能力的前提下，仍应负担必要的抚养费。一是虽已年满18周岁，但仍接受高中及其

---

① 参见曾燕波：《英国的子女抚养费法律制度及其启示》，载《政治与法律》2008年第11期。

② 例如，魏某某与何某某、中国平安财产保险股份有限公司东乡支公司机动车交通事故责任纠纷案，江西省抚州市东乡区人民法院（2017）赣1029民初1215号民事判决书；崔某甲、崔某乙、崔某丙与胡某抚养费纠纷案，江苏省南京市江宁区人民法院（2014）江宁江民初字第228号民事判决书；郭某某与廖某某同居析产、小孩抚养纠纷案，湖南省永州市中级人民法院（2011）永中法民二终字第249号民事判决书。

③ 参见秦某甲与王某某离婚纠纷案，湖南省湘潭市中级人民法院（2016）湘03民终13号民事判决书。

以下学历教育的子女，父母仍需给付抚养费。[①]二是丧失或未完全丧失劳动能力，无法维系正常生活的成年子女，具体是指因智力或精神健康状况不能完全辨认自己行为的成年人，即无民事行为能力人和限制民事行为能力人或因身体健康状况如残疾、患有疾病等原因无法独立生活的成年子女。[②]

实践中最具争议的是父母对于已年满18周岁的接受大学及以上学历教育的子女是否应当给付抚养费。由于对“无独立生活能力”的判断无具体标准，审判实践对于成年的大学生是否能够独立生活判断不一。其裁判结果往往分为两类，一类是以子女正在接受高中以上学历，并且未能提供证据证明其本人因丧失或未完全丧失劳动能力等非主观原因而无法维持生活，不属于“无独立生活能力的子女”为由不予支持抚养费。[③]父母对于子女大学期间的费用承担不是法定义务，可自愿支付，但不具有强制性。另一类裁判结果认为大学生欠缺独立生活的能力，在其无收入来源时，父母在有经济能力的情况下，应当提供适当帮助，不应拒绝承担子女在大学期间的教育费、生活费等费用。[④]“父母愿意给付的，属于赠与行为，并非履行法定抚养义务。”[⑤]在柳甲与柳乙抚养权纠纷一案中，法院认为大部分大学生仍以学习为主，通过勤工

① 例如，常某甲等与常某乙抚养费案，河南省登封市人民法院（2008）登民一初字第938号民事判决书；巩某甲与徐某某抚养费纠纷案，山东省济南市中级人民法院（2016）鲁01民终3179号民事判决书。

② 例如，范某与周某某抚养费纠纷案，山东省高级人民法院（2014）鲁民监字第57号民事判决书；刘某甲与刘某乙抚养费纠纷案，湖北省武汉市中级人民法院（2015）鄂武汉中民终字第01746号民事判决书；付某某与付某甲抚养费纠纷案，山东省东营市东营区人民法院（2014）东民初字第2790号民事判决书。

③ 参见孙某某与王某某抚养费纠纷案，吉林省高级人民法院（2016）吉民申706号民事裁定书；陈某甲与陈某乙抚养费纠纷案，江苏省扬州市中级人民法院（2014）扬民终字第1734号民事判决书；董某某与崔某某抚养费纠纷案，辽宁省辽河中级人民法院（2016）辽74民终4号民事判决书。

④ 参见韩某甲与韩某乙抚养费纠纷案，山东省枣庄市中级人民法院（2016）鲁04民终417号民事判决书；张某甲与张某乙抚养费纠纷案，辽宁省沈阳市中级人民法院（2016）辽01民终645号民事判决书；王某1与王某2抚养费纠纷案，河北省张家口市中级人民法院（2018）冀07民申23号民事裁定书。

⑤ 刘成安：《子女要求父母支付大学学费的诉讼请求应否支持——关于一起支付子女教育费纠纷案件的法律思考》，载《山东审判》2002年第6期。

俭学或助学贷款往往也无法负担大学高昂的费用，因此在所需费用明显高于一般标准的情况下，可以将其视为“非因主观原因而无法维持正常生活”，父母仍有义务负担一定的费用。[①]后一观点更为合理，但仍需要考察具体情形，成年子女在接受高等教育时需要体谅父母的状况，不能一概要求其父母支付抚养费。至于成年子女接受研究生教育，则原则上不应承认其对父母有抚养费给付请求权。

（三）抚养费的确定和变更

本条所称抚养费包括子女的生活费、教育费和医疗费等费用。《离婚案件子女抚养问题的意见》对离婚后的子女抚养问题进行了细致的规定。其他情形下的子女抚养亦可以参照适用该规定。该司法解释第7条第1款规定：“子女抚育费的数额，可根据子女的实际需要、父母双方的负担能力和当地实际生活水平确定。”其中最为核心的因素是子女的抚养需求和父母的抚养能力。当地的一般生活水平只具有参考意义，父母的抚养费数额确定并不是客观的，应当考虑父母和子女的具体状况。《离婚案件子女抚养问题的意见》第7条第2款就有固定收入情况下，抚养费占收入的比例进行了规定：“有固定收入的，抚育费一般可按其月总收入的百分之二十至三十的比例给付。负担两个以上子女抚育费的，比例可适当提高，但一般不得超过月总收入的百分之五十。”第3款就父母无固定收入情形中的抚养费数额进行了规定：“无固定收入的，抚育费的数额可依据当年总收入或同行业平均收入，参照上述比例确定。”不难发现，完全客观化的同行业平均收入或者当地年均消费支出具有决定性，确定抚养费的根本依据仍然是生活保持义务。即使父母的收入低于当地最低标准，其仍然有义务从中给付一部分抚养费。又根据该条第4款的规定：“有特殊情况的，可适当提高或降低上述比例。”这实际上表明抚养费的确定应当考虑具体情况，上述比例并不具有完全的强制性。

根据《民法典》第1085条第2款规定，即使有相关协议和判决，子女仍

---

① 参见柳甲与柳乙抚养权纠纷案，湖南省湘西土家族苗族自治州中级人民法院（2019）湘31民终415号民事判决书。

可在必要的时候向父母提出超出原定数额的合理要求。《离婚案件子女抚养问题的意见》第18条规定，当原定数额不足以维持当地实际生活水平或是因子女患病、上学实际所需增加以及有其他正当理由需要增加时，父母应当随之增加抚养费。虽然审判实践往往基于未成年人利益最大化原则，在适用该条时较为宽松，但是在变更抚养费时仍应综合考虑其他因素。[①]同时父母在因收入明显减少、长期患病或丧失劳动能力、无经济来源等原因而无力给付或无力按原数额给付时，可适当减少抚养费。[②]

二、父母的赡养费请求权

（一）成年子女不履行赡养义务

“百善孝为先”，孝道是我国传统文化的标志。在孝文化的理念中，正是由于父母自觉做出了牺牲，所以要强化父母对子女的权利，平衡父母子女之间的权利义务。[③]赡养义务是法定的义务，子女不能与父母通过协议的方式免除该义务。根据《民法典》第1069条的规定，子女对父母的赡养义务不因父母婚姻状况的变化而终止。子女也不能以放弃继承或者父母订立了遗嘱为由不履行赡养义务。与抚养义务相似，赡养义务同样有广义和狭义之分。《老年人权益保障法》第14条第1款规定：“赡养人应当履行对老年人经济上供养、生活上照料和精神上慰藉的义务，照顾老年人的特殊需要。”此为广义的赡养，而狭义的赡养仅指经济上的供养。

一是经济上的供养，即为父母提供必要的经济来源。随着家庭结构的变化，父母子女长期处于分离的状态，子女远离父母的生活，其最直接的赡养方式就是给付一定的赡养费。赡养费的范围不仅包括父母的生活费，还应包括医疗费、护理费等其他费用。无论父母子女是否共同生活居住，

① 参见郭晓娟、张忠星：《变更抚养费应符合法定条件》，载《人民司法》2015年第22期。

② 参见《上海市高级人民法院民事审判第一庭婚姻家庭纠纷办案要件指南（二）》第2部分第5条；最高人民法院民事审判第一庭编著：《婚姻家庭案件审判指导》，法律出版社2016年版，第363页。

③ 参见马尽举：《孝文化与代际公正问题》，载《道德与文明》2003年第4期。

子女都应当根据父母的实际需求承担相应义务。[①]但是，存在多个赡养义务人时，与父母共同生活、承担实际照顾义务的子女可以不承担或者少承担赡养费。

二是生活上的照料，首先，对于生活上不能自理的父母，子女应当承担照料责任，不能亲自照料的，子女委托他人代为照料。其次，照料的范围不仅包括父母的生活，还包括父母的生产。例如，《老年人权益保障法》第17条规定："赡养人有义务耕种或者委托他人耕种老年人承包的田地，照管或者委托他人照管老年人的林木和牲畜等，收益归老年人所有。"最后，子女应当保障父母基本的生活环境，为父母妥善安置适宜的住房条件，不得强迫父母居住在条件低劣的房屋内，同时子女对父母自有房屋的缺漏之处，有修缮的义务。

三是精神上的慰藉，《老年人权益保障法》第18条将精神赡养写入法律。子女对父母的精神赡养表现为关心、理解、尊重父母的精神生活，给予精神上的慰藉，满足父母对精神生活的需求。有无精神赡养直接影响着老年人的生活质量以及家庭关系。由于当前大多数子女与父母并没有共同生活在一起，空巢家庭越来越多，很多父母缺少陪伴，尤其是丧偶的父母一方，更需要精神上的慰藉。有学者提出："老年精神需求包括了三个维度的'需求'，即自尊的需求、期待的需求和亲情的需求。"[②]由此可见，子女不仅要赡养父母，更应当关心、尊重父母，关注父母的精神需求，满足父母对亲情的渴望和对精神世界的期待，使他们精神愉悦、生活幸福，真正实现"积极老龄化"。[③]

但精神赡养入律是否合理、是否必要，争议颇多。有学者认为思想性的精神支持属于道德调整的范围，与子女的道德水平密切相关，法律可以强制规范子女的具体行为，但是否能够达到精神赡养的目的不能仅仅依靠法律的强制规定，也不能强制执行。[④]然而，面对我国老年人精神生活处于困境的现

---

① 参见杨遂全编著：《婚姻家庭亲属法学》，清华大学出版社2011年版，第147页。

② 穆光宗：《老龄人口的精神赡养问题》，载《中国人民大学学报》2004年第4期。

③ 参见李欣：《"家庭养老"保障论——以亲属法之保障为视角》，载《河北法学》2011年第29卷第8期。

④ 参见余延满：《亲属法原论》，法律出版社2007年版，第512—513页。

实，将探望老人写进法律也是为了满足老年人对精神赡养的需求和渴望，有利于维系亲情伦理和家庭关系，立法者将这一道德问题转化为法律问题没有法理障碍，只是为了现实需要也未尝不可。[①]江苏省高级人民法院在《家事纠纷案件审理指南（婚姻家庭部分）》第21条中明确规定，父母主张子女履行探望等精神赡养义务的，应予支持。司法实践中亦有不少法院明确支持精神赡养和生活照料诉求，[②]但不可否认的是，要求子女探望或者实际照顾父母的判决不能被强制执行，只能起到敦促子女履行其义务的功能。即使子女违反裁判文书确定的义务，也不能依据《刑法》第313条的规定，判处子女犯拒不执行判决、裁定罪。本条第2款所谓不履行赡养义务是指不履行除给付赡养费外的其他赡养义务。

（二）主体：缺乏劳动能力或生活困难的父母

《老年人权益保障法》将老年人的范围限制为60周岁以上的人群，但是子女对父母的赡养义务不应以年龄为限，本条第2款不以年龄作为适用要件，而是以“缺乏劳动能力或者生活困难”为要件，易言之，即使父母年龄未满60周岁，亦可能存在赡养需求。

缺乏劳动能力是指，父母因年老、疾病、残疾等原因无法从事体力或者脑力劳动，丧失或部分丧失劳动能力的情况。生活困难是指父母无法以自己的收入或者财产维持生活。需要注意的是，这里的“生活困难”是客观上的被动生活困难，而不是主观所致生活困难。生活困难往往是伴随缺乏劳动能力而产生的，但二者并不需要同时存在。易言之，只需要满足其中一项要件即可。尤其是在父母虽然生活不困难，但缺乏劳动能力时，子女仍需按照本条规定给付赡养费。只是在此种情形中，子女给付父母的赡养费数额可酌情降低。[③]同样，

---

① 参见王家国：《“精神赡养”与中国法制的亲情伦理回归》，载《法学》2015年第1期。

② 例如，吴某甲、吴某乙等与李某某、吴某丙赡养费纠纷案，江苏省苏州市中级人民法院（2020）苏05民终714号民事判决书；郭某与魏某赡养费纠纷案，福建省福州市中级人民法院（2014）榕民终字第2746号民事判决书；陈某某与林某甲等赡养案，广东省广州市越秀区人民法院（2016）粤0104民初3808号民事判决书。

③ 参见唐某甲与唐某乙赡养纠纷案，安徽省马鞍山市中级人民法院（2015）马民一终字第00461号民事判决书。

对于虽有劳动能力但客观上生活困难的父母，子女仍然需要履行赡养义务，给付赡养费保证父母的基本生活。[①]

（三）赡养费的确定

与抚养费的确定相类似的是，赡养费的确定同样不存在客观标准，而是需要综合考量作为赡养义务人的子女的赡养能力和作为赡养权利人的父母的赡养需求，当地一般生活水平仅具有参照意义。赡养费的计算同样需要以生活保持义务而非生活扶助义务为标准。

举证责任

在抚养费纠纷中，子女方需承担证明其实际抚养需求。[②]在成年子女请求给付抚养费的场合，成年子女一方还需证明其不能独立生活。在增加抚养费纠纷中，子女需证明原定抚养费数额不足以维持当地实际生活水平，或者子女的实际需要超过原定数额，或者有其他正当理由以及父或母有给付能力。在赡养费纠纷中，应由作为赡养权利人的父母举证证明其生活困难或者缺乏劳动能力，有赡养需求。[③]至于抚养或者赡养能力，原则上应由承担抚养义务的父母或者承担赡养义务的子女方来证明。尤其是在减少抚养费或者赡养费纠纷中，应由父母或者子女举证证明其生活境遇发生变化，无实际给付能力，抚养或者赡养能力降低。当然考虑到家事案件中需要被抚养的子女或者被赡养的父母通常处于弱势一方，法院可根据具体情况通过职权调取相关证据，以有效保护权利方的利益。

① 参见邵某某与邵某甲、邵某乙等赡养纠纷案，江苏省徐州市云龙区人民法院（2015）云民初字第721号民事判决书。

② 例如，王某甲与唐某某抚养费纠纷案，上海市静安区人民法院（2016）沪0106民初9253号民事判决书；陈某甲与陈某乙抚养费纠纷案，广东省佛山市顺德区人民法院（2014）佛顺法容民初字第2211号民事判决书。

③ 例如，曾某与曾某1赡养纠纷案，贵州省遵义市红花岗区人民法院（2019）黔0302民初7632号民事判决书。

其他问题

一、抚养与赡养的关系

“亲属间的扶养在形式上都是对应、对等和互动的，显示出权利义务的平等性和一致性。但是由于父母与子女的扶养能力和扶养需求的不同，父母对子女的抚养与子女对父母的赡养之间往往存在非等价性。”[①]有学者认为在家庭养老中赡养关系保持的前提就是父母对子女的经济制约，即父母的财产对子女生活的硬性约束，[②]表现在子女对父母财产的依赖。同时，现代家庭养老中的父母对子女的责任义务观，使父母更倾向于尽量自己解决问题以减轻子女负担，而这种代际失衡中的责任感被多数社会成员接受。[③]

对于父母未抚养子女，子女是否还应当履行赡养义务的问题，一种观点认为，在父母未对子女尽到抚养教育之义务的情况下，子女无需承担对父母的赡养义务。[④]或者父母没有将子女抚养成人，可相应免除部分赡养费。[⑤]另一种观点认为，父母未抚养子女不是免除赡养义务的法定条件，而且抚养义务与赡养义务并不是对等的关系，所以子女仍应当承担相应的赡养义务。[⑥]有学者认为应当区别对待，如果父母未尽抚养义务是因父母能力等客观原因则不能免除子女的赡养义务；如果父母因虐待、遗弃等已构成

---

① 余延满：《亲属法原论》，法律出版社2007年版，第511页。

② 参见王跃生：《中国家庭代际关系的维系、变动和趋向》，载《江淮论坛》2011年第2期。

③ 参见杨善华、贺常梅：《责任伦理与城市居民的家庭养老——以“北京市老年人需求调查”为例》，载《北京大学学报》（哲学社会科学版）2004年第1期。

④ 参见周某某与肖某甲、肖某乙赡养费纠纷案，四川省宜宾市筠连县人民法院（2019）川1527民初663号民事判决书。

⑤ 参见颜某某与朱某赡养费纠纷案，江苏省无锡市惠山区人民法院（2018）苏0206民初1876号民事判决书。

⑥ 参见唐某甲与唐某乙赡养纠纷案，湖南省资兴市人民法院（2018）湘1081民初358号民事判决书；明某某与王某1、王某2赡养纠纷案，上海市青浦区人民法院（2016）沪0118民初10538号民事判决书；杨某某与王某某赡养费纠纷案，辽宁省大连市甘井子区人民法院（2016）辽0211民初12255号民事判决书。

犯罪行为的主观原因给子女造成损害，子女可拒绝承担赡养义务。[①]江苏省高级人民法院发布的《家事纠纷案件审理指南（婚姻家庭部分）》具有较大的参考意义。该意见第23条规定："父母因经济能力限制或者其他客观原因未履行抚养义务，子女主张免除赡养义务的，不予支持。但父母存在有抚养能力而拒不履行抚养义务或者对子女实施虐待、遗弃、故意杀害等行为，情节严重的，可以酌情减轻子女的赡养义务，构成犯罪的，可以免除子女的赡养义务。"

二、抚养、赡养与监护的关系

抚养是独立于监护之外的父母对子女在经济和生活上进行供给和照料的法定义务，源于亲子血缘关系的本能，是父母基于子女的出生应当承担的法定强制义务。[②]在我国采纳大监护概念的立法模式下，监护和抚养仍然存在一定的区分。监护的内容通常包含人身、财产保护和法定代理三个方面，并不包含本条意义上的抚养费给付义务。监护人不一定负抚养义务，但是抚养人往往具有监护的职责。[③]然而在特定情形下，父母被剥夺监护资格以后，仍然具有给付抚养费的义务。

《老年人权益保障法》第26条规定了老年人的监护制度，是对我国成年监护制度的立法突破，包括老年人意定监护和指定监护两个部分的内容，不仅体现了对老年人自我意识的尊重，老年人有权决定自己的监护人，还扩展了指定监护的适用范围。《民法总则》第33条（纳入《民法典》，成为《民法典》总则编第33条）在此基础上创设了适用于所有成年人的意定监护制度，但仍然以行为能力作为要件。在法定监护场合，子女虽然处于第二顺位，但是其在扶养法上却处于第一顺位。同样，子女不能以父母通过意定监护的方式确立其他人为监护人为由，拒不履行赡养义务。

① 参见陈苇主编：《婚姻家庭继承法学》，中国政法大学出版社2018年版，第146页。

② 参见夏吟兰：《民法典未成年人监护立法体例辩思》，载《法学家》2018年第4期。

③ 参见杨遂全编著：《婚姻家庭亲属法学》，清华大学出版社2011年版，第181页。

第一千零六十八条【父母教育、保护未成年子女的权利义务】

父母有教育、保护未成年子女的权利和义务。未成年子女造成他人损害的，父母应当依法承担民事责任。

历史由来

一、本条来源

本条源于《婚姻法》第23条，该条规定："父母有保护和教育未成年子女的权利和义务。在未成年子女对国家、集体或他人造成损害时，父母有承担民事责任的义务。"本条将《婚姻法》第23条中的"保护和教育"修改为"教育、保护"，将"国家、集体或他人"修改为"他人"。这一修订使得条文表述更为精确，概念使用更为合理。这些修订只是文字上的修订，内容未作任何实质变化。

二、条文演变

（一）《民法典婚姻家庭编（草案）》（一审稿）

一审稿第844条将《婚姻法》第23条中的"国家、集体或他人"修改为"他人"，是为了与总则编中关于人的分类相呼应。具体条文如下：

"父母有保护和教育未成年子女的权利和义务。未成年子女造成他人损害的，父母应当依法承担民事责任。"

（二）《民法典婚姻家庭编（草案）》（二审稿）

二审稿第844条将"保护和教育"改为"教育和保护"，与总则编第26条的表述相一致。具体条文如下：

"父母有教育和保护未成年子女的权利和义务。未成年子女造成他人损害的，父母应当依法承担民事责任。"

（三）《民法典婚姻家庭编（草案）》（三审稿）

三审稿第844条将"教育和保护"改为"教育、保护"，内容上未作实质变更。具体条文如下：

“父母有教育、保护未成年子女的权利和义务。未成年子女造成他人损害的，父母应当依法承担民事责任。”

三、学者建议稿及域外立法例

“人民大学2005稿”第462条规定：“父母对未成年子女依法享有亲权，行使亲权既是父母的权利，又是父母的义务。”[①]

“法学会稿”第79条第1款规定：“父母有照护未成年子女的义务和权利。父母照护包括对未成年子女的抚养、保护、教育，以及对其财产的管理和必要的处分。”第81条第3款规定：“未成年子女享有受父母保护的权利。未成年子女对他人造成损害的，父母有承担民事责任的义务。”第81条和第83条分别规定了父母对子女人身和财产的照护。

“社科院2013稿”第1804条规定：“子女有接受父母的教育、人格尊严受到尊重的权利。父母应当疼爱、教育子女，关心子女的学习并促进其在身体、智力、品德、人格方面的健康发展。”第1805条规定：“子女有接受父母保护的权利。子女有权维护自己的权益不受父母滥用照顾权的侵害。”[②]并于第1819条规定了父母的财产管理权，第1820条规定了父母保护未成年子女人身、财产的义务。

域外立法中，父母对子女的教育、保护义务通常被涵盖在亲权或者父母照顾这样的概念中。例如，《日本民法典》第820条规定：“行使亲权的人有监护及教育子女的权利和义务。”《俄罗斯家庭法典》第54条第2款规定：“每个子女有权尽可能地在家庭中生活和受教育、有权知道自己的父母、有权受父母的照顾、有权与父母共同居住，但上述情况与子女的利益相抵触的除外。子女具有受自己父母的教育、保障其利益、尊重其人格尊严的权利。”根据该法第56条的规定，子女有权维护自己的权利和合法利益，不受父母或替代父

---

① 王利明主编：《中国民法典学者建议稿及立法理由：人格权编·婚姻家庭编·继承编》，法律出版社2005年版，第310页。

② 梁慧星主编：《中国民法典草案建议稿附理由：亲属编》，法律出版社2013年版，第245—247页。

母的人滥用。而对于未成年子女对第三人造成损害的民事责任，往往规定在侵权责任部分。例如，根据《日本民法典》第714条的规定，无责任能力人不负责任的情形，对该无责任能力人负法定监督义务的人，赔偿该无责任能力人对第三人施加的损害。

规范目的或功能

本条规范旨在明确父母是教育、保护未成年子女的第一责任人。家庭是最有利于未成年子女健康成长和生活的环境，父母是子女的法定抚养人和监护人，父母子女之间天然的血缘关系使得父母自然而然具有保障子女健康成长的责任和义务，对子女负有当然首要责任。[①]《未成年人保护法》在“家庭保护”章就父母对子女的教育、保护问题进行了细致的规定。除此之外，《教育法》第19条、《义务教育法》第11条均对父母在未成年人接受义务教育上的义务进行了明确规定。《民法典》第26条概括性地规定了父母的抚养、教育和保护义务。其中本条所涉及的教育和保护义务属于广义上的抚养，是父母与子女权利义务的重要组成部分。

本条第2句属于引致性规范，指向《民法典》第1188条。第2句旨在强调父母应强化对未成年子女的教育，预防未成年子女造成他人损害。如未成年子女造成他人损害，则应按照《民法典》侵权责任编的规定承担替代责任。这一规定既包含保护被侵权人的目的，也包含保护未成年人利益的目的。

规范内容

一、父母的教育、保护责任

（一）教育、保护的性质

父母对子女的教育和保护是基于亲权的权利，其上位概念即亲权。[②]随着

① 参见夏吟兰：《比较法视野下的“父母责任”》，载《北方法学》2016年第1期。

② 参见林秀雄：《亲属法讲义》，台北元照出版有限公司2018年版，第322页。

社会的发展和家庭观念的变化，子女的利益越来越受到重视，在子女本位的家庭立法中，亲权不仅是父母的权利，同时也是父母的义务，其义务属性愈加明显。[①]首先，教育、保护未成年子女是父母的义务，未成年子女有受父母教育、保护的权利。其次，教育、保护未成年子女也是父母的权利，其他人不得干涉。正是基于这样的原因，有学者建议将“父母责任”作为权利义务的上位法律术语，作为权利义务的总称，以子女本位为出发点，更强调父母应当承担的义务。[②]

（二）教育、保护的内容

教育是指父母应当依照法律和道德的要求，采取适当合理的方法对未成年子女进行管教，保护子女的身心健康成长。[③]当然，伴随着家庭功能的变化，父母对子女的一部分教育权利已经转移给国家和社会。父母必须依照法律的规定，保障未成年子女接受义务教育。父母应当为未成年子女的教育提供必要的条件，尤其是提供经济上的支持，承担相应的教育费用。教育费用的承担需要综合考量父母的抚养能力和未成年子女的抚养需求。

父母对子女的教育应以无暴力教育为原则，父母不能通过体罚、变相体罚或者其他对子女身心造成严重损害的方式来实施教育。根据《未成年人保护法》第11条的规定，父母应当充分考虑未成年人的生理、心理状况和行为习惯，以健康的思想、良好的品行和适当的方法教育和影响未成年人，引导未成年人进行有益身心健康的活动，预防和制止未成年人吸烟、酗酒、流浪、沉迷网络以及赌博、吸毒、卖淫等行为。父母的教育应以发展未成年人的健全人格为目标。

本条中的保护是指父母对未成年子女人身和财产的保护，避免其利益被不法侵害。在侵害发生时，父母有义务采取必要的救助措施，防止损害扩大，并以法定代理人身份积极维护子女的权益。人身保护主要是指父母应保护未成年子女的身心健康，为子女提供良好的生活环境，并采取必要的安全保护

---

① 参见戴炎辉、戴东雄、戴瑀如：《亲属法》，台北顺清文化事业有限公司2010年版，第416页。

② 参见夏吟兰：《比较法视野下的“父母责任”》，载《北方法学》2016年第1期。

③ 参见胡康生主编：《中华人民共和国婚姻法释义》，法律出版社2001年版，第90—91页。

措施预防人身危险的发生。财产保护则是指父母有义务按照善良管理人的标准采取必要的措施妥善保管子女的财产，防止财产被侵吞或者流失。

（三）父母未妥当履行其教育、保护义务的法律后果

父母未妥当履行其教育、保护未成年子女的义务可能会导致国家的干预或者介入。“由于未成年人身心的弱势特征和权利的易受侵害性，为实现儿童与成年人人权的实质平等，就有必要对未成年人进行特殊的保护”[①]，即国家保护。国家公权力的介入具有其正当性，家庭作为独特的社会团体，其自身的结构与功能支持其通过家庭自治解决内部矛盾，但未成年子女在家庭中处于弱势地位，国家为保护弱者的权利，平衡家庭成员的利益，采取措施对家庭自治进行了适当的限制。[②]由于我国采纳大监护概念，父母对未成年子女的教育、保护可被侵权所涵盖，如果父母未履行其教育、保护义务已经达到《民法典》第36条所规定的严重程度，则其监护资格被剥夺，但不影响其支付子女教育费用义务的承担。但是，如果父母已经被剥夺监护资格，则不存在适用《民法典》第1188条所规定的监护人责任的空间。

二、未成年子女造成他人损害时的父母责任

（一）父母作为监护人的责任

《民法典》第1188条规定：“无民事行为能力人、限制民事行为能力人造成他人损害的，由监护人承担侵权责任。监护人尽到监护职责的，可以减轻其侵权责任。有财产的无民事行为能力人、限制民事行为能力人造成他人损害的，从本人财产中支付赔偿费用；不足部分，由监护人赔偿。”对于监护人责任的性质有自己责任和替代责任之争。自己责任说认为父母作为未成年子女的监护人，理应履行管教子女的监护职责，有义务通过监督、管理、教育的方法减少或避免未成年人侵害他人的合法权益，当未成年人致害行为发

---

① 谈婷、夏吟兰：《家庭自治困境下的未成年人监护国家干预立法完善》，载《研究生法学》2019年第34卷第6期。

② 参见夏吟兰：《论婚姻家庭法在民法典体系中的相对独立性》，载《法学论坛》2014年第4期。

生时，父母应当因未尽到监管的职责而承担责任，所以监护人责任发生的基础就在于父母未能胜任监护人的角色，违反了对未成年子女监护的义务和责任。[①]替代责任说则认为，实施侵权行为的主体虽是未成年子女，但是承担侵权责任的却是未成年子女的监护人，侵权行为实施者与责任承担者分离，即使在子女有财产的情况下，由子女的财产赔偿，不足部分仍由监护人承担，所以监护人承担的是替代责任。[②]而且，监护人责任被归置在《民法典》侵权责任编“责任主体的特殊规定”一章中，在体系解释下，未成年子女不承担责任，监护人作为特殊的责任主体，承担的责任不应属于自己的责任，所以替代责任说更为合理。

关于监护人责任的归责原则也存在不同的学说，主要包括过错责任原则、无过错责任原则和过错推定责任原则。在认定监护人责任的性质为自己责任的前提下，监护人往往承担的是过错责任。由于父母在履行监管职责上存在过错，所以应当承担侵权责任。但是无过错责任原则认为，只要未成年子女造成他人损害，无论父母有无过错，一律由父母承担侵权责任。理由是基于特定的身份，父母应当对子女负责，未成年人作为无民事行为能力人或限制民事行为能力人，缺乏认知能力和判断能力，而且通常未成年人也没有相应的赔偿能力；同时父母也是子女的法定受益人，自然需要承担与之相对应的义务。[③]虽然监护人尽到监护责任的可以减轻其侵权责任，但并不是免除责任，监护人承担的仍然是严格责任。过错推定责任原则是为了平衡被侵权人与监护人之间的利益，既可以避免无过错责任原则对监护人造成过于严苛的责任，也可以保护被侵权人的利益。[④]

我国主流观点倾向于无过错责任原则，监护人承担无过错责任，但是无过错责任原则同样存在一些弊端。首先，现行法将监护人的义务与义务

---

① 参见李晓倩：《未成年人致人损害的规范逻辑与立法选择》，载《环球法律评论》2018年第4期。

② 参见程啸：《侵权责任法》，法律出版社2015年版，第388页。

③ 参见胡雪梅：《我国未成年人侵权责任承担制度之合理构建》，载《法学》2010年第11期。

④ 参见蔡颖雯：《论我国未成年人监护人责任制度的完善——兼议侵权责任法的立法选择》，载《法学家》2008年第2期。

违反后果联系在一起，如果适用无过错责任原则，不再考虑监护人尽到监护责任与否，则会割裂两者之间的关系，与法律目的不符。[①]其次，过分强调监护人的严格责任，对监护人不公平，同时也不利于监护人正确适当地实施管教未成年子女的行为。最后，未成年子女实施侵害他人的行为后却可以逃避承担本应承担的责任，会降低其责任意识，不利于对子女的教育和培养。[②]

（二）被监护人的民事行为能力与侵权责任能力

民事能力包括权利能力、行为能力与责任能力，现行法未对责任能力进行界定。责任能力是指自然人对自己从事的加害行为是否需要负责任的认识能力，有无民事行为能力不能简单地等同于有无责任能力，未成年人属于无民事行为能力人或限制民事行为能力人，但不代表其没有判断是非善恶的能力。[③]无责任能力就意味着没有理性辨别行为后果的能力，不承担相应的侵权责任。[④]同时识别能力的判断标准较为抽象，没有统一的标准，以此判断责任能力的有无更侧重对个人的保护，不利于对社会和他人的保护。[⑤]

在我国法上，未成年人有无识别能力不影响监护人承担侵权责任，所以当未成年子女造成他人损害时，监护人仍承担独立责任，而不是与子女承担共同责任。[⑥]即使是在未成年人有财产的情况下，同样不考虑其识别能力。关于《民法典》第1188条（原《侵权责任法》第32条）第2款的性质，学说上存在不同观点。第一种观点认为被监护人承担的是公平责任，第二种观点认为被监护人承担补充责任；第三种观点则认为第2款的规定不具有一般性的意

---

① 参见金可可、胡坚明：《不完全行为能力人侵权责任构成之检讨》，载《法学研究》2012年第5期。

② 参见杨代雄：《适用范围视角下民事责任能力之反思——兼评〈中华人民共和国侵权责任法〉第32条》，载《法商研究》2011年第6期。

③ 参见程啸：《侵权责任法》，法律出版社2015年版，第288页。

④ 参见朱广新：《论未成年人致人损害的赔偿责任》，载《法商研究》2020年第1期。

⑤ 参见梁慧星：《民法总论》，法律出版社2017年版，第68—69页。

⑥ 参见郑晓剑：《侵权责任能力与监护人责任规则之适用》，载《法学》2015年第6期。

义，属于例外规定。[①]我国主流观点认为无论未成年子女有无识别能力，在其承担衡平责任的同时，监护人需要对不足的部分进行补充赔偿。当然，实践中也认为，父母作为监护人承担的是补充责任。[②]

（三）监护人委托他人监护时的责任

《民法典》第1189条规定："无民事行为能力人、限制民事行为能力人造成他人损害，监护人将监护职责委托给他人的，监护人应当承担侵权责任；受托人有过错的，承担相应的责任。"监护人将部分监护责任或全部监护责任委托给他人时，从法律上，其并未丧失监护人的身份，仍应当承担监护责任。[③]在委托监护情形下，父母的监护人资格并没有发生转移，故而其仍应承担第1188条意义上的无过错责任。受托人承担的则是过错责任，只有在受托人进行代为履行监护职责中存在过错才应承担责任。从第1189条相对于《最高人民法院关于贯彻执行〈中华人民共和国民法通则〉若干问题的意见（试行）》第22条的修订来看，不应再将其认定为连带责任，而应认定为按份责任。

（四）父母被撤销监护资格时的责任承担

根据《民法典》第36条以及《依法处理监护人侵害行为意见》第15条的规定，在涉及对父母监护资格撤销的案件中，可以安排临时监护措施。父母是否需要对处于临时监护下的未成年人对第三人的损害承担侵权责任呢？答案是否定的。此时父母虽然监护资格尚未被剥夺，但是已经被限制，无法行使对子女的管教，故而不应当承担侵权责任。举轻以明重，如果父母监护资格被剥夺，虽然其对未成年子女依据《民法典》第37条规定，仍应继续承担给付抚养费的义务，但是由于其已不是监护人，不应适用替代责任规范。故

---

① 参见孙瑞玺：《监护人责任的归责原则及其适用争点解析》，载《法学论坛》2012年第3期。

② 例如：李某娥与李某机动车交通事故责任纠纷案，山东省聊城市中级人民法院（2019）鲁15民申157号民事裁定书；廖某刚与黄某、黄某某机动车交通事故责任纠纷案，四川省乐山市沙湾区人民法院（2017）川1111民初1257号民事判决书。

③ 参见程啸：《侵权责任法》，法律出版社2015年版，第396页。

而，本条第2句所言父母实际上应限缩解释为尚未被剥夺或者限制监护资格的父母。承担侵权责任的基础不在于父母身份，而在于监护人地位。

举证责任

在父母与子女的内部证明责任分配上，应由父母证明其尽到了对子女的教育和保护义务。在未成年子女造成他人损害场合，应适用相应具体侵权类型中的证明责任分配规则。一般情况下，应由被侵权人举证证明侵权责任的构成要件事实。如果作为监护人的父母意欲根据《民法典》第1188条第1款第2句的规定，主张减轻责任，则应由其证明尽到了监护职责。

第一千零六十九条【子女对父母婚姻权利的尊重】

子女应当尊重父母的婚姻权利，不得干涉父母离婚、再婚以及婚后的生活。子女对父母的赡养义务，不因父母的婚姻关系变化而终止。

历史由来

一、本条来源

本条源于《婚姻法》第30条。1950年《婚姻法》第1条即规定了婚姻自由原则。该法第3条进一步规定："结婚须男女双方本人完全自愿，不许任何一方对他方加以强迫或任何第三者加以干涉。"1980年《婚姻法》第2条在规定婚姻自由原则以外，还增加了保护老人合法利益原则，并且该法第3条的禁止性规定中增加了"禁止干涉婚姻自由"的一般性规定。1996年《老年人权益保障法》第18条规定："老年人的婚姻自由受法律保护。子女或者其他亲属不得干涉老年人离婚、再婚及婚后的生活。赡养人的赡养义务不因老年人的婚姻关系变化而消除。"在此后2009年、2012年、2015年和2018年的修正中，该条规定未发生任何变化。

2001年《婚姻法》修订时，我国正在进入老龄化社会，丧偶老人日益成为一个不容忽视的群体。80%的丧偶老人有再婚的愿望，但由于受到传统观念的约束，加之财产分割和子女阻挠，老年人再婚困难重重。[1]立法机关在婚姻法修正案草案的说明中，将保障老年人婚姻家庭权益单独列出，并且指出“我国老龄问题越来越成为一个重要的社会问题。老年人得不到较好的赡养，甚至受虐待、遗弃，以及干涉老年人婚姻的现象，在一些地方时有发生，这些必须引起高度重视。”[2]鉴于此，2001年《婚姻法》吸收了《老年人权益保障法》的规定，在家庭关系章对此进行了专门规定。《民法典》第1069条沿用了这一规定。本条自《民法典婚姻家庭编（草案）》（一审稿）后，未作任何修改。

二、学者建议稿

“人民大学2005稿”第458条规定：“子女应当尊重父母的婚姻权利，不得干涉父母再婚和婚后的生活。成年子女对父母的扶养义务，不因父母的婚姻关系变化而终止。”[3]该规定与《婚姻法》的规定基本一致，只有个别表述上的差异。“法学会稿”第85条规定：“子女应当孝敬父母。成年子女对父母有赡养扶助的义务。本项义务，不因父母婚姻关系变化而终止，但父母对子女实施虐待、遗弃、强奸等犯罪行为的除外。子女应当尊重父母的婚姻权利，不得干涉父母再婚以及婚后的生活。”从内容上来看，该建议稿是将《婚姻法》第21条与第30条合并，内容未作调整。

三 规范目的或功能

本条是关于成年子女不得干涉父母离婚和再婚权利实现的规定，是针对现实中出现的子女干涉父母婚姻自由的情形所作出的特别规定。婚姻自由是我国婚姻制度的基石，受到宪法（《宪法》第49条）和法律的保障，它亦是公民依法享有的一项基本权利和自由。《民法典》第110条规定了自然人享有

① 参见王胜明、孙礼海主编：《〈中华人民共和国婚姻法〉修改立法资料选》，法律出版社2001年版，第289页。

② 参见胡康生主编：《中华人民共和国婚姻法释义》，法律出版社2001年版，第227页。

③ 参见王利明主编：《中国民法典学者建议稿及立法理由：人格权编·婚姻家庭编·继承编》，法律出版社2005年版，第458页。

婚姻自主权。《民法典》第1041条规定了婚姻自由原则和保护老年人的合法权益原则。第1042条规定了禁止干涉婚姻自由原则。然而在现实中，父母尤其是老年父母再婚面临诸多的障碍。其中比较常见的便是子女对父母婚姻自主权的不当干涉。在老龄化社会中，保障父母婚姻自主权是构建和谐稳定的家庭关系的要求。夫妻关系是维系家庭的第一纽带，父母子女关系则是维系家庭的第二纽带。健康的家庭关系是两条纽带利益一致、相互作用、协调一致。子女干涉父母婚姻，则使这两条纽带发生利益冲突。[①]本条正是对这一现象所作出的针对性规定。

《民法典》第26条第2款规定："成年子女对父母负有赡养、扶助和保护的义务。"第1067条第2款规定："成年子女不履行赡养义务的，缺乏劳动能力或者生活困难的父母，有要求成年子女给付赡养费的权利。"从这两条规定不难看出，父母的婚姻状态的变化与其要求子女赡养的权利之间不存在关联。父母不再婚并不是其要求子女赡养的要件。本条第2句是针对实践中子女以不履行赡养义务为要挟干涉父母婚姻自由或者以父母再婚为由拒绝履行赡养义务现象的特别强调。因此，本条在适用和解释时需要结合《民法典》关于婚姻自由和子女赡养的前述规定。

规范内容

一、子女尊重父母婚姻权利的形式

（一）婚姻自主权

本条中的婚姻权利主要是指父母的婚姻自主权。当然，子女也应当尊重父母因婚姻所形成的权利义务。婚姻自主权来源于婚姻自由原则，其本质是"自然人按照自己的意思决定婚姻关系，不受对方或者他人干涉"[②]。我国《民法典》第1041条规定实行"婚姻自由"原则，《民法典》第110条规定"自然

---

① 参见王旭霞：《多层次家庭规制体系之一——非婚同居的历史考察以及重构》，载《兰州大学学报》2009年第37卷第2期。

② 参见梁慧星：《民法总论》，法律出版社2017年版，第99页。

人享有婚姻自主权”。那么，婚姻自主权与婚姻自由的关系如何呢？我国学者认识不一。如有观点认为，婚姻自由是国家的婚姻制度和婚姻立法的基本原则，婚姻自主权则为自然人的具体人格权。一方面，婚姻自主权因婚姻自由制度而产生，并受婚姻自由制度的制约和调整。另一方面，婚姻自由制度是对婚姻自主权的概括和升华，它不再局限于个人的权利和具体的权利，而是上升为法律上的制度，为婚姻自主权的行使提供坚实、可靠的法律制度保障。[①]也有观点认为，从权利与自由的关系来看，婚姻自由即婚姻自主权，婚姻自主权即婚姻自由。从原则与规范的关系来看，《婚姻法》第2条属于原则性规定，所确立的是婚姻自由原则，是立法所追求的价值目标；而《民法总则》第110条则属于法律规范，所确立的是公民的婚姻自主权，其宗旨在于切实实现意思自治（包括婚姻自由）原则。[②]准确说来，二者在性质上分别是具体人格权和基本原则，但二者的内核是一致的。婚姻自由原则虽然规定在婚姻家庭编，但与此相连的婚姻自主权并不是一项身份权，而是一项涉及意志自由的精神人格权。[③]

婚姻自由包含两层含义：一是结婚自由，即公民按照自己的意愿，在法律规定的范围内决定是否结婚、与谁结婚、何时结婚，以及如何结婚等问题，任何人不得阻止干涉；二是离婚自由，即夫妻双方都有权基于夫妻感情破裂或者婚姻破裂，依照婚姻家庭编规定的程序提出离婚，任何人不得阻碍和干预。[④]与此相应，婚姻自主权也包含着两方面的内容。婚姻自主权的行使必须符合法律的规定。婚姻家庭编明确规定了结婚的条件和程序、离婚的条件和程序，这些规定划清了在婚姻问题上合法与违法的界限。婚姻自主权既不允许任何人侵犯，也不允许当事人滥用。[⑤]

实践中，对婚姻自主权的侵害经常伴随着对人身自由权的侵害，但二者存在一定的差异。人身自由在我国实证法体系中具有两层含义：首先，作为

---

① 参见杨立新：《人格权法专论》，高等教育出版社2005年版，第374页。

② 参见余延满：《亲属法原论》，法律出版社2007年版，第54页。

③ 参见王利明：《人格权法研究》，中国人民大学出版社2005年版，第402页。

④ 参见陈苇主编：《婚姻家庭继承法学》，中国政法大学出版社2018年版，第46页。

⑤ 参见房绍坤、范李瑛、张洪波编著：《婚姻家庭与继承法》，中国人民大学出版社2018年版，第9页。

一般人格权存在，即《民法典》第990条第2款；其次，作为具体人格权存在，即《民法典》第1003条和第1011条。通常我们所说的人身自由权是指后者，属于身体权的范畴，不包括精神自由。[①]如果以限制人身行动自由的方式妨碍他人婚姻自主权的行使，则可能同时侵害权利人的婚姻自主权和身体权。盗用他人名义结婚，并不是侵害人身自由权的问题，而属于侵害姓名权的问题。[②]

（二）子女的义务

婚姻自主权在性质上属于绝对权、对世权，其他任何人都负有不得妨碍之义务。权利人的子女自然也应当负担此种消极义务，不得以任何理由妨碍和干涉父母婚姻自主权的行使。“尊重父母婚姻权利”和“不得干涉父母再婚以及婚后的生活”从正反两个面向明确了子女的义务，但本条并未规定违反的法律效果，在性质上属于不完全法条。

虽然我国《民法典》第110条规定了婚姻自主权，但该条只是赋权性规定。对其具体保护仍需结合人格权编及侵权责任编的具体规定。《民法典》第995条规定：“人格权受到侵害的，受害人有权依照本法和其他法律的规定请求行为人承担民事责任……”就子女干涉父母婚姻自主权的侵权责任而言，在责任成立上应满足以下要件：（1）子女有侵害父母婚姻自主权的行为。这里的侵害行为主要指子女干涉阻止老年人再婚的行为。需要探讨的是以不履行法定或者约定义务为要挟是否为干涉父母再婚自主权的行为要件，最典型的情况是子女以不赡养老人和不提供赡养费为要挟，阻止老年人再婚。成年子女有赡养老人的义务，不履行赡养义务，缺乏劳动能力或生活困难的父母有权要求子女给付赡养费，父母可以请求子女履行赡养义务或给付赡养费，因此子女的这种不作为的要挟只是义务的不履行，父母可以诉请法院要求强制给付扶养费，故而此种行为并没有对父母的婚姻自由意志造成实质妨碍，不能构成对婚姻自主权的侵害。[③]还有一种比较特

---

① 参见程啸：《侵权责任法》，法律出版社2015年版，第174—175页。

② 参见王利明：《人格权法研究》，中国人民大学出版社2005年版，第299页。

③ 参见陈苇主编：《婚姻家庭继承法学》，中国政法大学出版社2018年版，第147页。

殊的情形，子女以死相逼或以断绝父母子女关系来要挟父母不再婚。同样，这里并不构成法律意义上的胁迫，不属于侵犯婚姻自主权。因为当事人的意志在这种情况下并没有被干涉，只是他必须在两种情感中作出选择而已。[①]（2）造成了他人婚姻自主权被侵害的结果，这里主要包括使不想结婚的当事人结婚、想结婚的当事人无法结婚等不能自由决定自己婚姻状况的行为。如果造成其他后果，如遭到身体上的伤害，或名誉上的损失，也可以根据其他权利请求法院保护。（3）干涉行为与损害后果之间有因果关系。因果关系应采用直接因果关系说，即干涉行为直接导致了损害后果的出现。（4）行为人主观上存在故意。

就侵权责任的形态而言，婚姻自主权受侵害的父母可以要求加害人停止侵害、排除妨碍，如果造成严重精神损害的，还可以依据《民法典》第1083条主张精神损害赔偿。

此外，本条规定中，子女不得干涉父母再婚后生活是指子女不得干涉父母的隐私权。《民法典》第1032条第2款规定，隐私是自然人的私人生活安宁和不愿为他人知晓的私密空间、私密活动、私密信息。父母再婚后的生活安宁属于隐私权的范畴。子女不当干涉父母再婚生活属于对父母隐私权的侵害，应承担相应的民事责任。

二、子女应继续履行赡养义务

根据《老年人权益保障法》第14条的规定，广义的赡养是指经济上供养、生活上照顾和精神上慰藉。狭义的赡养则是指在物质上和经济上提供必要的生活条件，其核心是赡养费的给付，与扶助和保护相区分。扶助是成年子女在精神上和生活上对父母的关心、帮助和照顾。[②]《民法典》第26条第2款规定："成年子女对父母负有赡养、扶助和保护的义务。"该条中的赡养即狭义的赡养。而《民法典》第1067条所规定的"赡养义务"则应作广义理解。本条中的赡养义务亦同样应作广义理解。按照《老年人权益保障法》的规定，子女

---

① 参见杨大文：《婚姻自主权的检讨》，载《河北大学学报》（哲学社会科学版）2006年第31卷第1期。

② 参见曹诗权主编：《婚姻家庭继承法学》，中国法制出版社2008年版，第212页。

履行赡养义务包括但不限于为老年人提供医疗保障，对老年人进行生活照料，妥善安排老年人的住房，解决老年人耕地耕种和牲畜、林木照管问题，关心老年人的精神需求等。赡养费给付只是其中一方面。但是，在子女不履行赡养义务时，只有赡养费给付义务可被强制执行，其他义务因涉及人身自由，不可被强制执行。

子女对父母履行赡养义务在性质上属于法定义务，父母子女之间只能就赡养的具体方式进行约定，但不能免除其赡养义务。同样，作为赡养义务人的子女之间所达成的赡养协议，如涉及赡养义务的排除，同样是无效的。

父母要求子女赡养的权利是父母子女关系的重要组成部分，在要件上首先以有效的父母子女关系为基础，包括生父母子女关系、养父母子女关系以及形成了抚养教育关系的继父母子女关系。此外，需要子女有赡养能力，父母有赡养需求。在涉及赡养费给付时，子女的赡养能力判断应采生活保持义务标准。依据《民法典》第1067条第2款的规定，父母的赡养需求主要是指父母缺乏劳动能力或者生活困难。这些要件中并不包含父母的婚姻状况。父母子女之间的权利义务并不因父母婚姻关系的变化而消除。[①]《民法典》第1040条即规定，父母与子女间的关系，不因父母离婚而消除。同样，这种关系也不因父母再婚而消除。子女不能以父母再婚为由，拒不履行对父母的赡养义务。

三 其他问题

对于子女不履行赡养义务的，需要赡养的父母可以通过有关部门进行调解或者向人民法院提起诉讼。人民法院在处理赡养纠纷时，应当坚持保护老年人合法权益的原则，通过调解或者判决使子女依法履行赡养义务。[②]另外，从“中国裁判文书网”案例检索来看，因老年人婚姻自由受到侵害而提起诉讼的案件几乎没有，已有案件中虽然提到老年人再婚自由受到侵害，但案件

① 参见夏吟兰主编：《婚姻家庭继承法》，中国人民大学出版社2017年版，第170页。

② 参见胡康生主编：《中华人民共和国婚姻法释义》，法律出版社2001年版，第228页。

的最终落脚都是在赡养纠纷上，[①]如年迈父母再婚后，继子女与继父（母）的关系不融洽而不支付赡养费或不理会老人，嫌老人丢脸。审理法院只对子女如何给付年迈老人赡养费作出判决，并未提及父母的再婚问题，也并未以本条作为审判依据。

第一千零七十条【父母子女相互遗产继承权】

父母和子女有相互继承遗产的权利。

历史由来

一、本条来源

本条源于《婚姻法》第24条第2款，未作任何调整。《婚姻法》第24条第2款规定："父母和子女有相互继承遗产的权利。"1950年《婚姻法》第14条规定："父母子女有相互继承遗产的权利。""1951年4月《中央人民政府法制

---

① 相关判决如下：戴某甲与戴某乙、戴某丙赡养纠纷案，苏州市中级人民法院（2015）苏中民终字第03413号民事判决书；周某某与江某甲、江某乙等赡养费纠纷案，重庆市江津区人民法院（2017）渝0116民初2748号民事判决书；焦某甲与焦某戊、焦某乙等赡养纠纷案，太原市杏花岭区人民法院（2016）晋0107民初1676号民事判决书；张某某与谭某某抚养费纠纷案，济南市中级人民法院（2016）鲁01民终1117号民事判决书等。以老年人再婚为关键词在"中国裁判文书网"搜索到的案例中，还有一种类型的案件比较常见，即老年人再婚后，一方死亡，双方子女为遗留遗产分割发生纠纷。再婚各方自己的亲生子女与对方未形成扶养关系，使得一方子女不再享有对继父或继母遗产的继承权，再婚后双方又长期共同生活，由此造成各方就相关财产权益争议较多。在某些案例中，老年人再婚前签订了《老年人再婚协议》，该协议系真实有效，一方死亡后应按照协议处理财产，但其中违反法律规定的条款，需法官考虑被继承人与其配偶的再婚时间，夫妻共同财产获得情况和背景以及继子女是否对年迈的继父母多加照顾等相关因素予以析产分割，而不是按照一般夫妻死亡时的平均分割方法，否则会实质上侵害其他家庭成员的合法权益。另外，对于《老年人再婚协议》上约定的"房屋给对方居住，但无继承权"的条款，法院予以肯定，并且这类居住权具有对抗效力。相关判决如下：孙某1、孙某2法定继承纠纷案，宜春市中级人民法院（2018）赣09民终1014号民事判决书；庄某某、庄某1法定继承纠纷案，贵阳市中级人民法院（2018）黔01民终5884号民事判决书；王某、孙某某确认合同无效纠纷案，淄博市中级人民法院（2018）鲁03民终2480号民事判决书；苏某1与谢某法定继承纠纷案，南宁市兴宁区人民法院（2019）桂0102民初420号民事判决书等。

委员会办公厅关于子女继承权问题的函复》规定，已嫁的子女对于父母遗产的继承，不问父母死亡是在婚姻法公布之前或之后，均应依照《婚姻法》第14条的精神办理。”[①]1980年《婚姻法》沿用了1950年《婚姻法》的规定，对文字表述进行了细微调整。该法第18条第2款规定：“父母和子女有相互继承遗产的权利。”2001年《婚姻法》修订时未对该条作任何调整。

二、条文演变

从结构上来看，《民法典》将《婚姻法》第24条第1款和第2款分别拆分为第1061条与本条，其原因在于《民法典》婚姻家庭编第三章“家庭关系”分为两节，分别为“夫妻关系”与“父母子女关系及其他近亲属关系”，将夫妻之间有相互继承权的规定置于夫妻关系一节，将父母和子女之间有相互继承权的规定置于父母子女关系一节，在条理上较《婚姻法》中不加区分的表述更加层次分明。从《民法典婚姻家庭编（草案）》（一审稿）开始就未再作任何调整。

三、学者建议稿

“人民大学2005稿”第459条规定：“父母和子女有相互继承遗产的权利，具体事项适用本法继承编的有关规定。”在《婚姻法》第24条第2款的条文之外增加适用条款是为了明晰此处的继承权是继承期待权，也有利于明确婚姻法和继承法之间在调整婚姻家庭关系上的具体分工。[②]

三 规范目的或功能

本条是父母子女关系的效力规定，旨在强调父母子女相互继承的法律地位，但是父母或者子女所享有的继承权并不是指向相对方。根据《民法典》第1045条的规定，父母、子女不仅是近亲属，也是当然的家庭成员，是最为

---

① 参见程维荣：《中国继承制度史》，中国出版集团东方出版中心2006年版，第456页。

② 参见王利明主编：《中国民法典学者建议稿及立法理由：人格权编·婚姻家庭编·继承编》，法律出版社2005年版，第308页。

亲密的亲属关系之一。根据《民法典》第1127条，子女、父母都是第一顺序法定继承人。

规范内容

一、前置条件：法律所承认的父母子女关系

（一）自然血缘关系中子女和父母的继承权

自然血缘关系中的父母、子女又被称为亲生父母和亲生子女。自然血缘所形成的父母子女关系既包括婚生父母子女关系，也包括非婚生父母子女关系。根据《民法典》第1071第1款和第1127条第3款的规定，非婚生子女与婚生子女在继承上有同等地位。同样，父母婚姻关系的变化也不会影响其与子女的关系，即便父母离婚，他们与子女间的相互继承遗产的地位不会受到影响。需要注意的是，此处所称自然血缘中的子女和父母是指被法律所承认的子女和父母。如果子女被送养，根据《民法典》第1111条第2款的规定，养子女与生父母以及其他近亲属间的权利义务关系，因收养关系的成立而消除。此时，双方不再具有父母子女关系，不再享有继承权。根据《最高人民法院关于贯彻执行〈中华人民共和国继承法〉若干问题的意见》第19条的规定，被收养人对养父母尽了赡养义务，同时又对生父母扶养较多的，除可依继承法第10条的规定继承养父母的遗产外，还可依继承法第14条规定分得生父母的适当的遗产。此时养子女并不是生父母的继承人，而是属于继承人以外对被继承人扶养较多的人（《民法典》第1131条）。在特定情形下，具有自然血缘的生父母关系应当先根据《民法典》第1073条的规定进行确认，获得法律上的父母子女身份，才能享有继承权。

（二）养子女和养父母的继承权

养父母与养子女相互间虽不具有自然血亲关系，但基于收养这一法律行为，他们之间确立了拟制的父母子女关系。根据《民法典》第1111条第1款的规定，自收养关系成立之日起，养父母与养子女间的权利义务关系，适用本法关于父母子女关系的规定。亦即，适用本条的规定。收养关系合法成立

并有效，是养父母遗产继承权存在的前提。[①]又根据《最高人民法院关于贯彻执行〈中华人民共和国继承法〉若干问题的意见》第22条的规定，收养他人为养孙子女，视为养父母和养子女的关系的，可互为第一顺序继承人。但此种情况仅限于《收养法》实施之前。养父母离婚的，双方仍然应对养子女履行抚养义务，并有权继承养子女的遗产。[②]

（三）形成扶养教育关系的继子女和继父母的继承权

继父母子女关系原则上属于姻亲关系，继父母和继子女不享有相互继承遗产的权利。《民法典》第1072条第2款规定："继父或者继母和受其抚养教育的继子女之间的权利义务关系，适用本法关于父母子女关系的规定。"据此，有抚养教育事实的继父母与继子女适用本条规定。根据《民法典》第1127条第3款的规定，《民法典》继承编所称子女，包括婚生子女、非婚生子女、养子女和有扶养关系的继子女。又根据该条第4款的规定，《民法典》继承编所称父母，包括生父母、养父母和有扶养关系的继父母。

但是需要注意的是，此处的"扶养"是仅局限于《民法典》第1072条意义上继父母对继子女的抚养还是包含继子女对继父母的赡养不无疑问。在王某等两人与茹某等五人法定继承纠纷案中，一审法院认为由于茹家五兄弟姐妹在其继母王某华与其生父茹某才结婚时均已成年，故茹家五兄弟姐妹并非与王某华"有扶养关系的继子女"，故不能作为王某华的第一顺位法定继承人继承王某华的遗产，只能基于其对王某华进行过赡养的事实，作为"继承人以外对被继承人扶养较多的人"酌情分得遗产。[③]相反的意见则认为，若父母再婚时，继子女已成年，继父或继母未对其进行抚养，但继子女在继父或继母年老病重时对其尽了赡养义务，继子女仍可作为第一顺序法定继承人继承遗产。因为根据《民法典》第1129条规定，丧偶儿媳对公婆、丧偶女婿对岳父母尽了主要赡养义务的，应作为第一顺序法定继承人。那么即使是没有形

---

① 参见杨大文、龙翼飞、夏吟兰主编：《婚姻家庭法学》，中国人民大学出版社2013年版，第188页。

② 参见夏吟兰主编：《婚姻家庭继承法》，中国人民大学出版社2017年版，第193页。

③ 参见王某等两人与茹某等五人法定继承纠纷案，北京市第二中级人民法院（2011）二中民终字第17199号民事判决书。

成扶养关系的继子女，在尽了主要赡养义务时，也应作为第一顺序法定继承人继承。[①]不过这种理解有突破身份关系法定性的基本原则，并不可取。《民法典》第1131条所规定的酌分请求权制度已经足以保障继子女的利益，不需要以突破身份关系类型法定原则为代价。

即使继父母对继子女存在第1072条意义上的抚养教育，继子女对继父母的继承权是否还需以其履行对继父母的赡养义务为前提呢？有观点认为，根据权利义务的一致性，继父母对继子女的抚养教育只能产生其对继子女的继承权，不能产生继子女对继父母的继承权，继子女继承权的产生还需要其履行了对继父母的赡养义务。[②]此种观点实际上背离了此种动态家庭关系的构造。只要继父母对继子女的抚养教育关系成立，双方就产生了拟制血亲关系，就应当适用本条的规定，不应再附加其他条件。并且，与继父母对继子女的抚养不同，此时继子女对继父母的赡养是出于法定义务，而非自愿进行。即使在继父母与生父母婚姻关系终止，已经形成的拟制血亲关系仍然存在，根据《民法典》第26条第2款和第1067条第2款的规定，并参照《最高人民法院关于继母与生父离婚后仍有权要求已与其形成抚养关系的继子女履行赡养义务的批复》，继父母在其年老需要赡养时仍然有要求继子女对其进行赡养的权利。是否尽到赡养义务只是可能会对遗产的具体分配产生影响。在陈某某等与王某某、陈某析产继承纠纷案中，法院认为陈某元与王某某结婚时陈某不满6岁，陈某元一直抚养其至成年，尽了较大的抚养义务。但陈某元去世时，陈某刚成年不久，对陈某元并未尽主要赡养义务，故在肯定陈某享有继承权的同时，在具体分配遗产时应结合其

---

① 参见李某甲与李某乙、李某丙法定继承纠纷案，新疆石河子市中级人民法院（2015）石民初字第0971号民事判决书。

② 例如，在原告何某1、何某2、何某3、何某4、何某5、方某与被告邓某1、邓某2、邓某3继承权纠纷中，法院认为判断是否形成扶养关系从以下方面考虑：1.继父母对未成年的继子女履行了抚养义务：（1）继子女受继父母经济上的供养；（2）继子女受继父母生活上的抚养、教育。2.继子女对继父母履行了赡养义务：（1）成年继子女在经济上供养继父母；（2）成年继子女在生活上扶助继父母。参见荆门市东宝区人民法院（2016）鄂0802民初1136号民事判决书。另外，该观点在陈某1、陈某3与陈某2法定继承纠纷案中也有所体现，参见北京市第二中级人民法院（2017）京02民终5062号民事判决书。

所尽义务情况酌情处理。[①]

还应注意的是，与收养不同，在此种拟制血亲下，养子女与生父母的关系并不消灭，因此，其享有继承继父母遗产的同时，仍然有继承其生父母遗产的权利。

（四）人工生育子女的继承权

随着科学技术的进步，日益普遍的人工生育现象引发出复杂的法律问题。1991年《最高人民法院关于夫妻关系存续期间以人工授精所生子女的法律地位的复函》指出："在夫妻关系存续期间，双方一致同意进行人工授精，所生子女应视为夫妻双方的婚生子女，父母子女之间权利义务关系适用《婚姻法》的有关规定。"即便是夫妻双方一致同意利用他人精子进行人工授精并使女方受孕后，男方后悔但女方坚持生育的，不论子女是否在夫妻关系存续期间出生，都应视为该对夫妻的婚生子女，父母和子女有互相继承遗产的权利。

另外，如丈夫死亡后，配偶利用其生前保留的精子（非指捐献到精子库的精子）受孕生育的子女可否为"父亲"一方继承人？此种情况下，根据《民法典》第16条的规定，在涉及遗产继承时，胎儿被视为具有民事权利能力，但并不能由此得出胎儿是继承人。父母子女相互继承遗产的权利以合法有效的父母子女关系为前提。此时，由于欠缺男方的同意，父亲与子女的法律关系并不成立，不应承认此种情形下的子女与被继承人间的亲子关系。[②]即使是在婚姻关系中，妻子未经丈夫同意擅自利用其精子所生育的子女，如嗣后男方拒绝追认，男方与子女之间并不存在法律上的亲子关系。[③]当然，如果丈夫死亡前在遗嘱中明确同意妻子使用其精子，妻子未再婚并愿意使用亡夫的精子的，法律应当允许妻子使用亡夫的精子进行

---

① 参见陈某某等与王某某、陈某析产继承纠纷案，北京市第二中级人民法院（2011）二中民终字第12618号民事判决书。

② 参见郭明瑞：《完善法定继承制度三题》，载《法学家》2013年第4期。孙国祥：《人工生育技术的法律问题》，载《南京大学学报》（哲学·人文科学·社会科学）2002年第6期。

③ 参见曹新明：《现代生殖技术的民法学思考》，载《法商研究》2003年第4期。有学者称这是为夫一方的否认权，夫一方可以否认该子女是自己的婚生子女，不承担父的责任。参见杨立新：《亲属法专论》，高等教育出版社2005年版，第190页。

授精。[①]

在体外授精的情况下，可能存在“遗传父母”（卵子和精子的提供者）、“孕育母亲”（怀孕胎儿的代理母亲）、“养育父母”（婴儿的抚养者）。虽然有观点认为应当优先考虑扶养，将养育父母作为法律上的父母，[②]但这一观点并不是我国目前的通说。我国目前的通说认为孕育者为母，法律上父亲的确定则首先适用婚生推定规则或者知情同意规则，在婚生推定的父亲否认亲子关系后，适用血缘真实主义。至于孕育母亲可通过扩张解释《民法典》第1072条中的“继母”予以保护。[③]此时应分别适用前述自然血缘中的子女和父母的继承权以及形成抚养教育关系继子女与继父母的继承权规则。

二、相互继承遗产的含义

继承权在两种含义上被使用：第一种含义是指继承开始前的继承权，其性质为期待权，其内核是为继承人之权利；第二种含义是指继承开始后的继承权，其性质为既得权，根据继承人是否放弃继承又可定性为中间状态的形成权与最终状态的支配权。[④]本条所称相互继承遗产是指第一种含义，指向父母与子女的继承资格。这并不表明他们能实际取得遗产。首先，根据《民法典》第1125条的规定，父母和子女可能因特定情形而丧失继承权。《民法典》第1125条规定了五种丧失继承权的法定事由：（1）故意杀害被继承人；（2）为争夺遗产而杀害其他继承人；（3）遗弃被继承人，或者虐待被继承人情节严重；（4）伪造、篡改、隐匿或者销毁遗嘱，情节严重；（5）以欺诈、胁迫手段迫使或者妨碍被继承人设立、变更或者撤回遗嘱，情节严重。其中对于第3种至第5种情形，如果继承人有悔改表现并且被继承人宽恕其行为，

---

① 参见周平、胡纪平：《异质人工生殖中亲子关系界定之法律准则探讨》，载《中南民族大学学报》（人文社会科学版）2014年第4期。

② 参见孙国祥：《人工生育技术的法律问题》，载《南京大学学报》（哲学·人文科学·社会科学）2002年第6期。

③ 参见罗荣某、谢某某与陈某监护权纠纷案，上海市第一中级人民法院（2015）沪一中少民终字第56号民事判决书。

④ 参见陈棋炎、黄宗乐、郭振恭：《民法继承新论》，台北三民书局2016年版，第14—18页。

其继承权不丧失。此五项情形对于子女、父母均有适用的可能。此外，如果父母和子女立有遗嘱，对遗产进行了特殊处分或者生前与其他人签订了遗赠扶养协议，那么作为第一顺位法定继承人的子女或者父母也可能无法取得遗产。即使不存在这些情形，根据《民法典》第1130条第4款的规定，有扶养能力和有扶养条件的继承人，不尽扶养义务的，分配遗产时，应当不分或者少分。因此在其转化为继承既得权之前，不存在被侵害的问题，也就不能主张继承回复请求权。但继承人可以面向未来放弃继承权，在司法实践中，多数法院均认定在继承开始之前这类放弃继承的约定或声明有效，在被继承人死亡后，承诺放弃继承权一方不享有财产继承权。[①]根据《民法典》第1067条的规定，成年子女有赡养父母的法定义务，子女不履行赡养义务时，无劳动能力的或生活困难的父母，有要求子女付给赡养费的权利。根据《老年人权益保障法》第19条的规定，赡养人不得以放弃继承权或者其他理由，拒绝履行赡养义务。赡养人不履行赡养义务，老年人有要求赡养人付给赡养费等权利。在实践中，子女作出放弃继承权的声明，同时主张不再履行对年迈父母的赡养义务。[②]这一主张不能获得支持，因为赡养义务并不以将来继承遗产为对价。

举证责任

主张自己具有本条意义上继承权的一方应当证明存在合法有效的父母子女关系。否认的一方应当证明该父母子女关系不存在。所谓存在合法有效的父母子女关系是指在继承开始时存在合法有效的父母子女关系，之前是否存在合法有效的父母子女关系在所不问。

---

① 参见孙某1与孙某2、孙某3、孙某4继承纠纷案，北京市高级人民法院（2017）京民申729号民事裁定书；叶某甲与叶某乙、叶某丙等继承纠纷案，广州市中级人民法院（2016）粤01民终6171号民事判决书；段某某与冯某某、马某甲、马某乙继承纠纷案，焦作市解放区人民法院（2015）解民三初字第391号民事判决书等。

② 参见樊某清与樊某甲、樊某乙、樊某丙、樊某丁、樊某戊赡养费纠纷上诉案，四川省成都市中级人民法院（2018）川01民终10227号民事判决书。

第一千零七十一条【非婚生子女的权利】

非婚生子女享有与婚生子女同等的权利，任何组织或者个人不得加以危害和歧视。

不直接抚养非婚生子女的生父或者生母，应当负担未成年子女或者不能独立生活的成年子女的抚养费。

历史由来

一、本条来源

本条源于《婚姻法》第25条。《婚姻法》第25条规定："非婚生子女享有与婚生子女同等的权利，任何人不得加以危害和歧视。不直接抚养非婚生子女的生父或生母，应当负担子女的生活费和教育费，直至子女能独立生活为止。"

1950年《婚姻法》第15条规定："非婚生子女享受与婚生子女同等的权利，任何人不得加以危害或歧视。非婚生子女经生母或其他人证物证证明其生父者，其生父应负担子女必需的生活费和教育费全部或一部；直至子女十八岁为止。如经生母同意，生父可将子女领回抚养。生母和他人结婚，原生子女的抚养，适用第二十二条的规定。"

1980年《婚姻法》第19条删除了1950年《婚姻法》第15条第3款的规定，并对第2款进行了细微修改，规定："非婚生子女的生父，应负担子女必要的生活费和教育费的一部或全部，直至子女能独立生活为止。"2001年《婚姻法》修订时，对第2款的规定进行进一步的修订，明确父母双方在给付生活费和教育费上的平等地位。此次《民法典》修订主要体现在三个方面：首先，根据《民法典》总则编关于民事主体的分类，将原条文第1款中的"任何人"改为"任何组织或者个人"；其次，将原条文第2款中的"子女"明确为"未成年子女和不能独立生活的成年子女"；最后，将"生活费和教育费"修订为"抚养费"。后两项修订使得本条的表述与《民法典》第1067条第1款的表述相一致。

二、条文演化

"人民大学2005稿"第26条作了前述第一项修改。《民法典婚姻家庭编（草案）》（一审稿）第848条作了前述第二项和第三项修改。从《民法典婚姻家庭编（草案）》（二审稿）起未作任何调整。

规范目的或功能

本条是关于非婚生子女地位及其与父母权利义务的规定。《民法典》第4条规定了平等原则，第1041条第2款规定了保护未成年人利益原则。本条是上述两项原则的具体化。我国对于非婚生子女的保护走在了世界前列，真正贯彻了未成年人利益最大化原则。事实上，无论是婚生子女还是非婚生子女都是《民法典》中的子女，其与父母之间的权利义务不受是否为婚生的影响。伴随着非婚生子女数量的增加，本条之旨意在于有效保护非婚生子女的合法利益。除本条外，《民法典》第1073条关于亲子关系的确认制度主要也是针对非婚生子女，亲子关系的确认是本条的适用前提。

规范内容

一、婚生子女和非婚生子女平等

（一）非婚生子女的概念

非婚生子女系婚生子女的对称，指无婚姻关系之男女所生育的子女。[①]传统的认定标准有二：一为胚胎受孕时，二为子女出生时。对其界定有宽窄之分。一般认为，非婚生子女是指男女双方不存在合法婚姻关系下所生育的子女，包括但不限于：男女双方非婚同居中所生育的子女，婚姻被撤销或者被

---

① 参见杨大文主编：《亲属法与继承法》，法律出版社2013年版，第223页；房绍坤、范李瑛、张洪波编著：《婚姻家庭与继承法》，中国人民大学出版社2018年版，第113页；高凤仙：《亲属法：亲属与实务》，台北五南图书出版股份有限公司2005年版，第263页。

宣告无效婚姻中所生育的子女等情形。

（二）平等的含义

婚生子女与非婚生子女平等具有三方面的含义。首先，婚生子女和非婚生子女的法律地位是平等的，非婚生子女不应当受到任何歧视性对待。其次，婚生子女和非婚生子女享有同等的权利。例如，父母对于非婚生子女也有抚养、教育和保护的义务（《民法典》第26条第1款），在父母不履行抚养义务时，非婚生子女也有权要求父母给付抚养费（《民法典》第107条第1款）。又如，非婚生子女与婚生子女享有平等的继承权（《民法典》第1172条第3款）。最后，非婚生子女应当承担与婚生子女相同的义务。例如，成年非婚生子女与成年婚生子女一样对父母负有赡养、扶助和保护的义务（《民法典》第26条第2款）。又如，在成年非婚生子女不履行赡养义务时，缺乏劳动能力或者生活困难的父母，同样有权要求其给付赡养费（《民法典》第1067条第2款）。总而言之，除特别所指外，法律上所称子女同时包括婚生子女和非婚生子女。

（三）禁止危害或歧视

婚生子女和非婚生子女平等要求任何组织或者个人都不得危害或者歧视非婚生子女。此处所谓危害，泛指一切损害非婚生子女利益的行为。父母歧视非婚生子女违背了其抚养义务和监护人责任。其他人歧视非婚生子女则构成对子女人格尊严的损害。危害和歧视非婚生子女的行为是违法行为，应当承担相应的民事责任。

二、父母对非婚生子女的抚养

（一）前置条件：父母身份的确认

父母对非婚生子女的抚养以身份关系确认为前提，只有法律上的父母才应承担对子女的抚养义务。法律虽然未对何为父母进行明确界定，但根据通说孕出者为母，在母不存在婚姻时，与子女存在血缘关系的男性为父。根据《民法典》第1073条第1款的规定，对亲子关系有异议且有正当理由的，父或者母可以向人民法院提起诉讼，请求确认或者否认亲子关系。确认父母子女关系主要指向确认父亲与子女的关系。在错抱婴儿等场合，亦可能确认母亲与子女的关系。

“一味地追求血缘真实而忽略当事人在常年共同生活中形成的亲情，损坏当事人现存家庭模式和现实生活利益，裁判者应当极力避免产生如此消极的裁判后果。”[①]在非婚生子女确认中，应以婚生推定的否认为前提，如果子女法律上的父亲未提出否认之诉，则潜在的生父不能提起确认之诉。此时子女并不是非婚生子女而是婚生子女。如果潜在的生父提起确认之诉，法院可通过解释“正当理由”要件保护法律上的父亲与子女的关系。

（二）父母对非婚生子女的抚养

根据前述平等原则，婚生子女与非婚生子女处于平等地位，他们在扶养法上同样处于平等地位。在现实中，如非婚生子女的父母以同居状态在一起共同生活，则双方应共同直接抚养子女，其抚养状态与婚生子女所处状态相似。

更多的情形是非婚生子女往往不与父母双方共同生活，这也是本条第2款对此进行强调的重要原因。在此种情况下，父母对于子女的抚养与离婚后子女的抚养相类似。故而在本条第2款未尽之处，可以类推适用《民法典》第1085条关于离婚后子女抚养费给付的规定。易言之，不直接抚养非婚生子女的一方应当负担部分或者全部抚养费，负担费用的多少和期限的长短由父母双方协议，协议不成的，由人民法院判决。同样，父母双方对于非婚生子女抚养费所达成的协议或者人民法院对此作出的判决不妨碍非婚生子女在必要时向父母任何一方提出超过协议或者判决原定数额的合理要求。

在直接抚养权归属判定上，根据《最高人民法院关于人民法院审理未办结婚登记而以夫妻名义同居生活案件的若干意见》第9条规定进行判决。该意见第9条规定：“解除非法同居关系时，双方所生的非婚生子女，由哪一方抚养，双方协商，协商不成时，应根据子女的利益和双方的具体情况判决……

---

① 最高人民法院民事审判第一庭编著：《最高人民法院婚姻法司法解释（三）理解与适用》，人民法院出版社2015年版，第57页。

子女为限制民事行为能力人的，应征求子女本人的意见……”例如，在巴某与普某同居关系纠纷案中，[①]法院在综合考虑了双方抚养能力和经济条件后，听取了作为限制民事行为能力人的子女的意见，对非婚生子女的直接抚养作出了判决。

在具体判定上，可类推适用《民法典》第1084条的规定，不满两周岁的子女，以由母亲直接抚养为原则。已满两周岁的子女，父母双方对抚养问题协议不成的，由人民法院根据双方的具体情况，按照最有利于未成年子女的原则判决。如果非婚生子女已满八周岁，在确定直接抚养权归属时，应当尊重其真实意愿。此外，还可以类推适用《离婚案件子女抚养问题的意见》就子女直接抚养和抚养费确定所作的相关规定。例如，罗某甲与阿某某同居关系纠纷案中，[②]法院即参照《离婚案件子女抚养问题的意见》第3条第3项进行判决。又如，在宋某甲与粱某某同居关系子女抚养纠纷案中，[③]法院即将《离婚案件子女抚养问题的意见》第1条、第7条作为裁判依据。

广义的抚养包括与子女保持接触和联系，即探望。由于非婚生子女往往不与其父和母共同生活，故而探望对于非婚生子女成长的积极意义与离婚后的子女相当，应类推适用《民法典》第1086条关于离婚后父母探望权的规定，赋予不直接抚养非婚生子女的一方探望权，另外一方负有协助的义务。此时，行使探望权的方式、时间由非婚生子女的父母协议，协议不成的，由人民法院判决。同样，如果非婚生子女的父或者母探望子女，不利于子女身心健康的，由人民法院依法中止探望。在中止探望的事由消失后，应当恢复探望。

三、抚养费的具体确定

对于非婚生子女抚养费的给付应采纳和婚生子女相同的标准。根据《婚姻法解释（一）》第21条的规定，抚养费包括子女生活费、教育费、医疗费

---

① 参见西藏自治区那曲地区中级人民法院（2016）藏24民申10号民事判决书。

② 参见四川省凉山彝族自治州中级人民法院（2015）川凉中民终字第777号民事判决书。

③ 参见广西壮族自治区玉林市兴业县人民法院（2014）兴民一初字第640号民事判决书。

等费用。实践中，法院亦据此认定抚养费的范围。[①]在具体抚养费的确定上，同样应采纳生活保持义务基准。类推适用《离婚案件子女抚养问题的意见》第7条第2款的规定，抚养费的具体数额，可根据子女的实际需要、父母双方的负担能力和当地实际生活水平确定。在叶某某与李某某抚养费纠纷案中，[②]法院即通过参照该省上一年度农村居民人均消费性支出额，以该支出额的一半确定非婚生子女的抚养费。实务中，法院通常综合被告的经济条件以及当地实际生活水平具体衡量，[③]亦有法院按上年度农村居民人均生活消费支出[④]，或者在父母收入情况不明时，参考国民经济各行业职工平均工资中居民服务和其他服务业的标准，根据《离婚案件子女抚养问题的意见》第7条所确定的比例[⑤]酌定抚养费数额。在抚养费比例的承担上，有法院认为，直接抚养非婚生子女的父母一方，抚养义务应为非婚生子女所需生活费用的二分之一；[⑥]亦有法院考虑到生父母直接抚养非婚生子女，无疑会耗费更多的精力，故未直接抚养的生父母一方应承担非婚生子女抚养费的70%为宜。[⑦]总体而言，非婚生子女的抚养费数额确定不应采统一的客观标准，而应根据具体情况具体确定，只有无法查明时，才应参照客观标准。计算数额的基准和方法应与离婚后子女保持一致。

---

① 参见宋某甲与梁某某同居关系子女抚养纠纷案，广西壮族自治区玉林市兴业县人民法院（2014）兴民一初字第640号民事判决书。

② 参见叶某某与李某某抚养纠纷案，广东省南雄市人民法院（2014）韶雄法院乌民初字第55号民事判决书。

③ 参见林某某与冯某某同居关系子女抚养费纠纷案，南阳市卧龙区人民法院（2015）宛龙七民初字第164号民事判决书；张某与周某抚养费纠纷案，广州市白云区人民法院（2018）粤0111民初12365号民事判决书。

④ 参见马某某与田某甲同居关系子女抚养纠纷案，宁夏回族自治区永宁县人民法院（2015）永民初字第340号民事判决书。

⑤ 参见侯某甲与王某同居关系子女抚养纠纷案，吉林省长春市二道区人民法院（2013）二民初字第968号民事判决书。

⑥ 支持该观点的判例有陈某某与杜某某同居关系子女抚养纠纷案，南部县人民法院（2016）川1321民初1059号民事判决书；叶某某与李某某抚养纠纷案，广东省南雄市人民法院（2014）韶雄法乌民初字第55号民事判决书；丘某某与文某某同居关系子女抚养纠纷案，贵州省丹寨县人民法院（2017）黔2636民初451号民事判决书。

⑦ 参见马某某与田某甲同居关系子女抚养纠纷案，宁夏回族自治区永宁县人民法院（2015）永民初字第340号民事判决书。

举证责任

在非婚生子女遭受危害或者歧视而主张侵权责任时，应按照《民事诉讼法》第62条的规定，由其法定代理人证明侵权责任的构成要件。出于保护未成年人利益的特殊考量，法院应强化职权查明。

在抚养费纠纷中，非婚生子女方证明其实际抚养需求，如非婚生子女已经成年，还需证明其不能独立生活。至于抚养能力，原则上应由承担抚养义务的父母方来证明。

第一千零七十二条【继父母子女间的权利义务】

继父母与继子女间，不得虐待或者歧视。

继父或者继母和受其抚养教育的继子女间的权利义务关系，适用本法关于父母子女关系的规定。

历史由来

一、法条来源

该条源于《婚姻法》第27条。《婚姻法》第27条规定："继父母与继子女间，不得虐待或歧视。继父或继母和受其抚养教育的继子女间的权利和义务，适用本法对父母子女关系的有关规定。"本条直接沿用了该规定，未作任何改动。

1950年《婚姻法》虽未明确提出继父母子女的法律概念，但第16条规定"夫对于其妻所抚养与前夫所生的子女或妻对其夫所抚养与前妻所生的子女，不得虐待或歧视"，改变了旧中国封建宗法制度的影响下，继子女的社会地位低下，受人歧视，其正当权益得不到保护的现状。[①]1980年《婚姻法》出现了继父母和继子女的概念，第21条第2款规定："继父或继母和受其抚养教育的继子女间的权利义务，适用本法对父母子女关系的有关规定。"

---

① 参见余延满：《亲属法原论》，法律出版社2007年版，第430页。

二、条文演变

本条在编纂过程中，自《民法典婚姻家庭编（草案）》（一审稿）起未进行任何调整。

三、学者建议稿

在“人民大学2005稿”中，第461条规定：“继父母与继子女间，不得虐待和歧视。继父母与继子女的扶养关系，适用本编第七章的有关规定；但继子女与生父或生母间仍有父母子女的权利和义务。”[①]其修改主要是将“或”改为“和”，以及增加继子女与生父母关系的规定。但在立法草案中，均未就《婚姻法》第27条之规定进行变动。

在“法学会稿”中，第72条首先明确“继父母子女之间不产生权利义务关系，但法律另有规定的除外。继父母收养继子女的，适用本编第六章的规定”。第73条规定“共同生活的继父母子女有互相照护的义务，不得歧视或者虐待”。第74条对于抚养教育关系的标准进行了明晰，“共同生活的继父母与继子女互相扶养五年以上的，其权利义务适用本法关于父母子女关系的规定，但继父母或成年继子女明确表示不愿意形成父母子女权利义务关系的除外，但应对相互扶养期间支出的扶养费用予以适当补偿”。为司法裁判一定程度上提供了指引，但该条的但书条款将继父母子女意愿纳入考量。第75条规定了继父母子女关系可通过书面协议解除，第76条规定存在虐待、遗弃或者其他侵害继父母或者继子女合法权益的行为，以及继父母与成年继子女关系恶化、无法共同生活的，继父母子女之间的权利义务关系因人民法院的生效调解或判决而解除。第77条规范了解除继父母子女关系的法律后果，“继父母子女之间的权利义务关系解除后，经继父母抚养成年的继子女，对丧失劳动能力又缺乏生活来源的继父母，应当给付生活费、医疗费等费用。成年继子女有虐待、遗弃或者其他侵害继父母合法权益行为而解除继父母子女权利义务关系的，继父母可以要求成年继子女补偿支出的抚养费用”。第78条规范分

---

① 王利明主编：《中国民法典学者建议稿及立法理由：人格权编·婚姻家庭编·继承编》，法律出版社2005年版，第309页。

别规定了继父母子女关系的终止。但其建议条文既不具备域外法的先例借鉴，亦在我国没有实施的法律基础，若直接规定在民法典文本中，未免草率。是故，在最终的法案中，并未就继父母子女关系的解除与终止做出规定。[①]

规范目的或功能

本条是对继父母子女关系的规定。伴随着离婚率的上升，再婚家庭日益增多。一方面要维护子女和亲生父母的关系，即不能损害另一方父母和子女的关系；另一方面又要维护事实上已经成立的继父母和继子女的关系，使其不受侵害。[②]继父母子女法律规则需要同时兼顾这两种状态。

由于未成年继子女与继父母共同生活，实践中出现了继父母虐待、歧视继子女的现象，本条第1款是对这一现象的回应，明确规定继父母不得虐待、歧视继子女；本条第2款规定实际上是通过赋予继父母拟制血亲地位的方式，鼓励继父母积极抚养教育继子女，为继子女的成长提供有利的保障。

规范内容

一、未形成抚养教育关系的继父母与继子女

（一）继父母与继子女关系

我国主流观点认为，继父母与继子女关系是指夫妻一方与其配偶在前婚中所生子女（包括养子女）的关系。继父母子女关系产生的原因是父母一方死亡或者是父母离婚，父或母再行结婚而形成。[③]伴随着当代家庭形态的多样化，这一界定显得过于狭窄。尤其是不能涵盖两种较为特殊的情形，一是夫

---

① 参见中国法学会婚姻法学研究会：《民法典婚姻家庭编建议稿》。

② 参见［德］迪特尔·施瓦布：《德国家庭法》，王葆时译，法律出版社2010年版，第346页。

③ 参见王洪：《婚姻家庭法》，法律出版社2003年版，第240页；余延满：《亲属法原论》，法律出版社2007年版，第430页；杨大文：《亲属法》（第五版），法律出版社2012年版，第230页。

妻一方与另外一方婚前所生育子女的关系，二是夫妻一方与另外一方在婚姻关系存续期间与他人所生的子女之间的关系。在罗某某等与陈某抚养纠纷案后，[①]部分学者的观点发生了变化，认为应当将后两种情形也一并纳入，继父母与继子女的关系泛指夫妻一方与另外一方和第三人所生育子女（包括养子女）的关系。[②]不过，仍有反对意见认为，此种扩张解释会破坏身份关系的法定性，并不可取。[③]

继父母子女关系主要具有以下法律特征：（1）再婚主体之间存在合法有效的婚姻关系。（2）继子女是再婚一方在法律上的子女。如在陈某甲与毛某某、俞某某继承纠纷案中，俞某某的生父母离婚后，毛某某虽带领俞某某与陈某某共同生活，但由于毛某某与陈某某并未依法办理婚姻登记，未形成婚姻关系，故陈某某与俞某某之间亦没有形成法定继父女关系。[④]

如果继父母已经根据《民法典》第1103条的规定收养继子女，则双方已经通过收养形成了养父母子女关系，不再适用本条规定。但是，收养关系解除后，则可能适用本条规定。

（二）未形成抚养教育关系继父母之间的姻亲关系

"从身份关系的建立上讲，继父母子女关系是以子女生父母的婚姻为基础的，双方不以建立父母子女关系为初衷，相互间存在的姻亲关系，只是生父母婚姻关系的附随效力。"[⑤]作为姻亲关系，《民法典》婚姻家庭编并未规定继父母或者继子女之间的权利和义务。本条第1款所称不得歧视、虐待实际上是所有人的一般性义务，而非继父母的特定义务。因而，继子女不能根据《民法典》第26条第1款的规定，要求继父母承担抚养、教育和保护义务。实践中，

---

① 参见上海市第一中级人民法院（2015）沪一中少民终字第56号民事判决书。

② 参见朱晓峰：《非法代孕与未成年人最大利益原则的实现——全国首例非法代孕监护权纠纷案评释》，载《清华法学》2017年第1期；彭诚信：《确定代孕子女监护人的现实法律路径——"全国首例代孕子女监护权案"评析》，载《法商研究》2017年第1期。

③ 参见杨婷：《确定养育母亲为代孕子女监护人的必要性》，载《人民司法·案例》2017年第2期。

④ 参见云南省曲靖市中级人民法院（2016）云03民终33号民事判决书。

⑤ 孙若军：《父母离婚后的子女监护问题研究》，载《法学家》2005年第6期。

继父母对继子女的事实抚养是出于自愿，并非法律规定的强制义务。继父母对子女的事实照顾尚不足以构成本条第2款意义上的拟制血亲关系时，亦具有一定的法律意义。首先，由于夫妻之间具有扶助义务，夫妻一方照顾另外一方的未成年子女可被认为是夫妻履行其协助义务的方式，亦可将其解释为委托监护。其次，如果继父母对继子女抚养较多，可根据《民法典》第1131条的规定，在继子女死亡时，可作为继承人以外的对被继承人扶养较多的人要求酌情分得遗产。同样，如果继子女与继父母未形成本条第2款意义上的拟制血亲，继父母不能根据《民法典》第26条第2款的规定，要求继子女承担赡养、扶助和保护的义务。继子女自愿进行赡养的，可作为《民法典》第1131条意义上的酌分请求权人。

需要注意的是，虽然《民法典》婚姻家庭编未就继父母与继子女所形成的姻亲关系规定权利义务，但是在其他领域这一关系可能会具有一定的法律意义。例如，根据《最高人民法院关于适用〈中华人民共和国民事诉讼法〉的解释》第85条的规定，与当事人有夫妻、直系血亲、三代以内旁系血亲、近姻亲关系以及其他有抚养、赡养关系的亲属，可以当事人近亲属的名义作为诉讼代理人。

继父母与生父母婚姻关系终止时，未形成拟制血亲关系的继父母子女关系归于消灭。

（三）不得虐待或歧视

根据《婚姻法解释（一）》第1条的规定，“家庭暴力，是指行为人以殴打、捆绑、残害、强行限制人身自由或者其他手段，给其家庭成员的身体、精神等方面造成一定伤害后果的行为。持续性、经常性的家庭暴力，构成虐待”。姻亲意义上的继父母子女关系不属于《民法典》第1045条第3款所规定的家庭成员。但是根据《反家庭暴力法》第37条的规定，家庭成员以外共同生活的人之间实施的暴力行为，参照该法的有关规定。易言之，继父母如果对继子女实施家庭暴力，同样受《反家庭暴力法》的规制。如果其长期实施家庭暴力可能构成《刑法》第260条规定的虐待罪。由于其对继子女不负有法定的抚养义务，单纯的不作为不可能构成遗弃，故而本条第1款并未规定遗弃问题。

“歧视”指向不公平对待和人格尊严损害。虽然继父母对继子女不具有抚养义务，但是作为共同生活的人，其应当尊重继子女的人格权，不得贬损其人格尊严。且在其具体负责照顾继子女的情况下，应当履行委托监护人的责任，不得损害未成年人的利益。同样，继子女也不得歧视继父母。质言之，继父母和继子女相互之间不能相互虐待和歧视的条款，不因是否形成抚养教育关系而有所区别。[①]这是社会主义尊老爱幼、民主平等新型家庭关系的要求。[②]

继父母虐待或者歧视继子女需要根据《民法典》的相关规定承担侵权责任。

二、形成抚养教育关系的继父母与继子女

（一）抚养教育关系的判断

父母对子女的抚养意指“从物质上供养子女和在日常生活中照料子女，保障子女的生活，使子女得以健康成长”[③]。父母对子女的教育则是指父母按照法律和道德的要求，关心并教导、培育未成年子女，依法使其接受义务教育，人格得到全面发展。[④]由于本条第2款规定的有抚养教育关系的继父母子女关系本质上属于家庭法中的动态类型，需要进行动态判断。然而，无论是《民法典》还是相关司法解释都未明确动态判断的要素。根据其规范目的，参照司法实践，认定“继父母对继子女的抚养教育”通常需要考察以下要素：

第一，在经济上，继父母是否承担了相应的抚养和教育费用。实践中，对于以夫妻共同财产支付子女抚养费和教育费是否构成继父母对继子女抚养教育的问题，司法裁判存在一定的分歧。在刘某与宋某某道路交通事故人身损害赔偿纠纷案中，西安市未央区人民法院、西安市中级人民法院二审、西安市中级人民法院再审、陕西省高级人民法院再审形成了两种完全相反的意见。[⑤]四川省峨眉山市人民法院在另一起案件中形成了与陕西省高级人民法院

---

① 参见胡康生主编：《中华人民共和国婚姻法释义》，法律出版社2001年版，第113页。

② 参见马忆南：《婚姻家庭继承法学》，北京大学出版社2014年版，第160页。

③ 陈甦主编：《民法总则评注》（上册），法律出版社2017年版，第179页。

④ 参见杨大文主编：《亲属法》（第五版），法律出版社2012年版，第213页。

⑤ 参见西安市未央区人民法院（2010）未民桥初字第218号民事判决书；西安市中级人民法院（2010）西民二终字第1737号民事判决书；西安市中级人民法院（2012）西民再终字第00007号民事判决书；陕西省高级人民法院（2013）陕民提字第00034号民事判决书。

完全相反的意见。[①]又如，针对继父母对成年后尚在接受教育的子女进行教育、生活资助是否形成抚养教育关系，洛阳市瀍河回族区人民法院、洛阳市中级人民法院、河南省高级人民法院、甘肃省高级人民法院、山东省寿光市人民法院、上海市黄浦区人民法院同样形成了两种完全相对立的观点。[②]总体而言，如果夫妻一方对其子女（包括未成年子女和不能独立生活的成年子女）本身即有抚养义务，那从夫妻共同财产中支付子女的抚养费不属于无权处分，由此形成的债务也属于夫妻共同债务，不应单纯从共同财产中给付抚养费上认定存在本条意义上的抚养教育事实。

第二，继父母与继子女是否存在共同生活的事实。[③]由于本条第2款的法律拟制是建立在继父母对继子女抚养教育事实之上的，继父母应当事实上照顾继子女的生活，参与继子女的教育。如果双方共同生活时间较短，法院通常会拒绝承认双方具有抚养教育关系的继父母子女关系。例如，在赵某丙与赵某甲、赵某乙、赵某丁、赵某戊、赵某己、赵某庚法定纠纷案中，法院认定赵某己在其母再婚一年后即参加工作，故其与继父赵某某未形成抚养教育关系。另外，因张某甲与其前夫所生子女在其与赵某某再婚时已经十五六岁，故而其子女与赵某某未形成抚养教育关系。[④]有法院指出，抚养时间一般应当在二年以上才能成立继父母与继子女的抚养教育关系。[⑤]当然，如果继子女已

---

① 参见董某某与邱某某、邱某某1、袁某继承纠纷案，四川省乐山市中级人民法院（2017）川11民终1257号民事判决书。

② 参见高某甲与刘某某继承纠纷案，河南省洛阳市中级人民法院（2011）洛民终字第500号民事判决书；高某甲、刘某某等与高某乙、刘某某继承纠纷案，河南省高级人民法院（2016）豫民再45号民事判决书；戴某某与赵某某、赵某1、陈某某法定继承纠纷案，甘肃省高级人民法院（2016）甘民申1109号民事裁定书；杨某某、丁某与董某共有纠纷案，山东省寿光市人民法院（2016）鲁0783民初2110号民事判决书；李某甲、李某乙、李某丙与石某某法定继承纠纷案，上海市黄浦区人民法院（2016）沪0101民初27223号民事判决书。

③ 参见王某甲、王某丙等与王某丁、王某戊继承纠纷案，山东省日照市中级人民法院（2015）日民一终字第392号民事判决书；罗某与李某、王某某、李某某继承纠纷案，江苏省连云港市中级人民法院（2014）连民申字第0004号民事裁定书；王某某与樊某某法定继承纠纷案，四川省成都市中级人民法院（2013）成民终字第3997号民事判决书。

④ 参见山东省烟台市中级人民法院（2013）莱民一初字第481号民事判决书。

⑤ 参见马某甲、马某乙与王某某、毛某甲、毛某乙、毛某丙、毛某丁、毛某戊法定继承纠纷案，宁夏回族自治区高级人民法院（2017）宁02民终455号民事判决书。

经成年并且能够独立生活，即使在一起共同生活，也不构成抚养教育。[①]

第三，继父母与继子女的主观意愿。[②]本条中的抚养教育是“继父母客观的抚养行为与自愿建立抚养关系的主观意思共同发挥影响力的结果”[③]。这种主观意愿可能表现在继父母与继子女的称呼上，如将对方称呼为“爸爸”“妈妈”“儿子”“女儿”，而非“叔叔”“阿姨”或者名字。主观意愿不仅反映在继父母一方，也反映在继子女一方。[④]需要强调的是，这种主观意愿需具有持续性，如果在生父母与继父母离婚时，继父母明确表示不抚养继子女，则不宜认定双方已经形成了本条第2款意义上的拟制血亲。[⑤]主观意愿还反映在双方的感情是否深厚。[⑥]

需要强调的是，上述要素并非具有绝对性，法院需要综合考量这些要素进行动态判断。

（二）适用本法关于父母子女关系的规定

本条第2款为引致性规范，但并不是引致某一规范，而是涉及父母子女关系的一切规范。事实上，通过抚养教育产生的拟制父母子女关系的权利义务内容不仅局限于《民法典》，也及于其他私法领域乃至于公法领域。需要

---

① 参见湖南省长沙市中级人民法院（2015）长中民一终字第03045号民事判决书；龚某甲、龚某乙与罗某甲继承纠纷案，重庆市第五中级人民法院，（2014）渝五中法民申字第199号民事裁定书。

② 《最高人民法院关于人民法院审理离婚案件处理子女抚养问题的若干具体意见》第13条规定：“生父与继母或生母与继父离婚时，对曾受其抚养教育的继子女，继父或继母不同意继续抚养的，仍应由生父母抚养。”另参见孙某1等与苑某1等婚姻家庭、继承纠纷案，北京市第三中级人民法院（2015）三中民终字第04361号民事判决书；郑某某、春某某与温某某法定继承纠纷案，云南省昆明市中级人民法院（2014）昆民二终字第1374号民事判决书。

③ 房绍坤、郑倩：《关于继父母子女之间继承权的合理性思考》，载《社会科学战线》2014年第6期。

④ 参见白某某与屈某某、董某继承纠纷案，山西省高级人民法院（2009）晋民再终字第10号民事判决书。

⑤ 参见刘某与董某继承纠纷案，河北省任丘市人民法院（2019）冀0982民初125号民事判决书，河北省沧州市中级人民法院（2019）冀09民终4407号民事判决书。

⑥ 参见张某、张某甲与杨某乙、杨某丙法定继承纠纷案，新疆维吾尔自治区沙湾县人民法院（2010）沙民一初字第390号民事判决书；丁某1与吴某、丁某2继承纠纷案，安徽省合肥市包河区人民法院（2016）皖0111民初9525号民事判决书。

注意的是，继父母对继子女的抚养教育本身就是法律关系形成的基础，只有继父母事实上对继子女进行了抚养教育才可能形成这一关系。故而，继子女对于继父母本身要求抚养、教育和保护的权利，也不能根据《民法典》第1067条的规定，要求其给付抚养费。根据《离婚案件子女抚养问题的意见》第13条的规定，生父与继母或生母与继父离婚时，对曾受其抚养教育的继子女，继父或继母不同意继续抚养的，仍应由生父母抚养。当然，如果继父母在离婚时明确表示愿意抚养或者与生父母达成协议的除外。[①]因而，此处所谓“适用本法关于父母子女关系的规定”主要是指适用成年子女对父母义务的条款。其中最为重要的规定是《民法典》第26条第2款。根据该款规定，成年子女对父母负有赡养、扶助和保护的义务。又根据《民法典》第1067条的规定，成年子女不履行赡养义务的，缺乏劳动能力或者生活困难的父母，有要求成年子女给付赡养费的权利。当然，其他规范亦存在适用的空间，如《民法典》第1070条所规定的父母与子女相互继承遗产的权利，《民法典》第1069条规定的子女尊重父母再婚的权利。根据《民法典》第1127条第3款和第4款的规定，《民法典》继承编中的子女包括有扶养关系的继子女，父母包括有扶养关系的继父母。故而可以适用《民法典》继承编的相关规范。[②]

需要强调的是，与收养不同，继父母对继子女的抚养教育并不会产生继子女与继父母近亲属之间的法律关系。他们之间仅具有姻亲关系。故而，不适用《民法典》第1074条所规定的祖父母、外祖父母与孙子女、外孙子女之间的抚养、赡养规则，也不适用《民法典》第1075条所规定的兄弟姐妹之间的扶养规则。但是需要注意的是，根据《民法典》第1127条第5款的规定，如果继兄弟姐妹之间存在扶养关系，则可以兄弟姐妹的身份参与继承。

---

① 参见《深圳市中级人民法院关于婚姻家庭纠纷案件的裁判指引》第45条。

② 不同的意见认为，即使继父母通过抚养教育与继子女形成了拟制血亲关系，但是继子女未对继父母进行赡养，就不具有继承人资格，这种解释才符合条文的文义。参见徐某甲与徐某乙继承纠纷案，浙江省台州市黄岩区人民法院（2014）台黄民初字第1961号民事判决书；秦某1、秦某2等与周某1等法定继承纠纷案，黑龙江省双鸭山市尖山区人民法院（2018）黑0502民初1428号民事判决书。

举证责任

如继父母存在虐待或者歧视行为，要求其承担侵权责任的一方应当就侵权责任的成立要件事实进行证明。主张存在拟制血亲关系的一方应当证明继父母存在抚养教育的事实。主要是需要对前述要素进行证明，如继父母给付了抚养教育费用、继父母与继子女共同生活、继父母与继子女感情深厚等。否认存在拟制血亲关系的一方应当就上述要素不存在的事实进行证明，如继子女已经成年、双方未共同生活等。

其他问题

已经形成拟制血亲关系的继父母子女关系并不会因为继父母与生父母离婚而消灭。易言之，形成的抚养教育关系独立于生父（母）与继母（父）的婚姻关系。①《最高人民法院关于继母与生父离婚后仍有权要求已与其形成抚养关系的继子女履行赡养义务的批复》对此问题进行了明确。继父母子女关系转化为特殊的拟制血亲关系，其权利义务关系与一般亲生父母子女关系无异，故其法律关系不因生父母婚姻的终止而自然解除。②

《民法典》并没有明确规定形成了拟制血亲的继父母子女关系的解除问题。《最高人民法院关于继父母与继子女形成的权利义务关系能否解除的批复》

---

① 参见马忆南：《婚姻家庭继承法学》，北京大学出版社2014年版，第160页。

② 参见房绍坤、范李瑛、张洪波编著：《婚姻家庭与继承法》，中国人民大学出版社2018年版，第117页。实践中存在不同的裁判观点。例如，在刘某1与刘某2继承纠纷案中，法院认为，《最高人民法院关于继母与生父离婚后仍有权要求已与其形成抚养关系的继子女履行赡养义务的批复》虽明确继父母与生父母离婚后继父母与继子女之间已经形成的抚养关系不能消失，但该批复针对的是双方之间的抚养关系而非身份关系，且意见主要说明的是受抚养者对抚养者应尽赡养扶助的义务，目的在于保护老年人的合法权益，而非认定双方之间仍然存在继父母子女的身份关系，故该批复的意见亦无法支持其辩解意见。综上，刘某3与刘某2共同生活期间成立过抚养关系，然而双方之间继父母子女的身份关系在刘某3与周某1离婚后已自然终止，刘某2既非刘某3的继子女，则当然不属于“有扶养关系的继子女”，并非刘某3的法定继承人。参见刘某1与刘某2继承纠纷案，重庆市江北区人民法院（2017）渝0105民初11522号民事判决书。

（已失效）中认为，继父母与继子女已形成的权利义务关系不能自然终止，一方起诉要求解除这种权利义务关系的，人民法院应视具体情况作出是否准许解除的调解或判决。从目前的具体实践来看，此种关系只能通过司法解除。与收养不同，此种关系无法进行登记，且有赖于法院对抚养教育事实进行确认。为明确和稳定身份关系，不宜承认双方协议的解除效力，必须进行司法确认。

值得探讨的是，在继子女未成年时，继父母是否可以在离婚时单方解除继父母子女关系？在郑某1与郑某2、郑某3、郑某4、郑某5法定继承纠纷案中，[①]法院认为，继父母在离婚时要求生父母偿付抚养费用，离婚后既不承担抚养费用也不来往足以表明继父母子女关系已经解除。这一意见与《江苏省高级人民法院家事纠纷案件审理指南（婚姻家庭部分）》第13条的规定相符。亦即对于已经形成抚养教育关系的继父母子女，因生父（母）与继母（父）离婚导致再婚关系终止的，如果继父母不同意继续抚养未成年继子女的，继父母子女关系可以解除，该子女应当由生父母抚养。

除这一情形外，《江苏省高级人民法院家事纠纷案件审理指南（婚姻家庭部分）》第13条还规定了另外两种解除情形，具有参考意义。对于已经形成抚养教育关系的继父母子女，因生父（母）死亡导致再婚关系终止的，在继子女未成年的情形下一般不允许解除继父母子女关系。如果生父母中的另一方愿意将未成年子女领回，继父母同意的，继父母子女关系可以解除。继子女八周岁以上的，应当征得本人同意。对于已经形成抚养教育关系的继子女成年后，继父母子女关系一般不允许解除。如果双方经协商一致或者双方关系恶化导致继父母或者继子女主张解除继父母子女关系的，可以解除。但继父母子女关系解除后，对于缺乏劳动能力或者生活困难的继父母，成年的继子女应当给付一定的生活费用。

事实上，在解除及其法律效果上，可以参照适用收养解除的部分规范。例如，如果是因为继子女虐待、遗弃继父母而导致解除的，可以参照适用《民法典》第1118条的规定，继父母可以要求继子女补偿抚养教育的费用。

---

① 参见北京市平谷区人民法院（2019）京0117民初8635号民事判决书。

第一千零七十三条【亲子关系异议之诉】

对亲子关系有异议且有正当理由的，父或者母可以向人民法院提起诉讼，请求确认或者否认亲子关系。

对亲子关系有异议且有正当理由的，成年子女可以向人民法院提起诉讼，请求确认亲子关系。

历史由来

一、本条来源

本条调整亲子关系的确认和否认，源于《婚姻法解释（三）》第2条。《婚姻法解释（三）》第2条规定："夫妻一方向人民法院起诉请求确认亲子关系不存在，并已提供必要证据予以证明，另一方没有相反证据又拒绝做亲子鉴定的，人民法院可以推定请求确认亲子关系不存在一方的主张成立。当事人一方起诉请求确认亲子关系，并提供必要证据予以证明，另一方没有相反证据又拒绝做亲子鉴定的，人民法院可以推定请求确认亲子关系一方的主张成立。"

本条将该司法解释中亲子关系确认之诉的主体由原来的"当事人一方"修改为"父或者母以及成年子女"，将亲子关系否认之诉的主体由原来的"夫妻一方"修改为"父或者母"，并在确认与否认子女关系中增加了特殊的"正当理由"要件，但该司法解释所确定的推定规则仍有适用空间。

二、条文演变

《民法典婚姻家庭编（草案）》（一审稿）第850条规定："对亲子关系有异议的，父、母或者成年子女可以向人民法院提起诉讼，请求确认或否认亲子关系。"在婚姻家庭编审议过程中，有些学者建议应当提高亲子关系异议之诉的门槛，以维护家庭稳定与和谐，故当事人不得随意提起此类诉讼，只有存在正当性理由时方可提起。此外，应当限制或排除成年子女提起亲子关系的否认之诉的资格，防止其逃避赡养义务的履行。《民法典婚姻家庭编（草案）》（二审稿）第850条作出了调整，规定："对亲子关系有异议且有正当理由的，父、母可以向人民法院提起诉讼，请求确认或者否认亲子关系。对亲子关系有异议且有正当理由的，成年子女可以向人民法院提起诉讼，请求确认亲子关系。”[①]《民法典婚姻家庭编（草案）》（三审稿）则将“父、母”改为“父或者母”，文字表述更为准确。此后的修法过程中未进行任何调整。

三、学者建议稿

“人民大学2005稿”第454条规定：“婚生子女否认之诉，只能由其母或者母之夫本人提出；该项请求权须于子女出生或者母之夫知悉子女出生后一年内行使；有关子女是婚生还是非婚生的争议，由人民法院以事实为依据依法判决。”[②]

“法学会稿”第68条规定：“有下列情形之一的，父母及成年子女均有权向人民法院提起亲子关系推定的否认之诉：（一）通过科学方法证明子女不可能是被推定的父亲的亲生子女的；（二）有其他事实证明子女不可能是被推定的父亲的亲生子女的。父母提起否认之诉的期限为一年，自知道或者应当知道否认事由之日起计算。成年子女提起否认之诉的期限为一年，自子女成年后知道或者应当知道否认事由之日起计算。”

“社科院2013稿”第1796条规定：“有下列情形之一的，父母及成年子女均有权向人民法院提起亲子关系否认之诉：（一）在推定的子女受胎期间内，被推定的父亲与母亲未发生性关系的，但采用人工生殖技术生育子女的除外；（二）通过医学方法证明子女不可能是被推定的父亲的亲生子女的；（三）有其他事实证明子女不可能是被推定的父亲的亲生子女的。父母提起亲子关系否认之诉的法定期间为一年，自知道或者应当知道否认事由之日起计算。成年子女提起否认之诉的法定期间为一年，自子女成年后知道或者应当知道否认事由之日起计算。”[③]

---

① 参见朱宁宁：《夫妻债务“共债共签”原则拟入法》，载《法制日报》2019年6月26日第2版。

② 参见王利明主编：《中国民法典学者建议稿及立法理由：人格权编·婚姻家庭编·继承编》，法律出版社2005年版，第302页。

③ 参见梁慧星主编：《中国民法典草案建议稿附理由：亲属编》，法律出版社2013年版，第228页。

学者建议稿还规定了非婚生子女的认领，包括自愿认领和强制认领之诉。“人民大学2005稿”第456条规定：“非婚生子女的生父，可以自愿认领非婚生子女。认领时子女尚未成年的，须得其生母同意，子女已成年的，须得其本人同意。非婚生子女的生母可以提出强制生父认领之诉；该项请求权须于子女出生后三年内行使。成年的非婚生子女可以提出强制生父认领之诉；该项请求权须于子女成年后三年内行使。”①

“法学会稿”第69条规定：“在有利于未成年人利益的前提下，生父可以认领未成年的亲生子女。认领成年亲生子女的，须经子女本人同意。认领不得任意撤销。”第70条规定：“未成年子女的生母或者其他法定代理人、成年子女，有权向人民法院提出强制生父认领之诉。”

“社科院2013稿”第1797条规定：“生父认领未成年亲生子女的，应当征得子女的生母同意。生父认领成年亲生子女的，应当征得该子女本人同意。”第1798条规定：“未成年子女的生母或者其他法定代理人，有权向人民法院提起强制生父认领之诉。成年子女也有权提起强制生父认领之诉。”②

“人民大学2005稿”将强制认领的请求权人限定于非婚生子女的生母以及成年的非婚生子女，而“法学会稿”和“社科院2013稿”则将强制认领的请求权人扩大至生母、其他法定代理人、成年子女。

上述建议稿不仅对生父的自愿认领进行了规定，也对强制认领的主体加以明确，“人民大学2005稿”还限制了该强制认领请求权的行使期间，有利于维护非婚生子女的利益，督促当事人早日行使该请求权，以便尽早确定生父。

三 规范目的或功能

亲子关系又称父母子女关系，是亲属关系的核心内容，因其关系到人类延续和文明传承，故在社会家庭制度中占据重要地位。③然而，在《婚姻法》

① 参见王利明主编：《中国民法典学者建议稿及立法理由：人格权编·婚姻家庭编·继承编》，法律出版社2005年版，第305页。

② 参见梁慧星主编：《中国民法典草案建议稿附理由：亲属编》，法律出版社2013年版，第234页、第237页。

③ 参见王洪：《婚姻家庭法》，法律出版社2003年版，第217页。

的体例中，夫妻权利义务与亲子关系规定在一起合并为“第三章家庭关系”中，此种立法模式并不能显现出亲子关系的制度性价值，也无法对亲子关系制度进行细化规定，亲子关系的立法条文过于单薄，无法完全解决实践中的问题。[①]判断亲子关系是否成立是亲子关系的法的逻辑起点。此次民法典编纂未界定何为父母，不过实践中已经形成了通说。本条并未从实体法上确认何为父母，只是规定了特定主体可以根据正当理由提出确认或者否认，依情形不同，其本质上可归属于确认之诉或者形成之诉。

亲子关系的真实与稳定不仅关系到血缘关系的真实，也与未成年人利益保护、家庭和谐安宁息息相关。[②]亲子关系的确认和否认应当综合考量这些因素，尤其是注重对未成年人和老年人的特殊保护。为确保亲子关系的稳定，应对确认或者否认之主体及其事由进行限制。本条第1款将确认或者否认之主体限于父母并增设正当理由要件主要是为了维持家庭关系的稳定，防止亲子关系被随意确认或者否认。本条第2款只允许成年子女确认亲子关系而不能否认亲子关系主要是为了保护法律上父母的利益。

规范内容

一、亲子关系

本条中的亲子关系是指法律上的亲子关系，区别于事实上的亲子关系。按照亲子关系形成的原因差异，可以分为两类：

（一）基于自然血亲的亲子关系

因子女出生的法律事实形成的亲子关系为基于自然血亲的亲子关系，此种亲子关系系客观存在，无法人为解除。[③]以父母是否存在婚姻关系为标准，分为婚生的父母子女关系与非婚生的父母子女关系。非婚生子女主要包括：

---

① 参见薛宁兰：《我国亲子关系立法的体例与构造》，载《法学杂志》2014年第11期。

② 参见薛宁兰、解燕芳：《亲子关系确认制度的反思与重构——基于婚姻法司法解释（三）的讨论》，载《中华女子学院学报》2011年第2期。

③ 参见蒋月主编：《婚姻家庭与继承法》，厦门大学出版社2014年版，第163页。

一是无婚姻关系的妇女所生的子女，例如单亲母亲的子女；二是已婚妇女所生育的但被法院判决否认婚生子女推定的子女；三是已婚妇女生育的但超过婚生子女推定范围的子女。[①]婚姻会对父的身份产生推定作用，但是子女是否婚生并不影响其与父母之间的权利义务。我国目前通说认为，在自然血亲场合，孕出者为母，与子女具有血缘关系的为父。

（二）拟制血亲的亲子关系

拟制血亲又称为法定血亲，“指原无血缘关系，但依法律规定而取得血缘身份之亲属”。[②]除收养外，尚包括婚生推定以及通过继父母的抚养教育事实（《民法典》第1072条）所形成的亲子关系。

二、亲子关系的确认

通常来说，母亲的身份可以通过分娩的事实与出生证明上“母亲”一栏的登记取得，但生父身份无法通过分娩事实进行确认，故确定生父身份较之母亲身份更为复杂，[③]因此非婚生子女的确认问题主要解决的是非婚生子女与生父身份的关系确认。实践中亦有母亲要求确认其与子女之亲子关系。[④]

（一）提起亲子关系确认的主体

各国关于有权提出认领之诉的主体规定均存在些许差异，如法国规定仅为非婚生子女本人，瑞士、日本规定的范围较广，包括非婚生子女、生母、其他法定代理人。本条将《婚姻法解释（三）》第2条所规定的“当事人一方”修改为父、母和成年子女。值得探讨的是未成年子女是否为适格的主体。在《民法典》颁布之前，实践中多是母亲以未成年子女法定代理人的身份提起诉讼。从本条的文义来看，的确可以解释出母亲可以自己的名义提起诉讼，域

---

① 参见杨立新：《论婚生子女否认和非婚生子女认领及法律疏漏之补充》，载《人民司法·应用》2009年第17期。

② 林秀雄：《亲属法讲义》，台北元照出版有限公司2018年版，第29页。

③ 参见王洪：《婚姻家庭法》，法律出版社2002年版，第232页。

④ 参见陈某某与王某婚姻家庭纠纷案，湖北省武汉市中级人民法院（2014）鄂武汉中民终字第00116号民事判决书。

外立法例亦有类似规定，如《德国民法典》第1629条第1款。其背后的法理依据在于，“母亲有义务弄清楚父的身份以及子女在法律上的归属”[①]。但是如果母亲并不是未成年子女的监护人或者母亲已经死亡时，不允许未成年子女的监护人以未成年子女的名义提起诉讼，主张相应的抚养费给付对于未成年子女的利益保护明显不妥。不能以保护父母的隐私为由，损害子女的利益。[②]

值得探讨的是，本条中的父母究竟是指法律上的父母还是潜在的父母。毫无疑问，从本条的规范旨意来看，潜在的父母应当是本条的主要适用情形。除此之外，如上所述，法律上的父或者母亦可以本人的名义提起诉讼，要求确认父或者母的身份。

“一味地追求血缘真实，而忽略当事人在常年共同生活中形成的亲情，损坏当事人现存的家庭模式和现实生活利益。裁判者应当极力避免产生如此消极的裁判效果。”[③]将潜在的父或者母纳入提起亲子关系确认诉讼的主体实际上并不会对未成年人的既有家庭关系产生实质性损害，由于本条第1款规定了正当理由要件，实际上赋予了法院限制潜在的父母提起诉讼的权利。

本条第1款将成年子女纳入提起亲子关系诉讼的主体，其法理依据并不在于子女的出身知悉权。出身知悉权是人格权的一部分，主张出身知悉权并不必然需要通过确认亲子关系的方式进行。至于成年子女是否有民事能力在所不问。

（二）亲子关系确认中的正当理由

本条规定了“正当理由”要件，以防止相关主体不当提起诉讼。所谓正当理由应当包含两个方面，其一是前述司法解释所称的必要证据，其二是其提起确认之诉的目的。必要证据所指向的主要是受胎期间生父与生母存在同居或者发生两性关系之事实。此处所谓必要证据并不是指完全充分的证据链

---

① ［德］迪特尔·施瓦布：《德国家庭法》，王葆莳译，法律出版社2010年版，第288页。

② 参见戴炎辉、戴东雄、戴如瑀：《亲属法》，台北顺清文化事业有限公司2010年版，第330页。

③ 最高人民法院民事审判第一庭编著：《最高人民法院婚姻法司法解释（三）理解与适用》，人民法院出版社2015年版，第57页。

条，而是指证据使裁判者产生亲子关系可能存在的合理确信。[①]

至于提起诉讼的目的则是指其提起诉讼的目的具有正当性。例如，有法院指出，生母在未成年子女有可能获得生父的交通事故损害赔偿时才提起诉讼，目的即不正当。[②]

（三）确认的效力

确认请求如获法院支持，产生父母子女身份关系，该效力溯及至出生之时，但第三人已经取得的权利，不因此而受影响。[③]确认的效力不仅及于父母子女之间，而且及于父或者母的其他亲属之间，这些亲属关系也溯及既往地形成。但是如果是对婚生子女的确认，其本质并非形成之诉，而是包含了固定现有法律地位之目的，其效果并不是产生父母子女身份关系。[④]

三、亲子关系的否认

根据本条，亲子关系的否认只能以诉讼的方式进行，而不能通过法律行为或者准法律行为实施。作为形成之诉的亲子关系否认是指对法律上亲子关系的否认，主要情形是法律上父亲与子女关系的否认。根据婚生推定规则，生母在法律上的丈夫为其父。婚生推定规则并不是拟制，而是推定，且属于可被反驳的推定。亲子关系的否认实际上是对该推定的反驳。

（一）提起亲子关系否认的主体

否认权人指的是有权提起婚生子女否认之诉的人，对否认权人的范围各国和地区立法规定不一，主要有三类做法：一是规定仅丈夫享有否认权，法国、日本采此做法，比如《日本民法典》第774条规定，夫可以作为婚生子女

---

① 参见刘某与孙某同居关系子女抚养纠纷案，北京市第三中级人民法院（2016）京03民再68号民事判决书。

② 参见陈某某与王某婚姻家庭纠纷案，湖北省武汉市中级人民法院（2014）鄂武汉中民终字第00116号民事判决书。

③ 参见杨大文主编：《亲属法》（第五版），法律出版社2012年版，第229—230页。

④ 参见欧元捷：《确认亲子关系诉讼的原告资格论——以诉的种类为秩序框架》，载《政治与法律》2018年第11期。

否认的否认权人。[①]二是规定丈夫和子女有权提起否认之诉，比如《瑞士民法典》第256条第1款规定："否认父权推定之诉，可在法官处，由夫提出或子女提出。"三是夫、妻、子女、检察官均享有否认权，如我国台湾地区的相关规定。[②]

本条将否认权的主体限定于"父或者母"。在此之前，我国司法实践中曾有案例将该种请求权人扩大至继承权人，包括祖父母、外祖父母、兄弟姐妹等享有继承利益的人；[③]也有法院严格遵从《婚姻法解释（三）》第2条的文义，认为仅夫妻一方有权提起否认之诉，拒绝承认祖父母等人的原告资格。[④]立法上的缺漏与规定的不明晰导致实践中做法不一。事实上，各国和地区规定的差异源于其立法理念的不同，由于英美国家注重血缘的真实性，追求亲子关系符合自然亲子关系的最大可能，因此未对否认权人进行限制；相反，德、法、日等国因其关注血统真实性的同时也倾向于维护身份关系和家庭的和谐，因此对于否认权人的范围进行了限定。[⑤]理解本条，同样需要从立法理念出发，一方面既要使得法律上的亲子关系确认建立在真实血缘关系的基础上，另一方面也要维护亲子关系的稳定性，为未成年人健康成长创造和谐安宁的家庭环境。如果允许当事人以外的人提起否认之诉，不仅不利于未成年人利益保护的最大化，且无益于家庭及社会的稳定。此外，前已提及，在立法过程中，有专家考虑到为了防止成年子女逃避对父母的赡养义务，应当否定其否认权人的主体资格，正式出台的《民法典》亦将此种建议纳入，故否认权人应当解释为法律意义上的父母而不包括成年子女本人以及潜在的生父母等第三人。

（二）亲子关系否认中的正当理由

否认权行使的限制主要指的是原因限制，本条对于提起否认之诉的条件

---

① 参见王歌雅主编：《婚姻家庭继承法学》，中国人民大学出版社2013年版，第100页。

② 参见杨遂全编著：《婚姻家庭亲属法学》，清华大学出版社2011年版，第150页。

③ 参见卞某甲等与卞某某确认非亲子关系纠纷案，河南省洛阳市西工区人民法院（2015）西民一初字第14号民事判决书。

④ 参见张某与李某婚姻家庭纠纷再审案，四川省高级人民法院（2016）川民申2851号民事裁定书。

⑤ 参见王洪：《婚姻家庭法》，法律出版社2002年版，第230页。

不仅要求对亲子关系有异议，还需要有正当理由，立法者并未细化此处的正当理由。与前述亲子关系确认中的正当理由相似的是，亲子关系否认中的正当理由亦应包含必要证据和目的正当两方面。必要证据主要指向父母双方未同居或者发生性关系的事实或者双方不具有血缘关系的事实。比较常见的情形如，夫在妻受胎期间因外出、住院、在监等而分开生活，导致空间上的隔离，又如丈夫不能发生性行为、无生殖能力、妻在与夫同居前已经怀孕无从由夫受胎，等等。[①]证据是否满足必要性，法院仍有相当程度的裁量空间。[②]

（三）否认权的消灭

国外立法例规定了三种否认权消灭的原因：一是除斥期间经过而消灭，否认权须在此期间内行使，期间经过权利即消灭，目的在于敦促当事人尽快行使权利，维护亲子关系的稳定。法国民法规定丈夫否认婚生子女者，如果其在子女出生地，则应当于子女出生之后六个月内提出否认之诉；否则应当自其返回子女出生地六个月内提起否认之诉；日本民法规定应当自知悉子女出生之日起一年内提起否认之诉，德国民法规定只能在权利人得知反对此种父亲身份的情况之时起两年内提出。[③]二是子女死亡，虽然存在些许差异，但多数国家都将子女死亡作为否认权法定的消灭原因。三是丈夫同意子女出生的，比如丈夫明知妻子婚前因他人怀孕的、丈夫同意第三人使妻子怀孕的或者是丈夫书面同意妻子进行人工授精怀孕的，均视为否认权的消灭，不再享有此权利。[④]

但司法解释和《民法典》均未规定除斥期间。由于婚生子女的否认关系到子女的利益和家庭的和谐安宁，不宜长期处于不稳定状态中。虽然未规定

---

① 参见夏吟兰主编：《婚姻家庭继承法》，中国政法大学出版社2017年版，第169页。

② 在胡某与谭某婚姻家庭纠纷案中，一审法院认为胡某所提交的证据未能满足必要性要求，而二审法院则认为其提交的证据已经满足了必要性要求，参见湖北省武汉市青山区人民法院（2014）鄂青山民一初字第00410号民事判决书、湖北省武汉市中级人民法院（2014）鄂武汉中民终字第01232号民事判决书。

③ 参见王洪：《婚姻家庭法》，法律出版社2002年版，第231页。

④ 参见李春景：《关于亲子关系否认制度若干问题探讨——评析〈婚姻法司法解释三〉第2条第1款之规定》，载《河北法学》2016年第12期。

除斥期间，但前述司法解释中使用的“可以”表述以及本条中所设置的“正当理由”要件已经为法院预留了足够的裁判空间。如果父或者母在知道或者应当知道子女与其不存在真实血缘的情况下，仍然长期不提出否认，由此可以认为其不存在“正当理由”。

父或者母的“同意”构成权利消灭的事由。关于采用人工授精等技术所生育的子女，依据《最高人民法院关于夫妻离婚后人工授精所生子女的法律地位如何确定的复函》①以及相关指导案例，在婚姻关系存续期间双方一致同意通过人工授精等方式生育子女的，无论此后男方是否反悔，该子女都视为双方的婚生子女。此外，如果父或者母在对方不存在欺诈的情况下主动承认亲子关系并进行抚养，构成否认权的放弃，嗣后不能再主张否认。②

（四）否认的效力

当否认之诉获得法院支持时，亲子关系溯及既往地消灭，父或者母和子女之间不再具有亲子关系。与确认的效力相似，否认的效力也溯及既往地及于父或者母方的其他亲属。此时主张否认的一方（主要是原法律上的父亲）可以请求抚养费用的返还。关于返还请求权的性质存在多种学说。一是不当得利说，本无抚养义务的丈夫对子女进行抚养，支出了抚养费，遭受了损失，亲生父母获得了利益，损失与获利之间存在因果关系，应当依法予以返还；③二是无因管理说，丈夫无法定义务而对该子女进行抚养，构成无因管理，妻子应当返还管理人所支出的管理费用；④三是侵权行为说，妻子故意隐瞒，实施了逃避法定抚养义务的违法行为，主观上存在过错，客观上造成丈夫支出抚养费的财产损害结果，该侵权行为与损害后果之间存在因果关系，妻子应

---

① 参见《最高人民法院关于夫妻离婚后人工授精所生子女的法律地位如何确定的复函》，1991年7月8日〔91〕民他字第12号。

② 参见朱某成与章某琴等不当得利纠纷案，上海市闵行区人民法院（2012）闵民一（民）初字第8519号民事判决书，上海市第一中级人民法院（2013）沪一中民一（民）终字第1883号民事判决书。

③ 参见陈信勇编著：《亲属与继承法》，法律出版社2016年版，第116页；房绍坤、范李瑛、张洪波编著：《婚姻家庭与继承法》，中国人民大学出版社2018年版，第113页。

④ 参见史尚宽：《亲属法论》，中国政法大学出版社2000年版，第583页。

当承担相应的侵权责任。[①]

上述学说中以不当得利说较为妥当，主要原因在于：一方面，法律上的父亲没有管理意思，故无因管理说不妥；另一方面，在妻子并非故意欺诈的错误抚养场合，侵权责任所要求的过错要件并不存在。较为合理的做法是区分情形，在不存在欺诈的错误抚养场合，应由真正的父和母承担不当得利返还。而在母故意欺诈的场合，除返还不当得利外，还应就丈夫的人格权损害承担侵权责任。[②]

（五）离婚后否认之诉的提起

在司法实践中，尚存在这样一种情况：夫妻在离婚之后一方提起婚生子女否认之诉。例如，丈夫怀疑婚生子女并非亲生，而无意履行抚养该子女的义务；或者丈夫在离婚之后发现婚生子女并非其所出，于是在离婚之后提起婚生子女否认之诉。有法院以该诉与先前的离婚之诉构成重复起诉，判决驳回起诉；[③]有法院则依法受理案件，进行审理。[④]

从本条规定来看，将婚生子女否认之诉的主体由《婚姻法解释（三）》第2条规定的“夫妻一方”修改为“父或者母”，实际上已经表明立法者的观点。即使夫妻离婚之后不再为夫妻，但其父母子女关系并不因婚姻关系的变化而

---

① 参见杨立新：《亲属法专论》，高等教育出版社2005年版，第176页；杨立新：《论婚生子女否认与欺诈性抚养关系》，载《江苏社会科学》1994年第4期；吴国平：《欺诈性抚养的认定及其侵权赔偿责任研究》，载《东方法学》2016年第4期。实践中也有支持该观点的案例，例如，李某某与艾某某侵权责任纠纷案，湖北省高级人民法院（2018）鄂民申4461号民事裁定书；陈某与黄某离婚纠纷案，广东省中山市第一人民法院（2014）中一法民一初字第132号民事判决书；何某某与郝某侵权责任纠纷案，湖南省津市市人民法院（2014）津民一初字第364号民事判决书；邬某某与蔡某某侵权责任纠纷案，四川省简阳市人民法院（2017）川0180民初825号民事判决书。

② 参见曾某某与付某某离婚纠纷案，江西省贵溪市人民法院（2013）贵民一初字第934号民事判决书；类似对欺诈性抚养的精神损害赔偿予以支持的还有蒋某山与张某秀同居关系子女抚养纠纷，参见江苏省连云港市东海县人民法院（2015）连东房民初字第00239号民事判决书。

③ 参见刘干：《离婚后欲否认亲子关系的诉的选择》，载《人民司法·案例》2017年第26期。

④ 参见徐某甲与徐某乙婚姻家庭纠纷案，浙江省嘉兴市秀洲区人民法院（2014）嘉秀王民初字第257号民事判决书。

变化，依然为婚生子女法律意义上的父母。本条承认父母为否认之诉的主体，就是对离婚后父或者母依然可以提起否认之诉的肯定。在此之前，实践中就有类似案例，法院并未机械适用《婚姻法解释（三）》第2条，在李某甲与李某乙婚姻家庭纠纷一案中，[①]法院认为亲子关系的确认关涉身份关系，对原被告的生活均有重大影响；尽管原告与被告已离婚，但原告与本案存在直接利害关系，具有作为原告的诉讼资格，被告所主张的原、被告非夫妻关系因而原告诉讼主体不适格的理由不能成立。

举证责任

在诉讼中，各方当事人依法对自己提出的主张负有证明责任。在非婚生子女的认领之诉中，原告须举证其对亲子关系存有异议的正当性理由，即其有必要的证据证明亲子关系的存在，但并不要求充分证据，比如在受胎期间生父与生母同居之事实。原告证明上述事实之后，举证责任即转移给被告，由被告证明同居事实不存在或者推翻原告证明的事实，无法证明的需要承担不利后果。并且，被告一方如果拒绝进行亲子鉴定，则应推定原告方的主张成立。此项推定以必要证据标准的满足以及原告方目的正当查明为前提。

而在婚生子女的否认之诉中，多数情形是丈夫怀疑妻子所育子女并非婚生子女，原告方同样应提供必要证据证明亲子关系不存在。待证事实，如妻子在受胎期间双方并未同居或者证明自身缺乏生育能力，该类证据需要使得法官推翻或者质疑婚生推定的结果。此时如因一方不愿意配合，作为充分证据的鉴定无法进行，则产生否认推定。否认推定同样应以必要证据标准的满足和目的正当查明为前提。

无论是在确认诉讼还是否认诉讼中，应严格遵守司法解释的文义，不能在一方死亡而法院实施亲子鉴定时将推定规则扩大至同辈疑似血亲。[②]此外，

---

① 参见山东省济南市长清区人民法院（2014）长民初字第2036号民事判决书。类似案例还有高某1与高某2婚姻家庭纠纷案，河北省唐山市中级人民法院（2018）冀02民终6302号民事判决书。

② 参见张乙与黄甲等继承纠纷案，2019年度江苏法院婚姻家庭十大典型案例，载江苏法院网，http://www.jsfy.gov.cn/art/2020/03/10/66_99718.html，最后访问日期2020年5月20日。

由于家事案件的特殊性，法院应强化依职权查明，以明晰案件事实。值得注意的是，由于亲子关系诉讼属于身份性质的诉讼，不能适用民事证据中的自认规则，而应当基于相应的事实作出裁决。[①]

第一千零七十四条【祖孙之间的扶养义务】

有负担能力的祖父母、外祖父母，对于父母已经死亡或者父母无力抚养的未成年孙子女、外孙子女，有抚养的义务。

有负担能力的孙子女、外孙子女，对于子女已经死亡或者子女无力赡养的祖父母、外祖父母，有赡养的义务。

历史由来

一、本条来源

本条源于《婚姻法》第28条，未作任何调整。第28条规定："有负担能力的祖父母、外祖父母，对于父母已经死亡或父母无力抚养的未成年的孙子女、外孙子女，有抚养的义务。有负担能力的孙子女、外孙子女，对于子女已经死亡或子女无力赡养的祖父母、外祖父母，有赡养的义务。"

1950年《婚姻法》没有规定祖孙之间扶养的权利和义务。1980年《婚姻法》扩大了家庭关系的调整范围，增加了祖孙间的扶养义务。第22条规定："有负担能力的祖父母、外祖父母，对于父母已经死亡的未成年的孙子女、外孙子女，有抚养的义务。有负担能力的孙子女、外孙子女，对于子女已经死亡的祖父母、外祖父母，有赡养的义务。"1980年《婚姻法》将祖孙

---

① 《最高人民法院关于民事诉讼证据的若干规定》（2019年修正）第8条第1款："《最高人民法院关于适用〈中华人民共和国民事诉讼法〉的解释》第九十六条第一款规定的事实，不适用有关自认的规定。"前述司法解释第96条第1款第2项为"涉及身份关系的"。据此可知，涉及身份关系的事实不适用于有关自认的规定。在郑某某与莫某某离婚纠纷案中，一审法院对当事人陈述否认亲子关系的主张予以肯认，二审法院认为"需经过亲子鉴定的科学手段确认双方不存在亲子关系才能做出最终认定，而不能仅凭莫某某、郑某某在诉讼中的自认而否定该身份关系"，因此对一审法院的做法予以纠正，具体参见广东省江门市中级人民法院（2014）江中法民一终字第583号民事判决书。

间的扶养由道德义务上升为法律义务，具有进步意义，但是对于祖孙扶养的条件，只规定了“父母已经死亡”和“子女已经死亡”。1984年《最高人民法院关于贯彻执行民事政策法律若干问题的意见》（已失效）第24条规定：“根据婚姻法第二十二条规定的精神，有负担能力的祖父母、外祖父母，对于父母一方死亡、另一方确无能力抚养或父母均丧失抚养能力的未成年的孙子女、外孙子女有抚养的义务。”第25条规定：“有负担能力的孙子女、外孙子女，对子女已经死亡或子女确无力赡养的祖父母、外祖父母，有赡养的义务。”2001年《婚姻法》修订时吸收了最高人民法院的上述两条司法解释，在扶养条件上增加了“父母无力抚养”和“子女无力赡养”，使祖孙之间扶养的规定更加全面。

二、条文演变

本条自《民法典婚姻家庭编（草案）》（一审稿）开始就与《婚姻法》第28条内容一致，未作任何调整。

三、学者建议稿及域外立法例

“法学会稿”第92条和“社科院2019稿”第100条与《婚姻法》第28条内容完全一致。[①]“人民大学2005稿”设专章规定扶养制度，该稿第507条规定：“下列亲属互享受扶养权利，互负扶养义务：（一）配偶；（二）直系血亲；（三）二亲等的旁系血亲。”[②]其中直系血亲包括二亲等的直系血亲，即祖父母、外祖父母与孙子女、外孙子女。该稿第512条概括规定了扶养成立的条件。

大陆法系域外立法例通常将其规定在血亲扶养部分。例如，《德国民法典》第1061条规定：“直系血亲负有相互给予扶养的义务。”[③]该条未限定直系血亲的范围，无论几亲等直系血亲均有扶养的义务。又如，《日本民法典》第877

---

① 参见陈甦主编：《中国社会科学院民法典分则草案建议稿》，法律出版社2019年版，第372页。

② 王利明主编：《中国民法典学者建议稿及立法理由：人格权编·婚姻家庭编·继承编》，法律出版社2005年版，第388页。

③ 杜景林、卢谌：《德国民法典——全条文注释》（下册），中国政法大学出版社2015年版，第998页。

条第1款规定："直系血亲及兄弟姐妹负相互扶养的义务。"[①]

二 规范目的或功能

本条是对祖父母、外祖父母与孙子女、外孙子女之间扶养义务的规定，旨在保障家庭中"弱者"的基本生存，强化家庭养老育幼的职能。

我国自古以来就有血亲扶养的传统。如《唐律疏议·名例》将"祖父母、父母在别籍异财，若供养有阙"作为"不孝"之典型。在现代，因国家扶助的能力有限，各国仍多以私法上近亲间的扶养为原则，而由国家承担补充扶助责任。在社会保障不足的情况下，血亲间的扶养对"弱者"的保障无可替代。

虽然伴随着工业化和城市化进程，我国家庭规模日益缩小，核心家庭形态日趋普遍化。但现实生活中，祖孙之间一同生活、相互照料、提供经济帮助的传统仍然存在。[②]《宪法》第45条规定，中国公民在年老、疾病或丧失劳动能力的情况下，有从国家和社会获得物质帮助的权利。第49条规定了"儿童受国家保护"原则。我国建立了社会保险和医疗保险体系，扶养作为人权保障体制的一部分被纳入社会保障体系，但无论社会保障体系如何健全，都无法取代家庭扶养的功能。[③]规定祖孙间的扶养，能够弥补社会保障之不足，保障家庭中"弱者"的基本生存，保护未成年人和老年人的合法权益，贯彻《民法典》第1041条规定的基本原则，也反映了《民法典》第1043条所规定"敬老爱幼、互相帮助"原则，对于弘扬家庭美德，推动家庭文明建设具有重要意义。

本条与第1067条、第1075条共同构成血亲扶养法。从体系上来看，第1067条意义下的父母子女间的扶养是第一顺位的，父母是未成年子女和不能独立生活子女的第一顺位抚养义务人，成年子女是父母的第一顺位赡养义务人。

---

① 《日本民法典》，刘士国、牟宪魁、杨瑞贺译，中国法制出版社2018年版，第220页。

② 参见王洪：《婚姻家庭法》，法律出版社2003年版，第299—300页。

③ 参见张燕玲：《家庭权的私法保障》，载《法学论坛》2012年第5期。

规范内容

一、祖父母、外祖父母对孙子女、外孙子女的抚养义务

（一）祖父母、外祖父母与孙子女、外孙子女的界定

本条中的祖父母、外祖父母包括自然血亲祖父母、自然血亲外祖父母、养祖父母、养外祖父母。根据《民法典》第1111条的规定，自收养关系成立之日起，养子女与养父母的近亲属间的权利义务关系，适用本法关于子女与父母的近亲属关系的规定。故而，其与祖父母、外祖父母的扶养关系理应适用本条。值得注意的是，在《收养法》实施之前，有的收养人与被收养人因年龄相差悬殊，或辈分不当，以收养孙子女的名义发生收养关系。1984年《最高人民法院关于贯彻执行民事政策法律若干问题的意见》（2019年7月8日被废止）第29条第1句规定："收养人收养他人为孙子女，确已形成养祖父母与养孙子女的关系的，应予承认。"又参照《最高人民法院关于贯彻执行〈中华人民共和国继承法〉若干问题的意见》第22条的规定，收养他人为养孙子女，视为养父母与养子女关系的，可互为第一顺序继承人。在黄某与王某恩、王某申排除妨害纠纷案中，法院即依照上述两条规定将养孙子女作为第一顺位继承人。[①]不过，在《收养法》实施后，收养均需进行登记，收养孙子女、外孙子女无法进行登记，已不可能出现被法律所承认的祖孙收养。

对于因继父母抚养教育继子女所形成的拟制血亲而言，继子女与继父母的父母为姻亲关系，不应适用关于祖父母、外祖父母与孙子女、外孙子女关系的规定。[②]《民法典》第1072条第2款规定："继父或者继母和受其抚养教育的继子女间的权利义务关系，适用本法关于父母子女关系的规定。"与前述第1111条的规定存在明显反差，《民法典》并未将此种拟制血亲关系扩展至其他

---

① 参见黄某与王某恩、王某申排除妨害纠纷案，河南省驻马店市中级人民法院（2016）豫17民终2076号民事判决书。

② 参见曹诗权主编：《婚姻家庭继承法学》，中国法制出版社2008年版，第208页；王洪：《婚姻家庭法》，法律出版社2003年版，第302页。

近亲属。从中可以解释出，立法者有意将其他近亲属关系排除在外。《最高人民法院关于贯彻执行〈中华人民共和国继承法〉若干问题的意见》第26条规定："被继承人的养子女、已形成扶养关系的继子女的生子女可代位继承；被继承人亲生子女的养子女可代位继承；被继承人养子女的养子女可代位继承；与被继承人已形成扶养关系的继子女的养子女也可以代位继承。"该条司法解释的核心不是孙子女、外孙子女与养祖父母、外祖父母之间的继承关系。我国对于代位继承采代表权说，其实质仍然是父母子女之间的继承关系。故而不宜以此将其作为适用本条的依据。

有观点认为，对于形成抚养教育关系的继祖孙之间应适用本条规定。[①]这种理解违背了家庭法中的类型法定原则。《民法典》婚姻家庭编并没有规定此种类型的拟制血亲关系，应予以排除。

（二）祖父母、外祖父母的负担能力

与《民法典》第26条第1款和第1067条第1款不同，本条第1款明确规定了祖父母、外祖父母的负担能力要件。"日本学者中川善之助在参考瑞士民法的基础上，区分了夫妻、亲子之间的生活保持义务与其他亲属间的生活扶助义务。所谓生活保持义务，系指扶养为身份关系本质上不可或缺之要素，维持对方生活即在保持自己生活，而生活扶助义务是指在一方无力生活时，他方有扶养余力之情形下所负之偶然的外部受领生活扶助。"[②]按照这一分类，祖父母、外祖父母与孙子女、外孙子女之间的扶养义务属于生活扶助义务。生活扶助义务的前提是扶养人有扶养能力，"扶养人为身份相当之生活尚有余资时，始以余资予以扶养"[③]。据此，祖父母、外祖父母在不降低与自己身份相当之生活水平时，仍然有剩余的经济能力，则为有负担能力。祖父母、外祖父母提供扶养需要降低自己的身份相当的生活水平，则无负担能力。例如，

---

① 参见房绍坤、范李瑛、张洪波编著：《婚姻家庭与继承法》，中国人民大学出版社2018年版，第143页；参见何俊萍、郑小川、陈汉：《亲属法与继承法》，高等教育出版社2013年版，第218页。

② 参见［日］中川善之助：《新订亲族法》，第596—598页，转引自林秀雄：《亲属法讲义》，台北元照出版有限公司2018年版，第371—372页。

③ 戴炎辉、戴东雄、戴瑀如：《亲属法》，台北顺清文化事业有限公司2010年版，第500页。

司法实践中，祖父母年事已高，劳动能力弱，经济收入低，法院认定为无负担能力。[①]

祖父母、外祖父母均有负担能力的，由于祖父母和外祖父母为同一顺位的抚养义务人，对孙子女、外孙子女的抚养义务是平等的。由数个抚养义务人进行协议，协议不成可请求人民法院判决。参照《民法典》第1104条的规定，对于已年满八周岁的孙子女、外孙子女，还应该征求本人的意见。实践中，有法院依据双方的经济条件、身体健康状况以及与被抚养人在生活上的联系程度等因素判断。[②]

（三）父母已经死亡或者父母无力抚养

“父母已经死亡或无力抚养包括父母双亡或一方死亡、另一方确无抚养能力，或者父母均无抚养能力三种情况。所谓父母已经死亡包括自然死亡和宣告死亡。宣告死亡与自然死亡的效力相同，即以被宣告死亡人原住所地为中心的一切民事法律关系全部消灭。”[③]父母宣告死亡后，未成年子女失去了法定抚养义务人；由于父母长期下落不明，无法履行对未成年子女的抚养义务，未成年子女作为父母的利害关系人，处于需要抚养的状态，其基本生存应当得到保护。此时，由祖父母、外祖父母承担对孙子女、外孙子女的抚养义务，符合宣告死亡的立法目的，也符合本条保护家庭中“弱者”生存的立法目的。但是，如果死亡宣告被撤销，应承认祖父母、外祖父母有权要求被撤销宣告死亡的生父母返还抚养费用。

关于“父母无力抚养”的认定，按照上述日本学者的分类，父母对未成年子女的抚养属于生活保持义务。此种抚养义务“虽牺牲自己地位相当之生活，亦不得不予以维持，故又可称为共生义务”。[④]生活保持义务在本质上意味着一定程度的牺牲，即使牺牲自己也在所不辞。因此，不能仅以抚养义务

---

① 参见徐某与江某甲变更抚养关系纠纷案，安徽省歙县人民法院（2015）歙民一初字第01782号民事判决书。

② 参见马某某与耿某抚养纠纷案，河南省汝阳县人民法院（2016）豫0326民初72号民事判决书。

③ 梁慧星：《民法总论》，法律出版社1996年版，第101页。

④ 史尚宽：《亲属法论》，中国政法大学出版社2000年版，第753页。

人是否有足够的财力来判断抚养能力。司法实践中，有法院指出，即使父母没有固定职业、收入来源，但并未丧失劳动能力，仍然可以通过自食其力抚养教育子女，不影响对子女的法定抚养义务。[①]法院认定为“父母无力抚养”，通常有以下几种情形：父母因犯罪长时间在监狱服刑、因吸毒被羁押强制戒毒、离家外出下落不明；[②]父母患严重疾病或身体残疾，没有劳动能力和生活来源等。[③]因此，父母由于确实无法改变的客观原因，不能为未成年子女提供最低要求的物质保障应认定为“父母无力抚养”。

“父母无力抚养”指父母客观上不能抚养，不包括父母好逸恶劳、不工作导致没有经济能力，或离婚后对子女不闻不问等主观上不抚养的情形。实践中，常出现父母主观上不抚养子女，祖父母、外祖父母代为履行抚养义务的情形。有抚养能力的父母对子女有法定的抚养义务，此时祖父母、外祖父母没有法定抚养义务。在子女与祖父母、外祖父母没有约定的情形下，祖父母、外祖父母与子女之间成立无因管理之债，符合《民法典》第121条的规定，祖父母、外祖父母有权要求子女返还代为支付的抚养费用。[④]司法实践中，法院也认为夫妻一方或双方有抚养能力而未尽抚养义务，祖父母、外祖父母代替其抚养，主张返还代为给付的抚养费的，应予支持。[⑤]需要注意的是，如果存在《民法典》第1075条第1款意义上的兄、姐，应当由祖父母、外祖父母与兄、姐共同承担抚养义务。

---

① 参见张某甲、程某某与刘某某抚养纠纷案，攀枝花中级人民法院（2015）攀民终字第862号民事判决书。

② 例如：张某甲、于某与章某抚养纠纷案，浙江省兰溪市人民法院（2014）金兰民初字第1192号民事判决书；马某某与耿某抚养纠纷案，河南省汝阳县人民法院（2016）豫0326民初72号民事判决书；丁某某与姜某某监护权纠纷案，南通市通州区人民法院（2015）通高民初字第01182号民事判决书；程某诉华某变更抚养关系纠纷案，河南省太康县人民法院（2014）太民初字184号民事判决书。

③ 例如：袁某与周某变更抚养关系纠纷案，江西省丰城市人民法院（2016）赣0981民初2164号民事判决书。

④ 例如：古某1与彭某、黄某1等无因管理纠纷案，重庆市第五中级人民法院（2018）渝05民终4356号民事判决书；余某某、王某某无因管理纠纷案，贵州省安顺市中级人民法院（2019）黔04民终445号民事判决书；王某与陈某1等抚养费纠纷案，湖北省武汉市中级人民法院（2019）鄂01民终9740号民事判决书。

⑤ 参见江苏省高级人民法院《家事纠纷案件审理指南（婚姻家庭部分）》第15条。

另外，根据《民法典》第1108条的规定，配偶一方死亡，另一方送养未成年子女的，死亡一方的父母有优先抚养的权利。此规定为特殊情形，且其出发点是权利，而非义务，与本条之要件存在差异。

（四）类推适用于无独立生活能力的成年孙子女、外孙子女

本条中祖父母、外祖父母抚养的对象是未成年的孙子女、外孙子女。但是对无独立生活能力的成年孙子女、外孙子女，祖父母、外祖父母是否有抚养的义务，法律未明文规定，此系法律漏洞。学理上对此观点不一致。一种观点认为“如果孙子女、外孙子女成年的，无论是否具有行为能力、能否独立生活，祖父母、外祖父母均没有抚养的义务”。①另一种观点认为，虽然孙子女、外孙子女已成年，但是不能独立生活需要抚养，在满足其他条件的情况下，祖父母、外祖父母有抚养的义务。②后一观点更为合理。理由在于父母已经死亡或无力抚养时，未成年的孙子女、外孙子女没有独立生活能力，需要受人抚养。成年孙子女、外孙子女在缺乏劳动能力、生活来源时，没有独立生活能力，也需要受人抚养。其与身心正常的未成年人性质相同，基本生存均需要保障。故而可参照《民法典》第26条第1款、第1067条第1款之精神，将其纳入抚养之对象。

（五）抚养义务的具体承担

在我国，“抚养”通常采广义概念，不仅包括狭义上抚养费给付，亦包括生活照料和精神上的关心。在父母已经死亡或无力抚养场合，未成年人往往更需要精神上的关心和生活上的照料。此处的“抚养”应作相同理解。

抚养既可以通过实际上的生活照料来承担，亦可通过给付抚养费的方式来承担。如果祖父母、外祖父母没有实际照顾孙子女、外孙子女的能力，可指定他人为监护人，由其支付抚养费用。当然，如果祖父母、外祖父母不愿

---

① 何俊萍、郑小川、陈汉：《亲属法与继承法》，高等教育出版社2013年版，第220页。

② 参见曹诗权主编：《婚姻家庭继承法学》，中国法制出版社2008年版，第206页；全国人大常委会法工委研究室编：《中华人民共和国婚姻法条文释义及实用指南》，中国物价出版社2001年版，第103页。

意进行实际的照顾，只能对抚养中的抚养费给付义务进行强制执行。抚养费的具体计算应当采纳主观标准，同时参考客观标准，综合考量当地的生活水平，祖父母、外祖父母的负担能力和孙子女、外孙子女的抚养需求。

二、孙子女、外孙子女对祖父母、外祖父母的赡养义务

（一）孙子女、外孙子女的负担能力

与祖父母、外祖父母对孙子女、外孙子女的抚养相类似，孙子女、外孙子女对祖父母、外祖父母的赡养亦要求孙子女、外孙子女有负担能力。这是因为这种赡养在性质上同样为生活扶助义务，而非生活保持义务。据此，孙子女、外孙子女在不降低与自己身份相当之生活水平时，仍然有剩余的经济能力，则为有负担能力。孙子女、外孙子女提供扶养需要降低自己的身份相当的生活水平，则无负担能力。例如，孙子女、外孙子女自身生活难以维系，或仅仅能保障自己的基本生活需要。司法实践中，成年孙子女、外孙子女没有工作，没有收入来源的，不认为有负担能力。[①]孙子女和外孙子女已经结婚的，在判断负担能力时还应考虑其配偶的收入。其配偶的收入属于夫妻共同财产，夫妻对共同财产有平等的处分权，有权以共同财产履行赡养义务。“即使实行约定财产制，生活费用的负担也不得违反抚养和赡养的有关规定。”[②]如果孙子女、外孙子女中数人均有负担能力，他们为同一顺位的扶养义务人，可以协议分担，协议不成的可请求法院判决。

（二）子女已经死亡或子女无力赡养

此处的“子女”包括祖父母、外祖父母的生子女、养子女以及有抚养教育关系的继子女。所谓死亡包括自然死亡和宣告死亡。子女已经死亡或者无力赡养将导致祖父母、外祖父母的生存面临困难。与《民法典》第1075条第2款规定兄、姐对弟、妹的扶养不同，此处并不要求孙子女、外孙子女曾受祖父母、外祖父母抚养长大。

---

① 参见刘某某诉张某等赡养纠纷案，白城市洮北区人民法院（2018）吉0802民初3285号民事判决书。

② 马忆南：《婚姻家庭继承法学》，北京大学出版社2014年版，第187页。

按照上述对扶养义务的分类，成年子女对父母的赡养属于生活保持义务。此种扶养义务，“虽无余力，亦须牺牲自己而扶养他人”[①]。即使自己陷入不能维持生活的境地，也要作出牺牲，维持父母的生活。因此，不能以赡养义务人是否有足够的经济能力判断其赡养能力。司法实践中，有法院指出子女没有工作，没有生活来源，但是并非无劳动能力，作为成年人应当有自立能力，判决其支付父母赡养费。[②]经济能力薄弱只能减轻赡养义务，不能成为免除赡养义务的事由。有学者认为，“扶养义务人以具有完全民事行为能力为前提”[③]。该观点是对扶养义务的误解。扶养义务人丧失行为能力，仍然可以通过其监护人代为履行扶养义务。亦有法院认为，虽为限制民事行为能力人，但是有固定的收入即具有赡养能力，法院酌情判决其承担较少的赡养费。[④]因此，子女由于确实无法改变的客观原因，不能为父母提供最低要求的物质保障，则认定为“子女无力赡养”。例如，子女患严重疾病或身体残疾，丧失劳动能力，没有经济来源；[⑤]子女极度贫困，无法维持自己的生活。实践中，一些子女有劳动能力却不愿意工作，导致没有经济能力，或者以生病为借口不愿意履行赡养义务，此种主观不赡养不构成“子女无力赡养”，仍然要承担赡养父母的法定义务。

学理和司法实践对“子女已经死亡或无力赡养”有不同的理解。一种观点认为，“子女已经死亡或无力赡养”指祖父母、外祖父母的一个或几个子女死亡或无力赡养。理由是，“按照我国权利义务相一致的法律原则，有代位继承权的孙子女也应该有代位赡养的义务”[⑥]。司法实践中，一些法院也认为只要

---

① 戴炎辉、戴东雄、戴瑀如：《亲属法》，台北顺清文化事业有限公司2010年版，第500页。

② 参见杨某某与邱某甲赡养纠纷案，四川省南充市中级人民法院（2015）南中法民终字第960号民事判决书。

③ 余延满：《亲属法原论》，法律出版社2007年版，第525页。

④ 参见北京市密云县人民法院（2012）密民初字第01619号民事判决书，国家法官学院案例开发研究中心编：《中国法院2014年度案例》，中国法制出版社2014年版，第94—96页。

⑤ 例如：齐某等与邓某等赡养纠纷上诉案，河南省郑州市中级人民法院（2016）豫01民终12999号民事判决书；田某与张某赡养纠纷上诉案，河北省邯郸市中级人民法院（2016）冀04民终3000号民事判决书；边某甲等与边某乙赡养纠纷上诉案，河北省邢台市中级人民法院（2014）邢民四终字第243号民事判决书；杨某某6等诉杨某等赡养纠纷案，贵州省凯里市人民法院（2016）黔2601民初3928号民事判决书。

⑥ 杨遂全编著：《婚姻家庭亲属法学》，清华大学出版社2001年版，第186页。

孙子女自己的父母死亡或无力赡养，孙子女就有赡养祖父母的义务。[①]另一种观点认为，“子女已经死亡或无力赡养”指祖父母、外祖父母的全部子女死亡或无赡养能力。理由在于孙子女、外孙子女是子女赡养不能的补充，作为第一顺序赡养义务人的子女有赡养能力，孙子女、外孙子女不承担赡养义务。[②]司法实践中，一些法院也持此观点。[③]相比之下，后一观点更为合理。首先，根据《民法典》第26条和第1067条的规定，成年子女对父母的赡养是无条件的，而孙子女、外孙子女对祖父母、外祖父母的赡养义务在符合法定条件时才产生。基于子女对父母赡养的无条件，其履行义务的顺位应当先于孙子女、外孙子女。其次，从法理上来看，确定扶养顺序应遵循亲疏远近规则，[④]亲等近者先于亲等远者负担扶养义务。父母子女之间为两代直系血亲，而祖孙之间为三代直系血亲，子女对父母履行赡养义务的顺位应当先于孙子女、外孙子女。因此，如果仅仅是全部子女中的一人或几人死亡或无力赡养，其他有赡养能力的子女应当履行赡养义务，而不应由死亡子女的子女即孙子女、外孙子女赡养。此外，如果祖父母、外祖父母还存在其他第一顺位扶养义务人，如配偶，应当先由其配偶承担扶养义务。如果祖父母、外祖父母同时有其他第二顺位的扶养义务人，如由其扶养长大的弟、妹，应由孙子女、外孙子女和弟、妹共同承担扶养义务。

（三）赡养义务的具体承担

随着社会的不断发展，子女与老人分居式扶养导致空巢老人现象越来越

---

① 例如：郭某1与郭某2、郭某4赡养纠纷案，山西省长治市中级人民法院（2018）晋04民终2164号民事判决书；李某与李某甲等赡养费纠纷案，山东省济南市中级人民法院（2016）鲁01民终438号民事判决书；吴某乙与吴某甲、吴某丙等赡养费纠纷案，江苏省苏州市中级人民法院（2015）苏中民终字第00071号民事判决书。

② 参见房绍坤、范李瑛、张洪波编著：《婚姻家庭与继承法》，中国人民大学出版社2018年版，第145页；何俊萍、郑小川、陈汉：《亲属法与继承法》，高等教育出版社2013年版，第221页；蒋月主编：《婚姻家庭与继承法》，厦门大学出版社2014年版，第203页。

③ 例如：祝某某等与祝某某1等赡养纠纷案，江西省上饶市中级人民法院（2018）赣11民终65号民事判决书；吴某3、吴某1赡养纠纷案，四川省内江市中级人民法院（2019）川10民终376号民事判决书；魏某、任某赡养费纠纷案，辽宁省抚顺市中级人民法院（2019）辽04民终262号民事判决书；王某某、孙某某与孙某某1、何某赡养纠纷案，江苏省盐城市中级人民法院（2018）苏09民终5145号民事判决书。

④ 参见余延满：《亲属法原论》，法律出版社2007年版，第523页。

普遍，老人普遍缺乏精神上的慰藉。[①]仅仅在物质上赡养的要求，已经不能满足社会老龄化的现状。《老年人权益保障法》第18条明确提出："家庭成员应当关心老年人的精神需求，不得忽视、冷落老年人。与老年人分开居住的家庭成员，应当经常看望或者问候老年人……"《老年人权益保障法》第14条第1款规定："赡养人应当履行对老年人经济上供养、生活上照料和精神上慰藉的义务，照顾老年人的特殊需要。"据此，满足法定条件的孙子女、外孙子女作为赡养义务人，应当履行对祖父母、外祖父母经济上供养、生活上照料和精神上赡养的义务。不过，后两项形态的赡养不具有强制性，法院只能就其中的财产性赡养给付义务实行强制执行，其具体的确定方式与标准与前述抚养费的确定方式和标准相同。

举证责任

本条应适用证明责任基本规则，即"谁主张，谁举证"的一般规则。扶养权利人请求义务人承担扶养义务，需要对权利产生的要件事实承担证明责任。孙子女、外孙子女请求祖父母、外祖父母对其承担抚养义务，主张抚养费，应当证明其父母已经死亡或无力抚养；祖父母、外祖父母有负担能力。祖父母、外祖父母反驳对方诉讼请求依据的事实，有责任提供证据证明。祖父母、外祖父母请求孙子女、外孙子女对其承担赡养义务，应当证明其子女已经死亡或子女无力赡养以及不存在其他第一顺位赡养义务人；孙子女、外孙子女有负担能力。孙子女、外孙子女反驳对方诉讼请求依据的事实，有责任提供证据证明。

其他问题

祖父母、外祖父母与孙子女、外孙子女之间产生法定扶养义务的，扶养义务人应当自觉履行义务。如果一方长期不履行法定的扶养义务，可能构成

---

① 参见李欣：《"家庭养老"保障论——以亲属法之保障为视角》，载《河北法学》2011年第8期。

《刑法》第261条所规定的遗弃罪。构成遗弃被继承人的，根据《民法典》第1125条，丧失继承权。此处的丧失继承权，包括丧失代位继承权。此外，根据《民法典》第1066条规定："婚姻关系存续期间，有下列情形之一的，夫妻一方可以向人民法院请求分割共同财产：……（二）一方负有法定扶养义务的人患重大疾病需要医治，另一方不同意支付相关医疗费用。"法定扶养义务人不应局限于夫妻双方的父母，还包括夫妻双方以及其他法定扶养人与赡养人。[①]当法定扶养权利人为祖父母、外祖父母或者孙子女、外孙子女时，其患有重大疾病需要医治，祖父母、外祖父母或者孙子女、外孙子女的配偶不同意支付相关医疗费用的，有扶养义务的祖父母、外祖父母或者孙子女、外孙子女可以在婚姻关系存续期间，请求分割夫妻共同财产。

第一千零七十五条【兄弟姐妹间的扶养义务】

有负担能力的兄、姐，对于父母已经死亡或者父母无力抚养的未成年弟、妹，有扶养的义务。

由兄、姐扶养长大的有负担能力的弟、妹，对于缺乏劳动能力又缺乏生活来源的兄、姐，有扶养的义务。

历史由来

一、本条来源

本条源于《婚姻法》第29条，该条规定："有负担能力的兄、姐，对于父母已经死亡或父母无力抚养的未成年的弟、妹，有扶养的义务。由兄、姐扶养长大的有负担能力的弟、妹，对于缺乏劳动能力又缺乏生活来源的兄、姐，有扶养的义务。"《老年人权益保障法》第23条第2款规定："由兄、姐扶养的弟、妹成年后，有负担能力的，对年老无赡养人的兄、姐有扶养的义务。"

1950年《婚姻法》没有规定兄弟姐妹之间的扶养。1980年《婚姻法》扩

---

① 参见吕春娟：《我国非常夫妻财产制之建构》，载《浙江工商大学学报》2015年第1期。

大了亲属间扶养的范围，将兄、姐对弟、妹的扶养纳入调整范围。第23条规定："有负担能力的兄、姊，对于父母已经死亡或父母无力抚养的未成年的弟、妹，有抚养的义务。"但其只规定了兄、姐对弟、妹单向的扶养义务，未规定弟、妹对兄、姐的扶养义务，缺乏扶养的双向性。1984年《最高人民法院关于贯彻执行民事政策法律若干问题的意见》（已失效）第26条在此基础上增加了弟、妹对兄姐的扶养，规定："由兄、姐抚养长大的有负担能力的弟、妹，对丧失劳动能力、孤独无依的兄、姐，有抚养的义务。"根据这一规定，弟、妹在特定条件下对兄、姐产生扶养义务。2001年《婚姻法》修订时，立法机关吸收了该司法解释的规定，将"丧失劳动能力、孤独无依"改为"缺乏劳动能力又缺乏生活来源"。原因在于"缺乏劳动能力"比"丧失劳动能力"的范围更宽，兄、姐更容易获得被扶养的机会，"缺乏生活来源"比"孤独无依"涵盖面更大，表述也更符合法律规范。[①]同时，此次修订将"有抚养的义务"改为"有扶养的义务"，表述更为准确，突出扶养的双向性。[②]

二、条文演变

本条自《民法典婚姻家庭编（草案）》（一审稿）开始就与《婚姻法》第29条内容一致，未作任何调整。

三、学者建议稿及域外立法例

"法学会稿"第94条与"社科院2019稿"第101条与《婚姻法》第29条表述相同。[③]"人民大学2005稿"设专章规定扶养制度，该稿第507条规定："下列亲属互享受扶养权利，互负扶养义务：（一）配偶；（二）直系血亲；（三）二亲等的旁系血亲。"[④]二亲等的旁系血亲即兄弟姐妹。

---

① 参见胡康生主编：《中华人民共和国婚姻法释义》，法律出版社2001年版，第121页。

② 参见全国人大常委会法工委研究室编：《中华人民共和国婚姻法条文释义及实用指南》，中国物价出版社2001年版，第106页。

③ 参见陈甦主编：《中国社会科学院民法典分则草案建议稿》，法律出版社2019年版，第372页。

④ 王利明主编：《中国民法典学者建议稿及立法理由：人格权编·婚姻家庭编·继承编》，法律出版社2005年版，第388页。

与直系血亲间的扶养不同，域外立法例对于旁系血亲的扶养呈现出两种不同的立场。一种立场认为旁系血亲间不负扶养义务。例如，《德国民法典》仅规定夫妻和直系血亲之间的扶养，未规定兄弟姐妹之间的扶养。另外一些立法例则将兄弟姐妹间的扶养法纳入调整范围。如《日本民法典》第877条第1款规定："直系血亲及兄弟姐妹负相互扶养的义务。"①《意大利民法典》第433条规定："承担给付抚养费、扶养费、赡养费义务人的顺序如下：……（6）同父同母的兄弟姐妹和同父异母、同母异父的兄弟姐妹；同父同母的兄弟姐妹先于同父异母、同母异父的兄弟姐妹承担义务。"②

三 规范目的或功能

本条是对兄弟姐妹之间扶养义务的规定。兄弟姐妹之间相互扶助，有效保障了家族成员的生存，成为我国传统习惯。③确立兄弟姐妹间的扶养义务符合民族文化传统，有良好的社会基础。如今，扶养作为人权保障体制的一部分被纳入了社会保障体系，但是无论社会保障体系如何健全，都无法取代家庭扶养的功能。④本条旨在补足父母子女扶养的不足，保护家庭中弱者的利益。

本条与《民法典》第26条、第1067条、第1074条共同构成血亲扶养规定。从条件的设置来看，父母与子女之间的扶养是无条件的，而兄弟姐妹之间须满足"父母已经死亡或无力抚养"等条件。可见父母与子女之间的扶养是第一顺位的，只有发生某种客观原因，父母与子女之间无法履行抚养、赡养的权利义务时，兄弟姐妹之间才承担扶养义务。本条也是对《民法典》第1041条和第1043条基本原则和精神的贯彻，有利于保障未成年人和老年人的合法权益，形成家庭成员敬老爱幼、互相帮助的良好风尚。

---

① 《日本民法典》，刘士国、牟宪魁、杨瑞贺译，中国法制出版社2018年版，第220页。

② 《意大利民法典》，费安玲、丁玫译，中国政法大学出版社1997年版，第123页。

③ 参见何俊萍、郑小川、陈汉：《亲属法与继承法》，高等教育出版社2013年版，第224页。

④ 参见张燕玲：《家庭权的私法保障》，载《法学论坛》2012年第5期。

规范内容

一、兄弟姐妹关系的界定

《民法典》第1127条第5款规定："本编所称兄弟姐妹，包括同父母的兄弟姐妹、同父异母或者同母异父的兄弟姐妹、养兄弟姐妹、有扶养关系的继兄弟姐妹。"这一界定与本条中兄弟姐妹的范围略有差异。本条中的兄弟姐妹不仅包括自然血亲所形成的兄弟姐妹，还包括收养所形成的兄弟姐妹。根据《民法典》第1111条第1款的规定，养子女与养父母的近亲属间的权利义务关系，适用本法关于子女与父母的近亲属关系的规定。易言之，收养所形成的兄弟姐妹关系直接适用本条的规定。

根据《民法典》第1072条的规定，形成抚养教育关系的继父母与继子女之间产生父母子女的权利义务，并未将其扩展至继父母的近亲属，与前述第1111条第1款形成明显的反差。"没有扶养关系的继兄弟姐妹之间只是一种姻亲关系。"[①]即使有扶养关系也不一定会当然适用于本条。与继父母和继子女的关系相似，继父母本身并不承担抚养教育继子女的义务，只是在继父母自愿抚养教育继子女的情况下，法律对此进行拟制。如果继父母不愿意继续抚养教育继子女，则有抚养教育关系的继父母子女关系终止。于形成了扶养关系的继兄弟姐妹场合亦作同样处理。易言之，继兄、姐对继弟、妹没有扶养义务，但是继弟、妹对扶养其长大缺乏劳动能力又缺乏生活来源的继兄、姐有扶养义务。

二、兄姐对弟妹的扶养

（一）兄、姐的负担能力

"日本学者中川善之助在参考瑞士民法的基础上，区分了夫妻、亲子之间的生活保持义务与其他亲属间的生活扶助义务。所谓生活保持义务，系指扶养为身份关系本质上不可或缺之要素，维持对方生活即在保持自己生活，而生活扶助义务是指在一方无力生活时，他方有扶养余力之情形下所负之偶然

---

① 马忆南：《婚姻家庭继承法学》，北京大学出版社2014年版，第188页。

的外部受领生活扶助。”[①]按照这种区分，兄弟姐妹之间的扶养属于生活扶助义务。此种扶养义务，“须扶养供给者为身份相当之生活尚有余资时，始以余资以扶养”[②]。据此，兄、姐在不降低与自己身份相当的生活时，仍然有剩余的经济能力，则为有负担能力。“兄、姐有负担能力是指以自己的劳动收入和其他收入在维持自己的及其第一顺序的法定扶养义务人（对其配偶、子女、父母）的合理生活需要后，还有扶养弟、妹的经济能力。”[③]司法实践中，亦有法院认为如果兄、姐自身生活难以维系，或者仅仅能够保障自己的基本生活需要，那么他们对弟、妹不负有法定的扶养义务。[④]

（二）父母已经死亡或父母无力抚养

所谓父母已经死亡或无力抚养包括父母双亡或一方死亡、另一方确无抚养能力，或者父母均无抚养能力三种情况。“父母已经死亡”包括自然死亡和宣告死亡。但是在父母死亡宣告被撤销时，承担了扶养义务的兄、姐有权要求父母返还相关扶养费用。

本条中的“父母无力抚养”，同《民法典》第1075条中的含义相同。按照上述对抚养义务的分类，父母对未成年子女的抚养属于生活保持义务。此种抚养义务“虽牺牲自己地位相当之生活，亦不得不予以维持，故又可称为共生义务”[⑤]。生活保持义务在本质上意味着一定程度的牺牲。父母即使牺牲自己地位相当的生活水平，也要维持子女的生活。司法实践中，有法院指出即使父母没有固定职业、收入来源，但并未丧失劳动能力，仍然可以通过自食其力抚养教育子女，不影响对子女的法定抚养义务。[⑥]法院认定为“父母无力抚养”，通常有以下几种情形：父母因犯罪长时间在监狱服刑、因吸毒被羁押强

---

① 参见［日］中川善之助：《新订亲族法》，第596—598页，转引自林秀雄：《亲属法讲义》，台北元照出版有限公司2018年版，第371—372页。

② 戴炎辉、戴东雄、戴瑀如：《亲属法》，台北顺清文化事业有限公司2010年版，第500页。

③ 陈苇主编：《婚姻家庭继承法学》，中国政法大学出版社2018年版，第211页。

④ 参见黎某某、黎某1等与尹某某等机动车交通事故责任纠纷案，广州市花都区人民法院（2019）粤0114民初11132号民事判决书。

⑤ 史尚宽：《亲属法论》，中国政法大学出版社2000年版，第753页。

⑥ 参见张某甲、程某某与刘某某抚养纠纷案，攀枝花中级人民法院（2015）攀民终字第862号民事判决书。

制戒毒、离家外出下落不明；[①]父母患严重疾病或身体残疾，没有劳动能力和生活来源等。[②]因此，父母由于确实无法改变的客观原因，不能为未成年子女提供最低要求的物质保障应认定为“父母无力抚养”。“父母无力抚养”指父母客观上不能抚养，不包括父母好逸恶劳、不工作导致没有经济能力，或离婚后对子女不闻不问等主观上不抚养的情形。父母有抚养能力而未尽抚养义务，兄、姐代替其尽了扶养义务，主张返还代为给付的扶养费的，应予支持。[③]

（三）未成年的弟、妹

“兄、姐扶养的对象为未成年的弟、妹，未成年即未满十八周岁。扶养义务的发生须以扶养权利人有受人扶养的必要为条件，即扶养权利人不能维持生活且无谋生能力。”[④]通常情况下，未成年人没有谋生能力，所以有受人扶养的必要。需要注意的是，16周岁以上以自己劳动收入为主要生活来源的未成年人不适用本条。《民法典》第18条规定：“成年人为完全民事行为能力人，可以独立实施民事法律行为。十六周岁以上的未成年人，以自己的劳动收入为主要生活来源的，视为完全民事行为能力人。”以自己的劳动收入为主要生活来源表明“未成年人实质上已经具备独立生活的能力”。[⑤]具备独立生活的能力，则没有受人扶养的必要，因此，兄、姐对这一类未成年弟、妹没有扶养的义务。并且，参照《离婚案件子女抚养问题的意见》第11条第2款的规定亦可得出相同的结论。该司法解释明确规定：“十六周岁以上不满十八周岁，以其劳动收入为主要生活来源，并能维持当地一般生活水平的，父母可停止

① 例如：张某甲、于某与章某抚养纠纷案，浙江省兰溪市人民法院（2014）金兰民初字第1192号民事判决书；马某某与耿某抚养纠纷案，河南省汝阳县人民法院（2016）豫0326民初72号民事判决书；丁某某与姜某某监护权纠纷案，南通市通州区人民法院（2015）通高民初字第01182号民事判决书；程某诉华某变更抚养关系纠纷案，河南省太康县人民法院（2014）太民初字184号民事判决书。

② 例如：袁某与周某变更抚养关系纠纷案，江西省丰城市人民法院（2016）赣0981民初2164号民事判决书。

③ 参见《江苏省高级人民法院家事纠纷案件审理指南（婚姻家庭部分）》第15条。

④ 余延满：《亲属法原论》，法律出版社2007年版，第524页。

⑤ 陈甦主编：《民法总则评注》（上册），法律出版社2017年版，第124页。

给付抚育费。”处于第一顺位的父母对其尚无抚养费给付义务，遑论处于第二顺位的兄、姐。

（四）本条类推适用于无独立生活能力的成年弟、妹

有负担能力的兄、姐对无独立生活能力的成年弟、妹是否有扶养义务，法律未作明文规定。司法实践中，有法院认为兄、姐对成年弟、妹没有扶养义务。[①]也有法院认为在此种情况下兄、姐有扶养弟、妹的义务。[②]例如，有法院明确指出“参照适用《婚姻法》第29条，由兄、姐承担扶养义务”。[③]在周某某等与中国人民财产保险股份有限公司南京市分公司、吴某某交通事故损害赔偿纠纷案中，南京市中级人民法院经审理认为：“虽然弟弟已经成年，但是自幼患精神病，丧失劳动能力，生活不能自理，缺乏生活来源，又无直系亲属扶养，根据《婚姻法》第29条规定的精神，应当认为其兄对其依法负有扶养的义务。”[④]该案主审法官在分析中指出：“这种情况下应当对现行《婚姻法》第29条的规定作适当的扩大解释，参照《婚姻法》有关规定的精神，认定此种情形下兄、姐对成年弟、妹在法律上负有扶养、监护的义务。”[⑤]

法律仅规定兄、姐对未成年弟、妹的扶养义务，忽略了对无独立生活能力的成年弟、妹之扶养，系法律漏洞，需要通过类推适用的方法进行填补。参照《民法典》第1067条第1款的规定，未成年人应当和不能独立生活的成

---

① 例如：张某甲与张某乙、张某丙等扶养纠纷案，石家庄市长安区人民法院（2015）长民初字第331号民事判决书；李某1与李某2扶养纠纷案，黑龙江省铁力市人民法院（2016）黑0781民初618号民事判决书。

② 例如：沈某、沈某某扶养费纠纷案，天津市第一中级人民法院（2018）津01民终8477号民事判决书；何某与何某1、何某2扶养纠纷案，云南省玉溪市江川区人民法院（2018）云0421民初239号民事判决书。

③ 参见李某与李某1、李某2、李某3、李某4、李某5、李某6扶养纠纷案，辽宁省盘锦市双台子区人民法院（2016）辽1102民初1230号民事判决书。

④ 周某某等诉中国人民财产保险股份有限公司南京市分公司、吴某某交通事故损害赔偿纠纷案，南京市中级人民法院（2009）宁民一终字第123号民事判决书。

⑤ 最高人民法院中国应用法学研究所编著：《人民法院案例选》（月版·第12辑），中国法制出版社2010年版，第69页。

年人作相同评价。未成年的弟、妹与不能独立生活的成年弟、妹存在类似的扶养需求，故而应类推适用本条。但于不能独立生活的成年弟、妹场合，需要不存在其他第一顺位的法定扶养义务人（如配偶、子女）或者第一顺位的法定扶养义务人没有扶养能力。

三、弟、妹对兄、姐的扶养

（一）对兄、姐的扶养

弟、妹对兄、姐扶养的要件之一是弟、妹由兄、姐扶养长大。父母死亡或无力抚养时，兄、姐对未成年弟、妹的成长尽了扶养义务的，按照权利义务相一致的原则，弟、妹应承担扶养兄、姐的义务。对于“扶养长大”的理解，“由兄、姐扶养长大是指弟、妹长期依靠兄、姐提供全部或主要扶养费用直到以自己的收入作为主要生活来源”[①]。在唐某甲、唐某乙扶养纠纷一案中，唐某乙从10岁开始与唐某甲居住生活，直至唐某乙结婚后一年，法院认定唐某乙是由唐某甲扶养长大的。[②]由兄、姐扶养长大，指兄、姐独立扶养长大，父母患病或经济条件较差，兄、姐协助父母在弟、妹未成年期间进行过一定程度的照顾，不属于由兄、姐扶养长大。[③]例如，在周某与钟某甲、钟某乙等机动车交通事故责任纠纷一案中，法院认为：“钟某甲作为钟某丙的哥哥，虽在钟某丙未成年期间对其进行了一定程度的关怀和照顾，但该行为仅应视为兄弟之间自然情感和精力的付出，尚不能成为双方已形成了实际扶养关系的事实证据。”[④]

（二）弟、妹的负担能力

根据上述对扶养义务的分类，兄弟姐妹之间的扶养属于生活扶助义务。

---

① 马忆南：《婚姻家庭继承法学》，北京大学出版社2014年版，第188页。

② 参见唐某甲、唐某乙扶养纠纷案，四川省巴中市中级人民法院（2018）川19民终1006号民事判决书。

③ 例如：上诉人耿某甲与被上诉人耿某乙、耿某丙、耿某丁、耿某戊、耿某己扶养纠纷案，辽宁省沈阳市中级人民法院（2016）辽01民终8128号民事判决书。

④ 周某与钟某甲、钟某乙等机动车交通事故责任纠纷案，重庆市第二中级人民法院（2018）渝02民终1047号民事判决书。

"弟、妹有负担能力是指以自己的劳动收入和其他收入满足本人及其第一顺序的法定扶养义务人（其配偶、子女、父母）合理的生活需要后，还有扶养兄、姐的经济能力。"[①]弟、妹如提供扶养需明显降低与自己的身份地位相当的生活水平，则无负担能力。例如，司法实践中，有法院认为，弟、妹已经退休，退休前的职业为工人，或年龄较大、患有严重疾病时，不具有负担能力。[②]如果弟、妹中数人均有负担能力，他们为同一顺序的扶养义务人，可以按各自的扶养能力协议分担，协议不成的，可请求人民法院判决。

（三）缺乏劳动能力又缺乏生活来源

本条中的兄、姐指"缺乏劳动能力又缺乏生活来源"的兄、姐。兄、姐需要同时满足"缺乏劳动能力"和"缺乏生活来源"两项要件。由此可见，本条不同于第1067条第2款中的"无劳动能力或生活困难"。成年子女对父母的赡养费给付义务在要件上更为宽松。之所以弟、妹对兄、姐的扶养在要件上更为严苛，是因为此种扶养是补充性质的。

从本条的表述可见，兄、姐必须同时具备缺乏劳动能力和缺乏生活来源两项要素，否则不产生兄弟姐妹之间的扶养义务。兄、姐有法定的扶养义务人（如子女、配偶），不属于缺乏生活来源。[③]司法实践中，有法院认为"生活补助款具有社会救助性质，是国家对共同生活的家庭成员人均收入低于当地最低生活的保障，不能认为领取了生活补助款，就有必要的生活来源"[④]。兄、姐因患病而缺乏劳动能力的，还需同时满足缺乏生活来源。例如，在吕某甲与吕某乙、吕某丙扶养费纠纷一案中，法院认为原告为残疾人，但是有低保金、残疾人补贴等民政部门的相应待遇，虽然残疾但未完全丧失劳动能力，应通过劳动

---

① 陈苇主编：《婚姻家庭继承法学》，中国政法大学出版社2018年版，第212页。

② 参见赵某甲与赵某乙、赵某丙、赵某丁、赵某戊扶养纠纷案，吉林省吉林市昌邑区人民法院（2016）吉0202民初1885号民事判决书。

③ 例如：赵某甲、赵某乙赡养纠纷案，河北省沧州市中级人民法院（2017）冀09民终4704号民事判决书；华某甲与华某乙扶养费纠纷案，广东省始兴县人民法院（2017）粤0222民初1124号民事判决书。

④ 中国人民财产保险股份有限公司黄石市分公司、王某某机动车交通事故责任纠纷案，鄂州市中级人民法院（2018）鄂07民终571号民事判决书。

获得报酬改善生活，其弟没有扶养的义务。[1]又如在赵某甲与赵某乙、赵某丙、赵某丁、赵某戊扶养纠纷一案中，法院经审理认为："虽然原告赵某甲强调自己患有重病，但其现享有医疗保险，报销比例为80%，尚没有证据表明原告赵某甲已达到因病致贫、无法生活的程度，对原告的请求不予支持。"[2]

四、扶养义务的具体确定

本条中的扶养不仅包含经济上的扶养，而且包含具体的生活照顾和精神上的关心。扶养义务人以何种形式履行扶养义务，应当考虑受扶养人的情况。但是，后面两种义务因具有高度的人身性，不能被强制执行，在扶养义务人不履行时只能要求其承担给付扶养费的义务。在扶养费的具体确定上，应采生活扶助标准，综合考量当地的生活水平、受扶养人的扶养需求以及扶养义务人的扶养能力。

举证责任

本条应适用证明责任基本规则，即"谁主张，谁举证"的一般规则。受扶养人请求扶养义务人承担扶养义务，需要对权利产生的要件事实负证明责任。弟、妹请求兄、姐对其承担扶养的义务，应当证明自己为未成年人或者没有独立的生活能力；父母已经死亡或者无力抚养；兄、姐有负担能力。兄、姐请求弟、妹对其承担扶养义务，应当证明弟、妹由自己扶养长大；自己缺乏劳动能力又缺乏生活来源；弟、妹有负担能力。

其他问题

如果同时存在本条中兄弟姐妹和《民法典》第1074条规定的祖父母、外

---

① 参见吕某甲与吕某乙、吕某丙扶养费纠纷案，广西壮族自治区宾阳县人民法院（2016）桂0126民初3704号民事判决书。

② 赵某甲与赵某乙、赵某丙、赵某丁、赵某戊扶养纠纷案，吉林省吉林市昌邑区人民法院（2016）吉0202民初1885号民事判决书。

祖父母、孙子女、外孙子女作为扶养义务人，他们之间是处于同一顺位还是不同顺位呢？《民法典》及相关司法解释均未作规定。“人民大学2005稿”第509条规定：“当扶养义务人有数人时，依下列顺序负担扶养义务：（一）配偶；（二）直系血亲晚辈亲属；（三）直系血亲长辈亲属；（四）二亲等的旁系血亲。同一顺序有数名扶养义务人时，亲等近的先于亲等远的负担抚养义务；亲等相同的，依经济能力按比例负担扶养义务。”[①]“社科院2013稿”第1867条规定：“扶养义务人为数人时，按照下列顺序向扶养权利人履行扶养义务：（1）父母、成年子女、配偶；（2）祖父母、外祖父母，成年的孙子女、外孙子女，兄弟姐妹。同一顺序的扶养义务人对扶养权利人负有同等的义务。自愿独自负担义务或多负担义务的，不在此限。同一顺序的扶养义务人可以按照其扶养能力，协议分担扶养义务。”[②]还有观点认为：“扶养义务有数人时，依下列顺序负担扶养义务：（1）父母、子女、配偶；（2）直系血亲晚辈亲属；（3）直系血亲长辈亲属；（4）二亲等的旁系血亲。”[③]扶养顺位应当考虑扶养义务人与受扶养人的亲疏远近关系。《民法典》婚姻家庭编虽未对此进行规定，但可从《民法典》继承编对法定继承人顺位的规定中管窥法律对此种亲疏远近关系的评价。根据《民法典》第1127条第1款的规定，兄弟姐妹、祖父母、外祖父母同为第二顺序继承人。法律规定继承顺序的依据是亲属关系的亲疏远近、扶养权利义务的强度和现实生活中实际发生扶养效果的程度。[④]由此，为保持体系的一致性，兄、姐、祖父母、外祖父母应当处于同一扶养义务人顺位。同一顺位的扶养义务人对扶养权利人应负有同等义务，可以按照扶养能力协议分担，协议不成的，可请求法院判决。

---

① 王利明主编：《中国民法典学者建议稿及立法理由：人格权编·婚姻家庭编·继承编》，法律出版社2005年版，第398页。

② 梁慧星主编：《中国民法典草案建议稿附理由：亲属编》，法律出版社2013年版，第341页。

③ 余延满：《亲属法原论》，法律出版社2007年版，第523页。

④ 参见曹诗权主编：《婚姻家庭继承法学》，中国法制出版社2008年版，第269页。

第四章

离 婚

第一千零七十六条【协议离婚的条件】

夫妻双方自愿离婚的，应当签订书面离婚协议，并亲自到婚姻登记机关申请离婚登记。

离婚协议应当载明双方自愿离婚的意思表示和对子女抚养、财产以及债务处理等事项协商一致的意见。

历史由来

本条是对《婚姻法》第31条第1句和第2句的修改和补充，强调协议离婚须双方当事人订立书面离婚协议。这一要求来自《婚姻登记条例》第11条。本条接受了《婚姻登记条例》第11条的立场，并对本条第3款的离婚协议书规则做了文字上的修改。

本条的修改，可以追溯到《民法典婚姻家庭编（草案）》（一审稿）第853条。《民法典婚姻家庭编（草案）》（一审稿）第853条明确了离婚协议书作为协议离婚的要件。《民法典婚姻家庭编（草案）》（二审稿）第853条更进一步，删除了《婚姻法》第31条中“准予离婚”，并将“离婚协议书”改为“离婚协议”。《民法典婚姻家庭编（草案）》（三审稿）第853条对上述规定做了文字上的修改，并形成了《民法典（草案）》第1076条。最终，立法机关对《民法典（草案）》第1076条做了进一步的文字修改，如将“男女双方”改为“夫妻双方”，将“订立”改为“签订”，从而形成了本条规定。

规范目的或功能

本条规定的是协议离婚。协议离婚，是指夫妻双方自愿离异，并就子女抚养、财产处理等离婚的法律后果达成协议，经过婚姻登记机关认可并办理离婚登记的离婚方式。按照本条规定，夫妻双方可以在达成合意的前提下通过行政程序离婚，无须经过司法程序。因此，协议离婚也被称为行政离婚、合意离婚，属于离婚自由的表现形式，[①]更是私法自治理念在婚姻家庭法中的

① 参见陈苇主编：《婚姻家庭继承法学》，中国政法大学出版社2018年版，第223页；许莉主编：《婚姻家庭继承法学》，北京大学出版社2019年版，第129页。

体现。[①]由于协议离婚须夫妻双方亲自到婚姻登记机关申请离婚登记，协议离婚又被称为登记离婚。

本条规定了协议离婚的条件。协议离婚的双方当事人必须订立书面的离婚协议并亲自到婚姻登记机关办理离婚登记。

本条第1款属于强行法，协议离婚的条件不得由夫妻双方当事人通过合意而改变。夫妻双方也不得在协议离婚、诉讼离婚之外约定以其他方式解除婚姻关系。这体现了国家对婚姻关系的保护和介入。夫妻双方解除婚姻关系必须经过法定程序，不得任意解除婚姻关系。夫妻双方解除婚姻关系的合意尚不足以发生离婚的法律效果，[②]还需要借助国家机关的介入，即离婚登记，以保护第三人利益和社会利益。[③]本条第2款属于不完全法条中的说明性法条，旨在说明离婚协议的具体内容。

规范内容

协议离婚是夫妻双方合意离婚。在学说上，协议离婚是离婚的民事法律行为，即夫妻双方基于合意按照法定程序解除婚姻关系。协议离婚虽然要求夫妻双方办理离婚登记，但本质上是以夫妻双方具有离婚的合意为前提，因此，协议离婚是两愿离婚，是典型的身份法律行为。[④]

既然协议离婚是典型的身份法律行为，那么，协议离婚就必须具有成立要件和生效要件。

一、协议离婚的成立要件

1.须存在夫妻双方且双方取得结婚登记。夫妻双方取得结婚登记是协议离婚的前提条件。结婚登记应当在中国内地办理，否则婚姻登记机关不会受理夫妻双方的离婚登记申请。事实婚姻的夫妻双方、非婚同居双方无法协议

① 参见曹诗权主编：《婚姻家庭继承法学》，中国法制出版社2008年版，第153页。

② 参见杨大文主编：《亲属法与继承法》，法律出版社2013年版，第143页。

③ 参见李明舜主编：《婚姻家庭继承法学》，武汉大学出版社2011年版，第209页。

④ 参见蒋月主编：《婚姻家庭与继承法》，厦门大学出版社2014年版，第234页；房绍坤、范李瑛、张洪波：《婚姻家庭与继承法》，中国人民大学出版社2018年版，第85页。

离婚。此外，即使存在婚姻无效事由，在人民法院宣告婚姻无效之前，夫妻双方仍然可以协议离婚。婚姻无效事由消失后，如结婚时未达法定婚龄的一方达到法定婚龄，当事人及利害关系人不得再申请宣告婚姻无效，但是，婚姻当事人可以协议离婚。可撤销婚姻在被撤销之前是有效婚姻，夫妻双方也可以协议离婚。

2.夫妻双方须就离婚达成合意。协议离婚以夫妻双方具有离婚的意思表示为要。协议离婚虽然只有两个当事人，但属于共同行为而非合同行为。因此，夫妻双方必须就离婚达成合意，即夫妻双方离婚的意思表示并行一致。

3.夫妻双方订立书面离婚协议。按照本条第2款的规定，离婚协议是载明双方自愿离婚的意思表示和对子女抚养、财产及债务处理等事项协商一致的意见的书面协议。这一规定来自《婚姻登记条例》第11条。离婚协议虽然是协议离婚的成立要件，但本质上属于独立的民事法律行为，且为要式法律行为。[①]离婚协议须满足民事法律行为的成立要件，以夫妻双方当事人对离婚事项达成一致为要。虽然《婚姻法》第31条没有明确要求双方当事人订立书面离婚协议，但是，依据《婚姻登记条例》第11条，学界都将夫妻双方订立书面离婚协议作为协议离婚的要件之一。[②]因此，协议离婚以双方当事人订立书面离婚协议为前提，学界并无争议。本条的修改也不会引起实践中的变动。

4.夫妻双方取得离婚登记。这是协议离婚的形式要件，[③]体现了国家对协

① 贵州省毕节市中级人民法院认为："双方签订离婚协议的行为与登记准许离婚的行为是两个不同的行为，前者是当事人之间就是否离婚及相关事项作出安排的意思表示，无论是否有效仅在当事人之间产生相应法律效果，而后者，则是国家机关通过是否登记准予离婚确定是否在法律层面承认当事人解除婚姻关系，关系到全社会正常婚姻关系伦理秩序的维系，具有公法意义。"参见贵州省毕节市中级人民法院（2018）黔05民终382号民事判决书。

② 参见余延满：《亲属法原论》，法律出版社2007年版，第314页；蒋月主编：《婚姻家庭与继承法》，厦门大学出版社2014年版，第234页；巫昌祯、夏吟兰主编：《婚姻家庭法学》，中国政法大学出版社2016年版，第208页；陈信勇：《亲属与继承法》，法律出版社2016年版，第159页；巫昌祯主编：《婚姻与继承法学》，中国政法大学出版社2017年版，第133页；夏吟兰主编：《婚姻家庭继承法》，中国政法大学出版社2017年版，第116页；马忆南：《婚姻家庭继承法学》，北京大学出版社2019年版，第110页；许莉主编：《婚姻家庭继承法学》，北京大学出版社2019年版，第130页。

③ 参见李宇：《民法总则要义》，法律出版社2017年版，第442页。

议离婚的介入。[①]

二、协议离婚的生效要件

1.夫妻双方具备完全民事行为能力。协议离婚涉及亲属关系变动、财产分割和子女抚养等问题，对自然人具有重要影响，因此，协议离婚应以夫妻双方具有完全民事行为能力为要。[②]夫妻一方或双方不具有完全民事行为能力的，对于夫妻双方的离婚申请，婚姻登记机关不予受理。

2.夫妻双方离婚的意思表示真实。为了确保夫妻双方离婚的意思表示真实，婚姻登记员应当分开询问夫妻双方的离婚意愿。

（1）申请离婚登记时的离婚意思表示与离婚协议中离婚的意思表示。根据本条第2款的规定，离婚协议包含了夫妻双方自愿离婚的意思表示。同时，夫妻双方共同到婚姻登记处申请离婚登记时，也表达了夫妻双方自愿离婚的意思表示。夫妻双方协议离婚的意思表示一致与意思表示真实，应以哪一阶段的意思表示为准？在实践中，夫妻双方即使签订了书面的离婚协议，也可能因为一方反悔而无法协议离婚。也就是说，夫妻双方在订立离婚协议时存在意思表示一致，但是在申请离婚登记时，夫妻一方临时反悔的，协议离婚不成立。不仅如此，如果以协议离婚中的意思表示为准，那么，倘若协议离婚时的意思表示不存在瑕疵，申请离婚登记时的意思表示存在瑕疵，夫妻双方的协议离婚仍然生效；反之，倘若协议离婚时的意思表示存在瑕疵，申请离婚登记时的意思表示不存在瑕疵，夫妻双方的协议离婚即不应发生效力。这一立场无疑是荒谬的。因此，协议离婚中的意思表示，系指夫妻双方在申请离婚登记时的意思表示。夫妻双方协议离婚的意思表示一致与意思表示真

---

① 也有观点认为，离婚登记是离婚法律行为的生效要件。参见许莉：《离婚协议效力探析》，载《华东政法大学学报》2011年第1期。

② 参见杨大文主编：《亲属法与继承法》，法律出版社2013年版，第147页；陈苇主编：《婚姻家庭继承法学》，中国政法大学出版社2018年版，第223页；巫昌祯主编：《婚姻与继承法学》，中国政法大学出版社2017年版，第132页；夏吟兰主编：《婚姻家庭继承法》，中国政法大学出版社2017年版，第116页；马忆南：《婚姻家庭继承法学》，北京大学出版社2019年版，第110页；房绍坤、范李瑛、张洪波：《婚姻家庭与继承法》，中国人民大学出版社2018年版，第85页；许莉主编：《婚姻家庭继承法学》，北京大学出版社2019年版，第130页。

实，应以夫妻双方申请离婚登记时为准。进而，离婚协议中载明夫妻双方自愿离婚的意思表示，对协议离婚并无意义。离婚协议中载明的离婚合意，更多的是离婚协议的生效要件。

（2）离婚意思表示真实的判断标准。夫妻双方离婚的意思表示真实是指夫妻双方在申请离婚登记时的意思表示真实。对此，有学者认为，离婚的意思表示真实不应按照形式意思而定，而应按照实质意思为准。[①]所谓实质意思，是指消灭婚姻关系的效果意思；所谓形式意思，是指履行离婚形式要件之意思。两者的区分意义在于，倘若夫妻双方不具有离婚的真实意思，如为了达到其他目的而虚假离婚，夫妻双方离婚后仍然继续维持夫妻之共同生活，采实质意思标准，夫妻双方的协议离婚行为无效；采形式意思说，夫妻双方的协议离婚行为生效。不过，也有少数学者主张形式意思说。[②]

针对这一问题，我国司法实践采形式意思说。[③]也就是说，我国法院不承认所谓的“假离婚”。比如，有法院就认为，“即便夫妻双方当事人私下

---

① 参见史尚宽：《亲属法论》，中国政法大学出版社2000年版，第464页；林秀雄：《亲属法讲义》，台北元照出版有限公司2018年版，第168页；戴炎辉、戴东雄、戴瑀如：《亲属法》，台北顺清文化事业有限公司2019年版，第241页；高凤仙：《亲属法——理论与实务》，台北五南图书出版股份有限公司2017年版，第140页。

② 参见陈棋炎、黄宗乐、郭振恭：《民法亲属新论》，台北三民书局股份有限公司2018年版，第173—174页。

③ 民政部办公厅认为，“假离婚”的离婚登记不能撤销。在《民政部办公厅关于能否撤销李某与张某离婚登记问题的复函》（民办函〔2003〕71号，2003年5月22日）中，司法部办公厅指出，李某与张某办理离婚登记时，离婚意思表示明确，证件证明齐全，程序合法。当事人李某以假离婚、离婚的目的是逃避债务为由，请求宣布其解除婚姻关系无效，没有法律依据：（1）《婚姻法》第31条规定“男女双方自愿离婚的，准予离婚。双方必须到婚姻登记机关申请离婚。婚姻登记机关查明双方确实是自愿并对子女和财产已有适当处理时，发给离婚证”。婚姻法没有关于离婚目的的规定，也未规定离婚目的对离婚效力的影响。（2）《婚姻登记管理条例》（已失效）第25条“申请婚姻登记的当事人弄虚作假、骗取婚姻登记的，婚姻登记管理机关应当撤销婚姻登记……对离婚的当事人宣布其解除婚姻关系无效并收回离婚证”是指申请人不符合婚姻登记的实质条件，通过弄虚作假，骗取登记的，婚姻登记机关应当撤销登记。而李某与张某是双方自愿离婚，并对子女抚养和财产处理达成一致意见（见双方的离婚协议书），不存在不符合离婚登记实质条件的情况，因此，婚姻登记机关不能撤销李某与张某的离婚登记。

约定假离婚，从法律角度而言，办理了离婚手续就解除了婚姻关系”[①]。即使夫妻双方订立书面协议明确表示双方系假离婚，人民法院亦不认可，甚至会将“复婚条款”“禁止再婚条款”认定为违反婚姻自由的无效条款。[②]当事人基于“假离婚”取得的离婚证，也不属于离婚登记瑕疵。因为双方当事人并未向婚姻登记机关表达其“假离婚”的意思，婚姻登记机关即使尽到审查职责，也可能无法查明双方当事人系“假离婚”。[③]这意味着，婚姻登记机关在办理离婚登记时，只须审查申请离婚登记的双方当事人是否具有履行离婚形式要件的意思。共同申请离婚登记的夫妻双方即使内部约定“假离婚”，仍然具有共同履行离婚形式的真实意思表示，因此，其协议离婚行为生效。

就离婚意思表示的判断而言，我国学界主流观点支持实质意思说，主张采意思主义来判断离婚的真实意思，要求离婚的意思表示须与内心意志相一致，[④]强调离婚的意思表示必须是真实的而非虚假的，[⑤]从而，“假离婚”不属于真实自愿的协议离婚。[⑥]因此，“假离婚”的夫妻双方并没有结束终身共同生活的“实质意思”，夫妻双方的“假离婚”构成通谋虚伪行为。进而，学界有观点认为，《民法总则》第146条第1款的通谋虚伪行为规则也适用于“假离婚”。[⑦]当然，有学者在此基础上更进一步，主张以实质意思说为原则，以形

---

① 参见北京市第三中级人民法院（2015）三中民终字第09403号民事判决书。

② 参见江苏省南京市中级人民法院（2016）苏01民终5132号民事判决书。

③ 参见河南省驻马店市中级人民法院（2012）驻法行终字第119号行政判决书。

④ 参见王洪：《婚姻家庭法》，法律出版社2002年版，第160页。

⑤ 参见李明舜主编：《婚姻家庭继承法学》，武汉大学出版社2011年版，第210页；杨大文主编：《亲属法与继承法》，法律出版社2013年版，第147页；巫昌祯主编：《婚姻与继承法学》，中国政法大学出版社2017年版，第133页；杨大文、龙翼飞主编：《婚姻家庭法》，中国人民大学出版社2018年版，第139页；许莉主编：《婚姻家庭继承法学》，北京大学出版社2019年版，第130页。

⑥ 参见蒋月主编：《婚姻家庭与继承法》，厦门大学出版社2014年版，第234页；房绍坤、范李瑛、张洪波：《婚姻家庭与继承法》，中国人民大学出版社2018年版，第85页。

⑦ 参见王利明：《民法总则研究》，中国人民大学出版社2018年版，第556页；崔建远、韩世远、申卫星、王洪亮、程啸、耿林：《民法总论》，清华大学出版社2019年版，第166页；李宇：《民法总则要义》，法律出版社2017年版，第529页；杨立新：《〈民法总则〉规定的虚假民事法律行为的法律适用》，载《法律科学》2018年第1期。

式意思说为补充。也就是说，“假离婚”的双方当事人在离婚后均未再婚的，离婚行为可以被宣告无效；但是，如果一方或者双方当事人已经与第三人再婚，应当保护善意第三人的婚姻，因此，夫妻一方或双方的“假离婚”即确定发生法律效力。①

与此相对，也有学者认为，基于身份行为的法定性，身份行为的意思表示是指“创设或解消身份关系的意思”，②因此，“假离婚”的夫妻双方仍然具有“解消法律上婚姻关系的效果意思”，他们不愿解除的只是事实上的“婚姻关系”，因此，“假离婚”不成立通谋虚伪行为。③换言之，夫妻双方在婚姻登记机关申请离婚登记的，当事人终止婚姻关系的效果意思是真实的。④在这些学者看来，离婚的法律后果由法律直接规定，离婚的意思表示不涉及离婚的法律后果，从而不能按照“实质意思说”来判断。只要夫妻双方具有终止婚姻关系的意愿，即使这一终止是暂时性的，那么，夫妻双方的离婚意思表示仍为真实。

3.不违反法律、行政法规的强制性规定，不违背公序良俗。

三、离婚协议

（一）离婚协议的成立

离婚协议不仅是协议离婚的成立要件，本身也是民事法律行为。按照本条第2款的规定，离婚协议主要包括三项内容，即夫妻双方离婚的合意、夫妻双方对财产和债务的处理、夫妻双方对子女抚养的安排。如前所述，离婚协议中夫妻双方的离婚合意并无意义，离婚法律效果的发生以夫妻双方在婚姻登记机关表达离婚合意并完成离婚登记为前提，因此，离婚协议的主要条款实际上是离婚双方对财产关系方面和对子女抚养方面的安排，本身不是解除夫妻关系的法律行为。从这个角度来看，离婚协议并非由解除夫妻关系的法

---

① 参见马忆南：《婚姻家庭继承法学》，北京大学出版社2019年版，第114页。

② 参见田韶华：《民法典编纂中身份行为的体系化建构》，载《法学》2018年第5期。

③ 参见田韶华：《论通谋虚伪行为规则的司法适用》，载《北方法学》2019年第4期。

④ 参见蔡立东、刘国栋：《司法逻辑下的“假离婚”》，载《国家检察官学院学报》2017年第5期。

律行为和分割夫妻共同财产的法律行为组成的复合行为。[①]

离婚协议成立后，按照《民法典》总则编第136条第2款规定，对夫妻双方具有一般形式拘束力，[②]夫妻任何一方不得擅自变更、解除离婚协议。

（二）离婚协议的生效

1.离婚协议的一般生效要件

离婚协议的生效，首先须满足一般生效要件。具体来说，夫妻双方订立离婚协议时须为完全民事行为能力人，夫妻双方订立离婚协议的意思表示真实，离婚协议不违反法律、行政法规的强制性规定，不违背公序良俗。

离婚协议因夫妻一方或双方欠缺完全民事行为能力而无效。由于离婚协议涉及子女抚养、财产债务处理等重大事项，因此，离婚协议不属于限制民事行为能力人可以独立实施的民事法律行为。夫妻一方在订立离婚协议时为限制民事行为能力人或无民事行为能力人的，离婚协议无效。[③]对此，主张自己订立离婚协议时没有完全民事行为能力的一方负举证责任。不过，在实践中，一方通常无法举证证明自己在订立离婚协议时欠缺民事行为能力，即使一方能够举证证明自己在离婚后因精神疾病被宣告为限制民事行为能力人，故法院仍然会拒绝以此为由认定离婚协议无效。[④]

离婚协议因夫妻一方意思表示不真实而可撤销。夫妻双方订立离婚协议的意思表示必须真实。在实践中，夫妻一方在离婚后主张离婚协议不是

---

① 参见许莉：《离婚协议效力探析》，载《华东政法大学学报》2011年第1期；马浩、房绍坤：《论意思表示不真实的非诉讼离婚协议之效力》，载《烟台大学学报》（哲学社会科学版）2014年第1期；北京市第二中级人民法院（2019）京02民终3409号民事判决书。

② 关于法律行为的一般形式拘束力，参见李宇：《民法总则要义》，法律出版社2017年版，第453页。

③ 参见浙江省宁波市中级人民法院（2014）浙甬民再终字第8号民事判决书，上海市闸北区人民法院（2013）闸民一（民）初字第4418号民事判决书，上海市浦东新区人民法院（2013）浦民一（民）初字第32052号民事判决书，南京市六合区人民法院（2014）六少民初字第75号民事判决书。

④ 参见上海市高级人民法院（2015）沪高民一（民）申字第464号民事裁定书，北京市第一中级人民法院（2014）一中民终字第05274号民事判决书，安徽省合肥市中级人民法院（2017）皖01民终4627号民事判决书，广东省深圳市中级人民法院（2014）深中法民终字第482号民事判决书，河南省洛阳市中级人民法院（2018）豫03民终3150号民事判决书。

其真实意思表示的，通常是对离婚协议中的财产分割反悔。夫妻一方离婚后对子女抚养安排反悔的，可以与另一方协议变更子女抚养关系，也可以按照《离婚案件子女抚养问题的意见》向人民法院申请变更子女抚养关系。

由于离婚协议涉及离婚、子女抚养、财产分割、债务承担等多项内容，一方或者双方为了达到离婚的目的，基于子女抚养和感情因素的考虑，可能在子女抚养、财产分割等方面做出有条件的让步，[①]如不直接抚养子女的一方为了给子女更好的学习、生活环境而给予直接抚养子女的一方更多照顾，从而夫妻共同财产的分割方案并非基于纯粹的利益考量。按照《婚姻法解释（二）》第9条的规定，如果夫妻一方在财产分割方面做出的让步并非源于其真实意思表示，而是另一方的欺诈、胁迫，那么，夫妻一方可以在协议离婚后一年内，向人民法院请求撤销财产分割协议。

按照我国地方法院的立场，如果夫妻一方在订立离婚协议时隐瞒自己婚内出轨、[②]女方隐瞒所生子女与男方无血缘关系、[③]夫妻一方隐瞒夫妻共同财产，[④]导致另一方在财产分割方面做出让步的，法院可能会认定夫妻一方在订立离婚协议时存在欺诈，从而撤销部分离婚协议，重新分配夫妻共同财产。受欺诈的一方可以请求法院撤销离婚协议的财产分割部分，也可以请求法院撤销离婚协议财产分割部分中的若干条款。严格来说，夫妻一方的隐瞒行为属于消极欺诈，即故意隐瞒真实情况，以夫妻一方存在告知义务为前提。学说上有观点认为，这一告知义务源于忠实义务。[⑤]一般而言，欺诈行为以欺诈

---

① 参见“莫某某诉李某某离婚纠纷案”，载《最高人民法院公报》2011年第12期。

② 参见北京市第二中级人民法院（2018）京02民终9119号民事判决书，上海市第二中级人民法院（2015）沪二中民一（民）终字第1997号民事判决书，湖北省武汉市中级人民法院（2019）鄂01民终1532号、（2019）鄂01民终9738号民事判决书，辽宁省大连市中级人民法院（2016）辽02民终293号民事判决书，广东省深圳市中级人民法院（2014）深中法民终字第189号民事判决书。

③ 参见重庆市高级人民法院（2015）渝高法民申字第01263号民事裁定书，贵州省贵阳市中级人民法院（2018）黔01民终6627号民事判决书，山东省青岛市中级人民法院（2016）鲁02民终2333号民事判决书，重庆市第五中级人民法院（2019）渝05民终4413号民事判决书。

④ 参见河南省许昌市中级人民法院（2013）许少民终字第42号民事判决书。

⑤ 参见张家骥、缪宇：《夫妻忠实义务的准债务探析》，载《华中师范大学学报》（人文社会科学版）2019年第3期。

方具有故意为前提，且受欺诈方因欺诈陷入错误并因这一错误而为意思表示。在诉讼中，证明夫妻一方存在欺诈的故意以及欺诈的因果关系，对另一方可能比较困难。①不过，夫妻双方不同于一般民事交易主体，双方具有紧密的身份联系和情感联络。②因此，对夫妻一方欺诈的证明责任，尤其是一方隐瞒严重违反忠实义务的行为，不应设置过高的标准。当然，如果夫妻一方在明知另一方违反忠实义务时自愿做出让步，那么，另一方就不构成欺诈。③除了欺诈，离婚协议还有可能基于胁迫订立。④对此，受胁迫的一方可以请求人民法院予以撤销。

除了财产分割，离婚协议可能还包含其他财产内容，比如离婚时的经济帮助、离婚时的劳务补偿。夫妻双方就离婚时的经济帮助、离婚时的劳务补偿达成一致的，如果夫妻一方的意思表示不真实，夫妻另一方也可以主张撤销。

夫妻一方对离婚财产分割协议反悔的，应当向法院起诉行使撤销权。《婚姻法解释（二）》第9条将撤销权的除斥期间规定为在协议离婚后一年内。在《民法典》实施之后，该除斥期间应当按照《民法典》总则编第152条第1款的规定确定。⑤因此，夫妻一方在离婚后以欺诈为由请求撤销离婚协议中财产分割部分的，应当在知道或应当知道撤销事由之日起一年内向人民法院起诉。比如，夫妻一方在离婚财产分割时基于子女抚养的考虑做出较大让步，但协议离婚一年后发现子女与自己没有亲子关系的，应当在知道真实情况后一年内向法院请求撤销离婚协议的财产分割部分。

人民法院撤销离婚财产分割协议后，男女双方的财产关系恢复到共同共有关系。不过，因男女双方已经离婚，这一共同共有关系的存在以财产清算

---

① 参见河南省周口市中级人民法院（2019）豫16民终4398号民事判决书。

② 参见北京市第一中级人民法院（2019）京01民终10083号民事判决书。

③ 参见北京市第一中级人民法院（2019）京01民终10083号民事判决书，福建省福州市中级人民法院（2018）闽01民终8935号民事判决书，江苏省泰州市中级人民法院（2013）泰中民终字第0619号民事判决书。

④ 参见广东省广州市中级人民法院（2014）穗中法民一终字第6729号民事判决书，陕西省商洛市中级人民法院（2016）陕10民终308号民事判决书，湖南省湘西土家族苗族自治州中级人民法院（2016）湘31民终564号民事判决书。

⑤ 参见王雷：《论身份关系协议对民法典合同编的参照适用》，载《法学家》2020年第1期。另参见江苏省宿迁市中级人民法院（2019）苏13民终2024号民事判决书。

为目的。男女双方可以协商分割夫妻共同财产。达不成协议的，男女双方可以向法院起诉分割共同财产，法院按照离婚夫妻共同财产分割的原则进行处理。

《婚姻法解释（二）》第9条仅规定了两类离婚财产分割协议的可撤销事由，即欺诈、胁迫。如果人民法院没有发现订立财产分割协议时存在欺诈、胁迫等情形，应当驳回当事人的诉讼请求。[①]不过，学界有观点认为，这里的“等”列举未尽，是“等外”，撤销离婚财产分割协议的事由并不限于上述两类情形。[②]这也得到了司法实践的支持。因此，如果存在与欺诈、胁迫的严重程度等同的导致当事人不能做出正确意思表示的情形，离婚财产分割协议仍可撤销。[③]据此，重大误解可以成为离婚财产分割协议的撤销事由，从而，少分财产的夫妻一方即使无法举证证明另一方有欺诈行为，仍可基于重大误解撤销离婚协议。[④]

此外，如果将意思表示不真实作为显失公平制度的理论基础，[⑤]因显失公平订立的离婚财产分割协议也属于意思表示不真实的离婚财产分割协议。由于离婚协议是夫妻双方在离婚协商过程中经过协商，彼此妥协让步后达成的一致约定，因此，在判断离婚协议的效力时，应当将离婚协议作为一个整体来观察，不宜将财产分割的部分条款单独抽取出来，以显失公平为由承认一方的撤销权。[⑥]也就是说，离婚协议不仅包括财产分割，还涉及子女抚养等非

---

① 参见最高人民法院民事审判第一庭编著：《最高人民法院婚姻法司法解释（二）的理解与适用》，人民法院出版社2004年版，第84页。

② 参见李洪祥：《离婚财产分割协议的类型、性质及效力》，载《当代法学》2010年第4期。

③ 参见北京市第三中级人民法院（2014）三中民终字第08408号民事判决书。

④ 参见江苏省宿迁市中级人民法院（2019）苏13民终2024号民事判决书，江苏省苏州市虎丘区人民法院（2016）苏0505民初2143号民事判决书。

⑤ 参见王利明：《民法总则研究》，中国人民大学出版社2018年版，第576页；朱庆育：《民法总论》，北京大学出版社2016年版，第290页；李宇：《民法总则要义》，法律出版社2017年版，第613页。

⑥ 参见广东省广州市中级人民法院（2017）粤01民终3700号、（2017）粤01民终23539号民事判决书，河南省高级人民法院（2013）豫法立二民申字第00722号民事裁定书，江苏省南京市中级人民法院（2017）苏01民终4941号民事判决书，浙江省杭州市中级人民法院（2013）浙杭民终字第3607号民事判决书，江苏省徐州市中级人民法院（2015）徐少民终字第00068号民事判决书。

财产分割事项，两者密切相关。离婚协议中的财产分割是否公平合理，需要与非财产分割条款、夫妻之间的感情因素结合起来综合考量。离婚协议不是等价有偿的交易关系，不能直接适用等价有偿原则，不能仅凭分得财产的多少来认定是否属于显失公平。[①]当然，夫妻一方可能因为他人的威胁，仓促订立放弃全部夫妻共同财产的离婚协议，这种财产分割条款确实存在显失公平的情形。[②]不过，夫妻一方主张子女抚养费支付条款显失公平的，通常无法得到法院支持。[③]此外，司法实践有观点认为，主张离婚协议显失公平的当事人，应当在协议离婚后一年内向法院申请撤销离婚协议。[④]实际上，如前所述，如果承认夫妻一方得以显失公平为由主张撤销离婚财产分割协议，撤销权的除斥期间并非协议离婚后一年，而应当按照《民法典》总则编第152条第1款的规定确定。

基于通谋虚伪行为订立的离婚协议，也属于离婚协议意思表示不真实的情形。不过，我国法院经常混淆"假离婚"和基于通谋虚伪行为订立的离婚协议。夫妻双方"假离婚"后，一方再婚或者拒绝复婚的，另一方在无奈之下通常会就离婚协议财产分割部分起诉，要求变更或撤销离婚协议中的财产分割部分。在这种情况下，法院要么以离婚协议订立时不存在欺诈、胁迫为由否认夫妻双方的"假离婚"，[⑤]要么以夫妻双方在婚姻登记机关办理离婚登记且将离婚协议备案为由，认定离婚协议系夫妻双方真实意思表示。[⑥]前一种思

---

① 参见最高人民法院民事审判第一庭编著：《最高人民法院婚姻法司法解释（二）的理解与适用》，人民法院出版社2004年版，第84页。另参见北京市第一中级人民法院（2016）京01民终3417号、（2016）京01民终5407号民事判决书，北京市第二中级人民法院（2019）京02民终8344号民事判决书，北京市第三中级人民法院（2014）三中民终字第08408号、（2014）三中民终字第10068号民事判决书，上海市第二中级人民法院（2016）沪02民终8255号民事判决书。

② 参见浙江省温州市中级人民法院（2010）浙温民终字第207号民事判决书。

③ 参见广西壮族自治区高级人民法院（2015）桂民申字第864号民事裁定书，江苏省无锡市中级人民法院（2015）锡民终字第0762号民事判决书，浙江省温州市中级人民法院（2014）浙温民终字第395号民事判决书，江苏省徐州市中级人民法院（2015）徐少民终字第00068号民事判决书。

④ 参见黑龙江省高级人民法院（2016）黑民申1066号民事裁定书。

⑤ 参见上海市第二中级人民法院（2016）沪02民终7371号、（2016）沪02民终7569号民事判决书。

⑥ 参见北京市第三中级人民法院（2015）三中民终字第09403号民事判决书，江苏省南京市中级人民法院（2014）宁民终字第1631号民事判决书，广东省广州市中级人民法院（2017）粤01民终1910号民事判决书。

路将离婚协议的意思表示真实当作离婚的意思表示真实，后一种思路实际上以形式意思说的离婚意思表示代替了离婚协议的意思表示。在实践中，有少数法院区分离婚的意思表示与离婚协议的意思表示，一方面承认双方的“假离婚”导致婚姻关系解除，另一方面认为双方提交给民政局的离婚协议系通谋虚伪行为而无效，从而应当按照双方另行订立的离婚协议来确定双方的权利义务关系。①

离婚协议因违反法律、行政法规的强制性规定，违背公序良俗而无效。比如，夫妻双方在离婚协议中约定，一方再婚即应放弃房产所有权的条款，因限制一方婚姻自由而无效。②夫妻双方为逃避债务而恶意串通订立离婚协议的，财产分割约定无效。③

2. 离婚协议的特别生效要件

离婚协议还须满足特别生效要件才能生效，④即离婚协议中的财产分割、子女抚养、经济帮助和离婚家务劳动补偿条款，以夫妻双方完成离婚登记、解除婚姻关系为生效要件。虽然本条第2款要求夫妻双方在离婚协议中载明自愿离婚的意思表示，但是，这里的离婚意思表示或离婚合意并非独立的民事法律行为，而是离婚协议中其他条款的生效要件。因此，夫妻双方完成离婚登记，协议离婚的成立要件得到满足，离婚行为成立并生效。离婚协议中的其他条款也随之生效。

按照《婚姻法解释（三）》第14条，夫妻双方达成的以登记离婚或者到人民法院协议离婚为条件的财产分割协议，如果双方协议离婚未成，一方在离婚诉讼中反悔的，人民法院应当认定该财产分割协议没有生效，并根据实际情况依法对夫妻共同财产进行分割。因此，夫妻双方虽然订立了离婚协议，

---

① 参见福建省福州市中级人民法院（2016）闽01民终3356号民事判决书，北京市第三中级人民法院（2016）京03民终1452号民事判决书。

② 参见广东省珠海市中级人民法院（2015）珠中法民一终字第62号民事判决书。

③ 参见王雷：《论身份关系协议对民法典合同编的参照适用》，载《法学家》2020年第1期。

④ 参见杨晓林：《诉前离婚协议的性质和效力的探讨》，载贾明军主编：《婚姻家庭纠纷案件律师业务》，法律出版社2013年版，第181页；李洪祥：《离婚财产分割协议的类型、性质及效力》，载《当代法学》2010年第4期。

但是夫妻双方并未申请离婚登记的，离婚协议成立但不生效力。夫妻双方在订立离婚协议后，在申请离婚登记前，“变更”离婚协议内容的，由于合同变更以合同生效为前提，[①]故夫妻双方申请离婚登记前协议“变更”离婚协议内容的，属于解除既有离婚协议并订立新的离婚协议。

离婚协议因夫妻双方完成离婚登记而生效，从而对双方产生法律约束力。男女双方得依据离婚协议办理房屋过户登记。一方不履行已生效离婚协议约定的财产给付义务的，另一方可以主张违约责任。[②]离婚协议无效或因男女双方未完成离婚登记而不生效力的，即使双方当事人依离婚协议就共有房屋办理了过户登记手续，该房屋仍然属于夫妻共同财产。[③]

夫妻双方协议离婚后又迅速再婚的，离婚协议效力如何，值得分析。可以肯定的是，夫妻双方再婚导致离婚协议中子女抚养的部分失去意义，因此，离婚协议中子女抚养条款因夫妻双方离婚而被默示合意解除。离婚时经济帮助的未给付部分，义务方因复婚而无须支付。离婚时的家务劳动补偿，旨在补偿上一段婚姻中夫妻一方的劳务投入，因此，补偿义务不因复婚而消灭。

就离婚协议中财产分割条款而言，有法院认为，“财产分割内容与身份关系、子女抚养归属的变化具有直接关联性。离婚后，财产分割前，身份关系迅速恢复，在此情形下，除非双方另有约定，否则应视为双方自愿终止先前离婚协议书中的财产分割内容的执行，相关财产分割内容由此丧失了继续执行的基础和依据”[④]。然而，财产分割条款因夫妻双方离婚而生效，夫妻双方共同财产制因此解体。此时，夫妻双方应按照对财产分割条款履行登记过户等手续。根据个案的具体情况，倘若男女双方离婚后，任何一方既未履行财产分割条款中的义务也未请求对方履行财产分割条款中的义务，并且双方在短

① 参见王利明：《合同法研究》（第2卷），中国人民大学出版社2015年版，第161页。

② 值得注意的是，江苏省高级人民法院认为：“离婚协议属于有关身份关系的协议，不属于普通民商事合同。离婚后夫妻一方以夫妻另一方未履行离婚协议为由主张按照离婚协议约定支付违约金的，不予支持。”参见《江苏省高级人民法院家事纠纷案件审理指南（婚姻家庭部分）》（2019）。

③ 参见“莫某某诉李某某离婚纠纷案”，载《最高人民法院公报》2011年第12期。

④ 参见北京市第三中级人民法院（2014）三中民终字第08408号民事判决书。

时间内复婚的，可以认为离婚协议中的财产分割条款已经被夫妻双方合意解除，从而财产分割条款涉及的财产重新归夫妻双方共同共有。反之，如果男女双方在复婚前明确约定财产分割条款继续有效，按照财产分割条款处理前婚中的财产，那么，前婚中的财产就不会重新归夫妻双方共同共有。

（三）离婚协议中的赠与条款

夫妻双方可以在离婚协议中约定，将夫妻一方的个人财产或共同财产赠与另一方或子女。这类约定名为赠与，实为夫妻婚姻关系解除下的财产清算协议。①夫妻双方达成这类“赠与”合意，可能是出于子女抚养、债务清偿、离婚经济帮助、离婚时的家务劳动补偿等事项的全盘考虑，属于双方对财产处分的约定，并非无偿“赠与”行为。②因此，赠与条款与离婚协议是一个整体，与其他条款彼此相关，相辅相成，不能被单独分离出来被认定为赠与合同并适用《民法典》合同编赠与合同的规则。③进而，在离婚后，一方不得依据《民法典》合同编第658条以赠与财产权利尚未转移为由主张撤销赠与。④当然，如果夫妻一方在订立离婚协议时意思表示不真实，夫妻另一方可以向法院请求撤销赠与。⑤

夫妻双方约定将特定财产赠与子女的，离婚后夫妻一方不履行赠与义务的，子女对不履行赠与义务的夫妻一方是否享有独立请求权，学界存在分歧。

---

① 参见陆青：《离婚协议中的“赠与子女财产”条款研究》，载《法学研究》2018年第1期。

② 参见许莉：《离婚协议效力探析》，载《华东政法大学学报》2011年第1期。

③ 参见王雷：《论身份关系协议对民法典合同编的参照适用》，载《法学家》2020年第1期。另参见北京市第二中级人民法院（2019）京02民终6276号、（2019）京02民终3409号民事判决书，北京市第三中级人民法院（2019）京03民终4807号民事判决书，上海市第二中级人民法院（2014）沪二中民一（民）终字第209号民事判决书，广东省广州市中级人民法院（2017）粤01民终23539号民事判决书，福建省福州市中级人民法院（2017）闽01民终2743号民事判决书，江苏省淮安市中级人民法院（2019）苏08民终314号民事判决书。

④ 参见《北京市高级人民法院民一庭关于审理婚姻纠纷案件若干疑难问题的参考意见（2016）》第45条。

⑤ 参见《江苏省高级人民法院家事纠纷案件审理指南（婚姻家庭部分）》（2019）第36条，参见江苏省宿迁市中级人民法院（2019）苏13民终2024号民事判决书。

肯定说认为，子女系利益第三人合同中有独立请求权的第三人。[①]否定说则认为，赠与约定是夫妻一方或双方允诺向子女提出给付，而非第三人利益合同，作为第三人的子女仅具有受领给付的权限，[②]即受益人，因此，夫妻一方不履行的，另一方应当以自己的名义诉请其履行。[③]肯定说和否定说的实质区别在于子女权益的保护。在肯定说模式下，子女享有独立的给付请求权，得以自己的名义要求不履行赠与义务的夫妻一方承担违约责任，甚至可以排除夫妻一方债权人的强制执行。《民法典》合同编第522条规定了利益第三人合同。夫妻双方订立的赠与条款是否构成利益第三人合同，取决于该赠与条款是否符合《民法典》合同编第522条的规定，即是否存在向子女履行“赠与”义务的约定，甚至存在子女对夫妻一方或双方享有履行请求权的约定。

（四）离婚协议中的违约金条款

夫妻双方可以就离婚协议中财产分割内容的财产给付部分约定违约金条款。一方不履行生效的离婚协议中的财产给付义务的，另一方可以请求其承担违约金责任。[④]相应地，违反离婚协议中财产给付义务的一方可以请求法院

---

① 参见陆青：《离婚协议中的“赠与子女财产”条款研究》，载《法学研究》2018年第1期；刘干、殷芹：《子女对离婚协议中受赠财产有无给付请求权》，载《人民法院报》2018年10月11日第7版。另参见广东省佛山市中级人民法院（2017）粤06民终12646号民事判决书，湖南省岳阳市中级人民法院（2015）岳中民再终字第37号民事判决书。有学者从立法论角度支持这一立场。参见王雷：《论身份关系协议对民法典合同编的参照适用》，载《法学家》2020年第1期。

② 参见许莉：《离婚协议效力探析》，载《华东政法大学学报》2011年第1期；陈敏、杨惠玲：《离婚协议中房产归属条款相关法律问题探析》，载《法律适用》2014年第7期。另参见江苏省苏州市中级人民法院（2014）苏中民再终字第0004号、（2016）苏05民终6049号民事裁定书，江苏省连云港市中级人民法院（2016）苏07民终1834号民事裁定书。

③ 参见《江苏省高级人民法院家事纠纷案件审理指南（婚姻家庭部分）》（2019）第36条。

④ 参见北京市第一中级人民法院（2017）京01民终1394号、（2019）京01民终1962号民事判决书，北京市第三中级人民法院（2017）京03民终4802号、（2017）京03民终8184号民事判决书，浙江省金华市中级人民法院（2019）浙07民终1141号民事判决书，江苏省南通市中级人民法院（2015）通中民终字第0670号民事判决书，江苏省宿迁市中级人民法院（2016）苏13民终2427号民事判决书，江苏省镇江市中级人民法院（2018）苏11民终2386号民事判决书。江苏省高级人民法院持不同意见。江苏省高级人民法院认为，“离婚协议属于有关身份关系的协议，不属于普通民商事合同。离婚后夫妻一方以夫妻另一方未履行离婚协议为由主张按照离婚协议约定支付违约金的，不予支持。”参见《江苏省高级人民法院家事纠纷案件审理指南（婚姻家庭部分）》（2019）第26条。

酌减违约金。[①]夫妻之间订立的离婚协议约定了违约金条款，但登记备案的离婚协议没有约定违约金条件的，应当以体现夫妻双方真实意思的离婚协议为准。因此，如果夫妻双方先后订立两份离婚协议且意思表示真实，那么，应当以登记备案的离婚协议为准。[②]一方主张应当以之前订立的离婚协议为准的，应当举证证明登记备案的离婚协议系通谋虚伪行为而无效。

第一千零七十七条【登记离婚的程序期间】

自婚姻登记机关收到离婚登记申请之日起三十日内，任何一方不愿意离婚的，可以向婚姻登记机关撤回离婚登记申请。

前款规定期限届满后三十日内，双方应当亲自到婚姻登记机关申请发给离婚证；未申请的，视为撤回离婚登记申请。

历史由来

本条是对《婚姻法》第31条的补充。这一补充可以追溯到《民法典婚姻家庭编（草案）》（一审稿）第854条。在措辞上，《民法典婚姻家庭编（草案）》（一审稿）第854条未使用“三十日”，而是使用“一个月”。随后，《民法典婚姻家庭编（草案）》（二审稿）第854条将期限改为“三十日”，并将第1款明确为“离婚登记申请”。这一修改为《民法典婚姻家庭编（草案）》（三审稿）接受，并形成了《民法典（草案）》第1077条。[③]随后，立法机关将《民法典

---

① 参见北京市第二中级人民法院（2016）京02民终9712号民事判决书，北京市第三中级人民法院（2018）京03民终1355号民事判决书，广东省广州市中级人民法院（2019）粤01民终8646号民事判决书，浙江省杭州市中级人民法院（2017）浙01民终4807号、（2019）浙01民终7240号民事判决书，浙江省绍兴市中级人民法院（2017）浙06民终3778号民事判决书。

② 参见北京市第三中级人民法院（2016）京03民终8663号民事判决书。

③ 本条规定意旨，在地方婚姻登记管理办法早有雏形。已经被废止的《上海市婚姻登记管理办法（1995）》第28条第1款就规定：“申请离婚登记的双方当事人应当自接到领取离婚证的通知之日起一个月内，同时到婚姻登记管理机关领取离婚证。离婚证不得由一方当事人或者委托他人代领；逾期未领取离婚证的，除不可抗拒的事由外，即视为自动撤回离婚登记申请。”该管理办法于1999年被修正，第27条第1款则规定：“申请离婚登记的双方当事人应当自接到领取离婚证的通知之日起30日内，同时到婚姻登记管理机关领取离婚证。离婚证不得由一方当事人或者委托他人代领；逾期未领取离婚证的，除不可抗拒的事由外，即视为自动撤回离婚登记申请。”

（草案）》第1077条第2款中的“期限”改为“期间”，最终形成了本条规定。

在学者起草的民法典建议稿中，“社科院2013稿”第1772条有类似规定。[①] 按照该条第3款和第4款，婚姻登记机关审查夫妻双方是否符合登记离婚条件的期间为一个月，从婚姻登记机关受理离婚申请次日起算。审查期间内，夫妻双方均有权向婚姻登记机关撤回离婚申请。审查期间届满后一个月内，当事人双方未请求婚姻登记机关签发离婚证的，视为双方撤回离婚申请。

在比较法上，《韩国民法典》第836b条规定了类似的“离婚熟虑期”制度。按照该规定，夫妻双方离婚的，如果夫妻双方有子女或女方怀孕，夫妻双方在接受离婚咨询三个月内可以决定是否离婚；无子女的，夫妻双方在接受离婚咨询一个月内决定是否离婚；存在家庭暴力给一方造成无法忍受的痛苦等应予离婚的紧急情形的，家事法院可以缩短或取消上述期限。

三 规范目的或功能

本条规定的是离婚冷静期，旨在维护婚姻家庭关系的稳定，避免夫妻在未深思熟虑时轻率离婚、冲动离婚，允许夫妻双方撤回离婚登记申请。不过，本条规定与之前司法实践所引入的“离婚冷静期”并不相同。司法实践引入的“离婚冷静期”，适用于诉讼离婚而非协议离婚。比如，《最高人民法院关于进一步深化家事审判方式和工作机制改革的意见（试行）》（2018）第40条规定：“人民法院审理离婚案件，经双方当事人同意，可以设置不超过3个月的冷静期。在冷静期内，人民法院可以根据案件情况开展调解、家事调查、心理疏导等工作。冷静期结束，人民法院应通知双方当事人。”类似地，《广东法院审理离婚案件程序指引》（2018）第27条规定：“人民法院在审理离婚案件中，为促使当事人约束情绪、理性诉讼，或者帮助当事人修复情感、维护婚姻，可以设置一定期限的冷静期。当事人在冷静期内达成和解协议的，可以申请撤诉或者申请人民法院确认。当事人在冷静期内有家庭暴力、吸毒、转移财产、藏匿未成年子女、故意拖延诉讼等情况的，人民法院应当及时终

---

① 参见梁慧星主编：《中国民法典草案建议稿附理由：亲属编》，法律出版社2013年版，第164页。

止冷静期。”

《民法典》没有就诉讼离婚规定“离婚冷静期”，而是就协议离婚设置了“离婚冷静期”制度，从而夫妻双方在向婚姻登记机关提出申请后，仍然可以向婚姻登记机关撤回离婚登记申请。因此，本条规定的实际上是“协议离婚冷静期”或“登记离婚冷静期”。

将离婚冷静期的适用范围限定于协议离婚，而不包括诉讼离婚，可能更为妥当。[①]一方面，人民法院审理离婚案件，应当进行调解，且判决不准离婚和调解和好的离婚案件，没有新情况、新理由，原告在六个月内又起诉的，人民法院不予受理；另一方面，《民法典》第1079条第5款也规定，经人民法院判决不准离婚后，双方又分居满一年，一方再次提起离婚诉讼的，应当准予离婚。也就是说，离婚诉讼程序的设计，通过调解、再次起诉的时间限制等，已经相当于给当事人提供了冷静期，因此，没有必要在诉讼离婚中再引入离婚冷静期制度。

规范内容

本条是强制性规定，包括两项内容。本条第1款规定了离婚登记申请的撤回。协议离婚，以夫妻双方订立书面离婚协议，并前往婚姻登记机关申请离婚登记为要件。完成离婚登记，即解除婚姻关系。本条规定，夫妻任何一方不愿意离婚的，可以撤回离婚登记申请。按照这一规定，夫妻一方撤回离婚登记申请的，协议离婚的法律行为因无法满足成立要件而不成立。

问题在于，协议离婚的意思表示以申请离婚登记中的哪一项离婚意思表示为准，难以确定。按照《婚姻登记工作规范》第56条第1款规定，婚姻登记员应当询问夫妻双方的离婚意愿，然后夫妻双方填写《申请离婚登记声明书》。因此，夫妻双方在向婚姻登记机关提交离婚登记申请时，已经表达了自愿离婚的意思表示。然而，按照本条第2款前半句，夫妻双方在离婚冷静期届满后仍须“亲自到婚姻登记机关申请发给离婚证”。“申请发给离婚证”，意

---

① 参见杨立新、蒋晓华：《对民法典婚姻家庭编草案规定离婚冷静期的立法评估》，载《河南社会科学》2019年第6期。

味着婚姻登记机关需要核实或再次询问当事人的离婚意愿，即夫妻双方在离婚冷静期届满后“申请发给离婚证”时仍须表达自愿离婚的意思表示。因此，协议离婚程序中，夫妻双方可能存在两次自愿离婚的意思表示。哪一次合意属于协议离婚行为中的意思表示，可能存在疑问。

承认离婚登记申请可以撤回，并非对离婚自由的限制。协议离婚的不成立不妨碍诉讼离婚。夫妻一方撤回离婚登记申请的，坚持离婚的另一方可以向人民法院起诉离婚。因此，如果夫妻一方有实施家庭暴力或虐待、遗弃家庭成员的情节，即使夫妻一方不同意协议离婚或在提交离婚登记申请后撤回了离婚登记申请，另一方也可以通过诉讼离婚的方式离婚。

本条第2款规定，前款限届满后30日内夫妻双方须亲自申请离婚登记。亲自申请离婚登记，是协议离婚的特别成立要件。同时，本款确立另一个30日期限，此期限性质上不同于第1款中的离婚冷静期，它是离婚双方申请领证的期限。因此，在第1款规定期限届满后的30日内，离婚的夫妻双方须亲自到婚姻登记机关申请离婚登记。夫妻双方未申请离婚登记的，协议离婚因欠缺成立要件而不成立，从而不会发生协议离婚的法律效果。

第一千零七十八条【离婚登记】

婚姻登记机关查明双方确实是自愿离婚，并已经对子女抚养、财产以及债务处理等事项协商一致的，予以登记，发给离婚证。

历史由来

本条是对《婚姻法》第31条第2句的承袭，仅涉及一些文字上的变动。本条不再强调婚姻登记机关须查明夫妻双方对子女和财产问题已有适当处理，而仅要求婚姻登记机关查明夫妻双方已对子女抚养、财产及债务处理等事项协商一致。

这一修改契合了《婚姻登记条例》第13条。《婚姻登记条例》第13条第2句规定：“对当事人确属自愿离婚，并已对子女抚养、财产、债务等问题达成一致处理意见的，应当当场予以登记，发给离婚证。”实际上，《婚姻登记工作规范》第56条第3项也规定：“双方自愿离婚且对子女抚养、财产及债务处理等事项协商一致的，双方填写《申请离婚登记声明书》……”

规范目的或功能

本条规定的是离婚登记和发给离婚证。对于夫妻双方的离婚登记申请，婚姻登记机关应当审查申请是否符合离婚条件。经过审查，婚姻登记机关确认夫妻双方是自愿离婚，并对子女抚养、财产及债务处理等事项协商一致的，根据夫妻双方提供的材料办理离婚登记，颁发离婚证。

规范内容

按照本条规定，婚姻登记机关在收到离婚登记申请后，应当审查两方面的内容：（1）夫妻双方自愿离婚，即夫妻双方离婚的意思表示不存在意思表示不自由的情形；（2）夫妻双方已经通过离婚协议对子女抚养、财产及债务处理等事项达成一致。不过，婚姻登记机关需要审查的事项可能还包括夫妻双方是否具备完全民事行为能力。按照《婚姻登记条例》第12条规定，办理离婚登记的夫妻双方未达成离婚协议的，一方或双方属于无民事行为能力人或者限制民事行为能力人的，双方结婚登记不是在中国内地办理的，婚姻登记机关对离婚登记申请不予受理。

按照《婚姻登记条例》《婚姻登记工作规范》的规定，离婚登记须经申请、审查和登记三个环节。办理离婚登记的内地居民应当出具下列证件和证明材料：夫妻双方本人的户口簿、身份证；夫妻双方的结婚证；夫妻双方共同签署的离婚协议书。婚姻登记机关应当对离婚登记当事人出具的证件、证明材料进行审查并询问相关情况。经过审查，对于符合离婚登记条件的申请，婚姻登记机关办理离婚登记并发给离婚证。对不符合离婚登记条件的申请，婚姻登记机关不予受理。申请离婚登记的夫妻双方要求出具《不予办理离婚登记告知书》的，婚姻登记机关应当出具。

尽管《婚姻法》第31条第2句要求离婚的夫妻双方对子女和财产问题已有“适当处理”，似乎赋予了婚姻登记机关对离婚协议的实质审查权限。然而，《婚姻法》的立法者也仅要求婚姻登记机关查明，同意离婚的夫妻双方在子女和财产等问题上是否达成协议，[①]并无要求婚姻登记机关进行实质审查的意思。此外，夫妻双方对子女和财产问题的处理是否适当，缺乏具体的判断标准。就财产处理而言，婚姻登记机关掌握的信息不可能比夫妻双方更多，很难判断财产的分割对于夫妻双方而言是否适当；就子女抚养而言，父母可能有爱子之心，但因为客观原因达成的抚养方案不一定最有利于子女，或者父母可能会优先考虑自己的利益而非子女的利益，因此，子女抚养方案是否适当，也难以判断。[②]因此，放弃“适当处理”的立场，值得赞同。

如果婚姻登记机关没有发现夫妻一方或双方不符合离婚登记条件而予以登记，离婚登记即存在瑕疵。在实践中，典型的离婚登记瑕疵包括：夫妻一方为限制民事行为能力人或无民事行为能力人；[③]第三人冒名顶替夫妻一方与另一方申请并完成离婚登记；[④]婚姻登记机关应夫妻一方的申请在另一方未到场的情况下发给离婚证。[⑤]由于婚姻登记机关应当事人申请办理离婚登记发给离婚证属于行政行为，因此，如果离婚登记程序存在瑕疵，当事人主张撤销离婚登记的，可以依法申请行政复议或者提起行政诉讼，行政机关或者人民法院有权撤销离婚登记行为。如果一方当事人在离婚后已经再婚，离婚登记已经不具有可撤销内容，人民法院应确认离婚登记行为违法。

以夫妻一方欠缺民事行为能力为例，婚姻登记机关未能发现夫妻一方没有完全民事行为能力，并办理离婚登记的，属于登记瑕疵。夫妻一方可以向人民法院提起行政诉讼，请求人民法院撤销离婚登记行为。人民法院可以依据《行政诉讼

---

① 参见胡康生主编：《中华人民共和国婚姻法释义》，法律出版社2001年版，第128页。

② 参见邹小琴：《协议离婚中未成年子女利益保护制度的反思与完善——以儒家传统文化的影响为研究视角》，载《人民司法》2014年第9期。

③ 如江苏省宿迁市中级人民法院（2016）苏13行终49号行政判决书，河南省郑州市中级人民法院（2018）豫01行终35号行政判决书，福建省泉州市中级人民法院（2016）闽05行终265号行政判决书，江苏省徐州市中级人民法院（2017）苏03行终416号行政判决书，江苏省扬州市中级人民法院（2016）苏10行终51号行政判决书。

④ 如北京市西城区人民法院（2017）京0102行初462号行政判决书，北京市东城区人民法院（2014）东行初字第708号行政判决书，北京市朝阳区人民法院（2019）京0105行初245号行政判决书，上海市虹口区人民法院（2014）虹行初字第50号行政判决书，安徽省巢湖市中级人民法院（2009）巢行终字第13号行政判决书。

⑤ 如河南省周口市中级人民法院（2009）周行终字第78号行政判决书。

法》第70条规定撤销离婚登记行为。[①]不过，如果夫妻一方再婚的，离婚登记行为已经不再具有可撤销内容，人民法院应依据《行政诉讼法》第74条规定宣告离婚登记违法。[②]这一立场在于保护后婚。对此，有法院指出："由于婚姻关系是一种人身依附性很强的特殊人身关系，登记机关一旦准予离婚登记，无论登记合法与否，离婚双方即具有了正当恋爱及再婚的法定权利，如轻易撤销离婚登记，则可能造成社会关系和伦理道德的紊乱，损害现实的法律秩序和社会公共利益。同时，也使婚姻登记机关与相对人之间的法律关系处于随时变化的不稳定状态中。"[③]

第一千零七十九条【诉讼离婚程序与裁判标准】

夫妻一方要求离婚的，可以由有关组织进行调解或者直接向人民法院提起离婚诉讼。

人民法院审理离婚案件，应当进行调解；如果感情确已破裂，调解无效的，应当准予离婚。

有下列情形之一，调解无效的，应当准予离婚：

（一）重婚或者与他人同居；

（二）实施家庭暴力或者虐待、遗弃家庭成员；

（三）有赌博、吸毒等恶习屡教不改；

（四）因感情不和分居满二年；

（五）其他导致夫妻感情破裂的情形。

一方被宣告失踪，另一方提起离婚诉讼的，应当准予离婚。

经人民法院判决不准离婚后，双方又分居满一年，一方再次提起离婚诉讼的，应当准予离婚。

---

① 参见福建省泉州市中级人民法院（2016）闽05行终265号行政判决书，河南省郑州市中级人民法院（2018）豫01行终35号、（2018）豫01行终135号、（2018）豫01行终331号行政判决书，吉林省长春市中级人民法院（2018）吉01行终332号行政判决书，浙江省湖州市中级人民法院（2019）浙05行终132号行政判决书。法院在说理中通常认为，由于夫妻一方没有完全民事行为能力，不能认定其离婚的意思表示是真实意思，因此，应当撤销离婚登记行为。

② 参见湖南省长沙市中级人民法院（2017）湘01行终243号行政判决书，江苏省苏州市中级人民法院（2018）苏05行终490号行政判决书，江苏省徐州市中级人民法院（2017）苏03行终416号行政判决书。

③ 湖南省长沙市中级人民法院（2017）湘01行终243号行政判决书。

历史由来

本条是对《婚姻法》第32条的承袭和补充。其中，本条第1款、第3款对《婚姻法》第32条第1款、第3款做了文字上的修改，第2款、第4款保持不变，第5款修改自《认定夫妻感情破裂的意见》第7条。《认定夫妻感情破裂的意见》第7条规定："因感情不和分居已满三年，确无和好可能的，或者经人民法院判决不准离婚后又分居满一年，互不履行夫妻义务的。"本条第5款吸收了该规定的后半部分，将"经人民法院判决不准离婚后，双方又分居满一年，一方再次提起离婚诉讼"作为判决离婚的法定事由。

规范目的或功能

本条规定的是诉讼离婚程序与裁判标准。在协议离婚之外，夫妻双方还可以通过诉讼离婚的方式离婚。诉讼离婚，是夫妻双方对是否离婚、离婚后子女抚养或财产分割等问题不能达成协议，由一方向人民法院提起离婚诉讼，人民法院依诉讼程序审理后，调解或判决解除婚姻关系的离婚方式。具体来说，本条第1款承认可以对离婚的夫妻双方进行诉讼外调解，也可以由夫妻一方向人民法院以诉讼方式提起离婚。所谓诉讼外调解，是由法院之外的其他组织进行的调解，如当事人所在单位、群众团体、村民委员会或居民委员会、基层调解组织、婚姻登记机关等有关部门主持调解。诉讼外调解不是诉讼离婚的前置程序，诉讼内调解才是诉讼离婚的前置程序。本条第2款规定了诉讼离婚的程序和判决离婚的原则，即夫妻感情确已破裂。本条第3款、第4款和第5款则是列举的判决离婚的法定事由。

规范内容

一、诉讼外调解

按照本条第1款，夫妻一方要求离婚的，可以先经当事人所在单位、群众团体、村民委员会或居民委员会、基层调解组织、婚姻登记机关等有关部门主持调解。诉讼外调解可能出现三种结果：（1）调解和好，夫妻双方继续维持婚姻关系；（2）经过调解，夫妻双方就离婚、子女抚养及财产分割等问题达成协议，办理协议离婚；（3）调解不成，夫妻双方就是否离婚无法达成一致，或虽然同意离婚但对子女抚养、财产分割等问题存在争议，由夫妻一方向人民法院提起离婚诉讼。诉讼外调解不是人民法院判决离婚的必经程序，当事人可以不经诉讼外调解直接向人民法院提起离婚诉讼。

二、诉讼内调解

按照本条第2款规定，诉讼离婚必须经过诉讼内调解程序。一般来说，诉讼内调解可能出现三种结果：（1）双方当事人和好，原告撤诉，人民法院可以不制作调解书，但应当将和好协议记入笔录，由双方当事人、审判人员、书记员签名或者盖章。（2）双方当事人达成离婚协议，由人民法院制作调解书，写明诉讼请求、案件的事实和调解结果，并由审判人员、书记员署名，加盖人民法院印章，送达双方当事人。调解书经双方当事人签收后，即具有法律效力。调解书生效，婚姻关系解除。（3）调解无效，由人民法院依法判决。只有在调解无效时，人民法院才能依据夫妻感情确已破裂标准，判决夫妻双方离婚。

三、判决离婚的原则

判决离婚的原则，包括过错主义、破裂主义和目的主义。我国判决离婚以夫妻感情确已破裂为依据，即以破裂主义而非过错主义为原则，但融入了过错主义的因素，也存在目的主义的离婚理由。[①]也就是说，夫妻一方的过错既不是裁判离婚的前提，也不是限制夫妻一方起诉离婚的事由。但是，判决离婚的法定事由确实包括夫妻存在过错的情形，如本条第3款第1项至第3项列举的事由。此外，本条第4款实际上是目的主义的离婚事由。[②]

本条就判决离婚虽采破裂原则，但并非婚姻破裂原则，而是感情破裂原

① 参见杨大文主编：《亲属法与继承法》，法律出版社2013年版，第156页。

② 参见樊丽君：《中德离婚法定理由比较》，载《法律科学》2005年第5期。

则。对这一立场，学界一直存在争议。[①]有观点认为，感情破裂内涵不明且不宜把握、感情问题也不宜由法律调整，判决离婚不应采“感情破裂说”，而应当采“婚姻破裂说”。[②]不过，由于本条已经明确列举了判决离婚的法定事由，且最高人民法院已经提供了夫妻感情确已破裂的具体标准，将判决离婚的原则概括为感情破裂抑或婚姻破裂，可能对司法实践并无实质影响。有学者指出，司法实践表面上采纳的是“感情破裂说”，实质上适用的是“婚姻破裂说”。[③]《婚姻法》第32条第3款规定的感情破裂法定情形，实践中很少适用。[④]也就是说，从判决离婚案件的数量来看，夫妻双方均无过错但因性格差异无法共同生活的离婚案件仍然占多数，因重婚、家庭暴力等重大过错导致离婚的案件，即便在离婚案件中存在，数量也只占很小的比例。[⑤]

本条第2款规定的夫妻感情确已破裂，需要人民法院在个案中结合具体情况而定。根据《认定夫妻感情破裂的意见》的规定，人民法院判断夫妻感情是否确已破裂，应当从婚姻基础、婚后感情、离婚原因、夫妻关系的现状和有无和好的可能等方面综合分析。

四、判决离婚的法定事由

本条第3款列举了判决离婚的法定事由。第1项为重婚或者与他人同居。所谓重婚，是指一个自然人同时存在两个或两个以上的婚姻关系的情形。与他人同居，是指有配偶者与婚外异性，不以夫妻名义，持续、稳定地共同居住。不论是重婚还是与他人同居，都表明夫妻一方具有过错。

第2项为实施家庭暴力或者虐待、遗弃家庭成员。所谓家庭暴力，是指家庭成员之间以殴打、捆绑、残害、限制人身自由以及经常性谩骂、恐吓等

---

① 参见巫昌祯、夏吟兰主编：《婚姻家庭法学》，中国政法大学出版社2016年版，第217页。

② 参见陈明侠、薛宁兰：《关于离婚自由与我国裁判离婚标准的几点思考》，载《妇女研究论丛》1998年第4期；余延满：《亲属法原论》，法律出版社2007年版，第337—338页；蒋月主编：《婚姻家庭与继承法》，厦门大学出版社2014年版，第241—242页；樊丽君：《中德离婚法定理由比较》，载《法律科学》2005年第5期。

③ 参见马忆南、罗玲：《裁判离婚理由立法研究》，载《法学论坛》2014年第4期。

④ 参见薛宁兰：《离婚法的诉讼实践及其评析》，载《法学论坛》2014年第4期。

⑤ 参见马忆南：《婚姻法第32条实证研究》，载《金陵法律评论》2006年春季卷。

方式实施的身体、精神等侵害行为。所谓虐待，是指经常以打骂、禁闭、捆绑、冻饿、有病不给治疗、强迫过度体力劳动等方式，对共同生活的家庭成员进行肉体上、精神上的摧残、折磨。所谓遗弃，是指对于没有独立生活能力的家庭成员，负有扶养照顾义务而故意拒绝扶养的行为。根据《民法典》第1045条第3款，家庭成员包括配偶、父母、子女和其他共同生活的近亲属。

就本条所称家庭成员的范围而言，按照我国学界的观点，“实施家庭暴力或者虐待、遗弃家庭成员”中的家庭成员，包括所有家庭成员。[①]因此，与夫妻共同居住的子女、夫妻一方或双方的父母甚至其他近亲属也属于家庭成员。按照这一立场，夫妻一方虐待、遗弃对方、子女的，自然属于本条第3款第2项的情形。除此以外，夫妻一方虐待、遗弃对方的直系长辈血亲、对方的兄弟姐妹、自己的直系长辈血亲，只要对方的直系长辈、兄弟姐妹、自己的直系长辈血亲与夫妻双方共同生活，那么，这种虐待、遗弃也属于判决离婚的法定事由。换言之，倘若夫妻一方虐待与自己共同生活的父母，法院也应当认定离婚条件成立并判决离婚。

此外，夫妻间的家庭暴力、遗弃、虐待都能导致夫妻间共同生活无法维持，属于判决离婚的法定事由，那么，根据举重以明轻原则，夫妻一方试图杀害对方的，不论是杀人行为处于预备阶段还是未遂，夫妻双方共同生活必然无法维持。也就是说，夫妻一方试图杀害对方的，也应成立判决离婚的法定事由。[②]实际上，依据《民法典》继承编第1125条，夫妻一方丧失继承权。因此，倘若夫妻一方试图杀害对方，对方起诉离婚的，人民法院应当依据本条第3款第5项判决夫妻双方离婚。

第3项为有赌博、吸毒等恶习屡教不改。也就是说，夫妻一方不仅要形成赌博、吸毒或其他恶习（如酗酒），而且还应当达到屡教不改的程度。偶尔的赌博、吸毒行为，或者虽有赌博、吸毒行为但已经改正并获得谅解的，不构成判决离婚的法定事由。

---

① 参见杨大文主编：《亲属法与继承法》，法律出版社2013年版，第157页；王洪：《婚姻家庭法》，法律出版社2002年版，第178页；陈信勇：《亲属与继承法》，法律出版社2016年版，第166页。

② 参见林秀雄：《亲属法讲义》，台北元照出版有限公司2018年版，第188页；陈棋炎、黄宗乐、郭振恭：《民法亲属新论》，台北三民书局股份有限公司2018年版，第191页。

第4项为因感情不和分居满二年。这是破裂主义的具体表现，即夫妻感情确已破裂的法定情形。问题在于，我国现行法没有确立分居制度。一般来说，分居是指夫妻双方不再共同生活，不再互相履行夫妻义务，包括停止性生活，经济上不再合作，生活上不再互相关心、互相扶助。[①]因此，对感情不和分居满两年的认定，主要从夫妻双方分开居住的原因和时间来判断。夫妻双方必须是因感情不和而分开居住，不是因为学习、工作等其他原因造成的分居，且分开居住的时间须连续不断达到两年以上。[②]当然，这并不意味着，在出现分居的情况下，法院必须在夫妻双方分居满两年时才能判决离婚。夫妻双方分居即使未达到两年，在出现感情确已破裂的其他情形时，人民法院也应当判决离婚。由于法定分居制度的欠缺，司法实践对分居的实质标准存在较大分歧。[③]

第5项其他导致夫妻感情破裂的情形属于兜底性规定。这一规定既可以允许其他法律、司法解释在不违反《婚姻法》的前提下规定新的判决离婚事由，还可以赋予人民法院一定自由裁量权，由其根据个案的具体情况认定夫妻感情是否破裂。典型的其他导致夫妻感情破裂的情形，如夫妻双方因是否生育发生纠纷，致使感情确已破裂。

本条第4款规定的判决离婚的法定事由，实际上融入了目的主义的因素。一方失踪虽不一定会导致感情破裂，但却足以导致婚姻破裂。夫妻一方下落不明满两年并被宣告失踪的，另一方提起离婚诉讼的，人民法院应当准予离婚。失踪人重新出现，经本人或者利害关系人申请，人民法院撤销失踪宣告的，失踪人已经解除的婚姻关系不恢复。

问题在于，人民法院准予离婚时，是否需要对财产分割和子女抚养一并作出处理。在实践中，一方失踪的，另一方在起诉离婚时可能要求分割夫妻共同财产，或在夫妻共同财产的分割上获得优待。对此，部分人民法院认为，可以结合个案的具体情况根据原告的请求分割夫妻共同财产。[④]这主要适用

① 参见胡康生主编：《中华人民共和国婚姻法释义》，法律出版社2001年版，第128页。

② 参见杨大文主编：《亲属法与继承法》，法律出版社2013年版，第158页。

③ 参见马忆南、罗玲：《裁判离婚理由立法研究》，载《法学论坛》2014年第4期。

④ 参见广东省深圳市南山区人民法院（2017）粤0305民初16032号民事判决书。

于夫妻一方失踪时间较长，另一方独立抚养子女压力较大的情形。与上述立场不同，多数人民法院认为，因被告作为失踪人未到庭，无法通过举证责任分配查清夫妻关系存续期间共同财产的实际情况，[①]人民法院也无法征求被告对夫妻共同财产的处分意见，因此人民法院不愿对夫妻双方共同财产作出处理。[②]实际上，夫妻一方失踪后，另一方通常被法院指定为财产代管人。在这种情况下，由于人民法院不愿对夫妻共同财产作出处理，夫妻双方既有的夫妻共同财产仍然维持共同共有状态不变，夫妻共同财产制因离婚而只能向未来解除，夫妻双方在离婚后取得的财产归各自所有，原告不得不在事实上继续担任失踪被告的财产代管人。[③]换言之，在夫妻共同财产尚未分割的背景下，人民法院判决要求离婚的另一方再担任失踪人的财产代管人，可能缺乏实践价值。[④]

本条第5款为新增的判决离婚的法定事由，属于破裂主义的具体化。对于调解无效的离婚案件，人民法院应当根据夫妻感情确已破裂为标准，判决离婚或不准离婚。判决不准离婚和调解和好的离婚案件，没有新情况、新理由，原告在6个月内又起诉的，人民法院不予受理。但是，经人民法院判决不准离婚后，双方又分居满一年，一方再次提起离婚诉讼的，应当准予离婚。

举证责任

夫妻一方向人民法院起诉离婚的，应当对判决离婚的法定事由负举证责任。比如，起诉离婚的夫妻一方应当举证证明另一方重婚或与他人同居，实施家庭暴力或者虐待、遗弃家庭成员，有赌博、吸毒等恶习屡教不改，夫妻

① 查明夫妻双方无共同财产及债权债务的判决，参见湖北省郧西县人民法院（2014）鄂郧西民初字第00518号民事判决书。

② 参见四川省绵阳市游仙区人民法院（2016）川0704民初1122号民事判决书，山西省静乐县人民法院（2018）晋0926民初97号民事判决书，山东省济宁市任城区人民法院（2014）任民初字第4600号民事判决书。在席某某与朱某离婚纠纷一审民事判决书中，江苏省无锡市锡山区人民法院也持这一立场，但判决书的案号未公开。

③ 参见湖南省衡南县人民法院（2014）南法栗民一初字第62号民事判决书。

④ 参见四川省彭州市人民法院（2015）彭州民初字第154号民事判决书。

双方因感情不和分居满二年或双方自人民法院判决不准离婚后又分居满一年。不过，夫妻感情是否确已破裂，取决于人民法院结合个案具体情况来综合判断。

三 其他问题

学界有观点认为，本条所称家庭成员的范围应当予以限制。夫妻一方对自己的直系亲属实施家庭暴力或虐待、遗弃自己的直系亲属，并非婚姻关系破裂、夫妻不能共同生活且无法继续维持的理由。相反，夫妻之间的家庭暴力、遗弃、虐待甚至夫妻一方对另一方直系亲属的家庭暴力、遗弃、虐待，如夫对妻的父母或夫妻双方的子女或妻一方的子女实施家庭暴力、遗弃、虐待，通常会导致夫妻之间无法维持共同生活。因此，从破裂主义的基本立场出发，应当将“实施家庭暴力或者虐待、遗弃家庭成员”界定为“夫妻之间实施家庭暴力或者夫妻间虐待、遗弃”“夫妻一方对他方直系亲属实施家庭暴力或虐待、遗弃他方直系亲属”。[①]

不仅如此，就离婚损害赔偿而言，学界有观点认为，《婚姻法》第46条规定的“实施家庭暴力”“虐待、遗弃家庭成员”应当做限缩解释，限于“夫妻间实施家庭暴力”和“夫妻间虐待、遗弃”。其他家庭成员遭受家庭暴力、被虐待、被遗弃的，无过错的夫妻一方不得请求离婚损害赔偿。[②]按照这一立场，“实施家庭暴力”“虐待、遗弃家庭成员”在作为判决离婚的法定事由和作为离婚损害赔偿的法定事由时，就存在不同的内涵。

除了家庭成员范围的限制，学界还对是否引入离婚苛刻条款存在争议。有学者认为，《民法典》应当借鉴德国法、日本法引入离婚苛刻条款。[③]在学

---

① 参见林秀雄：《亲属法讲义》，台北元照出版有限公司2018年版，第183—188页；陈棋炎、黄宗乐、郭振恭：《民法亲属新论》，台北三民书局股份有限公司2018年版，第186—191页。

② 参见张迎秀：《完善离婚损害赔偿制度的思考》，载《华东政法大学学报》2008年第5期。

③ 参见杨立新：《对修订民法典婚姻家庭编30个问题的立法建议》，载《财经法学》2017年第6期；夏吟兰：《民法分则婚姻家庭编立法研究》，载《中国法学》2017年第3期；马忆南、罗玲：《裁判离婚理由立法研究》，载《法学论坛》2014年第4期。

者提交的民法典建议稿中，“社科院2013稿”第1778条即采纳了这一建议。按照该条规定，离婚对一方当事人或者其子女将造成严重损害，而暂缓离婚有益于防止或者减轻此种损害的，人民法院可以驳回离婚请求。[①]根据这一立场，在夫妻双方感情破裂时，如果维持婚姻关系符合双方的婚生子女的利益且为必要的，或者如果一方因异乎寻常的情况会蒙受严重不利而拒绝离婚，维持婚姻一方极为必要，那么，人民法院应当判决不准离婚。对此，有学者认为，引入苛刻条款与我国夫妻感情确已破裂标准不符，限制了夫妻的离婚自由，助长法官滥用自由裁量权。[②]

引入离婚苛刻条款，旨在保护未成年子女的利益和弱势夫妻一方的利益。有德国学者认为，离婚通常会给子女带来不利，但是，离婚本身并不是苛刻事由。只有离婚导致子女地位实质降低，才是苛刻事由。[③]问题在于，通过苛刻条款限制父母双方离婚，能够保护未成年子女的利益吗？在夫妻感情确已破裂的情况下，法院判决夫妻双方不准离婚，夫妻双方也可能通过分居导致夫妻共同生活解体，从而判决不准离婚并不能保证子女能够与夫妻双方共同生活。[④]在夫妻感情确已破裂的场合，维持婚姻关系能否在事实上保护子女的利益，也存在疑问。[⑤]夫妻双方即使离婚，仍然是婚生子女的法定监护人，不与子女共同生活的一方对子女负有抚养费给付义务，故不宜以离婚不符合子女的经济利益来适用离婚苛刻条款。[⑥]不过，在子女存在自杀危险的场合，德国司法实践会适用《德国民法典》第1568条的离婚苛刻条款。[⑦]因此，在德国司法实践中，法院极少为保护未成年子女的利益适用《德国民法典》第1568条的离婚苛刻条款，从而该规定的实践意义有限。[⑧]如果人民法院希望保

---

① 参见梁慧星主编：《中国民法典草案建议稿附理由：亲属编》，法律出版社2013年版，第183页。

② 参见李洪祥、王畅：《离婚苛刻条款的利弊分析》，载《求是学刊》2020年第1期。

③ Wellenhofer, Familienrecht, 4 Aufl., 2017, §20, Rn.15.

④ Dethloff, Familienrecht, 32. Aufl., 2018, §6, Rn.19.

⑤ BeckOK BGB/Neumann, 53. Ed. 1.2.2020, BGB §1568 Rn.6.

⑥ BeckOK BGB/Neumann, 53. Ed. 1.2.2020, BGB §1568 Rn.7.

⑦ Wellenhofer, Familienrecht, 4 Aufl., 2017, §20, Rn.15.

⑧ Dethloff, Familienrecht, 32. Aufl., 2018, §6, Rn. 19; MüKoBGB/Weber, 8. Aufl. 2019, BGB §1568 Rn.9.

护子女利益，不妨在离婚诉讼中考察夫妻感情基础，查明夫妻双方是否具有和好的可能。如果答案是肯定的，那么，人民法院可以判决不准离婚，从而以间接方式保护子女利益。

就离婚时夫妻一方利益保护而言，《民法典》第1082条已经限制了男方请求离婚的权利。在此基础上，《民法典》第1088条、第1090条规定了离婚时的劳务补偿和经济帮助，对弱势一方提供了相当的保护。因此，至少在经济上，弱势一方在离婚时的经济利益能够得到保障。存在疑问的是，弱势一方身患重疾的情况。比如，弱势一方因重疾长期需要另一方照顾，无法独立生活，甚至重疾会因离婚而加剧，或弱势一方存在精神疾病，可能因离婚存在自杀风险。[①]结合《婚姻法解释（三）》第8条的规定来看，夫妻一方因精神疾病被宣告为无民事行为能力人的，人民法院并不会因此判决夫妻双方不准离婚。也就是说，即使承认离婚苛刻条款，其功能不在于保护未成年人，而在于保护婚姻关系中的一方当事人，避免夫妻一方通过离婚变相地遗弃另一方，尤其是以限制一方离婚自由为代价保护另一方的生命权、健康权。进而，仅仅是夫妻一方身患重疾，并不足以支持人民法院判决夫妻双方不准离婚。人民法院在夫妻感情确已破裂的情形下判决夫妻双方不准离婚，还必须具备额外的理由，如离婚会导致夫妻一方面临健康恶化、无法独立生活却又无人照顾等困境。

第一千零八十条【婚姻关系解除的时点】

完成离婚登记，或者离婚判决书、调解书生效，即解除婚姻关系。

历史由来

本条是对《婚姻法》的补充，属于新增规定。

本条规定可以追溯到《民法典婚姻家庭编（草案）》（一审稿）第857条。《民法典婚姻家庭编（草案）》（二审稿）、《民法典婚姻家庭编（草案）》（三审

① Wellenhofer, Familienrecht, 4 Aufl., 2017, §20, Rn.16.

稿)、《民法典(草案)》延续了这一规定。

学者提交的民法典建议稿均有类似规定。在表述上，“社科院2013稿”第1773条将登记离婚的婚姻关系解除时点规定为“婚姻登记机关签发离婚证之日”，[①]“人民大学2005稿”第431条第1款则将登记离婚的婚姻关系解除时点规定为“当事人取得离婚证时”。[②]

规范目的或功能

本条规定的是婚姻关系解除的时点。协议离婚，婚姻关系自完成离婚登记时解除；判决离婚，婚姻关系自离婚判决书生效或诉讼内调解形成的调解书生效时起解除。

规范内容

本条是强制性规范，婚姻关系解除的具体时点不得由离婚的夫妻双方另行约定。

按照本条规定，夫妻双方协议离婚的，婚姻关系自完成离婚登记时解除。所谓完成离婚登记，是指婚姻登记机关应夫妻双方的离婚申请予以登记。按照《民法典》第1077条的规定，夫妻双方协议离婚的，应当向登记机关申请离婚登记。婚姻登记机关收到离婚登记申请之日起三十日内，夫妻双方均未向婚姻登记机关撤回离婚登记申请，且在前述期限届满后三十日内亲自到婚姻登记机关申请发给离婚证的，婚姻登记机关经过审查，查明夫妻双方申请符合离婚条件的，予以登记，发给离婚证。夫妻双方的婚姻关系自婚姻登记机关完成离婚登记时解除，夫妻一方或双方放弃实际领取离婚证的，不影响婚姻关系的解除。

---

① 参见梁慧星主编:《中国民法典草案建议稿附理由：亲属编》，法律出版社2013年版，第164页。

② 参见王利明主编:《中国民法典学者建议稿及立法理由：人格权编·婚姻家庭编·继承编》，法律出版社2005年版，第267页。

夫妻双方以诉讼离婚方式离婚的，人民法院应当先行调解。如果在人民法院主持调解下，夫妻双方当事人达成离婚协议，则由人民法院制作调解书，写明诉讼请求、案件的事实和调解结果，并由审判人员、书记员署名，加盖人民法院印章，送达双方当事人。该调解书经双方当事人签收后，即具有法律效力，从而夫妻双方婚姻关系解除。如果人民法院调解无效，且夫妻双方感情确已破裂，人民法院应予判决离婚。夫妻双方的婚姻关系自判决书生效时解除。具体来说，一审法院作出的离婚判决书，自判决书送达之日起十五日内双方未提起上诉的，即生效；二审法院作出的离婚判决书，自宣判或送达时生效。因夫妻一方宣告失踪而判决离婚的，离婚判决书的送达适用公告送达方式。自公告发出之日起，经过六十日，视为送达。

夫妻一方起诉离婚，一审法院判决夫妻双方离婚，另一方提起上诉的，由于一审法院判决并未生效，夫妻双方婚姻关系尚未解除。夫妻双方仍然互负扶养义务、忠实义务，夫妻财产制仍然存续。因此，一方在上述期间与案外人另行登记结婚的，构成重婚。[①]

举证责任

主张夫妻关系已经于特定时点解除的一方当事人，对完成离婚登记、离婚判决书或调解书的生效时点负举证责任。

第一千零八十一条【军人配偶要求离婚】

现役军人的配偶要求离婚，应当征得军人同意，但是军人一方有重大过错的除外。

历史由来

本条是对《婚姻法》第33条的承袭，仅涉及一些文字上的变动。对本条

---

① 参见河北省廊坊市中级人民法院（2018）冀10民终3661号民事判决书。

规定的文字变动，可以追溯到《民法典婚姻家庭编（草案）》（一审稿）第858条。《民法典婚姻家庭编（草案）》（二审稿）、《民法典婚姻家庭编（草案）》（三审稿）、《民法典（草案）》延续了这一规定。

规范目的或功能

本条规定的是军人配偶要求离婚。为了维护军队稳定，保护广大官兵的切身利益，消除军人的后顾之忧，激发军人保家卫国的热情，增强部队战斗力，需要对军人婚姻实行特别的保护。[①]因此，为了保护现役军人的婚姻，本条对现役军人配偶诉讼离婚施加了限制。现役军人的配偶向人民法院提起诉讼要求离婚的，应当征得军人同意，但是军人一方有重大过错的除外。现役军人与其配偶协议离婚的，不受此限制。

规范内容

本条旨在保护现役军人的婚姻。所谓现役军人，是指在中国人民解放军和中国人民武装警察部队服役、具有军籍的人员，包括现役军官、文职干部、士兵及具有军籍的学员。退伍、复员、转业的军人和在军事单位中不具有军籍的职工，均不属现役军人。根据本条的规范目的，本条旨在保护婚姻关系中的军人一方，如果夫妻双方都是现役军人的，双方都无须获得特别保护。故夫妻双方都是军人，不适用此规定。因此，本条所称的现役军人的配偶，是指现役军人的非军人配偶，即非军人一方。因此，现役军人的配偶要求离婚，是指现役军人的非军人配偶或非军人一方向现役军人一方提出的离婚。

军人一方向非军人一方提出离婚的，意味着军人一方放弃了本条提供的特别保护，无须适用本条规定。此外，本条仅适用于诉讼离婚。现役军人及其非军人配偶协议离婚的，意味着现役军人与其非军人配偶达成了离婚的合意，也不适用此规定。

---

① 参见胡康生主编：《中华人民共和国婚姻法释义》，法律出版社2001年版，第142页。

按照本条规定，原则上，现役军人的非军人配偶向人民法院起诉离婚的，应当取得现役军人的同意。如果现役军人不同意，人民法院经审理查明夫妻双方婚姻基础和婚后感情都较好，应当对现役军人的配偶进行说服教育，尽量调解和好或判决不准离婚。实践中，对于这种情况，人民法院通常会驳回非军人配偶的起诉。[①]但是，如果现役军人与非军人一方配偶感情确已破裂，无法维持婚姻关系的，经调解无效，人民法院应当通过现役军人所在单位的政治机关，向现役军人做好思想工作，经现役军人同意后，准予现役军人一方与非军人一方配偶离婚。[②]反之，即使现役军人所在单位做了思想工作，现役军人仍然不同意离婚的，法院应当驳回起诉。[③]

本条但书规定，现役军人具有重大过错的，非军人配偶要求离婚的，无须征得现役军人的同意。所谓现役军人有重大过错，是指现役军人有重大过错导致夫妻感情确已破裂的情形，即现役军人具有本法第1079条第3款前三项和第5项的情形。因此，这里的重大过错包括：（1）重婚或者与他人同居；（2）实施家庭暴力或者虐待、遗弃家庭成员；（3）有赌博、吸毒等恶习屡教不改；（4）其他重大过错。

需要说明的是，本条并非对现役军人配偶离婚诉权的限制。现役军人的非军人配偶向人民法院起诉要求离婚的诉权不受限制，但其是否获得了现役军人同意，或者现役军人一方是否具有重大过错，需要经过双方当事人举证并经人民法院审理才能确定。

---

① 如重庆市第一中级人民法院（2015）渝一中法民终字第01974号民事判决书，北京市丰台区人民法院（2016）京0106民初1662号民事判决书，北京市东城区人民法院（2015）东民初字第20274号民事判决书，北京市海淀区人民法院（2014）海民初字第19145号民事判决书，北京市西城区人民法院（2014）西民初字第16654号民事判决书。

② 参见胡康生主编：《中华人民共和国婚姻法释义》，法律出版社2001年版，第145页；杨大文主编：《亲属法与继承法》，法律出版社2013年版，第155页；蒋月主编：《婚姻家庭与继承法》，厦门大学出版社2014年版，第237页；马忆南：《婚姻家庭继承法学》，北京大学出版社2019年版，第117页。

③ 参见最高人民法院民事审判第一庭：《婚姻法司法解释的理解与适用》，中国法制出版社2002年版，第85页；余延满：《亲属法原论》，法律出版社2007年版，第329页。

举证责任

现役军人的非军人配偶向人民法院提起诉讼要求离婚的，应当举证证明已经取得现役军人的同意，或者举证证明现役军人存在重大过错从而无须取得现役军人的同意。

第一千零八十二条【男方不得提出离婚的情形】

女方在怀孕期间、分娩后一年内或者终止妊娠后六个月内，男方不得提出离婚；但是，女方提出离婚或者人民法院认为确有必要受理男方离婚请求的除外。

历史由来

本条是对《婚姻法》第34条的承袭，仅涉及一些文字上的变动。对本条规定的文字变动，可以追溯到《民法典婚姻家庭编（草案）》（一审稿）第859条。《民法典婚姻家庭编（草案）》（二审稿）、《民法典婚姻家庭编（草案）》（三审稿）、《民法典（草案）》延续了这一规定。

规范目的或功能

本条规定的是男方不得提出离婚的情形，系对夫妻中男方诉讼离婚的限制。这一规定旨在保护妇女、未成年人的利益，是保护妇女、未成年人和老年人合法权益原则的体现。[①]女方在怀孕期间、分娩后一年内或者终止妊娠后六个月内，身体、精神等方面需要特别照顾；胎儿、婴儿处于发育、成长过程中，需要父母双方的共同照料。在此期间允许男方提出离婚，可能会对女方的身体、精神状态和胎儿、婴儿的成长发育造成

① 参见陈苇主编：《婚姻家庭继承法学》，中国政法大学出版社2018年版，第229页。

不良影响。[①]

本条规定仅针对诉讼离婚，不涉及协议离婚。夫妻双方自愿协议离婚的，不受本条的期限限制。需要注意的是，这一限制是暂时性的限制，也不涉及感情是否确已破裂的实体问题判断。待本条规定的期限届满，男方向人民法院提起诉讼要求离婚的，人民法院应当依据夫妻感情是否确已破裂为原则判决离婚或者不准离婚。

规范内容

按照本条规定，女方在怀孕期间、分娩后一年内或者终止妊娠后六个月内，男方不得向人民法院起诉要求离婚。在女方分娩一年后或者终止妊娠六个月后，男方可以向人民法院起诉要求离婚。就分娩而言，只要女方有分娩事实即可，不要求胎儿出生时必须为活体。[②]不过，本条规定旨在保护妇女、未成年人的利益，因此，即使女方在怀孕期间、分娩后一年内或者终止妊娠后六个月内，女方也可以向人民法院起诉要求离婚，或者与男方协议离婚。

男方向人民法院起诉要求离婚的，如果人民法院查明女方在怀孕期间、分娩后一年内或者终止妊娠后六个月内，那么，人民法院会裁定驳回男方的起诉。[③]一审法院未发现女方在怀孕期间、分娩后一年内或者终止妊娠后六个

① 参见胡康生主编：《中华人民共和国婚姻法释义》，法律出版社2001年版，第147页；余延满：《亲属法原论》，法律出版社2007年版，第329页；蒋月主编：《婚姻家庭与继承法》，厦门大学出版社2014年版，第238页。

② 参见王洪：《婚姻家庭法》，法律出版社2002年版，第168页；陈苇主编：《婚姻家庭继承法学》，中国政法大学出版社2018年版，第229页。

③ 如北京市第三中级人民法院（2014）三中民终字第10866号民事裁定书，天津市第二中级人民法院（2015）二中速民终字第0114号民事裁定书，江苏省连云港市中级人民法院（2015）连少民终字第00152号民事裁定书，浙江省杭州市中级人民法院（2014）浙杭民终字第1152号民事裁定书，浙江省温州市中级人民法院（2014）浙温民终字第1640号民事裁定书，北京市朝阳区人民法院（2016）京0105民初3982号民事裁定书，北京市东城区人民法院（2015）东民初字第10182号民事裁定书，北京市西城区人民法院（2015）西民初字第09382号民事裁定书。

月内而判决夫妻双方离婚的，二审法院查明上述情形的，应当撤销一审判决，驳回男方的起诉。[①]

所谓人民法院确有必要受理男方离婚请求，按照学界的观点，主要是指女方存在重大过错的情形，包括：[②]（1）在此期间夫妻双方确实存在不能继续共同生活的重大而紧迫的理由，如一方对他方有危及生命、人身安全的可能；（2）女方怀孕是因与他人婚后通奸所致，女方也不否认，或不容置疑；（3）女方有遗弃、虐待婴儿的行为。[③]此外，学界有观点认为，女方婚前与他人怀孕发生性行为而怀孕的，并没有违反因婚姻关系而产生的忠实义务，不属于人民法院确有必要受理男方离婚请求的情形。[④]这也得到了部分地方法院的支持，即女方婚前与他人发生性关系，婚后怀孕期间男方提出离婚的，不属于“确有必要受理男方离婚请求”的范围。[⑤]

在司法实践中，女方所生子女与男方没有血缘关系的，是否属于人民法院确有必要受理男方离婚请求的情形，各地法院存在不同立场。有法院持肯定立场，认为在这种情形下维持婚姻关系对子女成长不利[⑥]。也有法院持否定立场，认为“无论男方是否为女方所分娩子女的生理学父亲，都不得在法律

---

① 如湖北省武汉市中级人民法院（2014）鄂武汉中民终字第00705号民事裁定书，广东省梅州市中级人民法院（2015）梅中法民一终字第52号民事裁定书，山西省朔州市中级人民法院（2016）晋06民终449号民事裁定书，湖北省随州市中级人民法院（2014）鄂随州中民一终字第00215号民事裁定书，黑龙江省黑河市中级人民法院（2015）黑中民终字第336号民事裁定书，黑龙江省七台河市中级人民法院（2017）黑09民终98号民事裁定书。

② 参见王洪：《婚姻家庭法》，法律出版社2002年版，第168页；余延满：《亲属法原论》，法律出版社2007年版，第330页；杨大文主编：《亲属法与继承法》，法律出版社2013年版，第155页；蒋月主编：《婚姻家庭与继承法》，厦门大学出版社2014年版，第238页；巫昌祯主编：《婚姻与继承法学》，中国政法大学出版社2017年版，第140页；夏吟兰主编：《婚姻家庭继承法》，中国政法大学出版社2017年版，第124页；马忆南：《婚姻家庭继承法学》，北京大学出版社2019年版，第118页；房绍坤、范李瑛、张洪波：《婚姻家庭与继承法》，中国人民大学出版社2018年版，第90页；许莉主编：《婚姻家庭继承法学》，北京大学出版社2019年版，第142页。

③ 参见陈苇主编：《婚姻家庭继承法学》，中国政法大学出版社2018年版，第229页。

④ 参见巫昌祯主编：《婚姻与继承法学》，中国政法大学出版社2017年版，第140页。

⑤ 参见《深圳市中级人民法院关于婚姻家庭纠纷案件的裁判指引（2014年修订）》第1条。

⑥ 山东省滨州市中级人民法院（2016）鲁16民终1383号民事判决书，广东省清远市中级人民法院（2015）清中法民一终字第66号民事判决书，河北省唐山市中级人民法院（2014）唐民终裁字第47号民事裁定书。

规定的女性身体、精神特殊期起诉离婚”[①]。与此类似，有法院认为，擅自引产、分居两年的事实及理由，均不属于法院认定女方分娩后一年内确有必要受理男方提出离婚诉请的事实及理由。[②]

实际上，本条旨在保护妇女、未成年人的利益，以维持婚姻关系、避免因婚姻关系的改变给身心处于特殊时期的女方及其子女造成不利。在女方所生子女与男方没有血缘关系的情形下，很难想象男方还会努力维持家庭关系并尽力照顾女方。因此，这种情形应当被纳入确有必要受理男方离婚请求的情形，从而人民法院可以判决夫妻双方离婚。

三 举证责任

男方向人民法院起诉离婚的，女方应当举证证明自己处于在怀孕期间、分娩后一年内或者终止妊娠后六个月内，[③]男方应当举证证明存在确有必要受理男方离婚请求的情形。[④]

---

① 参见湖南省株洲市中级人民法院（2019）湘02民终238号民事裁定书。该院认为：“首先，分娩后一年或者中止妊娠后六个月，女性或者婴儿的身体、精神处于一个不稳定、焦躁的状态中，为了让女性有一个健康的恢复调整期，婚姻法第三十四条规定了女方分娩后一年内不准起诉离婚，以保障妇女儿童的权益。其次，起诉权属于程序性权利，一般由法律直接作强制性规定，人民法院直接适用。审查是否具有起诉权时，不对案件实体作过多审查，只要求当事人行使权利时应当诚实信用；而民法总则规定的公序良俗原则要求民事主体在整个民事活动中均尊重社会公德、公共秩序，一般不适用于程序法，适用公序良俗原则时，需要对案件进行实体审理。本案中，程某某是否为张某某所分娩子女的生理学上的父亲系判断夫妻感情是否破裂的因素，系实体审理的范畴，无须在程序审理中查明。故无论男方是否为女方所分娩子女的生理学父亲，都不得在法律规定的女性身体、精神特殊期起诉离婚。”类似裁判，参见河北省石家庄市中级人民法院（2017）冀01民终11030号民事裁定书。

② 参见贵州省贵阳市中级人民法院（2015）筑民三终字第232号民事裁定书。

③ 参见广东省揭阳市中级人民法院（2015）揭中法民申字第1号民事裁定书。

④ 参见江苏省南京市中级人民法院（2015）宁民终字第6144号民事裁定书，山东省济南市中级人民法院（2015）济少民终字第36号民事裁定书，浙江省温州市中级人民法院（2014）浙温民终字第1640号民事裁定书，湖北省汉江中级人民法院（2015）鄂汉江中民一终字第00124号民事裁定书，江西省萍乡市中级人民法院（2018）赣03民终527号民事裁定书，广东省揭阳市中级人民法院（2015）揭中法民申字第1号民事裁定书，江西省抚州市中级人民法院（2017）赣10民终995号民事裁定书。

第一千零八十三条【复婚登记】

离婚后，男女双方自愿恢复婚姻关系的，应当到婚姻登记机关重新进行结婚登记。

历史由来

本条是对《婚姻法》第35条的承袭，仅涉及一些文字上的变动，如将“必须”改为“应当”，将“进行复婚登记”改为“进行结婚登记”。对本条的文字修改，可以追溯到《民法典婚姻家庭编（草案）》（一审稿）第860条。《民法典婚姻家庭编（草案）》（二审稿）、《民法典婚姻家庭编（草案）》（三审稿）、《民法典（草案）》延续了这一规定。

规范目的或功能

本条是对复婚的规定。复婚，是指离婚的男女双方在离婚后和好，再次登记结婚，重新建立夫妻关系。复婚的本质，仍然是结婚，因此，离婚的男女双方复婚的，应当按照结婚程序重新建立婚姻关系。

规范内容

本条是强制性规定，不得由当事人约定而排除适用。

男女双方复婚的，应当满足结婚行为的成立要件。首先，复婚的双方应当是离婚的男女双方；其次，复婚的双方须有确立婚姻关系的意思表示，即复婚的婚意；最后，复婚的男女双方应当到婚姻登记机关重新进行结婚登记。这是复婚的形式要件。男女双方离婚后自愿复婚的，应当办理复婚登记。按照《婚姻登记工作规范》第43条规定，申请复婚登记的，当事人填写《申请结婚登记声明书》，婚姻登记机关按照结婚登记程序办理。因此，复婚登记适用结婚登记的规定，即男女双方按照结婚登记程序申请复婚登记、婚姻登记机关按照结婚登记程序办理。男女双方离婚后未办理复婚登记以夫妻名义共同生活的，属于同居关系而非婚姻关系。

复婚须满足结婚行为的生效要件。首先，复婚的男女双方须具备完全民事行为能力。复婚的男女双方须具有认识复婚行为的法律意义及其法律后果的能力，即完全民事行为能力。复婚的一方或双方属于限制民事行为能力人的，其法定代理人可以向人民法院起诉撤销婚姻登记机关的婚姻登记行为。其次，复婚的男女双方，复婚的意思表示必须真实无瑕疵。复婚是婚姻自由的体现。复婚的男女双方须基于自愿，不存在一方强迫另一方或者双方受到强迫的情形。因胁迫而复婚的，受胁迫的一方可以向人民法院请求撤销婚姻。复婚的一方患有重大疾病的，应当在复婚前如实告知另一方。一方不如实告知的，另一方可以向人民法院请求撤销婚姻。撤销权除斥期间的计算，分别按照《民法典》第1052条第2款、第3款和第1053条确定。不仅如此，男女双方仍然应当具有缔结婚姻、建立永久共同生活共同体的婚意，即复婚的意思表示必须真实。倘若双方并没有缔结婚姻的真实意思，复婚就属于“假结婚”，构成通谋虚伪行为，从而复婚无效。[①]最后，复婚的双方不存在婚姻无效的法定事由。具体来说，复婚的男女双方不存在重婚。为了复婚办理登记的男女一方或者双方已有配偶的，婚姻登记机关按照《婚姻登记条例》第6条不予登记；已经登记的，按照《民法典》第1051条，结婚行为因违反一夫一妻原则无效。

复婚不得附条件、附期限。允许复婚附停止条件和始期，将会导致当事人之间甚至亲属之间的身份关系处于不确定状态，影响身份关系的安定性；允许复婚附解除条件和终期，与婚姻创设夫妻永久共同生活的目的相违背。

男女双方复婚的，复婚前双方的个人财产仍然属于个人财产。男女双方因上一段婚姻关系结束而分割取得的财产，不会因复婚而转变成夫妻共同财产。男女双方在复婚前负担的个人债务，在复婚后仍然属于个人债务。男女双方与婚生子女的父母子女关系，不受离婚和复婚的影响。男女双方复婚后，不再存在不直接抚养子女的一方，双方均直接抚养子女，从而，复婚前不与子女共同居住的一方不再负担子女抚养费的给付义务，而是直接抚养子女。

---

① 参见李昊、王文娜：《婚姻缔结行为的效力瑕疵》，载《法学研究》2019年第4期。

第一千零八十四条【离婚后的亲子关系与未成年子女抚养】

父母与子女间的关系，不因父母离婚而消除。离婚后，子女无论由父或者母直接抚养，仍是父母双方的子女。

离婚后，父母对于子女仍有抚养、教育、保护的权利和义务。

离婚后，不满两周岁的子女，以由母亲直接抚养为原则。已满两周岁的子女，父母双方对抚养问题协议不成的，由人民法院根据双方的具体情况，按照最有利于未成年子女的原则判决。子女已满八周岁的，应当尊重其真实意愿。

历史由来

本条是对《婚姻法》第36条的修改。本条的修改，主要体现在第2款和第3款，第1款主要是文字上的变动。与《婚姻法》第36条第2款相比，本条第2款增加了保护的权利和义务；与《婚姻法》第36条第3款相比，本条第3款增加将“哺乳期内的子女”替换为“不满两周岁的子女”，将“根据子女的权益”改为“最有利于未成年子女的原则”。这是因为，“哺乳期”的表述具有不确定性，个体差异较大。在以往的司法实践中，一些当事人为满足法律的规定，不得不缩短或延长“哺乳期”的时间或仓促地赶在“哺乳期”内提起离婚诉讼，影响到子女的抚育。[①]因此，民法典确立了“不满两周岁的子女由母亲直接抚养”的原则。这一原则更加明确，也更有利于保护儿童和妇女的身心健康。

本条的修改，可以追溯到《民法典婚姻家庭编（草案）》（一审稿）第861条。《民法典婚姻家庭编（草案）》（一审稿）第861条不仅增加了父母对子女的保护权利和义务，还将“哺乳期内的子女”替换为“不满两周岁的子女”，将“根据子女的权益”改为“最有利于未成年子女的原则”，但仍然采用了“父母双方因抚养问题发生争执不能达成协议时”的表述。在此基础上，《民法典婚姻家庭编（草案）》（二审稿）第861条在文字上做了进一步的修改，

---

① 参见白阳、罗沙：《婚姻家庭“烦心事”，民法典给你答案》，载《中国妇女报》2020年6月8日第4版。

将人民法院判决的前提改为“父母双方对抚养问题协议不成的”。《民法典婚姻家庭编（草案）》（三审稿）、《民法典（草案）》延续了《民法典婚姻家庭编（草案）》（二审稿）第861条的规定。全国人大在审议《民法典（草案）》时，在本条第3款增加了最后一句，形成了现在的条文。

学者提出的民法典建议稿（如“社科院2013稿”第1782条、“人民大学2005稿”第480条）均强调了子女利益最大化原则。[①]这说明，在就离婚后子女抚养问题作出决断时，子女利益最大化原则已经是学界的共识。

规范目的或功能

本条规定的是离婚后的父母子女关系和离婚后的子女抚养。父母子女关系原则上不因父母离婚而改变。父母对子女仍然负有抚养、教育、保护的权利和义务。子女由哪一方直接抚养，取决于子女的年龄和双方的协商。两周岁以内的子女，原则上由母亲直接抚养；两周岁以上的子女，子女抚养事宜由父母双方协商，协商不成则由人民法院判决。

规范内容

一、离婚后的父母子女关系

夫妻关系因离婚而解除，男女双方不再互负因夫妻关系产生的权利义务，夫妻财产制也随之解体。夫妻关系乃基于法律行为和国家协力而形成的关系，由男女双方自愿通过法律行为依据法定程序确立，亦可通过法律行为依据法定程序消除。然而，与夫妻关系不同，父母子女关系的产生，可能具有多种原因。父母子女关系可以基于出生事实产生，也可以基于收养法律行为产生，还可以基于抚养教育这一事实行为产生。由此形成了自然血亲的父母子女关系和拟制血亲的父母子女关系。自然血亲的父母子女关系包括婚生的父母子

① 参见梁慧星主编：《中国民法典草案建议稿附理由：亲属编》，法律出版社2013年版，第190页；王利明主编：《中国民法典学者建议稿及立法理由：人格权编·婚姻家庭编·继承编》，法律出版社2005年版，第290页。

女关系、非婚生的父母子女关系，除子女被他人收养外，这种父母子女关系因血缘关系的存在而不能被人为解除。拟制血亲的父母子女关系包括有抚养教育关系的继父母子女关系、收养形成的养父母子女关系，这种父母子女关系可以被依法人为解除。因此，根据父母子女关系形成的原因不同，父母离婚对父母子女关系的影响也可能不同。

（一）自然血亲的父母子女关系

自然血亲的父母子女关系，因分娩和出生的事实而产生。不论子女是父母结婚前出生还是父母结婚后出生，子女与父母之间的血缘关系都不受父母离婚的影响，从而，父母与子女间的关系，不因父母离婚而消除。离婚后，基于子女与父母之间的血缘关系，子女无论由父还是母直接抚养，仍是父母双方的子女。

从父母子女关系的内容来看，离婚后，父母对子女仍有抚养、教育、保护的权利和义务。

抚养，是指父母在经济上对子女供养和在生活上对子女照料。父母离婚后，抚养的方式包括父母一方与子女共同居住、不与子女共同生活的父母一方提供抚养费。按照《民法典》第1067条的规定，父母不仅对未成年子女负有抚养义务，还对不能独立生活的成年子女负有抚养义务。按照《婚姻法解释（一）》第20条的规定，不能独立生活的成年子女包括：尚在校接受高中及其以下学历教育的成年子女；丧失或未完全丧失劳动能力等非因主观原因而无法维持正常生活的成年子女。因此，父母对未成年子女的抚养是无条件的，对成年子女的抚养是有条件的。除非离婚协议明确约定，父母离婚后，对已经成年并进入大学就读的子女，不直接抚养子女的父母一方原则上无须给付抚养费。①

教育，是指父母不仅要尊重未成年人受教育的权利，必须确保适龄未成年人依法入学接受并完成义务教育，不得使接受义务教育的未成年人辍学，

---

① 参见吉林省高级人民法院（2016）吉民申706号民事判决书，北京市第三中级人民法院（2017）京03民终14430号民事判决书，上海市第一中级人民法院（2013）沪一中民一（民）终字第2423号民事判决书。不同观点，参见吉林省高级人民法院（2014）吉民申字第592号民事裁定书。

还要关注未成年人的生理、心理状况和行为习惯，以健康的思想、良好的品行和适当的方法教育和影响未成年人。

保护，是指父母保护未成年子女的人身权益和财产权益，预防和排除来自他人的侵害和自然界的危害。父母对子女的保护职责首先是保护子女免受侵害。父母未尽到保护职责导致子女遭受损害的，对未成年子女承担侵权损害赔偿责任。不仅如此，父母还对子女造成他人的损害负监护人责任。按照《民法典》第1188条，未成年子女造成他人损害的，父母作为监护人对未成年人造成的损害负侵权损害赔偿责任。父母离婚后，直接抚养子女的一方对子女造成的损害负侵权责任；直接抚养子女的一方独立承担侵权责任有困难的，另一方共同承担侵权责任。

（二）因收养行为形成的养父母子女关系

夫妻双方共同收养子女的，夫妻双方与子女之间成立养父母子女关系。非经收养关系的解除，养父母子女关系不因养父母离婚而解除。夫妻一方婚前收养子女的，与子女之间成立养父母子女关系。夫妻一方结婚后，另一方与养子女之间可能形成没有抚养教育关系的姻亲关系，也可能形成抚养教育关系的继父母子女关系。婚前收养子女的一方离婚后，其与养子女之间的父母子女关系不受影响。

（三）形成抚养教育关系的继父母子女关系

根据《最高人民法院关于继母与生父离婚后仍有权要求已与其形成抚养关系的继子女履行赡养义务的批复（1986）》，尽管继母与生父离婚，婚姻关系解除，但继母与继子女之间已经形成的抚养关系不能消灭。因此，有负担能力的继子女，对曾经长期抚养教育过他们的年老体弱，生活困难的继母应尽赡养扶助的义务。按照这一批复，继父母一方与继子女之间形成抚养教育关系的，如果继父母一方与生父母一方离婚，继父母一方与继子女之间的父母子女关系并不当然解除，否则继父母一方就无权要求继子女承担赡养义务。

然而，按照《离婚案件子女抚养问题的意见》第13条规定，“生父与继母或生母与继父离婚时，对曾受其抚养教育的继子女，继父或继母不同意继续抚养的，仍应由生父母抚养。”这意味着继父母子女关系可因继父母一方“不同意继续抚养”而单方解除：生父与继母或生母与继父离婚时，对曾受其抚养教育的继子女，继父或继母不同意继续抚养的，继父母子女关系解除，继子女仍应由生父母抚养。

此外，继父母一方与生父母一方离婚，双方就继子女抚养达成一致的，如生父母一方不愿意抚养而继父母一方愿意抚养，或继父母一方要求抚养且生父母一方同意，继父母子女关系不解除。[①]双方就继子女的抚养无法达成一致的，原则上仍由其生父母抚养。[②]

问题在于，在实践中，继父母一方与生父母一方离婚的，继子女通常随生父母一方继续生活，继父母一方在离婚后不再向生父母一方支付继子女的抚养费，也不会教育、保护继子女。在这种情况下，继父母子女关系是否已经解除，存在疑问。

这一问题的理论争议背景在于：一方面，形成抚养教育关系的继父母子女关系是拟制血亲关系，而非自然血亲关系，可以解除；另一方面，继父母子女关系与养父母子女关系同为拟制血亲关系，不因父母双方离婚而当然解除，但继父母子女关系因事实行为产生，养父母子女关系因法律行为产生，继父母子女关系的解除能否类推养父母子女关系的解除规则，立法没有明确规定。这一问题的实践价值在于：继父母一方与生父母一方离婚后，继父母一方对继子女是否继续负有抚养义务，继父母一方与继子女之间是否还互相享有继承权。

就继父母一方在离婚后对继子女的抚养义务而言，深圳市中级人民法院认为，继父母一方与生父母一方离婚的，受继父母一方抚养教育的继子女原则上随生父母一方生活。如果继父母一方和生父母一方对继父母一方是否需要支付抚养费没有特别约定，继父母一方在离婚后无需负担非亲生子女的抚养费。[③]这一立场得到了许多地方法院的支持。[④]

---

① 参见《江苏省高级人民法院家事纠纷案件审理指南（婚姻家庭部分）》（2019）第13条。

② 参见《深圳市中级人民法院关于婚姻家庭纠纷案件的裁判指引（2014年修订）》第45条。

③ 参见《深圳市中级人民法院关于婚姻家庭纠纷案件的裁判指引（2014年修订）》第45条。

④ 江苏省启东市人民法院（2018）苏0681民初1461号民事判决书，浙江省永嘉县人民法院（2015）温永桥民初字第88号民事判决书，广西壮族自治区北流市人民法院（2014）北民初字第1542号民事判决书。

就继父母一方在离婚后对继子女的继承权而言，有法院主张以继父母离婚后和继子女之间是否存在抚养关系为准而定。[①]比如，重庆市第一中级人民法院认为："人民法院应当依据权利义务相一致的原则，重点判断继父母与继子女之间是否存在扶养关系，分情况予以区分。一是如果继父母在婚姻关系解除前，已经对继子女履行了抚养义务，则继父母可依据《继承法》第十条对继子女享有法定继承权；二是如果继父母在婚姻关系解除前，已经对继子女履行了抚养义务，且继子女对继父母履行了赡养义务，则继子女可依据《继承法》第十条对继父母享有法定继承权。"[②]与此类似，济南市中级人民法院也认为，在继父母与生父母离婚后，继子女对继父母是否仍享有继承权，应通过双方是否仍然具有相互扶养的关系予以判断。[③]

实际上，继父母一方与生父母一方离婚的，如果继父母一方与生父母一方约定继子女随生父母生活且没有约定继父母一方支付抚养费，可以推定继父母一方没有继续抚养继子女的意思，从而，依据《离婚案件子女抚养问题的意见》第13条，按继父母不同意继续抚养继子女的情况来处理。[④]因此，在这种情况下，继父母子女关系解除。这也可以避免生父母一方再婚导致继子女具有多个继父母的情形。实际上，继父母子女关系的形成，取决于两个条件：（1）生父母离婚后，生父母一方与他人结婚，或生父母一方死亡，另一方再婚；（2）继父母一方与继子女之间形成抚养教育关系。在逻辑上，继父母子女关系赖以存在的婚姻关系已经解除，加上继父母一方在离婚后不再抚养教育继子女，继父母子女关系自然随之消灭。

---

① 参见四川省高级人民法院（2017）川民申3930号民事裁定书，山西省高级人民法院（2017）晋民申2441号民事裁定书，云南省昆明市中级人民法院（2014）昆民二终字第1374号民事判决书。不同意见，参见四川省高级人民法院（2017）川民申847号民事裁定书。

② 参见重庆市第一中级人民法院（2017）渝01民终8253号民事判决书。

③ 参见山东省济南市中级人民法院（2018）鲁01民终4447号民事判决书。

④ "根据婚姻法、继承法中关于继父或继母和受其抚养教育的继子女间的权利义务同生身父母子女的权利义务关系的规定，在继父或继母与其抚养教育过的继子女的亲属关系没有解除（如继父或继母与生母或生父因离婚而解除婚姻关系，继父或继母与继子女间的亲属关系也随之解除）的情况下，中止双方权利义务关系的协议是不符合法律规定的……"参见《司法部公证律师司对〈关于继母子间权利义务关系是否可以终止的请示报告〉的批复》（〔86〕司公字第3号1986年1月13日）。

继父母与生父母离婚且继子女由生父母直接抚养的，继父母子女关系消灭。因此，继父母与继子女并非互为继承人，彼此不享有继承权。继子女在继父母生前对继父母扶养较多的，属于《民法典》继承编第1131条意义上的“继承人以外的对被继承人扶养较多的人”，享有酌情分得遗产请求权。此外，继父母子女关系虽然解除，但是，由于继父母子女关系和养父母子女关系同为可以解除的拟制血亲关系，缺乏劳动能力又缺乏生活来源的继父母一方，可以主张类推适用《民法典》婚姻家庭编第1118条的规定，要求经继父母一方抚养成年的继子女给付生活费。

二、离婚后的子女抚养

父母离婚原则上不会消除父母子女之间的关系，但是由于父母的婚姻关系解除、父母的共同生活结束，因此，抚养子女的方式会因父母离婚发生变化，即由父母与子女共同生活、共同直接抚养子女转化为父母一方单独抚养、另一方给付抚养费。子女由谁直接抚养，涉及子女的切身利益。因此，子女抚养应当遵循最有利于未成年人原则。具体来说，根据本条第3款，未成年子女的抚养按照未成年子女的年龄和父母双方的协议确定。

1.两周岁以内的子女，大多处于哺乳期，原则上应当由母亲直接抚养。父母双方协议两周岁以内子女由父亲直接抚养，并对子女健康成长无不利影响的，可由父亲直接抚养。两周岁以内的子女，母亲有下列情形之一的，可由父亲直接抚养：（1）母亲患有久治不愈的传染性疾病或其他严重疾病，子女不宜与其共同生活；（2）母亲有抚养条件不尽抚养义务，而父亲要求子女随其生活；（3）因其他原因，子女无法随母亲生活。

2.已满两周岁的子女由哪一方直接抚养，由父母双方协商。在有利于保护子女利益的前提下，父母双方可以协议轮流抚养子女。父母双方无法达成协议，均要求直接抚养的，由人民法院根据父母双方的具体情况，按照最有利于未成年子女的原则判决。根据《离婚案件子女抚养问题的意见》第3条，如果父母一方有下列情形之一的，人民法院可以在确定子女直接抚养人时优先考虑：（1）父母一方已做绝育手术或因其他原因丧失生育能力的；（2）子女随父母一方生活时间较长，改变生活环境对子女健康成长明显不利的；（3）父母一方无其他子女，而另一方有其他子女的；（4）子女随父母一方生活，对子女成长有利，而另一方患有久治不愈的传染性疾病或其他严重疾病，或者有其他不利于子女身心健康的情形，不宜与子女共同生活的。

此外，由于八周岁以上的未成年子女已经是限制民事行为能力人，具有一定的表达能力和判断能力，因此，父母双方对八周岁以上未成年子女的抚养问题无法达成协议的，应考虑该子女的意见，尊重子女的真实意愿。

按照学者的建议，人民法院在运用子女利益最大化原则时，可以考虑以下因素：子女的年龄、性别及健康状况；子女本人的意愿与人格发展的需要；父母的年龄、职业、品行、健康状况、经济能力等生活状况；父母保护教养子女的意愿和态度；父母子女间或者未成年子女与其他共同生活者之间的感情状况。[①]

举证责任

父母双方就子女抚养无法达成一致的，如果子女不满两周岁，由父亲举证证明存在应当由其直接抚养的理由；如果子女已满两周岁，要求直接抚养子女的父母一方应当举证证明自己存在可以优先考虑的事由。

其他问题

父母离婚后，原定的抚养方式可能因为父母抚养条件的变化和子女要求变更抚养关系而需要变更。父母双方可以通过协议变更子女抚养关系。变更子女抚养关系的协议属于民事法律行为，也应当满足民事法律行为的成立要件和生效要件。父母双方无法达成协议的，根据《离婚案件子女抚养问题的意见》第16条，有下列情形之一的，一方可以请求人民法院变更子女抚养关系：（1）与子女共同生活的一方因患严重疾病或因伤残无力继续抚养子女的；（2）与子女共同生活的一方不尽抚养义务或有虐待子女行为，或其与子女共同生活对子女身心健康确有不利影响的；（3）八周岁以上未成年子

① 参见梁慧星主编：《中国民法典草案建议稿附理由：亲属编》，法律出版社2013年版，第193页。

女，愿随另一方生活，该方又有抚养能力的；（4）有其他正当理由需要变更的。对此，主张变更子女抚养关系的一方对上述正当理由的存在负举证责任。

第一千零八十五条【离婚后子女抚养费的负担】

离婚后，子女由一方直接抚养的，另一方应当负担部分或者全部抚养费。负担费用的多少和期限的长短，由双方协议；协议不成的，由人民法院判决。

前款规定的协议或者判决，不妨碍子女在必要时向父母任何一方提出超过协议或者判决原定数额的合理要求。

历史由来

本条规定是对《婚姻法》第37条的修改。本条的修改主要体现在两处，即将《婚姻法》第37条第1款的“生活费和教育费”改为“抚养费”，并且删除了“必要”的限制，因此，另一方不再负担“必要的生活费和教育费”，而是负担“抚养费”。此外，本条还涉及一些文字上的修改，如“一方抚养的子女”修改为“子女由一方直接抚养的”，“一部或全部”修改为“部分或者全部”，“关于子女生活费和教育费的协议或判决”精简为“前款规定的协议或者判决”。

本条的修改，可以追溯到《民法典婚姻家庭编（草案）》（一审稿）第862条。《民法典婚姻家庭编（草案）》（一审稿）第862条将“另一方应负担必要的生活费和教育费”改为“另一方应负担抚养费”。在此基础上，《民法典婚姻家庭编（草案）》（二审稿）第862条在文字上做了进一步的修改，将第2款中“关于子女生活费和教育费的协议或判决”改为“前款规定的协议或者判决”。《民法典婚姻家庭编（草案）》（三审稿）延续了《民法典婚姻家庭编（草案）》（二审稿）第862条的规定。《民法典（草案）》进一步将“一方直接抚养的子女”改为“子女由一方直接抚养的”，形成了现在的条文。

规范目的或功能

本条规定的是离婚后子女抚养费的负担。根据《民法典》第1084条，父母与子女间的关系，不因父母离婚而消除。离婚后，子女无论由父或者母直接抚养，仍是父母双方的子女。因此，不直接抚养子女的父母一方，应当以支付抚养费的方式履行自己的抚养义务。

规范内容

一、抚养费条款的构造

根据本条第1款，不直接抚养子女的父母一方应当负担部分或全部抚养费。父母双方可在离婚协议中就抚养费的金额和期限作出约定。抚养费的自愿给付，无须以合理为限。基于意思自治原则，不直接抚养子女的父母一方在合理抚养费之外，可以自愿承担额外的生活教育开支。父母一方根据约定负担的抚养费不足以满足子女正常生活教育需求的，根据本条第2款，子女仍然可以在必要时提出超过约定抚养费金额的合理要求。

支付抚养费是父母一方履行抚养义务的表现形式，抚养义务的债权人和请求权主体是子女而非父母。因此，父母双方在离婚协议中订立的抚养费条款，可能有两种构造。

第一，代理关系说。直接抚养子女的父母一方作为子女的代理人，与不直接抚养子女的父母一方订立条款，从而确定了不直接抚养子女的父母一方的抚养费给付义务。[①]不直接抚养子女的父母一方向直接抚养子女的父母一方支付抚养费，实际上是以向未成年子女的法定代理人履行自己对未成年子女的义务。

按照代理关系说，抚养费条款直接约束未成年子女和不直接抚养子女的

① Stephan Hammer, Elternvereinbarungen über den Verbleib und die Finanzierung der Kinder, in: Walter Bayer/Elisabeth Koch (Hrsg.), Scheidungsfolgenvereinbarungen, Nomos, 2016, S.89.

父母一方。不直接抚养子女的父母一方未按照约定履行抚养费给付义务的，直接抚养子女的父母一方可以未成年子女的名义向人民法院起诉，请求不直接抚养子女的父母一方给付抚养费。

我国司法实践大多持代理关系说。在代理关系说模式下，抚养费条款对子女具有约束力，子女原则上不得提出超过抚养费条款原定数额的抚养费要求。此外，直接抚养子女的父母一方放弃抚养费请求的，直接对子女发生效力，从而不能再以子女的名义向不抚养子女的父母一方请求支付抚养费。比如，上海市高级人民法院认为："子女要求父或母增加抚养费的给付，应当举证证明下列要件事实：（1）原定抚养费数额不足以维持当地实际生活水平，或者子女的实际需要超过原定数额，或者有其他正当理由；（2）父或母有给付能力。"①江苏省高级人民法院认为："主张给付抚养费的权利属于未成年子女或者不能独立生活的成年子女……离婚时夫妻双方约定或者直接抚养子女一方承诺不要求另一方负担子女抚养费，事后直接抚养子女一方又以子女名义起诉主张另一方给付抚养费的，一般不予支持。"②深圳市中级人民法院也认为："当事人在离婚诉讼中放弃提出抚养费请求，离婚判决书也未明确抚养费负担，离婚判决生效后，直接抚养方以子女名义起诉请求另一方负担离婚判决后至其起诉前的抚养费的，人民法院不予支持。当事人在离婚协议中仅约定子女由一方抚养，放弃抚养费请求权，一方在协议离婚后以子女名义起诉请求另一方负担协议离婚后至其起诉前的抚养费的，人民法院不予支持。当事人在离婚协议中已经约定抚养费数额，不直接抚养子女的一方未履行给付义务，另一方以子女名义起诉请求该方负担抚养费的，人民法院应予支持；但协议中已经明确约定抚养费给付期限，对于当事人超过诉讼时效的主张，人民法院不予支持。"③

问题在于，按照代理关系说，抚养费条款对未成年子女具有约束力，未成年子女原则上只能按照抚养费条款请求抚养费，不得要求不直接抚养子女

---

① 参见《上海市高级人民法院婚姻家庭纠纷办案要件指南（二）》（沪高法民一〔2005〕18号）第4条。

② 参见《江苏省高级人民法院家事纠纷案件审理指南（婚姻家庭部分）》（2019）第15—16条。

③ 参见《深圳市中级人民法院关于婚姻家庭纠纷案件的裁判指引（2014年修订）》第44条。

的父母一方给付超出抚养费条款原定数额的抚养费，从而与本条第2款存在矛盾。此外，按照代理关系说，父母双方对抚养费金额和期限的约定，应当符合未成年子女的利益。如果父母双方约定的抚养费金额过少，直接抚养子女的父母一方可能构成滥用代理权。在实践中，父母双方可能因各种考虑而约定，不直接抚养子女的一方无须支付抚养费。在这种情况下，按照代理关系说，直接抚养子女的父母一方作为法定代理人和监护人放弃了子女的抚养请求权，实际上是父母双方作为子女法定代理人共同免除了不直接抚养子女的一方对子女负担的抚养义务，甚至可能成立自己交易，故该抚养费条款无效。[①]最后，按照《民法典》第1067条第1款，父母对不能独立生活的成年子女负有抚养义务。在这种情况下，子女可能因成年而法定代理终止，故代理关系说可能无法解释父母离婚后对成年子女的抚养约定。

第二，内部约定说。父母双方关于抚养费的约定，系父母双方内部抚养费分摊的约定，不影响子女的抚养请求权。[②]因此，父母双方订立的抚养费条款，只约束父母双方，是就双方各自承担抚养费份额的约定。

按照内部约定说，抚养费条款对子女没有约束力，子女对父母双方的抚养请求权不受抚养费条款的影响，因此，子女可以在必要时以自己的名义向父母任何一方提出超过条款约定数额的合理要求。基于抚养费分摊的内部约定，不直接抚养子女的父母一方未履行自己的抚养费给付义务的，直接抚养子女的父母一方可以以自己的名义主张违约责任。父母双方约定子女由一方抚养并由直接抚养的一方负担子女全部抚养费的，属于履行承担，[③]即由直接抚养子女的一方履行另一方对子女的抚养义务。对于子女而言，直接抚养子女的一方对子女的抚养构成代为履行。履行承担的背后可能涉及夫妻双方在财产分割上的让步，即夫妻一方以财产分割让步“折抵”抚养费的支付。因此，父母双方约定“免除”一方抚养费给付义务的，仍

---

① 不同意见，参见重庆市第五中级人民法院（2015）渝五中法少民终字第05523号民事判决书。法院认为，“关于蔡某丙放弃上诉人的生活费、教育费有无效力问题。蔡某丙作为法定代理人，有权代理蔡某甲、蔡某乙进行民事活动，蔡某丙代理蔡某甲、蔡某乙进行的民事活动对蔡某甲、蔡某乙具有法律约束力”。

② Gernhuber/Coester–Waltjen, Familienrecht, 6. Aufl., 2010, §6 Rn.31.

③ BGH NJW 1986, 1167, 1168; NJW 2009, 1667, 1668.

然属于父母内部约定，对子女的抚养请求权不产生影响。直接抚养子女的一方无法满足子女合理的抚养需求的，子女可以以自己的名义请求被“免除”抚养义务的另一方给付抚养费。另一方支付抚养费之后，可以依据父母内部约定向直接抚养子女的一方请求补偿。此外，内部约定说可以适用于成年子女和未成年子女的抚养。因此，与代理关系说相比，内部约定说可能更符合抚养条款的构造。

实践中，有些法院将抚养费条款的双方当事人界定为父母双方，认为父母双方约定免除一方给付抚养费的义务属于父母双方内部约定，仅约束父母双方，对子女没有约束力。[①]这一立场实际上接近于内部约定说。[②]

在内部约定说的模式下，抚养费条款的双方当事人是父母双方，不直接抚养子女的父母一方对另一方负有给付义务。[③]父母双方应根据各自的经济条件、子女的成长需求、当地生活水平等因素需要确定不直接抚养子女一方的抚养费给付义务。订立抚养费条款的父母双方均须具备完全民事行为能力且意思表示真实。不仅如此，抚养费条款不得违反法律强制性规定或违背公序良俗。倘若父母双方约定以“免除”或“减轻”不直接抚养子女的父母一方的抚养费给付义务为条件，限制或剥夺不直接抚养子女的父母一方的探望权，那么，该抚养费条款因违背公序良俗而无效。

二、不履行抚养费给付义务的违约金

父母双方在离婚协议中就不按约定支付抚养费约定违约金的，该违约金条款是否有效，各地司法实践存在不同意见。有些法院认为，该违约金条款

① 参见吴晓芳主编：《婚姻家庭继承案件裁判要点与观点》，法律出版社2016年版，第231—232页。参见浙江省温州市中级人民法院（2011）浙温民终字第1489号民事判决书。

② 大多数法院认为，抚养条款属于离婚协议的一部分，对父母双方具有约束力。参见福建省高级人民法院（2015）闽民申字第2381号民事裁定书，北京市第三中级人民法院（2017）京03民终7996号民事判决书，北京市第二中级人民法院（2015）二中少民终字第09283号、（2016）京02民终4967号民事判决书，上海市第一中级人民法院（2016）沪01民终5861号民事判决书，上海市第二中级人民法院（2017）沪02民终4989号民事判决书，江苏省苏州市中级人民法院（2016）苏05民终9517号民事判决书。

③ Gernhuber/Coester-Waltjen, Familienrecht, 6. Aufl., 2010, §6 Rn.32.

出自双方当事人真实意思表示，不违反法律强制性规定，故而有效。[①]进而，人民法院可以酌情减少过高的违约金。[②]也有法院认为，因为抚养费的给付并非基于合同，而是基于父母的法定义务，该法定义务的履行只能依据法律法规的约束，不宜约定违约金条款，更不能让抚养人以违约金的形式从子女的抚养费中获利。[③]

实际上，在代理关系说模式下，不直接抚养子女的父母一方对子女负有抚养费给付义务；在内部约定说模式下，不直接抚养子女的父母一方对直接抚养子女的父母一方负有支付抚养费的义务。从督促不直接抚养子女的父母一方履行抚养费给付义务的角度来看，应当承认违约金条款的效力。不履行抚养费给付义务的父母一方认为违约金数额过高的，可以向法院请求酌减违约金。

值得注意的是，有些法院认为，基于合同的相对性，违约金条款旨在保护直接抚养子女一方的利益，因为不直接抚养子女的一方未按照约定支付抚养费，会给直接抚养子女的一方带来额外经济负担，因此，该违约行为给直接抚养子女的一方造成了损失，这就是违约金条款旨在救济的损失。[④]也有法院认为，违约金条款保护的是子女的利益，不直接抚养子女的一方未按照约定支付抚养费的，子女应当以自己的名义主张违约金责任。[⑤]这实际上反映了司法实践对抚养费条款结构的不同认识。在代理关系说模式下，有权依据违约金条款主张违约金责任的是子女一方。在内部约定说模式下，有权依据违

---

① 参见重庆市第一中级人民法院（2017）渝01民终1500号民事判决书，湖南省湘潭市中级人民法院（2017）湘03民终567号民事判决书，北京市第二中级人民法院（2016）京02民终4966号民事判决书。

② 北京市第二中级人民法院（2016）京02民终4966号民事判决书，江苏省扬州市中级人民法院（2015）扬民终字第1353号民事判决书。

③ 参见北京市东城区人民法院（2014）年东少民初字第10025号民事判决书。另参见最高人民法院民事审判第一庭编：《婚姻家庭案件审判指导》，法律出版社2016年版，第375页。

④ 参见广东省东莞市中级人民法院（2016）粤19民终3441号民事判决书，四川省乐山市中级人民法院（2015）乐民终字第1058号民事判决书，江苏省扬州市中级人民法院（2015）扬民终字第1353号民事判决书。

⑤ 参见广东省佛山市中级人民法院（2016）粤06民终2282号民事判决书，北京市第三中级人民法院（2014）三中民终字第08840号民事判决书，山东省济南市中级人民法院（2019）鲁01民终31号民事判决书。

约金条款主张违约金责任的是直接抚养子女的父母一方。直接抚养子女的一方以自己的财产履行了父母双方的抚养义务，从而可以向未履行抚养费给付义务的一方主张违反内部约定的责任。

三、无法达成协议时的法院判决

父母双方无法就抚养费给付的金额和期限达成一致的，由人民法院判决。通常来说，抚养费包括必要生活费、教育费、医疗费等费用，应主要根据当地实际生活水平、子女实际需要、父母实际负担能力确定。根据《离婚案件子女抚养问题的意见》第7条，一方有固定收入的，抚养费一般可按其月总收入的20%—30%的比例给付。负担两个以上子女抚养费的，比例可适当提高，但一般不得超过月总收入的50%。无固定收入的，抚养费的数额可依据当年总收入或同行业平均收入，参照上述比例确定。有特殊情况的，可适当提高或降低上述比例。抚养费的给付期限，一般至子女十八周岁为止。

四、抚养费的增加和减少

本条第2款规定，夫妻双方在离婚协议中订立的抚养费条款、人民法院就抚养费作出的判决，不妨碍子女在必要时向父母任何一方提出超过协议或者判决原定数额的合理要求。因此，子女能否取得超过抚养费条款确定的数额，取决于子女是否存在合理要求。对此，北京市高级人民法院认为，补课费、课外兴趣培养费等属于超出国家规定的全日制教育费用之外的教育性支出，应根据客观教育环境、收入情况、支出数额等因素确定是否属于必要教育费。[①]

此外，子女可以请求增加抚养费。按照《离婚案件子女抚养问题的意见》第18条，子女要求增加抚养费有下列情形之一，父或母有给付能力的，应予支持：（1）原定抚养费数额不足以维持当地实际生活水平的；[②]（2）因子女患

---

① 参见《北京市高级人民法院民一庭关于审理婚姻纠纷案件若干疑难问题的参考意见（2016）》第10条。

② 参见吴晓芳主编：《婚姻家庭继承案件裁判要点与观点》，法律出版社2016年版，第233页。另参见北京市第三中级人民法院（2015）三中民终字第16494号、（2016）京03民终7968号民事判决书。

病、上学，实际需要已超过原定数额的；（3）有其他正当理由应当增加的。实际上，只要原定抚养费金额无法满足子女成长的合理需求，子女即可向父母任何一方请求增加抚养费。父母双方内部如何分担抚养费，属于父母内部协商处理的事项。因此，子女的生活及教育状况发生重大变化，或者直接抚养子女的父母一方的经济情况出现重大变故，无力抚养子女的，子女也可以请求增加抚养费。如果子女及直接抚养子女的父母一方未能举证存在上述重大变故，人民法院可能不会支持增加抚养费的请求。[①]类似地，父母双方约定子女由一方自行抚养的，如果子女及直接抚养子女的父母一方未能举证存在上述重大变故，人民法院也不会支持其调整抚养费的请求。[②]

在实践中，各地法院虽然不支持免除抚养费的请求，[③]但允许抚养费的减少。比如，上海市高级人民法院认为："父或母一方请求减少、中止给付子女抚养费的，应当举证证明本人的生活境遇发生变化，无实际给付能力。父母具有下列情形之一的，可适当减少：（1）给付方的收入明显减少，虽经努力仍维持在较低的水平；（2）给付方长期患病或丧失劳动能力，又无经济来源，确实无力按原定数额给付，而直接抚养子女一方又有抚养能力；（3）给付方因违法犯罪被收监改造或被劳动教养，失去经济能力无力给付的，但恢复人身自由后有经济来源的，则应按原协议或判决给付。需要注意的是，父或母减少或中止给付抚养费后，一旦恢复甚至超过原有的抚养能力，子女仍有权要求回复至原定的抚养费数额，甚至要求增加抚养费。"[④]与此类似，江苏省高级人民法院也认为："抚养费的确定既要考虑子女的实际需要，又要考虑父母的实际负担能力。当一方确实无力按照判决或者协议给付抚养费时，可以请

---

① 如北京市第二中级人民法院（2016）京02民终2270号民事判决书，天津市第二中级人民法院（2016）津02民终1114号民事判决书，上海市第二中级人民法院（2020）沪02民申177号民事裁定书，江苏省无锡市中级人民法院（2017）苏02民终2743号、（2019）苏02民终645号民事判决书。

② 如北京市第二中级人民法院（2016）京02民终7532号民事判决书，上海市第二中级人民法院（2017）沪02民终4989号民事判决书。

③ 如北京市第二中级人民法院（2015）二中少民终字第13182号民事判决书，江苏省无锡市中级人民法院（2018）苏02民终4729号民事判决书。

④ 《上海市高级人民法院婚姻家庭纠纷办案要件指南（二）》（沪高法民一〔2005〕18号）第5条。

求减少或免除。”[①]不过，在实践中，由于不直接抚养子女的一方未能举证证明自己的负担能力发生重大变化，人民法院很少支持减少抚养费的请求。[②]只有少数法院基于父母一方因工作变动导致收入锐减部分支持父母一方减少抚养费的请求。[③]

人民法院在论证抚养费是否应当调整时，通常会分析是否存在“重大变化”或“情事变更”。[④]就抚养费的增加而言，即使发生了父母双方订立离婚协议时无法预见的客观情况变化，人民法院也应当依据本条第2款直接裁判，无须借助情事变更。不过，就抚养费的减少而言，不直接抚养子女的父母一方给付能力降低似乎不属于情事变更的范畴，[⑤]在现行法没有规定为抚养人生计而减轻抚养义务等规则的背景下，人民法院只能在法律效果上类推适用情事变更制度或者借助诚实信用原则来减少抚养费。

举证责任

子女请求增加抚养费的，应当举证证明原定抚养费数额已经不足以满足

① 参见《江苏省高级人民法院婚姻家庭案件审理指南（2010年）》。

② 如北京市第二中级人民法院（2015）二中少民终字第1352号民事判决书，北京市第三中级人民法院（2015）三中民终字第11102号民事判决书，天津市第一中级人民法院（2019）津01民终4161号民事判决书，上海市第二中级人民法院（2018）沪02民终5396号民事判决书，江苏省苏州市中级人民法院（2016）苏05民终9517号民事判决书。

③ 如上海市第二中级人民法院（2019）沪02民终3548号民事判决书，上海市第二中级人民法院（2017）沪02民申636号民事裁定书。

④ 直接引入情事变更的裁判，参见吉林省长春市中级人民法院（2018）吉01民终2226号民事判决书，重庆市第一中级人民法院（2016）渝01民终270号、（2015）渝一中法少民终字第02957号民事判决书，广东省深圳市中级人民法院（2016）粤03民终3013号、（2014）深中法民终字第1538号民事判决书，重庆市北碚区人民法院（2015）碚法少民初字第00009号、（2015）碚法少民初字第00110号民事判决书，广东省深圳市福田区人民法院（2013）深福法民一初字第3682号民事判决书。但是，按照《最高人民法院关于正确适用〈中华人民共和国合同法〉若干问题的解释（二）服务党和国家工作大局的通知》（法〔2009〕165号）的规定，地方法院在适用情事变更时应当由高级人民法院审核。

⑤ 有观点认为，如果父母一方的给付能力因自身“过错”而降低，父母一方不得以此为由主张减少抚养费。参见吴卫义、张寅编著：《婚姻家庭案件司法观点集成》，法律出版社2015年版，第237—241页。

子女成长的需要，存在应当增加抚养费的情形。[①]

第一千零八十六条【离婚后的子女探望】

离婚后，不直接抚养子女的父或者母，有探望子女的权利，另一方有协助的义务。

行使探望权利的方式、时间由当事人协议；协议不成的，由人民法院判决。

父或者母探望子女，不利于子女身心健康的，由人民法院依法中止探望；中止的事由消失后，应当恢复探望。

历史由来

本条规定是对《婚姻法》第38条的承袭和修改。修改主要体现在两个方面：第一，将法条中的“或”改为“或者”；第二，将“中止探望的权利”“恢复探望的权利”改为“中止探望”“恢复探望”，以表明权利仍然存在，中止和恢复的只是权利的行使。

将“中止探望的权利”“恢复探望的权利”改为“中止探望”“恢复探望”，源于《民法典婚姻家庭编（草案）》（三审稿）第863条。《民法典（草案）》第1086条接受了这一立场，遂有此条。

值得注意的是，在学界提交的民法典建议稿中，“社科院2013稿”第1786条第3款规定了祖父母、兄弟姐妹等其他近亲属的探望权。[②]对这一问题，《民法典婚姻家庭编（草案）》（一审稿）第864条曾经规定：“祖父母、外祖父母探望孙子女、外孙子女的，参照适用前条规定。”《民法典婚姻家庭编（草案）》（二审稿）第864条则修改为：“祖父母、外祖父母探望孙子女、外孙子女，如果其尽了抚养义务或者孙子女、外孙子女的父母一方死亡的，可以参照适用前条规定。”然而，

---

① 参见吉林省高级人民法院（2016）吉民申548号民事裁定书，湖北省高级人民法院（2016）鄂民申384号民事裁定书，辽宁省高级人民法院（2014）辽审一民申字第112号民事裁定书。

② 参见梁慧星主编：《中国民法典草案建议稿附理由：亲属编》，法律出版社2013年版，第199页。

《民法典婚姻家庭编（草案）》（三审稿）删除了祖父母、外祖父母探望权的规定。最终，《民法典（草案）》延续了这一立场，没有规定祖父母、外祖父母的探望权。

规范目的或功能

本条规定的是离婚后不直接抚养子女的父母一方对子女的探望。父母探望子女的权利也被称为探望权。探望权，是指父母离婚后，不直接抚养子女的一方依法享有的对未与其共同生活的子女进行探视、看望、交往的权利。赋予父母探望子女的权利，既是维系父母离婚后与子女联系的途径，也是促进子女健康成长、便利父母行使监护权的保障。在实践中，父母离婚后，探望权往往沦为父母继续争斗的工具，从而损害子女的利益。本条规定探望权，旨在确保不直接抚养子女的父母一方享有探望权，并根据子女利益最大化原则对探望权的行使施加限制。

规范内容

本条第1款规定了不直接抚养子女的父母一方，在离婚后探望子女的权利，且直接抚养子女的父母一方负有协助义务。探望权的性质如何，学界存在争议。有学者认为："探望权在身份关系内部的探望者与被探望者之间具有相对性……在探望权人和被探望人这一身份关系之外，探望权具有绝对权的属性。"[①]也有学者认为，隔代探望权属于相对权。[②]此外，学界主张探望权源于不直接抚养子女的父母一方对子女的监护权或亲权。[③]父母双方离婚后，仍然为子女的法定监护人。赋予不直接抚养子女的父母一方探望权，有助于其履行监护职责。不过，按照这一立场，被剥夺监护权的父母一方不再享有探望权，其他亲属（如子女的祖父母、外祖父母）也不享有探望权。反之，如

① 参见瞿灵敏：《探望权的理论反思与规则重构》，载《江汉论坛》2018年第9期。

② 参见庄绪龙：《"隔代探望"的法理基础、权利属性与类型区分》，载《法律适用》2017年第23期。

③ 参见余延满：《亲属法原论》，法律出版社2007年版，第372页；巫昌祯主编：《婚姻与继承法学》，中国政法大学出版社2017年版，第162页。

果认为探望权不属于监护权或亲权的内容，[①]父母一方被剥夺监护权也享有探望权的，其他亲属（如子女的祖父母、外祖父母）也享有探望权，那么，探望权就属于基于身份关系产生的“天然权利”，只是被剥夺监护权的父母一方、其他亲属行使探望权应当符合子女利益最大化原则。

不论探望权的性质如何，对于父母子女之外的第三人而言，探望权就是绝对权。[②]不直接抚养子女的父母一方享有探望权，对应的是直接抚养子女的父母一方负担的协助义务，即探望权的义务主体是直接抚养子女的父母一方。[③]换言之，直接抚养子女的父母一方与不直接抚养子女的父母一方，两者之间存在婚姻法上的法定之债关系。[④]直接抚养子女的父母一方不履行协助义务的，人民法院可以类推适用违约责任的规定，如《民法典》合同编第577条，按照享有探望权的父母一方的请求，要求直接抚养子女的父母一方承担损害赔偿责任，如直接抚养子女的父母一方不履行协助义务导致享有探望权的一方主体多支出的交通费用。不过，与子女共同生活的父母一方不履行协助义务导致另一方无法行使探望权的，我国司法实践一般不支持精神损害赔偿。[⑤]

直接抚养子女的父母一方拒不履行有关探望权的生效判决或调解书，不履行协助义务、妨碍另一方行使探望权的，人民法院可以对直接抚养子女的父母一方采取拘留、罚款等强制措施，但不能对子女的人身、探望行为进行强制执行。根据审判司法实践，人民法院在具体执行时应遵循以下原则：（1）有利于子女身心健康的原则；（2）依法执行的原则；（3）教育与强制相结合的原则，即将思想教育和法制宣传贯穿始终，切实做好疏导教育工作，促使当事人自觉履行协助义务，以最大限度减少对子女的不良影响；在教育无效的情况下，应坚决依法对被执行人采取强制措施。[⑥]

---

① 参见瞿灵敏：《探望权的理论反思与规则重构》，载《江汉论坛》2018年第9期。

② Dethloff, Familienrecht, 32. Aufl., 2018, §13 Rn.198.

③ 参见《江苏省高级人民法院婚姻家庭案件审理指南（2010年）》、《江苏省高级人民法院家事纠纷案件审理指南（婚姻家庭部分）》（2019）第17条。

④ Dethloff, Familienrecht, 32. Aufl., 2018, §13 Rn.198.

⑤ 参见浙江省嘉兴市中级人民法院（2016）浙04民终508号民事判决书、福建省福州市中级人民法院（2018）闽01民终5690号民事判决书。

⑥ 参见《江苏省高级人民法院婚姻家庭案件审理指南（2010年）》。

一般来说，行使探望权的方式包括看望式和逗留式两种。前者是探望权人到直接抚养子女的父母一方家中或指定的地点进行探望的方式，主要适用于8岁以下儿童；后者是在约定或者法院判决的探望时间内，探望权人领走子女并按时送回的探望方式，主要适用于8岁以上的未成年人。探望权行使的费用由探望权人承担。

按照本条第2款，行使探望权利的方式、时间、频率、地点由当事人协议；协议不成的，由人民法院根据未成年子女的年龄、智力和认知水平，再按照子女利益最大化原则判决。对此，司法实践认为，审理探望权纠纷，应当遵循“子女利益优于权利保障的原则”。具体来说，人民法院应当优先考虑如何更有利于子女健康成长来确定探望权的内容。如果探望的时间、地点和方式违背子女本人意愿或影响其生活和学习，探望权人的权利保障应当让位于子女的利益。①

行使探望权，应当以有利于子女身心健康方式为之，并尊重未成年人的意愿。一般来说，探望权的行使，体现了父母双方的意思自治。探望的方式、时间、频率、地点取决于父母双方的协商，取决于父母双方的互相协助。比如，探望权人须将孩子按时送回，探望时可能需要直接抚养子女的父母一方陪同，以保护子女身心健康。

行使探望权不利于子女身心健康的，人民法院可以依申请中止探望权的行使。探望权的中止，是指因发生一定的法定事由，致使探望权人不宜继续行使探望权，人民法院依法暂时停止探望权的行使。探望权的设置旨在促进子女在父母离婚后健康成长，因此，如果探望权的行使不利于子女的身心健康，就应当依法对探望权行使予以限制。有权请求人民法院中止探望权行使的人，是未成年子女、直接抚养子女的父或母及其他对未成年子女负担抚养、教育义务的法定监护人。

根据我国司法实践，下列情形一般构成中止探望权行使的事由：（1）探望权人患有严重精神病或尚未治愈的严重传染性疾病的，可能危及子女健康的；（2）探望权人在行使探望权时对子女实施家庭暴力或虐待子女等违法行为的；（3）探望权人与子女感情严重恶化，子女坚决拒绝探望的；（4）探望

① 参见《江苏省高级人民法院婚姻家庭案件审理指南（2010年）》。

权人教唆、胁迫、引诱子女实施不良行为或违法犯罪行为的。[①]此外，按照学者的建议，中止探望权行使的事由还包括：探望权人有赌博、吸毒等恶习，探望权人拒绝支付子女扶养教育费，等等。[②]

探望的中止只是暂时停止探望权的行使，不是剥夺探望权。中止探望的情形消失后，不直接抚养子女的父母一方行使探望权不会不利于子女身心健康的，人民法院应当根据当事人的申请通知其恢复探望权的行使。请求恢复探望权的主体，一般为不直接抚养子女的父母一方。探望权的恢复，以“不利于子女身心健康”的情形完全消失为前提。[③]

举证责任

主张中止探望的主体，一般是未成年子女、直接抚养子女的父母一方及其他对未成年子女负担抚养、教育义务的法定监护人。主张中止探望的主体应当举证证明存在行使探望权不利于子女身心健康的事由。主张恢复探望的主体，一般是不直接抚养子女的父母一方，即享有探望权的一方。主张恢复探望的主体应当证明探望不利于子女身心健康的情形已经消失。[④]

其他问题

学说上有观点主张扩张探望权的主体。这首先包括子女。[⑤]

祖父母、外祖父母是否属于探望权的主体，司法实践过去缺乏统一的

---

① 参见《上海市高级人民法院婚姻家庭纠纷办案要件指南（二）》（沪高法民一〔2005〕18号）第8条，《江苏省高级人民法院婚姻家庭案件审理指南（2010年）》，山东省济宁市中级人民法院（2014）济民终字第2768号民事判决书。

② 参见梁慧星主编：《中国民法典草案建议稿附理由：亲属编》，法律出版社2013年版，第203页。

③ 参见《江苏省高级人民法院婚姻家庭案件审理指南（2010年）》。

④ 参见《上海市高级人民法院婚姻家庭纠纷办案要件指南（二）》（沪高法民一〔2005〕18号）第9条。

⑤ 参见余延满：《亲属法原论》，法律出版社2007年版，第373页；司丹：《探望权：法律审视与制度重构》，载《黑龙江社会科学》2015年第5期。

立场。[①]就失独老人的探望权而言，江苏地区法院持肯定态度，[②]理由有四：（1）探望作为亲属权的重要内容之一，既是成年近亲属对未成年人的法定权利，也是成年近亲属对未成年人的法定义务；（2）探望孙辈是失独老人获得精神慰藉的重要途径之一，应视为老年人应有之权益，且可与孙辈享有代位继承权利之法律原理相对应；（3）近亲属担任未成年人的监护人应当遵循法定的顺序位阶，在未成年人有法定监护人的情形下，其他近亲属探望须遵守监护权行使的代际位阶，不得妨碍序位在先的监护人履行监护职责；（4）允许失独老人隔代探望、和谐共处履行监护职责与公序良俗、社会公德相符，亦是对中华民族传统美德的继承与发扬。

对这一问题，最高人民法院和地方高院则持相对谨慎的立场，[③]将祖父母、外祖父母的探望权与抚养义务的履行、父母一方的民事行为能力挂钩。[④]如《最

① 参见庄绪龙：《“隔代探望”的法理基础、权利属性与类型区分》，载《法律适用》2017年第23期。

② 参见江苏省无锡市中级人民法院（2015）锡民终字第01904号民事判决书（刊登于《江苏省高级人民法院公报》2016年第5期），江苏省泰州市中级人民法院（2017）苏12民终1348号民事判决书，江苏省苏州市虎丘区人民法院（2015）虎少民初字第00197号民事判决书。另参见重庆市第五中级人民法院（2018）渝05民终1121号民事判决书。在江苏省无锡市中级人民法院承认失独老人的隔代探望权之前，河南省濮阳市中级人民法院已经承认了失独祖父母的探望权。河南省濮阳市中级人民法院（2013）濮中法民二终字第84号民事判决书的判决指出，“《中华人民共和国婚姻法》第三十八条规定了探望权的主体是离婚后，不直接抚养子女的父或母，对祖父母或外祖父母的探望权法律并无相应规定，原审法院从中华民族的传统美德及公序良俗出发，认定刘某某对其孙子女享有探望权并无不妥。但没有无权利的义务，亦没有无义务的权利。刘某某亦应当积极履行对其孙子女的相应义务”。此后，江苏省南京市中级人民法院通过判决承认，祖父母即使不是失独老人，也可以探望孙子女。参见江苏省南京市中级人民法院（2015）宁民终字第5785号民事判决书。

③ 按照《最高人民法院关于当前民事审判工作中的若干具体问题（2015）》：“原则上应根据婚姻法第三十八条规定，将探望权的主体限定为父或者母，但是可以探索在特定情况下的突破，比如祖父母或外祖父母代替已经死亡或者无抚养能力的子女尽抚养义务时，根据婚姻法第二十八条规定，可以赋予其探望权。”

④ 参见最高人民法院民一庭：《抚养孙子女、外孙子女的祖父母、外祖父母主张探望孙子女、外孙子女的，人民法院应当予以支持》，载最高人民法院民事审判第一庭编：《民事审判指导与参考》，人民法院出版社2011年第2辑，第98页。最高人民法院民一庭认为：“在未成年子女的父或母死亡或者丧失行为能力的情况下，遵照《婚姻法》第三十八条之规定，代替自己已经死亡或者丧失行为能力的子女对孙子女或外孙子女尽抚养义务的祖父母或外祖父母主张探望孙子女或外孙子女的，人民法院应当予以支持。”

高人民法院第八次全国法院民事商事审判工作会议（民事部分）纪要（2016）》第3条就规定，祖父母、外祖父母对父母已经死亡或父母无力抚养的未成年孙子女、外孙子女尽了抚养义务的，对孙子女、外孙子女享有探望权。[①]这一立场也体现在高级人民法院发布的审判指引中。如北京市高级人民法院认为："享有探望权的一方因死亡或丧失行为能力等情况无法行使探望权的，对孙子女、外孙子女有抚养事实的祖父母、外祖父母请求单独行使探望权的，人民法院可予以支持。"[②]江苏省高级人民法院也持类似观点，对未成年孙子女、外孙子女尽了抚养义务的祖父母、外祖父母享有探望权。[③]

对此，有学者认为，祖父母、外祖父母对孙子女、外孙子女的探望权，并非探望权的代理行使，是基于祖孙之间的近亲属关系和不共同生活的事实享有的属于其自己的权利，不受到孙子女、外孙子女的父母一方是否死亡或丧失行为能力的限制。[④]也有学者认为，在父母一方去世后，祖父母、外祖父母可以对孙子女、外孙子女行使代位探望权；在不直接抚养子女的父母一方因客观原因如服刑、身患重病或丧失行为能力无法行使探望权时，祖父母、外祖父母可以代替父母一方代为行使探望权。[⑤]

《民法典婚姻家庭编（草案）》（二审稿）第864条吸收了司法实践的立场，承认在祖父母、外祖父母对孙子女、外孙子女尽了抚养义务或孙子女、外孙子女的父母一方死亡时，祖父母、外孙子女享有探望权。遗憾的是，最终《民法典》删除了这一规定。这一举措可能会构成立法者不愿意承认祖父母、外

---

① 该条规定："祖父母、外祖父母对父母已经死亡或父母无力抚养的未成年孙子女、外孙子女尽了抚养义务，其定期探望孙子女、外孙子女的权利应当得到尊重，并有权通过诉讼方式获得司法保护。"

② 参见《北京市高级人民法院民一庭关于审理婚姻纠纷案件若干疑难问题的参考意见（2016）》第9条。上海市高级人民法院认为，父母一方成为限制民事行为能力人的，也可以在不会对未成年子女身心造成不良影响的前提下行使探望权。参见《上海市高级人民法院关于审理婚姻家庭纠纷若干问题的意见》（沪高法民一〔2007〕5号）第2条。

③ 参见《江苏省高级人民法院家事纠纷案件审理指南（婚姻家庭部分）》（2019）第17条。该条规定："……祖父母、外祖父母主张探望孙子女、外孙子女的，一般不予支持。但祖父母、外祖父母对未成年孙子女、外孙子女尽了抚养义务，其主张探望孙子女、外孙子女的，可以支持。"

④ 参见瞿灵敏：《探望权的理论反思与规则重构》，载《江汉论坛》2018年第9期。

⑤ 参见庄绪龙：《"隔代探望"的法理基础、权利属性与类型区分》，载《法律适用》2017年第23期。

祖父母享有探望权的信号，导致人民法院不愿意支持祖父母、外祖父母的探望权请求。

从解释论的角度来看，依据现行法承认祖父母、外祖父母的探望权，颇为困难。一方面，祖父母、外祖父母是孙子女、外孙子女的第二顺位继承人，孙子女、外孙子女是祖父母、外祖父母的代位继承人，因此，不宜基于权利义务对等以代位继承权为由承认祖父母、外祖父母的探望权；另一方面，祖父母、外祖父母并非本条第1款文义所包含的探望权人，除非承认探望权是一种“自然权利”“天然权利”，否则，在祖父母、外祖父母并非孙子女、外孙子女监护人的背景下，祖父母、外祖父母并无法定的探望权。实际上，探望权是具有高度人身性的权利，行使探望权本身并非法律行为，自然没有适用代理的可能，从而祖父母、外祖父母也不可能代为行使探望权。当然，在祖父母、外祖父母从成为孙子女、外孙子女的监护人并对孙子女、外孙子女尽到抚养义务的情形下，祖父母、外祖父母作为监护人当然享有探望孙子女、外孙子女的权利，无须借助本条意义上的探望权。

从立法论的角度来看，承认祖父母、外祖父母甚至子女兄弟姐妹的探望权，更为妥当。为了避免祖父母、外祖父母行使探望权给孙子女、外孙子女造成的不利，应当规定祖父母、外祖父母在遵循孙子女、外孙子女利益最大化的原则下可以行使探望权。祖父母、外祖父母就行使探望权与法定监护人存在争议的，由人民法院判决。

第一千零八十七条【离婚夫妻共同财产分割】

离婚时，夫妻的共同财产由双方协议处理；协议不成的，由人民法院根据财产的具体情况，按照照顾子女、女方和无过错方权益的原则判决。

对夫或者妻在家庭土地承包经营中享有的权益等，应当依法予以保护。

历史由来

本条是对《婚姻法》第39条的修改。本条第1款的修改体现在人民法院判决原则上，即将“照顾子女和女方权益的原则”修改为“照顾子女、女方和无过错方权益的原则”，从而，人民法院在分割夫妻共同财产时需要照顾无过错方的权益。本条第2款主要是文字修改。

将照顾无过错方权益作为人民法院判决分割夫妻共同财产的原则，源于《民法典婚姻家庭编（草案）》（一审稿）第865条。这一立场为《民法典婚姻家庭编（草案）》（二审稿）、《民法典婚姻家庭编（草案）》（三审稿）接受。本条第2款的文字修改可以追溯到《民法典婚姻家庭编（草案）》（三审稿）第865条。《民法典（草案）》接受了上述立场，并形成了现在的条文。

在民法典的起草过程中，学界提出的民法典建议稿（如“社科院2013稿”第1788条、“人民大学2005稿”第439条）均主张在分割夫妻共同财产时应保护无过错方权益，即在因一方的过错导致夫妻离婚的情形，应在分割夫妻共同财产时照顾无过错方的利益。[①]

三 规范目的或功能

本条规定的是离婚时夫妻共同财产的处理问题。离婚时分割的财产原则上以夫妻的共同财产为限，夫妻双方的个人财产无须分割。在婚姻关系存续期间，夫妻双方可以通过书面约定采取分别财产制、一般共同制和部分共同制。当然，夫妻双方也可以不作约定，从而就夫妻财产关系适用法定夫妻财产制，即婚后所得共同制度。如果夫妻双方以书面形式约定婚姻关系存续期间所得的财产以及婚前财产归各自所有，那么，夫妻双方在离婚时各自财产归各自所有，没有共同共有的财产需要分割。如果夫妻双方直接采取法定夫妻财产制（婚后所得共同制），或以书面形式约定婚姻关系存续期间所得的财产及婚前财产共同所有或者部分各自所有、部分共同所有，那么，因为夫妻双方离婚会导致夫妻财产关系的解除，夫妻双方在离婚时须就共同共有财产进行分割。原则上，夫妻双方协商分割夫妻共同财产。夫妻双方无法达成夫

---

① 参见梁慧星主编：《中国民法典草案建议稿附理由：亲属编》，法律出版社2013年版，第205页；王利明主编：《中国民法典学者建议稿及立法理由：人格权编·婚姻家庭编·继承编》，法律出版社2005年版，第277—278页。

妻共同财产分割协议的，由人民法院在离婚诉讼中判决。按照本条的规定，人民法院处理夫妻共同财产，应当根据个案的具体情况，按照照顾子女、女方和无过错方权益的原则判决。

规范内容

一、夫妻共同财产的范围

分割夫妻共同财产，首先应当界定夫妻共同财产的范围。

夫妻就夫妻财产关系采法定夫妻财产制（婚后所得共同制），按照《民法典》第1062条，夫妻共同财产一般包括：第一，工资、奖金、劳务报酬；第二，生产、经营、投资的收益；第三，知识产权的收益，即婚姻关系存续期间，基于知识产权实际取得或者已经明确可以取得的财产性收益；第四，继承或者受赠的财产，但遗嘱或者赠与合同中确定只归一方的财产除外；第五，其他应当归共同所有的财产。

夫妻双方对特定财产是个人财产还是夫妻共同财产存在争议的，主张该财产为个人财产的夫妻一方负举证责任。夫妻一方无法证明该财产属于其个人财产，人民法院又无法查实的，该财产被推定为夫妻共同财产。

二、特殊夫妻共同财产的分割方式

（一）投资

根据《婚姻法解释（二）》第15条，夫妻双方分割共同财产中的股票、债券、投资基金份额等有价证券以及未上市股份有限公司股份时，协商不成或者按市价分配有困难的，人民法院可以根据数量按比例分配。

根据《婚姻法解释（二）》第16条，离婚案件中涉及分割夫妻共同财产中以一方名义在有限责任公司的出资额，另一方不是该公司股东的，为了维护有限责任公司的人合性、保护其他股东的优先购买权，按以下情形分别处理：（1）夫妻双方协商一致将出资额部分或者全部转让给该股东的配偶，过半数股东同意、其他股东明确表示放弃优先购买权的，该股东的配偶可以成为该公司股东；（2）夫妻双方就出资额转让份额和转让价格等事项协商一致后，过半数股东不同意转让，但愿意以同等价格购买该出资额的，人民法院可以对转让出资所得财产进行分割。过半数股东不同意转让，也不愿意以同等价格购买该出资额的，视为其同意转让，该股东的配偶可以成为该公司股东。用于证明过半数股东同意的证据，可以是股东会决议，也可以是当事人通过其他合法途径取得的股东的书面声明材料。

根据《婚姻法解释（二）》第17条，离婚案件中涉及分割夫妻共同财产中以一方名义在合伙企业中的出资，另一方不是该企业合伙人的，当夫妻双方协商一致，将其合伙企业中的财产份额全部或者部分转让给对方时，为了维护合伙企业的人合性、保护其他合伙人的优先购买权，按以下情形分别处理：（1）其他合伙人一致同意的，该配偶依法取得合伙人地位；（2）其他合伙人不同意转让，在同等条件下行使优先受让权的，可以对转让所得的财产进行分割；（3）其他合伙人不同意转让，也不行使优先受让权，但同意该合伙人退伙或者退还部分财产份额的，可以对退还的财产进行分割；（4）其他合伙人既不同意转让，也不行使优先受让权，又不同意该合伙人退伙或者退还部分财产份额的，视为全体合伙人同意转让，该配偶依法取得合伙人地位。

根据《婚姻法解释（二）》第18条，夫妻以一方名义投资设立独资企业的，人民法院分割夫妻在该独资企业中的共同财产时，应当按照以下情形分别处理：（1）一方主张经营该企业的，对企业资产进行评估后，由取得企业一方给予另一方相应的补偿；（2）双方均主张经营该企业的，在双方竞价基础上，由取得企业的一方给予另一方相应的补偿；（3）双方均不愿意经营该企业的，按照《个人独资企业法》等有关规定办理。

（二）住房补贴、住房公积金与养老保险费

夫妻一方或双方在婚姻关系存续期间取得的住房补贴、住房公积金属于夫妻共同财产。在具体操作上，可以先计算出双方婚姻关系存续期间的住房公积金、住房补贴总额再分割。由于当事人离婚并不是提取住房公积金的事由，故应经过折抵后，由一方根据其享有的公积金、住房补贴的差额给对方予以补偿。

夫妻一方或双方在婚姻关系存续期间以夫妻共同财产缴纳养老保险费

的，养老金账户中个人实际缴付部分属于夫妻共同财产。如果离婚时夫妻一方尚未退休，夫妻一方无法领取养老保险金，且离婚也不属于领取养老保险金的事由，那么，应当对个人实际缴付部分采取作价补偿的方式进行分割。在具体操作上，用离婚时养老保险金个人账户余额减去结婚时养老保险金个人账户余额，两者差额为夫妻共同财产（个人实际缴付部分）。经过折抵后，夫妻一方养老保险金个人账户的余额归个人，但应对另一方就差额作出补偿。

（三）离婚时房屋的处理

夫妻双方离婚时房屋的归属，由双方协议处理。无法达成协议的，由人民法院按照个案的具体情况，结合房屋出资的性质、房屋登记的情况来认定房屋的归属。

夫妻一方婚前以个人财产购房并支付全部房款的，该房屋属于夫妻一方的婚前个人财产。但是，夫妻一方婚前以个人财产购房，支付首付款并办理银行抵押贷款，婚后用夫妻共同财产还贷，房屋登记于夫妻一方名下的，该房屋属于夫妻一方的个人财产。当然，由于夫妻一方在婚后以夫妻共同财产还贷，因此，夫妻一方应当以个人财产对夫妻共同财产进行补偿。进而，在夫妻双方离婚时，如果夫妻双方并未就该房屋的所有权归属变动达成一致，该房屋属于产权登记的夫妻一方，尚未归还的贷款为产权登记的夫妻一方的个人债务。夫妻一方基于补偿关系应当对夫妻共同财产予以补偿，从而，夫妻一方应以个人财产就婚后共同还贷支付的款项及其相对应财产增值部分对另一方予以补偿。

与此类似，婚姻关系存续期间，夫妻双方用夫妻共同财产出资购买以一方父母名义参加房改的房屋，产权登记在一方父母名下，该房屋属于一方父母的财产，不能作为夫妻共同财产分割。夫妻双方购买该房屋的出资，可以作为夫妻双方对一方父母的债权处理。

男女双方结婚前，父母为双方购置房屋出资的，该出资应当认定为对自己子女的个人赠与，但父母明确表示赠与双方的除外。婚后由夫妻一方父母出资为子女购买的不动产，产权登记在出资人子女名下的，视为只对自己子女一方的赠与，该不动产应认定为夫妻一方的个人财产。由夫妻双方父母出资购买的不动产，产权登记在一方子女名下的，该不动产可认定为夫妻双方按照各自父母的出资份额按份共有，但当事人另有约定的除外。

夫妻双方在婚姻关系存续期间以夫妻共同财产购买并取得所有权的房屋，如果夫妻双方在离婚时该房屋价值及归属无法达成协议，人民法院应当按以下情形分别处理：（1）双方均主张房屋所有权并且同意竞价取得的，应当准许；（2）一方主张房屋所有权的，由评估机构按市场价格对房屋作出评估，取得房屋所有权的一方应当给予另一方相应的补偿；（3）双方均不主张房屋所有权的，根据当事人的申请拍卖房屋，就所得价款进行分割。

三、夫妻共同财产分割的原则

夫妻双方对夫妻共同财产的分割无法达成协议的，由人民法院按照照顾子女、女方和无过错方权益判决。照顾子女、女方权益无可厚非，但照顾无过错方权益分割夫妻共同财产是否妥当，存在疑问。

按照《婚姻法》立法者的意见，夫妻共同财产分割无须照顾无过错方权益。“在分割夫妻共同财产时，是否要考虑照顾无过错方的利益呢？……但根据本法的规定，在夫妻共同财产分割时，法院考虑的因素仅是子女权益和女方权益，不涉及过错或无过错的因素。但为了体现公平，照顾无过错方的利益，本法第四十六条规定了离婚损害赔偿制度……本法并未采取离婚时分割共同财产的过错原则，也就是说在共同财产分割中不考虑引起离婚的个人责任，而是采取离婚过错赔偿原则，无过错方有权请求赔偿损失。”[①]不过，在司法实践中，最高人民法院1993年《关于离婚案件财产分割问题的意见》就离婚夫妻共同财产分割应坚持的原则，首次确立“照顾无过错方”原则。各地法院对是否应当照顾无过错方分割夫妻共同财产存在不同认识。按照《江苏省高级人民法院婚姻家庭案件审理指南（2010年）》的规定，判决离婚时夫妻共同财产的分割，应当遵循以下原则：男女平等原则；照顾子女和女方权益原则；区分夫妻共同财产具体情况原则；有利生产、方便生活原则；不得损

① 参见胡康生主编：《中华人民共和国婚姻法释义》，法律出版社2001年版，第162—163页。

害国家、集体或第三人合法权益原则。江苏省高级人民法院认为："目前夫妻共同财产中生产资料所占比重越来越大，对此在分割时应在不损害其效用和价值的前提下，注意保证生产活动、经营的正常进行，无论当事人是否存在过错，原则上应判决给有经营能力的一方所有。"与此相对，上海市高级人民法院则主张夫妻共同财产分割应当照顾无过错方权益。按照《上海市高级人民法院婚姻家庭纠纷办案要件指南（三）》（沪高法民一〔2010〕8号）第3条，夫妻双方就夫妻共同财产的分割协议不成的，人民法院分割夫妻共同财产，应当遵循男女平等、照顾子女和女方权益、照顾无过错方、有利生产和方便生活的原则。对此，上海市高级人民法院解释道："对于因一方过错导致离婚的，可在分割财产时适当照顾无过错方，以体现法律的公平与正义。但这种照顾不是民事责任，其性质不同于离婚损害赔偿责任，因此，这里的过错并不限于重婚、姘居、实施家庭暴力、虐待、遗弃等重大过错行为，还包括其他违反婚姻义务或故意以悖于善良风俗的方法损害婚姻关系的过错行为。"

从离婚救济体系上来看，引入照顾无过错方原则在功能上与离婚损害赔偿制度存在重叠，从而导致对过错行为的双重评价。如果将本条中的过错按照本法第1091条中的过错做同样解释，那么，夫妻一方重婚、与他人同居、实施家庭暴力、遗弃或虐待家庭成员或具有其他重大过错行为的，另一方不仅可以在离婚时主张离婚损害赔偿，还可以请求法院对夫妻一方少分夫妻共同财产。不仅如此，引入照顾无过错方原则可能与本法第1092条发生冲突。其理由在于，如果就夫妻共同财产分割适用照顾无过错方原则，那么，在分割夫妻共同财产时，人民法院可以对过错方进行少分，那么，本法第1092条规定的少分或者不分的事由就不再具有封闭性。①实际上，在男方具有过错的离婚纠纷中，适用照顾女方权益原则即可达到相同效果；在女方具有过错的离婚纠纷中，谨慎适用照顾女方权益原则也可以殊途同归。

在我国学界，支持在夫妻共同财产分割时适用照顾无过错方原则、承认

---

① 我国许多地方法院认为，少分或者不分的理由具有封闭性，夫妻一方的过错行为并非少分的理由。参见广东省广州市中级人民法院（2018）粤01民终14266号民事判决书，广东省深圳市中级人民法院（2014）深中法民终字第1791号民事判决书，江苏省盐城市中级人民法院（2014）盐民终字第2396号民事判决书。

照顾无过错方原则能够与离婚损害赔偿并用的学者，并不少见。[①]不过，持反对观点的学者亦不在少数。[②]此外，为了避免照顾无过错方原则给离婚损害赔偿带来的冲击，持反对说的学者提出，本条中的过错并非离婚损害赔偿中的法定过错，前者是一般过错，后者是法定过错，在同一离婚案件中不得同时适用。因此，夫妻一方具有重大过错导致离婚的，另一方可以请求离婚损害赔偿；夫妻一方仅有一般过错导致离婚的，如通奸、婚外恋、嫖娼等行为，人民法院可以依据照顾无过错方原则对有一般过错的一方予以少分。[③]这一立场值得肯定。

夫妻共同财产分割原则与离婚损害赔偿的关系，涉及法律对无过错方的保护程度。在离婚损害赔偿已经对无过错方提供一定保护的前提下，为了避免对夫妻一方的过错进行多重评价，应当在夫妻共同财产分割时限制照顾无过错方原则的适用。也就是说，照顾无过错方中的过错，是指离婚损害赔偿法定过错之外的一般过错。进而，夫妻一方具有重大过错的，另一方得主张离婚损害赔偿；夫妻一方仅具有一般过错的，人民法院可以根据照顾无过错方原则对有过错的一方酌情少分。

四、离婚后共同财产的分割

夫妻共同财产分割不仅发生在离婚时，还可能发生在离婚后。离婚后分割共同财产的情形，如法院判决夫妻离婚但是未对夫妻共同财产进行分割，

---

① 参见王洪：《婚姻家庭法》，法律出版社2002年版，第202页；杨遂全编著：《婚姻家庭亲属法学》，清华大学出版社2011年版，第217页；杨大文、龙翼飞、夏吟兰主编：《婚姻家庭法学》，中国人民大学出版社2012年版，第129页；蒋月主编：《婚姻家庭与继承法》，厦门大学出版社2014年版，第246页；夏吟兰主编：《婚姻家庭继承法》，中国政法大学出版社2017年版，第127—128页；马忆南：《婚姻家庭继承法学》，北京大学出版社2019年版，第130页。

② 参见蒋月：《夫妻的权利与义务》，法律出版社2001年版，第265页；于东辉：《离婚损害赔偿制度研究》，人民法院出版社2006年版，第16页。

③ 参见夏吟兰：《离婚自由与限制论》，中国政法大学出版社2007年版，第211页；陈苇主编：《婚姻家庭继承法学》，中国政法大学出版社2018年版，第260页；余延满：《亲属法原论》，法律出版社2007年版，第347页，脚注135；裴桦：《夫妻共同财产制研究》，法律出版社2009年版，第325—327页；许莉主编：《婚姻家庭继承法学》，北京大学出版社2019年版，第149页。

夫妻双方协议离婚后一方以离婚协议中的财产分割部分存在欺诈、胁迫为由请求人民法院撤销，夫妻双方在离婚协议中漏分部分夫妻共同财产，夫妻一方在离婚后一年内发现另一方隐藏、转移夫妻共同财产而向人民法院请求再次分割。在这些场合，男女双方的婚姻关系已经解除，但是仍然对特定范围的财产存在共同共有关系。由于婚姻关系已经解除，共同共有的基础已经丧失，这种共同共有关系只能因分割而终止。

举证责任

夫妻一方主张特定财产属于个人财产的，应当对此负举证责任。夫妻一方主张另一方有过错而应当适用照顾无过错方权益原则的，对另一方的过错负举证责任。

第一千零八十八条【离婚家务劳动补偿】

夫妻一方因抚育子女、照料老年人、协助另一方工作等负担较多义务的，离婚时有权向另一方请求补偿，另一方应当给予补偿。具体办法由双方协议；协议不成的，由人民法院判决。

历史由来

本条是对《婚姻法》第40条的修改。首先，本条最重要的修改体现在适用前提上，即不再要求“夫妻书面约定婚姻关系存续期间所得的财产归各自所有”，因此，不论夫妻双方采用分别财产制还是共同财产制，均有本条的适用。其次，本条第2句系新增，即补偿的“具体办法由双方协议；协议不成的，由人民法院判决”。最后，本条第1句还包括文字上的修改，如“照料老人”改为“照料老年人”，“付出较多义务”改为“负担较多义务”，“予以补偿”改为“给予补偿”。

本条的修改，可以追溯到《民法典婚姻家庭编（草案）》（一审稿）第866条。这一立场为《民法典婚姻家庭编（草案）》（二审稿）、《民法典婚姻家庭编（草案）》（三审稿）和《民法典（草案）》所接受，并形成了现在的条文。

规范目的或功能

本条规定的是离婚家务劳动补偿，学说上也将其称之离婚经济补偿。[①]本条旨在承认家务劳动的价值，使经济地位较弱而承担较多家务的夫妻一方（如女性）在离婚时就家务劳动获得补偿。

规范内容

一、离婚家务劳动补偿请求权的成立

本条属于完全法条，属于独立的请求权基础。按照本条的规定，离婚家务劳动补偿请求权的成立，以夫妻一方因抚育子女、照料老年人、协助另一方工作等负担较多义务为前提。因此，本条的补偿，是对劳务的补偿。承担较多义务，是指一方从事抚育子女、照料老年人、协助另一方工作等劳务活动比另一方更多，即夫妻双方在共同生活中就劳务承担存在差异。具体来说，抚养和教育双方共同的子女是夫妻双方的义务，因此，离婚时承担子女抚养教育义务较少的一方理应给付另一方适当补偿。就照料老年人而言，由于我国只明确规定子女对父母的赡养义务，未规定儿媳对公婆的赡养义务、女婿对岳父岳母的赡养义务，因此，本条中的照顾老年人，主要是照料对方的父母。[②]就协助另一方工作而言，主要是指在婚姻关系存续期间，夫妻一方协助另一方工作，且协助为无偿，从而另一方需要在离婚时给予协助的一方一定补偿。[③]

承认离婚家务劳动补偿的原因不在于按照等价有偿原则来评价家务劳动，

---

① 称之为离婚家务劳动补偿者，参见巫昌祯主编：《婚姻与继承法学》，中国政法大学出版社2017年版，第179页；夏吟兰主编：《婚姻家庭继承法》，中国政法大学出版社2017年版，第141页。称之为离婚经济补偿者，参见余延满：《亲属法原论》，法律出版社2007年版，第352页；杨大文主编：《亲属法与继承法》，法律出版社2013年版，第164页；陈苇主编：《婚姻家庭继承法学》，中国政法大学出版社2018年版，第252页。

② 参见陈苇主编：《婚姻家庭继承法学》，中国政法大学出版社2018年版，第253页。

③ 参见杨大文主编：《亲属法与继承法》，法律出版社2013年版，第165页；陈苇主编：《婚姻家庭继承法学》，中国政法大学出版社2018年版，第253页。

而在于，承担家务劳动虽然不能直接产生经济效益，但能满足家庭成员的生活需要，从而节约家庭共同生活的成本，[①]如无须雇用保姆、钟点工等。

二、离婚家务劳动补偿请求权与夫妻财产制

与《婚姻法》第40条相比，本条修改了离婚家务劳动补偿请求权的成立要件，不再要求夫妻双方必须施行分别财产制。

在学者提出的民法典建议稿中，"社科院2013稿"第1791条主张离婚家务劳动补偿的适用，不以夫妻双方采纳分别财产制为前提；"人民大学2005稿"第442条则坚持将离婚家务劳动补偿的适用范围限定于夫妻分别财产制。[②]

在实践中，如果夫妻双方确实已经通过书面约定采纳分别财产制，人民法院就会支持夫妻一方的补偿请求。[③]反之，如果夫妻双方并未通过书面约定采纳分别财产制，人民法院不会支持夫妻一方的补偿请求，[④]但可能会在夫妻共同财产分割时给予承担较多家务的女方一定照顾。[⑤]此外，夫妻双方长期分

① 参见巫昌祯主编：《婚姻与继承法学》，中国政法大学出版社2017年版，第179页。

② 参见梁慧星主编：《中国民法典草案建议稿附理由：亲属编》，法律出版社2013年版，第216页；王利明主编：《中国民法典学者建议稿及立法理由：人格权编·婚姻家庭编·继承编》，法律出版社2005年版，第281页。

③ 参见河南省高级人民法院（2013）豫法立二民申字第01045号民事裁定书，北京市第三中级人民法院（2016）京03民终156号民事判决书。

④ 参见吉林省高级人民法院（2015）吉民申字第871号民事裁定书，北京市第一中级人民法院（2014）一中民终字第702号、（2015）一中民终字第170号、（2015）一中民终字第02052号民事判决书，北京市第三中级人民法院（2018）京03民终10760号民事判决书，浙江省杭州市中级人民法院（2017）浙01民终1031号民事判决书，湖北省武汉市中级人民法院（2014）鄂武汉中民终字第00378号、（2015）鄂武汉中民终字第00607号民事判决书，湖南省长沙市中级人民法院（2015）长中民一终字第07115号民事判决书，重庆市第一中级人民法院（2015）渝一中法民终字第05317号民事判决书，重庆市第三中级人民法院（2014）渝三中法民终字第00594号民事判决书，江苏省连云港市中级人民法院（2014）连少民终字第00146号民事判决书，江苏省镇江市中级人民法院（2014）镇民终字第0035号民事判决书，浙江省金华市中级人民法院（2010）浙金民终字第846号民事判决书，浙江省衢州市中级人民法院（2013）浙衢民终字第455号民事判决书，广东省江门市中级人民法院（2015）江中法民一终字第92号民事判决书，山东省聊城市中级人民法院（2015）聊民再终字第14号民事判决书，山东省德州市中级人民法院（2016）鲁14民终1010号民事判决书。

⑤ 参见江苏省盐城市中级人民法院（2014）盐民终字第0966号民事判决书，广东省茂名市中级人民法院（2015）茂中法民一终字第89号民事判决书，广西壮族自治区北海市中级人民法院（2019）桂05民终1016号民事判决书。

居或一方离家出走时，即使夫妻双方并未通过书面约定采取分别财产制，人民法院也可能酌情支持付出较多义务的一方的补偿请求。[①]很少有人民法院会不考虑分别财产制这一前提支持一方的补偿请求。[②]因此，《婚姻法》第40条的实践意义极为有限。[③]

在放弃分别财产制这一适用前提之后，可以预见的是，夫妻双方离婚时，不论夫妻双方采取了何种财产制，承担家务较多的一方都可以请求离婚家务劳动补偿。

问题在于，这一立场可能会导致对夫妻一方家务劳动的双重评价。

在夫妻双方采取法定夫妻财产制（婚后所得共同制）的背景下，夫妻双方的婚后劳动所得原则上都属于夫妻共同所有。在夫妻共同财产制模式下，夫妻双方在家庭内外付出的劳动具有等值性，夫妻一方抚育子女、照料老人较多的，与另一方在外工作具有相当性，从而，夫妻一方对另一方的工作收入成立共同共有，[④]其操持家务的活动就获得了补偿，即家务劳动和社会劳动获得了同等评价。[⑤]对此，有学者指出，夫妻婚后所得共同制有利于对多数由妻子承担的家务劳动进行充分评价，体现了男女平等和保护妇女合法权益的精神。[⑥]在分别财产制模式下，夫妻双方婚后取得的收入均为个人所有，因此，夫妻一方抚育子女、照料老人、协助另一方工作的，并不能因此获得补偿，另一方的婚后所得仍然为个人财产。于是，在分别财产制模式下，有必要对

---

① 参见广东省高级人民法院（2009）粤高法审监民提字第337号民事判决书，重庆市第五中级人民法院（2015）渝五中法民终字第07620号民事判决书，山东省济宁市中级人民法院（2015）济民终字第1669号民事判决书，浙江省绍兴市中级人民法院（2019）浙06民终2991号民事判决书。

② 参见福建省泉州市中级人民法院（2015）泉民终字第4829号民事判决书。

③ 参见陈苇、于林洋：《论我国离婚经济补偿制度的命运：完善抑或废除》，载《法学》2011年第6期；王歌雅：《家务贡献补偿：适用冲突与制度反思》，载《求是学刊》2011年第5期。就夫妻财产制对我国离婚家务劳动补偿制度的不利影响，参见冉启玉：《离婚扶养制度研究》，群众出版社2013年版，第177页以下。

④ 关于家务劳动的评价，参见裴桦：《夫妻共同财产制研究》，法律出版社2009年版，第57—68页。

⑤ 参见李俊：《离婚救济制度研究》，法律出版社2008年版，第369页；陈苇主编：《婚姻家庭继承法学》，中国政法大学出版社2018年版，第253页。

⑥ 参见杨大文主编：《亲属法与继承法》，法律出版社2013年版，第118页。

操持家务较多的一方给予补偿。因此,《婚姻法》的立法者认为:“离婚经济补偿是对家务劳动价值的认可,使经济地位较弱而承担较多家务劳动的一方在离婚时享有经济上的补偿……法定财产制和约定财产共同制下不存在补偿的问题。”①

根据这一思路,有些地方法院更进一步,明确反对在法定财产制下承认离婚家务劳动补偿。比如,《广东省高级人民法院关于审理婚姻案件若干问题的指导意见(2001)》第24条就规定:“夫妻没有书面约定婚姻关系存续期间所得的财产归各自所有(即实行共同财产制),离婚时,一方以抚育子女、照料老人等付出较多义务为由,根据《婚姻法》第四十条的规定要求另一方补偿的,不予支持。”还有些地方法院则采纳了迂回方案,强调法院可以通过夫妻共同财产分割来间接补偿付出较多义务的一方。比如,《江苏省高级人民法院婚姻家庭案件审理指南(2010)》就指出:“付出较多义务一方要求的补偿以及困难一方要求的帮助均是因无法从分割夫妻共同财产中获得补偿和救助,从而要求另一方以其个人财产支付。如果有足够的夫妻共同财产,则应适用上述照顾子女和女方权益原则。”

按照本条规定,离婚家务劳动补偿在法定财产制下也可适用。这意味着夫妻一方的家务劳动得到了双重评价:②一方面,在法定夫妻财产制模式下,基于家务劳动和职业生产活动具有等值性,操持家务较多的一方已经平等享有另一方取得的劳动收入,家务劳动的价值已经得到了充分评价;另一方面,在夫妻双方离婚时,操持家务较多的一方可以继续要求另一方给予一定的补偿。

实际上,我国学界对离婚家务劳动补偿能否适用于法定财产制或夫妻共同财产制,存在不同的观点。反对说认为,夫妻共同财产制已经承认了家务劳动的价值,故夫妻共同财产制下没有离婚家务劳动补偿的适用。③肯定说则认为,由于夫妻共同财产制在我国占据主导地位,很少有夫妻双方采取约定财产制,因此,离婚家务劳动补偿的适用受到了极大的限制,对于双职工家

---

① 胡康生主编:《中华人民共和国婚姻法释义》,法律出版社2001年版,第166—167页。

② 参见熊金才:《离婚经济补偿的理论创新与实践突破》,载《汕头大学学报》(人文社会科学版)2013年第1期。

③ 参见李俊:《离婚救济制度研究》,法律出版社2008年版,第369—371页。

庭而言，劳务价值在夫妻共同财产制下并未得到充分补偿，承担较多家务的一方因家务劳动挤压了其自身发展的时间和精力，减少了职业投入和经济收入，导致离婚后谋生能力较低、生活水平下降，故离婚家务劳动补偿也应适用于夫妻双方采共同财产制的情形。[①]此外，还有学者提出了折中说。该说认为，离婚家务劳动补偿的适用，应当以分别财产制为主，以共同财产制为辅。具体来说，在实行共同财产制的夫妻离婚时无共同财产可分或可分的共同财产较少，从而不足以补偿夫妻一方家务劳动价值时，可以支持夫妻一方的离婚补偿请求；[②]或者，在实行共同财产制的夫妻离婚时，夫妻一方因获得文凭、资格或执照导致自身人力资本提升，应当对承担较多家务的另一方提供离婚家务劳动补偿。[③]

对上述争议，部分学者采取了迂回路径，一方面承认在分别财产制下，夫妻一方可以主张离婚家务劳动补偿，另一方面也承认在夫妻共同财产制下，应当将夫妻一方的劳务付出作为分割夫妻共同财产时需要考量的因素。[④]因此，有学者指出，在离婚时的财产清算中，共同财产的分割和离婚家务劳动补偿可以在同一过程中完成，因此，在夫妻共同财产制下，分割夫妻共同财产时可以对承担较多义务的一方予以照顾，即可实现离婚家务劳动补偿的目的。[⑤]

---

① 参见李洪祥：《论离婚经济补偿制度的重构》，载《当代法学》2005年第6期；王歌雅：《家务贡献补偿：适用冲突与制度反思》，载《求是学刊》2011年第5期。

② 参见陈苇、于林洋：《论我国离婚经济补偿制度的命运：完善抑或废除》，载《法学》2011年第6期。

③ 参见陈苇、曹贤信：《论婚内夫妻一方家务劳动价值及职业机会利益损失的补偿之道》，载《甘肃社会科学》2010年第4期；李超：《我国离婚经济补偿制度若干法律问题研究》，载《华北水利水电大学学报》（社会科学版）2015年第2期；陈苇主编：《婚姻家庭继承法学》，中国政法大学出版社2018年版，第253页。学界有观点认为，在夫妻一方接受专门教育取得执业证书、文凭、资格等从而提升人力资本的情形中，如果夫妻双方随即离婚，承担较多家务的另一方，应当通过离婚损害赔偿获得救济。参见余延满：《亲属法原论》，法律出版社2007年版，第355页；余延满、梁小平：《论婚姻关系存续期间的人力资本与离婚损害赔偿》，载《江西社会科学》2013年第3期。

④ 参见夏吟兰：《离婚自由与限制论》，中国政法大学出版社2007年版，第223页。还有学者主张完全废除离婚家务劳动补偿，将夫妻一方的劳务付出作为夫妻共同财产分割时须考虑的因素。参见宋豫：《试论我国离婚经济补偿制度的存废》，载《现代法学》2008年第5期。

⑤ 参见杨大文主编：《亲属法与继承法》，法律出版社2013年版，第165页。

三、离婚家务劳动补偿请求权的行使

按照本条规定，因承担较多家务的离婚家务劳动补偿由夫妻双方协商确定。如果夫妻双方无法就是否给付补偿、补偿的数额和给付方式达成一致，人民法院应当根据当事人婚姻存续时间的长短、家务劳动的强度和持续时间、一方给对方提供帮助的多少、另一方从中获利的情况、双方的财产状况和经济能力等因素综合确定补偿。[①]

需要注意的是，按照本条规定，不论夫妻采纳何种财产制，承担较多家务的一方都应当在离婚时行使离婚家务劳动补偿请求权。对此，有学者主张放宽离婚家务劳动补偿请求权的行使时间限制，允许分别财产制下承担家务较多的一方在婚姻关系存续期间主张离婚家务劳动补偿，[②]并效仿离婚后损害赔偿制度，允许共同财产制下承担家务较多的一方在离婚后两年内主张离婚家务劳动补偿。[③]实际上，夫妻双方采分别财产制的，承担家务较多的一方可以请求另一方提供相当数额的款项，便于一方抚育子女、操持家务、协助另一方职业活动。这是夫妻双方互负扶养义务、夫妻双方对子女负有抚养义务的要求。此外，即使另一方不愿支付上述款项，承担家务较多的一方还可以行使日常家事代理权，从而迫使另一方以自己的财产负责。换言之，在夫妻双方采分别财产制时，婚内请求家务劳动补偿的需求可以通过扶养义务和日常家事代理权得到部分满足。此外，夫妻双方采共同财产制的，基于对夫妻共同财产的平等管理权和日常家事代理权，承担家务较多的一方无须在婚姻关系存续期间要求家务劳动补偿，而应在离婚时行使家务劳动补偿请求权。

---

① 参见余延满：《亲属法原论》，法律出版社2007年版，第356页；巫昌祯主编：《婚姻与继承法学》，中国政法大学出版社2017年版，第180页；陈苇主编：《婚姻家庭继承法学》，中国政法大学出版社2018年版，第253页；房绍坤、范李瑛、张洪波：《婚姻家庭与继承法》，中国人民大学出版社2018年版，第96页。

② 参见赵丽霞：《我国离婚经济补偿制度的立法完善》，载《当代法学》2006年第1期；陈苇、于林洋：《论我国离婚经济补偿制度的命运：完善抑或废除》，载《法学》2011年第6期；熊金才：《离婚经济补偿的理论创新与实践突破》，载《汕头大学学报》（人文社会科学版）2013年第1期。

③ 参见熊金才：《离婚经济补偿的理论创新与实践突破》，载《汕头大学学报》（人文社会科学版）2013年第1期。

倘若承担家务较多的一方在离婚诉讼中没有行使离婚家务劳动补偿请求权，人民法院应当行使释明权，从而由承担家务较多的一方自行决定是否行使离婚家务劳动补偿请求权。[①]

举证责任

主张离婚补偿的夫妻一方，应当举证证明自己在家庭生活中因抚育子女、照料老年人、协助另一方工作等负担较多义务。

第一千零八十九条【离婚时夫妻共同债务的清偿】

离婚时，夫妻共同债务应当共同偿还。共同财产不足清偿或者财产归各自所有的，由双方协议清偿；协议不成的，由人民法院判决。

历史由来

本条是对《婚姻法》第41条的修改。本条的修改主要体现在第1句，即将“原为夫妻共同生活所负的债务”改为“夫妻共同债务”。这主要是考虑到，按照《民法典》第1064条和《夫妻债务纠纷适法解释》，夫妻共同债务的类型不再限于为夫妻共同生活负担的夫妻共同债务。在夫妻共同债务认定标准已经有明确规定的背景下，将本条第1句中的债务范围明确为夫妻共同债务，确有必要。因此，离婚时夫妻共同债务的清偿，不限于为夫妻共同生活所负的夫妻共同债务。

本条的修改，可以追溯到《民法典婚姻家庭编（草案）》（一审稿）第867条。这一立场为《民法典婚姻家庭编（草案）》（二审稿）、《民法典婚姻家庭编（草案）》（三审稿）和《民法典（草案）》接受，并形成了现在的条文。

---

① 参见房绍坤、范李瑛、张洪波：《婚姻家庭与继承法》，中国人民大学出版社2018年版，第96页。

规范目的或功能

本条规定的是离婚时夫妻共同债务的清偿。本条并不涉及夫妻共同债务的认定标准，也不影响夫妻共同债务的连带责任性质，仅仅规定夫妻离婚时对共同债务的清偿安排。夫妻双方在离婚协议中对夫妻共同债务清偿的安排，对债权人没有约束力。夫妻双方约定各自承担的夫妻共同债务份额，不影响债权人对夫妻双方在离婚后主张连带责任。与此类似，人民法院判决夫妻双方离婚时对夫妻共同债务的安排，不影响债权人在夫妻双方离婚后要求夫妻双方承担连带责任。①

规范内容

夫妻共同债务是夫妻双方承担连带责任的债务。债权人既可以要求夫妻任何一方清偿夫妻共同债务，也可以要求夫妻双方清偿夫妻共同债务。按照《民法典》第1064条和《夫妻债务纠纷适法解释》第1—3条的规定，夫妻共同债务包括三种基本类型，即合意型夫妻共同债务，日常家事型夫妻共同债务和共同生活、共同生产经营型夫妻共同债务。因此，不论夫妻双方采取何种夫妻财产制，夫妻共同债务均可成立。即使夫妻双方通过书面约定采分别财产制，夫妻双方基于合意可能成立合意型夫妻共同债务，夫妻一方可能因行使日常家事代理权而引起日常家事型夫妻共同债务。

夫妻共同债务是夫妻连带债务，因此，在夫妻双方采共同财产制即婚后所得共同制的背景下，夫妻共同债务的责任财产范围包括夫妻双方的共同财产和夫妻双方各自的全部个人财产；在夫妻双方采分别财产制的背景下，夫妻共同债务的责任财产范围包括夫妻双方的全部个人财产。在清偿顺序上，现行法并未作特别规定。因此，在夫妻双方采婚后所得共同制的背景下，债务人可以就全部夫妻共同财产和夫妻双方各自的全部个人财产受偿，无须先

---

① 参见陈苇主编：《婚姻家庭继承法学》，中国政法大学出版社2018年版，第251页；马忆南：《婚姻家庭继承法学》，北京大学出版社2019年版，第139页。

就夫妻共同财产受偿再就夫妻双方个人财产清偿。

按照本条规定，夫妻双方离婚的，在离婚时应当共同偿还夫妻共同债务。所谓共同偿还，是指夫妻双方均应清偿夫妻共同债务。夫妻双方在清理夫妻共同财产时，如果发现夫妻双方的共同财产不足以清偿夫妻共同债务，应当协商确定双方各自以个人财产承担的债务份额。类似地，夫妻双方采分别财产制的，由于没有夫妻共同财产，因此，夫妻双方应当以全部夫妻个人财产对夫妻共同债务负责。夫妻双方在离婚时，应当协商确定夫妻双方内部各自以个人财产承担的债务份额。夫妻双方无法就夫妻共同债务的内部分担份额达成一致的，由人民法院判决。但是，如前所述，不论是夫妻双方协议确定的夫妻共同债务清偿方案或各自承担的债务份额，还是人民法院判决夫妻双方各自承担的债务份额，都只约束夫妻双方，对债权人没有约束力。①

同样，夫妻双方离婚后，对夫妻共同债务以分得的夫妻共同财产和全部个人财产承担连带责任。夫妻双方的财产分割协议或者人民法院的生效法律文书对夫妻共同财产做的分割，仅对夫妻双方具有约束力。②因此，夫妻双方的离婚协议或者人民法院的判决书、裁定书、调解书已经对夫妻财产分割问题作出处理的，债权人仍有权就夫妻共同债务向已经离婚的男女双方主张权利。

夫妻双方离婚后，基于连带债务的追偿规则，一方就夫妻共同债务承担连带清偿责任的，可以基于离婚协议或者人民法院的法律文书向另一方主张追偿。

举证责任

夫妻双方离婚后，一方就夫妻共同债务承担连带清偿责任的，可以向另一方追偿。对此，清偿夫妻共同债务的一方应当举证证明自己已经清偿全部夫妻共同债务，并且超过了自己基于离婚协议或人民法院生效法律文书中应当承担的份额。

---

① 参见贵州省贵阳市中级人民法院（2015）筑民二（商）终字第1101号民事判决书，广东省广州市中级人民法院（2016）粤01民终15807号民事判决书，河南省许昌市中级人民法院（2019）豫10民终2482号民事判决书，江苏省徐州市中级人民法院（2019）苏03民终2061号民事判决书，山东省济宁市中级人民法院（2015）济民终字第2080号民事判决书。

② 参见河北省高级人民法院（2019）冀民终848号民事判决书。

第一千零九十条【离婚经济帮助】

离婚时，如果一方生活困难，有负担能力的另一方应当给予适当帮助。具体办法由双方协议；协议不成的，由人民法院判决。

历史由来

本条是对《婚姻法》第42条的修改。本条的修改主要体现在第1句，即将“另一方应从其住房等个人财产中给予适当帮助”改为“有负担能力的另一方应当给予适当帮助”。因此，离婚经济帮助以另一方有负担能力为前提，且不再强调帮助的具体形式。

本条的修改，可以追溯到《民法典婚姻家庭编（草案）》（一审稿）第868条。这一立场为《民法典婚姻家庭编（草案）》（二审稿）、《民法典婚姻家庭编（草案）》（三审稿）和《民法典（草案）》接受。立法机关将“如一方生活困难”调整为“如果一方生活困难”，最终形成了现在的条文。

规范目的或功能

本条规定的是离婚时对生活困难一方的经济帮助。关于离婚经济帮助的性质，学说上存在不同认识。多数学者认为，离婚经济帮助不同于婚姻关系存续期间夫妻双方互负的扶养义务。夫妻双方一旦离婚，夫妻之间的权利义务即告消灭，从而互负的扶养义务消灭。离婚经济帮助并非夫妻之间扶养义务的延续，而是一种救济措施或善后措施，是婚姻关系解除在财产关系方面的后果。[①]少数学者认为，离婚经济帮助是夫妻之间互相扶养的法律义务在离婚后的延续。[②]不过，不论采取何种学说，都不影响离婚经济帮助的构成要件

---

① 参见余延满：《亲属法原论》，法律出版社2007年版，第359页；杨大文主编：《亲属法与继承法》，法律出版社2013年版，第166页；夏吟兰主编：《婚姻家庭继承法》，中国政法大学出版社2017年版，第143页；巫昌祯主编：《婚姻与继承法学》，中国政法大学出版社2017年版，第182页；马忆南：《婚姻家庭继承法学》，北京大学出版社2019年版，第140页；房绍坤、范李瑛、张洪波：《婚姻家庭与继承法》，中国人民大学出版社2018年版，第98页。

② 参见杨大文、龙翼飞主编：《婚姻家庭法》，中国人民大学出版社2018年版，第159页。

和法律效果，离婚经济帮助也不会类推适用扶养规则。

规范内容

一、离婚经济帮助请求权的成立

本条属于完全法条，且为独立的请求权基础。按照本条规定，离婚经济帮助请求权的成立要件有二，即夫妻一方在离婚时生活困难、另一方有负担能力。

所谓一方生活困难，按照最高人民法院的观点，是指依靠个人财产和离婚时分得的财产无法维持当地基本生活水平。一方离婚后没有独立住处或固定住所的，如没有住处或暂住在父母家中，属于生活困难，[①]但有能力购置独立住房的除外。[②]基于个案的具体情况，租房居住、收入不高且支付子女抚养费也可能构成生活困难。[③]

对此，地方高院列举了几种具体情形。比如，广东省高级人民法院认为，“生活困难”包括：（1）一方有残疾或患有重大疾病，完全或大部分丧失劳动能力，又没有其他生活来源；（2）一方因客观原因失业且收入低于本市城镇居民最低生活保障线；（3）其他生活特别困难的情形。[④]与此类似，上海市高级人民法院认为，“生活困难”主要是指一方具有下列情形：（1）完全或大部分丧失劳动能力；（2）残疾或患有重大疾病；（3）因客观原因失业且收入低于本市城镇居民最低生活保障线；（4）其他生活特别困难的情形。[⑤]不仅如此，

---

① 参见北京市高级人民法院（2015）高民申字第02149号、（2015）高民申字第03225号、（2015）高民申字第04552号民事裁定书，江苏省高级人民法院（2016）苏民申3564号民事裁定书，浙江省高级人民法院（2011）浙民提字第8号民事判决书，湖南省高级人民法院（2016）湘民申578号民事裁定书。

② 参见吉林省高级人民法院（2015）吉民申字第871号民事裁定书，黑龙江省哈尔滨市中级人民法院（2015）哈民一民终字第687号民事判决书。

③ 参见江苏省高级人民法院（2014）苏审二民申字第0033号民事裁定书，江苏省南京市中级人民法院（2014）宁民终字第5453号民事判决书。

④ 参见《广东省高级人民法院关于审理婚姻案件若干问题的指导意见（2001）》第23条。

⑤ 参见《上海市高级人民法院关于在民事审判中实施〈中华人民共和国婚姻法〉的暂行意见（2001）》第22条。

司法实践认为，如果夫妻一方自身患有疾病，并无稳定工作和经济收入，亦无固定居所，且其负有扶养义务的人具有较高的扶养需求（如重度残疾卧病在床），那么，人民法院也应当认定夫妻一方生活困难。[①]此外，有些法院将无固定收入也作为生活困难的情形。[②]

按照部分学者的观点，一方生活困难可能包括以下情形：（1）离婚时无劳动能力或无经济来源或其经济收入不能维持生活；（2）怀孕的或因抚养未满3周岁的子女或残疾子女，不能就业或影响经济收入；（3）离婚后1年内丧失劳动能力的，或因其他原因生活困难且有正当理由需要扶养；（4）结婚20年以上在离婚后3年内丧失劳动能力。[③]

总的来看，我国司法实践就生活困难采取了绝对困难标准，[④]即夫妻一方离婚时无法维持当地基本生活水平。对此，有学者认为，在人民生活水平已经大幅度提高的背景下，绝对困难标准过于苛刻导致离婚经济帮助适用范围有限，离婚经济帮助沦为社会最低生活保障制度的补充，[⑤]从而在一方有给付能力且经济条件优越，但另一方生活水平勉强达到当地基本生活水平的情形，离婚经济帮助无法适用，导致夫妻双方离婚后生活水平差距过大。[⑥]因此，学界有观点主张降低离婚经济帮助的适用门槛，将生活困难的范围扩张至相对生活困难，即夫妻一方在离婚后可以维持基本生活，但离婚后生活水平比离婚前生活水平下降的情形。[⑦]这种观点也被称为原有水平生活主义，从而区别于我国司法实践采纳的贫困主义。[⑧]也有学者主张直接采用相对生活困难标准，

---

① 参见北京市高级人民法院（2015）高民申字第04193号民事裁定书。

② 参见重庆市高级人民法院（2014）渝高法民申字第00616号民事裁定书。

③ 参见陈苇、石雷：《离婚救济法律制度的创新思路》，载《社会科学辑刊》2013年第1期。

④ 参见最高人民法院民事审判第一庭：《婚姻法司法解释的理解与适用》，中国法制出版社2002年版，第95—96页。

⑤ 参见李俊：《离婚救济制度研究》，法律出版社2008年版，第341页。

⑥ 参见冉启玉：《离婚扶养制度研究》，群众出版社2013年版，第192页。

⑦ 参见巫昌祯、夏吟兰主编：《婚姻家庭法学》，中国政法大学出版社2016年版，第262页；李俊：《离婚救济制度研究》，法律出版社2008年版，第345页；宋豫、陈鸣：《我国离婚经济帮助制度的立法缺陷及其完善》，载《法学杂志》2008年第3期；司丹：《经济帮助制度：适用·审视·完善》，载《学术论坛》2012年第3期；肖鹏：《论我国离婚经济帮助制度的完善》，载《四川大学学报》（哲学社会科学版）2012年第4期。

⑧ 参见张学军：《论离婚后的扶养立法》，法律出版社2004年版，第301页。

不再适用绝对生活困难标准。[①]

然而，夫妻双方离婚的，要求夫妻一方继续将另一方的离婚后生活水平维持在离婚前的状态，似乎与婚姻破裂的宗旨相悖：既然婚姻解体、夫妻共同生活终止，不宜要求夫妻一方将另一方的生活水平维持在婚姻关系存续期间的状态。夫妻一方对婚姻破裂有过错的，另一方通过离婚损害赔偿获得救济，无须诉诸离婚经济帮助。当然，在社会保障体系逐渐完备、最低生活保障覆盖率日益提升的背景下，坚守绝对困难标准会导致离婚经济帮助无用武之地。因此，在《民法典》施行后，司法实践最好采纳"合理生活水平"标准认定生活困难，即夫妻一方离婚时凭借个人财产和分得的夫妻共同财产无法维持合理的生活水平。[②]

一方生活困难的判断时间是离婚时。[③]不过，与离婚家务劳动补偿不同，司法实践对离婚帮助请求权的行使期间把握并不严格。夫妻一方在离婚后财产纠纷中主张经济帮助的，司法实践也会支持。[④]换言之，生活困难的判断时点不等于权利行使的时点。对此，有学者建议，夫妻一方在离婚时享有离婚帮助请求权，但可以在离婚后（包括诉讼离婚和协议离婚）行使。[⑤]

所谓有负担能力，是指一方在满足自己的合理生活需要后有剩余。[⑥]经济帮助应以离婚时现有个人财产为限，另一方必须有给予帮助的能力，受帮助方无权提出超过对方承受能力的过高的经济帮助。[⑦]另一方没有负担能力的，自然也无须提供离婚经济帮助。也就是说，离婚经济帮助的前提是夫妻双方

---

① 参见肖鹏：《论我国离婚经济帮助制度的完善》，载《四川大学学报》（哲学社会科学版）2012年第4期。

② 参见冉启玉：《离婚扶养制度研究》，群众出版社2013年版，第193页。

③ 主张放松离婚经济帮助的时间限制的观点，参见冉启玉：《离婚扶养制度研究》，群众出版社2013年版，第191页。按照这一立场，夫妻一方在离婚后一定时期内发生生活困难的，也享有离婚经济帮助请求权。

④ 参见北京市高级人民法院（2016）京民申886号民事裁定书。

⑤ 参见肖鹏：《论我国离婚经济帮助制度的完善》，载《四川大学学报》（哲学社会科学版）2012年第4期。

⑥ 参见蒋月主编：《婚姻家庭与继承法》，厦门大学出版社2014年版，第249页；巫昌祯、夏吟兰主编：《婚姻家庭法学》，中国政法大学出版社2016年版，第262页；马忆南：《婚姻家庭继承法学》，北京大学出版社2019年版，第140页；房绍坤、范李瑛、张洪波：《婚姻家庭与继承法》，中国人民大学出版社2018年版，第98页。

⑦ 参见湖北省咸宁市中级人民法院（2016）鄂12民终145号民事判决书。

离婚后经济条件存在差异。按照部分法院的观点，只要夫妻一方有劳动能力和相应收入，即使生活负担较重，也应当对患病且无独立住房的另一方提供“适度的”经济帮助。[①]夫妻双方均患有重疾，但一方收入水平明显高于另一方的，也可能负担适当帮助的义务。[②]夫妻双方均无劳动能力，但一方有子女照顾和赡养的，对长期患病且须租房生活的另一方负有适当帮助的义务。[③]

离婚经济帮助请求权的产生，不取决于夫妻一方对婚姻破裂是否具有过错。[④]尽管学界有观点主张排除过错方的离婚帮助请求权，或根据受扶养方的过错来确定离婚经济帮助的金额，[⑤]但是，为了区分离婚经济帮助和离婚损害赔偿，不应以请求离婚帮助的一方无过错作为离婚帮助请求权的成立要件。因此，请求离婚帮助的一方有过错的，对另一方承担离婚损害赔偿。换言之，离婚帮助请求权的权利人、义务人是否具有过错，不影响离婚帮助请求权的成立和范围。[⑥]

二、离婚经济帮助的形式

离婚时，一方以个人财产中的住房对生活困难者进行帮助的形式，可以是房屋的居住权或者房屋的所有权。[⑦]不过，以房屋所有权方式提供的经济帮助，可能与夫妻共同财产分割并无区别。[⑧]双方均无独立住房的，以住房方式提供的帮助无法适用。[⑨]在实践中，经济帮助实际上以金钱给付为主。以金钱给付提供经济帮助的，经济帮助的数额应当按照双方感情基础、结婚时

---

① 参见辽宁省高级人民法院（2015）辽审一民抗字第149号民事判决书。

② 参见甘肃省天水市中级人民法院（2016）甘05民终83号民事判决书。

③ 参见湖北省咸宁市中级人民法院（2016）鄂12民终145号民事判决书。

④ 参见最高人民法院民事审判第一庭：《婚姻法司法解释的理解与适用》，中国法制出版社2002年版，第97页。

⑤ 参见司丹：《经济帮助制度：适用·审视·完善》，载《学术论坛》2012年第3期；冉启玉：《离婚扶养制度研究》，群众出版社2013年版，第193页。

⑥ 参见肖鹏：《论我国离婚经济帮助制度的完善》，载《四川大学学报》（哲学社会科学版）2012年第4期。

⑦ 参见广东省高级人民法院（2017）粤民再11号民事判决书，广东省广州市中级人民法院（2014）穗中法民五终字第2727号民事判决书，广东省珠海市中级人民法院（2015）珠中法民一终字第697号民事判决书。

⑧ 参见广东省深圳市中级人民法院（2013）深中法民终字第2146号民事判决书。

⑨ 参见浙江省嘉兴市中级人民法院（2012）浙嘉民终字第252号民事判决书。

间、经济状况、收入状况、谋生能力、受帮助方的生活困难程度、帮助方的负担能力、双方当事人的年龄和健康状况、当地的生活水平等因素来综合确定。[①]以金钱给付提供经济帮助的，可以定期给付。[②]经济帮助通常存在一定期限。[③]在经济帮助数额不大或帮助方有条件的情况下，经济帮助也可以一次性给付。[④]一次性给付在实践中占主导地位。

三、离婚经济帮助的变更与终止

夫妻双方通过离婚协议约定一方给予另一方经济帮助，或者人民法院生效法律文书确定一方应当对另一方给予经济帮助的，一方对另一方负担了给付义务。夫妻一方不履行、迟延履行、部分履行经济帮助的给付义务，构成债务不履行，另一方可以类推《民法典》第577条主张债务不履行责任。

按照司法实践和学界的立场，这一给付义务并非固定不变，而是可以调整的。首先，经济帮助请求权人再婚的，其配偶对其负担扶养义务，[⑤]或者经济帮助请求权人能够通过自己的经济收入维持生活的，给付一方的帮助义务即告消灭。[⑥]

---

① 参见广东省深圳市中级人民法院（2019）粤03民申152号民事裁定书；王洪：《婚姻家庭法》，法律出版社2002年版，第195页；李俊：《离婚救济制度研究》，法律出版社2008年版，第349—350页；肖鹏：《论我国离婚经济帮助制度的完善》，载《四川大学学报》（哲学社会科学版）2012年第4期。

② 参见上海市第二中级人民法院（2014）沪二中民一（民）终字第2280号民事判决书，广东省广州市中级人民法院（2008）穗中法民一终字第5232号民事判决书，湖北省咸宁市中级人民法院（2016）鄂12民终145号民事判决书。

③ 参见余延满：《亲属法原论》，法律出版社2007年版，第361页。

④ 参见江苏省高级人民法院（2014）苏审二民申字第0033号、（2016）苏民申3564号民事裁定书，广东省高级人民法院（2015）粤高法民一申字第884号民事裁定书，重庆市高级人民法院（2014）渝高法民申字第00616号、（2014）渝高法民申字第01429号民事裁定书，北京市第三中级人民法院（2014）三中民终字第06092号民事判决书。

⑤ 参见杨大文主编：《亲属法与继承法》，法律出版社2013年版，第166页；蒋月主编：《婚姻家庭与继承法》，厦门大学出版社2014年版，第249页；巫昌祯主编：《婚姻与继承法学》，中国政法大学出版社2017年版，第182页；陈苇主编：《婚姻家庭继承法学》，中国政法大学出版社2018年版，第255页；马忆南：《婚姻家庭继承法学》，北京大学出版社2019年版，第141页；房绍坤、范李瑛、张洪波：《婚姻家庭与继承法》，中国人民大学出版社2018年版，第99页。

⑥ 参见巫昌祯主编：《婚姻与继承法学》，中国政法大学出版社2017年版，第182页；陈苇主编：《婚姻家庭继承法学》，中国政法大学出版社2018年版，第255页。

其次，给付一方采取定期支付扶养费的方式提供经济帮助的，如果给付一方经济状况明显恶化、无力再履行帮助义务，可以请求减轻或免除自己的帮助义务。也就是说，适当帮助的条款，提供帮助的一方可根据自己的客观情况的变化作出调整，甚至解除，不再履行，但已履行的也无权要求返还。[①]问题在于，现行法并未规定离婚经济帮助义务的变更和终止，也没有规定继续性定期债务的解除。因此，尽管要求就离婚经济帮助增加变更、终止规则的呼声很高，[②]然而，与子女抚养费一样，人民法院可能需要在法律效果上借助情事变更规则或者适用诚实信用原则来变更、终止离婚经济帮助义务。最后，离婚经济帮助请求权人去世的，离婚经济帮助义务消灭。但是，义务人去世的，离婚经济帮助义务是否消灭，学界存在分歧。有学者认为，义务人去世的，离婚经济帮助当然终止；[③]也有学者认为，义务人去世的，只有在义务人无遗产时，离婚经济帮助才终止。[④]实际上，离婚经济帮助是具有高度人身性的债务。如果离婚经济帮助表现为按月支付扶养费，义务人一旦去世，无须考虑义务人是否具有遗产，离婚经济帮助债务即告消灭。[⑤]

举证责任

主张离婚经济帮助的一方应当举证证明自己离婚时存在生活困难的情形。[⑥]

---

① 参见广西壮族自治区高级人民法院（2013）桂民提字第18号民事判决书，上海市第二中级人民法院（2014）沪二中民一（民）终字第2280号民事判决书。

② 参见李俊：《离婚救济制度研究》，法律出版社2008年版，第351—352页；冉启玉：《离婚扶养制度研究》，群众出版社2013年版，第199—200页；宋豫、陈鸣：《我国离婚经济帮助制度的立法缺陷及其完善》，载《法学杂志》2008年第3期；司丹：《经济帮助制度：适用·审视·完善》，载《学术论坛》2012年第3期；肖鹏：《论我国离婚经济帮助制度的完善》，载《四川大学学报》（哲学社会科学版）2012年第4期。

③ 参见李俊：《离婚救济制度研究》，法律出版社2008年版，第352页。

④ 参见肖鹏：《论我国离婚经济帮助制度的完善》，载《四川大学学报》（哲学社会科学版）2012年第4期。

⑤ 需要注意的是，按照《德国民法典》第1586b条，离婚后扶养义务不因义务人去世而消灭，而是转为遗产债务。

⑥ 参见安徽省高级人民法院（2014）皖民申字第00192号民事裁定书，北京市第一中级人民法院（2016）京01民终4296号民事判决书，北京市第三中级人民法院（2014）三中民终字第15884号民事判决书。

第一千零九十一条【离婚损害赔偿】

有下列情形之一，导致离婚的，无过错方有权请求损害赔偿：

（一）重婚；

（二）与他人同居；

（三）实施家庭暴力；

（四）虐待、遗弃家庭成员；

（五）有其他重大过错。

一 历史由来

本条是对《婚姻法》第46条的承袭和修改。首先，本条的修改主要体现在增加了离婚损害赔偿的兜底情形，即第5项“有其他重大过错”。其次，将本条第2项从“有配偶者与他人同居”改为“与他人同居”，因为夫妻皆为有配偶者，所以删掉“有配偶者”，避免重复。

本条的修改，可以追溯到《民法典婚姻家庭编（草案）》（一审稿）第869条。这一立场为《民法典婚姻家庭编（草案）》（二审稿）接受。《民法典婚姻家庭编（草案）》（三审稿）第869条做了进一步的文字修改之后，形成了《民法典（草案）》第1091条，最终形成了现在的条文。

二 规范目的或功能

本条规定的是离婚损害赔偿，旨在保护婚姻关系中无过错夫妻一方。在婚姻因夫妻一方的重大过错而破裂时，要求有过错的一方对无过错方承担离婚损害赔偿，能够弥补无过错方遭受的损害、抚慰无过错方，是公平原则、保护弱者理念在离婚法的体现。[①]此外，学界有观点认为，离婚损害赔偿还具

---

① 参见马忆南：《婚姻家庭继承法学》，北京大学出版社2019年版，第140页；陈苇主编：《婚姻家庭继承法学》，中国政法大学出版社2018年版，第256页。

有惩戒过错方的功能。[①]

规范内容

一、离婚损害赔偿的性质

关于离婚损害赔偿责任的性质，学界一直存在分歧。部分学者采离因损害赔偿说，[②]或将本条的损害赔偿界定为侵权损害赔偿，[③]也有部分学者采离婚损害赔偿说，[④]还有学者持离因损害赔偿与离婚损害赔偿混合说。[⑤]这一分歧也体现在因不同事由所生离婚损害赔偿责任的性质上。

夫妻一方在婚姻关系存续期间与他人重婚、与他人同居的，属于典型的违反忠实义务的行为。忠实义务，即夫妻不得为婚外之性交、维持夫妻间性关系专属性和排他性的义务。[⑥]对于夫妻一方严重违反忠实义务导致离婚引起的离婚损害赔偿，学界存在侵权责任说和债务不履行责任说两种不同的立场。持侵权责任说的学者认为，夫妻一方违反忠实义务的行为本身就是侵权行为，

---

① 参见夏吟兰：《离婚自由与限制论》，中国政法大学出版社2007年版，第262页；于东辉：《离婚损害赔偿制度研究》，人民法院出版社2006年版，第2页。

② 参见张学军：《论离婚后的扶养立法》，法律出版社2004年版，第42页；于东辉：《离婚损害赔偿制度研究》，人民法院出版社2006年版，第1页；薛宁兰：《我国离婚损害赔偿制度的完善》，载《法律适用》2004年第10期；叶名怡：《法国法上通奸第三者的侵权责任》，载《华东政法大学学报》2013年第3期；张继承：《侵权责任法关于亲属身份权的立法考量》，载《武汉大学学报》（哲学社会科学版）2012年第1期。

③ 参见巫昌祯、夏吟兰主编：《婚姻家庭法学》，中国政法大学出版社2016年版，第263页；蒋月主编：《婚姻家庭与继承法》，厦门大学出版社2014年版，第250页。不同意见，参见张学军：《离婚损害赔偿制度辨析》，载《政治与法律》2008年第2期；夏吟兰、罗满景：《夫妻之间婚内侵权行为的中美法比较》，载《比较法研究》2012年第3期。

④ 参见余延满：《亲属法原论》，法律出版社2007年版，第362页；马忆南：《离婚救济制度的评价与选择》，载《中外法学》2005年第2期；冉克平：《论配偶权之侵权法保护》，载《法学论坛》2010年第4期；曾祥生：《论配偶权的侵权责任法保护》，载《法学评论》2014年第6期。

⑤ 参见张红：《道德义务法律化——非同居婚外关系所导致之侵权责任》，载《中外法学》2016年第1期；郭明龙：《解释论视角下的配偶间损害赔偿》，载《甘肃政法学院学报》2014年第2期。

⑥ 参见黄蕾、俞来德：《论夫妻忠实义务》，载《政治与法律》2007年第6期。

系对配偶权的侵害，因此，严重违反忠实义务的离婚损害赔偿是侵权责任。[①]这一立场以承认配偶权并将配偶权纳入侵权责任的保护范围为前提。[②]然而，我国各地法院在认定违反忠实义务的离婚损害赔偿时，很少承认配偶权，[③]更不愿以侵害配偶权为由要求第三者承担损害赔偿责任。[④]与此相对，持债务不履行责任说的学者认为，忠实义务是夫妻双方因婚姻关系而形成的法定义务，夫妻双方之间形成了类似于债的法律关系，因此，夫妻一方违反忠实义务的，实际上违反了婚姻家庭法规定的法定义务，配偶可以主张类似于债务不履行或违约的损害赔偿责任。[⑤]不过，这一观点目前尚未得到司法实践的支持。

类似的争议也出现在因遗弃而产生的离婚损害赔偿中。[⑥]有学者认为，因遗弃产生的离婚损害赔偿，类似于债务不履行或违约的损害赔偿，[⑦]即离婚损害赔偿。其理由在于，夫妻一方遗弃另一方的，违反的是婚姻家庭法规定的法定扶养义务。扶养义务是夫妻之间负担的法定义务，约束的是夫妻双方，具有相对性。不过，在承认配偶权的前提下，遗弃可能同时侵害了另一方的配偶权和人身权，因此，有学者认为，因遗弃产生的离婚损害赔偿是侵权损害赔偿责任。[⑧]问题在于，在因遗弃而提起的离婚损害赔偿诉讼中，人民法院通常会支持原告的医疗费赔偿甚至离婚经济帮助，但是并不会论证遗弃与

---

① 参见杨立新：《论侵害配偶权的精神损害赔偿责任》，载《法学》2002年第7期；章有土、陈雪萍：《侵害婚姻关系之诉探析》，载《法学家》2004年第3期；余延满：《亲属法原论》，法律出版社2007年版，第242页。

② 参见蒋月：《配偶身份权的内涵与类型界定》，载《法商研究》1999年第4期；马强：《试论配偶权》，载《法学论坛》2000年第2期；邵世星：《夫妻同居义务与忠实义务剖析》，载《法学评论》2001年第1期；杨立新：《论侵害配偶权的精神损害赔偿责任》，载《法学》2002年第7期。

③ 认为违反忠实义务侵害配偶权的裁判，参见北京市第三中级人民法院（2016）京03民终714号、（2017）京03民终11712号民事判决书。

④ 参见福建省厦门市中级人民法院（2016）闽02民终4686号民事判决书。

⑤ 参见张家骥、缪宇：《夫妻忠实义务的准债务探析》，载《华中师范大学学报》（人文社会科学版）2019年第3期；冉克平：《论配偶权之侵权法保护》，载《法学论坛》2010年第4期。

⑥ 在我国司法实践中，因遗弃而离婚的案件比较少见，遗弃的证明和认定并不容易。参见北京市第二中级人民法院（2016）京02民终3766号民事判决书。即使在出现遗弃的情况下，有些人民法院甚至判决夫妻双方不准离婚。参见浙江省台州市中级人民法院（2012）浙台民终字第1073号民事判决书。

⑦ 参见张学军：《离婚损害赔偿制度辨析》，载《政治与法律》2008年第2期。

⑧ 参见杨立新：《论侵害配偶权的精神损害赔偿责任》，载《法学》2002年第7期。

人身权侵害之间的因果关系，也不会分析该医疗费与遗弃行为之间的因果关系。[①]从这个角度来看，就遗弃所生的离婚损害赔偿而言，这些法院没有从侵权损害赔偿责任的角度支持离婚损害赔偿。

就虐待、家庭暴力所生的离婚损害赔偿而言，这一损害赔偿属于侵权损害赔偿还是债务不履行的损害赔偿，也难以确定。如果将家庭暴力、虐待所生的损害赔偿界定为侵权损害赔偿，[②]那么，夫妻一方对配偶实施家庭暴力、虐待造成配偶人身权侵害的，足以成立本条所称的侵权损害赔偿。然而，倘若不承认夫妻间的配偶权，夫妻一方对配偶的直系亲属实施家庭暴力、虐待导致离婚的，夫妻一方并未侵害配偶的绝对权，上述行为不构成对配偶的侵权行为，[③]配偶不得请求本条所称的损害赔偿，[④]只有配偶的直系血亲（受害人）可以针对夫妻一方主张侵权损害赔偿。与此相对，如果将家庭暴力、虐待所生的损害赔偿界定为债务不履行的损害赔偿，那么，夫妻一方对配偶实施家庭暴力、虐待造成配偶人身权侵害的，足以成立本条的离婚损害赔偿。此外，夫妻一方对配偶的直系亲属实施家庭暴力、虐待导致离婚的，配偶仍然可以主张本条的离婚损害赔偿，配偶的直系亲属得主张侵权损害赔偿。

在我国司法实践中，夫妻一方对另一方实施家庭暴力造成人身伤害的，在另一方依据本条提起的离婚损害赔偿诉讼中，人民法院通常会支持另一方关于残疾赔偿金和医疗费的请求。[⑤]准此，因家庭暴力、虐待所生离婚损害赔偿的范围包括一方劳动能力降低的损害赔偿金。[⑥]不过，有法院认为，夫妻一

---

① 参见吉林省长春市中级人民法院（2014）长民二终字第842号民事判决书，浙江省慈溪市人民法院（2012）甬慈范民初字第339号民事判决书。类似裁判，参见广东省深圳市南山区人民法院（2013）深南法民一初字第174号民事判决书（构成遗弃，支持离婚经济帮助和精神损害赔偿）。

② 参见邓丽：《身体与身份：家暴受害者在离婚诉讼中的法律困境》，载《妇女研究论丛》2017年第6期。

③ 参见余延满：《亲属法原论》，法律出版社2007年版，第362页。

④ 参见林秀雄：《亲属法讲义》，台北元照出版有限公司2018年版，第210—211页。

⑤ 如北京市第一中级人民法院（2015）一中民终字第05609号民事判决书，北京市第二中级人民法院（2017）京02民终650号民事判决书，辽宁省沈阳市中级人民法院（2018）辽01民终8780号民事判决书，山东省威海市中级人民法院（2015）威民一终字第244号民事判决书，河南省商丘市中级人民法院（2011）商民终字第1558号民事判决书。

⑥ 参见陈棋炎、黄宗乐、郭振恭：《民法亲属新论》，台北三民书局股份有限公司2018年版，第224页；高凤仙：《亲属法——理论与实务》，台北五南图书出版股份有限公司2017年版，第181页。

方因家庭暴力遭受人身损害并支出医疗费的，“医疗费用已在婚姻存续期间由双方共同财产支付，该部分无法确认”，因此，夫妻一方关于医疗费用的赔偿请求无法得到支持。[①]当然，由于离婚损害赔偿的范围包括物质损害，因此，不宜以医疗费属于离婚损害赔偿的范围来论证离婚损害赔偿系侵权损害赔偿。

二、离婚损害赔偿的成立要件

本条属于完全法条，且为独立的请求权基础。

本条离婚损害赔偿请求权的成立要件包括：第一，夫妻一方具有本条规定的过错行为。按照学者的分析，离婚损害赔偿在我国司法实践中的适用并不理想，需要扩张过错的范围。[②]不过，学界对是否增加弹性兜底规定，存在分歧。[③]与之前的《婚姻法》第46条相比，本条增加了兜底规定。按照本条规定，夫妻一方必须实施了重婚、与他人同居、实施家庭暴力、遗弃或虐待家庭成员的行为。除此之外，夫妻一方还可以因其他重大过错承担离婚损害赔偿。这里的其他重大过错由人民法院结合个案的具体情况进行判断，必须与重婚、与他人同居、实施家庭暴力、遗弃或虐待家庭成员具有相当性，否则人民法院不得适用本条要求过错方承担离婚损害赔偿。换言之，一方的过错必须达到严重程度，即与本条规定的重婚、与他人同居、实施家庭暴力、遗弃或虐待家庭成员具有相当性，并且导致夫妻离婚，如女方在婚姻关系存续期间违反忠实义务生育他人子女，且未告知男方，导致男方误将他人子女当作自己的子女长期抚养。普通的过错行为，尤其是违反忠实义务的行为，如通奸、嫖娼、一夜情等，只要婚外性行为未达到与重婚、与他人同居的程度，人民法院就不能支持无过错方的离婚损害赔偿。[④]

第二，夫妻一方的过错行为导致夫妻双方离婚。也就是说，夫妻一方的

---

① 参见辽宁省高级人民法院（2014）辽审三民申字第188号民事裁定书。

② 参见夏吟兰：《离婚自由与限制论》，中国政法大学出版社2007年版，第260页、第264页。

③ 肯定说，参见夏吟兰：《离婚自由与限制论》，中国政法大学出版社2007年版，第265页；薛宁兰：《我国离婚损害赔偿制度的完善》，载《法律适用》2004年第10期。反对说，参见李俊：《离婚救济制度研究》，法律出版社2008年版，第361页。

④ 参见陈苇：《离婚损害赔偿法律适用若干问题探讨》，载《法商研究》2002年第2期；吴晓芳：《登记离婚后的损害赔偿问题》，载《法律适用》2004年第6期；薛宁兰：《我国离婚损害赔偿制度的完善》，载《法律适用》2004年第10期；巫昌祯：《完善离婚损害赔偿制度的几点思考》，载《中华女子学院学报》2009年第6期。

过错行为与夫妻离婚之间具有因果关系。

第三，另一方因离婚而蒙受损害。这里的损害包括财产损害和非财产损害。就财产损害的范围而言，如前所述，司法实践将医疗费纳入离婚损害赔偿的保护范围。此外，财产损害至少还应包括信赖利益损害、清算利益赔偿。[①]信赖利益损害是指男方相信婚姻关系有效而付出一定的费用，以及因婚姻关系解除而蒙受的损害。比如，男方以个人财产为全家旅游所预先支出的费用；夫妻双方解除婚姻住所的租赁合同而支付的违约金。清算费用以亲子关系鉴定费用为典型，即男方为了查明女方所生子女是否系自己亲生而花费的DNA鉴定费用。非财产损害主要是精神上和肉体上的痛苦。履行利益不属于本条损害赔偿的范围。具体来说，无过错方因离婚所失去的利益，只要这些利益依赖婚姻关系存续且夫妻双方履行相应的义务的，如丧失扶养请求权、丧失法定继承权、因为离婚不得不雇用家政人员料理家务而支出的费用，该利益就不属于离婚损害赔偿的救济范围。

三、离婚损害赔偿请求权的行使

按照本条规定，只有无过错方才能主张离婚损害赔偿。所谓无过错方，是指没有实施本条过错行为的夫妻一方。[②]如果夫妻双方均实施了上述过错行为，夫妻双方均无离婚损害赔偿请求权。

离婚损害赔偿的义务人是有过错的一方。问题在于，在夫妻一方重婚或与他人同居导致离婚的情形，第三人是否应当对无过错的夫妻一方负赔偿责任，学界和司法实践存在分歧。我国司法实践主流观点认为，第三人无须对无过错的夫妻一方负损害赔偿责任。[③]只有少数法院支持了无过错的夫妻一方对第三人的损害赔偿请求。[④]与此相对，学界主流观点认为，第三人应当对无

---

① 参见张学军：《离婚损害赔偿制度辨析》，载《政治与法律》2008年第2期；张家骥、缪宇：《夫妻忠实义务的准债务探析》，载《华中师范大学学报》（人文社会科学版）2019年第3期。

② 参见李俊：《离婚救济制度研究》，法律出版社2008年版，第359—360页。

③ 如江西省高级人民法院（2019）赣04民申92号民事裁定书，福建省厦门市中级人民法院（2016）闽02民终4686号民事判决书。

④ 如陕西省西安市中级人民法院（2018）陕01民终7440号民事判决书，浙江省绍兴市中级人民法院（2013）浙绍民终字第817号民事判决书，上海市虹口区人民法院（2014）虹民一（民）初字第3373号民事判决书，湖南省株洲市石峰区人民法院（2012）株石法民一初字第276号民事判决书。

过错的夫妻一方负损害赔偿责任。这些学者要么认为，第三人承担侵害“配偶权”或“配偶身份利益”侵权责任，[①]要么主张第三人按照本条规定承担损害赔偿责任。[②]只有少数学者认为第三人无须负责。[③]第三人可能与有过错的夫妻一方成立共同侵权。[④]

按照《婚姻法解释（一）》第30条、《婚姻法解释（二）》第27条，离婚损害赔偿须于起诉离婚时或离婚后一年提起。也就是说，离婚损害赔偿的诉讼时效为一年，自完成离婚登记，或者离婚判决书、调解书生效之次日起算。

---

① 参见马强：《配偶权研究》，载《法律适用》2000年第8期；邵世星：《夫妻同居义务与忠实义务剖析》，载《法学评论》2001年第1期；陈苇：《离婚损害赔偿法律适用若干问题探讨》，载《法商研究》2002年第2期；于东辉：《离婚损害赔偿制度研究》，载《政法论丛》2002年第3期；杨立新：《论侵害配偶权的精神损害赔偿责任》，载《法学》2002年第7期；覃有土、陈雪萍：《侵害婚姻关系之诉探析》，载《法学家》2004年第3期；王歌雅：《关于离婚损害赔偿制度的若干思考》，载《求是学刊》2004年第4期；余延满、张继承：《试析配偶权的侵权行为法保护》，载《江西社会科学》2008年第2期；施芳群：《试论第三者侵害他人婚姻关系行为之私法控制》，载《人民司法》2012年第17期；曾祥生：《论配偶权的侵权责任法保护》，载《法学评论》2014年第6期；张红：《道德义务法律化——非同居婚外关系所导致之侵权责任》，载《中外法学》2016年第1期。

② 参见张迎秀：《完善离婚损害赔偿制度的思考》，载《华东政法大学学报》2008年第5期；许丽琴：《离婚损害赔偿制度探析》，载《法学杂志》2009年第4期；巫昌祯：《完善离婚损害赔偿制度的几点思考》，载《中华女子学院学报》2009年第6期。

③ 参见曹登润、蒋桥生：《受害配偶对第三人主张侵权赔偿欠缺法律依据》，载《人民司法·案例》2009年第22期；冉克平：《论我国侵权责任法的保护范围》，载《江西社会科学》2009年第8期；冉克平：《论配偶权之侵权法保护》，载《法学论坛》2010年第4期。

④ 参见马强：《配偶权研究》，载《法律适用》2000年第8期；邵世星：《夫妻同居义务与忠实义务剖析》，载《法学评论》2001年第1期；李燕：《论夫妻的忠实义务》，载《政法论丛》2002年第3期；杨立新：《论侵害配偶权的精神损害赔偿责任》，载《法学》2002年第7期；覃有土、陈雪萍：《侵害婚姻关系之诉探析》，载《法学家》2004年第3期；黄蕾、俞来德：《论夫妻忠实义务》，载《政治与法律》2007年第6期；余延满、张继承：《试析配偶权的侵权行为法保护》，载《江西社会科学》2008年第2期；许丽琴：《离婚损害赔偿制度探析》，载《法学杂志》2009年第4期；巫昌祯：《完善离婚损害赔偿制度的几点思考》，载《中华女子学院学报》2009年第6期；施芳群：《试论第三者侵害他人婚姻关系行为之私法控制》，载《人民司法》2012年第17期；何晓航、何志：《夫妻忠诚协议的法律思考》，载《法律适用》2012年第3期。

举证责任

主张夫妻一方应当承担离婚损害赔偿责任的另一方，对夫妻一方具有本条规定的重大过错行为、重大过错行为与离婚之间的因果关系、遭受的损害负举证责任。

其他问题

与离婚损害赔偿制度长期纠缠不清的是婚内侵权制度。我国学界主流观点认为，应当承认婚内侵权制度，从而夫妻一方在婚姻关系存续期间因过错给另一方造成人身或财产损害的，应当承担侵权责任。[①]

与此相对，司法实践对此存在分歧。早在《最高人民法院公报》2000年第2期刊登的“石某诉邓某芬人身损害赔偿案”中，审理法院就否定了婚内侵权赔偿请求。

以夫妻一方在婚姻关系存续期间因过错对另一方造成人身伤害为例，司法实践存在婚内侵权肯定说和婚内侵权否定说两种截然不同的立场。

婚内侵权否认说认为，离婚损害赔偿排除婚内侵权损害赔偿责任。[②]这一立场的理由在于，侵权责任规则属于一般法，婚姻家庭法中的离婚损害赔偿规则属于特别法，特别法应当优先于一般法适用，故对于家庭暴力引起的人身伤害，人民法院应当依据离婚损害赔偿规则处理，不能依据侵权责任规则支持受害人的婚内损害赔偿请求。[③]

---

① 参见范李瑛：《婚内损害赔偿与夫妻共同财产制的冲突和协调》，载《烟台大学学报》（哲学社会科学版）2006年第3期；冉克平：《论夫妻之间的侵权损害赔偿》，载《华中科技大学学报》（社会科学版）2010年第2期；郗伟明：《论婚内一般侵权责任制度的建立》，载《南京大学学报》（哲学·人文科学·社会科学）2010年第3期；夏吟兰、罗满景：《夫妻之间婚内侵权行为的中美法比较》，载《比较法研究》2012年第3期；郭明龙：《解释论视角下的配偶间损害赔偿》，载《甘肃政法学院学报》2014年第2期。

② 如北京市第二中级人民法院（2018）京02民终12085号民事裁定书，吉林省长春市中级人民法院（2014）长民二终字第813号民事判决书。

③ 如山东省青岛市中级人民法院（2015）青民五终字第281号民事判决书。

婚内侵权肯定说则认为，夫妻间婚姻关系存续期间的侵权行为能够成立侵权损害赔偿责任，从而婚内侵权责任与离婚损害赔偿责任并不相同。不过，按照对婚内侵权的限制，婚内侵权肯定说又可以分为两种立场。

第一种立场是其他侵权行为婚内主张说。按照这种观点，离婚损害赔偿仅排除了家庭暴力、虐待所生的侵权损害赔偿责任，夫妻间的其他侵权行为能否成立侵权责任，按照侵权责任规则来判断。也就是说，如果夫妻一方因另一方实施家庭暴力、虐待以外的其他加害行为遭受人身伤害，人民法院可能在婚姻关系存续期间支持另一方的婚内侵权损害赔偿请求，如机动车交通事故引起的损害、[①]名誉权侵害。[②]

第二种立场是婚内侵权离婚后主张说。按照这种观点，夫妻一方在婚姻关系存续期间因过错对另一方实施的加害行为，导致另一方遭受人身损害的，不论该加害行为是否构成家庭暴力、虐待，夫妻一方的侵权责任都成立，但是，另一方只能在离婚时主张侵权责任，人民法院应当在夫妻双方离婚后支持一方对另一方的侵权损害赔偿请求。[③]对这一立场，有法院指出，在夫妻关系存续期间，婚内民事诉讼时效尚未开始计算。[④]

不过，有些人民法院虽然承认婚内侵权，但考虑到夫妻关系这一特定人身关系，倾向于从过错程度的角度对婚内侵权施加限制，即婚姻关系存续期间，夫妻一方因轻微过失或一般过失实施加害行为造成另一方人身伤害的，不宜认定为夫妻间侵权。[⑤]

实际上，承认婚内侵权责任，已经成为学界的共识。这也是为了避免评价矛盾的必然结论。夫妻一方侵害另一方婚前个人财产，如变卖另一方婚前全款购置的机动车，或者侵害另一方婚后夫妻共同财产，如擅自出售夫妻共

---

① 如江苏省苏州市中级人民法院（2014）苏中民终字第02774号民事判决书。

② 如河南省商丘市中级人民法院（2019）豫14民终393号民事判决书。

③ 如山东省青岛市中级人民法院（2017）鲁02民终8766号、（2019）鲁02民终8768号民事判决书，广东省佛山市中级人民法院（2016）粤06民终6163号民事判决书。

④ 参见广西壮族自治区贵港市中级人民法院（2017）桂08民终1700号民事判决书。

⑤ 如山东省淄博市中级人民法院（2019）鲁03民终2323号民事判决书，江苏省苏州市中级人民法院（2017）苏05民终1648号民事判决书。

有财产，[1]均可成立侵权责任。既然夫妻财产权能够获得侵权责任的保护，那么，夫妻一方婚内侵害另一方人身权，也应当成立侵权责任。

以夫妻共同财产为由禁止婚内侵权，并不妥当，婚内侵权责任与夫妻共同财产制并不矛盾。夫妻一方侵害配偶身体权、健康权、婚前财产的所有权，如果发生在追求夫妻共同利益过程中，那么，该侵权损害赔偿责任属于夫妻共同债务；如果侵权行为与夫妻共同利益无关，那么，该侵权损害赔偿责任属于夫妻一方的个人债务。[2]如果该侵权之债成立夫妻共同债务，可以考虑配合非常财产制或夫妻共同财产制的终止来确定损害赔偿；[3]如果该侵权之债成立夫妻一方的个人债务，加害人以个人财产和夫妻共同财产的一半负责。[4]

当然，考虑到夫妻双方结婚系建立永久生活的共同体，夫妻双方之间确实应当引入责任限制。[5]妥当的方案是要求夫妻一方在处理婚姻家庭事务时，对另一方尽到与处理自己事务相同的注意义务。因此，夫妻一方仅在具有故意、重大过失、具体轻过失时对另一方遭受的损害负侵权损害赔偿责任。此外，为了保存证据、尽快明确加害人的责任、清算责任财产，尤其是在夫妻一方与第三人成立无意思联络数人侵权的情形，应当允许受害的一方在婚姻关系存续期间提起侵权损害赔偿之诉，无须等待婚姻关系解除。

因此，在婚姻关系存续期间，夫妻一方实施家庭暴力、虐待之外的其他加害行为的，另一方在婚内即可主张侵权损害赔偿责任；夫妻一方实施家庭暴力、虐待的，另一方可以在离婚时或离婚后一年内提起离婚损害赔偿之诉，在离婚一年后提起侵权损害赔偿之诉。

---

① 参见最高人民法院民事审判第一庭编著：《最高人民法院婚姻法司法解释（三）理解与适用》，人民法院出版社2011年版，第184页。

② 参见缪宇：《美国夫妻共同债务制度研究》，载《法学家》2018年第2期。

③ 参见夏吟兰、罗满景：《夫妻之间婚内侵权行为的中美法比较》，载《比较法研究》2012年第3期；郭明龙：《解释论视角下的配偶间损害赔偿》，载《甘肃政法学院学报》2014年第2期。

④ 参见缪宇：《美国夫妻共同债务制度研究》，载《法学家》2018年第2期；张学军：《中国夫妻一方"个人债务"的责任财产之立法研究》，载《当代法学》2019年第6期。

⑤ 参见艾围利：《论侵权责任减免中的亲属身份考量》，载《大连理工大学学报》（社会科学版）2016年第3期。

第一千零九十二条【隐藏、转移、变卖、毁损、挥霍夫妻共同财产以及伪造夫妻共同债务的处理】

夫妻一方隐藏、转移、变卖、毁损、挥霍夫妻共同财产，或者伪造夫妻共同债务企图侵占另一方财产的，在离婚分割夫妻共同财产时，对该方可以少分或者不分。离婚后，另一方发现有上述行为的，可以向人民法院提起诉讼，请求再次分割夫妻共同财产。

历史由来

本条是对《婚姻法》第47条的承袭和修改。本条的修改主要体现以下几个方面：第一，删除《婚姻法》第47条第2款，不再规定妨碍民事诉讼的行为；第二，删除"离婚时"这一时间限制，不再要求隐藏、转移、变卖、毁损、挥霍夫妻共同财产，或者伪造夫妻共同债务企图侵占另一方财产的行为必须在离婚时实施；第三，增加挥霍夫妻共同财产作为少分或不分的事由；第四，将伪造债务明确为伪造夫妻共同债务。

本条的修改，可以追溯到《民法典婚姻家庭编（草案）》（一审稿）第870条。《民法典婚姻家庭编（草案）》（一审稿）第870条不仅删除了《婚姻法》第47条第2款，还放弃了"离婚时"的时间限制。在此基础上，《民法典婚姻家庭编（草案）》（二审稿）第870条增加了挥霍夫妻共同财产作为少分或不分的事由。《民法典婚姻家庭编（草案）》（三审稿）第870条做了进一步的文字修改，将"对隐藏、转移、变卖、毁损、挥霍夫妻共同财产或者伪造夫妻共同债务企图侵占另一方财产的一方"修改为"对该方"，由此形成了《民法典（草案）》第1092条，最终形成了现在的条文。

规范目的或功能

本条规定的是隐藏、转移、变卖、毁损、挥霍夫妻共同财产以及伪造夫妻共同债务的处理。夫妻双方采法定夫妻财产制的，或者夫妻双方通过书面约定采取一般共同财产制或部分共同财产制的，夫妻双方在婚姻关系存续期间取得的财产可能属于夫妻共同财产。夫妻共同财产属于夫妻双方共同共有。

保持夫妻共同财产，不仅是保护夫妻共同财产权的逻辑必然，还有助于维持夫妻共同生活。因此，一方隐藏、转移、变卖、毁损、挥霍夫妻共同财产的行为，侵害了另一方对夫妻共同财产享有的权益。不仅如此，夫妻一方为了实现在分割夫妻共同财产时多分而与他人恶意串通、伪造夫妻共同债务的，导致另一方误以为自己须承担连带责任，从而在分割夫妻共同财产时作出让步，或者以夫妻共同财产甚至个人财产向虚假的债权人清偿，从而蒙受一般财产利益损失。

规范内容

一、侵害一方夫妻共同财产权益的行为类型

按照《婚姻法》立法者的解释，隐藏，是指将财产藏匿起来，不让他人发现，使另一方无法获知财产的所在从而无法控制。转移，是指私自将财产移往他处，或将资金取出移往其他账户，脱离另一方的掌握。变卖，是指将财产折价卖给他人。毁损，是指采用打碎、拆卸、涂抹等破坏性手段使物品失去原貌，失去或者部分失去原来具有的使用价值和价值。伪造债务，是指制造内容虚假的债务凭证，包括合同、欠条等，并将所涉共同财产据为己有。[①]除此之外，挥霍，是指浪费而无节制地使用和消耗夫妻共同财产。

在实践中，各地法院倾向于宽泛地理解隐藏行为。隐藏行为不仅包括对财产实体的隐藏，[②]还包括对财产性质的隐瞒，[③]即故意不如实说明甚至拒不告知夫妻共同财产的范围、[④]将夫妻共同财产伪装成一方个人财产。[⑤]转移夫妻

---

① 参见胡康生主编：《中华人民共和国婚姻法释义》，法律出版社2001年版，第184页。

② 参见浙江省绍兴市中级人民法院（2015）浙绍民终字第998号民事判决书。

③ 学界有观点主张承认规定夫妻双方的财产状况告知义务和财产追加计算义务，以配合本条适用。参见裴桦：《夫妻共同财产制研究》，法律出版社2009年版，第337—338页。

④ 参见北京市第一中级人民法院（2013）一中民终字第11201号、（2020）京01民终43号民事判决书，辽宁省沈阳市中级人民法院（2015）沈中少民终字第00249号民事判决书，山东省德州市中级人民法院（2017）鲁14民终3054号民事判决书。

⑤ 参见北京市第一中级人民法院（2015）一中民终字第594号民事判决书，广东省广州市中级人民法院（2019）粤01民终21091号民事判决书。

共同财产在实践中也表现为多种方式。最常见的是将财产（如理财金、股权、存款）转至他人名下或转移至他处。[①]此外，转移夫妻共同财产，还包括夫妻一方向法院提起诉讼隐瞒夫妻关系确认夫妻共有房产为个人财产。[②]变卖夫妻共同财产通常表现为未取得配偶同意擅自出售夫妻共同财产，尤其是夫妻共有的房屋、机动车。[③]伪造夫妻共同债务，通常是夫妻一方与第三人虚构夫妻共同债务，导致另一方少分、不分夫妻共同财产甚至以夫妻共同财产和个人财产向虚假的债权人清偿。[④]

夫妻一方实施上述行为的，主观上必须具有损害另一方的故意。[⑤]在日常生活中，夫妻一方因过失毁损、遗失夫妻共同财产的，不属于本条调整的范围。如果夫妻双方已经分居，有地方法院认为，夫妻一方未告知分居期间经营收益的，不存在隐藏、转移夫妻共同财产的主观恶意。[⑥]

夫妻一方实施的行为，究竟属于上述行为中的哪一类，如转移、变卖、隐藏，实践中可能难以确定。只要夫妻一方故意实施的行为侵害了另一方对

---

① 参见最高人民法院（2013）民一终字第210号民事判决书，江西省高级人民法院（2018）赣民申1464号民事裁定书，浙江省高级人民法院（2010）浙民终字第24号、（2013）浙民提字第121号民事判决书，北京市第一中级人民法院（2014）一中民终字第01101号民事判决书，北京市第二中级人民法院（2014）二中民终字第04918号民事判决书，北京市第三中级人民法院（2015）三中民终字第04371号、（2015）三中民终字第08901号民事判决书，浙江省宁波市中级人民法院（2013）浙甬民一终字第72号民事判决书，山东省济南市中级人民法院（2014）济民五终字第185号民事判决书，广东省广州市中级人民法院（2019）粤01民终18124号、（2019）粤01民终19146号、（2019）粤01民终19791号民事判决书，四川省成都市中级人民法院（2019）川01民终17901号民事判决书，江苏省无锡市中级人民法院（2019）苏02民终4860号民事判决书。

② 参见北京市高级人民法院（2017）京民申4644号民事裁定书。

③ 参见北京市第二中级人民法院（2014）二中民终字第00856号民事判决书，江苏省淮安市中级人民法院（2016）苏08民终237号民事判决书，山东省威海市中级人民法院（2014）威民一终字第716号民事判决书，浙江省温州市中级人民法院（2013）浙温民终字第606号民事判决书，江苏省徐州市中级人民法院（2015）徐民终字第198号民事判决书，山东省济宁市中级人民法院（2014）济民终字第1004号民事判决书。有法院认为，如果变卖行为并未损害夫妻另一方的利益，那么该变卖行为就不适用本条规定。参见河南省商丘市中级人民法院（2015）商民二终字第196号民事判决书。

④ 参见河南省新乡市中级人民法院（2012）新中民四终字第3号民事判决书。

⑤ 参见胡康生主编：《中华人民共和国婚姻法释义》，法律出版社2001年版，第184页。

⑥ 参见湖北省高级人民法院（2019）鄂民申1958号民事裁定书。

夫妻共同财产的权益，就属于本条适用的对象。因此，夫妻双方与开发商订立房屋预售合同后，一方擅自退房的，也属于本条适用的范围。[①]

二、侵害行为时间限制的放弃

夫妻一方实施了侵害另一方共同财产权益的行为的，只有该行为发生在“离婚时”,《婚姻法》第47条才能适用。按照立法者的解释，离婚时，是指离婚诉讼期间，即从起诉到执行终结的期间。[②]然而，在实践中，夫妻双方感情出现危机之后，夫妻一方可能在提起离婚诉讼前就实施本条所涉的行为。如果严格把握“离婚时”，强调行为实施的时点为“离婚时”，会导致该条规定无法适用。因此，司法实践通常对“离婚时”做目的论扩张。也就是说，本条规定“旨在制裁恶意侵害夫妻另一方财产分配权的行为，保障离婚时对夫妻共同财产的公平分割，因此不能局限于从字面上理解离婚时这一概念”[③]。按照这一立场，“离婚时”既指本条规定的加害行为发生在离婚诉讼过程中，又指发生在离婚诉讼之前在离婚时被发现的加害行为。[④]

为了避免本条因“离婚时”这一限定而难以适用,《民法典》删除了“离婚时”的时间限定。进而，在婚姻关系存续期间，夫妻一方隐藏、转移、变卖、毁损、挥霍夫妻共同财产，或者伪造夫妻共同债务企图侵占另一方财产的，在离婚分割夫妻共同财产时，人民法院都可以对该方少分或者不分。不过，由于《民法典》第1066条第1项将一方有隐藏、转移、变卖、毁损、挥霍夫妻共同财产或者伪造夫妻共同债务等严重损害夫妻共同财产利益的行为作为婚内解除夫妻共同财产制的法定事由，因此，夫妻一方在婚姻关系存续期间内实施上述行为的，另一方可以直接请求人民法院分割夫妻共同财产，无须等到离婚诉讼中再主张少分或者不分。

---

① 参见江苏省南京市中级人民法院（2015）宁民终字第5463号民事判决书。

② 参见胡康生主编：《中华人民共和国婚姻法释义》，法律出版社2001年版，第184页。

③ 参见浙江省高级人民法院（2010）浙民终字第24号民事判决书。

④ 参见江苏省徐州市中级人民法院（2015）徐民终字第05293号民事判决书。

三、侵害一方夫妻共同财产权益的法律后果

（一）夫妻共同财产的少分或者不分

按照本条第1句的规定，夫妻一方实施侵害另一方共同财产权益的行为，另一方可以请求人民法院在分割夫妻共同财产时对夫妻一方少分或者不分。我国司法实践认为，夫妻一方实施本条规定的侵害另一方财产权益的行为的，人民法院可以对夫妻一方少分或不分，但非必须少分或不分。[①]也就是说，人民法院应当结合个案的具体情况，根据侵害财产权益行为的情节，具体判断是否应当对夫妻一方少分或不分。[②]

少分或者不分的范围，司法实践存在分歧。按照《婚姻法》立法者的解释，可以少分或者不分的夫妻共同财产主要是指被隐藏、转移、变卖、毁损的或者伪造的债务侵占的那一部分财产，而不是夫妻共同财产的全部。[③]这也得到了一些法院的支持。[④]与此相对，也有法院主张少分或者不分的财产范围是全部夫妻共同财产。[⑤]

将少分或者不分的财产范围扩展至全部夫妻共同财产，可能会面临计算和返还上的困难。这一立场实际上推翻了夫妻双方离婚协议或人民法院离婚判决中的财产分割内容。因此，不宜将少分或者不分的财产范围扩张至全部夫妻共同财产。不过，将少分或者不分的范围限定为被隐藏、转移、变卖、毁损的或者伪造的债务侵占的那一部分财产，可能会诱发道德风险。比如，如果隐藏行为、转移行为被发现的概率偏低且法院倾向于酌情少分，那么，对于夫妻一方而言，隐藏行为、转移行为就是有利可图的。不过，行为制裁并非私法的目的，因此，少分或者不分可能还须配合侵权损害赔偿，才能有

---

① 参见重庆市第五中级人民法院（2009）渝五中法民终字第2749号民事判决书，广东省佛山市中级人民法院（2004）佛中法民一终字第668号民事判决书，广东省梅州市中级人民法院（2017）粤14民终1049号民事判决书，江苏省无锡市中级人民法院（2018）苏02民终0352号民事判决书。

② 参见胡康生主编：《中华人民共和国婚姻法释义》，法律出版社2001年版，第184页。

③ 参见胡康生主编：《中华人民共和国婚姻法释义》，法律出版社2001年版，第184页。

④ 参见浙江省湖州市中级人民法院（2016）浙05民终310号民事判决书。

⑤ 参见江苏省常州市中级人民法院（2014）常少民终字第253号民事判决书。

效抑制夫妻一方实施侵害另一方共同财产权益的行为。

夫妻共同财产被隐藏或转移的，另一方可直接请求返还并分割财产。夫妻共同财产被变卖，若夫妻共有财产的所有权因善意取得而发生变动，另一方仅能请求分割变卖所得价款；若变卖行为不满足善意取得的条件或无效、被撤销导致共同财产所有权没有发生变动，另一方可以请求分割财产。夫妻共同财产被挥霍的，另一方可以请求挥霍的一方承担侵害所有权的侵权责任。此外，夫妻一方伪造夫妻共同债务企图侵占另一方财产的，另一方可以以欺诈为由向人民法院请求撤销离婚财产分割协议，要求夫妻一方返还侵占的财产。

（二）诉讼时效

夫妻双方协议离婚或诉讼离婚后，另一方发现夫妻一方在离婚前有隐藏、转移、变卖、毁损、挥霍夫妻共同财产，或者伪造夫妻共同债务企图侵占另一方财产的行为的，可以向人民法院起诉请求再次分割夫妻共同财产。按照《婚姻法解释（一）》第31条，另一方向人民法院起诉请求再次分割夫妻共同财产的诉讼时效为两年，从另一方发现夫妻一方的上述行为之次日起计算。①不过，在《民法典》第188条已经将一般诉讼时效规定为3年的背景下，本条请求再次分割夫妻共同财产的请求权也应当适用3年诉讼时效期间。②

三 举证责任

夫妻一方要求在分割夫妻共同财产时对另一方少分或不分的，应当举证证明另一方隐藏、转移、变卖、毁损、挥霍夫妻共同财产，或者伪造夫妻共

---

① 有观点认为，分割共同共有财产的权利名为请求权，实为形成权。如果夫妻共同财产的所有权没有发生变动，夫妻双方离婚后请求再次分割夫妻共同财产的请求权，不受诉讼时效限制；如果夫妻共同财产的所有权已经发生变动，一方以另一方侵害自己对夫妻共同财产的权益为由起诉的，才应当适用诉讼时效。参见巫昌祯主编：《婚姻与继承法学》，中国政法大学出版社2017年版，第187页；夏吟兰主编：《婚姻家庭继承法》，中国政法大学出版社2017年版，第133—134页。

② 参见马忆南：《婚姻家庭继承法学》，北京大学出版社2019年版，第136页。

同债务企图侵占另一方财产。[①]不过，夫妻一方无须举证证明另一方的行为具体属于哪一类。对此，另一方应当举证证明自己的行为具有正当理由，[②]如取款行为、转账行为用于家庭共同生活消费或正常经营需要。[③]

① 参见江西省高级人民法院（2018）赣民申1464号民事裁定书，广东省广州市中级人民法院（2019）粤01民终19146号民事判决书，江苏省无锡市中级人民法院（2019）苏02民终4860号民事判决书，河北省石家庄市中级人民法院（2014）石民二终字第00422号民事判决书。

② 参见江苏省高级人民法院（2013）苏审三民申字第307号民事裁定书。

③ 参见江西省高级人民法院（2018）赣民申1464号民事裁定书，四川省成都市中级人民法院（2019）川01民终17901号民事判决书。

第五章

收　养

第一节 收养关系的成立

第一千零九十三条【被收养人的范围】

下列未成年人，可以被收养：

（一）丧失父母的孤儿；

（二）查找不到生父母的未成年人；

（三）生父母有特殊困难无力抚养的子女。

历史由来

中华人民共和国成立后，由于收养法律制度长期缺位，《婚姻法》及相关司法解释一度成为调整收养关系的主体规范，但其内容相当粗略，缺乏对收养条件、收养程序和收养效力的具体规定。

20世纪90年代初，《收养法》起草中首次划定被收养人的范围，当时有关机构在立法说明中解释道："过去一些部门的规定只许收养七周岁以下儿童，特殊情况可以收养成年子女。但对于能否收养八岁到十三岁的未成年人没有作出规定，而在实际生活中，由于各种原因要求收养八岁至十三岁的人是很多的。许多国家对被收养人年龄都作了限制性规定。根据我国国情，《草案》规定，被收养人限于不满十四周岁的未成年人，这一年龄界限是较合适的。"[①]在这一背景下，1991年12月29日通过、1992年4月1日实施的首部《收养法》(以下简称首部《收养法》)第4条规定："下列不满十四周岁的未成年人可以被收养：（一）丧失父母的孤儿；（二）查找不到生父母的弃婴和儿童；（三）生父母有特殊困难无力抚养的子女。"1998年11月4日修正、1999年4月1日实施的《收养法》第4条完全沿袭这一

① 参见时任司法部副部长金鉴于1991年6月21日在第七届全国人民代表大会常务委员会第二十次会议上所作《关于〈中华人民共和国收养法（草案）〉的说明》。

规定。

但是在法律具体实施中，被收养人范围仍显得过于狭窄从而带来适法困扰：突发性地震、洪水泛滥等天灾造成的大量孤儿或打拐活动中被解救却未被家人认领的儿童都可能会因为年龄限制或无从证明系属“弃婴和儿童”而失去重新融入家庭的机会。有鉴于此，中国社会科学院法学研究所提交的《民法典分则》立法建议稿第五编第六章第103条建议将《收养法》第4条修改为：“下列不满十八周岁的未成年人可以被收养：（一）丧失父母的孤儿；（二）查找不到生父母的儿童；（三）生父母有特殊困难无力抚养的子女。”[①]在国际公约体系下习用的“儿童”与我国立法中惯用的“未成年人”外延一致，均指向十八周岁以下的社会成员。[②]

2018年8月《民法典婚姻家庭编（草案）》（一审稿）首次提请全国人大常委会审议，第872条将被收养人的范围修改为：“下列未成年人，可以被收养：（一）丧失父母的孤儿；（二）查找不到生父母的婴儿和儿童；（三）生父母有特殊困难无力抚养的子女。”

2019年7月5日公布的《民法典婚姻家庭编（草案）》（二审稿）第872条在一审稿的基础上作了微调，将本条第2项“婴儿和儿童”合称为“未成年人”，具体内容为：“下列未成年人，可以被收养：（一）丧失父母的孤儿；（二）查找不到生父母的未成年人；（三）生父母有特殊困难无力抚养的子女。”

2019年10月31日公布的《民法典婚姻家庭编（草案）》（三审稿）第872条保留了二审稿的条文，未作改动，后被吸收为2019年12月的《民法典（草案）》第1093条，最终形成《民法典》第1093条的内容。

二 规范目的或功能

本条之规范目的在于明确被收养人的范围。虽然学界关于收养主体的观

① 陈甦主编：《中国社会科学院民法典分则草案建议稿》，法律出版社2019年版，第373页。

② 参见联合国《儿童权利公约》第1条。

点存在颇多歧论，但被收养人是收养法律关系的当事人却是共识。[①]这一共识体现出被收养人本位的价值理念。历史上，战争孤儿、未婚先育而生的婴童、亲族间特殊的抚养和继承安排所涉儿童，甚至依照政府指令由本土送往殖民地的大批儿童等，都曾经是收养的对象即被收养人。随着市民社会及其内生的平等、自由理念的确立，为族（家族/民族）之收养、为亲（尊亲）之收养逐渐发展至为子（儿童）之收养，[②]以儿童的需要和利益为导向的现代收养制度理念得以确立。从这一理念出发，收养仅在符合儿童的需要时方得适用，仅在符合儿童的利益时方得成立，这一导向赋予被收养人范围的法律标准以更加丰富的内涵。

从为子（儿童）之收养的理念出发，始得以被收养人之需求为逻辑起点建构现代收养法律制度。亦即存在被收养的需求，才有收养之必要。于此而言，划定被收养人的范围，实则是划定收养制度的适用空间。收养是自然人依照法律规定的条件和程序领养他人子女为自己子女的民事法律行为，其适用前提是法律主体有亲子关系之需求却无自然亲子关系之现实，制度功能在于拟制收养人和被收养人之间的亲子关系。由此出发，被收养人应是需要却缺乏抚养、教育、保护和监护的主体，如此又可析分为两个标准：一者，被收养人主要系未成年人，因为成年人通常被视为能够自立的完全民事行为能力主体；二者，被收养人处于脱离父母或监护人之抚养、教育、保护和监护的现实或风险之中。

二 规范内容

本条以儿童的需要和利益为导向，从前述两个理论标准出发划定被收养人范围：一是不满十八周岁的未成年人；二是父母不能为之提供监护和照护的未成年人。两方面条件兼具，方可成为被收养人。在本条规定中，前一条

---

① 关于收养所涉主体，学者论见不同却又未尝深入，尚有待细论。大体来说，婚姻家庭法学界通常认为，收养关系的主体以三方论，即送养人、被收养人和收养人。民法学界则认为，收养关系的主体仅为两方，即被收养人和收养人，送养人仅以被收养人之监护人或法定代理人身份介入收养关系。详见后文第1104条评注内容。

② 史尚宽：《亲属法论》，中国政法大学出版社2000年版，第585页。

件精练表述为“未成年人”，后一条件又分列为三种情形：（1）丧失父母的孤儿；（2）查找不到生父母的未成年人；（3）生父母有特殊困难无力抚养的子女。

首先，关于“未成年人”的界定，《民法典》总则编第二章“自然人”第17条规定：“十八周岁以上的自然人为成年人。不满十八周岁的自然人为未成年人。”这里，“自然人”的概念涉及民事主体资格，亦即民事权利能力，由此再援引至第13条之规定：“自然人从出生时起到死亡时止，具有民事权利能力，依法享有民事权利，承担民事义务。”至此明确，本条规定之“未成年人”系指已出生但不满18周岁的自然人。释明这一点，有助于回应法律适用中可能出现的两个疑问：第一，未出生的胎儿可否成为被收养人？亦即是否允许收养胎儿？根据本条和《民法典》总则编前述相关条文，在我国，未出生的胎儿不是适格的被收养人。第二，是否要求被收养人具有中国国籍？本条未作要求。经查询法律法规、行政规章和司法判例，尚未见有涉及在中国境内收养外国未成年人的规定或判例。

然后讨论分项列示的具体情形：第一种情形，“丧失父母的孤儿”。法律并未对“孤儿”进行专门的界定，为准确适用法律有必要从语义和实践两个层面进行考察。在中文语境中，孤儿既可指父亲死亡的儿童（如“孤儿寡母”），亦可指父母双亡的儿童（如“孤儿院”）。但须注意的是，仅父亲死亡而被视为孤儿，是古代封建社会尊奉父权和男权的产物，因其社会结构决定父亲行使优先的、主要的家长权，一旦失去父亲，儿童即面临失去佑护和管教的处境，因此在社会观念中视其为失怙的孤儿。在现代社会，母亲与父亲对儿童享有同等的监护权，承担同等的教育保护责任，如果父亲死亡，则由母亲行使全部的监护权和承担全部的抚育责任，无论法律抑或文化，都不能再将此种情形下的儿童归为“孤儿”之地位。所以在现代语义上，孤儿是指父母双亡的儿童。鉴于现代民法为稳定和终结长期失踪主体所涉民事法律关系而创设宣告死亡制度，收养法上的死亡也包括自然死亡和宣告死亡两种情形，父母双双自然死亡或者被宣告死亡都会使得未成年子女被认定为孤儿。民政部于1992年发布《关于在办理收养登记中严格区分孤儿与查找不到生父母的弃婴的通知》，即将《收养法》中所称“孤儿”解释为“其父母死亡或人民法院宣告其父母死亡的不满十四周岁的未成年人”。

第二种情形，“查找不到生父母的未成年人”。这是《民法典》采用的新表述，其渊源于《收养法》第4条关于“查找不到生父母的弃婴和儿童”的规定，将“弃婴和儿童”修改为“未成年人”，以摒除前一表述给法律适用带来的不必要困扰。此困扰主要来自两个方面：其一，证明被收养人被遗弃的困难；其二，被遗弃的标签给被收养人带来的伤害和负面影响。具体详述如下。

为便于法律适用，民政部于1999年发布实施的《收养子女登记办法》第6条第2款将《收养法》第4条规定的“查找不到生父母的弃婴和儿童”析分为两个渠道的婴童，一是被遗弃后进入社会福利机构的婴童，二是被遗弃后又被捡拾并向公安机关报案的婴童，当然二者也可能有重合，比如捡拾被弃婴童者向公安机关报案，其后婴童转入社会福利机构。这里，“查找不到生父母”是客观事实，可予以证明，或在依法发布公告未果后予以推定，但是婴童是否被遗弃并不一定能够得到有效证明，尤其是在婴童生父母无任何意思表示的情形下，因为他们本身处于查找不到的状态，其是否具有遗弃的主观意图也就无从认定。2019年3月2日，中华人民共和国国务院令第709号《国务院关于修改部分行政法规的决定》对《收养子女登记办法》进行了少量修改[①]，但上述条款未作改动。

强求查找不到生父母的婴童须在被遗弃的前提下方可作为被收养人，还带来实践中一个非常棘手的问题：打拐解救儿童显然不属于被遗弃婴童，但是由于生父母寻找到子女存在窗口期，这个群体中很多儿童在被解救后找不到生父母、回不去原生家庭，又不符合《收养法》所规定的被收养人条件，无法通过合法收养程序融入收养家庭，只得长期滞留在社会福利机构和救助保护机构。[②]2015年8月，民政部、公安部联合印发《关于开展查找不到生父母的打拐解救儿童收养工作的通知》（民发〔2015〕61号），建立起公安机关出具查找不到生父母或其他监护人的证明、社会福利机构送养的机制，以实现打拐解救儿童的妥善安置。这种变通固然具有正当性，但也凸显出《收养

---

① 以下未作特别说明者，所引皆为修改后的现行法规。

② 中国青年网：《梁志毅：建议加大对收买被拐妇女儿童人员的打击力度》（2013年3月9日），http://news.youth.cn/gn/201303/t20130309_2957732.htm，最后访问日期2020年8月5日。

法》第4条关于“查找不到生父母的弃婴和儿童”之表述在一定程度上已无法回应收养实践的需求。同时，“弃婴”一词明显带有歧视性，不利于被收养人的心理健康和自我认同，其在入典过程中被摒弃乃是必然。但应强调的是，收养查找不到生父母的未成年人时应切实履行公告公示程序，以保障生父母权益，避免收养机制被滥用，《民法典》第1105条第2款对此有明确规定。

第三种情形，“生父母有特殊困难无力抚养的子女”。这是一种概括的表述，鲜有法律文件中对其进行准确的界定。但是1992年我国首次公布的《收养法》实施之际，民政部婚姻司发布的解释性文件认为：“有特殊困难无力抚养的子女，是指有生父母或生父母一方死亡，但其生父母或生父、生母有特殊困难不能抚养教育的未满14周岁的子女。如生父母重病、重残，无力抚养教育的子女或由于自然灾害等原因造成其生父母无力抚养的子女，以及非婚生子女等。”[①]其后，在对收养实践不断进行总结和规范的过程中，《民政部关于规范生父母有特殊困难无力抚养的子女和社会散居孤儿收养工作的意见》（民法〔2014〕206号）列示了四种“生父母有特殊困难无力抚养”的具体情形：（1）生父母有重特大疾病；（2）生父母有重度残疾；（3）生父母被判处有期徒刑或无期徒刑、死刑；（4）生父母存在其他客观原因无力抚养子女，经乡镇人民政府、街道办事处证明的。这里还有一个问题要考量：有特殊困难无力抚养子女的是否必限于生父母，即养父母、继父母有特殊困难无力抚养的子女，可否被送养？有观点认为，“在此情形下，出于保护未成年人的考虑，也应当认定其符合被收养的条件”[②]。但是从现有法律文件来看，目前仅有民政部批复文件支持养父母有特殊困难无力抚养的可将子女送养，[③]此批复虽非针对被收养人，然其适用势必在逻辑上突破关于被收养人条件的限制性规定，亦即，养父母有特殊困难无力抚养的子女可以作为被收养人。但继父母有特殊困难无力抚养的情形下，须考量继父母是否有法定抚养义务，如无，则应

① 参见《民政部婚姻司对〈收养法〉的解答》（1992年4月1日）第5条。

② 雷明光主编：《中华人民共和国收养法评注》，厦门大学出版社2016年版，第74页。

③ 参见《民政部办公厅关于收养人因生活困难不能继续抚养被收养人有关问题的复函》（民办函〔2009〕177号），具体批复内容于本书第1094条关于送养人条件评注处详论。

追索至有抚养义务的生父母；如有，则可在继父母与生父母之间协商、调解或裁判分担抚养义务，[①]一般不必要也不适宜通过收养机制解决。

关于本条本项法律规定的适用，还应从体系化的视角把握其例外情形：根据《民法典》第1099条和第1103条的规定，收养三代以内同辈旁系血亲的子女、继父或继母收养继子女的情形不受本条本项规定之“生父母有特殊困难无力抚养的子女”限制，亦即，生父母有抚养能力的子女也可以被三代以内同辈旁系血亲或继父母收养。这是因为，同辈旁系血亲收养有其特定的宗族共续意义，继父母收养有其特定的家庭建构意义，为实现支持宗族和家庭的价值功能，收养条件予以适当放宽。

举证责任

鉴于被收养人均系未满十八周岁的未成年人，被收养人之适格条件往往由送养人举证证明。根据《收养子女登记办法》第6条的规定，送养人通过向收养登记机关提交下列证件和证明材料来证明被收养人适格：（1）就被收养人系“丧失父母的孤儿”提交孤儿的生父母死亡或者宣告死亡的证明。民政部于1992年下发通知进一步明确此项证明文件具体指孤儿父母死亡证明书（正常死亡证明书由医疗卫生单位出具，非正常死亡证明书由县以上公安部门出具）或人民法院宣告死亡的判决书。[②]（2）就被收养人系“查找不到生父母的未成年人”提交弃婴、儿童进入社会福利机构的原始记录，公安机关出具的捡拾弃婴、儿童报案的证明，这里的“弃婴”用语是《收养法》第4条的“遗迹”。（3）就被收养人系“生父母有特殊困难无力抚养的子女”提交生父母所在单位或者村（居）委会出具的能够确定生父母有特殊困难无力抚养的相关证明，该证明应依据县级以上医疗机构出具的重特大疾病证明、县级残疾人

① 关于继父母抚养义务问题，我国司法实践一般倾向于由生父母替补履行抚养义务的立场。《最高人民法院关于人民法院审理离婚案件处理子女抚养问题的若干具体意见》第13条是典型例证。江苏省高级人民法院2019年7月18日发布的《家事纠纷案件审理指南（婚姻家庭部分）》亦持此立场。

② 参见《民政部关于在办理收养登记中严格区分孤儿与查找不到生父母的弃婴的通知》（民婚函〔1992〕263号）。

联合会出具的重度残疾证明或者人民法院判处有期徒刑或无期徒刑、死刑的判决书作出。生父母因其他客观原因无力抚养子女的，须提交乡镇人民政府、接待办事处出具的有关证明。对送养人有特殊困难的声明，登记机关可以进行调查核实。

针对打拐解救儿童这个特殊的群体，《民政部、公安部关于开展查找不到生父母的打拐解救儿童收养工作的通知》（民发〔2015〕159号）规定，公安机关在解救儿童后经采集血样、DNA信息比对，经查找1个月内未找到儿童生父母或其他监护人的，出具暂时未查找到生父母或其他监护人的证明，其后社会福利机构或救助保护机构接收打拐解救儿童并发布儿童寻亲公告，公告满30日后未认领的，被救儿童正式落户社会福利机构，自此日起满12个月，公安机关查找未果的，向社会福利机构出具查找不到生父母或其他监护人的证明。

此外，以证明链条的形成而言，关于被收养人的其他相关信息亦应提交相应的证据：比如，被收养人年龄不足十八周岁，应当提交有效身份证件或者户籍信息予以证明；又如，被收养人是残疾儿童的，应当提交县级以上医疗机构出具的该儿童的残疾证明；再如，被收养人由生父母三代以内同辈旁系血亲收养的，还应当提交公安机关出具的或者经过公证的与收养人有亲属关系的证明。

三 其他问题

关于本条的适用，尚需注意的是：鉴于《收养法》的适用不溯及既往，我国仍在一定条件下承认事实收养，且因当时较为粗疏的司法解释并未就被收养人的条件作出具体规定，所以司法实务中在涉及事实收养时对被收养人适格问题不作专门要求，以下详叙有关依据和规定。

我国自首部《收养法》实施起方建立全面而完备的收养法律制度，对收养条件、收养程序、收养效力、收养解除等作了细致详尽的规定，但该部法律并未明确规定其是否具有溯及力。1992年《最高人民法院关于学习、宣传、贯彻执行〈中华人民共和国收养法〉的通知》第2条第2款规定："收养法施行前受理，施行时尚未审结的收养案件，或者收养法施行前发生的收养关系，收养法施行后当事人诉请确认收养关系的，审理时应适用当时的有关规定；当时没有规定的，可比照收养法处理。”论及“当时的有关规定”，1980年《婚姻法》中关于收养的规定非常笼统，在收养的成立及生效问题上仅宣示“国家保护合法的收养关系”，因此具体规定应指向《最高人民法院关于贯彻执行民事政策法律若干问题的意见》（〔1984〕法办字第112号，已失效）第四部分“收养问题”的规定，该部分内容第28条明确规定：“亲友、群众公认，或有关组织证明确以养父母与养子女关系长期共同生活的，虽未办理合法手续，也应按收养关系对待。”据此，对于1992年4月1日《收养法》实施之前形成的收养关系，司法判例中不仅肯认未办理收养登记手续、未进行收养公证以及未签订收养协议的事实收养，也肯认被收养人已成年的事实收养。[①]

第一千零九十四条【送养人的条件】

下列个人、组织可以作送养人：

（一）孤儿的监护人；

（二）儿童福利机构；

（三）有特殊困难无力抚养子女的生父母。

历史由来

我国首部《收养法》第5条首次明确规定送养人的范围：“下列公民、组织可以作送养人：（一）孤儿的监护人；（二）社会福利机构；（三）有特殊困难无力抚养子女的生父母。”1998年修正的《收养法》第5条完全沿袭这一规定。

民法典编纂中，《民法典婚姻家庭编（草案）》（一审稿）第873条将上条所表述的“公民”调整为“个人”，较之以前更加能够体现民法典框架下收养法律制度的私法属性，其完整表述为：“下列个人、组织可以作送养人：（一）孤儿的监护人；（二）社会福利机构；（三）有特殊困难无力抚养子女的生父母。”自此之后，历经二审、三审，本条内容均得以完全保留，未作改动，后被纳入《民法典（草案）》，最终形成正式出台的《民法典》第1094条。

---

① 参见肖某甲与肖某乙等机动车交通事故责任纠纷上诉案判决书（〔2013〕渝四中法民终字第00475号）。

规范目的或功能

本条之规范目的在于明确送养人的范围。送养人在收养机制中的法律地位，是当前学界在收养主体问题上的最大争点。有观点认为，送养人、被收养人和收养人都是收养行为的主体和收养法律关系的当事人，[①]另有观点认为，被收养人和收养人是收养关系的当事人，送养人系以被收养人的法定代理人的身份进入收养关系。[②]要厘清这个问题需要准确界定收养行为、收养关系等基础概念，分析收养行为的法律性质，待后文评注第1104条时再作详论。但这里必须阐明两大基础认知：其一，人是且只能是主体；其二，收养是转移亲子权利义务的法律行为。概言之，被收养人和收养人自然是主体，而送养人亦必在收养事件中具有主体的地位和独立的利益，同时也确承担着被收养人的监护人和法定代理人之责。实际上，虽然自制度构建而言，被收养人之利益需求是现代收养法的逻辑起点，但在收养实务中，收养程序的启动者往往是送养人。本条规定送养人的范围，与前条规定的被收养人的范围，具有逻辑上的对应关系，进一步周延地划定收养机制的适用范围。

规范内容

本条规定列举了三类可以作送养人的个人和组织。这里的“个人”可视为民法上常用之“自然人”另一别称，应注意的是，从送养人在收养中的地位与作用，以及下文列举项的内容来看，作为送养人的个人应为有完全民事行为能力的自然人，具体指孤儿的（自然人）监护人和有特殊困难无力抚养子女的生父母。这里的“组织”系民法上统括法人和非法人组织的概称，从下文列举项内容来看，具体即指孤儿的（组织）监护人和儿童福利机构。

---

① 陈苇主编：《婚姻家庭继承法学》（第三版），中国政法大学出版社2018年版，第168页。

② 余延满：《亲属法原论》，法律出版社2007年版，第406页；杨大文主编：《亲属法与继承法》，法律出版社2013年版，第197页；房绍坤、范李瑛、张洪波编著：《婚姻家庭与继承法》，中国人民大学出版社2018年版，第126页。

精准理解本条列举项的内容，还需考量其与前条被收养人范围分项列举内容是否具有对应关系，亦即两者是否协同确立起如下规则：丧失父母的孤儿被收养，送养人为孤儿的监护人；查找不到生父母的未成年人被收养，送养人为儿童福利机构；生父母有特殊困难无力抚养的子女被收养，送养人为有特殊困难无力抚养子女的生父母。这就需要对本条所涉概念和表达以及实务操作规范进行深入细致的分析。

一、孤儿的监护人

关于“孤儿”所指，前条评注已述，系指父母死亡或被宣告死亡的未成年人。对于这一群体，《民法典》第27条第2款规定：“未成年人的父母已经死亡或者没有监护能力的，由下列有监护能力的人按顺序担任监护人：（一）祖父母、外祖父母；（二）兄、姐；（三）其他愿意担任监护人的个人或者组织，但是须经未成年人住所地的居民委员会、村民委员会或者民政部门同意。”该条虽对顺位有规定，但依据第30条、第31条，上述主体亦可尊重被监护人真实意愿、通过协议确定监护人，或者在产生争议时由有关组织或行政、司法主体尊重被监护人真实意愿，按照最有利于被监护人的原则指定监护人。在上述条款列举的范围之外，被监护人父母亦可借由遗嘱指定监护人（第29条），或在没有依法具有监护资格的主体时，由民政部门或具备履行监护职责条件的被监护人住所地的居民委员会、村民委员会担任监护人。

二、儿童福利机构

根据民政部2018年10月30日公布、2019年1月1日施行的《儿童福利机构管理办法》第2条规定，儿童福利机构是指民政部门设立的，主要收留抚养由民政部门担任监护人的未满18周岁儿童的机构，包括按照事业单位法人登记的儿童福利院、设有儿童部的社会福利院等。该办法第9条规定，儿童福利机构应当收留抚养的儿童（服务对象）包括五类：无法查明父母或者其他监护人的儿童；父母死亡或者宣告失踪且没有其他依法具有监护资格的人的儿童；父母没有监护能力且没有其他依法具有监护资格的人的儿童；人民法院指定由民政部门担任监护人的儿童；法律规定应当由民政部门担任监护人的其他儿童。第26条规定，对于符合条件、适合送养的儿童，儿童福利机构依法安排送养。将儿童福利机构收留抚养的五类儿童与《民法典》第1093条关于被收养人的范围两相比照，可知儿童福利机构收留抚养的服务对象既包括丧失父母的孤儿，也包括查找不到生父母的未成年人，甚至也有可能出现生父母有特殊困难无力抚养（父母没有监护能力）的未成年人，当这些未成年人符合条件、适合送养时，儿童福利机构可能就会作为送养人启动收养程序。

三、有特殊困难无力抚养子女的生父母

前文第1093条评注已述，对于“生父母有特殊困难无力抚养子女”情形缺乏明确的法律解释，但在收养实务中，可参照《民政部关于规范生父母有特殊困难无力抚养的子女和社会散居孤儿收养工作的意见》（民法〔2014〕206号）列示的四种“生父母有特殊困难无力抚养”情形加以判定：（1）生父母有重特大疾病；（2）生父母有重度残疾；（3）生父母被判处有期徒刑或无期徒刑、死刑；（4）生父母存在其他客观原因无力抚养子女，经乡镇人民政府、街道办事处证明的。

此外，前第1093条评注中已论及，“有特殊困难无力抚养子女的养父母可以作为送养人”已由民政部批复文件允准，有特殊困难无力抚养继子女的继父母则不宜被允准作为送养人启动收养机制，而应通过与生父母厘清或协商抚养义务妥善安置继子女，相关内容不再赘述。于此详引《民政部办公厅关于收养人因生活困难不能继续抚养被收养人有关问题的复函》（民办函〔2009〕177号）示其义理，该复函曰：“《中华人民共和国收养法》第二十三条规定：‘自收养关系成立之日起，养父母与养子女间的权利义务关系，适用法律关于父母子女关系的规定’，因此，已经建立了收养关系的养父母具有和被收养人原生父母同等的权利义务。《中华人民共和国收养法》第五条规定，有特殊困难无力抚养子女的生父母可以作为送养人，故有特殊困难无力抚养子女的养父母也可以作为送养人送养其子女。养父母送养子女应当严格按照生父母送养的登记程序办理。”据此，其遵循的法理逻辑为：养父母完全具有与生父母同样的法律地位和法律权利，因此在符合法律相关规定的情形下也可以作为送养人送养其养子女。

同样，与前第1093条第3项“生父母有特殊困难无力抚养的子女”之例外情形相呼应，根据《民法典》第1099条和第1103条的规定，收养三代以内

同辈旁系血亲的子女、继父或继母收养继子女的情形不受本条第3项“有特殊困难无力抚养子女的生父母”方可作送养人的限制，即这两种情形下不要求作为送养人的生父母必得“有特殊困难无力抚养子女”。

经此全面研讨，本条关于送养人范围的规定与第1093条关于被收养人范围的规定虽在文字表述上表现出一定的对应关系，但在法律的实际适用中呈现出更为复杂的对应关系，其原因主要在于：儿童福利机构送养的被收养人可能涵盖多种类别。民政部曾在工作意见中指出：“生父母有特殊困难无力抚养的子女由生父母作为送养人。生父母均不具备完全民事行为能力且对被收养人有严重危害可能的，由被收养人的监护人作为送养人。社会散居孤儿由其监护人作为送养人。社会散居孤儿的监护人依法变更为社会福利机构的，可以由社会福利机构送养。”[①]于此，孤儿的送养人可以是孤儿的监护人，也可以是承担其监护养育责任的儿童福利机构。此外，儿童福利机构作为国家监护养育机构，还接收经公安机关确认的查找不到生父母的未成年人，以及生父母被撤销监护权转由国家监护的未成年人，这些群体如须通过收养机制重新回归家庭环境，送养人亦由儿童福利机构担当。故综合而言，被收养人和送养人的对应关系具体如下图所示：

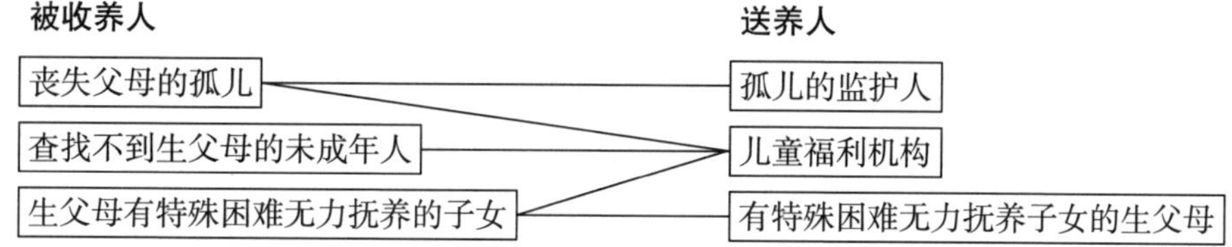

举证责任

在收养法律行为中，送养人可能具有多重的法律地位：其一，独立的送养人主体地位；其二，孤儿的监护人和有特殊困难无力抚养子女的生父母显然亦是被收养人的监护人和法定代理人，儿童福利机构可能具有监护人或法定代理人资格，也可能受具有监护人或法定代理人资格的民政部门委托代行

① 参见《民政部关于规范生父母有特殊困难无力抚养的子女和社会散居孤儿收养工作的意见》（民发〔2014〕206号）第2条。

某些监护或代理职责。基于这两重角色，送养人在收养事件中往往不仅需要就其自身的送养资格进行举证，亦需就被收养人的资格承担举证责任。前述第1093条仅就与被收养人相关的内容列示若干举证责任，这里依据《收养子女登记办法》第6条对送养人的综合举证责任作以全面归纳：

首先，送养人应当向收养登记机关提交下列基本的证件和证明材料：（1）送养人的居民户口簿和居民身份证（组织作监护人的，提交其负责人的身份证件）；（2）收养法规定送养时应当征得其他有抚养义务的人同意的，并提交其他有抚养义务的人同意送养的书面意见（详见本书第1096条评注内容）。

其次，按照主体分类，送养人应进一步提交如下证明材料：（1）监护人为送养人的，应当提交实际承担监护责任的证明，孤儿的父母死亡或者宣告死亡的证明，或者被收养人生父母无完全民事行为能力并对被收养人有严重危害的证明。（2）社会福利机构为送养人的，应当提交弃婴、儿童进入社会福利机构的原始记录，公安机关出具的捡拾弃婴、儿童报案的证明，或者孤儿的生父母死亡或者宣告死亡的证明。（3）生父母为送养人的，应当提交与当地计划生育部门签订的不违反计划生育规定的协议；有特殊困难无力抚养子女的，还应当提交送养人有特殊困难的声明。其中，因丧偶或者一方下落不明由单方送养的，还应当提交配偶死亡或者下落不明的证明。对送养人有特殊困难的声明，登记机关可以进行调查核实；子女由三代以内同辈旁系血亲收养的，还应当提交公安机关出具的或者经过公证的与收养人有亲属关系的证明。

最后，送养人还应根据个案具体情形提交相应的证明材料。如被收养人是残疾儿童的，应当提交县级以上医疗机构出具的该儿童的残疾证明。

三 其他问题

根据本条评注“规范内容”的阐释，第1093条关于被收养人和第1094条关于送养人的列举项内容虽具有文字表述上的对应关系，却并非逐项一一对应关系，由此带来一个重要的法律问题：生父母被剥夺监护权的未成年人，可否被视为“生父母有特殊困难无力抚养的子女”，成为适格的被收养人？进而由儿童福利机构或者其生父母（被剥夺监护权并同意送养子女）作为送养人启动收养机制？

在我国，《民法通则》确立的监护监督和国家监护机制，直至2014年最高人民法院、最高人民检察院、公安部、民政部联合发布《依法处理监护人侵害行为意见》才真正激活，随后《民法总则》进一步予以充实和完善。至2017年8月，据民政部不完全统计，全国已有69例侵害未成年人权益被撤销监护人资格案件，案中未成年人的监护权或归民政部门，或归村（居）民委员会，或归与之建立抚养关系的其他亲属、朋友。[①]在撤销监护权的案例中，应以未成年人最佳利益为原则对未成年人作短期或长期的安置，短期之需可通过机构监护、寄养等加以解决，长期之需则应以回归家庭为首选，收养应是可选项之一。事实上，上引《依法处理监护人侵害行为意见》确在居于最后的第44条规定对国家监护下未成年人的送养机制：民政部门担任监护人的，承担抚养职责的儿童福利机构可以送养未成年人；送养未成年人应当在人民法院作出撤销监护人资格判决一年后进行。侵害人有本意见第40条第2款规定情形（即申请人具有严重侵权行为、一般不得判决恢复其监护人资格的情形）的，不受一年后送养的限制。但民法典编纂之时并未专门考量此现实需求，未来民法典的适用须有赖于对被收养人范围和送养人范围之对应关系作灵活解释，方可在现有收养制度框架下容纳此项需求。

第一千零九十五条【特定情形下的监护人送养】

未成年人的父母均不具备完全民事行为能力且可能严重危害该未成年人的，该未成年人的监护人可以将其送养。

历史由来

我国首部《收养法》第12条规定：“未成年人的父母均不具备完全民事行为能力的，该未成年人的监护人不得将其送养，但父母对该未成年人有严重危害可能的除外。”1998年修正的《收养法》第12条完全沿袭这一规定。

---

① 张维：《全国已有18例因性侵被撤销监护权案》，载《法制日报》2017年8月18日第6版。

民法典编纂历程中，《民法典婚姻家庭编（草案）》（一审稿）第874条、《民法典婚姻家庭编（草案）》（二审稿）第874条皆沿用《收养法》第12条的表述。至《民法典婚姻家庭编（草案）》（三审稿），第874条将原来的但书规定一改而为“未成年人的父母均不具备完全民事行为能力且可能严重危害该未成年人的，该未成年人的监护人可以将其送养”。此次审议中，立法机关未就上述修改作特别说明，将其归于“其他一些完善和文字修改”。[①]修改后的条文被《民法典（草案）》吸收，随后成为正式出台的《民法典》第1095条的内容。

三 规范目的或功能

本条规定特定情形下的监护人送养，具体而言，是在未成年人父母不具备监护能力情形下规范监护人的送养行为。在此情形下，须权衡未成年人父母的权益、未成年人的被收养利益以及监护人的监护权利之间的冲突与协调。准确把握本条在收养法体系中的地位，首先要识别其与第1093条、第1094条之间的关联与区别。

民法上设立监护制度是为了补足被监护人——完全或部分丧失理智的成年人和理智尚未成熟的未成年人——民事行为能力的不足，协助其通过民事法律行为实现自身权益。设立监护人有多重途径，诸如法定监护人、遗嘱指定监护人、协议监护人、有权机构指定监护人、意定监护人等。监护人的范围及其与被监护人的关系也很广泛，包括被监护人的父母、其他近亲属、非近亲属但有意愿且经有权机构同意承担监护职能的个人或者组织、国家监护机构等。前述第1093条、第1094条规定的孤儿监护人送养、有特殊困难无力抚养子女的生父母送养都属于监护人送养的范畴，依照法律规定作为送养人参与收养关系的社会福利机构则有可能具有监护人资格也有可能不具有监护人资格。

本条规范的情形同属监护人送养，但其与前述第1093条、第1094条规定

---

① 参见2019年10月20日《全国人大宪法和法律委员会关于〈民法典婚姻家庭编（草案）〉修改情况的汇报》。

的监护人送养之根本不同在于：本条规范的情形存在未成年人父母权益的制约；第1093条和第1094条规定的监护人送养则不存在这个问题，因为送养孤儿正是因儿童已失去父母，送养查找不到生父母的未成年人正是因为该未成年人的生父母无法查明无法联系，有特殊困难无力抚养子女的生父母则是主动放弃父母责任。本条独特的制度功能正在于：在未成年人父母没有能力履行父母责任但并未主动放弃父母责任的情形下，以符合法律规定的条件为前提允许监护人送养处于不利处境的未成年人。

规范内容

自规范结构而言，本条属于完全条文，具备明确的条件和后果。适用本条规定，应准确理解和把握以下要点。

其一，本条隐含的前提为未成年人的一方或双方父母在世。具体可作三个层次的理解：（1）未成年人须有父母生存在世。生存，与法律上的死亡概念相对。因法律上的死亡包括自然死亡和宣告死亡，因此生存在世不仅排除自然死亡情形，亦排除宣告死亡情形。（2）未成年人的父母不仅生存在世，而且与未成年人的亲子关系明确存在，排除查找不到的情形。（3）未成年人父母在世既包括一方父母在世的情形，也包括双方父母在世的情形。

其二，未成年人的父母不具备完全民事行为能力。具体可作两个层次的理解：（1）不具备完全民事行为能力，既包括限制民事行为能力情形，也包括无民事行为能力情形。根据《民法典》第17—22条的规定，划分民事行为能力的标准有两个，一为年龄，二为辨认自己行为的能力。综合而言：十八周岁以上、能够完全辨认自己行为的成年人为完全民事行为能力人；十六周岁以上、能够完全辨认自己行为且以自己的劳动收入为主要生活来源的未成年人视为完全民事行为能力人；八周岁以上的未成年人和不能完全辨认自己行为的成年人为限制民事行为能力人；不满八周岁的未成年人和不能辨认自己行为的自然人（包括成年人和八周岁以上的未成年人）为无民事行为能力人。因此，未成年人的父母年龄不满十八周岁，或者虽年满十八周岁却不能完全辨认自己行为甚至完全不能辨认自己行为，都会导致其不具备完全民事行为能力。（2）未成年人的父母不具备完全民事行为能力，系指未成年人的一方父母生存在世但不具备完全民事行为能力，或未成年人的双方父母均生存在世但又均不具备完全民事行为能力。

其三，未成年人的父母可能严重危害该未成年人。这一要点须从两个角度进行理解：（1）何谓父母严重危害未成年人？法律文件未见针对本条就父母严重危害未成年人作具体界定和详细解释。但是，父母本应是未成年子女的第一顺位监护人，因此对父母严重危害未成年人的情形可比照监护人严重危害被监护人的情形予以认定。《民法典》第36条通过列举条款和兜底条款的并用，明确了监护人严重危害被监护人的三类情形，其中与监护职责履行及委托有关的内容对于本条不具有监护能力和监护资格的未成年人父母不适用，比照另外两种情形可将父母严重危害未成年人的情形概括为：实施严重损害未成年人身心健康的行为和实施严重侵害未成年人合法权益的其他行为。在具体行为样态上，可根据最高人民法院、最高人民检察院、公安部、民政部于2014年12月18日联合印发的《依法处理监护人侵害行为意见》第1条的界定，比照监护侵害行为认定父母严重侵害未成年人的行为样态包括性侵害、出卖、遗弃、虐待、暴力伤害未成年人，教唆、利用未成年人实施违法犯罪行为，胁迫、诱骗、利用未成年人乞讨等。（2）本条的适用并不要求此种严重危害成为现实，有现实的严重危害或有严重危害之虞均符合这一条件。

其四，在前述条件下，未成年人的监护人可以将其送养。对这一要点的精准理解和适用，须从以下几个方面入手：（1）此未成年人的监护人是指父母之外其他担任监护人的主体。根据《民法典》第27条第2款、第29条、第30条和第31条的规定，这类监护主体包括：有监护能力且根据法律顺位或协议或有权机构指定承担监护责任的祖父母、外祖父母，兄、姐，或其他愿意担任监护人且经未成年人住所地的居民委员会、村民委员会或者民政部门同意的个人或者组织等，亦可是被监护人父母在具备监护资格时经由遗嘱指定确定的监护人，或在没有依法具有监护资格的主体时，担任监护职责的民政部门或被监护人住所地的居民委员会、村民委员会。（2）此法律后果为未成年人的监护人“可以”——区别于“必须”或者“应当”——将其送养。对于困境未成年人的安置，应根据该未成年人的具体处境、本着最有利于该未成年人的原则予以考量。对于父母不具备完全民事行为能力且可能严重危害未成年人的，可由未成年人的监护人一并承担抚养照护责任，也可依照法律规定或经协商确定由其他亲属承担抚养照护责任，或在充分保障未成年人合法权益的前提下通过家庭寄养或机构寄养等方式为未成年人提供有利的生活和成长环境，如监护人依照本条规定送养该未成年人，亦应符合最有利于未成年人的原则。

举证责任

本条是指引特定情形下监护人送养未成年人的规定，其适用通常基于监护人的申请而启动。根据“谁主张，谁举证”的一般原则，监护人应证明未成年人父母均不具备完全民事行为能力且存在可能严重危害该未成年人的情形，从而主张送养未成年人的合法性和正当性。根据《收养子女登记办法》第6条，此种情形下送养人应当向收养登记机关提交下列证件和证明材料：（1）送养人的居民户口簿和居民身份证（组织作监护人的，提交其负责人的身份证件）；（2）送养人实际承担监护责任的证明；（3）被收养人生父母无完全民事行为能力并对被收养人有严重危害的证明。这里，要求送养人证明被收养人生父母对被收养人有现实的严重危害，与法律规定不一致，未来应通过协调立法将其修改为“对被收养人存在或可能存在严重危害的证明”。

证明被收养人生父母均不具备完全民事行为能力，如被收养人父母尚未成年，提交其年龄证明即可，如被收养人父母已年满十八周岁，尚需进一步证明其不能辨认自己行为或者不能完全辨认自己行为。根据《民政部关于规范生父母有特殊困难无力抚养的子女和社会散居孤儿收养工作的意见》（民发〔2014〕206号），民政机关要求以人民法院出具的文书证明生父母双方均不具备完全民事行为能力，同时要求送养人提交生父母所在单位、村（居）委会、医疗机构、司法鉴定机构或者其他有权机关出具的生父母对被收养人有严重危害可能的证明。

还应注意的是，收养法律制度的功能在于保障被收养人合法权益，遵循最有利于被收养人的原则，因此在举证责任上不应一味拘泥于“谁主张，谁举证”的规则，必要时应依法行使调查职权或者引入专业资源，查明是否存在本条规定的情形，从而判定监护人可否送养未成年人。

其他问题

虽然本条规定在法律适用中是明确和完备的，但是在法律解释层面，尚存在一个未决的重要问题：未成年人父母在世的，是否当且仅当未成年人的父母均不具备完全民事行为能力且可能严重危害该未成年人时，监护人方可依法送养？如果对本条作如此解读，则生父母监护权被撤销且无望恢复的未成年人，绝对不可送养。如果本条之存在并不限制生父母之外的监护人依照其他相关法条送养未成年人，则生父母监护权被撤销而无望恢复同时又拒绝送养的未成年人，尚有可能由儿童福利机构依法送养。笔者认为，在《民法典》的实施中，本条应与第1093条、第1094条相结合，从系统化的视角针对生父母监护权被撤销的未成年人的送养问题作出符合法理、逻辑自洽、有利于实现未成年人最佳利益的解释。

第一千零九十六条【抚养义务人的同意】

监护人送养孤儿的，应当征得有抚养义务的人同意。有抚养义务的人不同意送养、监护人不愿意继续履行监护职责的，应当依照本法第一编的规定另行确定监护人。

历史由来

我国首部《收养法》第13条规定："监护人送养未成年孤儿的，须征得有抚养义务的人同意。有抚养义务的人不同意送养、监护人不愿意继续履行监护职责的，应当依照《中华人民共和国民法通则》的规定变更监护人。"1998年修正的《收养法》第13条完全沿袭这一规定。

民法典编纂过程中，《民法典婚姻家庭编（草案）》（一审稿）第875条规定："监护人送养孤儿的，应当征得有抚养义务的人同意。有抚养义务的人不同意送养、监护人不愿意继续履行监护职责的，应当依照总则编的规定变更监护人。"这里，将《收养法》第13条中所述"依照《中华人民共和国民法通则》的规定"修改为"依照总则编的规定"，主要是出于立法技术的考虑：一方面，作为民法典总则编立法成果的《民法总则》已率先以单行法的形式公布并实施；另一方面，多年来以单行法实施的《收养法》要通过纳入婚姻家庭编实现入典，而一旦民法典正式面世，《民法总则》和《收养法》都将废止，因此本条所规范的“变更监护人”自应依照届时民法典总则编的具体规定来进行。

《民法典婚姻家庭编（草案）》（二审稿）第875条以上述修改为基础，又将条文中“变更监护人”修改为“另行确定监护人”，力求在语言表达上更加精准，整个条文表述为：“监护人送养孤儿的，应当征得有抚养义务的人同意。有抚养义务的人不同意送养、监护人不愿意继续履行监护职责的，应当依照本法总则编的规定另行确定监护人。”此番修改在《民法典婚姻家庭编（草案）》（三审稿）、《民法典（草案）》第875条中皆得以完整保留。2020年5月22日审议时将这一条中使用的“总则编”明确为“第一编”，最终形成《民法典》第1096条的内容。

规范目的或功能

本条规定监护人送养孤儿应征得孤儿抚养义务人的同意，系在监护主体与抚养义务主体不同或不尽相同的情形下，综合各方意愿与制度机制，协调保障孤儿的监护、抚养与收养权益。本条和前述第1093条第1项、第1094条第1项同属专门的孤儿送养规范，在此之外亦有相当的条文适用于孤儿送养，如第1094条第2项适用于社会福利机构送养孤儿的情形。

未成年人的成长需要物质层面的生活保障，也需要制度层面的安全保障，前者主要通过抚养制度实现，后者主要通过监护制度实现。一般情况下，父母既是未成年人的抚养义务人，也是未成年人的监护人。但是父母死亡或被宣告死亡的未成年人亦即孤儿，其抚养义务主体和监护主体可能是同一的，也可能是分离的。在孤儿抚养义务人与监护人同一的情形下，监护人可依照法律规定的条件和程序决定送养事项；在孤儿抚养义务人与监护人分为不同主体，或者在范围上不尽重合的情形下，监护人送养孤儿应当征求抚养义务人的意见。因为抚养义务人往往是孤儿的近亲属，享有与孤儿的亲属权益，包括双方依法承担的相互扶养责任和亲属之间联络关照的情感利益。而收养尤其是我国实行的完全收养机制，其法律效果是在收养人与被收养人之间建立拟制的亲子关系，同时消除被收养人与原家庭成员包括之前承担抚养义务的近亲属之间的法律关系。一旦收养关系成立，则被收养人与原近亲属之间即免除法律所规定的相互扶养责任，同时被收养人成长环境的变化亦将不可避免地影响到其与原近亲属之间的交往与情感。

鉴于收养对各方主体来说都是利益攸关的决定和改变，法律须尽可能协调各方意愿，实现最有利于未成年人的安排。本条规定的逻辑在于：抚养义务主体不同意送养往往意味着其愿意继续承担抚养义务，由此孤儿的物质生活可望获得保障，在此情形下，如监护人不愿继续履行监护职责，通过另行确定监护人即可解决争议，不必大幅改变未成年人已经熟悉和适应的成长环境。

规范内容

本条针对孤儿送养情形，规定监护人与抚养义务人之间的权利协调及冲突解决机制，可简明概括为送养孤儿前的征询程序。其确立的具体规则可析分为如下程序和要点：（1）在孤儿的监护与抚养义务主体不同或不尽相同的情形下，监护人送养孤儿，应当征得抚养义务人的同意；（2）抚养义务人同意的，监护人可以送养孤儿；（3）未征询抚养义务人意见，或者经征询抚养义务人不同意的，监护人不能送养孤儿；（4）抚养义务人不同意送养，监护人又不愿意继续履行监护职责的，应依法另行确定监护人。

在具体适用中，除明确以上征询程序和冲突解决机制外，还应精准理解各主体所指。首先，本条适用于送养孤儿的情形，即被送养的主体为父母双亡或被宣告死亡的未成年人。其次，送养孤儿和征询抚养义务人意见的主体为孤儿的监护人。自概念而言，本条规定的孤儿监护人应同于前述第1094条第1项规定的作为送养人的孤儿监护人，系指根据《民法典》第27条第2款以及第29—31条的规定，担任孤儿监护人的祖父母、外祖父母，兄、姐，其他愿意担任监护人且经有权机构同意的个人或者组织，或者经孤儿父母遗嘱指定确定的监护人，以及在没有依法具有监护资格的主体时依法承担监护职责的民政部门或孤儿住所地的居民委员会、村民委员会。但应注意的是，本条隐含的适用前提是孤儿的监护人与抚养义务人不同或不尽相同，即孤儿的监护人与抚养义务分属不同主体，或者除孤儿的监护人承担抚养义务外尚有其他主体承担抚养义务。因此在具体个案中，本条所指孤儿的监护人系未承担抚养义务或未全部承担抚养义务的孤儿监护人。

如此则需进一步澄清本条所言有抚养义务的人究竟属于哪些主体。依照《民法典》第1074条、第1075条的规定，在孤儿的父母死亡后，有负担能力的祖父母、外祖父母或者兄、姐对孤儿承担抚养义务。因此，本条所规定的送养前征询，系由孤儿的监护人——该监护人可能承担部分抚养义务也可能不承担抚养义务——向依法对孤儿承担抚养义务的其他主体征询其是否同意送养孤儿。

根据本条规定，未经有抚养义务人的同意，监护人不得送养孤儿。此时孤儿监护人的立场可能是放弃送养，继续监护孤儿，也可能是不愿继续履行监护职责。前一情形下，孤儿的监护和抚养状态都不发生改变；后一情形下，监护人缺乏监护意愿显然不利于保障孤儿合法权益，因此法律规定依照《民法典》总则编的规定另行确定监护人，具体而言，另行确定监护人的法律途径包括：第27条规定的法定监护，第29条规定的遗嘱指定监护，第30条规定的协议确定监护，第31条规定的有权机构指定监护，第32条规定的民政部门或基层自治组织监护。

举证责任

适用本条规定，一般应由孤儿的监护人证明其已征询有抚养义务人的意见并获同意从而主张送养孤儿，或者证明有抚养义务人不同意送养，同时表达其自身不愿继续履行监护职责的意向，从而主张依照法律有关规定另行确定监护人。

在抚养义务人同意送养的情形下，送养人应根据《收养子女登记办法》和《民政部关于规范生父母有特殊困难无力抚养的子女和社会散居孤儿收养工作的意见》（民发〔2014〕206号）向收养登记机关提交下列证件和证明材料：（1）送养人的居民户口簿和居民身份证（组织作监护人的，提交其负责人的身份证件）；（2）孤儿的父母死亡或者宣告死亡的证明；（3）送养人所在单位或村（居）委会出具的送养人实际承担监护责任的证明；（4）其他有抚养义务的人（祖父母、外祖父母、成年兄姐）出具的经公证的同意送养的书面意见。

在抚养义务人不同意送养的情形下，送养人可参照上述证明要求举证其与孤儿的监护关系以及抚养义务人不同意送养的事实，并向居民委员会、村民委员会、民政部门或人民法院表达不愿继续履行监护职责、请求另行确定监护人的意愿和主张。

三 其他问题

本条适用尚存争议的问题在于，对孤儿承担抚养义务的人并未实际履行抚养义务的，是否仍享有对送养孤儿的否决权？如采严格的文义解释，本条表述为“有抚养义务的人”，与抚养能力和抚养事实无涉，则仅需从应然的角度依据法律规范亦即前文所引《民法典》第1074条、第1075条的规定直接划定抚养义务人范围，保障抚养义务人在孤儿收养事项上的同意权。但是，如果抚养义务人并未实际履行义务却依然享有否决送养提议的权利，虽然监护人或可从监护职责中解脱出来，却很可能会使生活陷入困境的孤儿失去通过收养机制争取更好生活境遇和成长环境的机会。此种情形显然与最有利于被收养人的原则相悖，同时亦无法实现鼓励收养、促进收养的制度功能，笔者认为是不可取的。

第一千零九十七条【共同送养及其例外】

生父母送养子女，应当双方共同送养。生父母一方不明或者查找不到的，可以单方送养。

一 历史由来

夫妻共同送养是我国司法实务较早确立的规则。远在《收养法》出台之前，1979年发布的《最高人民法院关于贯彻执行民事政策法律的意见》（已失效）即详细规定：“凡是没有征得生父母一致（包括已离婚的父母）同意，生父母要求领回的，原则上应认为收养关系无效，准其领回。养父母所花用的抚养费，可由生父母酌情付给。”当时的立场是：收养子女应经生父母一致同意，否则无效。1984年发布的《最高人民法院关于贯彻执行民事政策法律若干问题的意见》（已失效）将其转化为第27条第2款简约但更具丰富内涵的表达：“生父母中有一方不同意的，收养关系不能成立。生父或生母送养时，另一方明知而不表示反对的，应视为同意。”随着《民法通则》《收养法》等正式法律文件陆续出台，上述司法解释文件现已失效，但其基本立场仍得以延续。我国首部《收养法》第10条第1款规定："生父母送养子女，须双方共同送养。生父母一方不明或者查找不到的可以单方送养。"1998年修正的《收养法》第10条第1款完全沿袭这一规定。

民法典编纂过程中，《民法典婚姻家庭编（草案）》（一审稿）第876条将《收养法》上述条文前一句中"须"字改为"应当"二字，并且在后一句"的"后断句，使得语言表述更加清晰晓畅，具体表述为："生父母送养子女，应当双方共同送养。生父母一方不明或者查找不到的，可以单方送养。"《民法典婚姻家庭编（草案）》（二审稿）第876条在此基础之上，又在后一句中加入"身份"二字，意在明确原条文中"生父母一方不明"究属何意，从而形成新的条文："生父母送养子女，应当双方共同送养。生父母一方身份不明或者查找不到的，可以单方送养。"但是，当立法进行到《民法典婚姻家庭编（草案）》（三审稿）阶段，第876条中刚刚添加的"身份"二字又被删除，条文的内容恢复到《民法典婚姻家庭编（草案）》（一审稿）的状态，再次表述为："生父母送养子女，应当双方共同送养。生父母一方不明或者查找不到的，可以单方送养。"至此，经过数番斟酌之后，本条内容确定下来，被《民法典（草案）》所吸纳，最终成为正式出台的《民法典》第1097条。

三 规范目的或功能

本条规定生父母送养子女以共同送养为原则、单方送养为例外，折射出送养行为的实质是对送养意愿亦即放弃和转移亲子权利义务意愿的表达和确认。本条与第1093条第3项、第1094条第3项同为专门针对生父母送养子女情形的法律规范，生父母送养子女必须一并符合这些法律条文的要求。

外国立法例亦普遍遵循共同送养为原则、单方送养为例外的准则。《法国民法典》[①]第348条第1款规定双方送养："在儿童已对父母双方确立亲子关系

① 本章所引外国民法典译本为：《法国民法典》，罗结珍译，北京大学出版社2010年版；《德国民法典》（第四版），陈卫佐译注，法律出版社2015年版；《意大利民法典》，陈国柱译，中国人民大学出版社2010年版；《瑞士民法典》，于海涌、赵希璇译，唐伟玲校，法律出版社2016年版；《意大利民法典》，陈国柱译，中国人民大学出版社2010年版；《日本民法典》，刘士国、牟宪魁、杨瑞贺译，中国法制出版社2018年版。以下不再赘注。

的情况下，送养应经父母双方同意。”第348条第2款和第348-1条规定送养由一方表示同意即单方送养的情形，包括：父母一方去世或者不能表示自己的意思，或者丧失亲权，或者儿童仅对生父母中一方确立亲子关系。《德国民法典》第1747条第1款规定：“父母的允许对于收养子女是必要的。”该条第3款规定，未婚父母未共同进行父母照顾情形下父亲可在子女出生前即表示允许或者申请委托照顾权后做出允许，第4款规定单方允许即可送养的情形，即“父母一方长期不能做出表示或其居所长期不明的，其允许是不必要的”。

在共同收养的问题上，规范重心往往是在例外情形，即哪些情形下可以单方送养。《法国民法典》和《德国民法典》上引条文可资佐证，另有《瑞士民法典》的规定也颇为典型。该法典第265条a款规定：“收养子女，必须征得其生父母之同意。”该条c款则详细规定例外情形：“下述情况，父或母的同意可以不予考虑：1.生父母中另一方不明确的；较长时间不知道其下落的；或其长期无判断能力的。2.生父母中另一方严重不关心子女的。”法律规定特定情形下可突破双方送养原则，旨在以实现被收养人最佳利益为目标促进收养的达成。

规范内容

本条以相当简明的表述确立起关于生父母送养同意的两项规则，两者之间是原则与例外的关系，必须关联起来一并理解和实施，因而在条文中前后表述紧密接续，并不分款。明确这一认知，方不致曲解下文的分述模式。

其一，生父母送养子女，一般应当双方共同送养。

父母是未成年子女的天然照护者，通常亦是最佳照护者。无论我国法律还是国际公约，都明确肯认父母享有最为优先和优越的子女照护地位。《民法典》第26条第1款规定：“父母对未成年子女负有抚养、教育和保护的义务。”第27条第1款规定：“父母是未成年子女的监护人。”联合国《儿童权利公约》第18条第1款规定：“……父母、或视具体情况而定的法定监护人对儿童的养育和发展负有首要责任。儿童的最大利益将是他们主要关心的事。”

父母的照护责任和监护权是共同的，亦是平等的。《儿童权利公约》第18条亦明确指出：“缔约国应尽其最大努力，确保父母双方对儿童的养育和发展负有共同责任的原则得到确认。”我国《民法典》第1041条规定男女平等是婚姻家庭法的基本原则。第1058条规定："夫妻双方平等享有对未成年子女抚养、教育和保护的权利，共同承担对未成年子女抚养、教育和保护的义务。"在没有婚姻关系的父母之间，父母亦应根据男女平等的宪法和婚姻家庭法原则平等享有子女监护权、承担子女照护责任。

送养子女是在法律规定的情形下转移父母监护和照护责任的法律行为，父母双方应当共同实施送养行为，这不仅是权利义务流转须有来处之法律逻辑的要求，亦是对父母身份、地位和权利的保障。共同实施收养行为，要求父母双方就送养子女事项协商一致、达成合意，并依照法律规定作为送养人参与收养程序，这种参与行为本质上是对送养意愿的表达和确认。在收养登记程序中，收养登记员见证当事人包括送养人在《收养登记申请书》上签名，[①]即确认各方真实意思表示。对于1992年4月1日《收养法》实施以前收养关系的认定，根据1984年8月30日发布并施行的《最高人民法院关于贯彻执行民事政策法律若干问题的意见》（已失效）第27条第2款，生父母中有一方不同意的，收养关系不能成立。生父或生母送养时，另一方明知而不表示反对的，应视为同意。

但是在某些情形下，陷于困境中的未成年人亟待通过收养机制争取更好的生活成长环境，却由于客观或主观的原因难以取得父母一方的同意甚至难以向其传达送养信息，此即过度保障父母（有时是存在过错的父母）的利益就会牺牲子女的最佳利益。因此，在确立生父母双方送养的一般原则之外，还应规定例外情形，以尽可能促成收养，实现未成年人最佳利益。

其二，生父母一方不明或者查找不到的，另一方可以单方送养。

在这一规则中，作为法律用语的"不明""查找不到"应当指向客观上无法知晓、无法联络生父母一方进而无法获悉其对收养的知情同意，但操作层面不可避免地存在一些模糊性和不确定性，甚至会有知而不告以致不明的道德风险：查找过程的广度和深度可能存在差异，但自法律技术而言"查找不到"最终可由公告机制予以确认，所以这一点尚可把握。但"不明"这一词语本身即蕴含着主观认知和判断。例如，是身份不明还是下落不明，是生父母另一方不明还是收养登记机关不明等，存在诸多解释的可能，民法典编纂

---

① 参见民政部2008年8月25日印发的《收养登记工作规范》第14条第3项。

程序中“身份”一词增补之后复又删去，正表明其间的分寸颇费思量。《收养子女登记办法》和《民政部关于规范生父母有特殊困难无力抚养的子女和社会散居孤儿收养工作的意见》（民发〔2014〕206号）都将法律中的“不明”转化为“下落不明”，虽便于通过宣告失踪等法律机制予以确认，却是对法律条文的限缩解释，从而使单方送养的适用空间被不当压缩。

自文义而言，生父母一方主体不明确、下落不明或查找不到，有特殊困难无力抚养子女的另一方父母都可依据本条和《民法典》第1093条、第1094条的规定为实现子女最佳利益而送养子女，理由有二：其一，不明或查找不到的父母一方事实上已无意愿或无能力照料监护子女，其父母权益与子女权益相比，后者利益更值得保护；其二，既是一方主体不明或查找不到，则父母双方的合意自无可能实现，法律不应苛求送养子女的父母一方完成事实不能之行为。

三 举证责任

如本条评注“规范目的或功能”部分所言，生父母依据本条送养子女，也要同时符合《民法典》第1093条第3项、第1094条第3项的规定，亦即必须是在有特殊困难无力抚养子女的情形下送养子女。因此在举证责任上，送养子女的生父母须证明三项基本事实：其一，送养人与被收养人具有自然血缘的父母子女关系；其二，送养人有特殊困难无力抚养被收养人；其三，送养人双方共同送养或符合本条规定的情形单方送养。

根据《收养子女登记办法》第6条的规定，生父母为送养人的，应当向收养登记机关提交下列证件和证明材料：（1）生父母的居民户口簿和居民身份证；（2）生父母与当地计划生育部门签订的不违反计划生育规定的协议；（3）生父母有特殊困难的声明；（4）生父母因一方下落不明单方送养的，应提交另一方下落不明的证明。这里要注意的是，生父母双方共同送养的意愿蕴含于双方共同提交有关证件和证明材料的共同送养行为中。

《民政部关于规范生父母有特殊困难无力抚养的子女和社会散居孤儿收养工作的意见》（民发〔2014〕206号）进一步将生父母有特殊困难无力抚养的证明具体化为生父母所在单位或者村（居）委会根据下列证件、证明材料之一出具的能够确定生父母有特殊困难无力抚养的相关证明：（1）县级以上医疗机构出具的重特大疾病证明；（2）县级残疾人联合会出具的重度残疾证明；（3）人民法院判处有期徒刑或无期徒刑、死刑的判决书。该意见还规定，生父母确因其他客观原因无力抚养子女的，乡镇人民政府、街道办事处出具的有关证明可以作为生父母有特殊困难无力抚养的证明使用。针对生父母依据本条单方送养的情形，该意见要求送养人提交公安机关或者其他有关机关出具的下落不明的证明，以及下落不明一方的父母不行使优先抚养权的制式书面声明。

由以上具体要求中，可察知目前我国收养登记实践无形之中将本条所规定之“生父母一方不明或者查找不到”限缩解释为“生父母一方下落不明”。

其他问题

本条规定的表述不够周延，需以体系化的视角理解适用并予充实完善，以充分体现规范意旨和实现制度功能。自体系内而言，本条与第1108条密切相关却缺乏整合：本条规定，“生父母送养子女，应当双方共同送养。生父母一方不明或者查找不到的，可以单方送养”。第1108条规定，“配偶一方死亡，另一方送养未成年子女的，死亡一方的父母有优先抚养的权利”。可见，本条采用原则+例外的规范结构，却未能将第1108条同为单方送养的情形一并概括在内。此疏漏虽可在法律解释论上作些许补救——如阐明生父母一方死亡，其主体资格已不存在，自无须特别规定另一方可单方送养——却难以校正另一方有违同等情形同等处理原则的适法问题：第1108条规定，配偶一方死亡，其父母有优先抚养孙子女的权利；然而本条却未针对生父母一方（下落）不明或者查找不到的情形，赋予该方父母优先抚养孙子女的权利。

如果不限于实证法规范而从制度功能考察，本条规定更是存在明显不足。正如本条评注“规范目的或功能”部分所述，生父母送养子女，以双方收养为原则，单方收养为例外，规范重心应落在例外情形。自法理而言，无法获取生父母知情同意的情形大致可归于主体不存、主体不明、能力不足、意愿不具若干大类，包括：（1）生父母一方死亡或被宣告死亡、宣告失踪；（2）生父母一方不明；（3）生父母一方无民事行为能力；（4）未缔结婚姻关系的生父母一方未与子女建立抚养关系且拒绝承担抚养义务的。这些情形下，处于困境中的被收养人较之具有以上情形的生父母一方的亲子权益更值得保护，因此应当以最有利于被收养人的原则允许其另一方生父母单方送养，促成收养实现。德国、法国等收养制度较成熟的国家都有细致明确的单方收养规范。我国有疏导民间收养、规范未婚先育子女的收养等现实需求，完善单方收养规范不失为一个有效的制度路径。

第一千零九十八条【收养人的条件】

收养人应当同时具备下列条件：

（一）无子女或者只有一名子女；

（二）有抚养、教育和保护被收养人的能力；

（三）未患有在医学上认为不应当收养子女的疾病；

（四）无不利于被收养人健康成长的违法犯罪记录；

（五）年满三十周岁。

历史由来

1991年对我国首部《收养法》进行审议时，起草机关在解释性文件中强调：收养人应具备的条件，按收养人有无配偶分别规定。对于有配偶的人，一般要求：（1）夫妻双方必须共同收养；（2）无子女；（3）收养人要有抚育被收养人的能力；（4）养父母与养子女的年龄差距。[①]最终，这些立法意旨体现为这部法律的第6条，规定为："收养人应当同时具备下列条件：（一）无子女；（二）有抚养教育被收养人的能力；（三）年满三十五周岁。"

在这部《收养法》的实施中，收养条件过严渐渐成为一个突出的社会问题，1998年修正《收养法》时从降低收养人年龄标准着手，容纳更多潜在的收养人，同时基于保障被收养人利益的考量，增加规定收养人应"未患有在医学上认为不应当收养子女的疾病"。修正后的第6条规定："收养人应当同时

---

① 参见时任司法部副部长金鉴于1991年6月21日在第七届全国人民代表大会常务委员会第二十次会议上所作《关于〈中华人民共和国收养法（草案）〉的说明》。

具备下列条件：（一）无子女；（二）有抚养教育被收养人的能力；（三）未患有在医学上认为不应当收养子女的疾病；（四）年满三十周岁。”

关于降低收养人年龄要求，起草机关着重作了解释和说明：“《收养法》规定收养人必须年满35周岁，这在世界各国规定的收养人年龄中是比较高的。按照我国婚姻法规定的婚龄，未生育子女的夫妻要在婚后10多年才有可能收养子女，这不符合人们的一般养育心理，也是造成事实收养大量存在的重要原因之一。据北京市1997年对公民事实收养情况的调查，收养人夫妻双方或者一方不满35周岁的，占收养总数的62%。据上海市对1982年到1994年公民事实收养情况的调查，收养人夫妻双方或者一方不满35周岁的，占收养总数的56%。修订草案从实际出发，将收养人年龄下限降到30周岁；同时规定，婚后经确诊无生育能力的，不受年满30周岁的限制。”[①]但是，“婚后经确诊无生育能力的，不受年满30周岁的限制”这一更加宽松的例外规定，最终并未体现在修订后的《收养法》条文中。

在民法典编纂历程中，《民法典婚姻家庭编（草案）》（一审稿）第877条在《收养法》第6条的基础之上，将要求收养人“无子女”修改为收养人应“无子女或者只有一名子女”，将收养人的一般性条件表述为：“收养人应当同时具备下列条件：（一）无子女或者只有一名子女；（二）有抚养、教育和保护被收养人的能力；（三）未患有在医学上认为不应当收养子女的疾病；（四）年满三十周岁。”放松对收养人子女数量的限制，其背景是我国人口计划生育政策发生重大转变：自1982年将计划生育确定为基本国策后，历经近二十年的发展，我国人口低生育水平稳中有降，劳动年龄人口总量开始减少，劳动力平均年龄不断提高，人口老龄化速度加快，高龄化趋势明显。[②]2001年12月29日，第九届全国人大常委会第二十五次会议通过《人口与计划生育法》，自2002年9月1日起施行。各地根据该法制定“双独二孩”政策。2013年11月，中共十八届三中全会审议通过《中共中央关于全面深化改革若干重大问题的决定》，启动实施“一方是独生子女的夫妇可生育两个孩子的政策”，即“单

① 参见时任民政部部长多吉才让1998年8月24日在第九届全国人民代表大会常务委员会第四次会议上所作《关于〈中华人民共和国收养法（修订草案）〉的说明》。

② 参见中共中央、国务院2013年12月30日印发的《关于调整完善生育政策的意见》。

独二孩”政策。2015年10月，中共十八届五中全会提出“全面实施一对夫妇可生育两个孩子政策”，即“全面放开二孩”政策。

至《民法典婚姻家庭编（草案）》（二审稿）阶段，有全国人大常委会组成人员、地方、部门和社会公众提出，为保障被收养人的健康成长，建议增加规定收养人无不利于被收养人健康成长的违法犯罪记录这一条件。[①]全国人大宪法和法律委员会经研究，建议采纳这一意见，于是第877条将收养人的一般性条件完整表述为：“收养人应当同时具备下列条件：（一）无子女或者只有一名子女；（二）有抚养、教育和保护被收养人的能力；（三）未患有在医学上认为不应当收养子女的疾病；（四）无不利于被收养人健康成长的违法犯罪记录；（五）年满三十周岁。”

这一条文被《民法典婚姻家庭编（草案）》（三审稿）第877条延续下来，后被《民法典（草案）》完整吸纳，最终成为《民法典》第1098条的内容。

三 规范目的或功能

本条规定收养人应当具备的条件。收养是自然人依照法律规定的条件和程序领养他人的子女为自己的子女，从而使得收养人和被收养人之间形成法律拟制的亲子关系的民事法律行为。收养制度的首要社会功能就是解决未成年社会成员脱离家庭或失去供养的社会问题，保障未成年人健康成长，而收养人是否具备良好的抚养教育条件和能力是实现被收养未成年人最佳利益的重要指标和前提条件。

我国收养法律制度历来重视对收养人条件的规范。自1991年首次公布新中国《收养法》以来，每一次修法、立法活动都对收养人条件不断进行修正和增补，从最初的3项条件发展到现在的5项条件，规定积极条件的同时也增加消极条件，从年龄、子女数量、抚养教育能力方面的要求扩展到健康、品行等更多的标准，目的就在于尽可能为被收养人争取安全充足的成长环境。

---

① 参见2019年6月25日全国人民代表大会宪法和法律委员会向全国人民代表大会常务委员会所作《关于〈民法典婚姻家庭编（草案）〉修改情况的汇报》。

规范内容

本条要求收养人需同时具备五个方面的条件，以下详述之。

一、无子女或者只有一名子女

在我国立法史上，最早于1991年出台的《收养法》第6条规定收养人须无子女，起草机关明确指出“无子女是收养子女的一项重要条件”，并一度在草案中规定夫妻一方无生育能力或婚后五年以上无子女者才允许收养子女。[①]草案中的具体规定并未成为具有法律效力的条文，但其后在《收养法》的理解适用中，“无子女”被进一步解释为“主要是指夫妇一方或双方无生育能力和无配偶者无子女”[②]。结合当时法律规定“收养人只能收养一名子女”来看，收养法的制度设计系以独生子女政策下的自然亲子家庭为参照构造相仿的收养家庭。实际上，收养登记机关针对《收养法》的解答性文件将其归因为两大因素的考量，认为“实行收养，不能违背‘一对夫妇只能生育一个孩子’的计划生育原则。另外，收养人只收养一名子女，也有利于被收养人的健康成长”[③]。在民法典编纂过程中，我国社会形势和人口政策已经发生很大的变化，根据当前的计划生育政策，每个家庭可以生育两名子女。《民法典》仍以此家庭模型为参照构造收养家庭，要求收养人“无子女或者只有一名子女”，同时在第1100条对两种情形下的收养子女数量分别规定为两名和一名。这说明，虽然法律条文和法律规范发生了改变，但是立法思路并没有改变。要求收养人无子女或者只有一名子女，仍是基于对计划生育政策下家庭模型的参照，同时也是为了确保收养人有足够的资源照护被收养人。

法律要求收养人无子女或者只有一名子女，那么“子女”的内涵和外延就须精准把握。在亲子法上，子女包括：具有自然血缘关系的婚生子女、非

---

① 参见时任司法部副部长金鉴于1991年6月21日在第七届全国人民代表大会常务委员会第二十次会议上所作《关于〈中华人民共和国收养法（草案）〉的说明》。

② 参见《民政部婚姻司对〈收养法〉的解答》（1992年4月1日）第6条。

③ 参见《民政部婚姻司对〈收养法〉的解答》（1992年4月1日）第9条。

婚生子女和具有拟制亲子关系的养子女、形成抚养教育关系的继子女。这些子女的数量达到两名或两名以上，自是不符合收养人的条件。然在上述类型的子女之外，尚有未形成抚养教育关系、仅具姻亲关系的继子女，这类的子女是否应计入本条所规定的子女数量呢？实践中恰恰存在这样的个案：因《收养法》规定收养人须无子女，再婚夫妇因一方已有成年子女无法收养孤儿，为促成收养作出“成年子女不是子女”的解释悖论。[①]当然，《民法典》将此条件修改为“无子女或者只有一名子女”之后，上述个案本身已不存在障碍，但同类实务困扰还会出现，法学理论问题仍然存在，即收养条件中所要求的子女数量是否计入成年子女以及虽未成年但不具抚养教育关系的继子女？本书认为，收养条件的设定旨在保障收养人有足够的资源抚育被收养人，因此不占用、不影响抚育资源的形式要件宜从宽解，方符合收养法之促进收养、保障未成年人收养权益的制度目标。

二、有抚养、教育和保护被收养人的能力

自1991年公布《收养法》规定收养人应具备此项条件以来，历次修法、立法活动均完整保留了这一要求及其具体的法律表述。根据《收养法》最初的起草机关兼收养登记机关的解释，有抚养教育被收养人的能力主要指收养人有抚养和教育被收养人的经济条件、健康条件和教育能力等。经济条件是指有足够而稳定的经济来源；健康条件是指不能有影响被收养人成长的精神病或其他严重疾病；教育能力是指收养人有引导教育被收养人健康成长的能力。此外，还强调收养人应当有正确的收养目的和良好的道德品质。[②]

抚养、教育和保护被收养人的能力是较概括、综合的条件，需要在具体收养个案中评估和判断。2012年以来，民政部在新的时代背景下提出，抚养教育被收养人能力涉及收养人的婚姻家庭状况、性格心理，以及与被收养人的相适度等诸多方面，对其科学判断需要运用相关专业知识和方法，进而在

---

① 黄忠：《有继子女的夫妻可否收养社会弃婴？——关于〈收养法〉第6条“无子女”含义的理解》，载《社会福利》2009年第1期。

② 参见《民政部婚姻司对〈收养法〉的解答》（1992年4月1日）第7条。

上海、江苏等多地开展收养评估试点工作。具体评估内容除收养人的收养动机、经济状况、婚姻状况、家庭状况、身体健康状况、学历学识、品德品行等指标外，还包括对被收养人情况以及影响收养人抚养教育被收养人能力的其他因素进行深入研究，将其转化为可通过约见、面谈、家访、走访等办法观察反映的客观指标，并积极尝试运用其他方法对各项指标进行检验、完善。在收养评估机制中，收养人是否具有抚养、教育和保护被收养人的能力将逐步通过科学、全面、开放的评估指标体系予以体现。①

三、未患有在医学上认为不应当收养子女的疾病

这一规定属于消极条件，即存在某些情形会使得收养人不适格。本条要求，收养人不能患有在医学上认为不应当收养子女的疾病，这实际上是把判断和认定权交由专业的医学部门来实施。理论界一般认为，医学上认为不应当收养子女的疾病主要包括精神疾病和传染性疾病。②前者是指精神分裂症、分裂情感性障碍、偏执性精神病、双相（情感）障碍、癫痫所致精神障碍、精神发育迟滞伴发精神障碍等疾病，③收养人患有此类疾病可能会损害其行为能力和照护能力甚至危及未成年人的身心健康。后者是指我国《传染病防治法》规定的甲类、乙类和丙类传染病，主要包括鼠疫、霍乱、传染性非典型肺炎、艾滋病、病毒性肝炎、脊髓灰质炎、人感染高致病性禽流感、麻疹、流行性出血热、狂犬病、流行性乙型脑炎、登革热等多达三十余种疾病，④收

---

① 参见《民政部关于开展收养评估试点工作的通知》（民函〔2012〕189号）。

② 雷明光主编：《中华人民共和国收养法评注》，厦门大学出版社2016年版，第105页。

③ 参见国家卫生健康委员会2018年5月28日印发的《严重精神障碍管理治疗工作规范（2018年版）》。

④ 根据我国《传染病防治法》第3条的规定："本法规定的传染病分为甲类、乙类和丙类。甲类传染病是指：鼠疫、霍乱。乙类传染病是指：传染性非典型肺炎、艾滋病、病毒性肝炎、脊髓灰质炎、人感染高致病性禽流感、麻疹、流行性出血热、狂犬病、流行性乙型脑炎、登革热、炭疽、细菌性和阿米巴性痢疾、肺结核、伤寒和副伤寒、流行性脑脊髓膜炎、百日咳、白喉、新生儿破伤风、猩红热、布鲁氏菌病、淋病、梅毒、钩端螺旋体病、血吸虫病、疟疾。丙类传染病是指：流行性感冒、流行性腮腺炎、风疹、急性出血性结膜炎、麻风病、流行性和地方性斑疹伤寒、黑热病、包虫病、丝虫病，除霍乱、细菌性和阿米巴性痢疾、伤寒和副伤寒以外的感染性腹泻病。国务院卫生行政部门根据传染病暴发、流行情况和危害程度，可以决定增加、减少或者调整乙类、丙类传染病病种并予以公布。"

养人患有此类疾病亦会不利于其照护未成年人的生活，保障未成年人健康。实务中采用一些制式的《收养人医学检查表》或《收养人健康检查证明》等，对收养人进行精神检查和传染病检查，有的还询问并记录被检查人是否患有肿瘤、心脏病、遗传病或者酗酒、吸毒等病史，最终由医生提交结论性意见：该收养申请人在身体、精神或心理上是否有影响其抚养孩子的不利因素？该收养申请人的身体状况是否适合抚养收养的孩子？总的来说，收养人是否患有在医学上认为不应当收养子女的疾病主要是由医学专业人士予以判定。

四、无不利于被收养人健康成长的违法犯罪记录

这一规定同属于消极条件，收养人不得有不利于被收养人健康成长的违法犯罪记录。这是在民法典编纂过程中增补的条件，具体该如何认定“不利于被收养人健康成长的违法犯罪记录”尚有待权威解释。这里根据有关立法和司法动态探讨实施本条的具体要求和支持体系：《未成年人保护法（修订草案）》（2019年11月征求意见稿）第20条第2款和第54条的探索可资参照。该草案第20条规定委托监护中受委托人不得具有以下情形：①曾实施过性侵害或者严重暴力伤害行为的；②曾长期忽视未成年人照管需求，拒不履行照管责任的；③有吸毒、酗酒、赌博等严重不良习性或者多次违法行为的；④被禁止从事密切接触未成年人行业相关工作的；⑤具有其他不适宜担任被委托人情形的。第54条规定禁止具有性侵害、虐待、暴力伤害等严重侵害未成年人的违法犯罪记录的人员从事密切接触未成年人行业。两者对照，前者禁止情形广而宽泛，后者范围窄而明确，在具体实施中很容易倾向于执行较明确的准则，但本书主张收养人违法犯罪记录审查宜参照前者、吸纳后者从而确立较严格较全面的高标准，理由在于：对未成年人承担更高责任和义务的主体，应具有更高的法治素养和道德水准。显然，从行业服务人员到受托监护主体再到即将承担监护职责的收养人，责任和义务呈递进态势，对主体的要求也就应当不断提升。

综上，收养人不应具有的违法犯罪记录应包括：（1）实施性侵害、虐待、暴力伤害等严重侵害未成年人或其他禁止从事密切接触未成年人行业的违法犯罪行为；（2）有严重忽视未成年人照管需求、拒不履行照管责任的失职违

法行为；（3）有吸毒、酗酒、赌博等严重不良习性或者多次违法行为，尚未戒止改正；（4）有其他不利于未成年人健康成长的违法犯罪情形。

五、年满三十周岁

对收养人年龄设定下限是各国收养法通行规定，但是具体规则设定存在较大差异，这种差异不仅体现在年龄限制本身，还体现在是否与其他要求相结合，或者是否区分不同情形予以差别对待：例如，《瑞士民法典》第264条a款、第264条b款、第265条规定，夫妻双方已婚5年以上，或已年满35岁可以收养子女，未婚者年满35岁后可单独收养子女，无论双方收养还是单方收养，养子女的年龄至少应比养父母小16岁。《意大利民法典》第291条规定，收养人须达到35岁（特殊情形下达到30岁）且较拟收养子女年长18岁。《法国民法典》第343条、第343-1条、第343-2条、第344条规定，年满28周岁的人可收养子女，但已婚且未别居的收养人必须征得配偶同意，结婚超过2年且未别居的夫妻或者双方均满28周岁的夫妻可（共同）收养子女，收养人的年龄应当比拟收养子女的年龄大15周岁以上，收养配偶的子女对收养人年龄不作要求，但应较被收养子女的年龄相差10周岁以上，有正当理由经法院宣告可突破前述两项年龄差异要求。《德国民法典》第1741条第2款、第1743条规定，收养人应年满25岁，在夫妻共同收养情形下收养人应一方年满25岁、另一方年满21岁，在收养配偶子女的情形下收养人应年满21岁。《日本民法典》第792条规定，达到成年即可收养子女，但是对于特别收养（旨在与亲生方的血亲终止亲属关系的收养关系，亦即完全收养），第817条之四规定，未满25岁的人，不得作为养父母，但是夫妻收养时一方未满25岁但已满20岁是可以的。日本的收养年龄要求比较宽松，与其历史上长期将收养视为成年人之间缔结的互利虚拟亲属关系协议的特殊文化有关。[①]

本条规定收养人须年满30周岁，是从年满35周岁的旧规（1991年公布的《收养法》第6条）调整而来。前文"历史由来"部分已提及，当时的主要考虑是对收养人年龄要求过高，不符合社会需求，甚至导致事实收养大量存

① ［美］泰米·L.布里安，范忠信摘译：《日本的收养制度与观念》，载《苏州大学学报》（哲学社会科学版）1997年第2期。

在。1998年《收养法》修正后将收养人年龄要求调低至目前的年满30周岁标准，基本是符合我国国情的，尤其是在越来越多的适婚群体推迟婚育年龄的背景下。但在本条的理解和适用中必须明确，对收养人的年龄要求并非孤立的、单一的，而要考虑有无特殊情形，比如继亲收养会更宽松，并不要求收养人年满30周岁，而无配偶者收养异性子女会更严格，在年满30周岁之外还要求收养人与被收养人年龄应当相差40周岁以上。

最后应强调的是，本条所规定的五项条件必须同时具备，亦即积极条件必须有，消极条件不可有，方为适格的收养人。

举证责任

根据《收养子女登记办法》第5条第1款和第4款，收养人应当向收养登记机关提交收养申请书和下列证件、证明材料：（1）收养人的居民户口簿和居民身份证；（2）由收养人所在单位或者村民委员会、居民委员会出具的本人婚姻状况和抚养教育被收养人的能力等情况的证明，以及收养人出具的子女情况声明；（3）县级以上医疗机构出具的未患有在医学上认为不应当收养子女的疾病的身体健康检查证明。对收养人出具的子女情况声明，登记机关可以进行调查核实。

以上证明材料只是证实收养人符合本条规定的基本条件。在具体操作中，收养人还应根据个案中的具体情形提交相关证明材料，《收养子女登记办法》第5条第2款针对被收养人的不同情形予以规范，本书在后文第1100条和第1103条的评注中再予详述。

其他问题

本条全面规定收养人应当具备的各项条件，旨在确保收养人能够为被收养人提供安全的、良好的成长环境。故而在制度逻辑上，亦应坚持以是否有利于被收养人成长为准则审视各项条件的合理性。其中尤其值得关注的是，《收养法》要求收养人无子女在实践中已造成拥有成年子女的再婚夫妇难以收养社会弃婴的现实问题，虽然《民法典》依据新的计划生育政策作了修正，于此个案有所纾解，却回避了更深层次的价值悖论：收养是协调社会资源解决社会问题的法律机制，以支持和鼓励社会爱心人士助力孤苦儿童成长为其价值目标，缘何以计划生育政策自限疆界？诚然，在《民法典婚姻家庭编（草案）》（一审稿）阶段，起草机关指出："现行婚姻法、收养法中都有关于计划生育的条款。为适应我国人口形势新变化，草案不再规定有关计划生育的内容。"[①]但从当前来看，民法典中删去的内容仅限于直接援引、表述计划生育政策的条文，本条属于受计划生育政策思维影响的条文，其与第1100条第1款相结合仍致力于再造与计划生育政策新规下相仿的家庭结构。《关于〈中华人民共和国民法典（草案）〉的说明》明确了这一立场："与国家计划生育政策的调整相协调，将收养人须无子女的要求修改为收养人无子女或者只有一名子女（草案第1098条第1项）。"[②]

实际上，无论从制度功能的预设，还是从比较分析的视角，未来我国收养制度均应完全放弃对人口政策的依附，理由在于：其一，人口政策是针对未出生人口的宏观调控，收养制度则是安置、保护已出生的未成年人，两者的价值目标、适用条件具有根本性的不同。其二，从外观上造就与人口政策下家庭模式相似的收养家庭，对人口政策的实施并无实质性影响，反而导致收养门槛高企，很多有爱心、有能力的潜在收养人被这一障碍阻挡在收养资源之外。其三，不限制被收养人的数量是国际收养领域的共识，德国在1961年去除收养人应无子女的规定，视其为"二战"及第三帝国导致收养社会角色扭曲的遗迹。[③]有些国家明确肯认可收养多名子女，如《意大利民法典》之"特别养子女收养"（近于完全收养类型）章节，第314条之三第2款规定，"准许以一个行为或相继的数个行为，为数个特别养子女收养"。

---

① 参见《关于〈民法典各分编（草案）〉的说明》第四部分"关于婚姻家庭编草案"第5点说明。

② 参见2020年5月22日全国人民代表大会常务委员会副委员长王晨在第十届全国人民代表大会第三次会议上所作《关于〈中华人民共和国民法典（草案）〉的说明》第四部分第（五）项第5点内容。

③ F.W.Bosch: Entwicklungen und Probleme des Adoptionsrechts in der Bundesrepublik Deutschland, Zeitschriftfur das gesamte Familienerecht, 1984 (31): pp.829–842.

第一千零九十九条【亲族收养的条件豁免】

收养三代以内旁系同辈血亲的子女，可以不受本法第一千零九十三条第三项、第一千零九十四条第三项和第一千一百零二条规定的限制。

华侨收养三代以内旁系同辈血亲的子女，还可以不受本法第一千零九十八条第一项规定的限制。

历史由来

我国首次公布的《收养法》第7条第1款规定："年满三十五周岁的无子女的公民收养三代以内同辈旁系血亲的子女，可以不受本法第四条第三项、第五条第三项、第九条和被收养人不满十四周岁的限制。"第2款规定："华侨收养三代以内同辈旁系血亲的子女，还可以不受收养人无子女的限制。"援引至相关条文具体内容，其所确立的规则可简要表述为：（1）收养三代以内同辈旁系血亲的子女，非限定于生父母有特殊困难无力抚养子女的情形，且无配偶男性收养女性不适用年龄差异限制，被收养人不限于14周岁以下（但仍应是未成年人）；（2）华侨收养三代以内同辈旁系血亲的子女，在以上宽限基础上，亦不受当时施行的收养人应无子女的限制。

1998年修正的《收养法》第7条对上述两款规则未进行实质修改，但条文表述更加简明，第1款规定："收养三代以内同辈旁系血亲的子女，可以不受本法第四条第三项、第五条第三项、第九条和被收养人不满十四周岁的限制。"第2款规定："华侨收养三代以内同辈旁系血亲的子女，还可以不受收养人无子女的限制。"

在民法典编纂过程中，《民法典婚姻家庭编（草案）》（一审稿）第878条在新的体系下对此两款收养限制的例外规定。第1款规定："收养三代以内同辈旁系血亲的子女，可以不受本法第八百七十二条第三项、第八百七十三条第三项和第八百八十条规定的限制。"第2款规定："华侨收养三代以内同辈旁系血亲的子女，还可以不受本法第八百七十七条第一项规定的限制。"援引至相关条文具体内容，可将其确立的规则梳理如下：（1）收养三代以内同辈旁系血亲的子女，非限定于生父母有特殊困难无力抚养子女的情形，且无配偶男性收养女性不适用年龄差异限制；（2）华侨收养三代以内同辈旁系血亲的子女，在以上宽限基础上，亦不受同时施行的收养人应无子女或者只有一名子女的限制。与《收养法》第7条所确立的规则相比较可知，两者在立场和幅度上并无实质性差异，所不同者仅在于体系内的两点联动变化：其一，当被收养人年龄整体放宽至未成年，特殊收养就此而言不再特殊，自无必要赘述；其二，当法律本身对收养人子女数量的限制发生改变，特殊收养对此项限制的排除适用亦必随之变化。

《民法典婚姻家庭编（草案）》（二审稿）第878条延续了《民法典婚姻家庭编（草案）》（一审稿）第878条的规定，唯一细微的区别在于：由于条文编排的调整，后者所援引的“第八百八十条”变成前者的“第八百八十一条之一”，于是相关表述亦随之调整。此调整纯属立法技术层面的操作，经《民法典婚姻家庭编（草案）》（三审稿）第878条保持后，在随后的立法草案中继续应时而变，直至立法进程进入《民法典（草案）》阶段，所涉援引条文的序号全部重新调整，最终形成当前第1099条的内容。

三 规范目的或功能

本条规定亲族收养的条件豁免，包括国内公民的亲族收养和华侨的亲族收养。在我国，亲族收养有着悠久的历史传统，延续家族门户、利于宗祧继承是古代收养制度的主要目标。[①]立嗣是收养的主要形态，唐、宋、金、元、明、清时代的律令均明文规定立嗣须“同宗昭穆相当”，要求嗣父与嗣子属于同一宗族且为上下世代关系。[②]立嗣关系一经成立，嗣子取得继承宗祧和家庭财产的权利，同时也要承担服从亲权和教令的义务。特殊情形下还要以“兼祧”和“继绝”确保家族传承。[③]单纯旨在救助孤儿的“乞养”在当时的制度

---

① 我国近代亲属法研究者将西方收养制度也称为“嗣子制度”，认为：“欧洲立嗣制度之精神，只在慰藉孤独，救护贫困，扶助遗孤，奖励战士，而与继承宗祧一层，非其所重，故与我国立嗣之主旨迥然不同。”参见徐朝阳：《中国亲属法溯源》，商务印书馆1930年版，第147页。

② ［日］滋贺秀三：《中国家族法原理》，张建国、李力译，法律出版社2003年版，第255—257页。

③ 薛宁兰、金玉珍主编：《亲属与继承法》，社会科学文献出版社2009年版，第223页。

体系中处于边缘地位。在漫长的古代收养史上，立嗣属于法律上的收养，而乞养则更近于事实上的收养。[①]本条尊重民族传统，从亲族收养的制度需求出发，放宽收养条件，尽可能促成亲族收养，积极发挥收养在宗族融合方面的制度功能。

不过，亲族收养以及此类豁免在现代收养制度中殊为少见，《德国民法典》《法国民法典》《意大利民法典》《瑞士民法典》均未有痕迹，《日本民法典》中仅第798条涉及，规定收养自己或者配偶的直系被亲属作为养子女时无须经法院许可。

规范内容

本条为排除适用的特殊引用型法条，具体内容分为两款：第1款规定国内公民实施亲族收养的豁免条件，第2款在前者的基础上进一步放宽华侨实施亲族收养的条件。以下综合详述本条的规范内容。

一、本条的适用范围

本条适用于亲族收养，即收养人收养其三代以内同辈旁系血亲的子女。[②]

该规则的核心要点在于准确把握三代以内同辈旁系血亲的概念。首先，旁系血亲是亲系范畴下的概念。所谓亲系，是指亲属之间的联络系统，或者亲属之间的血缘联系。近现代以后，人类社会普遍从人格附属的身份社会转向人格独立的契约社会，家庭规模缩小以适应工业化发展的需要，以血缘联系划定亲属关系成为更加通行的亲系标准。以血缘联系为标准，亲系可划分为直系血亲和旁系血亲。直系血亲是指彼此之间有直接血缘传承的血亲，即生育自己和自己所生育的上下各代亲属关系。如以己身为原点，则往上的尊亲属依次为父母、（外）祖父母、（外）曾祖父母、（外）高祖父母……往下的

---

① ［日］滋贺秀三：《中国家族法原理》，张建国、李力译，法律出版社2003年版，第463页。

② 本要点下，关于亲系和亲等的基础概念和知识，可参阅薛宁兰、金玉珍主编：《亲属与继承法》，社会科学文献出版社2009年版，第53—58页。

卑亲属依次为子女、(外)孙子女、(外)曾孙子女、(外)玄孙子女……直系血亲不同代际之间存在生育和繁衍的链条。旁系血亲是指与自己有着共同血缘，但彼此之间没有直接生育关系的血亲。如以己身为原点，则兄弟姐妹、堂兄弟姐妹或表兄弟姐妹、舅姨姑伯叔、侄子女、外甥子女……皆为旁系血亲。旁系血亲可共同溯源至同一祖先。

“三代”是对世代的表述，世代是我国现行法律采用的亲等概念。所谓亲等，即亲属的等级，是表示亲属关系亲疏远近的单位。关于亲等的立法例，可以分为阶级亲等制和世数亲等制。古代等级社会多采用阶级亲等制，按照身份关系的亲疏远近计算亲属关系，我国封建社会采用的丧服制即典型的阶级亲等制，其划分亲属等级的标准并非单纯地反映血缘关系，而是更靠近宗法伦理关系。至近现代,《大清民律草案》始摒弃阶级亲等法，转向世数亲等法，即依照血缘关系的世数划分亲等。世数亲等法又可分为罗马法亲等计算法和寺院法亲等计算法以及我国采用的世代计算法，三者同中有异，立法予以评价和取舍应兼具科学和文化视角。即如我国的世代计算法，从科学性来说有利有弊，但是自文化而言已成传承，所以历次立法皆未变动。这里的“代”是指世辈，从己身算起(己身计入其内)，一辈为一代。直系血亲的计算，循血脉传承计数至待确定亲等的直系亲属即可。旁系血亲的计算，须分别以己身和待确定亲等的旁系亲属为原点，各自循血脉传承计数至共同祖先，然后比较两个计数，如等值则取该值，如不等值则取其中较大者。

依照上述概念解析，本条所言“收养三代以内同辈旁系血亲的子女”，系指收养家族内的下一代，且该被收养人的生父母与收养人之间为三代以内同辈旁系血亲关系即兄弟姐妹、表兄弟姐妹关系或堂兄弟姐妹关系。当收养人与被收养人的亲系亲等关系如下图所示，则可适用本条规定的亲族收养豁免。

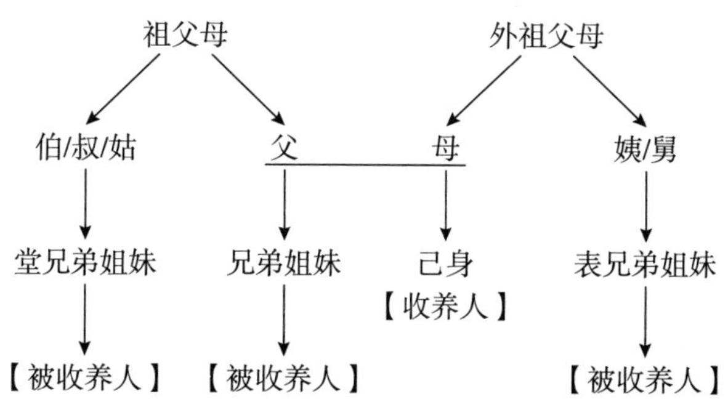

二、国内公民实施亲族收养的豁免条件

收养三代以内同辈旁系血亲的子女，不限于生父母有特殊困难无力抚养子女的情形，不适用无配偶者收养异性子女年龄应相差40周岁以上的要求。

本条第1款一般性地排除了第1093条第3项、第1094条第3项和第1102条在亲族收养中的适用。其中，第1093条第3项和第1094条第3项分别从被收养人和收养人的角度规定，孤儿和查找不到生父母的未成年人之外，须存在生父母有特殊困难无力抚养子女情事才可允许通过收养机制转移亲子权利义务。本条排除这两项的适用，意味着在亲族关系中收养机制的适用范围更为广泛，即使生父母没有抚养子女的困难也可以将子女送养给三代以内同辈旁系血亲。第1102条规定的是，无配偶者收养异性子女年龄应相差40周岁以上，其制度功能在于防止异性的收养人和被收养人因年龄相近而出现乱伦或性欺凌等违反伦理或法律的行为。对于亲族收养而言，伦理身份更加明确，道德制约更加有力，故法律放松第1102条规定的年龄差异要求，以尽可能尊重亲属意愿，促成亲族收养，增进亲族融合。

三、华侨实施亲族收养的条件

华侨收养三代以内同辈旁系血亲的子女，除享有前一要点所述各项豁免外，还可以不受收养人子女数量的限制。

本条第2款规定，收养人为华侨，被收养人为其三代以内同辈旁系血亲的子女时，还可以不受第1098条第1项规定的限制。关于“华侨”的概念，民政部婚姻司曾在1992年论及华侨收养子女的条件和登记程序时界定道：“海外华侨是指已定居在国外的华人。”[①]《归侨侨眷权益保护法》（2009年修正）第1条在法律层面将“华侨”界定为定居在国外的中国公民。根据《国务院侨务办公室关于印发〈关于界定华侨外籍华人归侨侨眷身份的规定〉的通知》（国侨发〔2009〕5号）的规定，华侨是指定居在国外的中国公民。具体界定如下：（1）“定居”是指中国公民已取得住在国长期或者永久居留权，并已在住在国连续居留两年，两年内累计居留不少于18个月。（2）中国公民虽未取得住在国长期或者永久居留权，

---

① 参见《民政部婚姻司谈港澳同胞、台湾居民及华侨收养子女的条件和登记程序》（1992年4月1日）前言内容。

但已取得住在国连续5年以上（含5年）合法居留资格，5年内在住在国累计居留不少于30个月，视为华侨。（3）中国公民出国留学（包括公派和自费）在外学习期间，或因公务出国（包括外派劳务人员）在外工作期间，均不视为华侨。

这里所援引的是第1098条第1项规定的收养人应当无子女或者只有一名子女。本书关于第1098条的评注中已经阐明，关于收养人子女数量的限制为我国立法所特有，其立法考量和制度目标主要有两个方面，一是因应计划生育政策的内在逻辑，二是确保收养人具有足够的资源抚育被收养人。本条在华侨收养三代以内同辈旁系血亲子女的情形下，放弃此项要求，支持此立法决策的理由或在于：中华人民共和国成立以来，旅居国外的华侨曾在国内遇到大灾难如唐山大地震等非常事件时积极向国内的亲族及社会施以援手，纾困解难，其中不乏一些亲族收养的案例，客观上保障了亲族后代的成长抚育，产生良好的社会效应。从尊重历史传统和支持华侨收养的角度看，本条对于华侨实施亲族收养，特别豁免了收养人子女数量的要求。

准确理解本条本项规则，特别要注意：本条第2款表述中“还可以”的用语，意在指明该项豁免系在第1款豁免基础上的累加。质言之，本条2款中规定的各项豁免，华侨收养三代以内同辈旁系血亲的子女时均可适用。

举证责任

适用本条第1款，须证明收养人与被收养人之间的亲族关系，即被收养人系收养人三代以内同辈旁系血亲的子女。《收养子女登记办法》第6条第4款规定，证明子女由三代以内同辈旁系血亲收养的，应当提交公安机关出具的或者经过公证的与收养人有亲属关系的证明。

适用本条第2款，除根据前述要求证明被收养人系申请收养之华侨三代以内同辈旁系血亲的子女外，还需根据民政部关于华侨办理收养登记的有关规定提交收养申请书和以下有关证件、证明材料：居住在已与中国建立外交关系国家的华侨申请办理成立收养关系的登记时，应当提交收养人居住国有权机构出具的收养人的年龄、婚姻、有无子女、职业、财产、健康、有无受过刑事处罚等状况的证明材料，该证明材料应当经其居住国外交机关或者外交机关授权的机构认证，并经中国驻该国使领馆认证；居住在未与中国建立外交关系国家的华侨申请办理成立收养关系的登记时，应当提交收养人居住国有权机构出具的收养人的年龄、婚姻、有无子女、职业、财产、健康、有无受过刑事处罚等状况的证明材料，该证明材料应当经其居住外交机关或者外交机关授权的机构认证，并经已与中国建立外交关系的国家驻该国使领馆认证。[①]

第一千一百条【收养子女的数量限制及其适用豁免】

无子女的收养人可以收养两名子女；有子女的收养人只能收养一名子女。

收养孤儿、残疾未成年人或者儿童福利机构抚养的查找不到生父母的未成年人，可以不受前款和本法第一千零九十八条第一项规定的限制。

历史由来

针对收养子女的数量，我国首次公布的《收养法》第8条第1款规定："收养人只能收养一名子女。"第2款规定："收养孤儿或者残疾儿童可以不受收养人无子女和年满三十五周岁以及收养一名的限制。"结合这部法律规定的收养人条件，可将其确立的法律规则更加全面和明确地表述为：（1）一般而言，适格的收养人（即无子女、有抚养教育被收养人的能力和年满35周岁）只能收养一名子女；（2）收养人只要具备抚养教育被收养人的能力，即可收养一名或多名孤儿或者残疾儿童。

1998年修正后的《收养法》第8条保留了原第1款的规定，但是对第2款进行修改，将其表述为："收养孤儿、残疾儿童或者社会福利机构抚养的查找不到生父母的弃婴和儿童，可以不受收养人无子女和收养一名的限制。"此中更改涉及两处：其一，增加"社会福利机构抚养的查找不到生父母的弃婴和儿童"内容，将其一同纳入特殊类型被收养人的范围。对此，起草机关解释为，从收养

---

① 参见民政部1999年5月25日发布的《华侨以及居住在香港、澳门、台湾地区的中国公民办理收养登记的管辖以及所需要出具的证件和证明材料的规定》（民政部令第16号）第3条、第4条。

的实际情况考虑并有利于减轻社会福利机构的压力，放宽收养社会福利机构抚养的查找不到生父母的儿童的条件。[①]其二，取消之前因特殊类型被收养人而对不限收养人年龄的规定。作为收养子女数量限制的例外情形，第2款的规则可完整表述为：收养人年满35周岁并具备抚养教育被收养人的能力，可收养一名或多名孤儿、残疾儿童或者社会福利机构抚养的查找不到生父母的弃婴和儿童。

民法典编纂过程中，《民法典婚姻家庭编（草案）》（一审稿）第879条也分两款对收养子女的数量进行规定。第1款规定："无子女的收养人可以收养两名子女；有一名子女的收养人只能收养一名子女。"这是与第877条第1项呼应，规定不同情形下收养子女数量的限制。第2款规定："收养孤儿、残疾儿童或者儿童福利机构抚养的查找不到生父母的儿童，可以不受前款和本法第八百七十七条第一项规定的限制。"这是排除前款和第877条第1项的适用。综合而言，这里确立了关于收养子女数量的两点规则：（1）一般而言，收养人如无子女，最多可收养两名子女；收养人如有一名子女，则只能收养一名子女。（2）无论是否拥有子女还是拥有几名子女，收养人只要符合第877条其他各项条件，即可收养一名或多名孤儿、残疾儿童或者儿童福利机构抚养的查找不到生父母的儿童。

上述《民法典婚姻家庭编（草案）》（一审稿）第879条几乎被《民法典婚姻家庭编（草案）》（二审稿）第879条全部保留，只将"儿童"改为"未成年人"，意在与草案全文统一使用的概念保持一致。经此修改，《民法典婚姻家庭编（草案）》（二审稿）第879条完整纳入《民法典婚姻家庭编（草案）》（三审稿）第879条，后又转化为《民法典（草案）》第1100条内容，最终成为《民法典》的正式条文。

二 规范目的或功能

本条规定收养子女的数量限制及其适用豁免。无论是文义解读还是制度功能，本条均应与第1098条第1项关联起来理解和适用。自文义解读而言，第1098条第1项规定收养人子女数量限制，要求收养人应无子女或者只有一

① 参见时任民政部部长多吉才让1998年8月24日在第九届全国人民代表大会常务委员会第四次会议上所作《关于〈中华人民共和国收养法（修订草案）〉的说明》。

名子女。本条规定收养子女数量限制，其中第1款针对第1098条第1项规定的两种情形分别规定，无子女的收养人可以收养两名子女，有一名子女的收养人只能收养一名子女。自制度功能而言，本条第1款规定与第1098条第1项规定相结合，以当前全面二孩计划生育政策下的自然血缘关系家庭为范式共同再造最多有两名子女的收养家庭，从限制子女数量的角度确保被收养人得以享有较为充足的生活资源和较为良好的成长环境。有原则即有例外，本条第2款针对某些特殊类型的被收养人，规定前述子女数量限制的适用豁免。

规范内容

本条第1款和第2款分别确立了收养子女数量限制及其豁免情形，具体可表述为如下两项规则。

一、收养子女数量限制的一般规定

一般而言，收养人如无子女，最多可收养两名子女；收养人如有一名子女，则只能收养一名子女。

本条第1款的表述有多处使用“子女”的概念，但所指并不完全相同：“无子女”“有一名子女”之“子女”，系指收养人已有子女；“收养两名子女”“只能收养一名子女”之“子女”，系指收养人即将收养的养子女。收养人已有子女的界定应从第1098条第1项理解，包括：具有自然血缘关系的婚生子女、非婚生子女和具有拟制亲子关系的养子女、形成抚养教育关系的继子女等。本书在前文关于第1098条第1项规定的评注中探讨了成年子女以及虽未成年但不具抚养教育关系的继子女是否计入收养人已有子女数量的问题，并阐明：收养条件的设定旨在保障收养人有足够的资源抚育被收养人，故不占用、不影响抚育资源的形式要件宜从宽解，上述两类子女以不计入收养人已有子女数量为宜。据民政系统的研究刊物载录，实务中有些案件正是通过这一思维的应用得以解决。[①]理解本条第1款中关于收养人已有子女的概念，

① 黄忠：《有继子女的夫妻可否收养社会弃婴？——关于〈收养法〉第6条“无子女”含义的理解》，载《社会福利》2009年第1期。

应与第1098条第1项保持一致方可自洽。

本条第1款关于收养人即将收养的子女，在类型上是明确的，亦即养子女；在数量限制上一定要区分情形而论，即可收养子女的数量取决于收养人已有子女的数量。具体而言，无子女的收养人最多可收养两名子女，已有一名子女的收养人只能收养一名子女。

二、收养子女数量限制的豁免情形

本条第2款规定收养人子女数量限制以及收养子女数量限制的适用豁免。收养人如符合第1098条第2—5项条件，可收养一名或多名孤儿、残疾未成年人或者儿童福利机构抚养的查找不到生父母的未成年人，其是否拥有子女以及拥有几名子女在所不论。该规则的要点可进一步析分为：该项豁免的适用条件与被收养人类型有关，即被收养人为孤儿、残疾未成年人或者儿童福利机构抚养的查找不到生父母的未成年人时可适用此项豁免。兹结合第1093条规定及其评注内容，根据有关法律法规和行政指引，对本条所涉特殊类型被收养人所指进一步明确，孤儿，系指其父母死亡或人民法院宣告其父母死亡的未成年人。[①]残疾未成年人，是指在心理、生理、人体结构上，某种组织、功能丧失或者不正常，全部或者部分丧失以正常方式从事某种活动能力的未成年人，包括视力残疾、听力残疾、言语残疾、肢体残疾、智力残疾、精神残疾、多重残疾和其他残疾的未成年人。[②]查找不到生父母的未成年人，包括被生父母遗弃的未成年人和被拐卖后解救出来却无法在一定时期内查找到生父母的未成年人。理论上，这两类儿童均应由儿童福利机构抚养或送养，但是实践中会存在捡拾弃婴后私自抚养和送养的现象，[③]因此就存在儿童福利机构抚养的查找不到生父母的未成年人和非儿童福利机构抚养的查找不到生父母的未成年人的区分。对于打拐解救出来却未查找到生父母的未成年人，系

---

① 参见民政部1992年发布的《关于在办理收养登记中严格区分孤儿与查找不到生父母的弃婴的通知》。

② 参见《中华人民共和国残疾人保障法》（2018年修正）第2条。

③ 参见《民政部、公安部、司法部、卫生部、人口计生委关于解决国内公民私自收养子女有关问题的通知》（民发〔2008〕132号）。

通过部门合作构建儿童福利机构抚养或送养通道。[①]

本条第2款规定，收养孤儿、残疾未成年人或者儿童福利机构抚养的查找不到生父母的未成年人，排除本条第1款和第1098条第1项的限制。这里所援引的本条第1款是关于收养子女数量的限制性规定，第1098条第1项则是关于收养人已有子女数量的限制性制度。两者的适用是一体的，故而豁免适用也是一体的。此种豁免由来已久，民政部婚姻司在宣传1991年《收养法》时即就收养孤儿和残疾儿童条件放宽回应道："这是因为考虑到孤儿和残疾儿童的特殊情况，如孤儿可能有兄弟姐妹，并且愿意在一起生活；残疾儿童难于找到收养人等。所以，适当放宽收养人的条件，既可为国家减轻负担，也有利于孤儿和残疾儿童的生活和成长。"[②]1998年《收养法》修正时将收养社会福利机构抚养的查找不到生父母的儿童的条件也予放宽，起草机关解释是"从收养的实际情况考虑并有利于减轻社会福利机构的压力"。[③]自此，对孤儿、残疾未成年人和儿童福利机构抚养的查找不到生父母的未成年人这三类被收养人放宽收养条件即成为传统，一直承继下来。

举证责任

适用本条，收养人应出具子女情况声明，登记机关对此可以进行调查核实。[④]对于被收养人系孤儿的，应提交孤儿的生父母死亡或者宣告死亡的证明；对于被收养人系残疾未成年人的，应提交县级以上医疗机构出具的该儿童的残疾证明；对于被收养人系儿童福利机构抚养的查找不到生父母的未成年人的，由社会福利机构作为送养人提交弃婴、儿童进入社会福利机构的原始记录，公安机关出具的捡拾弃婴、儿童报案的证明或者为打拐解救儿童出具的

① 参见《民政部、公安部关于开展查找不到生父母的打拐解救儿童收养工作的通知》（民发〔2015〕159号）。

② 参见《民政部婚姻司对〈收养法〉的解答》（1992年4月1日）。

③ 参见时任民政部部长多吉才让1998年8月24日在第九届全国人民代表大会常务委员会第四次会议上所作《关于〈中华人民共和国收养法（修订草案）〉的说明》。

④ 参见《中国公民收养子女登记办法》第5条第2款第2项和第4款。

查找不到生父母或其他监护人的证明。[①]

第一千一百零一条【夫妻共同收养】

有配偶者收养子女，应当夫妻共同收养。

历史由来

我国首次公布的《收养法》第10条包含两款内容：第1款是关于共同送养和特定情形下单方送养的规定。第2款规定："有配偶者收养子女，须夫妻共同收养。"起草机关强调，"对于有配偶的人，一般要求：1.夫妻双方必须共同收养，一方不同意或未作同意的意思表示，另一方不得单独收养子女……"1998年修正的《收养法》第10条完全沿袭旧有规定，包括上述第2款的内容。

在民法典编纂历程中，自《民法典婚姻家庭编（草案）》（一审稿）开始，《收养法》第10条原有内容分拆为两条，其中关于共同送养及特定情形下单方送养的内容几经演变最终转化为《民法典》第1097条，本书前文已作评注，这里主要考察有配偶者共同收养条款。在《民法典婚姻家庭编（草案）》（一审稿）中，这一条款主要体现为第881条第1款的内容："有配偶者收养子女，应当夫妻共同收养。"显然，这里只是把《收养法》第10条第2款表述中的"须"字改为"应当"二字，属于字词的改动，且仍属强制性规范的表达，并未改变规则本身。但值得注意的是，第881条还有第2款内容，其规定："配偶一方为无民事行为能力人或者被宣告失踪的，可以单方收养。"

《民法典婚姻家庭编（草案）》（二审稿）第881条完全保留了上述两款内容。但是至《民法典婚姻家庭编（草案）》（三审稿），第881条删去特定情形单方收养的规定，仅规定："有配偶者收养子女，应当夫妻共同收养。"《民法典（草案）》第1101条将这一改动保留下来，最终成为《民法典》第1101条非常简短的规定。

---

① 参见《中国公民收养子女登记办法》第6条第2款和第5款以及《民政部、公安部关于开展查找不到生父母的打拐解救儿童收养工作的通知》（民发〔2015〕159号）。

三 规范目的或功能

本条规定有配偶者应夫妻共同收养。其另一个问题是：有配偶者可否单方收养？本条将夫妻共同收养作为有配偶者收养子女的强制性条件，从而否定了有配偶者单方收养的正当性和可能性。要理解本条要求夫妻共同收养的立法考量，须回归收养的法律意义和制度功能。收养是拟制亲子关系的法律行为和法律事件，其制度功能在于为被收养人提供更加有利于其生活和成长的家庭环境。所谓家庭，是家庭成员的共同生活单位，不仅包括被收养人和有意愿收养的成年个体，还包括该成年个体其他的家庭成员。通过收养机制再造家庭需要被收养人融入收养人原有的家庭结构，同时也需要收养人及其他家庭成员接纳被收养人。这是一个多向度的家庭生态重构，需要每一位家庭成员的认同和努力。社会学将这种重构家庭关系的路径描述为："每个家庭成员都要遵循被规定的角色模式，从而保证家庭生活的规范化，做到有规可遵，有章可循，实现家庭的整合。"[①] 法律规定夫妻共同收养有助于在重构家庭的进程中理顺家庭关系，便于养父母更加积极和谐地对养子女承担抚育照护职责。

但各国立法例在此问题上的立场不尽一致：《德国民法典》第1741条第2款规定，一对夫妻只能共同收养子女，但配偶一方可以单独收养其配偶的子女，配偶一方在另一方因无行为能力或未满二十一周岁而不能收养子女的情形也可以单独收养子女。《法国民法典》第343条和第343-1条规定，符合条件的夫妻得请求收养子女，如收养人已婚且没有别居，收养子女必须征得配偶的同意，但如配偶一方处于不能表达意思的状态，不在此限。《瑞士民法典》第264条a规定，共同收养子女只能由夫妻双方进行，夫妻双方须满足法律规定的条件，夫妻一方和另一方结婚满五年可以收养对方的子女；年满35周岁的已婚者，如因其配偶长期失去判断能力，或下落不明两年以上的，或因判决分居三年以上，导致不能共同收养子女的，可以单独收养子女。根据《意大利民法典》第294条、第297条，其允许夫妻共同收养，有配偶而未合

---

① 邓伟志、徐榕：《家庭社会学》，中国社会科学出版社2001年版，第105页。

法分居者欲收养子女时，须获其配偶同意，如法院征询配偶意见，配偶无能力或其所在不明无法取得同意，或者存在配偶拒绝不当等情形，法院得宣告收养。但前述规则适用于类似不完全收养机制的收养，而在类似完全收养机制的“特别养子女收养”体系中，第314条之2规定收养人应为年龄及各方面状况符合法律规定的结婚5年以上的夫妻，质言之，无配偶者不可实施特别收养行为。《日本民法典》第795条和第796条分别规定有配偶者夫妻一同收养和有配偶者单方收养，在前一情形下，收养配偶的婚生子女或者配偶不能表示其意思时不在此限，在后一情形下，与配偶一同收养或者配偶不能表示其意思时不在此限。但在其“特别收养”（类似完全收养）体系下，第817条之3规定养父母须是有配偶的人且与配偶共同承担养父母责任，除非系夫妻一方收养另一方婚生子女的情形。

规范内容

本条关于夫妻共同收养的规定可析分为三个方面的规则，以下详述之。

其一，有配偶者收养子女，应当夫妻双方共同实施收养行为。

配偶即夫妻，是男女结婚形成的亲属关系。有配偶者，即指依据我国婚姻法律制度已缔结婚姻关系的主体。根据《民法典》第1049条的规定，完成结婚登记，即确立婚姻关系。因此判断有收养意愿的主体有无配偶，形式上应审查其是否完成结婚登记且其婚姻关系存续至实施收养的时点。此外，根据《民法典》第1051—1054条，婚姻效力还有可能因具有法律规定的情形而归于无效或可撤销，无效或可撤销的婚姻自始没有法律效力，当事人不具有夫妻的权利和义务。就本条适用而言，应把握：无效的婚姻自始不具有法律效力，有关主体应认定为无配偶者；可撤销的婚姻在当事人提出撤销之前具有法律效力，有关主体应认定为有配偶者。但是目前，《民法典》缺乏关于婚姻无效宣告主体的规定，依照《婚姻法》第12条及最高人民法院发布的《婚姻法解释（一）》第7条和第13条，无效婚姻经依法被宣告无效，才确定该婚姻自始不受法律保护，且申请宣告婚姻无效的主体亦区分不同情形作不同规定。由此来看，收养审查机关发现申请收养的主体已登记的婚姻关系具有第1051条规定的婚姻无效情形，应依照法律程序确认其婚姻效力之后再行审查收养事宜，但收养审查机关本身是否为申请宣告婚姻无效的适格主体又不明确，故实务中收养审查机关要对无效婚姻中的主体作有无配偶的判定存在操作层面的困难，由此可能导致本条在实施中存在不够严谨周密的情形。

夫妻共同收养，要求夫妻双方就收养子女事项协商一致、达成合意，并依照法律规定作为收养人参与收养程序，这种参与行为本质上是对收养意愿的表达和确认。《收养子女登记办法》第4条第2款要求，“夫妻共同收养子女的，应当共同到收养登记机关办理登记手续；一方因故不能亲自前往的，应当书面委托另一方办理登记手续，委托书应当经过村民委员会或者居民委员会证明或者经过公证”。在收养登记程序中，收养登记员要复印收养人夫妻双方的结婚证，见证收养人夫妻双方在《收养登记申请书》上签名，[①]即确认各方真实意思表示。

其二，夫妻双方共同实施收养行为，共同享有收养人的主体地位，并在其后成立的收养关系中共同承担养父母的权利义务。

夫妻双方共同实施收养行为，意味着夫妻双方一同进入收养程序和收养关系。具体而言，夫妻双方均为收养关系的当事人，均应符合收养人的条件，均以收养人的身份参与收养程序；收养关系成立后，夫妻双方均具有养父母的身份和责任，均与养子女之间存在拟制亲子权利义务。

本条确立的有配偶者应当共同收养规则是较为单纯、统一的立法路径。参见前引各国不同立法例可知，对于有配偶者收养子女，各国规范路径都存在细微的差异：（1）《德国民法典》亦采共同收养模式，但是规定有例外情形；《瑞士民法典》的表述虽为赋权角度，但实则亦是共同收养模式，同时规定例外情形；（2）《法国民法典》是征询配偶同意模式，此模式下亦有例外情形；（3）《意大利民法典》确立了共同收养和征询配偶同意两种模式，但在类似完全收养的特别收养体系下，只承认夫妻共同收养一种模式；《日本民法典》规定双轨模式，有配偶者可共同收养或征询另一方配偶同意后单方收养，但其特别收养体系下只支持有配偶者双方收养，除非系一方收养另一方配偶婚生子女的情形。

---

① 参见民政部2008年8月25日印发的《收养登记工作规范》第14条第3项、第5项。

特别要注意的是，以上各种模式的法律效果不尽一致。夫妻共同收养的法律意义是明确的，即夫妻同为收养人，同为养父母；夫妻应当共同收养但由于法律规定的原因而获豁免则成立单方收养。有配偶者征询另一方配偶同意而为收养行为，其法律后果存在不明朗之处：收养人和养父母究竟为提出收养一方，抑或提出收养一方及其配偶？自逻辑而言，有配偶者应当征询另一方配偶同意却因法律规定的原因而获豁免的情形下，其法律后果应为单方收养。对此，《意大利民法典》没有更加细致的规定；《日本民法典》相对明确，即征询另一方同意后成立的是单方收养；《德国民法典》最为详尽，该法典第1754条规定，一对夫妻收养子女或配偶一方收养配偶另一方的子女，该子女获得配偶双方的共同子女的法律地位，父母照顾权由配偶双方共同享有，在其他情形下，被收养子女获得收养人子女的法律地位，父母照顾权由收养人享有。

其三，有配偶者，不可单方收养子女；但继父或继母依本法第1103条收养继子女除外。

应当明确，本条将夫妻共同收养作为有配偶者收养子女的强制性规范，且未作任何例外规定，这就在实质上否定了有配偶者单方收养子女的合法性、正当性和可能性。在这一点上，我国法律规范与德国、法国、瑞士、意大利、日本各国民法典的规定殊为不同。以此五国的民法典规范来看，有配偶者收养子女一般应与配偶共同收养或至少取得配偶另一方的同意，但存在无须对方同意而可单方收养子女的两类例外情形：（1）另一方配偶无意思能力或无法表达意思或滥用同意权而经法院宣告允许收养；（2）有配偶者收养另一方配偶的子女。前一情形系不可能取得另一方配偶同意，后一情形系不必要取得另一方配偶同意（法律径行推定其同意）。相较之下，我国立法划定的准则非常明确，即有配偶者禁止单方收养子女。但法律规则不仅涉及立场的选择，亦当在内在逻辑上达至周延，本条规定恰恰遗漏了这样一个逻辑上的问题：在禁止有配偶者单方收养的同时，如何解释第1103条关于继父或继母收养继子女的问题？此种情形下，继父或继母显属有配偶者单方实施收养行为。从体系化的视角来看，本条在理解和适用上应与第1103条相结合，在重述规则时补充例外情形方可使整个收养法律制度达至逻辑自洽。

其他问题

关于1992年4月1日《收养法》实施以前收养关系的认定，根据1984年8月30日发布并施行的《最高人民法院关于贯彻执行民事政策法律若干问题的意见》（已失效）第27条第3款，养父母中有一方在收养时虽未明确表示同意，但在收养后的长期共同生活中，已形成了事实上收养关系的，应予承认。夫或妻一方收养的子女，另一方始终不同意的，只承认与收养一方的收养关系有效。由此规则可知，对事实收养中夫妻双方共同收养意愿可根据当事人的意愿及有关事实推定或否定，推定之后成立共同收养，否定之后成立单方收养。这一处理方案显然较之本条规定要更为宽松和灵活。

第一千一百零二条【无配偶者收养异性子女的年龄差距】

无配偶者收养异性子女的，收养人与被收养人的年龄应当相差四十周岁以上。

历史由来

关于养父母（包括夫妻双方收养和无配偶者单方收养）与养子女的年龄差距，我国收养立法资料反映出数番讨论的轨迹：首先是在1991年制定首部《收养法》时，起草机关认为："收养是建立拟制血亲的父母子女关系，因此养父母子女间应有合理的年龄差距。我国婚姻法规定的最低结婚年龄为男二十二周岁、女二十周岁。《草案》规定收养人夫妻双方均与被收养人相差二十三周岁以上，比最低婚龄高一至三岁，符合晚婚晚育的要求。许多国家的收养法规，对收养人与被收养人的年龄差距的规定，一般与法定婚龄相接近。"[①] 同一份文件中概括性地肯认了无配偶者收养子女的需求，认为维护他们的切身利益有助于帮助他们实现"老有所养"，但没有涉及具体的年龄差异条

---

① 参见时任司法部副部长金鉴于1991年6月21日在第七届全国人民代表大会常务委员会第二十次会议上所作《关于〈中华人民共和国收养法（草案）〉的说明》。

款内容。[①]在实际通过的《收养法》中，前述草案关于“收养人夫妻双方均与被收养人相差二十三周岁以上”的提议并未完全被吸纳，因为按照当时收养人应年满35周岁、被收养人应不满14周岁的规定来看，收养人与被收养人的最小差距可推算为21周岁。关于无配偶者收养子女，《收养法》中未就无配偶的女性收养子女作特别规定，但是针对无配偶的男性收养女性子女的情形规定了大幅的年龄差距。具体体现为首部《收养法》的第9条，该条规定：“无配偶的男性收养女性的，收养人与被收养人的年龄应当相差四十周岁以上。”

1998年修正《收养法》之际，除了将收养人年龄下限从35周岁降至30周岁以外，修订草案起草机关考虑到，“随着经济的发展和独生子女占人口比重越来越大的老龄化社会的逐步到来，有必要从收养角度为解决老有所养及老年人心里孤单的问题创造一些条件”，试图将突破被收养人不满14周岁与调整收养人与被收养人年龄差距结合起来，在修订草案中增加规定：“无配偶的人年满55周岁无子女或者夫妻双方均年满55周岁无子女的，可以收养1名14周岁以上的子女；但是，被收养人与收养人年龄应当相差25周岁以上。”[②]但实际上，最终通过的《收养法》修正案对被收养人的年龄和无配偶男性收养女性这两个条款未作任何改动。

在民法典编纂历程中，《民法典婚姻家庭编（草案）》（一审稿）第880条将《收养法》第9条的适用条件由“无配偶的男性收养女性”的情形扩展至所有“无配偶者收养异性子女”的情形，具体表述为：“无配偶者收养异性子女的，收养人与被收养人的年龄应当相差四十周岁以上。”关于这一修改，起草机关未作具体解释，但其显然是“性别平等”理念逐步深化的结果：虽当前该理念多用于呼吁为女性赋权，但其实质乃是同等情境同等对待、不因性别而作歧视性区分，这一改革突破《收养法》仅于“无配偶的男性收养女性”情形适用年龄差异要求，规定“无配偶者收养异性子女”均需符合法律规定的年龄差异条件，是一种反向的性别平等视角，是性别平等的进一步深化。

---

① 参见时任司法部副部长金鉴于1991年6月21日在第七届全国人民代表大会常务委员会第二十次会议上所作《关于〈中华人民共和国收养法（草案）〉的说明》。

② 参见时任民政部部长多吉才让1998年8月24日在第九届全国人民代表大会常务委员会第四次会议上所作《关于〈中华人民共和国收养法（修订草案）〉的说明》。

《民法典婚姻家庭编（草案）》（二审稿）第881条之一进一步将年龄差值规定的适用条件扩展至“有配偶者单方收养异性子女”的情形，将其表述为：“无配偶者收养异性子女或者有配偶者依据前条规定单方收养异性子女的，收养人与被收养人的年龄应当相差四十周岁以上。”这是因为，该草案第881条第2款中包含有配偶者在另一方为无民事行为能力人或者被宣告失踪的可单方收养子女的内容，起草机关吸纳了专家学者的意见，认为“有配偶者单方收养异性子女，应当与无配偶者收养异性子女的要求一致，年龄也应当相差四十周岁以上，以利于保护被收养人的合法权益”[①]。

至《民法典婚姻家庭编（草案）》（三审稿），随着第881条删去有配偶者特定情形下单方收养的条款，第881条之一也随即删去“有配偶者依据前条规定单方收养异性子女”的内容，条文内容回复到民法典编纂之初《民法典婚姻家庭编（草案）》（一审稿）第880条的状态，呈现为《民法典（草案）》第1102条的内容，简明规定：“无配偶者收养异性子女的，收养人与被收养人的年龄应当相差四十周岁以上。”此后这一规定最终成为《民法典》正式条文。

三 规范目的或功能

本条规定无配偶者收养异性子女的年龄差距。在制度功能上，这种年龄差距的要求在一定程度上有助于规避伦理风险，尽可能防范无配偶的收养人对被收养人实施性欺凌、性剥削或其他性犯罪行为，从而在制度上保护被收养人。此外，这种年龄差距的要求也体现出立法回应老年人收养子女以实现“老有所养”之现实需求的初衷，前述首部《收养法》出台之际的立法资料对此有明确表述。从性别视角来看，民法典编纂中将年龄差距的适用情形从“无配偶的男性收养女性”扩展至所有“无配偶者收养异性子女”，深刻体现了性别平等观的深入发展。

从比较法的视野来考察，其他国家在年龄差距的规定方面要更加宽松一些：根据《德国民法典》第1741条第2款和第1743条的规定，在法律效果类似完全收养的未成年人收养类型中，未结婚者只能单独收养子女，收养人必须年满25

---

① 参见2019年6月25日全国人民代表大会宪法和法律委员会向全国人民代表大会常务委员会所作《关于〈民法典婚姻家庭编（草案）〉修改情况的汇报》。

岁，而被收养人为未成年人，可见单身收养人和被收养人的年龄差距要求并不高。德国法对成年人收养的规定较简略，在无例外规定时得依其意义适用关于收养未成年人的规定（第1767条第2款），收养人年龄及其与被收养人年龄差距正属于此类无例外规定的事项。《法国民法典》第343-1条和第344条规定，在完全收养体系下，年满28周岁的任何人（包括无配偶者）可请求收养子女，收养人的年龄应当比其打算收养的子女的年龄大15周岁以上，但是如有正当理由，法院得在收养人与被收养人的年龄相差不到前款规定的岁数时宣告收养。法国法对简单收养没有作年龄方面的要求。《瑞士民法典》第264条b第1款和第265条第1款规定，未婚者在年满35岁后可单独收养子女，养子女的年龄至少应比养父母小16岁。《意大利民法典》第291条规定，无婚生或准正的卑亲属且年满35岁的收养人，年长其欲收养的养子女18岁，始得准许；例外情形下，养父母的年龄可放宽至30周岁以上，但年龄差距仍需满足。前述规定实际上是适用不完全收养机制，而在类似完全收养机制的“特别收养”体系中，只允许符合条件的夫妻收养，无配偶者不是适格的收养人。《日本民法典》在一般收养制度中没有规定收养人与被收养人年龄差距问题，但是在施行完全收养的“特别收养”体系下，由第817条之三、第817条之四、第817条之五规定，无配偶者不得成为特别收养的收养人，有配偶者一般应共同收养（除非系一方配偶收养另一方配偶的婚生子女），年满25岁（或一方年满25岁，另一方年满20岁），养子女一般不满6岁，或不满8岁而在6岁之前一直受收养人的监护。

规范内容

理解和适用本条规定，应着重从如下要点予以把握。

一、无配偶者可以且只能单方收养子女

根据《收养法》最早的起草机关解释，“无配偶者是指因未婚、离婚或丧偶而无配偶的人”[①]。本条首先确立的规则是，肯认无配偶者单方收养子女的权

① 参见时任司法部副部长金鉴于1991年6月21日在第七届全国人民代表大会常务委员会第二十次会议上所作《关于〈中华人民共和国收养法（草案）〉的说明》。

利。这一表述蕴含着两个命题：其一，无配偶者可以收养子女；其二，无配偶者收养子女只能为单方收养。

在前一问题上，各国收养法的立场不尽相同。但须注意，由于我国施行单一的完全收养机制，有的国家则施行简单收养与完全收养双轨制，如法国、意大利和日本等，比较研究应尽可能在相仿的体系下进行。参前引诸国民法典条文可知：（1）德国、法国、瑞士均允许无配偶者单独收养子女，尽管其对收养人年龄及其与被收养人之间年龄差距的具体要求各有差异；（2）意大利和日本，在其特别收养（近于完全收养）体系下，无配偶者不是适格的收养主体。

在无配偶者只能单方收养的问题上，各国立场高度一致。《德国民法典》第1742条规定："只要存在收养关系，在收养人生存期间，被收养的子女就只能被收养人的配偶收养。"《法国民法典》第346条第1款规定："除收养人为夫妻二人之情形外，任何人均不得由数人收养。"第2款规定："但是，收养人或者两收养人死亡之后，或者两收养人之一死亡之后，健在一方的新配偶如提出请求，得宣告再次收养。"《意大利民法典》第294条先是在第1款规定被收养人的数量不受限制，具体为："即使以相继的行为而为场合，亦准许以数人为养子女。"然后在第2款规定收养人的数量以一人为原则，具体为："无论何人，不得由二人以上的人收养为养子女。但二人的养父母为夫妻场合，不在此限。"《瑞士民法典》第264条a第1款规定："共同收养子女，只能由夫妻双方进行；不是夫妻关系，不得共同收养子女。"综合言之，一般不允许以同一被收养人为对象同时存在两个以上的收养关系，体现在收养人数量上即为一人单独收养，或夫妻共同收养。此外，关于是否允许以同一被收养人为对象的相继收养问题，如法国法规定收养人或者两收养人死亡之后的再次收养，因与本条非直接相关，暂不展开论述。

二、无配偶者收养异性子女的，双方年龄差距应达40周岁以上

关于收养人与被收养人的年龄差距，有的国家不作直接规定，而是通过规定收养人和被收养人各自的年龄要求加以体现，如德国法和日本法，但日本法规定无配偶者不得实施特别收养行为。更多的国家明确规定收养人和被收养人的年龄应当具有一定的差距，如法国法规定，在完全收养体系下，这

一差距应达15周岁以上，如有正当理由可经法院审查予以突破；瑞士法规定，这一差距应达16岁以上；意大利法规定，这一差距应达18岁以上，但无配偶者不能实施特别收养。总体而言，明确规定收养人与被收养人之间的年龄差距的立法例，其底线大都在15岁至18岁之间，未明确规定年龄差距的推算起来大概最小可仅达7岁（德国法）。共通的是，以上所引外国立法例在这一问题上并不刻意区分夫妻双方收养抑或无配偶者单方收养，亦不区分无配偶者收养同性子女抑或异性子女。

我国收养法上的年龄规定分两个层面：其一是一般性规定，其立法模式类似于德国法和日本法，即仅规定各方年龄要求，并不直接规定年龄差距要求。依照《民法典》第1093条和第1098条的规定，被收养人为未成年人，收养人应年满30周岁，推算下来双方年龄差距最小大概在12岁，在各国立法例中处于居中状态。其二是特别规定，即本条规定的无配偶者收养异性子女，双方年龄差距应达40周岁以上。这里，无配偶者收养异性子女，是指男性无配偶者收养女性子女，或者女性无配偶者收养男性子女。这是我国特有的立法模式，与其他各国差异甚大：一是将无配偶者收养异性子女单独列为特别情形，在适用一般规定的前提下附加适用特别规定；二是将此种特定情形下双方之间的年龄差距规定为40周岁以上，比较严格。

鉴于我国采用一般规定与特别规定相结合的方式规范收养人与被收养人的年龄及其年龄差异，在作比较法判断及研究时不能机械比较，比如拿某些立法例中的15周岁、16周岁、18周岁与本条规定中的40周岁相比，而要区分情形、限定情形之后作相应的比较方为准确、可信。

严格要求无配偶者收养异性的年龄差距，是基于保护被收养人的立法考量。2018年5月，最高人民检察院通报2017年以来检察机关依法惩治侵害未成年人犯罪、加强未成年人司法保护情况，指出“在侵害未成年人犯罪案件中，尤其是性侵案件中，熟人作案的比例高于陌生人，有些地方甚至有70%至80%案件犯罪嫌疑人和被害人是邻居、亲戚、朋友、师生等关系”[①]。现实中，养父性侵养女的案件屡有发生。2019年，全国妇联发布“依法维护妇女

---

① 新华网报道：《最高检：侵害未成年人犯罪性侵案占比大多为熟人作案》，http://www.xinhuanet.com/legal/2018-05/29/c_129882494.htm，最后访问日期2020年4月15日。

儿童权益十大案例”，位居其首者即为郑某金强奸养女案。[1]从保护养子女利益考量，坚持收养年龄差距还是有一定防范意义的，但同时也要警醒：仅仅依靠条件筛查是远远不够的，还要建立起有效的个案评估和监督保护机制。

三、无配偶者收养同性子女的，不适用本条关于年龄差距的限制

无配偶者单方收养子女，被收养人可以是同性，也可以是异性。如是异性收养，即男性无配偶者收养女性，或女性无配偶者收养男性，应适用上一规则，亦即在满足《民法典》关于收养人、被收养人一般年龄要求的基础上，还应满足本条规定的收养人与被收养人的年龄差距。如系同性收养，即男性无配偶者收养男性，或女性无配偶者收养女性，则仅适用《民法典》关于收养人、被收养人的一般年龄要求即可，不适用本条关于年龄差距的要求。

举证责任

本条的适用要求收养人和被收养人（经送养人协助）各自提供其身份信息，包括收养人的婚姻状况、性别、年龄信息，被收养人的性别、年龄信息等。特别要注意的是，确认收养人是否属于无配偶者，确认收养人和被收养人是否属于同一性别，并在单身收养人收养异性子女时确认双方年龄差异达到40周岁以上。于此，《收养子女登记办法》第5条第1款第2项规定，收养人须向收养登记机关提交由其所在单位或者村民委员会、居民委员会出具的包含本人婚姻状况在内的有关证明。民政部印发的《收养登记工作规范》第14条第5项规定单方收养人应出具无婚姻登记记录证明、离婚证或者配偶死亡证明供收养登记员复印存档。结合前述《收养法》最初酝酿及出台时，起草机关将无配偶者解释为“因未婚、离婚或丧偶而无配偶的人”，而《收养登记工作规范》虽全文数次提及“宣告死亡”，于此却严格遵循以上三种情形的文义解释规定单方收养人应提交的文件，似可推断配偶被宣告死亡者不会被认定为无配偶者。

---

① 《依法维护妇女儿童权益十大案例》，载《中国妇女报》2019年11月29日第1版。

第一千一百零三条【继亲收养的条件豁免】

继父或者继母经继子女的生父母同意，可以收养继子女，并可以不受本法第一千零九十三条第三项、第一千零九十四条第三项、第一千零九十八条和第一千一百条第一款规定的限制。

历史由来

我国首次公布的《收养法》第14条规定："继父或者继母经继子女的生父母同意，可以收养继子女，并可以不受本法第四条第三项、第五条第三项、第六条和被收养人不满十四周岁的限制。"援引至相关条文具体内容，其所确立的规则可简要表述为：继父或继母经继子女的生父母同意，可以收养继子女，并不限定于生父母有特殊困难无力抚养子女的情形，亦不适用法律关于收养人一般条件的规定，且被收养人年龄未达成年即可（不限于14周岁以下）。1998年修正的《收养法》第14条不仅继续保留上述宽限规定，还进一步突破"收养一名的限制"，具体表述为："继父或者继母经继子女的生父母同意，可以收养继子女，并可以不受本法第四条第三项、第五条第三项、第六条和被收养人不满十四周岁以及收养一名的限制。"如此，在法律适用中继父母收养继子女几乎突破了《收养法》所规定的各项条件或限制性规定，因为规则极尽宽松：继父或继母只要经继子女的生父母同意，即可收养一名或多名未成年继子女。

在民法典编纂过程中，《民法典婚姻家庭编（草案）》（一审稿）第882条在新的体系下将继父母收养继子女的规定表述为："继父或者继母经继子女的生父母同意，可以收养继子女，并可以不受本法第八百七十二条第三项、第八百七十三条第三项、第八百七十七条和第八百七十九条第一款规定的限制。"鉴于这里所援引并被排除适用的限制性规定分别涉及"生父母有特殊困难无力抚养子女"情形、收养人应当具备的条件以及收养子女数量的限制，这一条文所确立的规则与《收养法》第14条无异。

其后，虽历经《民法典婚姻家庭编（草案）》（二审稿）、《民法典婚姻家庭编（草案）》（三审稿），第882条关于继父母收养继子女的规定与上引《民法典婚姻家庭编（草案）》（一审稿）第882条完全一致。直至立法进程进入

《民法典（草案）》阶段，除将援引条文的序号全部重新调整外，其他内容、语句一概保留，最终形成《民法典》第1103条的内容。

规范目的或功能

不同于《民法典》针对被收养人、送养人、收养人各方主体作出的各种条件性、限制性规定，本条属于豁免性规定，且豁免幅度很大，其制度功能显然在于促成、鼓励继父母收养继子女。20世纪90年代初，我国《收养法》出台之际，起草机关详细阐释了规定继亲收养的立法考量：首先援引当时的《婚姻法》第21条第2款规定，肯认“继父或继母和受其抚养教育的继子女间的权利和义务，适用本法对父母子女关系的有关规定”。继而指出，“实践中，生父（母）再婚后，如生父（母）先于继母（父）死亡，往往发生继母（父）或继子女不尽义务等纠纷”。然后解释道，“为减少纠纷的发生，避免因双重权利义务而互相推诿，《草案》作了可以由继父或继母单方收养继子女的规定。当事人可以根据双方意愿和家庭的实际情况，将继子女收养为养子女。收养后养子女与其生父或生母的权利和义务即行消除。这一规定是对婚姻法的补充，有利于家庭关系的和睦、稳定”。

可见，肯认和鼓励继父母收养继子女，具有两方面的重大意义：其一，保障未成年子女在父母再婚的家庭中获得完整而充分的亲职抚养和亲情照护，同时也保障再婚家庭中的姻亲家长获得完整而充分的教养权威和监护职责，有利于明确双方权利义务关系；其二，减少再婚家庭中的利益冲突和情感隔阂，促进再婚家庭成员间的情感融合，助力再婚家庭充分发挥其在经济、教育、伦理、社会等各方面的功能。

本条关于继子女的生父母的同意，应与第1097条关于生父母送养子女的要求关联起来进行理解和适用。

规范内容

本条关于继父母收养继子女的规定，既有积极的规范要求，也有消极的豁免许可，其间还有大量的援引条文，需细细甄别方可准确把握其规则。

首先，在基础概念上，应明确继父母和继子女的概念，其中继父母是本条所言“继父或者继母”的概称。继父母和继子女关系，是由于生父母一方死亡或者父母离婚而形成的。所谓继父或者继母，是指子女对母亲或父亲的后婚配偶的亲属称谓；所谓继子或者继女，是指配偶一方对他方与前配偶所生子女的亲属称谓。①两者是一组对称，即两方主体之间互为继父（母）和继子（女）。

其次，根据本条的表述，可将其确立的规则具体析分为：（1）继父或者继母可以收养继子女；（2）继父或者继母收养继子女，应经继子女的生父母同意；（3）继父或者继母收养继子女，不限于生父母有特殊困难无力抚养的情形；（4）继父或者继母收养继子女，不适用第1098条关于收养人条件的规定；（5）继父或者继母收养继子女，不适用第1100条第1款关于被收养人人数的限制，亦即，继父母可收养一名或多名继子女。以上五项规则可归纳为两个重要命题：其一，继父或者继母可否收养继子女？其二，继父或者继母收养继子女，应满足哪些条件？以下分别围绕这两个核心命题阐释对本条规定的理解和适用。

其一，我国立法无疑对继父母收养继子女持肯定和鼓励的立场。继亲收养历来是收养的一个重要类型，各国立法例都肯认和支持继亲收养。《德国民法典》第1741条第2款第3句明确规定：“配偶一方可以单独收养其配偶的子女。”第1754条规定，配偶一方收养配偶另一方的子女，该子女取得配偶双方的共同子女的法律地位，配偶双方有权共同进行父母照顾。《法国民法典》第345-1条规定三种情形下准许完全收养配偶的子女：“1.孩子仅对其生父母中一方确立亲子关系，收养人与该方结婚，得收养成为其配偶的该方的子女；2.孩子的生父母中有一方被完全撤销亲权，收养人与其父母中另一方结婚，得收养成为其配偶的该另一方的子女；3.孩子的生父母中有一人已死亡且没有第一亲等的直系尊血亲或者这些直系尊血亲对孩子不闻不问，收养人与孩子生父母的另一方结婚，得收养成为其配偶的该另一方的子女。”《意大利民法典》没有特别规定继亲收养，但它总体上采个体主义收养模式（第291条），以一人收养为原则、夫妻收养为例外（第294条第2款），因此符合法律

---

① 薛宁兰、金玉珍主编：《亲属与继承法》，社会科学文献出版社2009年版，第219—220页。

要求的继亲收养是没有障碍的。《瑞士民法典》第264条a第3款规定："如夫妻一方和另一方结婚满五年，可以收养对方之子女。"《日本民法典》第795条肯认，有配偶的人得收养配偶的婚生子女，第817条之三第2款肯认特别养子女收养体系下，夫妻一方亦得收养另一方婚生子女（依特别养子女收养以外之方式收养之养子女除外）。

其二，依据本条规定，继父母收养继子女的核心条件为"经继子女的生父母同意"，且可收养多名继子女。本条规定，继父母收养继子女享有多项豁免：不必限于生父母有特殊困难无力抚养的情形，不要求满足收养人的一般性条件，不受被收养人人数的限制。这些豁免基本去除了收养体系中各种限制性要求，转化为最简洁的肯定性表述即为，继父母经继子女的生父母同意，可收养多名继子女。本条关于继子女的生父母的同意，详见第1097条关于生父母送养子女的评注内容。

上述肯定性表述与各国民法典对继亲收养的规定高度一致：各国均规定收养子女应当经子女的生父母同意，各国亦少有限制被收养人数量。关于被收养人数量，可参见本书第1100条评注内容。关于收养子女应当经子女的生父母同意，除本书第1097条评注内容已列举的立法例外，于此再简要列举德法两国立法例阐明生父母之同意立法模式：《德国民法典》第1747条规定，父母的允许对于收养子女是必要的；该项允许仅在子女出生后满8周才能给予；如未相互结婚的父母并非共同有权进行父母照顾，在养子女出生之前即可给予父亲的允许，如父亲依法申请委托照顾权，则须在对父亲的申请作出裁判之后方得宣告收养，父亲可以公开地做成证书的表示放弃对委托照顾权的申请；如果父母一方长期不能做出表示或其居所长期不明，则其允许是不必要的。第1748条以较长篇幅详细规定"父母一方代为允许"，亦即为被收养人的利益由家庭法院取代父母一方的同意而得宣告收养。《法国民法典》第347条第1款规定，除国家收养或经宣告属于被抛弃的儿童外，只有父与母或亲属会议已经有效同意送养的儿童方可以收养。第348条项下用1个原条文和6个增补（修改）条文规定了生父母的同意及豁免情形。可见，被收养人生父母同意是收养成立的重要条件，但是在收养法上，明确在一定情形下豁免或取代父母一方的同意而由国家监护代表机构或裁判机构宣告收养也是非常重要的内容，是确保解救困境儿童、实现儿童最佳利益的重要法律机制。

实际上，关于继亲收养，他国立法例一般仅作为有配偶者单方收养的情形予以特别规定，或于此之外在收养人年龄方面予以宽限，其他条件多与一般收养类型无异，但各国具体规定有所不同。如《德国民法典》第1741条第1款规定的总括性的“收养有利于子女最佳利益，且可期待在收养人和子女之间形成父母子女关系”要求同样适用于继亲收养，但是在继亲收养中略略放宽了收养人年龄的要求，收养人一般须年满25岁，但继亲收养人年满21岁即可（第1743条）。法国法对继亲收养人的年龄不作要求，《法国民法典》第343-2条规定，在收养配偶的子女的情况下，第343-1条规定的年龄条件不予要求。《瑞士民法典》则除在第264条a第3款允许夫妻一方和另一方结婚满5年可收养对方之子女外，未就继亲收养作任何条件的豁免，包括第264条规定的未成年人收养的一般条件：“预期的收养人对养子女至少已照顾、教育满一年，并且有理由认为亲子关系的建立有利于养子女，又不致损害养父母其他子女的利益，才可以收养。”

最后，关于本条的适用，特别值得警醒的是，虽然继亲收养享有种种限制性规定的适用豁免，但仍应适用收养法律制度的基本原则，亦即第1044条的规定。第1款规定：“收养应当遵循最有利于被收养人的原则，保障被收养人和收养人的合法权益。”第2款规定：“禁止借收养名义买卖未成年人。”

举证责任

根据本条规定，继父或者继母收养继子女，须经继子女的生父母同意，且可收养多名继子女，不受诸多限制性条件的约束。故而在收养登记实务中，当事人的举证责任相对减轻，如《收养子女登记办法》第5条第3款针对收养人提交材料规定，收养继子女时，可以只提交居民户口簿、居民身份证和收养人与被收养人生父或者生母结婚的证明。但送养人仍应依照相关要求提交有关证件和证明材料，但是免予提交送养人有特殊困难的声明。

其他问题

适用本条会产生一个衍生性的问题：再婚当事人（继父或者继母）可否

收养配偶另一方的养子女？在法理上，这个问题涉及两方面的考量：一是，此种情形下，养子女可否如生子女一样对待？二是，是否允许再收养，即针对同一被收养人的多次收养？

依照《民法典》第1111条的规定，收养关系成立后，养父母与养子女间的权利义务关系适用《民法典》关于父母子女关系的规定，因此养子女与生子女具有同等法律地位，在法律上应作同等对待。我国收养实务抱持此基本判断，允许养子女的继亲收养，也允许再收养，两者在逻辑上是一致的。在养子女的继亲收养问题上，民政部门印发的《收养登记工作规范》第15条第13项将“单身收养后，收养人结婚，其配偶要求收养继子女的”纳入继父母收养继子女的情形。在再收养的问题上，目前亦有民政部批复文件支持养父母有特殊困难无力抚养的可将子女送养，[①]可见收养实务是认同的。

外国立法例也有类似规定：如《德国民法典》第1742条规定，只要存在收养关系，在收养人生存期间，被收养的子女就只能被收养人的配偶收养。这是对养子女的继亲收养的肯认。《法国民法典》第346条第2款规定，收养人或者两收养人死亡之后，或者两收养人之一死亡之后，健在一方的新配偶如提出请求，得宣告再次收养。这一规定既肯认了养子女的继亲收养，也肯认了其他情形下的养子女的再收养。

此外，本条亦有值得深刻反省的问题：对于继亲收养，是否豁免太多？本书认为，我国收养法应坚守那些有助于实现儿童最佳利益的实质标准，如第1098条第2—4项的规定：收养人应当具有抚养、教育和保护被收养人的能力，未患有在医学上认为不应当收养子女的疾病，无不利于被收养人健康成长的违法犯罪记录。但本条针对继亲收养规定“可以不受……第一千零九十八条……的限制”，亦即放弃整个第1098条对收养人条件的要求，包括上述第2—4项的实质性要求，会否在实际操作层面构成对“最有利于被收养人利益”原则的背离或放弃？

---

① 参见《民政部办公厅关于收养人因生活困难不能继续抚养被收养人有关问题的复函》（民办函〔2009〕177号），具体批复内容于本书第1094条关于送养人条件评注处详论。

第一千一百零四条【收养同意】

收养人收养与送养人送养，应当双方自愿。收养八周岁以上未成年人的，应当征得被收养人的同意。

历史由来

在我国，收养须经各方主体同意的规则可追溯至1979年发布的《最高人民法院关于贯彻执行民事政策法律的意见》（已失效），该意见规定："收养子女，必须经过生父母或监护人和养父母的同意，子女有识别能力的，须取得子女同意。"1984年发布的《最高人民法院关于贯彻执行民事政策法律若干问题的意见》（已失效）第27条第1款进一步明确："经生父母、养父母同意，有识别能力的被收养人也同意，又办理了合法手续的收养关系，应依法保护。"我国首部《收养法》第11条进一步将其臻于规范化："收养人收养与送养人送养，须双方自愿。收养年满十周岁以上未成年人的，应当征得被收养人的同意。"1998年修正的《收养法》第11条完全沿袭这一规定。

民法典编纂进程中，《民法典婚姻家庭编（草案）》（一审稿）第883条对这一条文作了两点修改：其一，将"须"字改为"应当"二字，使文字表达更加清楚晓畅。其二，将"十周岁"改为"八周岁"，呼应《民法总则》（后纳入民法典，成为《总则编》）对限制民事行为能力人年龄基准的修改。如此，整个条文重新表述为："收养人收养与送养人送养，应当双方自愿。收养八周岁以上未成年人的，应当征得被收养人的同意。"此后，本条内容未作任何改动，历经二审、三审，先后呈现为《民法典婚姻家庭编（草案）》（二审稿）第883条、《民法典婚姻家庭编（草案）》（三审稿）第883条，直至被《民法典（草案）》完整保留，最终呈现为《民法典》第1104条的内容。

规范目的或功能

本条规定收养人、送养人和被收养人各方对收养事项的同意，从而亦在体系上确立三方主体地位。关于收养当事人究竟为哪些主体，我国学界一直存在较大的分歧：史尚宽先生明确将收养界定为收养人与被收养人之间，以发生亲子关系为目的之要式的法律行为。[①]进而在收养意思要件上提出，满一定年龄之被收养人，须有当事人收养之合意。被收养人未满一定年龄时，须经被收养人的法定代理人之同意。[②]史先生之观点在民法学界广为传承，当前民法学界代表性论见皆认为，收养人和被收养人是收养关系的当事人，送养人仅以被收养人的法定代理人身份进入收养关系，并非收养关系的一方主体："因为收养关系是一种拟制血亲的亲子关系，因而送养人不可能为收养关系的当事人。"[③]在婚姻法学界，较早期的学者提出收养行为的当事人是收养人、被收养人和送养人，但仍然认为送养人："在法理上可以解释为是作为未成年被收养人的法定代理人而参与收养行为的。"[④]后继学者倾向于将收养人、被收养人和送养人各自作为独立的主体看待，强调被收养人是收养行为的主体，而不是收养行为的标的。[⑤]另有学者对收养行为的当事人与其后形成的收养关系中的当事人进行区分，认为收养行为的当事人为三方，即被收养人、送养人和收养人，收养关系的当事人为收养人和被收养人，前者为养父、养母，后者为养子、养女。[⑥]本条规定隐含着以收养人与送养人之间转移亲子权利义务的意思表示为收养前提的立法认知，通过规定收养须经各方同意，肯认收养人、送养人和被收养人均为收养法律关系的当事人。

三 规范内容

本条所确立的核心规则为，收养须经各方当事人同意，具体包括收养人、送养人和8周岁以上的未成年被收养人。深刻理解和准确适用本条的规定，须在本条表述的文义之下厘清如下几个法律问题：（1）收养人、送养人和被收

---

① 史尚宽：《亲属法论》，中国政法大学出版社2000年版，第584页。

② 史尚宽：《亲属法论》，中国政法大学出版社2000年版，第592页、第593页。

③ 余延满、房绍坤、朱庆育等诸位学者均持此见，引文见余延满书。余延满：《亲属法原论》，法律出版社2007年版，第406页；房绍坤、范李瑛、张洪波编著：《婚姻家庭与继承法》，中国人民大学出版社2018年版，第126页。

④ 杨大文主编：《亲属法与继承法》，法律出版社2013年版，第197页。

⑤ 陈苇主编：《婚姻家庭继承法学》（第三版），中国政法大学出版社2018年版，第168页。

⑥ 马忆南：《婚姻家庭继承法学》，北京大学出版社2014年版，第163页。

养人在收养中的法律地位如何？（2）收养人、送养人和被收养人的意思表示是否要求合致？（3）不同年龄的被收养人，对收养事项的知情权、参与权和同意权有何不同？

针对以上问题，本条规定蕴含的立法认知及其确立的法律规则可析分详述如下：

一、收养人、送养人和被收养人在收养中各自具有独立主体地位，就收养事项独立表达意愿

关于前述收养当事人之学术争点，本书认为，将旨在建立拟制亲子关系的收养行为与其后有效成立的拟制亲子关系进行概念上的区分是厘清收养当事人的第一步，为免予混淆，可将后者称为养父母子女关系，而将形成养父母子女关系这一过程中的法律行为和法律关系称为“收养”。如此，收养行为是当事人各方所为民事法律行为，收养关系则是当事人各方在收养过程中形成的权利义务关系。在此意义上，收养行为与收养关系的当事人应当是同一的。回到争论中心，收养当事人究竟包括哪几方主体，其各自地位如何？现代民法的基本理念是，人必为主体，而绝不能也不容沦为客体。所以首先应明确，成年的收养人和送养人，未成年的被收养人，均为法律上的主体。那么，他们是否都属于收养当事人？本书认为，收养与三方主体的亲子权益均直接、密切相关，收养的成立将使得三方的亲子权益都发生实质性的、重大的改变，他们都是收养当事人。然则，他们是否都具有独立的主体地位，以其自身的名义参与收养、影响收养、决定收养？本书认为，收养法对收养人、送养人、被收养人各方的条件和权利义务均有明确规定，任何一方不符合条件或不积极履行权利义务都可能导致收养归于无效，他们显然都具有独立的主体地位。其中特别要厘清的是，被收养人并不因为其未成年而丧失或减损其主体地位，送养人也不会因为其同时承担被收养人法定代理人的职责而湮灭或减损其自身的独立主体地位。

不同国家的立法例在规定三方主体的同意时，表述确有不同侧重：一种立法模式是倾向于以收养人与被收养人之间建立拟制亲子关系的意思表示为基础，如《德国民法典》第1746条第1款规定，“子女的允许对于收养是必要的。就无行为能力或未满14岁的子女而言，只能由其法定代理人给予许可。除此

以外，只能由子女自行给予允许；为此，子女必须得到其法定代理人的同意。”这一规定强调子女自身作出的同意以及子女法定代理人（以子女名义）作出的同意。史尚宽先生认为收养当事人仅为收养人与被收养人，或是受当时德国、日本民法的影响，其论著中关于被收养人同意的内容先后引注当时《日本民法典》第797条、《德国民法典》第1751条第2项的规定阐释被收养人达一定年龄（日本为15岁，德国为14岁）且有意思能力的，可自己订立收养契约。但时至今日，《德国民法典》较之以往显然加强了对送养人（往往为被收养人的父母）之意愿和意思的保护。该法典第1747条第1款规定：“父母的允许对于收养子女是必要的。”与前述第1746条第1款相比照可知，即使子女的父母同时作为子女的法定代理人参与收养，法律亦要求其基于父母（送养人）的主体地位就收养事项作出独立的意思表示。现行《日本民法典》在一般性规定中仅提及，被收养人未满15岁时，其法定代理人可以代其承诺收养，于此在第797条第1项要求被收养人（或其法定代理人）就收养作出承诺，但在“特别收养”章节中，第817条之六专门就父母的同意及其在法定情形下的豁免作出明确规定。可见，与我国完全收养体系可资类比的现代德国法上的未成年人收养和日本法上的特别收养体系都已明确规定，被收养人的父母（其法律地位相当于我国的送养人）应就收养作出同意的意思表示。有鉴于以上种种，本书认为，否认送养人在被收养人法定代理人之外不具主体地位不符合当前收养立法普遍共识。

另一种立法模式倾向于以收养人与送养人之间转移亲子权利义务的意思表示为基础，从而肯认收养人、送养人和被收养人均为收养法律关系的当事人。我国立法即鲜明地体现了这一认知，具体表现在，本条首先规定收养人自愿收养、送养人自愿送养，然后规定应征得八周岁以上未成年被收养人的同意。

二、在协议收养模式下，收养人、送养人和被收养人的意思表示应当达成合意

传统民法理论认为，收养以发生养亲子关系为目的之意思表示而产生效力，故为法律行为，该法律行为以当事人之合意成立为原则。[①]在此理论之下，民法学者认为，收养是收养人与被收养人之间的法律行为，父母或其他

① 史尚宽：《亲属法论》，中国政法大学出版社2000年版，第584页。

送养人仅作为被收养人的法定代理人参与收养法律行为。但是“收养人+被收养人”两方主体理论向来无法解释送养人和收养人可经协议解除收养法律关系的立法通例，更无法解释当前多国民法典（典型如上引《德国民法典》第1746条第1款和第1747条第1款）以同一语词指称被收养人和被收养人之父母（作为送养人）各自就收养事项所作意思表示。当代民法典立法文本透露出一个信息，被收养人和送养人就收养事项所作意思表示应为同一性质。这从细微处揭示出，被收养人和送养人的当事人地位都是不可否认的。

但是立法上使用“同意”，是否寓意此种意思表示与收养人之积极意思表示（提出收养请求）有所不同？在民事法律行为理论中，关于同意法律制度的研究认为，同意本身是独立的法律行为，属于单方、需受领的表示，只有需经同意行为的当事人能够成为受领人，但同意同时构成需经同意法律行为的辅助法律行为，其法律效果除影响需经同意法律行为的效力之外别无其他。[①]根据同意对需经同意法律行为的效力所产生的具体影响，亦即同意的法律效果的不同，可将同意区分为作为法律行为附加条件的同意和构成义务内容的同意，前者是法律行为的生效条件，会影响到法律行为是否生效，后者则不会影响到法律行为的生效，在法律行为未经同意实施时，仅产生义务违反的法律效果，特别是在特定情形中产生损害赔偿义务。[②]收养中的同意直接影响到收养能否成立和生效，那么，《德国民法典》所规定的被收养人的同意、被收养人父母（作为送养人）的同意，以及我国民法典中本条规定的被收养人的同意应被定性为作为法律行为附加条件的同意吗？若如此定性，会在法律逻辑上产生种种纰漏：一则，在我国法律体系下，如将被收养人的同意视为作为法律行为附加条件的同意，则意味着收养人与送养人可通过合意处分被收养人的亲子权益，无论是契约理论还是身份理论，对此都不可接受；二则，在德国法体系下，如将被收养人的同意和被收养人父母（作为送养人）的同意均视为作为法律行为附加条件的同意，则收养人提出收养之积极意思

---

① ［德］维尔纳·弗卢梅：《法律行为论》，迟颖译，米健校，法律出版社2013年版，第1064页、第1065页。

② ［德］维尔纳·弗卢梅：《法律行为论》，迟颖译，米健校，法律出版社2013年版，第1062页、第1063页。

表示的相对人为何？如无相对人，则收养法律行为又非单方法律行为，如何得以成立乃至生效？如此推演下去，仅据立法文本中“同意”用语而否定有关主体的当事人地位或否认其意思表示构成收养法律行为之主体意思表示，是有违体系自洽的。

实际上，对于收养法律行为来说，肯认收养人、被收养人、送养人三方各自具有独立主体地位（即使被收养人或需法定代理人辅助，亦不影响其独立主体地位），将肯认三方主体各自就收养事项所作意思表示（无论其为提议收养的主动意思表示，还是同意收养的被动意思表示）会于一处，形成互为呼应的连环性的转移亲子权益意思表示，是最符合当前收养法之价值理念与制度设计的解释方法。

但须注意的是，上述合意之解释方法仅适用于协议收养情形。除协议收养外，现代收养法上还有一种重要的收养类型，即宣告收养。宣告收养是国家有权机关依照法律规定的条件和程序，遵循儿童最佳利益原则，宣告成立的收养。[①]宣告收养程序中，因法定情形的存在，生父母一方或双方的同意不复必要。此法定情形往往可归于主体不存、下落不明、抚养意愿缺失或怠于履行监护职责、实施监护侵害行为严重损害子女利益等若干情形。《法国民法典》第348-6条第1款和《德国民法典》第1748条都属于此类条款。

三、未成年被收养人的意思表示由其法定代理人（生父母）补足，达到8周岁以上的未成年人，自主享有对收养事项的同意权

未成年被收养人因不具备完全民事行为能力，其关于收养事项的意思表示由其法定代理人亦即其生父母予以补足。在此意义上，生父母在收养事项中的角色是双重的，一方面是送养人，另一方面是被收养人的法定代理人。但是当未成年被收养人达到一定年龄，具有限制行为能力，能够对收养的意义和后果有一定认识和判断时，应允许其就收养事项自主表达意愿，如其不同意收养，则收养不得成立。我国收养法在划定此年龄界点时，与自然人限制行为能力的年龄界点保持一致并随其变动，当前根据《民法典》总则编第19条的规定调整为8周岁。

---

① ［德］迪特尔·施瓦布：《德国家庭法》，王葆莳译，法律出版社2010年版，第395页。

其他国家也有类似规定，如《德国民法典》详细规定了被收养人同意的年龄条件、同意的应允和批准、同意的撤销等；《法国民法典》第345条第3款规定，如被收养人年满13周岁，完全收养应当征得本人同意；《瑞士民法典》第265条规定，如养子女有判断能力，收养必须征得其同意，如被收养人处于被监护之状态，即使其具有判断能力，也必须在征得未成年人保护机构的同意后，才可以收养；《意大利民法典》第296条规定，收养应有养父母及欲为养子女的人的合意，该主体未达成年的，合意由其法定代理人付与，该主体达12岁的，应征求本人自己的意见；《日本民法典》第797条规定，当成为养子女的人未满15岁时，其法定代理人可以代其承诺收养，法定代理人作出前款之承诺时，成为养子女者之父母中，另有应作出其监护者时，应得其同意，成为养子女者之父母有被停止亲权者时，亦同。

理解和适用本条规定，还需注意：若被收养人不足8周岁，亦应尽量探明未成年人的意愿，从而作出最有利于未成年人的裁断。近年来，我国法律逐渐深化对未成年人参与权的保障，如2019年11月公布的《未成年人保护法（修订草案）》多条规定要听取未成年人/有表达意愿能力的未成年人的意见。自未成年人保护理念而言，凡涉及未成年人的安置，均应充分尊重未成年人的参与权和表达权，征询、探明未成年人的意愿，在个案中作出最有利于未成年人的裁断。当然，法律在设定此种征询义务时，应虑及各种现实差异作适度之要求：如未成年人表达意愿、表达能力的差异以及不同主体与未成年人之间关系及联系的差异等。

举证责任

在收养登记程序中，收养各方主体的意思表示主要通过回答收养登记员的询问调查及其后的签名、按指纹加以确认。民政部发布的《收养登记工作规范》第16条规定：（1）收养登记员要分别询问或者调查收养人、送养人、年满10周岁以上的被收养人和其他应当询问或者调查的人；（2）询问或者调查的重点是被询问人或者被调查人的姓名、年龄、健康状况、经济和教育能力、收养人、送养人和被收养人之间的关系、收养的意愿和目的；特别是对年满10周岁以上的被收养人应当询问是否同意被收养和有关协议内容；（3）询问或者调查结束后，要将笔录给被询问人或者被调查人阅读。被询问人或者被调查人要写明“已阅读询问（或者调查）笔录，与本人所表示的意思一致（或者调查情况属实）”，并签名。被询问人或者被调查人没有书写能力的，可由收养登记员向被询问或者被调查人宣读所记录的内容，并注明“由收养登记员记录，并向当事人宣读，被询问人（被调查人）在确认所记录内容正确无误后按指纹”。然后请被询问人或者被调查人在注明处按指纹。

同时，《收养登记工作规范》第15条第14项规定，《收养登记申请书》中收养人、被收养人和送养人（送养人是社会福利机构的经办人）的签名必须由当事人在收养登记员当面完成；当事人没有书写能力的，由当事人口述，收养登记员代为填写。收养登记员代当事人填写完毕后，应当宣读，当事人认为填写内容无误，在当事人签名处按指纹。当事人签名一栏不得空白，也不得由他人代为填写、代按指纹。

《民法典》出台后，上述《收养登记工作规范》关于被收养人“年满10周岁以上”的规定亟须调整，与本条规定的“八周岁以上”年龄界点保持一致。同时在实务工作中，亦应逐步确立充分尊重未成年人的参与权和表达权、尽可能探明被收养人真实意愿的业务规范。

第一千一百零五条【收养的程序】

收养应当向县级以上人民政府民政部门登记。收养关系自登记之日起成立。

收养查找不到生父母的未成年人的，办理登记的民政部门应当在登记前予以公告。

收养关系当事人愿意签订收养协议的，可以签订收养协议。

收养关系当事人各方或者一方要求办理收养公证的，应当办理收养公证。

县级以上人民政府民政部门应当依法进行收养评估。

历史由来

我国制定首部《收养法》时，起草机关指出，“收养子女是一种变更人身权利义务关系的比较重大的民事行为，收养关系的设立应履行一定的法律程序。经与有关部门协商，根据我国国情和多年来的实践，应当把公证证明作为收养关系设立的必要条件，以有利于维护公民的权利，预防纠纷、减少诉讼”[①]。但是在法律真正出台时，并未完全倚重收养公证，而是区分被收养人类型、结合当事人意愿同时引入收养登记、收养协议和收养公证三种机制，具体表现在这部法律第15条关于收养形式要件的规定。第1款规定：“收养查找不到生父母的弃婴和儿童以及社会福利机构抚养的孤儿的，应当向民政部门登记。”第2款规定：“除前款规定外，收养应当由收养人、送养人依照本法规定的收养、送养条件订立书面协议，并可以办理收养公证；收养人或者送养人要求办理收养公证的，应当办理收养公证。”

在1998年修正《收养法》的过程中，起草机关指出“由于收养程序不统一，在实践中带来了一些问题，公民之间协议成立收养关系，随意性比较大，容易造成收养关系不稳定”，重申“收养是一种重要的民事法律行为，成立收养关系将导致收养人、被收养人的人身和财产关系的变化”，认为“在法律上，收养属于婚姻家庭范畴。婚姻法已经规定对结婚、离婚实行统一登记制度。收养法对收养这种事关收养双方人身、财产关系变化的重要法律行为，也以实行统一的登记制度为宜。”[②]由此，修改后的《收养法》第15条全面要求履行收养登记程序，同时肯认当事人可自主签订收养协议或办理收养公证，此外还针对查找不到生父母的被收养人设置收养公告机制，如此充实之后，我国收养程序更加臻于严谨和完善。修改后的完整条文分为4款：第1款规定，“收养应当向县级以上人民政府民政部门登记。收养关系自登记之日起成立”；第2款规定，“收养查找不到生父母的弃婴和儿童的，办理登记的民政部门应当在登记前予以公告”；第3款规定，“收养关系当事人愿意订立收养协议的，可以订立收养协议”；第4款规定，“收养关系当事人各方或者一方要求办理收养公证的，应当办理收养公证”。

---

① 参见时任司法部副部长金鉴于1991年6月21日在第七届全国人民代表大会常务委员会第二十次会议上所作《关于〈中华人民共和国收养法（草案）〉的说明》。

② 参见时任民政部部长多吉才让1998年8月24日在第九届全国人民代表大会常务委员会第四次会议上所作《关于〈中华人民共和国收养法（修订草案）〉的说明》。

在民法典编纂过程中，《民法典婚姻家庭编（草案）》（一审稿）第884条基本保留了《收养法》第15条的内容，只在第1款收养登记的规定后面进一步要求“未办理收养登记的，应当补办登记”，并将第2款“弃婴和儿童”一并改为“儿童”。修改后的条文仍分4款对收养形式要件进行规范。第1款规定：“收养应当向县级以上人民政府民政部门登记。收养关系自登记之日起成立。未办理收养登记的，应当补办登记。”第2款规定：“收养查找不到生父母的儿童的，办理登记的民政部门应当在登记前予以公告。”第3款规定：“收养关系当事人愿意订立收养协议的，可以订立收养协议。”第4款规定：“收养关系当事人各方或者一方要求办理收养公证的，应当办理收养公证。”

《民法典婚姻家庭编（草案）》（二审稿）第884条基本承袭了《民法典婚姻家庭编（草案）》（一审稿）第884条的内容，但是又作了一处文字上的修改，即将第2款的“儿童”改为“未成年人”。经此改动之后的条文被2019年10月31日公布的《民法典婚姻家庭编（草案）》（三审稿）第884条完全吸纳。但是在草案审议中，有委员认为规定“补办登记”反而有损收养登记的强制性，带来法律适用的困扰，于是《民法典（草案）》又删去“未办理收养登记的，应当补办登记”之表述。至2020年5月大会审议时，将本条第3款两处“订立”用语一并修改为“签订”，并增加规定本条第5款内容：“县级以上人民政府民政部门应当依法进行收养评估。”最终形成《民法典》第1105条的规范。

二 规范目的或功能

本条规定是以收养登记为核心的收养程序。收养是人身法律行为，直接引起未成年人亲子关系的变动，对当事人影响深远，同时也涉及伦理秩序和公共利益，有必要规范其形式要件。从本条的历史沿革可知，我国收养程序经历了从收养登记、收养协议与收养公证并行发展至统一收养登记的过程。本条规定的收养程序以收养登记为核心，以收养评估为辅助，兼及特定情形下的收养公告，以及收养协议和收养公证。

大多数国家规定，由法院作出准予或不准予收养的决定。如《德国民法典》第1752条规定，收养由家庭法院根据收养人的申请予以宣告，申请不得附条件或期限或由代理人提出，且必须做成公证证书。《法国民法典》第353

条规定，收养由大审法院应收养人的申请作出宣告，宣告收养的判决无须说明理由。《日本民法典》第794条、第798条和第817条之二分别规定监护人收养被监护人、收养未成年人、特别收养的程序，都要求经法院许可。《意大利民法典》第312条、第313条和第314条之二十四分别规定了一般收养经法院确认、宣告，特殊养子女收养经少年法院作出裁定。也有少数国家规定由行政机关裁决是否准予收养，如《瑞士民法典》第268条规定，收养由养父母住所地的州政府主管部门作出决定。我国规定的收养登记程序由民政机关实施，亦属行政机关主导，但在法律性质和国家干预强度上或有不同。

规范内容

本条规定确立了多项收养程序，包括收养登记、收养公告、收养协议、收养公证和收养评估。其中最为核心、最为重要的是收养登记。收养公告针对查找不到生父母的未成年被收养人，由收养登记部门实施。收养协议和收养公证则由当事人依其意愿或合意签订或办理。收养评估虽置于最后一款，实则是收养登记的辅助程序。以下详述有关规则。

一、收养登记

收养应当向县级以上人民政府民政部门登记，收养关系自登记之日起成立。县级以上人民政府民政部门应当依法进行收养评估。

《收养子女登记办法》第2—4条详细规定了收养登记的管辖和要求，第7条规定了收养登记机关的审查时限和结果。依照该文件，中国公民在中国境内收养子女应当在县级人民政府民政部门办理收养登记，依不同情形确定属地管辖：收养社会福利机构抚养的查找不到生父母的弃婴、儿童和孤儿的，在社会福利机构所在地的收养登记机关办理登记；收养非社会福利机构抚养的查找不到生父母的弃婴和儿童的，在弃婴和儿童发现地的收养登记机关办理登记；收养生父母有特殊困难无力抚养的子女或者由监护人监护的孤儿的，在被收养人生父母或者监护人常住户口所在地（组织作监护人的，在该组织所在地）的收养登记机关办理登记；收养三代以内同辈旁系血亲的子女，以及继父或者继母收养继子女的，在被收养人生父或者生母常住户口所在地的收养登记机关办理登记。

收养登记应由当事人亲往办理。夫妻共同收养子女的，应当共同到收养登记机关办理登记手续；一方因故不能亲自前往的，应当书面委托另一方办理登记手续，委托书应当经过村民委员会或者居民委员会证明或者经过公证。收养登记机关收到收养登记申请书及有关材料后，应当自次日起30日内进行审查。对符合收养法规定条件的，为当事人办理收养登记，发给收养登记证，收养关系自登记之日起成立；对不符合收养法规定条件的，不予登记，并对当事人说明理由。

依据《收养登记工作规范》第21—23条的规定，收养登记证要求规范填写，载明收养登记字号、姓名、性别、国籍、出生日期、身份证件号码、住址、被收养人身份、更改的姓名、登记日期等，相关信息应与《收养登记申请书》和《收养登记审查处理表》中相应项目一致。颁发收养登记证，应当在当事人在场时按照规定核实、释明、见证步骤逐项进行，最后将收养登记证颁发给收养人，并向当事人宣布：取得收养登记证，确立收养关系。对不符合收养登记条件的，收养登记机关不予受理，向当事人出具制式《不予办理收养登记通知书》(《收养登记工作规范》附件4)，并将当事人提交的证件和证明材料全部退还当事人。对于虚假证明材料，收养登记机关予以没收。

如同结婚登记、离婚登记等人身关系的缔结、解除程序，收养登记的性质也存在诸多争议：究竟属法律行为抑或行政行为？是收养的成立要件还是生效要件？在法律行为理论体系中，法律行为与行政行为是泾渭分明的，前者是私主体依意思自治之私法原则而为之行为，后者是公共机构或代表公共机构的主体依合法行政原则而为之行为。[①]但在某些情形下，法律行为与行政行为的关系却并不分明：许多法律行为由一个或者多个意思表示和行政行为所构成，亦即官方机构以直接参与私法自治设权行为的方式参与法律行为，此时法律行为被认为具有双重构成要件，即所涉行政行为被视为法律行为的构成要件，结婚登记即属此种情形。但也可能出现法律行为要求一个与私法自治设权行为相分离的官方行为的情形，在此情形下，官方机构所为之行政行为被视为独立于私法自治行为的法律行为生效要件，如土地出让的批准程

① ［德］维尔纳·弗卢梅：《法律行为论》，迟颖译，米健校，法律出版社2013年版，第48页。

序。[①]由收养登记机关实施的登记行为显然属于行政行为。然而此行政行为究竟为收养的成立要件抑或生效要件，学界向无共识。在我国现行收养规范体系下，收养登记行为与收养关系的成立具有不可分割的密切关联：依照本条规定，登记则收养关系成立，不登记则收养关系不成立。据此，视收养登记为收养行为的成立要件似更契合立法本意。此外，尚有两个方面的理由可予加强此论证：一者，前文第1104条评注援引《收养登记工作规范》阐明，在收养登记程序中，收养各方主体通过回答收养登记员的询问调查及其后的签名、按指纹为意思表示，表达和确认其对收养事项的同意。这说明在收养登记内含当事人的意思表示，两者不可分离。二者，收养事项关乎未成年被收养人的监护和保护，国家关注和干预力度高于结婚行为、离婚行为，收养登记机关在收养事件中的参与度和权威度理应更高，收养登记与收养行为的结合也更加紧密，除法律明确规定承认事实收养之外，几乎不能设想在收养登记之外存在合法收养关系。因此，收养登记虽系行政行为，但依照本条规定，其直接决定收养关系是否成立，构成收养行为的成立要件。

《民法典》在最后审议阶段增设收养评估的规定。这是民政部门已推行数年的探索机制，地方层面也陆续尝试。2015年9月，民政部在总结28个省份156个地区试点经验的基础上发布《收养能力评估工作指引》，要求优先以政府购买专业服务的形式，引入社会工作师、律师、医生、心理咨询师、婚姻家庭咨询师等专业人员进行收养评估，具体的评估方式、标准和流程均已明确。安徽、北京等地在该指引的基础上又有不同程度的创新。安徽省的施行办法采用公开信息、择优许可的思路：一旦接到收养申请，所涉儿童的信息通过专门平台公示3个月，接受潜在收养人提出的申请；最终通过收养能力综合评估确定收养主体。北京市的实施办法创设了“融合期”和“回访评估”机制：收养意向评估合格后，经各方同意，被收养人与收养家庭共同生活90日以期融合，然后进行综合评估；收养登记满6个月、18个月，评估机构进行回访并出具报告。收养评估有助于以收养登记为中心融合实质审查、个案审查与专业服务，尽可能避免或减少不良收养关系的产生，实现被收养人最佳利益。但目前本条关于收养评估

① ［德］维尔纳·弗卢梅：《法律行为论》，迟颖译，米健校，法律出版社2013年版，第30页、第31页。

的规定较为粗疏，仅明确了两个要点：（1）收养评估的主体为县级以上人民政府民政部门；（2）收养评估应当依法进行。尚有以下问题暂未明确：（1）具体依据什么法律法规进行评估；（2）收养能力评估是否应结合试收养实施。从我国现有收养评估实践来看，目前主要依据民政部和地方的指导性文件进行评估，一般是结合试收养机制来进行。自逻辑而言，只有经过试收养，才能作出较为科学且符合事实的收养评估，而试收养本身延迟了收养程序的期限，系影响收养主体权益的重大行政事项，应在法律中予以明确公开方为妥当。

二、收养公告

收养查找不到生父母的未成年人的，应由受理收养登记的民政部门在登记前予以公告。

前文第1093条评注已阐明，查找不到生父母的未成年人主要包括脱离生父母监护、被捡拾的未成年人和遭拐卖后被解救却在窗口期内查找不到生父母的未成年人。收养这种类型的未成年人，有收养登记管辖权的民政部门在受理收养申请后，应当对其查找不到生父母的状态予以确认。根据《收养子女登记办法》第7条第2款，收养查找不到生父母的弃婴、儿童的，收养登记机关应当在登记前公告查找其生父母；自公告之日起满60日，弃婴、儿童的生父母或者其他监护人未认领的，视为查找不到生父母的弃婴、儿童。公告期间不计算在登记办理期限内。《收养登记工作规范》第17条进一步规定，对于查找不到生父母的弃婴、儿童，收养登记机关应在登记前刊登制式公告（《收养登记工作规范》附件2）查找被收养人的生父母；公告应当刊登在收养登记机关所在地设区的市（地区）级以上地方报纸上；公告要有查找不到生父母的弃婴、儿童的照片；办理公告时收养登记员要保存捡拾证明和捡拾地派出所出具的报案证明；派出所出具的报案证明应当有出具该证明的警员签名和警号。当然，随着《民法典》的出台，鉴于“收养”章已将“查找不到生父母的弃婴、儿童”一律修改为“查找不到生父母的未成年人”，上述收养登记办法及工作规范中相关用语亦应作相应的修改。

三、收养协议和收养公证

收养当事人可依其意愿签订书面收养协议。有当事人要求办理收养公证的，应当办理收养公证。

收养登记是决定收养关系是否成立的核心程序，但收养登记本身属于收养登记机关的行政行为，依循相关业务规范进行，可能不足以覆盖收养当事人就收养事项进行充分协商和约定的意思表示。在此种情形下，收养当事人可依其相互之间的合意自主订立收养协议，就各方所关切的种种细节进行协商和约定。《民法典》出台前关于收养制度的最后一次修改中，将过往立法所使用的“订立收养协议”修改为“签订收养协议”，明确昭示收养协议应具书面形式这一要求。将当事人关于收养事项的约定诉诸文字，固化为明确的具有法律约束力的权利和义务，有助于依法保障各方权益，尤其是保护未成年被收养人的成长权益。

收养当事人有意愿要求办理收养公证的，应当办理收养公证。在1998年修改《收养法》之前，我国法律未统一要求全面适用收养登记程序，收养公证因其所具有的公信力在确认、证明收养关系方面起到重要作用。1998年修改《收养法》后，收养登记成为统一的收养法律程序，收养关系自登记之日起生效，当事人有需求、有意愿时仍可办理收养公证。根据现行《公证法》第2条、第11条、第21条和第36条的规定，公证是公证机构根据自然人、法人或者其他组织的申请，依照法定程序对民事法律行为、有法律意义的事实和文书的真实性、合法性予以证明的活动；经公证的民事法律行为、有法律意义的事实和文书，应当作为认定事实的根据，但有相反证据足以推翻该项公证的除外；根据自然人、法人或者其他组织的申请，公证机构可就收养关系办理公证，该公证事项需由当事人亲往办理，不能委托他人办理。

三 其他问题

我国收养法律程序主要体现为收养登记，以及收养登记机关为确认查找不到被收养人之生父母而进行的收养公告。总体而言，制度重心落在对收养各方主体是否符合法律规定的条件进行形式查验和核实，而忽视了各方主体之间的互动和适洽，不利于从实质上把握和实现收养的目标和原则。要在制度上实现和保障“最有利于被收养人”原则，应在收养程序中加强国家干预和监督。《民法典》在即将面世的最后关头增设收养能力评估机制，体现出社会各界已对增进收养社会化发展达成共识，但对试收养机制的忽略和对收养评估依据的简省说明我们对现代收养程序的内在逻辑和机制架构仍不够清晰和明朗，未来尚有待将收养能力评估、试收养、收养回访监督等有益的实践经验与收养登记程序有机嵌合，形成体系化、社会化的现代收养登记程序。

世界范围内，多国收养法陆续接纳联合国《儿童权利公约》所确立的儿童最佳利益原则，并通过国家干预和程序设置实现儿童最佳利益，在正式宣告收养之前进行一定期间的试收养以考察收养是否符合被收养人利益已成为通例。虽然各国谓之养育、安置、预行收养的托付、监护等不同词语，但其功能殊为一致。《德国民法典》的此种关切散落于第1741条、第1744条和第1752条等具体规定中：收养人须提交不可附条件或期限、不可代理、经公证的申请；家庭法院在收养有利于子女最佳利益且可期待收养人与子女之间产生父母子女关系的情形下许可、宣告收养；通常仅在收养人已就某一适当的期间照料待收养子女时，方得宣告收养；在收养形成的过程中，家庭法院可在符合法律规定的情形下，为（待收养的）子女的利益而取代其生父母的同意，促成收养。《法国民法典》针对完全收养专节规定“为完全收养进行安置与完全收养判决”，规定将拟送养的儿童实际送交拟定的收养人，进行为期不少于2个月的安置，然后由大审法院在受理收养申请之日起6个月内审查是否具备法律规定的收养条件以及收养是否符合儿童的利益，从而作出宣告收养的判决。《意大利民法典》针对特别收养，在第314条之二十和第314条之二十四规定被收养未成年人所在地的少年法院收到收养申请后，查明当事人是否符合资格要件，秉持未成年人利益优先的原则进行比较、征询之后，决定预行收养的托付并规定其方式；预行收养的托付过程，由监护裁判官或专家或专门设施予以监视，经过一年的托付期间，少年法院再行征询之后，由评议室作出是否允许收养的裁定。《日本民法典》第817条之八针对特别收养规定，应考虑成为养父母者对成为养子女者6个月以上期间之监护状况。《瑞士民法典》关于试收养和收养评估的规定也相当明确：第264条针对未成年人的收养，规定预期的收养人对养子女至少已照顾、教育满一年，并且有理由认为亲子关系的建立有利于养子女，又不致损害养父母其他子女的利益，才可以收养。第268条规定，州政府主管部门应全面调查所有的重要情况，如有必要，可取得专家的协助，然后州政府主管部门才可以对收养作出决定，而且规定特别应调查，养父母及养子女的人格与健康状况、相处倾向、养父母的教育能力、经济状况、收养动机、家庭条件以及收养关系的发展等。如养父母已有直系血亲卑亲属，收养还应当尊重其直系血亲卑亲属的意见。

第一千一百零六条【被收养人的户籍登记】

收养关系成立后，公安机关应当按照国家有关规定为被收养人办理户口登记。

历史由来

我国首部《收养法》没有规定被收养人户口事项，因其本身属于单纯的行政管理范畴，主要依据行政法律法规实施。但是鉴于现实生活中被收养人办理户口迁移遇到诸多困难，影响到被收养人和收养家庭各方面合法权益，1998年修正《收养法》时立法机关决定："增加一条，作为第十六条：'收养关系成立后，公安部门应当依照国家有关规定为被收养人办理户口登记。'"[①] 由此，被收养人户口登记事项进入收养法律规范体系。

在民法典编纂过程中，《民法典婚姻家庭编（草案）》（一审稿）第885条、《民法典婚姻家庭编（草案）》（二审稿）第885条一直保留着上引《收养法》第16条的内容。至《民法典婚姻家庭编（草案）》（三审稿）阶段，第885条将"公安部门"修改为更加规范严谨的"公安机关"，整个条文表述为："收养关系成立后，公安机关应当依照国家有关规定为被收养人办理户口登记。"修改后的条文被《民法典（草案）》完整吸纳，最终成为《民法典》第1106条的内容。

规范目的或功能

本条规定被收养人户口登记事项。户口系国家以"户"为单位建构的户籍管理制度在个体身份层面的反映，既反映个体的属地信息，也反映个体的

① 参见中华人民共和国第九届全国人民代表大会常务委员会第五次会议于1998年11月4日通过，自1999年4月1日起施行的《全国人民代表大会常务委员会关于修改〈中华人民共和国收养法〉的决定》。

家庭关系信息。正所谓，“户”以“家”为基础，“家”以“户”的形式在传统法律中呈现，其目的是实现行政管理和社会治理上的便利性。[①]

大陆法系的很多国家对收养事项一并实行户籍管理。《日本民法典》第799条通过援引第738条和第739条将婚姻申报制度准用于收养，要求收养应依户籍法之规定申报而生效，且此项申报要求以双方当事人及两名以上成年证人签名之书面，或此等人之口头而作出。但其判例已突破收养申报之严格形式要求，而依户籍法试行规则第62条肯认存在代书或委托盖章情形的收养申报为有效。[②]可见在日本，收养登记实则被纳入户籍管理体系。《法国民法典》第354条规定，宣告完全收养的判决自发生既判事由之确定之日起15日内，应检察官的要求，登录于被收养人出生地的户籍（身份）登记簿。如被收养人出生在国外，完全收养判决登录于外交部户籍身份中心的登记簿。该登录相当于为被收养人提供新的出生证书，原出生证书由户籍官员保管，在法律规定的情形下，依检察官的要求加盖“收养”字样后，视为无效。《意大利民法典》第314条之二十五和第314条之二十八规定特别收养中应依照法律的规定对出生证书适时进行附记并通告户籍官，关于养子女的户籍证明文件应符合法律规定的要求。

规范内容

本条以简明表述规范被收养人户口登记事项，设定相应的行政义务主体和行政行为条件，但本条的理解和适用并不如此“简明”。具体析论如下。

一、因收养而办理户口登记既是公民的义务，也是公民的权利

依法登记户口既是公民的义务，也是公民的权利。1958年全国人大常委会通过《户口登记条例》，建立全国统一的户口登记法律制度，旨在“维持社会秩序，保护公民的权利和利益，服务于社会主义建设”，要求“中华人民共

---

① 李伟：《“家”、“户”之辨与传统法律表征》，载《政法论丛》2015年第6期。

② 最判昭和31年7月19日民集10卷7号908页，转引自王融擎编译：《日本民法条文与判例》（下册），中国法制出版社2018年版，第746页、第747页。

和国公民，都应当依照本条例的规定履行户口登记”（条例第1条、第2条）。该条例第7条规定，婴儿出生后一个月内，由户主、亲属、抚养人或者邻居向婴儿常住地户口登记机关申报出生登记；弃婴，由收养人或者育婴机关向户口登记机关申报出生登记。出生登记的申报载入户口登记系统。办理出生登记之后被收养的未成年人，需办理户口迁移手续，将户口迁入收养家庭所在户，形成新的户籍。

实践中，户口关系到公民诸多权益，入学、参军、就业、集体经济组织权益分配、购房、购车等。但是，“由于一些地方和部门还存在政策性障碍等因素，部分公民无户口的问题仍然比较突出，不利于保护公民合法权益，并直接影响国家新型户籍制度的建立完善”，国务院办公厅2015年发布《关于解决无户口人员登记户口问题的意见》，重申“依法登记户口是法律赋予公民的一项基本权利，事关社会公平正义，事关社会和谐稳定”，要求切实维护每个公民依法登记户口的合法权益，将解决无户口人员登记户口问题与健全完善计划生育、收养登记、流浪乞讨救助、国籍管理等相关领域政策统筹考虑、协同推进。本条即在法律层面进一步明确被收养人的户籍权益，要求公安机关依照有关规定为已确立收养关系的被收养人办理户口登记。

二、收养关系成立是被收养人申请办理户口登记的前提条件

户籍管理是以家庭为单位并具有属地性质的行政管理制度。收养关系成立，收养人和被收养人之间方确立拟制亲子关系，双方分别作为养父母和养子女组建收养家庭，并由此纳入户籍管理制度。因此，自法律逻辑而言，收养关系成立之后，才产生将被收养人的户口纳入收养人所在户的需要和必要。根据《户口登记条例》第19条的规定，公民因收养引起户口变动的时候，由户主或者本人向户口登记机关申报变更登记。鉴于被收养人为未成年人，经收养而处于收养人的监护之下，《收养子女登记办法》第8条规定，收养关系成立后，需要为被收养人办理户口登记或者迁移手续的，由收养人持收养登记证到户口登记机关按照国家有关规定办理。

对于没有办理收养登记的收养关系，需考察其是否属于行政机关或司法机关认定的具有法律效力的事实收养关系。司法部、民政部、国务院先后发布有关文件对此进行规范：司法部于2000年发布的《关于贯彻执行〈中华

人民共和国收养法〉若干问题的意见》（司发通〔2000〕33号）按照以下时点来设定收养关系的认定标准：（1）《收养法》修正案于1999年4月1日施行后，收养关系的成立和协议解除收养关系以登记为准；（2）《收养法》于1992年4月1日施行至1999年4月1日修正施行前这段时间建立的收养关系，符合原收养法规定的，公证机构可以给予公证；不符合原收养法规定的，公证机构不得办理收养或解除收养关系公证，但可对当事人之间抚养的事实进行公证；（3）《收养法》于1992年4月1日施行前发生的事实收养，公证机构仍按《司法部关于办理收养法实施前建立的事实收养关系公证的通知》（司发通〔1993〕125号）规定办理事实收养公证，即凡当事人能够证实双方确认共同生活多年，以父母子女相称，建立了事实上的父母子女关系，且被收养人与其生父母的权利义务关系确已消除的，可以为当事人办理收养公证。收养关系自当事人达成收养协议或因收养事实而共同生活时成立。办理事实收养公证由收养人住所地公证处受理。

2008年，《民政部、公安部、司法部、卫生部、人口计生委关于解决国内公民私自收养子女有关问题的通知》（民发〔2008〕132号）在肯认司法部前述两个文件的基础上规定，1999年4月1日，《收养法》修改决定施行前，国内公民私自收养子女的，依据司法部前述两个规定和公安部《关于国内公民收养弃婴等落户问题的通知》（公通字〔1997〕54号）的有关规定办理；依据司法部2000年《关于贯彻执行〈中华人民共和国收养法〉若干问题的意见》规定对当事人之间抚养的事实已办理公证的，抚养人可持公证书、本人的合法有效身份证件及相关证明材料，向其常住户口所在地的户口登记机关提出落户申请，经县、市公安机关审批同意后，办理落户手续。

2015年国务院办公厅《关于解决无户口人员登记户口问题的意见》（国办发〔2015〕96号）规定，未办理收养登记的事实收养无户口人员，当事人可以向民政部门申请按照规定办理收养登记，凭申领的收养登记证、收养人的居民户口簿，申请办理常住户口登记。1999年4月1日《收养法》修正案施行前，国内公民私自收养子女未办理收养登记的，当事人可以按照规定向公证机构申请办理事实收养公证，经公安机关调查核实尚未办理户口登记的，可以凭事实收养公证书、收养人的居民户口簿，申请办理常住户口登记。可见，司法部关于事实收养认定的规则为民政部所吸纳，最终两部委确立的规则又在国务院办公厅层面获得肯认，由此行政系统对于事实收养的认定规则归于一致。

三、公安机关应当依照国家有关规定办理收养户口登记

根据本条规定，收养关系成立是公安机关为被收养人办理户口登记的前提条件和必要条件。但是从行政执法和司法裁判实践来看，收养关系成立并非被收养人得以办理户口登记的充分条件，原因在于，本条规定的“依照国家有关规定”往往被具化为各种地方户籍管理规定，从而给被收养人办理户口登记带来一定的困难和障碍。例如，2010年上海市曾有一则养母代养子提起的户籍登记行政诉讼，历经一审、二审，终归败诉。判决援引沪民婚发〔2009〕5号通知第5条规定，“凡本市常住户口居民收养外省市的儿童，经审核符合《收养法》和《收养子女登记办法》规定，须在当地办理收养登记手续，领取收养登记证后，被收养人随收养人在本市共同居住生活5年以上且未成年的，收养当事人应当提供办理收养登记时的相关原始凭证，向其户口所在地公安派出所提出被收养人的户口落户申请”。《上海市公安局户口审批程序暂行规定》第12条第2款第1项第6目规定：明显不符合户口迁移相关规定的，应当当场或者在5日内作出不予受理的决定，并向申请人出具《不予受理决定书》。法院认为，上述规定并未违反《户口登记条例》及其他上位法的规定，被上诉人适用该条款作出行政决定并无不当，从而对原告（上诉人）的诉讼请求不予支持。①

几乎在同一时期，同在上海，另有一则养母代养子提起的户口登记行政诉讼可资比照。该案中，2003年始，养母捡拾养子后遂抱回抚养，2007年刊登寻亲认领，2008年在民政部门办理领养证，然后为养子申报户籍。受理户籍申报的公安机关认为，根据有关证据可以查找到养子的亲生父母，故原告并非弃婴，不符合收养条件，拒绝为其办理户口登记。经一审、二审后，法院认为，户籍登记机关在没有充分、明确的证据证明原告不是弃婴，该收养关系明显不符合法律规定的情况下，不认可民政部门出具的有效收养登记证，

---

① 杨某与上海市公安局嘉定分局徐行派出所户籍登记纠纷上诉案［上海市嘉定区人民法院（2010）嘉行初字第1号行政判决书；上海市第二中级人民法院（2010）沪二中行终字第95号行政判决书］。

缺乏依据。同时，考虑原告及其养母已共同生活多年，亦进入小学学习阶段的客观情况，从有利于未成年人接受教育、生活、成长等角度出发，户籍登记机关不予批准被收养人户口迁入申请有所失当。①

两相比照可知，司法裁判机关支持公安机关在户籍管理职权内，依照有关规定就被收养人户口登记申请作行政裁量，但并不支持其超越自身职权，替代审查收养登记本身的合法性和正当性。但值得思考和期待的是，2015年国务院办公厅《关于解决无户口人员登记户口问题的意见》规定，当事人凭申领的收养登记证或事实收养公证书、收养人的居民户口簿申请办理常住户口登记，以及“进一步完善户口登记政策，禁止设立不符合户口登记规定的任何前置条件”任务目标，会否有助于突破有关户籍管理的地方性规定或部门性规定所附加的条件，保障被收养人能够及时办理户口登记或户口迁移手续，尽快融入收养家庭，并实现其教育、社会保障等逐项合法权益，在养父母的监护和国家社会的关爱保护下健康成长。

第一千一百零七条【收养规范不适用于抚养关系】

孤儿或者生父母无力抚养的子女，可以由生父母的亲属、朋友抚养；抚养人与被抚养人的关系不适用本章规定。

历史由来

我国首部《收养法》第16条对抚养关系进行规范。第1款规定：“孤儿或者生父母无力抚养的子女，可以由生父母的亲属、朋友抚养。”第2款排除收养法律规范在抚养关系中的适用，具体表述为：“抚养人与被抚养人的关系不适用收养关系。”1998年修正《收养法》时，起草机关专门提及“实践中不少人往往将一些抚养、寄养关系与收养关系相混淆”，②认为草案应对收养进行界

---

① 张某不服上海市公安局虹口分局不予批准报入户口案［上海市虹口区人民法院（2010）虹行初字第70号行政判决书；上海市第二中级人民法院（2011）沪二中行终字第32号行政判决书］。

② 参见时任民政部部长多吉才让1998年8月24日在第九届全国人民代表大会常务委员会第四次会议上所作《关于〈中华人民共和国收养法（修订草案）〉的说明》。

定以进一步明晰其内涵和外延，该建议最终没有被采纳，但是修正后的《收养法》第17条完全保留了上引关于抚养关系的旧有规定，力图引导民众对抚养与收养加以区分。

在民法典编纂过程中，《民法典婚姻家庭编（草案）》（一审稿）第886条亦沿袭修正后的《收养法》第17条的内容。至《民法典婚姻家庭编（草案）》（二审稿）阶段，第886条将两款合为一款，间以分号相隔，并将“不适用收养关系”修改为更加严谨科学的“不适用本章规定”，从而在行文上更加紧凑、在表述上更加精准。修改后的条文完整表述为：“孤儿或者生父母无力抚养的子女，可以由生父母的亲属、朋友抚养；抚养人与被抚养人的关系不适用本章规定。”自此，《民法典婚姻家庭编（草案）》（三审稿）第886条、《民法典（草案）》第1107条均未对此条文再作任何修改，最终形成《民法典》正式条文。

规范目的或功能

本条对抚养与收养进行区分。抚养本身是一种事实行为，既可以是具有特定亲属关系的主体履行法律规定的抚养义务，也可以是非义务主体受委托或自发进行的照护行为。收养则是创设拟制亲子关系的法律行为，满足法律规定的条件和程序即可在收养人与被收养人之间产生与亲生父母子女之间同等的权利和义务，包括父母对未成年养子女的抚养义务，也包括成年子女对生活困难父母的赡养义务。作为事实行为的抚养与作为法律行为的收养在法律性质、法律后果及法律约束力等方面存在本质的不同。本条基于以上法理明确区分由生父母的亲属、朋友予以抚养和由收养人予以收养两种不同的法律关系，一则避免在法律关系的认定上出现混淆，二则避免在社会生活中苛责于热心助养的主体。

规范内容

本条围绕“抚养非收养”之法律论断确立如下规则。

一、孤儿或者生父母无力抚养的未成年人，可由生父母的亲属、朋友予以抚养

对于失亲失怙的孤儿或生父母无力抚养的未成年人，由其生父母的亲属或朋友予以抚养不仅是社会生活中民众基于家族互助、济贫济困等优良传统而自发实施的义举，亦是我国儿童救助制度所倡导的助养模式。

国务院办公厅2010年发布的《关于加强孤儿保障工作的意见》（国办发〔2010〕54号）提出四种安置孤儿的模式：亲属抚养、机构养育、家庭寄养和依法收养。除机构养育和依法收养外，亲属抚养和家庭寄养模式下均可由生父母的亲属、朋友对孤儿进行抚养。该文件参照民事监护制度界定亲属抚养，规定：孤儿的祖父母、外祖父母、兄、姐要依法承担抚养义务、履行监护职责；鼓励关系密切的其他亲属、朋友担任孤儿的监护人；没有前述监护人的，未成年人的父母所在单位或者未成年人住所地的居民委员会、村民委员会或者民政部门担任监护人。家庭寄养则是指由孤儿父母生前所在单位或者孤儿住所地的村（居）民委员会或者民政部门担任监护人的，可由监护人对有抚养意愿和抚养能力的家庭进行评估，选择抚育条件较好的家庭开展委托监护或者家庭寄养，并给予养育费用补贴，当地政府可酌情给予劳务补贴。该文件秉持鼓励收养孤儿的立场，规定：对寄养的孤儿，寄养家庭有收养意愿的，应优先为其办理收养手续。

对于生父母无力抚养的未成年人，应依据本法典规定的监护制度和《国务院关于加强困境儿童保障工作的意见》（国发〔2016〕36号）和民政部、最高人民法院、最高人民检察院等共计12个国家机关、群团组织联合发布的《关于进一步加强事实无人抚养儿童保障工作的意见》（民发〔2019〕62号）等，区分未成年人的具体困难处境予以救助和保障。针对生父母因经济能力不足无力抚养的情形，为其提供特困人员救助供养、最低生活保障和基本医疗保险资助等；针对生父母因监护能力不足无力抚养的情形，应落实监护责任，加强监护监督，必要时可依法撤销生父母监护资格另行确定监护人，监护人一般应亲自抚养被监护人，但也可在保障未成年人合法权益的前提下委托其他主体抚养，尤其是其他亲属和朋友。后一文件还特别规定，对有能力履行抚养义务而拒不抚养的父母，民政部门可依法追索抚养费，因此起诉到

人民法院的，人民法院应当支持。

二、抚养人和被抚养人之间形成抚养关系

《民法典》共规定了六种抚养关系：其一，第26条、第1058条规定，父母平等享有对未成年子女的抚养义务；其二，第1067条隐含着，父母对不能独立生活的成年子女负有抚养义务；其三，第1067条还同时规定，继父母对继子女的抚养教育在法律上产生的效力；其四，第1074条规定，有负担能力的祖父母、外祖父母对于父母已经死亡或者父母无力抚养的未成年孙子女、外孙子女，有抚养的义务；第1108条补充规定，配偶一方死亡，另一方送养未成年子女的，死亡一方的父母有优先抚养的权利；其五，有负担能力的兄、姐对于父母已经死亡或者父母无力抚养的未成年弟、妹，有抚养的义务；其六，本条规定的由生父母的亲属、朋友抚养孤儿或生父母无力抚养的未成年人。

上述六种抚养关系中，其一、其二、其四、其五皆为法定抚养义务，其三和其六则为非法定抚养义务，但在法律上会产生一定的法律后果。继父母抚养教育继子女，满足一定条件会在彼此之间产生如同亲生父母子女的权利义务关系。本条规定的生父母之亲属、朋友抚养孤儿或生父母无力抚养的未成年人，也会在法律上产生一定的后果。但该法律后果并非如收养法律行为一般产生，《民法典》第1111条规定的拟制亲子关系法律后果，是基于抚养事实形成债权债务关系，或者基于抚养事实中的侵权行为产生损害赔偿责任等。

三、抚养关系的调整不适用收养法律规范，有关争议依照其他民事法律规范予以裁判

认定抚养关系的主要依据是抚养事实，当事人的意思表示系出于抚养意愿抑或收养意愿在所不论：当事人明确表达区别于收养的抚养意愿，并在事实上抚养孤儿或生父母无力抚养的未成年人，自当成立抚养关系；当事人出于收养意愿而抚养孤儿或生父母无力抚养的未成年人，但在法律上收养关系并未有效成立，应认定为抚养关系。

抚养关系而非收养关系的认定，意味着当事人之间不具有法律拟制的亲子关系，从而不具有与自然亲子关系相同的权利义务关系。但当事人之间仍有可能基于抚养关系而产生其他法律后果，如抚养人向有经济能力的被抚养

人或者被抚养人的法定抚养义务人追索抚养成本从而形成给付之债，又如被抚养人要求抚养人赔偿其因后者欠缺必要的注意义务而遭受的损害从而形成侵权之债。在一则典型案例中，原告夫妻将7岁的侄女抚养至23岁，供其上学并助其就业和购房，付出大量时间、精力和金钱，此后双方关系不睦遂签订“脱离收养关系协议”约定解除收养关系并由被告支付一笔款项给原告补偿其抚养支出。嗣后，被告不履行协议，原告诉至法院。法院认为，双方之间不具有有效成立的收养关系，而应认定为抚养关系；双方之间的协议系完全民事行为能力主体的真实意思表示，合法有效，故依据合同法的规定判决被告履行协议所规定的财产给付义务。[①]

第一千一百零八条【优先抚养权】

配偶一方死亡，另一方送养未成年子女的，死亡一方的父母有优先抚养的权利。

历史由来

我国首部《收养法》第17条规定：“配偶一方死亡，另一方送养未成年子女的，死亡一方的父母有优先抚养的权利。”1998年修正的《收养法》第18条完全沿袭这一规定。

民法典编纂历程中，《民法典婚姻家庭编（草案）》（一审稿）第887条、《民法典婚姻家庭编（草案）》（二审稿）第887条、《民法典婚姻家庭编（草案）》（三审稿）第887条直至《民法典（草案）》《民法典》第1108条均完整保留了这一条文。

规范目的或功能

本条规定特定情形下（外）祖父母的优先抚养权。此特定情形是指夫妻一方死亡，生存在世的一方欲送养未成年子女。享有优先抚养权的是死亡一

---

① 高某甲与高某乙、郭某丙收养关系纠纷二审民事判决书（〔2019〕甘04民终120号）。

方的父母，即未成年子女的祖父母或外祖父母。确立（外）祖父母的优先抚养权，是基于我国注重血脉传承的民族文化，在客观上也有助于维护宗亲家庭结构。

本条在民法典体系中的地位和功能，可从两个角度予以观照：其一，本条与第1074条、第1075条共同构成扶养法律制度。扶养法律制度还可以依据两个标准进行细分，一是把扶养分为长辈对晚辈的抚养、平辈之间的扶养和晚辈对长辈的赡养三个层面，二是把扶养分为权利型和义务型两个类别。值得注意的是，法理上一般认为扶养既是权利也是义务，但是鉴于《民法典》不同条文出现了“抚养的义务”“抚养的权利”之对称，或可暂依此表述作初步的划分。由此两个标准出发，可以更加准确地对本条的功能进行定位，即本条与第1074条第1款、第1075条第1款共同构成抚养法律制度，这里所援引的两个条款均是关于法定抚养义务的规定，而本条则是关于优先抚养权利的规定。其二，本条与第1096条共同构成收养体系中的抚养主体同意制度。第1096条规定的是送养孤儿应征得法定抚养义务人同意，本条规定的是送养单亲子女应征得优先抚养权利人同意。要求送养未成年人须征得抚养主体同意，有助于在收养制度与抚养制度之间建立起衔接机制，确定收养与抚养之间的优先顺位。根据第1096条和本条规范内容来看，我国《民法典》秉持抚养优先的立场，更加注重维护宗亲结构。

规范内容

本条所规定的优先抚养权利，须从适用情形、权利主体和权利效力几个方面进行细致的理解和分析。

一、适用情形为配偶一方死亡，另一方欲送养未成年子女

首先，未成年子女的父母须具有合法配偶关系。配偶即夫妻，是男女结婚形成的亲属关系。根据《民法典》第1049条的规定，符合法律规定的结婚条件，完成结婚登记，即确立婚姻关系。但第1051—1054条还规定，婚姻效力可能因具有法律规定的情形而归于无效或可撤销，无效或被撤销的婚姻自始没有法律效力，当事人不具有夫妻的权利和义务。因此，合法配偶关系应

指当事人完成结婚登记且不具有无效情形，亦未有当事人依法撤销情事。

未成年子女与其父母之间的亲子关系，可以是自然亲子关系，也可以是拟制亲子关系。拟制亲子关系是指基于收养、结婚等法律行为和抚养事实而产生的法律拟制血亲父母子女关系，包括养父母子女关系和形成抚养关系的继父母子女关系。

配偶一方死亡，是指配偶一方自然死亡或被宣告死亡。自然死亡是指自然人失去生命体征，医学上宣告其死亡。根据《民法典》第15条的规定，自然人的死亡时间，以死亡证明记载的时间为准；没有死亡证明的，以户籍登记或其他有效身份登记记载的时间为准；有其他证据足以推翻以上记载时间的，以该证据证明的时间为准。被宣告死亡是指自然人失踪达到一定期限，经利害关系人申请依照法律规定宣告其死亡。根据《民法典》第46条的规定，自然人下落不明满四年或因意外事件下落不明满二年的，利害关系人可以向人民法院申请宣告该自然人死亡；因意外事件下落不明，经有关机关证明该自然人不可能生存的，申请宣告死亡不受二年时间的限制。

配偶一方自然死亡或被宣告死亡，其主体资格即不存在，子女监护权由生存在世的另一方父母行使。单亲父母抚养未成年子女，由于财力、人力、物力较之双亲父母会更加有限，可能会面临更多的困难，影响到未成年子女的健康成长，此情形下可以通过收养机制将未成年子女安置于新的家庭环境中。故《民法典》第1093条第3项和第1094条第3项规定，有特殊困难无力抚养子女的生父母可送养未成年子女。但在亲属体系中，除生存在世的父母一方外，尚有其他直系血亲与未成年子女存在直接的血脉关联、利益关联和情感关联，本条即在父母一方死亡、生存父母欲送养未成年子女的情形下规定隔代直系血亲的权益边界。

二、权利主体为死亡一方的父母

依据本条，夫妻一方死亡，生存一方有特殊困难无力抚养未成年子女时，可依法送养子女，但应首先保障死亡一方的父母的权利。

死亡一方的父母，是指夫妻中自然死亡或被宣告死亡一方的父母。法律上的父母，包括自然血亲的父母和拟制血亲的父母，后者又分为养父母和存在抚养教育关系的继父母。死亡一方的父母与欲送养子女的生存夫妻一方系姻亲关系，或者是公婆与儿媳的关系，或者是岳父母与女婿的关系。姻亲关系本身不具有特别的法律内容，除非法律另有规定，如《民法典》第1129条规定丧偶儿媳或丧偶女婿尽主要赡养义务之后享有第一顺序继承人的权益。本条特别规定死亡一方的父母可以优先抚养的权利对抗夫妻生存一方送养未成年子女的意愿，更多是基于前者与拟被送养的未成年人之间的亲属关系和亲属利益。

对于拟被送养的未成年人而言，已故父母的父母为其祖父母或外祖父母，彼此之间存在天然的直系血亲关系和基于血脉传承和照护交往形成的亲情关系。我国法律注重维护亲缘关系，将有负担能力的祖父母、外祖父母设定为未成年人父母去世或无力抚养情形下的抚养义务人，同时亦规定祖孙之间彼此享有继承权益。关于抚养义务，下文结合本条规定的优先抚养权利一并研讨，这里援引继承法规定释明祖孙之间的利益关联受到法律的明确保护。如《民法典》继承编第1127条将（外）祖父母列为第二顺序的法定继承人，第1128条还规定在父亲先于祖父母死亡或母亲先于外祖父母死亡的情形下，其子女对（外）祖父母的遗产享有代位继承权。因此，（外）祖父母与（外）孙子女之间的隔代亲属权益是受到法律明确肯认和保护的。

本条规定，配偶一方死亡，生存一方欲送养子女的，死亡一方的父母可主张优先抚养的权利，将权利主体限定于死亡一方的父母，而非双方的父母。其间的缘由在于，收养系转移亲子权益的法律行为，而亲子权益主要存在于父母子女之间，仅在父母死亡或能力不足时方部分转移至隔代直系血亲。正因为如此，法律在规定（外）祖父母的抚养义务和（外）孙子女的代位继承权益时均设有前提条件。对于生存父母而言，其所享有的亲子权益无理由向上转移，只有死亡一方配偶的亲子权益才有必要在法律规定的情形下向上转移至死亡一方的父母，且此权益对于生存一方亲子权益而言显然处于辅助地位。因此，本条规定须在生存夫妻一方欲送养未成年子女即放弃其自身亲子权益的情形下，死亡一方的父母才可享有优先抚养的权利。

三、权利效力为优先抚养

本条规定，生存配偶一方欲送养未成年子女时，死亡一方的父母享有优先抚养的权利。此优先抚养的权利与《民法典》第1074条规定的法定抚养义务实则是一体的。第1074条第1款规定，有负担能力的祖父母、外祖父母，对于父母已经死亡或者父母无力抚养的未成年孙子女、外孙子女，有抚养的义务。在本条规定的情形下，未成年人的父母一方已经死亡，另一方生存的父母依法送养必须符合第1093条和第1094条规定的有特殊困难无力抚养子女的条件，此情形下业已符合有负担能力的祖父母、外祖父母依照第1074条第1款承担抚养义务的前提条件。可见，本条规定生存配偶一方欲送养未成年子女，死亡一方的父母享有优先抚养的权利，其实质乃是建基于死亡一方的父母在此种情形下应当承担的抚养义务。且从性质上来说，抚养既是权利也是义务，现代亲子法实则更加倾向于从义务和责任的角度来界定抚养。[①]

虽抚养本身兼具权利与义务的性质，且父母死亡或抚养能力不足时（外）祖父母本应承担能力范围内的抚养义务，本条却采用“优先抚养的权利”之表述，意在强调此抚养权利较之生存父母送养权利的优先性。也就是说，死亡一方的父母主张优先抚养的权利，应可阻断生存父母一方送养未成年子女的动议。

三 其他问题

值得注意的是，在当前司法实践中，此优先抚养权利的效力尚存在不确定性。如一则案例中，父亲一方死亡，母亲单独抚养两名幼子女，因感无力抚养而将子女送养他人并办理收养登记，祖父母获悉后提起诉讼，认为收养人不符合法律规定的条件（未年满30周岁），且送养未经征询其意见，主张认定收养无效，由己方行使优先抚养权利。一审法院支持；二审法院驳回；终审法院认为，祖父母抚养能力不及收养人，其优先抚养权利不具有强制性，收养登记虽有瑕疵，但有利于被收养人成长权益，故维持收养登记效力。[②]此案中值得斟酌的地方很多，而其核心问题则是，祖父母依据本条规定主张的优先抚养权利在价值位阶上究竟处于何种地位？收养应有利于未成年人的原

---

① 刘征峰：《我国抚养权执行的困境、成因和出路》，载《江汉学术》第35卷第4期。

② 段某某、林某某不服被告某某自治州民政局收养登记一案行政判决书［（2013）西行终字第8号］。

则适用边界何在？对于本条的适用而言，此案明确透露出的信息是，本条规定的优先抚养权利在实践中效力不高，容易受到诸多考量因素的影响。未来立法和司法如何在未成年子女、送养父母、死亡一方父母的父母之间的权益冲突之间进行权衡和抉择，还值得进一步研讨。

第一千一百零九条【涉外收养】

外国人依法可以在中华人民共和国收养子女。

外国人在中华人民共和国收养子女，应当经其所在国主管机关依照该国法律审查同意。收养人应当提供由其所在国有权机构出具的有关其年龄、婚姻、职业、财产、健康、有无受过刑事处罚等状况的证明材料，并与送养人签订书面协议，亲自向省、自治区、直辖市人民政府民政部门登记。

前款规定的证明材料应当经收养人所在国外交机关或者外交机关授权的机构认证，并经中华人民共和国驻该国使领馆认证，但是国家另有规定的除外。

历史由来

我国首部《收养法》的起草机关考虑到“实践中，一些外国人提出收养中国儿童的申请”，曾有设想：“为维护我国儿童的利益，《草案》用专章对涉外收养作出了规定。这一章规定了涉外收养关系成立的实质要件，适用被收养人住所地法律，同时不得违背收养人住所地法律。涉外收养关系成立的形式要件，适用收养时的行为地法律。涉外收养的效力适用收养人住所地法律。并规定了被收养人的国籍等问题。”[①]但最终这部法律主要调整国内公民收养子女的问题，仅在第20条分两款对涉外收养作概括、综合的规定：第1款从总体上规定“外国人依照本法可以在中华人民共和国收养子女”，第2款就证明材料及其认证、收养程序等具体规定“外国人在中华人民共和国收养子女，

---

① 参见时任司法部副部长金鉴于1991年6月21日在第七届全国人民代表大会常务委员会第二十次会议上所作《关于〈中华人民共和国收养法（草案）〉的说明》。

应当提供收养人的年龄、婚姻、职业、财产、健康、有无受过刑事处罚等状况的证明材料，该证明材料须经其所在国公证机构或者公证人公证，并经中华人民共和国驻该国使领馆认证。该收养人应当与送养人订立书面协议，亲自向民政部门登记，并到指定的公证处办理收养公证。收养关系自公证证明之日起成立”。

1998年修正的《收养法》对外国收养人的条件作了更为严格的规定：外国人在我国收养儿童，应当“事先经其所在国主管机关依照其本国法律审查同意”，并且提供“身体健康、无犯罪记录等合法有效的证明材料”，“该证明材料须由收养人所在国有权机构出具”，在提交我国驻该国使领馆认证前，须经收养人所在国“外交机关或者外交机关授权的机构认证”。[①]同时，为了继续发挥公证机构在涉外收养方面的证明作用，修订草案对涉外收养有关登记、公证的规定作了适当修改、完善，特别强调了收养公证的意义：“一是，国际上对跨国收养一般都管理较严，外国一般都要求被收养人所在国出具公证证明，对涉外收养公证作统一要求是符合实际情况的；二是，在民政部门以外再由公证机构把一道关，有利于更加有效地保护我国被外国人收养的儿童的安全和利益。”[②]修改后的《收养法》第21条就涉外收养作3款规定：第1款依然是总体肯认“外国人依照本法可以在中华人民共和国收养子女”。第2款规定收养程序中的特别事项：“外国人在中华人民共和国收养子女，应当经其所在国主管机关依照该国法律审查同意。收养人应当提供由其所在国有权机构出具的有关收养人的年龄、婚姻、职业、财产、健康、有无受过刑事处罚等状况的证明材料，该证明材料应当经其所在国外交机关或者外交机关授权的机构认证，并经中华人民共和国驻该国使领馆认证。该收养人应当与送养人订立书面协议，亲自向省级人民政府民政部门登记。”第3款规定收养公证：“收养关系当事人各方或者一方要求办理收养公证的，应当到国务院司法行政部门认定的具有办理涉外公证资格的公证机构办理收养公证。”

---

① 参见时任民政部部长多吉才让1998年8月24日在第九届全国人民代表大会常务委员会第四次会议上所作《关于〈中华人民共和国收养法（修订草案）〉的说明》。

② 参见时任民政部部长多吉才让1998年8月24日在第九届全国人民代表大会常务委员会第四次会议上所作《关于〈中华人民共和国收养法（修订草案）〉的说明》。

在民法典编纂过程中，这一条文经过了几番少量的文字修改。《民法典婚姻家庭编（草案）》（一审稿）第888条作了两点修改：一是将第1款中的“依照本法”修改为“依法”，以全面涵盖我国现行的以及未来修订、增补的调整涉外收养的法律法规等；二是删去《收养法》第21条第3款关于收养公证的规定。《民法典婚姻家庭编（草案）》（二审稿）第888条在此基础上又将“有关收养人的年龄、婚姻……”更精简地表述为“有关其年龄、婚姻……”，其他别无改动。至《民法典婚姻家庭编（草案）》（三审稿），第888条就涉外收养问题主要作了两方面的修改：其一，将登记机关的表述由“省级人民政府民政部门”改为更加细致精准的“省、自治区、直辖市人民政府民政部门”；其二，将证明材料的认证单列为第3款。由此，涉外收养条文完整表述为如下3款内容：第1款，“外国人依法可以在中华人民共和国收养子女”。第2款，“外国人在中华人民共和国收养子女，应当经其所在国主管机关依照该国法律审查同意。收养人应当提供由其所在国有权机构出具的有关其年龄、婚姻、职业、财产、健康、有无受过刑事处罚等状况的证明材料，并与送养人订立书面协议，亲自向省、自治区、直辖市人民政府民政部门登记”。第3款，“前款规定的证明材料应当经收养人所在国外交机关或者外交机关授权的机构认证，并经中华人民共和国驻该国使领馆认证，国家另有规定的除外。”此后，这一条文被《民法典（草案）》《民法典》分别以第1109条完全沿袭下来。

三 规范目的或功能

本条概括规定外国人在我国收养子女的条件和程序。外国人在我国收养子女是涉外收养的主要类型。所谓涉外收养是指具有涉外因素的收养关系，即在收养关系的各要素中，有一种或数种要素超出一国或一定地区的范围，与其他国家或地区有一定联系的收养关系。[①]除外国人在我国收养子女外，广义的涉外收养还包括中国人（华侨）在外国收养中国籍儿童、中国人（华侨）在外国收养外国籍儿童等，目前我国法律尚未对外国人在我国收养子女之外的涉外收养予以明确规范。

---

① 蒋新苗：《收养法比较研究》，北京大学出版社2005年版，第131页。

涉外收养的产生源于“结构性供应”（structural supply）和“结构性需求”（structural demand）的结合。在世界范围内，涉外收养在第二次世界大战之后获得广泛发展，其中美国公民收养欧洲儿童和亚洲儿童占比尤为突出。20世纪60年代以后，欧洲范围内的儿童收养逐渐增多，催生1964年《收养的管辖权、法律适用和判决承认公约》和1967年《关于儿童收养的欧洲公约》等。此后美国、加拿大、澳大利亚以及欧洲许多国家从东南亚收养了大量儿童，全球性的收养公约开始形成，如《跨国收养方面保护儿童及合作海牙公约》等。我国涉外收养主要是伴随着1978年改革开放发展起来的，由于人口基数较大，主要是作为儿童来源国参与其中，目前已有十余个国家的人员在我国进行过收养。[①]涉外收养的发展态势与各国的生育率、人口政策、经济社会发展状况以及彼此之间互动关系形成的国际局势等都有一定的相关性，具有较为显著的政治性和政策性特点。

在法律层面，涉外收养非常复杂，不仅要遵从国内法的规范，也要遵循国际私法及有关国际公约的规则。我国涉外收养法律体系目前还较粗疏，国内法的规定主要包括：本条规定，《涉外民事关系法律适用法》相关规定和《外国人在中华人民共和国收养子女登记办法》（以下简称《外国人在华收养子女登记办法》）。国际法层面，我国于2005年经第十届全国人民代表大会常务委员会第十五次会议决定：批准于1993年5月29日经海牙国际私法会议第17次外交大会通过的、2000年11月30日由中华人民共和国政府代表签署的《跨国收养方面保护儿童及合作公约》，同时作出若干声明。在价值范畴上，涉外收养直接关系到被收养未成年人的成长权益，有关法律规定和国家干预是国家人权保护、儿童权益保护责任的具象，也是国家履行国际公约责任的表征。

本条是关于外国人在中国收养子女这一主要涉外收养类型的概括性规定，蕴含我国涉外收养制度的价值理念，奠定我国涉外收养制度的框架结构，在我国涉外收养制度体系构建中有着基础性的重要地位和意义。

① 蒋新苗：《收养法比较研究》，北京大学出版社2005年版，第132—134页。

规范内容

本条规定外国人在中国收养子女的条件、程序和具体要求等，可析分为如下几个方面的规则。

一、外国人依法可以在中华人民共和国收养子女

外国人，就其本义而言，是指不具有中国国籍的他国公民，通常也包括无国籍人，尤其是在私法领域。我国《民法典》采用“自然人”而非“公民”的表述，正是基于对民事主体之广泛性和民事权利之普适性的肯认。我国《涉外民事关系法律适用法》第19条第2款特别对“国籍国”作了界定，规定“自然人无国籍或者国籍不明的，适用其经常居所地法律”。由此立场可推断，涉外收养法律规范中的“外国人”应从宽解读，包括非中国公民的外国公民和无国籍人士。

外国人在中国收养子女，此“子女”系相对于收养人的亲属称谓，国籍在所不论。虽从本条文字表述和前文所论之私法宽解的立场而言，作此解读当无疑义，但从我国立法发展细节来看仍有必要予以澄清。因1993年司法部、民政部联合发布的《外国人在中华人民共和国收养子女实施办法》作为当时施行的《收养法》的实施办法，其第2条规定外国人在华收养中国公民的子女适用本办法，由此将被收养人限于中国儿童。1999年民政部对这一法律文件进行修订，发布《外国人在华收养子女登记办法》，第2条删去“中国公民的”之语，将适用范围转换为外国人在华收养子女。有学者认为，这一修订使本为明确的可操作性规范重新回复到《收养法》语焉不详的状态，回避了涉外收养具体分类的问题，譬如外国人在华收养中国儿童、外国人在华收养外国儿童是否在适用法律上有所区分。[①]这一分类思维相当精细，有利于丰富和细化涉外收养法律制度的理解与适用。但是从法律解释的角度来看，既要有历史的视角，也要有文义的视角，即新的法律条文虽脱胎于旧的立法历史，现今当世却须从其自身的文字表达加以阐释。《外国人在华收养子女登记办法》

① 蒋新苗：《收养法比较研究》，北京大学出版社2005年版，第162页。

第2条删去“中国公民的”之限定，恰是重新回归于《收养法》的本义，不限定被收养人国籍，而是采用“场所支配行为”的国际私法通行规则，对我国境内外国人实施收养行为作统一规范，“子女”究竟为中国公民的子女抑或外国公民、无国籍人的子女在所不论。

外国人在中国收养子女应依法进行。这里的“依法”一方面宽泛地指涉外收养应在合法限度内开展，另一方面特别指向涉外收养相关法律规范的适用，主要包括本章有关收养条件、收养程序和收养效力的各项规范，《涉外民事关系法律适用法》相关规定，《外国人在华收养子女登记办法》的程序性规定，同时也要符合我国2005年批准加入的《跨国收养方面保护儿童及合作公约》相关要求。

二、外国人在中国收养子女，应符合其所在国的法律，并经其所在国主管机关审查同意

涉外收养涉及不同国籍、不同国界和不同法域：不同国籍的主体参与其中，收养行为地与收养家庭共同生活地可能处于不同国界，不同国家的法律体系、制度规范各不相同。针对涉外收养的准据法，我国《涉外民事关系法律适用法》第28条专门作出规定，收养的条件和程序，适用收养人和被收养人经常居所地法律；收养的效力，适用收养时收养人经常居所地法律；收养关系的解除，适用收养时被收养人经常居所地法律或者法院地法律。可见，收养的条件和程序、收养的效力都需考量收养人经常居所地的法律。

因此，在依据国家主权和“场所支配行为”的国际私法理论，以我国法律规范外国人在中国收养子女之外，亦需确保涉外收养事件符合收养人所在国的法律，涉外收养的效力获得收养人所在国有权机关的认可，如此方可充分保障我国被收养未成年人的合法权益。有鉴于此，本条原则性规定，外国人在华收养子女，应当经其所在国主管机关依照该国法律审查同意。《外国人在华收养子女登记办法》第3条进一步明确，外国人在华收养子女，应当符合中国有关收养法律的规定，并应当符合收养人所在国有关收养法律的规定；因收养人所在国法律的规定与中国法律的规定不一致而产生的问题，由两国政府有关部门协商处理。在程序上，为确保外国人在华收养子女符合其所在国法律并经其所在国主管机关审查同意，《外国人在华收养子女登记办法》第

4条要求，外国人在华收养子女，应当通过所在国政府或者政府委托的收养组织（以下简称外国收养组织）向中国政府委托的收养组织（以下简称中国收养组织）转交收养申请并提交收养人的家庭情况报告和证明。

三、外国收养人应提供经外交认证的相关证明材料

外国收养人应符合我国收养法规定的要件和要求，但其有关信息并不在我国管辖权之下，因此需提供经外交认证的相关材料予以证明。《外国人在华收养子女登记办法》第4条第2款将本条简要列举的相关材料详细载明，要求外国收养人提交由其所在国有权机构出具，经其所在国外交机关或者外交机关授权的机构认证，并经中华人民共和国驻该国使馆或者领馆认证的下列文件：（1）跨国收养申请书；（2）出生证明；（3）婚姻状况证明；（4）职业、经济收入和财产状况证明；（5）身体健康检查证明；（6）有无受过刑事处罚的证明；（7）收养人所在国主管机关同意其跨国收养子女的证明；（8）家庭情况报告，包括收养人的身份、收养的合格性和适当性、家庭状况和病史、收养动机以及适合于照顾儿童的特点等。第4条第3款规定，在华工作或者学习连续居住一年以上的外国人在华收养子女，应当提交前款规定的除身体健康检查证明以外的文件，并应当提交在华所在单位或者有关部门出具的婚姻状况证明，职业、经济收入或者财产状况证明，有无受过刑事处罚证明以及县级以上医疗机构出具的身体健康检查证明。

四、涉外收养应签订书面协议并办理涉外收养登记

本条规定，外国人在华收养子女，应与送养人订立书面协议，亲自向省、自治区、直辖市人民政府民政部门登记，确立起书面协议+收养登记的程序要件。在民法典编纂之前，《收养法》关于涉外收养的程序还规定有收养公证：1992年《收养法》首次施行要求涉外收养应履行书面协议+收养登记+收养公证三重程序，且收养关系直至完成公证证明之日方为成立。可见，当时是非常倚重收养公证的。但实践中发现，三重程序过于烦琐，且没有凸显行政监管的法律意义，故而1998年修正《收养法》时将强制性的收养公证改为当事人自主的收养程序，即“收养关系当事人各方或者一方要求办理收养公证的，应当到国务院司法行政部门认定的具有办理涉外公证资格的公证机构办理收

养公证”。随后，1999年修正出台的《外国人在华收养子女登记办法》第8条和第9条对收养协议和收养登记予以细化，外国人来华收养子女，应当与送养人订立书面收养协议，协议一式三份，收养人、送养人各执一份，办理收养登记手续时收养登记机关收存一份；书面协议订立后，收养关系当事人应当共同到被收养人常住户口所在地的省、自治区、直辖市人民政府民政部门办理收养登记；外国收养人应亲自来华办理收养登记手续，夫妻共同收养的，应当共同来华办理收养手续，一方因故不能来华的，应当提供经所在国公证和认证的书面委托书。该办法没有对收养公证予以规定，收养当事人各方或一方要求办理收养公证的，应当依照当时施行的《收养法》和《公证暂行条例》的规定申请办理收养关系的公证业务。

民法典编纂中删去《收养法》关于涉外收养办理收养公证的规定，于本条明确书面协议+收养登记的涉外收养程序，但并不构成对涉外收养程序的实质性修改。原因在于，本条规定外国人依法在华收养子女，包括依照《民法典》“收养”章各相关规定为收养法律行为，而本章第1105条第4款规定收养当事人自主办理收养公证，涉外收养的当事人亦可据此协商或要求办理收养公证。唯应注意的是，《公证暂行条例》现已失效，取而代之的是2005年通过并分别于2015年、2017年修订施行的《公证法》。《公证法》第11条规定，公证机构根据自然人、法人或者其他组织的申请办理收养关系公证事项。

第一千一百一十条【保守收养秘密】

收养人、送养人要求保守收养秘密的，其他人应当尊重其意愿，不得泄露。

历史由来

我国首部《收养法》第21条规定：“收养人、送养人要求保守收养秘密的，其他人应当尊重其意愿，不得泄露。”此后，历经1998年《收养法》的修正、《民法典婚姻家庭编（草案）》（一审稿）、《民法典婚姻家庭编（草案）》（二审稿）、《民法典婚姻家庭编（草案）》（三审稿）、《民法典（草案）》，本条内容均原封不动保留下来，最终呈现为《民法典》第1110条的内容。

规范目的或功能

本条是关于保守收养秘密的规定。根据《民法典》第1111条关于收养效力的规定，我国实行单一的完全收养制度，旨在收养人与被收养人之间创设如同自然亲子关系一般的拟制亲子关系，将子女的抚养教育责任从其生父母处完全转移至养父母的法律制度。从当前亲属文化、社会观念出发，为实现完全收养目标，保守收养秘密是必要的，尤其是在收养人、送养人要求保守收养秘密的情形下。保守收养秘密有助于被收养人更好地融入收养家庭，亦有助于收养家庭更好地融入社区环境，避免来自外界的不必要影响和困扰。

在民法典体系下，保守收养秘密应遵循个人信息保护规则，即本法典“隐私权和个人信息保护”章的相关规定：收养人、送养人要求保守收养秘密的，应视收养信息为第1032条规定的自然人不愿为他人知晓的私密信息即隐私；除权利人明确同意外，任何组织或者个人不得实施第1033条禁止的行为，包括收集他人的收养秘密、侵害他人隐私；国家机关及其工作人员应当依照第1039条的规定，保守收养秘密。

规范内容

本条关于保守收养秘密的规定，可结合隐私权保护制度，从如下几个方面理解。

一、收养秘密属于隐私范畴

本法典“人格权”编“隐私权和个人信息保护”章第1032条规定，自然人享有隐私权，任何组织或者个人不得以刺探、侵扰、泄露、公开等方式侵害他人的隐私权。隐私是自然人的私人生活安宁和不愿为他人知晓的私密空间、私密活动、私密信息。收养涉及家庭成员身份的变化、家庭结构的重组，属于家庭私密领域的事件，关系到个体和家庭生活的安宁，其性质属于隐私。收养人、被收养人和送养人各方收养主体均享有以收养秘密为内容的隐私权，其他个人和组织负有尊重收养主体隐私权的义务，不得以刺探、泄露、公开等方式侵害收养主体所享有的以保守收养秘密为内容的隐私权。

二、收养人、送养人有权以自身名义或代理被收养人要求保守收养秘密

收养秘密属于收养主体的隐私，具有绝对权的性质，社会民众普遍负有尊重、不刺探、不侵扰的一般性义务，而知情主体则须另外承担不泄露的义务。收养主体亦可以积极的方式行使此种隐私权，即向有关主体或在一定场合明确要求保守收养秘密。保守收养秘密的内容应包括两个层面：其一，被收养人被收养这一法律事实应当予以保密；其二，收养家庭、原生家庭的相关信息应当予以保密。[①]

本条规定收养人、送养人有权要求保守收养秘密，未提及被收养人意愿和意思表示，亦未澄清收养人、送养人提出要求系以自身名义抑或兼具被收养人法定代理人身份。自法理而言，收养涉及收养人、被收养人、送养人三方主体，构成各方主体的隐私信息，从而各方主体均享有以收养秘密为内容的隐私权，被收养人对于隐私权的主张应与收养人、送养人一样受到肯认和保护。从法律解释的角度，应基于送养人和收养人分别在收养关系成立前后所具有的被收养人监护人的地位，将其提出的保守收养秘密的要求视为其自身以及代表被收养人作出的意愿表达，经被收养人要求保守收养秘密的权利一并纳入本条规范和保护范围。

三、其他个人和组织应当尊重收养主体意愿，保守收养秘密。泄露收养秘密的，应当承担相应的法律责任

本条后段规定，“其他人应当尊重其意愿，不得泄露”。法律上的人，应作主体解释，即如第2条所规定的，包括自然人、法人和非法人组织。所有民事主体均负有尊重收养主体之隐私的义务，不得从事第1033条所述各种行

---

① 雷明光主编：《中华人民共和国收养法评注》，厦门大学出版社2016年版，第187页。

为，侵扰收养主体之生活安宁，收集、处理收养私密信息等。对收养知情的主体，应当尊重收养主体的意愿，严格保守收养秘密，不得泄露有关信息。《民法典》第1039条特别规定，国家机关、承担行政职能的法定机构及其工作人员对于履行职责过程中知悉的自然人的隐私和个人信息，应当予以保密，不得泄露或者向他人非法提供。收养登记机关、收养服务主体都应遵照本条和第1039条的规定保守收养秘密。

泄露收养秘密的，应当承担相应的民事法律责任、行政法律责任等。其中，民事法律责任依照《民法典》侵权责任编具体规定承担。该编第1165条、第1166条规定，行为人因过错，或推定过错而无反证，或依照法律规定有无过错在所不论，侵害他人民事权益造成损害的，应当承担侵权责任。该编损害赔偿章详细规定侵害他人造成人身损害、死亡、财产损失、严重精神损害等，均应依法承担损害赔偿责任。

国家机关及其工作人员泄露收养秘密的，还应承担相应的行政法律责任。除《行政复议法》《行政诉讼法》针对违法行政行为规定的法律责任外，《收养登记工作规范》第48条第7项专门规定，收养登记机关及其收养登记员泄露当事人收养秘密并造成严重后果的，对直接负责的主管人员和其他直接责任人员依法给予行政处分。

三 其他问题

实行秘密收养是多国民法典共同的立场，但具体着眼点有所不同。《德国民法典》第1758条规定，非经收养人和被收养子女同意，不得披露或探问可能透露收养及其情事的事实，但公共利益上的特殊原因要求这样做的除外。这一立场同我国民法典的规定相似，但“非经收养人和子女同意，不得……”的前提设定较之本条“收养人、送养人要求保守收养秘密的……”之表述更加严格和周延。《法国民法典》《意大利民法典》则从身份证明隐匿相关信息的角度体现秘密收养的特点：《法国民法典》第354条规定，宣告完全收养的判决应登录于被收养人的户籍（身份）登记簿，进行登录相当于被收养人的出生证书，登录事项不包括有关儿童实际亲子关系的任何说明。《意大利民法典》第314条之二十八规定，除依法律要求将出生证书的全文抄录场合外，关于养子女的任何身份证明书都只附新的家名，并将关于该子女的父母所有一切的表示及第314条之二十五第2项所规定的附记删除而进行交付。《瑞士民法典》注重对养父母身份信息的保密，于第268条b规定，非经养父母同意，州政府主管部门不得将养父母的身份透露给被收养人的生父母。

但近年来，秘密收养模式有所松动，世界范围内开始出现支持收养信息披露和收养后接触与交往的新潮流。一方面，因为新的儿童研究成果表明，儿童心理及人格的发展往往取决于其幼年关键时期与某位成年照料者之间的亲密关系，因此主张保全儿童与昔日成长环境中对其产生重大影响的主体之间的联结关系，故而推动收养效力从排他收养、封闭收养转向支持收养后接触与交往，[①]具体表现在收养效力中尝试通过收养令+探视令或收养令+当事人协议的形式保障被收养人与原生家庭成员（包括生身父母）保持某种形式的联系。[②]另一方面，基于对被收养人自我认知和身份建构需求的支持，逐渐允许应被收养人的申请向其披露送养信息。但如果生身父母明确要求保密，则可能发生不同主体权利的冲突，如何抉择尚未形成通例。有些国家如法国规定，生父母明确要求保密构成对被收养人知情权的限制，但是儿童权利委员会曾在2004年针对法国的报告中对此表示关切，认为这一规则不符合公约第7条对儿童身份权的保护。[③]另外一些国家则试图在两者之间寻求平衡，如《瑞士民法典》第268条c第1款规定，被收养人年满18周岁，可以获得关于生父母的身份信息；在其主张合法利益时，可在18周岁前获得上述信息。但第2款规定，持有上述信息的机构或部门，在将该信息告知被收养人前，应尽可能通知生父母；若生父母拒绝会见被收养人，应将拒绝会见的情况告知被收养人，并提醒被收养人这是生父母的个人权利。第3款还规定各州应当指定合适的部门为被收养人的申请提供咨询。

---

① Greenhow, Sarah, et al., The Maintenance of Traditional and Technological Forms of Post-Adoption Contact, Child Abuse Review, 2016, 25 (5): pp.373-385.

② Kerry O'Halloran, The Politics of Adoption: International Perspectives on Law, Policy and Practice, Springer, Science+Business Media Dordrecht, 2015, p.49.

③ Kerry O'Halloran, The Politics of Adoption: International Perspectives on Law, Policy and Practice, Springer, Science+Business Media Dordrecht, 2015, p.563.

我国目前尚未见被收养人主张知情权和信息披露的公开案例。但是民法典明确规定保护个人信息知情权，在第1036条中规定自然人可以向信息控制者依法查阅、抄录或者复制其个人信息。收养信息属于个人信息中的私密信息，对于被收养人的自我认知和身份建构有着重要意义，应允许被收养人成年后依据此条规定主张对收养信息的知情权。

第二节 收养的效力

第一千一百一十一条【收养的拟制效力和解销效力】

自收养关系成立之日起，养父母与养子女间的权利义务关系，适用本法关于父母子女关系的规定；养子女与养父母的近亲属间的权利义务关系，适用本法关于子女与父母的近亲属关系的规定。

养子女与生父母以及其他近亲属间的权利义务关系，因收养关系的成立而消除。

历史由来

本条是我国收养法体系中历史最为悠久的法条。早在1950年，我国出台的首部法律文件《婚姻法》即在第四章第13条第2款规定："养父母与养子女相互间的关系，适用前项规定。"这里援引的"前项规定"，具体内容为："父母对于子女有抚养教育的义务；子女对于父母有赡养扶助的义务；双方均不得虐待或遗弃。"从理念上来说，这个法条已初步确立养父母子女关系比照适用父母子女关系有关法律规范的制度模式，但是从规范分析的角度来说，"前项规定"仅指向第13条第1款关于父母子女间抚养教育、赡养扶助的内容，不能辐射到其他关于父母子女关系的规定，比如第14条规定的"父母子女有互相继承遗产的权利"。立法的不周延可能会带来法律适用方面的困扰。经过调整，1980年出台的《婚姻法》第20条分两款对养父母子女法律关系进行了全面的概括，第1款规定："国家保护合法的收养关系。养父母和养子女间的权利和义务，适用本法对父母子女关系的有关规定。”第2款规定：“养子女和生父母间的权利和义务，因收养关系的成立而消除。”

1991年我国出台《收养法》，吸收《婚姻法》上述规定，并扩展规范收养在养子女与生父母、养父母之近亲属间的法律关系，于第22条第1款规定：“自收养关系成立之日起，养父母与养子女间的权利义务关系，适用法律关于父母子女关系的规定；养子女与养父母的近亲属间的权利义务关系，适用法律关于子女与父母的近亲属关系的规定。”第2款规定：“养子女与生父母及其他近亲属间的权利义务关系，因收养关系的成立而消除。”1998年修正的《收养法》第23条完全沿袭这一规定。至2001年修改《婚姻法》时，在第26条原封不动地保留了1980年《婚姻法》第20条的内容。很长一段时期内，修正后的《婚姻法》第26条和修正后的《收养法》第23条“大同小异”地共存于我国婚姻家庭法律体系中。

民法典编纂过程中，经体系化的梳理，《民法典婚姻家庭编（草案）》（一审稿）“家庭关系”章删去了《婚姻法》第26条关于收养效力的内容，而在“收养”章中原样保留了《收养法》第23条的规定，编为第890条。《民法典婚姻家庭编（草案）》（二审稿）第890条大体沿用前稿的表述，只将两处“法律”之用语修改为“本法”，原因在于该编内容已将《婚姻法》中规范父母子女关系的内容一同纳入，故与收养法律规定同处于“本法”体系之中，无须再用“法律”之泛称。修改后的法条又经《民法典婚姻家庭编（草案）》（三审稿）第890条和《民法典（草案）》第1111条的承袭，最终成为《民法典》的正式条文。

规范目的或功能

本条的立法旨意在于明确收养的法律效力。收养是自然人依照法律规定的条件和程序创设拟制亲子关系的民事法律行为，法律拟制的要旨在于通过制度赋权使异者趋同，赋予符合法律规定的、本无自然亲子关系的当事人以亲子法律地位及相关权利义务。可见，收养是对相关主体的人身财产关系产生重要影响的民事法律行为，涉及对未成年人的抚养教育、对老年人的赡养扶助、财产继承等一系列法律问题。

肯认养父母子女关系具有与自然亲子关系同等的法律效力，有利于通过法律重构亲子关系，能够为未成年的家庭成员提供与原生家庭同样的权利保障，从而使其获得较好的抚养教育条件，实现未成年人的最佳利益，促进未成年人的福祉；有利于保护其他当事人的合法权益，法律赋予养父母和继父母以父母的权利与地位，保障其享有接受养子女或继子女赡养、扶助等合法权益；有利于重构完整家庭关系和促进代际伦理关系，将处于失孤失养状态、脱离家庭环境或家庭成员不足的个体重新凝聚在家庭单元中，使孤单的个体融入家庭、使残缺的家庭恢复完整，有利于整个社会的和谐与稳定。

规范内容

本条确立了我国单一完全收养体制，即奉行养子女完全融入收养家庭、断绝与生父母法律关系的立场。与其相对的，称为不完全收养，又称为简单收养，是指收养关系建立后，养子女与生父母间仍保留一定的权利义务，并未完全丧失亲子关系。[①]本条所确立的规则可详述如下。

一、收养的效力始于收养关系成立之日

养父母与养子女的权利义务关系始于收养关系成立之日。《民法典》第1105条第1款规定，收养关系自登记之日起成立。由此可导出，养父母子女之间的权利义务关系始于收养登记之日。

但是鉴于我国收养法律制度的变迁沿革，适用此规则尚需虑及收养关系建立的具体时点和法制背景：其一，1992年4月1日《收养法》实施前，我国并无关于收养条件和收养程序的法律规定，根据《最高人民法院关于贯彻执行民事政策法律若干问题的意见》（〔1984〕法办字第112号，已失效）的规定，亲友、群众公认，或有关组织证明确以养父母与养子女关系长期共同生活的，虽未办理合法手续，也应按收养关系对待。其二，自《收养法》于1992年4月1日实施至1999年4月1日修正生效期间，被收养人系查找不到生

① 李志敏主编：《比较家庭法》，北京大学出版社1988年版，第255页。

父母的弃婴和儿童以及社会福利机构抚养的孤儿的，根据收养登记确定收养关系成立时间，被收养人系生父母有特殊困难无力抚养子女的，根据收养协议或收养公证确定收养关系成立时间。其三，1999年4月1日以后建立的收养关系，根据收养登记确定收养关系成立时间。

除以上规则外，还应排除《民法典》第1113条规定的收养无效情形。亦即有《民法典》总则编关于民事法律行为无效规定情形，或者违反“婚姻家庭编”规定的收养行为，为无效收养行为，自始没有法律约束力。当事人之间自不具有如同自然亲子关系一般的权利义务。

二、养父母与养子女间的权利义务关系，适用本法关于父母子女关系的规定

本条对养父母子女关系进行了总括性的规定，其主旨在于通过法律拟制赋予养父母子女以与自然血亲父母子女关系相同的权利义务内容。就此而言，存在于宪法、法律、行政法规和地方性法规中有关父母子女权利义务及行为规范的法条都与拟制亲子关系法律问题具有一定的相关性，如《刑法》中关于虐待家庭成员犯罪行为的定罪量刑条款、《未成年人保护法》关于未成年家庭成员的权益保护条款等。

但是鉴于本条使用了“本法关于父母子女关系的规定”这一表述，蕴含着限缩适用的立法倾向，主要包括《民法典》总则编关于未成年人的父母为其法定监护人的相关规定，以及“婚姻家庭编”“继承编”关于父母子女关系的规定。具体内容包括但不限于：（1）父母是未成年子女的监护人，承担相应监护责任；（2）父母对子女有抚养教育的义务，不得虐待和遗弃子女，当父母不履行抚养义务时，未成年或不能独立生活的子女有要求父母给付抚养费的权利；子女对父母有赡养扶助的义务，不得虐待和遗弃，当父母无劳动能力或生活困难时，有权要求已经成年并独立生活的子女给付赡养费；（3）父母有保护和教育未成年子女的权利和义务，在未成年子女对国家、集体或他人造成损害时，父母有承担民事责任的义务；（4）父母和子女有相互继承遗产的权利等。这些都完全适用于养父母子女关系。

养父母具有与生父母完全相同的法律地位和法律权利，在我国贯通适用于“再次送养”法律问题。关于收养人可否基于其父母身份再次将被收养人

送养的问题，2009年民政部办公厅复函允许，[①]正是基于这一逻辑：既然养父母完全具有与生父母同样的法律地位和法律权利，因此在符合法律相关规定的情形下也可以作为送养人送养其养子女。

三、养子女与养父母的近亲属间的权利义务关系，适用本法关于子女与父母的近亲属关系的规定

拟制亲子关系也使得养子女与养父母的近亲属间形成相应的拟制血亲关系，他们之间的权利义务，适用法律关于子女与父母的近亲属关系的规定。养子女与养父母的父母之间形成拟制的祖孙关系，与养父母的其他各类有亲子关系的子女之间形成养兄弟姐妹关系。在法律规定的情形下，他们之间产生扶养、监护和继承等方面的权利义务。此外，养子女与养父母的兄弟姐妹之间也形成拟制的旁系血亲关系。

四、养子女与生父母及其他近亲属间的权利义务关系，因收养关系的成立而消除

我国立法奉行养子女完全融入收养家庭、断绝与生父母法律关系的立场。当收养关系成立后，养子女即脱离生父母的监护而成为养父母的子女，养子女与生父母之间的权利义务关系解除，相互间不再承担扶养等义务，也不再享有继承等权利。同时，养子女与生父母的近亲属间（包括养子女与生祖父母和生外祖父母之间以及与自然血亲的兄弟姐妹之间等）的权利义务关系亦因收养关系的成立而解除。

五、养子女与生父母及其他近亲属间仍适用有关血亲禁婚的法律规定

需注意的是，形成拟制亲子关系后，养子女与生父母及其他亲属间虽消除法律上的权利义务关系，但仍然存在自然血缘关系。故而，以自然血缘为依据的法律规定，如直系血亲和三代以内旁系血亲禁止结婚等，仍应适用。

---

① 参见《民政部办公厅关于收养人因生活困难不能继续抚养被收养人有关问题的复函》（民办函〔2009〕177号）。

其他问题

就本条的理解与适用而言，还应思考我国是否引入不完全收养制度的问题。在收养制度的发展史上，大部分大陆法系国家最先选择的是不完全收养，如1804年《法国民法典》最初只规定了不完全收养，1889年《西班牙民法典》深受其影响也采用了这一立法模式，然后扩及拉丁美洲和非洲许多国家。但是普通法系国家的发展路径却正好相反。在美国，自马萨诸塞州1851年确立完全收养法律模式之后，许多州都以完全收养为主导模式。随后大部分普通法系国家也采用了这一模式。随着社会的发展，完全收养制度在创设和维护拟制亲子关系方面的优越性受到越来越多的认可和重视，1939年法国将完全收养纳入立法，欧洲其他一些大陆法系国家也相继修正了立法。[①]当今世界大部分国家设有完全收养与不完全收养两种制度，如法国、保加利亚、罗马尼亚、阿根廷等。仅仅采用不完全收养制度的国家甚为罕见，但是单纯采取完全收养的国家也不多，我国《婚姻法》和《收养法》的规定最为典型，此外还有日本、阿尔巴尼亚以及美国纽约州等。[②]

在我国，有学者指出："1991年制定的收养法和1998年修订后的新收养法以及有关部门在处理涉外收养的实践过程中均在不断强化和夯实完全收养的法律地位。"[③]本条在《民法典》的层次上继续延续单一完全收养机制。但是多年来亦有学者建议在立法上确认不完全收养制度，作为对完全收养制度的补充。有观点认为，不完全收养可适用于如下情形：被收养人为成年人、三代以内同辈旁系血亲的子女或已满14周岁不满18周岁的未成年人的情形；单身公民收养子女的情形等。[④]另有观点认为，继父母收养继子女实行不完全收养制度更为合理，建议立法应予确认。[⑤]甄别特殊收养类型，在一定限度内放

---

① 蒋新苗：《收养法比较研究》，北京大学出版社2005年版，第63页。

② 蒋新苗：《收养法比较研究》，北京大学出版社2005年版，第39页、第40页。

③ 蒋新苗、佘国华：《国际收养法走势的回顾与展望》，载《中国法学》2001年第1期。

④ 王歌雅：《关于我国收养立法的反思与重构》，载《北方论丛》2000年第6期。

⑤ 吴国平、吴锟：《孤残儿童救助及其收养立法完善研究》，载《黑龙江省政法管理干部学院学报》2014年第2期。

开不完全收养机制，有助于更加灵活地回应现实收养需求，更好地保障被收养未成年人的成长权益。

第一千一百一十二条【养子女的姓氏】

养子女可以随养父或者养母的姓氏，经当事人协商一致，也可以保留原姓氏。

历史由来

我国首部《收养法》第23条规定："养子女可以随养父或者养母的姓，经当事人协商一致，也可以保留原姓。"1998年修正的《收养法》第24条完全沿袭这一规定。

民法典编纂历程中，《民法典婚姻家庭编（草案）》（一审稿）第891条仍然保留了《收养法》的相关表述。至《民法典婚姻家庭编（草案）》（二审稿），转化过来的第891条表述为："养子女可以随养父或者养母的姓氏，经当事人协商一致，也可以保留原姓氏。"这里，唯一的修改是将原条文中两处使用的"姓"一并修改为"姓氏"，如此可将姓和名都涵盖进去，同时也使得法条表述更加庄重。此后，《民法典婚姻家庭编（草案）》（三审稿）第891条和《民法典（草案）》第1112条均接纳了新的表述，最终成为《民法典》的正式条文。

规范目的或功能

本条规范养子女的姓氏。养子女姓氏首先是自然人姓名权范畴的问题，养子女依照《民法典》人格权编"姓名权和名称权"章的具体规定享有和行使姓名权。同时养子女姓氏也关系到养子女融入收养家庭的现实问题，法律规定养子女和养父母之间具有如同自然亲子关系一般的权利义务关系，允许养子女采用养父母的姓氏以构建更加亲密和睦的家庭关系。

很多国家都非常重视养子女姓氏的规范。例如，《德国民法典》第1757条就被收养子女的姓氏作了详细的规定：被收养子女获得收养人的家族姓氏作为自己的出生姓氏；一对夫妻收养子女，或配偶一方收养配偶另一方的子女且配偶双方不使用婚姻姓氏的，配偶双方在收养宣告前以对家庭法院的表示确定被收养子女的出生姓氏，被收养子女已满5岁的，须经被收养子女在收养宣告前就出生姓氏的确定向家庭法院表示同意；仅在被收养子女的配偶以公证认证的方式在收养宣告前向家庭法院表示同意更改姓氏时，出生姓氏的更改的效果才及于被收养子女的婚姻姓氏；经收养人申请并经被收养子女允许，家庭法院可以在宣告收养时更改被收养子女姓氏或在其后附加一个或两个以上新名字，但以符合被收养子女最佳利益为限，或者将原家族姓氏置于被收养子女的新家族姓氏之前或之后，但以存在重大原因使得这样做对于被收养子女最佳利益是必要的为限。《法国民法典》第357条也针对完全收养中的养子女姓氏加以规范。《瑞士民法典》第267条第3款也规定，收养后可为养子女重新取名。《意大利民法典》第314条之二十六规定，特别养子女收养中，养子女取得作为养父母的婚生子女的身份，采用其家名，而且传其家名。《日本民法典》结合其婚姻风俗于第810条规定，养子女称养父母之姓氏；但因婚姻而改姓者，应称婚姻之际约定之姓氏期间，不在此限。

规范内容

结合民法典关于自然人姓名权的有关规定，可将本条关于养子女姓氏的规范析分为如下规则。

一、养子女依法享有姓名权

理解和适用本条，首先要明确，养子女自主享有姓名权。《民法典》第1012条规定，自然人享有姓名权，有权依法决定、使用、变更或者许可他人使用自己的姓名。养子女虽系未成年人，却是法律上的独立主体，依法享有独立的姓名权。对养子女的姓名权，养父母亦如其他主体一样负尊重义务，不得以第1014条禁止的各种方式尤其是干涉的方式侵害养子女的姓名权，不得强迫养子女变更自己的姓名。前引《德国民法典》第1757条明确规定更改养子女的姓氏，应在收养前即征得5岁以上养子女的同意，家庭法院宣告收养时更改养子女的名字或者附加养子女的姓氏，亦需征得养子女的同意并以符合养子女最佳利益为限，充分体现对养子女姓名自主权的尊重和对养子女最佳利益的考量。

二、养子女可以随养父或者养母的姓氏，养父或养母处于同等地位

另外也要看到，“中国文化的传统特别讲究血缘关系和宗祖情结，而姓名中姓的主要功能就是用来标记特定的血缘遗传关系的。姓名的血缘亲缘区分功能在时代的变迁中虽然有所弱化，但传统观念依旧根深蒂固”[①]。民法典充分尊重民族传统文化和社会生活习惯，在第1015条中规定，自然人的姓氏应当随父姓或者母姓，仅在法律规定的情形下有例外。可见，无论是在文化上还是在法律上，子女随父姓或母姓都是家庭关系的一般性表征。而养子女在被收养前的姓氏可能与养父或养母姓氏偶然重合，但也有可能不同，从而在外观上呈现出不同于自然血亲家庭的特点，不利于保守收养秘密，进而不利于收养家庭的融合。因此，本条出于对传统姓氏文化的尊重，为实现拟制亲子关系的法律效果，规定养子女可以改随养父的姓氏或者养母的姓氏。

养子女如决定更改姓名，究竟随养父母何方姓氏，应以男女平等原则为基础协商确定。男女平等是我国《宪法》规定的基本理念，折射到婚姻关系即为《民法典》第1055条规定的夫妻地位平等，折射到亲子关系则为《民法典》第1058条规定的夫妻双方平等享有亲子权益。因此在养子女姓氏问题上，亦应在尊重养子女姓名自主权的基础上，依照养父与养母平等的原则予以商定。

姓氏文化具有的民族特点在养子女更改姓氏问题上也有所体现，如《德国民法典》第1757条通过家庭姓氏解决养父与养母姓氏的选择问题，如果养父母并无共用的婚姻姓氏，则须在宣告收养之前对监护法院作出声明，确定养子女的姓氏，该声明须征得5岁以上养子女的同意。

三、经当事人协商一致，养子女也可以保留原姓氏

如前所述，养子女系法律上之独立主体，依法享有姓名自主权，他人包括养父母不得以干涉等方式侵害其姓名权，不得强迫其因收养关系的成

---

① 章志远：《姓名、公序良俗与政府规制》，载《华东政法大学学报》2010年第5期。

立而更改姓氏。如被收养人系孤儿或查找不到生父母的未成年人，养父母应与有判断表达能力的养子女商议讨论姓氏更改问题，一致决定保留原姓氏或者养子女明确要求保留原姓氏的，应当保留养子女的原姓氏。如被收养人系生父母有特殊困难无力抚养而被送养，则收养人、送养人和有判断表达能力的养子女可共同讨论养子女姓氏更改问题，如各方协商一致保留原姓氏，或养子女明确要求保留原姓氏，应当保留其原姓氏。协商之后，养子女对自己的姓名权提出新主张的，应在民法典关于姓名权的规范框架下行使权利。

民政部《收养登记工作规范》第15条规定，《收养登记申请书》上“被收养后改名为”一栏填写被收养人被收养后更改的姓名，未更改姓名的，此栏不填。第16条规定，收养登记员要分别询问或者调查收养人、送养人、年满10周岁以上的被收养人和其他应当询问或者调查的人，特别是对年满10周岁以上的被收养人应当询问是否同意被收养和有关协议内容，包括被收养后改名事项；询问或者调查结束后，要将笔录交被询问人或被调查人阅读或向其宣读，由其签名或按指纹确认。这些细致的工作规范有助于充分保障各方权益。当然，随着民法典将限制行为能力人的年龄界点由10周岁修改为8周岁，且被收养人同意年龄界点亦随之调整为8周岁，上引收养登记工作规范亦应作出相应的调整。

第一千一百一十三条【无效收养行为】

有本法第一编关于民事法律行为无效规定情形或者违反本编规定的收养行为无效。

无效的收养行为自始没有法律约束力。

历史由来

我国首部《收养法》第24条分两款规定无效收养行为。第1款规定：“违反《中华人民共和国民法通则》第五十五条和本法规定的收养行为无法律效力。”第2款规定：“收养行为被人民法院确认无效的，从行为开始时起就没有法律效力。”1998年修正的《收养法》第25条完全沿袭了这一规定。

民法典编纂之际，我国民事法治体系已有诸多新发展。作为《民法典》总则编立法阶段性成果的《民法总则》出台，《民法通则》虽暂未废止却将行之不远。在此背景下，《民法典婚姻家庭编（草案）》（一审稿）第892条将《收养法》上引条文中的第1款修改为："有总则编关于民事法律行为无效规定情形或者违反本法规定的收养行为无效。"第2款简约表述为："无效的收养行为自始没有法律约束力。"《民法典婚姻家庭编（草案）》（二审稿）第892条基本保留前稿条文，同时继续优化文字表述，将"总则编"修改为"本法总则编"，将"本法"修改为"本编"，最终形成新的条文。第1款规定："有本法总则编关于民事法律行为无效规定情形或者违反本编规定的收养行为无效。"第2款规定："无效的收养行为自始没有法律约束力。"经此修改后的条文完全定型，先后呈现为《民法典婚姻家庭编（草案）》（三审稿）第892条和《民法典（草案）》第1113条的内容，并最终成为《民法典》的正式条文。

三 规范目的或功能

本条规定无效收养行为的情形及其后果。收养是拟制亲子关系的法律行为，既是法律行为，便可能存在效力瑕疵，从而无法产生拟制亲子关系的法律效果。

从法律行为的一般性理论来讲，法律行为的无效意味着，由于某一无效原因的存在，本应按照该法律行为的内容亦即当事人所表达的意思表示产生的相应法律效果不发生。法律行为的无效原因可能缘于行为主体之行为能力方面，如无行为能力人或限制行为能力人未获代理人之必要批准或追认而为法律行为，也可能存在于行为主体之意思表示方面，如意思表示不真实或明知的真意保留、虚伪通谋行为等，还可能存在于行为主体之行为内容方面，如存在违反禁止性规定或善良风俗情事，或者存在于法律行为的形式瑕疵，如不符合法律规定的形式要件等。[①]法律行为效力理论贯穿于民法典的总则、

① ［德］维尔纳·弗卢梅：《法律行为论》，迟颖译，米健校，法律出版社2013年版，第653—656页。

物权、债权、婚姻家庭与继承规范等各分编领域的内容。

本条针对收养行为的效力规定，收养行为存在《民法典》总则编关于民事法律行为无效规定情形，或者违反婚姻家庭编规定的，归于无效。收养行为无效的法律后果是，该收养行为自始没有法律约束力。

规范内容

本条属援引类条文，理解和把握收养行为无效情形，须援引民法典关于民事法律行为无效情形的一般规定，并比照婚姻家庭编的相关规定。具体规则析论如下。

一、收养行为有总则编民事法律行为无效规定情形，或者违反婚姻家庭编规定的，均归于无效

本条第1款前段虽然直接援引至总则编民事法律行为无效规定情形条款，但自体系而言，理解和适用民事法律行为无效的规范体系应始自民事法律行为生效要件，两者是一体两面的关系。《民法典》关于民事法律行为生效要件的规范体现于第一编第143条的内容。该条规定，具备下列条件的民事法律行为有效：（1）行为人具有相应的民事行为能力；（2）意思表示真实；（3）不违反法律、行政法规的强制性规定，不违背公序良俗。

与之相应，《民法典》第144条、第146条、第153条、第154条具体规定了五种民事法律行为无效的情形：（1）无民事行为能力人实施的民事法律行为；（2）行为人与相对人以虚假的意思表示实施的民事法律行为；（3）违反法律、行政法规的强制性规定的民事法律行为无效，但该强制性规定不导致该民事法律行为无效的除外；（4）违背公序良俗的民事法律行为无效；（5）行为人与相对人恶意串通，损害他人合法权益的民事法律行为无效。

除上述抽象、概括规定的民事法律行为无效情形外，《民法典》婚姻家庭编尤其是“收养”章规定了收养的具体条件和程序，构成对上述民事法律行为无效情形的一般性规定的补充。综合两方面的法律规范，可归纳出收养法律行为无效的情形大致分为如下几类：（1）收养主体不适格，如收

养人、送养人、被收养人不符合法律规定的条件，或收养人、送养人不具有适格的民事行为能力等；（2）收养主体以虚假的意思表示实施收养法律行为，如以收养之名行买卖儿童之实；（3）违反法律、行政法规包括婚姻家庭编强制性规定，如未依法办理收养登记，但在执法、司法中被认定为有效的收养法律行为除外；（4）违背公序良俗，如单身男性收养未成年少女作蓄妻之计；（5）收养主体恶意串通损害他人合法权益，如为侵夺婚姻财产或家庭财产而为收养。

依据上述法律规定，《收养子女登记办法》针对实践中的问题于第12条明确规定，收养关系当事人弄虚作假骗取收养登记的，收养关系无效，由收养登记机关撤销登记，收缴收养登记证。

二、无效的收养行为自始没有法律约束力，但仍会产生其他一些法律后果

本条第2款规定，无效的收养行为自始没有法律约束力。这是《民法典》第155条关于无效的民事法律行为自始没有法律约束力的规则在收养领域的体现。

无效的民事法律行为自始、当然、绝对无效是民事法律行为理论的一般性认识。首先，无效是指该民事法律行为不发生当事人所期待的法律效果。其次，无效是法律对该民事法律行为效力的溯源、明确、绝对的否认：自始无效是指该民事法律行为从其成立时起即不具有法律约束力，当然无效是指该民事法律行为一旦被认定为无效即明确不具有法律约束力，绝对无效是指该民事法律行为的无效并不因补正行为而得以挽回。对无效民事法律行为的效力不作任何通融，是民法史上自《学说汇纂》继受法谚“一开始就不生效力的行为不能因时间的经过而生效”以来便确立的传统，背后的法理在于：无效民事法律行为通常违反了民法的意思自治原则底线和具体的强制性规定，而且危害到公共秩序和公共利益，故而必须明确、绝对否认其效力。

我国民事法律体系遵循上述传统理论，对无效和被撤销的身份法律行为一律规定自始无效，但是学界历来呼吁主张对身份法律行为的撤销和无效采用较柔和较谨慎的处理方式，如要求撤销身份法律行为或认定其无效应经特

定程序，主张对结婚行为的撤销不宜溯及既往，主张被认定无效的结婚行为如无效原因已经补正则应肯认其效力等。其理由在于，身份关系不同于财产关系，当事人之间已有的人身、财产紧密结合具有一定的不可逆性，无法似单纯的财产交易那般轻易分解乃至完全恢复原状，因此在撤销身份法律行为或认定其无效时更具建设性的处理方式是面向未来而非否定过去。不过在身份关系范畴中，婚姻法律行为与收养法律行为又有不同，前者是成年当事人完全自主决定婚姻事务的法律行为，后者是由成年收养人和送养人（以其自身名义或以被收养人代理人名义双重角色）主导却对未成年被收养人产生巨大影响的法律行为，涉及未成年被收养人的成长权益，因此对婚姻法律行为的效力尚保有意思自治的相当空间，而对收养法律行为的效力则更加强调国家公权力的认定和干预。

表现在法律文本上，如民法典在第1051条规定婚姻无效情形之外，又于第1052条、第1053条规定婚姻可撤销情形，而本节除本条规定收养行为无效外，并无关于收养行为可撤销的规定。相对于法律文本的严格立场，司法解释和行政规章在一定程度上缓和了这种严格立场给身份关系带来的困扰和影响，如《婚姻法解释（一）》第8条规定，当事人依据婚姻法第10条规定向人民法院申请宣告婚姻无效的，申请时，法定的无效婚姻情形已经消失的，人民法院不予支持。在收养领域，民政部、公安部、司法部、卫生部、人口计生委发布的《关于解决国内公民私自收养子女有关问题的通知》（民发〔2008〕132号）针对私自收养的具体情况分类提出解决方案，力图将不具有法律效力的私自收养逐步纳入法律收养的范畴。

此外，理解和适用本条规定还必须认识到，鉴于现代民法体系在保护权益、救济损害维度上的深入发展，民事法律行为的无效并非指此行为在法律上毫无意义，恰恰相反，它会因为处理民事法律行为归于无效之后的种种情事而产生相应的法律后果。《民法典》第156条、第157条对民事法律行为无效的具体法律后果进行了明确的规定：首先，民事法律行为部分无效，不影响其他部分效力的，其他部分仍然有效。其次，民事法律行为无效的，行为人因该行为取得的财产，应当予以返还；不能返还或者没有必要返还的，应当折价补偿。有过错的一方应当赔偿对方由此所受到的损失；各方都有过错的，应当各自承担相应的责任。法律另有规定的，依照其规定。司法实务中，确认收养行为无效、当事人之间收养关系不成立的案件，后续往往需要就当事人分割共有财产、补偿抚养成本等诉求作出裁判，以真正实现案结事了的司法目标。

其他问题

本条没有规定确认收养行为无效的具体程序，《民法典》总则编民事法律行为章亦未作概括性规定。但是我国《民事诉讼法》第2条明确规定人民法院行使“查明事实，分清是非，正确适用法律，及时审理民事案件，确认民事权利义务关系，制裁民事违法行为，保护当事人的合法权益”的职权，且最高人民法院审判委员会发布的《民事案件案由规定》第21条“收养关系纠纷”即包括“确认收养关系纠纷”，因此司法裁判是我国确认收养行为无效的重要途径。此外，前引《收养子女登记办法》第12条规定，收养关系当事人弄虚作假骗取收养登记的，收养关系无效，由收养登记机关撤销登记，收缴收养登记证。以此为依据，民政部《收养登记工作规范》第四章“撤销收养登记”第30—34条细致规范具体程序，归纳起来大致包括如下要点：（1）此种情形由利害关系人、有关单位或者组织向原收养登记机关提出撤销收养登记的申请；（2）收养登记员受理撤销收养登记申请，应当按照一定程序查验申请人提交的证件和证明材料、见证申请人填写和宣读《撤销收养登记申请书》、调查涉案当事人的收养登记情况；（3）符合撤销条件的，收养登记机关拟写制式《关于撤销×××与×××收养登记决定书》，报民政厅（局）主要领导或者分管领导批准，并印发撤销决定；（4）收养登记机关应当将《关于撤销×××与×××收养登记决定书》送达每位当事人，收缴收养登记证，并在收养登记机关的公告栏公告30日；（5）收养登记机关对不符合撤销收养条件的，应当告知当事人不予撤销的原因，并告知当事人可以向人民法院起诉。

第三节　收养关系的解除

第一千一百一十四条【养子女成年前解除收养关系】

收养人在被收养人成年以前，不得解除收养关系，但是收养人、送养人双方协议解除的除外。养子女八周岁以上的，应当征得本人同意。

收养人不履行抚养义务，有虐待、遗弃等侵害未成年养子女合法权益行为的，送养人有权要求解除养父母与养子女间的收养关系。送养人、收养人不能达成解除收养关系协议的，可以向人民法院提起诉讼。

历史由来

1991年我国首次制定《收养法》时，起草机关针对收养关系解除的一般原则和立场指出："收养子女是变更人身权利义务关系的严肃的法律行为，收养关系成立后一般不得解除。但由于收养关系是一种拟制血亲关系，可能因各种原因导致收养关系的恶化和事实上的解体，因此，《草案》规定可以解除收养关系，并对收养关系解除的几种情况和形式，以及解除收养后的效力作了规定。"[①]这一阶段的立法通过5个条文系统规定了收养关系解除的类型及法律效果，构建起收养关系解除的主要规范体系。作为这一体系中开首的法条，这部法律第25条包含两款内容。第1款规定："收养人在被收养人成年以前，不得解除收养关系，但收养人、送养人双方协议解除的除外，养子女年满十周岁以上的，应当征得本人同意。"第2款规定："收养人不履行抚养义务，有虐待、遗弃等侵害未成年养子女合法权益行为的，送养人有权要求解除养父

① 参见时任司法部副部长金鉴于1991年6月21日在第七届全国人民代表大会常务委员会第二十次会议上所作《关于〈中华人民共和国收养法（草案）〉的说明》。

母与养子女间的收养关系。送养人、收养人不能达成解除收养关系协议的，可以向人民法院起诉。”1998年修正的《收养法》第26条完全沿袭这一规定。

在民法典编纂过程中，《民法典婚姻家庭编（草案）》（一审稿）第893条仅对《收养法》上引条文第1款作了三处修改：其一，将“但”字改为“但是”，表述更加工整庄重；其二，将“除外”之后的逗号改为句号；其三，将“十周岁”改为“八周岁”，既是呼应《民法总则》（后纳入民法典，成为总则编）对限制民事行为能力人年龄基准的修改，亦是呼应这部草案第883条关于收养应征得八周岁以上未成年被收养人同意的规定。

《民法典婚姻家庭编（草案）》（二审稿）第893条继续优化上引收养关系解除的条文，将第2款中“起诉”修改为“提起诉讼”，整个条文表述为：第1款为：“收养人在被收养人成年以前，不得解除收养关系，但是收养人、送养人双方协议解除的除外。养子女八周岁以上的，应当征得本人同意。”第2款为：“收养人不履行抚养义务，有虐待、遗弃等侵害未成年养子女合法权益行为的，送养人有权要求解除养父母与养子女间的收养关系。送养人、收养人不能达成解除收养关系协议的，可以向人民法院提起诉讼。”修改后的条文被《民法典婚姻家庭编（草案）》（三审稿）第893条和《民法典（草案）》第1114条完全保留下来，最终成为《民法典》的正式条文。

规范目的或功能

本条规定养子女未成年时解除收养关系的情形。不同于自然血亲关系基于子女出生的法律事实和自然血缘关联而形成，养亲法律关系是由适格当事人依照法律规定通过收养法律行为创设形成，既是因法律拟制而缔结亦可经法律程序而解除。但是，现代收养法律制度的首要宗旨在于为失亲失怙或未得到充足供养的未成年人提供新的家庭环境和监护资源，为稳定未成年被收养人的成长环境、保障其成长权益，一般不允许在被收养人成年以前解除收养关系。最严格者如《法国民法典》第359条径行规定，完全收养不得解除。

大多数国家规定，在特定情事下，解除收养关系于未成年被收养人权益无碍，甚或对其有利，可依照法律之特别规定予以解除。除本条作为我国立法例证外，德国亦为典型：《德国民法典》第1759条援引第1760条、第1763

条规定解除收养关系的两类情形，其中第1760条规定的是因收养欠缺某主体的同意或申请而向家庭法院请求解除收养关系，其性质更近于撤销，但其只对未来生效的法律效果又近于解除，第1763条规定的依职权解除在性质上更加接近本条主旨。第1763条强调在被收养子女尚未成年期间，须以存在重大原因使得这样做对于被收养子女最佳利益是必要的为前提，家庭法院方可依职权在两种情形下解除收养关系：其一，如配偶另一方或子女亲生父母中的一方准备承担该子女的照料与教育，并且此安排与该子女最佳利益不相抵触，则可解除子女与养父母一方或双方的收养关系；其二，解除收养关系可能使子女重新被收养。从中可见德国民法规范解除收养关系的主要着眼点在于未成年子女未来的成长权益。

规范内容

本条确立被收养人成年以前一般不得解除收养关系的基本准则，其后规定两种例外情形，具体规则析论如下。

一、被收养人成年以前，一般不得解除收养关系

完整的家庭、温暖的亲情是未成年人最好的成长环境。收养制度的首要社会功能就是解决未成年社会成员脱离家庭或失去供养的社会问题，因此保障未成年人的健康成长在经由收养重新组合的家庭中，通过法律重构亲子关系能够为未成年养子女提供与原生家庭同等的权利保障，从而使其获得较好的抚养教育条件，实现未成年养子女的最佳利益。为实现收养的基本制度功能，被收养人成年以前，以不得解除收养关系为基本准则，仅在特定情事下，从有利于未成年人成长权益的角度出发方可作例外规定。根据《民法典》第17条的规定，18周岁以上的自然人为成年人。第18条规定，成年人为完全民事行为能力人，16周岁以上的未成年人，以自己的劳动收入为主要生活来源的，视为完全民事行为能力人。但需要辨析的是，第18条是关于完全民事行为能力年龄界点的规定，不能取代第17条关于成年年龄界点的规定，而且前者所使用的表述“16周岁以上的未成年人”亦表明此种情形下即使视其为完全民事行为能力人，亦不改变其为未成年人的法律事实。

二、例外情形之一：各方主体协议解除收养关系，应征得8周岁以上养子女本人的同意

被收养人成年以前，可经各方主体协商一致，合意解除收养关系。此种情形下须收养人与送养人达成合意且征得八周岁以上被收养人同意，以与收养法律行为相同的方式解除收养法律关系，养子女复归于生父母或送养人监护之下，其成长权益仍得保障，故允许解除收养关系。

能够形成协议解除收养关系，通常意味着收养人和送养人达成有关合意，此时最易被忽视的主体是未成年的养子女。但同时，未成年的养子女又恰好是受到解除收养关系最大影响的主体。创设收养关系使未成年被收养人从送养人监护之下转移至收养人监护之下，被收养人与收养人重新构建拟制亲子关系，双方形成可期待的亲子权益，包括抚养和赡养、彼此继承遗产等；解除收养关系使未成年养子女再度面临亲子关系和亲子权益的变动，对其影响甚巨。但是因为养子女本身未成年，不具有完全民事行为能力，也不具有参与民事法律行为的足够经验，加之我国家庭文化和社会观念尚未形成尊重儿童主体地位的行为规范，故未成年养子女的权益和意愿常处于易被忽视甚至忽略的弱势地位。有鉴于此，本条承继《收养法》既有规定，要求收养人、送养人在被收养人未成年时签订协议约定解除收养关系的，应当征得年满8周岁以上的养子女本人同意。

司法实践中，确曾出现过此类典型案例：收养人夫妻于1977年、1980年分别生育两个女儿，然后从1989年起将被收养人接往住处一起共同生活，其间还办理了户口迁入手续，但一直未办理收养登记手续。至2004年，收养人夫妻以年老无力抚养为由将被收养人送回其生父处，并向其生父提供字据以供签名确认。同年，满15周岁的被收养人认为其生父母并不欢迎其回归，提起诉讼要求确认收养关系。一审判决认为收养人不符合《收养法》规定的收养条件故收养关系无效，驳回被收养人的请求，但是二审法院认为收养关系成立于《收养法》实施之前，应被确认为事实收养关系，而收养人与送养人之间签订的解除收养关系协议则因为未征得年满15周岁的未成年养子女同意而归于无效。[①]二审法院判决显然在法律适用上更加细致更加精准。

---

① 广东省佛山市中级人民法院杨某永与杨某铭等收养关系纠纷上诉案民事判决书（〔2004〕佛中法民一终字第807号）。

三、例外情形之二：收养人侵害养子女合法权益，送养人有权要求解除收养关系，必要时可提起诉讼

本条规定，收养人不履行抚养义务，有虐待、遗弃等侵害未成年养子女合法权益行为的，送养人有权要求解除收养关系。因此种情形下收养人不尽父母义务，甚至存在虐待、遗弃等恶劣行为，使置身于收养家庭的未成年养子女不仅未得养护反而身心受害，赋予曾经的监护人送养人（往往亦是具有血脉传承的生父母）解除收养关系的权利，有助于帮助未成年被收养人脱离困境，维护其合法权益。

抚养、教育和保护是父母的天职和义务。《民法典》第26条第1款规定，父母对未成年子女负有抚养、教育和保护的义务。第1067条第1款规定，父母不履行抚养义务的，未成年子女或者不能独立生活的成年子女，有要求父母给付抚养费的权利。收养人通过收养法律行为得以在其与被收养人之间形成法律拟制的亲子关系，具有如自然血亲父母子女同样的权利义务关系，包括抚养、教育和保护子女的权利和义务。收养人不履行抚养义务，使未成年养子女的生存权和发展权面临巨大威胁和风险，也使养父母子女关系失去其意义和价值。

长期拒不履行抚养义务可以认定为遗弃或虐待行为。遗弃是指负有法定抚养、扶养、赡养义务的家庭成员，拒不履行法定义务，致使需要抚养、扶养、赡养的家庭成员不能得到法定供养，损害其合法利益的违法行为。虐待是指以作为或不作为的形式对家庭成员歧视、折磨、摧残，使其在精神上、肉体上遭受损害的违法行为。虐待的形式多种多样，如打骂、恐吓、冻饿、限制人身自由，拒绝供应必要的衣食或放任疾病恶化等。这些违法行为与家庭暴力的形式具有一定的相似性，最高人民法院发布的《婚姻法解释（一）》第1条规定，持续性、经常性的家庭暴力，构成虐待。

以养父母身份取得对养子女监护权的收养人如不尽抚养义务甚或有虐待和遗弃行为等，不仅要承担民事责任，还可能面临行政责任和刑事责任的处罚和惩治。在民事责任方面，《民法典》第36条规定，对于怠于履行监护职责、实施严重损害被监护人身心健康行为或严重侵害被监护人合法权益行为的监护人，可撤销其监护人资格。在行政处罚和行政处分责任方面，《治安管理处罚法》第45条规定，有下列行为之一的，处五日以下拘留或者警告：（1）虐待家庭成员，被虐待人要求处理的；（2）遗弃没有独立生活能力的被扶养人

的。《行政机关公务员处分条例》第29条明确规定，有拒不承担赡养、抚养、扶养义务或虐待、遗弃家庭成员等行为的，给予警告、记过或者记大过处分；情节较重的，给予降级或者撤职处分；情节严重的，给予开除处分。在刑事责任方面，我国《刑法》有关于虐待罪和遗弃罪的规定：第260条规定，虐待家庭成员，情节恶劣的，处二年以下有期徒刑、拘役或者管制；犯前款罪，致使被害人重伤、死亡的，处二年以上七年以下有期徒刑。第一款罪，告诉的才处理，但被害人没有能力告诉，或者因受到强制、威吓无法告诉的除外。第261条规定，对于年老、年幼、患病或者其他没有独立生活能力的人，负有扶养义务而拒绝扶养，情节恶劣的，处五年以下有期徒刑、拘役或者管制。

收养人不履行抚养义务，有虐待、遗弃等侵害未成年养子女合法权益行为的，除未成年养子女或其他有关个人或者组织依上述规定追究收养人责任外，还对收养关系产生直接影响。亦即，送养人有权依照本条的规定要求解除养父母与养子女间的收养关系，解除收养关系将从根本上消灭收养人对未成年养子女的监护权。

送养人基于收养人上述怠于履责情事或侵权行为提出解除收养关系的要求，有可能双方能够达成一致，通过协议的方式解除收养关系，亦有可能无法达成协议，此时送养人可以向人民法院提起诉讼，证明收养人存在本条规定的过错行为和侵权行为，主张解除收养法律关系。人民法院在认定事实的基础上，应当依据本条法律规定，支持送养人的诉讼请求。

第一千一百一十五条【养子女成年后解除收养关系】

养父母与成年养子女关系恶化、无法共同生活的，可以协议解除收养关系。不能达成协议的，可以向人民法院提起诉讼。

历史由来

解除收养关系如同认定收养关系，是中华人民共和国民事司法史上较早面临的现实法律问题。早在1979年发布的《最高人民法院关于贯彻执行民事政策法律的意见》（已失效）即针对养子女成年以后解除收养问题给出指导意见："养父母和已长大成人的养子女之间，因关系恶化或有其他正当理由，一方坚决要求解除收养关系，而另一方坚决不同意的，人民法院应根据具体情况处理。如养父母、养子女关系再继续下去，对养父母的晚年生活或养子女的前途确实不利的，可判决准予解除。”1984年发布的《最高人民法院关于贯彻执行民事政策法律若干问题的意见》（已失效）延续上述立场，规定：“养父母与其抚养成人的养子女关系恶化，再继续共同生活对双方的正常生活确实不利，一方坚决要求解除收养关系的，一般可准予解除。”上述司法解释文件失效后，其基本立场仍得以延续。我国首部《收养法》第26条规定：“养父母与成年养子女关系恶化、无法共同生活的，可以协议解除收养关系。不能达成协议的，可以向人民法院起诉。”1998年修正的《收养法》第27条完全沿袭这一规定。

在民法典编纂过程中，《民法典婚姻家庭编（草案）》（一审稿）第894条完全保留了《收养法》的规定，至《民法典婚姻家庭编（草案）》（二审稿）阶段，如同上文所述第893条对“起诉”二字的修改，第894条中的“起诉”一并改为“提起诉讼”，整个条文表述为：“养父母与成年养子女关系恶化、无法共同生活的，可以协议解除收养关系。不能达成协议的，可以向人民法院提起诉讼。”略作修改后的条文被《民法典婚姻家庭编（草案）》（三审稿）第894条和《民法典（草案）》第1115条一径保留下来。

三 规范目的或功能

本条规定养子女成年后解除收养关系的情形。基于收养之法律拟制的性质，收养主体既是通过民事法律行为创设进入收养关系，亦得通过一定的法律机制退出。但是应当确立收养关系成立后一般不能随意解除的基本准则：《民法典》第1114条从保护未成年被收养人的成长权益考量，一般性地禁止在被收养人成年以前解除收养关系，规定两种情形作为例外：本条关于被收养人成年以后解除收养情形的规定，亦应作例外情形理解，条文中虽未特别说明，但自法理而言应秉持一般不予解除的基本立场。

然而在特定情形下，一味禁止解除收养关系反而损害收养主体的合法权益，第1114条规定的收养人不履行抚养义务甚至虐待、遗弃未成年养子女即为此极端情形，本条规定的养父母与成年养子女关系恶化、无法共同生活，则为被收养人成年后的极端情形。在此情形下，收养形成的拟制亲子关系在功能上或价值上已受损害，为维护收养主体的合法权益，应当允许其解除收养关系。

规范内容

本条规定养子女成年后解除收养关系的法定情形。其确立的具体规则析论如下：

一、养子女成年后，一般不得随意解除收养关系

收养关系不能随意解除是收养法的基本立场。其法理基础在于：收养在当事人之间产生拟制的亲子关系效力，双方的权利义务是相互的，不仅养父母对未成年养子女负有抚养、教育和保护的义务，养子女成年后也对年老的养父母承担赡养和扶助的义务，而且双方之间互为第一顺序法定继承人，享有期待利益。被收养人成年以前任由收养关系解除，将损害未成年被收养人的成长权益；被收养人成年以后任由收养关系解除，则将损害收养人受赡养扶助的权益。因此，收养法的基本立场应为维系调和收养关系，而非任意解除收养关系。

德国法严格遵守这一准则。《德国民法典》分别针对未成年人收养和成年人收养规定解除收养关系的条件：第1763条规定，在子女尚未成年期间，若由于重大原因使得废止收养关系对于被收养子女最佳利益为必要，家庭法院可以依职权解除收养关系；第1771条规定，有重大原因，经收养人和被收养人申请，家庭法院可以废止对成年人成立的收养关系。德国联邦最高法院2014年曾针对一则养父严重侵害养女权益的案例申明：针对未成年人设立的收养关系，在该儿童成年后，即使当事人存在极其严重的过错行为（如该案中的性侵），也不能再废止收养。其裁判理由即在于：在实证法层面，前引《德国民法典》第1763条系针对未成年人收养，且只能适用于被收养人成年之前，第1771条仅适用于成年人收养，故两者皆不可适用；在立法意旨层面，1976年《收养法政府草案》已申明，收养子女并非仅为让子女获得教育和照顾，被收养子女应当“永久性的，包括在成年之后，归属于新的家庭”[①]。此案例虽于养子女的利益极

① 案例号：BGH, Beschluss vom 12. M ärz 2014–XII ZB 504/12–OLG Karlsruhe，转引自王葆莳：《德国联邦最高法院典型判例研究·家庭法篇》，法律出版社2019年版，第319页、第323页。

为不利，却深刻阐明德国民法坚守收养不可任意解除的价值立场所在。

二、养父母与成年养子女关系恶化、无法共同生活的，可以协议解除收养关系，不能达成协议的，可提起诉讼

本条规定，养子女成年后，养父母子女关系恶化、无法共同生活的，可以协议解除收养关系。法条表述中所言“成年养子女”，应依据《民法典》第17条规定以18周岁为年龄界点，避免与第18条第2款关于“视为完全民事行为能力人”的年龄界点相混淆。“养父母与成年养子女关系恶化”，是较为宽泛的描述，并无明确的法律规定或具体解释，须在具体案情中加以甄别。司法实践中，有因为养子外出打工疏于问候而致养父母心生不满认为关系恶化的案例，①也有因为养女为应聘招工改回原姓而与养父母生隙隔膜的案例，②种种细节不一而足，需要在个案中对养父母子女关系的现实状况加以甄别。“无法共同生活”的认定应从宽解，因为养父母子女关系是亲子关系，养子女成年后多婚配另居，与婚姻共同生活中的“同财共居”性质是不同的，只要双方以亲子身份来往探视、赡养扶助，即应被视为共同生活的维系。

在本条规定的情形下，养父母与成年养子女可协议解除收养关系。解除收养协议应符合民事法律行为的要件，即如《民法典》第143条规定的，行为人应具有相应的民事行为能力，意思表示真实，不违反法律、行政法规的强制性规定，不违背公序良俗。解除收养协议以书面形式为宜，不仅要明确表示双方自愿结束收养关系，还要根据需要对收养关系存续期间所形成的家庭共有财产作出合法的分割，并对缺乏劳动能力又缺乏生活来源的养父母的生活安置及养父母要求养子女补偿收养期间支出的生活费和教育费问题等予以合理解决。

养父母和成年养子女无法就上述事项达成一致的，应当依照《民事诉讼法》的有关规定，以《民事案件案由规定》第21条“收养关系纠纷”规定的“解除收养关系纠纷”案由向有管辖权的人民法院提起解除收养关系的民事诉

---

① 河南省三门峡市中级人民法院苗某甲、刘某某与苗某乙解除收养关系纠纷上诉案民事判决书（〔2013〕三民三终字第170号）。

② 河南省灵宝市人民法院马某某与张某某解除收养关系案民事判决书（〔2009〕灵民一初字第453号）。

讼。人民法院认定养父母与成年养子女关系恶化，无法共同生活的，一方或双方要求解除收养关系的，予以解除。人民法院依法解除收养关系，可以根据具体案件情况分别采取调解方式或者判决方式。

从最高人民法院发布的个案指导意见来看，针对养子女成年后解除收养关系的法律诉讼，应首先认定收养人、被收养人之间是否存在有效的收养关系（或是法律收养，或是在《收养法》首度实施之前形成的事实收养），然后根据具体案情考察当事人之间是否尽到扶养扶助义务、是否保留亲子称谓等，从而作出裁断是否解除收养关系。如《最高人民法院关于许某英夫妇与王某芸间是否已事实解除收养关系的复函》（1990年8月24日〔1990〕民他字第14号）充分体现此裁判思维，该函指出："1937年王某芸两岁时被其伯父、伯母王某起、许某英夫妇收养，并共同生活了20年，这一收养事实为亲戚、朋友、当地群众、基层组织所承认，应依法予以保护。虽然王某芸于1957年将户口从王某起处迁出到其单位落户，后又迁入其生母处，但双方未以书面或口头协议公开解除收养关系。而且，王某起生前与王某芸有书信来往，并以父女相称，王某芸对王某起夫妇也尽有一些义务。据此，我们同意你院第一种意见，即以认定许某英夫妇与王某芸的收养关系事实上未解除为妥。"此函信息丰富，从中不仅可循解除收养关系始自确认收养关系的裁判思维，亦可确证当时司法机关认为口头或书面形式皆构成协议。在此历史背景之下，《民法典》第1105条第3款将历次草案版本中所使用的"订立收养协议"最终修改为"签订收养协议"，释放出明确的立法信号：收养协议应具备书面形式。

第一千一百一十六条【解除收养关系登记】

当事人协议解除收养关系的，应当到民政部门办理解除收养关系登记。

历史由来

如本书第1105条的评注所述，我国首部《收养法》区分不同情形对收养关系的成立规定了三种不同的形式要件：收养登记、收养协议和收养公证。与之相应，这部法律在解除收养关系的形式要件上也实行三种机制并行的模式，具体表现为第27条的规定："当事人解除收养关系应当达成书面协议。收养关系是经民政部门登记成立的，应当到民政部门办理解除收养关系的登记。收养关系是经公证证明的，应当到公证处办理解除收养关系的公证证明。"这种模式在1998年《收养法》修正时作了重大调整，修正后的《收养法》第15条统一规定"收养关系自登记之日起成立"，与之相应，第28条规定协议解除收养一律应当办理登记手续，具体表述为，"当事人协议解除收养关系的，应当到民政部门办理解除收养关系的登记"。

民法典编纂历程中，《民法典婚姻家庭编（草案）》（一审稿）第895条完全沿袭1998年修正后《收养法》第28条的规定。《民法典婚姻家庭编（草案）》（二审稿）第895条仅作微调，去除一个"的"字，将条文表述为："当事人协议解除收养关系的，应当到民政部门办理解除收养关系登记。"此后，这一表述一直延续下来，先后呈现为《民法典婚姻家庭编（草案）》（三审稿）第895条和《民法典（草案）》第1116条的内容，并最终纳入《民法典》成为正式条文。

三 规范目的或功能

本条规定解除收养关系的法律程序，一并适用于第1114条规定的被收养人成年以前协议解除收养关系和第1115条规定的被收养人成年以后协议解除收养关系。解除收养关系须经特定的法律程序，原因主要存在于两个方面：其一，收养关系是重要的人身关系和家庭关系，解除收养关系应当通过一定的程序加以确认并向社会进行公示。收养关系是经由收养法律行为创设的拟制亲子关系，经此收养人具有养父母的身份，被收养人具有养子女的身份，双方之间具有同自然血亲父母子女关系同等的权利义务关系，所形成的收养家庭同无数自然亲子家庭一样是社会的基础组织细胞。解除收养关系将使得收养人、被收养人的人身关系发生重大变化，收养家庭结构也随之改变，由此在税收、社会保障和社会福利等方面都会产生一些衍生的社会效果，因此需要通过正式的法律程序加以确认并公示。其二，收养关系的建立是要式法律行为，收养关系的解除自应采用同等形式方能达到公示效果。《民法典》第1105条规定，收养应当向县级以上人民政府民政部门登记，收养关系自登记之日起成立。本条与之相呼应，规定当事人协议解除收养关系，应当到民政部门办理解除收养关系登记。解除收养关系登记的法律性质与收养登记相同，具体参见前文第1105条评注内容。

规范内容

本条规定的解除收养关系登记要件，应结合有关行政程序的具体实施规则一并理解。

《收养子女登记办法》第9条和第10条分别从当事人和收养登记机关两个方面规定具体程序：一是，收养关系当事人应当持居民户口簿、居民身份证、收养登记证和解除收养关系的书面协议，共同到被收养人常住户口所在地的收养登记机关办理解除收养关系登记。二是，收养登记机关收到解除收养关系登记申请书及有关材料后，应当自次日起30日内进行审查；对符合收养法规定的，为当事人办理解除收养关系的登记，收回收养登记证，发给解除收养关系证明。

《收养登记工作规范》以整章内容对解除收养登记详加规范，具体内容包括如下。

1.受理解除收养关系登记申请的条件是：（1）收养登记机关具有管辖权。（2）收养人、送养人和被收养人共同到被收养人常住户口所在地的收养登记机关提出申请。（3）收养人、送养人自愿解除收养关系并达成协议。被收养人年满10周岁的，已经征得其同意。（4）持有收养登记机关颁发的收养登记证。经公证机构公证确立收养关系的，应当持有公证书。（5）收养人、送养人和被收养人各提交2张2寸单人近期半身免冠照片，社会福利机构送养的除外。（6）收养人、送养人和被收养人持有身份证件、户口簿。送养人是社会福利机构的，要提交社会福利机构法定代表人居民身份证复印件。养父母与成年养子女协议解除收养关系的，无须送养人参与。

2.收养登记员受理解除收养关系登记申请，应当按照下列程序进行：（1）查验当事人提交的照片、证件和证明材料。当事人提供的收养登记证上的姓名、出生日期、公民身份号码与身份证、户口簿不一致的，当事人应当书面说明不一致的原因。（2）向当事人讲明收养法关于解除收养关系的条件。（3）询问当事人的解除收养关系意愿以及对解除收养关系协议内容的意愿。（4）收养人、送养人和被收养人参照本规范第15条的相关内容填写制式《解除收养登记申请书》。（5）将当事人的信息输入计算机应当用程序，并进行核查。（6）复印当事人的身份证件、户口簿。

3.收养登记员要分别询问收养人、送养人、年满10周岁以上的被收养人和其他应当询问的人。询问的重点是被询问人的姓名、年龄、健康状况、民事行为能力、收养人、送养人和被收养人之间的关系、解除收养登记的意愿。对年满10周岁以上的被收养人应当询问是否同意解除收养登记和有关协议内容。对未成年的被收养人，要询问送养人同意解除收养登记后接纳被收养人和有关协议内容。询问结束后，要将笔录给被询问人阅读。被询问人要写明“已阅读询问笔录，与本人所表示的意思一致”，并签名。被询问人没有书写能力的，可由收养登记员向被询问人宣读所记录的内容，并注明“由收养登记员记录，并向当事人宣读，被询问人在确认所记录内容正确无误后按指纹”。然后请被询问人在注明处按指纹。

4.收养登记员收到当事人提交的证件、申请解除收养关系登记申请书、解除收养关系协议书后，应当自次日起30日内进行审查。对符合解除收养条件的，为当事人办理解除收养关系登记，填写制式《解除收养登记审查处理表》，报民政厅（局）主要领导或者分管领导批准，并填发《解除收养关系证明》。

5.颁发解除收养关系证明，应当在当事人均在场时按照下列步骤进行：（1）核实当事人姓名和解除收养关系意愿。（2）告知当事人领取解除收养关系证明后的法律关系。（3）见证当事人本人亲自在《解除收养登记审查处理表》“领证人签名或者按指纹”一栏中签名；当事人没有书写能力的，应当按指纹；“领证人签名或者按指纹”一栏不得空白，不得由他人代为填写、代按指纹。（4）收回收养登记证，收养登记证遗失应当提交查档证明。（5）将解除收养关系证明一式两份分别颁发给解除收养关系的收养人和被收养人，并宣布：取得解除收养关系证明，收养关系解除。

6.收养登记机关对不符合解除收养关系登记条件的，不予受理，但应当向当事人出具制式《不予办理解除收养登记通知书》，将当事人提交的证件和证明材料全部退还给当事人。对于虚假证明材料，收养登记机关予以没收。

根据以上规定，当事人办理解除收养关系登记，取得解除收养关系证明，收养关系解除。在这一程序中，收养登记机关必须严格遵守相关工作规范。实践中，解除收养关系登记行为可能由于收养人离婚、被收养人被再次送养等因素的影响成为非常复杂的法律问题。2001年张某某诉沈阳市民政局民政解除收养行为纠纷案即为典型案例：案中原告与妻子共同收养一养子，7年后原告夫妻协议离婚，约定养子由养母抚养，原告以房屋居住权作为抚养费的替代给付。又经过2年，养母再婚并将养子交由另一对夫妻抚养，且随后一并办理了解除收养关系登记和新的领养手续。原告知情后提起行政诉讼，请求确认收养登记机关办理的解除收养关系登记行为无效。被告收养登记机关未能提供办理解除收养关系登记时原告是否在场亦即收养人、送养人解除协议的证据。法院判决，收养登记机关违反《收养法》关于协议解除收养关系的规定和《收养子女登记办法》有关办理协议解除收养关系登记的具体要求，导致解除收养关系登记行为缺少法定要件、主要证据不足且程序违法，应予撤销，但原告之养子已被第三人收养并办理收养关系登记，应受到保护。①

第一千一百一十七条【收养关系解除的法律效力】

收养关系解除后，养子女与养父母以及其他近亲属间的权利义务关系即行消除，与生父母以及其他近亲属间的权利义务关系自行恢复。但是，成年养子女与生父母以及其他近亲属间的权利义务关系是否恢复，可以协商确定。

历史由来

关于收养关系解除的法律效力，1984年发布的《最高人民法院关于贯彻执行民事政策法律若干问题的意见》（已失效）首次明确予以规定，该意见第32条第1款和第33条一并规定：养子女和养父母之间的权利和义务，因收养关系的解除而终止。收养关系解除后，未成年的被收养人同其生父母之间

① 辽宁省沈阳市和平区人民法院张某某诉沈阳市民政局民政解除收养行为纠纷案判决书（〔2001〕和行初字第109号）。

的权利和义务即行恢复；已经成年并已独立生活的被收养人，同其生父母之间的权利和义务的恢复，则须以书面方式取得双方一致同意。这一司法解释文件现已失效，但其关于收养关系解除法律效力的规定基本被1992年实施的《收养法》吸纳。这部《收养法》第28条规定："收养关系解除后，养子女与养父母及其他近亲属间的权利义务关系即行消除，与生父母及其他近亲属间的权利义务关系自行恢复，但成年养子女与生父母及其他近亲属间的权利义务关系是否恢复，可以协商确定。"1998年修正的《收养法》第29条完全沿袭这一规定。

在民法典编纂过程中，《民法典婚姻家庭编（草案）》（一审稿）第896条对旧有法条仅作文字上的细微调整：一者，将"自行恢复"后面的逗号改为句号；二者，将"但"字修改为"但是"。经此调整，法条内容更加层次分明、行文晓畅，具体表述为："收养关系解除后，养子女与养父母及其他近亲属间的权利义务关系即行消除，与生父母及其他近亲属间的权利义务关系自行恢复。但是成年养子女与生父母及其他近亲属间的权利义务关系是否恢复，可以协商确定。"此后，这一规范再未作任何修改，完整纳入《民法典婚姻家庭编（草案）》（二审稿）和《民法典婚姻家庭编（草案）》（三审稿），后呈现为《民法典（草案）》第1117条的内容，直至成为《民法典》的正式条文。

规范目的或功能

本条规定收养关系解除的效力，与第1111条具有对应关系。作为现代民法发展已久、趋于成熟的亲子关系拟制体系，收养制度不仅要建立进入机制，还要保留退出机制。收养各方主体达成收养合意，签订收养协议，办理收养登记，是收养体系的进入机制，其效力在于：消除送养人与被收养人之间的抚养、教育、监护等亲子关系内容，在收养人与被收养人之间缔结收养法律关系，形成与自然血亲父母子女关系内容同等的养父母子女关系，并以之为核心延伸至近亲属关系。收养主体经协商达成解除收养关系协议，办理解除收养关系登记，是收养体系的退出机制，其效力亦须一一明确，以稳定亲子关系、家庭关系，划定各方主体权利义务边界。本条规范目的即在于此。

规范内容

收养关系是在收养人和被收养人之间拟制的亲子关系，其效力涉及多方面内容：有破有立，既有养子女与养父母方面权利义务关系的建立，也有养子女与生父母方面权利义务的消除；有亲有疏，既有养子女与养父母之间的亲子关系，也有养子女与养父母的近亲属间的亲属关系，有监护、教育等身份关系，也有抚养、继承等财产关系。相应地，解除收养关系的效力也会涉及多方面，且在方向上大致与收养关系相对：收养关系拟制的，解除收养关系使之消除；收养关系消除的，解除收养关系使之恢复。但也有不尽一致之处，比如未成年养子女已经成年，不再需要抚养义务人、监护人等，则其与生父母及其他近亲属间的权利义务关系可由各方协商议定。本条就收养关系解除的效力所确立的规则可具体析分为如下几点：

一、收养关系解除包括协议解除收养关系和诉讼解除收养关系两种情形，收养关系解除仅向后发生效力

根据《民法典》第1114—1116条的规定，收养关系一旦成立，一般不予解除，但在符合法律规定的情形下，可以根据不同情况通过协议或诉讼予以解除。协议解除收养关系的情形包括：（1）被收养人成年以前，收养人、送养人双方达成协议，并经年满8周岁以上养子女本人同意的，可以协议解除收养关系；（2）收养人不履行抚养义务，有虐待、遗弃等侵害未成年养子女合法权益行为的，送养人提出解除收养关系，收养人同意的，可以协议解除收养关系；（3）养父母与成年养子女关系恶化、无法共同生活的，双方可以协议解除收养关系。在以上第（2）种和第（3）种情形下，送养人与收养人、收养人与已成年的被收养人无法达成协议的，可以向人民法院提起诉讼。

当事人协议解除收养关系的，自办理解除收养关系的登记，取得解除收养关系证明之时起，收养关系解除。当事人提起解除收养关系诉讼的，自解除收养关系的法律裁决生效之日起，收养关系解除。收养关系的解除仅向后发生效力，不否定之前收养关系的有效性。

二、收养关系一旦解除，养子女与养父母及其他近亲属间的权利义务关系即行消除

收养关系解除后，养子女与养父母之间的拟制亲子权利义务关系即行消除：养父母不再对未成年养子女负有抚养、教育、监护义务，已成年的养子女也不再对养父母承担赡养和扶助的义务，除非依照《民法典》第1118条的规定应向缺乏劳动能力又缺乏生活来源的养父母给付生活费；养父母与养子女彼此之间不再享有继承权益。养父母、养子女之间甚至不再以父母子女相称，除非双方另有约定或习惯。与此同时，原来以养父母子女关系为核心延伸出去的相关近亲属关系亦告终止，亦即养子女与养父母的近亲属间不再具有亲属关系，不再享有特定情形下的抚养权益或继承权益。

三、收养关系一旦解除，未成年养子女与生父母及其他近亲属间的权利义务关系自行恢复

收养关系解除后，未成年养子女与生父母及其他近亲属间的权利义务关系自行恢复为自然血亲亲子关系：生父母重新承担起对未成年子女的抚养、教育、监护义务，子女成年之后对生父母承担赡养和扶助义务；生父母与子女之间互相享有继承权益。同时，子女与其具有自然血亲关系的其他近亲属之间亦恢复相应的权利义务关系，在法律规定的情形下享有扶养权益和继承权益。

四、收养关系解除后，已成年的养子女与生父母及其他近亲属间的权利义务关系可协商确定

收养关系解除时，被收养人已经成年的，其与生父母及其他近亲属间的权利义务关系并非自行恢复，而应协商确定。原因在于：被收养人已达至成年，具有完全民事行为能力。一方面，其可自行判断是否需要来自生父母或其他近亲属的抚养、教育，自行决定是否重新回归生父母家庭；另一方面，生父母亦可自行决定是否为已成年的子女提供一定的供养或帮助，是否重新建立与已成年子女之间的家庭关系。鉴于生父母和已成年的子女都是自主的民事主体，法律可不必再作强制性规定，而由其自行协商是否恢复子女与生

父母及其他近亲属之间的权利义务关系。

第一千一百一十八条【收养关系解除后的权利义务关系】

收养关系解除后，经养父母抚养的成年养子女，对缺乏劳动能力又缺乏生活来源的养父母，应当给付生活费。因养子女成年后虐待、遗弃养父母而解除收养关系的，养父母可以要求养子女补偿收养期间支出的抚养费。

生父母要求解除收养关系的，养父母可以要求生父母适当补偿收养期间支出的抚养费；但是，因养父母虐待、遗弃养子女而解除收养关系的除外。

历史由来

在1979年发布的《最高人民法院关于贯彻执行民事政策法律的意见》（已失效）中，收养关系解除后当事人间权利义务关系的规定杂乱地分布在关于收养问题的规范性意见中，提取出来的相关内容包括：生父母反悔，养父母要求补偿抚养费的，可根据养子女的实际费用，生父母的经济能力，当地一般生活水平、酌情由生父母补偿；养父母、养子女关系解除后，养父母年老又无生活来源的，可由养子女给付一定的生活费，也可给付长期的生活费。养子女生活有困难的，可根据实际情况，予以适当处理。1984年发布的《最高人民法院关于贯彻执行民事政策法律若干问题的意见》（已失效）对上述规则进行了梳理，第32条第2款、第3款规定，收养关系解除时，养子女已由养父母抚养长大成人并已独立生活，而养父母却年老丧失劳动能力又无生活来源的，养子女应承担养父母晚年的生活费用；生父母要求解除收养关系的，养父母可要求补偿收养期间养子女的生活费和教育费；养父母要求解除收养关系的，一般不予补偿。

上述规定直接奠定我国首部《收养法》有关规范框架，这部法律第29条分两款规定收养关系解除后的权利义务关系。第1款："收养关系解除后，经养父母抚养的成年养子女，对缺乏劳动能力又缺乏生活来源的养父母，应当给付生活费。因养子女成年后虐待、遗弃养父母而解除收养关系的，养父母可以要求养子女补偿收养期间支出的生活费和教育费。”第2款：“生父母要求解除收养关系的，养父母可以要求生父母适当补偿收养期间支出的生活费和教育费，但因养父母虐待、遗弃养子女而解除收养关系的除外。”1998年修正的《收养法》第30条完全沿袭这一规定。

在民法典编纂过程中，《民法典婚姻家庭编（草案）》（一审稿）第897条对上引《收养法》第29条所作唯一修改即为，将两处“生活费和教育费”合称为“抚养费”。修改后，整个条文仍然分两款进行表述。第1款：“收养关系解除后，经养父母抚养的成年养子女，对缺乏劳动能力又缺乏生活来源的养父母，应当给付生活费。因养子女成年后虐待、遗弃养父母而解除收养关系的，养父母可以要求养子女补偿收养期间支出的抚养费。”第2款：“生父母要求解除收养关系的，养父母可以要求生父母适当补偿收养期间支出的抚养费，但是因养父母虐待、遗弃养子女而解除收养关系的除外。”此后，这一条文未再改动，历经《民法典婚姻家庭编（草案）》（二审稿）和《民法典婚姻家庭编（草案）》（三审稿），成为《民法典（草案）》第1118条的内容。在2020年5月大会审议时，将第1118条第2款的标点作了调整，“但是”前的逗号改为分号，“但是”后增加标点逗号，经此修改后的条文最终呈现为《民法典》的正式条文。

三 规范目的或功能

本条规定收养关系解除后的权利义务关系，其实质是在消除当事人之间身份关系的同时基于过往的收养事实对相关主体作必要的利益补偿。在条文内容上，本条第1款与第1067条第2款形成一定的呼应关系。

收养关系解除，养子女与养父母之间基于拟制亲子关系而产生的权利义务关系消除，未成年养子女与生父母之间基于自然血亲关系恢复为亲子关系，这是依据或顺应主张解除收养关系之一方或各方主体意愿、诉求而产生的身份关系方面的效力。

但与此同时，解除收养关系使得收养机制通过拟制亲子关系而达致的多重利益均衡被打破。一重在于相互扶养的均衡，亦即养父母抚育、监护未成年养子女，养子女成年后赡养、扶助年老的养父母；另一重在于相互继承的均衡，亦即养父母与养子女互为第一顺位法定继承人享有继承权益。解除收养关系使得当事人之间的扶养权益和继承权益随着身份关系的消除而消失殆尽。对于已对养子女尽到抚育、监护职责的养父母来说，其后续受到养子女赡养、扶助的期待利益落空，这些抚养支出、利益损失有必要通过一定的法律机制予以补偿。

上述补偿机制亦应考虑到，收养关系存续期间的过错行为，如养父母虐待、遗弃未成年养子女，或成年养子女虐待、遗弃养父母等，如此综合考量方可尽可能平复解除收养关系给各方主体带来的震荡和影响。

规范内容

本条主要规定，解除收养关系后对养父母的抚养支出、期待利益予以补偿。相关规则可具体析论如下：

一、收养关系解除后，经养父母抚养的成年养子女，对缺乏劳动能力又缺乏生活来源的养父母，应当给付生活费

首先要明确，收养关系解除的是养父母与养子女之间曾经的拟制亲子关系，并非指双方自此往后毫无干系。养子女自其未成年时因失亲失怙或生父母有特殊困难无力抚养，经收养法律行为和收养登记程序被养父母收养，与养父母之间建立如同自然血亲父母子女一样的亲子关系，经养父母在生活上予以照料、在教育上予以供养，方得以成长为独立自主的民事主体。在拟制亲子关系体系中，抚养养子女成人的养父母本可期待在其年老时获得来自养子女的赡养和扶助，但解除收养关系使得其失去养父母身份从而也不再享有此等身份权益。加之我国社会保障体系目前仍不够完善，养老育幼功能主要由家庭承担，经济孤苦之养父母在解除收养关系后可能面临失依失助的处境。

故本条从救济养父母之期待利益损失和保障孤苦养父母生活的立法旨意出发，规定收养关系解除后，符合一定情形的，养子女应向养父母给付生活费，此情形须同时具备以下两方面要点：（1）养父母已抚养养子女至成年。养父母未尽抚养义务的，无理由要求养子女回馈扶助；而未及成年的养子女自身尚需要抚养、教育和保护，无力承担扶助养父母的义务。因此承担义务

的主体须为经养父母抚养至成年的养子女。（2）养父母缺乏劳动能力又缺乏生活来源。此要点应结合第1067条第2款规定的“缺乏劳动能力或者生活困难”一并理解，并立足于具体案情判断有关主体在体力、智力和心理等方面是否具有参与就业的劳动能力，是否能够获得一定的薪资收入、是否拥有一定的资源和机会获得如租税等其他类型的收入以维持其生存生活所需。满足以上两个要点的，养子女应履行本条规定的义务，按照双方协议的标准或者司法裁决确定的标准向养父母给付生活费。经协议或裁决，养父母的生活费可一次性给付，亦可分期给付。

二、因养子女成年后虐待、遗弃养父母而解除收养关系的，养父母有权要求养子女补偿收养期间支出的抚养费

这一规则中，“虐待”“遗弃”“抚养费”均具有法律上特定的含义，应作细致界定。正如前文第1114条评注中所述，虐待是指以作为或不作为的形式对家庭成员歧视、折磨、摧残等，使其在精神上、肉体上遭受损害的违法行为。打骂、恐吓、冻饿、限制人身自由，拒绝供应必要的衣食或放任疾病恶化，以及持续性、经常性的家庭暴力等，均为虐待的表现形式。遗弃是指负有法定抚养、扶养、赡养义务的家庭成员，拒不履行法定义务，致使需要抚养、扶养、赡养的家庭成员不能得到法定供养，损害其合法利益的违法行为。抚养费系经由以前立法条文中的“生活费和教育费”转化而来，包括抚养儿童所需的各种正当支出。

基于养父母之间的拟制亲子关系，养父母负有抚养、教育和保护未成年养子女的义务，待养子女成年之后则应承担赡养、扶助养父母的义务。如养子女成年后虐待、遗弃养父母导致双方关系恶化、无法共同生活，最终一方或双方依据第1115条规定请求解除收养关系，并获生效司法裁决支持或依据第1116条规定办理解除收养关系，系因养子女之过错导致收养关系终止，养父母在抚养养子女成年后失去原可由养子女赡养、扶助的期待利益，其在收养期间的抚养费支出应由成年养子女予以补偿。

本条所确立的抚养费支出补偿规则应从如下几个要点来理解和适用：（1）存在养子女成年后虐待、遗弃养父母情形；（2）因前述情形导致双方解除收养关系；（3）养父母主张养子女补偿收养期间的抚养费支出；（4）抚养费支出

的补偿规则可独立适用，亦可在符合法定情形时与前述生活费给付救济规则合并适用。亦即因养父母成年后虐待、遗弃养父母而解除收养关系时，养父母缺乏劳动能力又缺乏生活来源的，不仅有权要求成年养子女给付生活费，亦有权要求其补偿收养期间支出的抚养费。

三、生父母要求解除收养关系的，养父母有权要求其适当补偿收养期间支出的抚养费，但因养父母虐待、遗弃养子女而解除收养关系的除外

本规则处理生父母要求解除收养关系情形下养父母抚养支出补偿的问题。依据第1114条，生父母要求解除收养关系通常需与养父母达成协议，并征得8周岁以上养子女本人的同意。只在一种情形下，生父母在其解除收养关系的提议不能获得养父母支持时，可向人民法院提起诉讼单方要求解除收养关系，法律规定该情形为：收养人不履行抚养义务，有虐待、遗弃等侵害未成年养子女合法权益的行为。

在收养关系正常持续期间，养父母和养子女互享亲子权益。生父母提出解除收养关系的要求，实则是背离之前其在收养法律行为中的意思表示及与其他各方当事人的合意。如果养父母基于种种考虑同意这项提议，则在客观上促成生父母的意愿和利益得以实现，而养子女重新回归自然血亲家庭也是有权益保障的，但养父母却因此失去抚养子女而享有的期待利益，此时，由提出解除收养关系动议的生父母适当补偿其抚养支出有助于在一定程度上救济养父母受到的损害。

但在养父母不履行抚养义务，有虐待、遗弃等侵害未成年养子女合法权益时，生父母提出解除收养关系，是基于形势所迫为保全和保障未成年养子女利益计，而非对于之前收养法律行为之意思表示及各方合意的背离，不应承担更多的解除收养关系成本。养父母则系因其自身履行亲职中的过错而丧失维系收养关系的权利，其抚养支出和期待利益损失无理由要求他人予以补偿。

图书在版编目(CIP)数据

民法典评注.婚姻家庭编/薛宁兰，谢鸿飞主编.—北京：中国法制出版社，2020

ISBN 978-7-5216-1110-6

Ⅰ.①民… Ⅱ.①薛… ②谢… Ⅲ.①婚姻法—研究—中国 ②继承法—研究—中国 Ⅳ.① D923.04

中国版本图书馆CIP数据核字(2020)第080203号

策划编辑：马　颖　王　彧

责任编辑：吕静云　胡　艺　杨　智　　　封面设计：李　宁

民法典评注.婚姻家庭编

MINFADIAN PINGZHU. HUNYIN JIATINGBIAN

主编/薛宁兰　谢鸿飞

经销/新华书店

印刷/三河市紫恒印装有限公司

开本/710毫米×1000毫米　16开　　　印张/39.75　字数/677千

版次/2020年10月第1版　　　2020年10月第1次印刷

中国法制出版社出版

书号ISBN 978-7-5216-1110-6　　　定价：138.00元

北京西单横二条2号　邮政编码100031　　　传真：010-66031119

网址：http://www.zgfzs.com　　　**编辑部电话：010-66034985**

市场营销部电话：010-66033393　　　**邮购部电话：010-66033288**

（如有印装质量问题，请与本社印务部联系调换。电话：010-66032926）